经典战史回眸　二战系列

征战地狱

攻克硫黄岛

刘海丰　冬初阳　著

WUHAN UNIVERSITY PRESS
武汉大学出版社

图书在版编目(CIP)数据

征战地狱:攻克硫黄岛/刘海丰,冬初阳著.—武汉:武汉大学出版社,2019.10

经典战史回顾. 二战系列

ISBN 978-7-307-21077-6

Ⅰ.征… Ⅱ.①刘… ②冬… Ⅲ. 太平洋战争—海战—史料 Ⅳ.E195.2

中国版本图书馆 CIP 数据核字(2019)第 169243 号

责任编辑:王军风　　责任校对:汪欣怡　　版式设计:马　佳

出版发行:**武汉大学出版社**　(430072　武昌　珞珈山)

(电子邮箱:cbs22@whu.edu.cn 网址:www.wdp.com.cn)

印刷:武汉市金港彩印有限公司

开本:787×1092　1/16　印张:24　字数:591 千字

版次:2019 年 10 月第 1 版　2019 年 10 月第 1 次印刷

ISBN 978-7-307-21077-6　定价:86.00 元

目　录

第一章 战役背景

小笠原群岛和硫黄列岛概况

1943年11月，美军在太平洋战区转入反攻，到1944年底，已在太平洋将战线向西推进3000海里。1944年夏，美军攻占日军在太平洋的交通枢纽马里亚纳群岛。此战胜利之后，美军战略航空兵已经取得空袭日本本土的基地。日军大本营痛苦地发现实际上败局已定。1944年9月，美军第3两栖军出兵攻打帕劳群岛和乌利希环礁，确保行将发动的菲律宾战役的右翼战线安全。1944年10月中旬，美军在菲律宾群岛中部的莱特岛登陆。不久以后美日两军主力舰队在莱特湾大战一场，日本联合舰队的有生力量几乎丧失殆尽，再也无法对美军在菲律宾的军事行动构成实质性威胁。1945年初，美军基本已经占领莱特岛，进而在吕宋岛的林加延湾成功登陆，建立了稳固的桥头堡阵地。菲律宾战事的胜利已经只是时间问题了。

美军在太平洋战区的下一步行动，是从马里亚纳群岛经小笠原群岛和火山列岛向琉球群岛推进，打开进攻日本本土的南大门。

离开日本群岛东京湾南侧入口，直到距离马里亚纳群岛300海里的位置，有一道绵延750海里的岛链。这条岛链被称为南部群岛，也可分为三个岛群，自北向南是伊豆群岛、小笠原群岛和硫黄列岛（又称“火山列岛”）。

小笠原群岛位于东京以南约1000公里的东经142度线上，包括散布于北纬26度至27度之间的北太平洋上的30余座岛屿，属于富士火山带。从北至南可大致区分为聟岛列岛（北之岛、聟岛、媒岛、嫁岛等），父岛列岛（弟岛、兄岛、父岛等），母岛列岛（母岛、向岛、姉岛、妹岛、侄岛等）三个列岛和西之岛。这些列岛地形复杂，多小山、丘陵，山谷险峻，平地较少，地基大都为岩石，上面覆盖黑土，适合农耕的地方不少。山脉大体是南北走向，山顶多为露出岩石的不毛之地。山麓生长多种热带植物，枝繁叶茂，海岸多为绝壁，船只可以靠岸的地方不多。此外，岬角、岩岛等位置由于激浪冲刷形成了不少洞穴，附近有很多孤立岩石和暗礁。父岛的二见港是该地区唯一的避风港。小笠原群岛地处亚热带，全年都比较温暖。

小笠原群岛原先都是一片无人海岛，1593年被小笠原贞赖发现，便以其苗字命名。小笠原贞赖是信州松本城主小笠原长时的曾孙。长时在1553年被武田晴信攻灭，长子长隆逃脱后成为织田信长的家臣，在越中高山战死。其子长元的长子便是贞赖。长元、贞赖父子均仕于信长，在信长死后

地图一 小笠原群岛

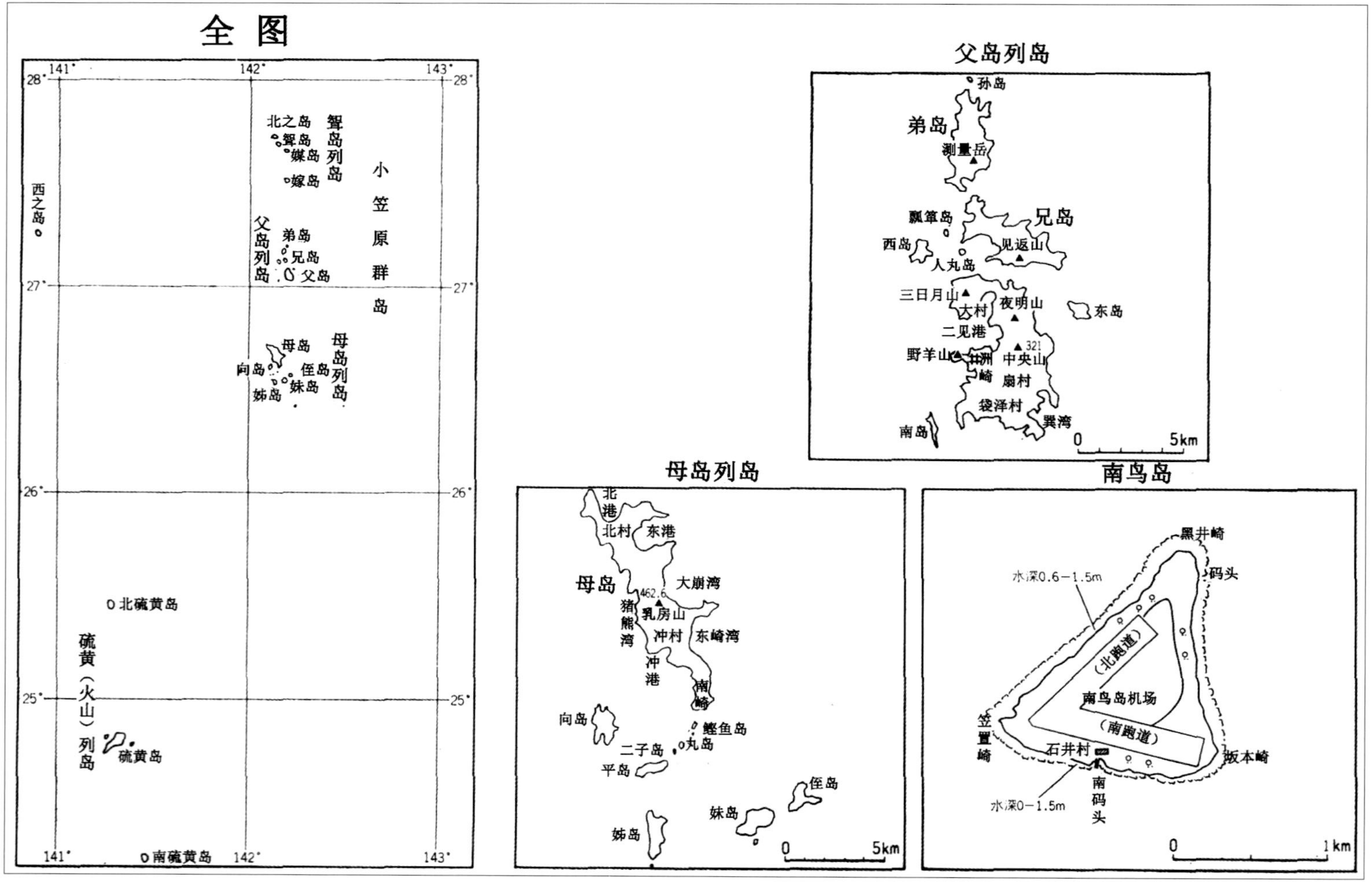
全图
141°
142°
143°
28°
27°
26°
25°
西之岛
北之岛
聟岛
媒岛
嫁岛
聟岛列岛
小笠原群岛
父岛列岛
弟岛
兄岛
父岛
母岛
向岛
侄岛
妹岛
姊岛
母岛列岛
北硫黄岛
硫黄(火山)列岛
硫黄岛
南硫黄岛
父岛列岛
孙岛
弟岛
测量岳
瓢箪岛
兄岛
西岛
见返山
人丸岛
三日月山
大村
夜明山
东岛
二见港
野羊山
321
中央山
州崎
扇村
袋泽村
巽湾
南岛
0
5km
母岛列岛
北港
北村
东港
母岛
大崩湾
462.6
乳房山
猪熊湾
冲村
东崎湾
冲港
南崎
向岛
鰹鱼岛
二子岛
丸岛
平岛
侄岛
妹岛
姊岛
0
5km
南鸟岛
黑井崎
码头
水深0.6－1.5m
(北跑道)
南鸟岛机场
(南跑道)
笠置崎
石井村
坂本崎
南码头
水深0－1.5m
0
1km

美国的马修·佩里海军准将不仅是西方打开日本国门的第一人，也是最早到达父岛的美国人之一。

投奔秀吉，之后又侍奉德川家康。小笠原贞赖在秀吉出兵朝鲜的“文禄之役”期间，奉家康之命，前往肥前的名护屋负责出征朝鲜的军队的检察事务。在此时期，家康颁给贞赖一纸文书，表示贞赖自小田原出兵以来曾数次立下战功，但即使返回任地，所领俸禄恐怕也不够供养家臣，因此允许其占有岛屿开发为领地。贞赖出海南下，在伊豆的八丈岛南方发现三座岛屿。贞赖发现这些岛屿虽是无人岛，但岛上草木繁茂，拥有适合开拓的土地，于是给它们起了名字，制作草图，连同物产一起献给家康。家康鉴于贞赖的功劳，同意将这些岛屿命名为“小笠原群岛”。

1675年和1862年，德川幕府曾两次向小笠原派遣巡见使，1861年正式提出小笠原群岛为日本所有。在此期间，曾有美国捕鲸船员于1823年登陆母岛，宣布该岛为美国领土。1827年，英国皇家海军“开花”号军舰舰长皮策海军上校在父岛锚泊，将整个小笠原群岛以英王乔治四世之名命名。不久，1830年又有5名欧美人（包括2名美国人、1名英国人、1名丹麦人和1名热那亚人）和20多名肯纳卡人（Kanakas，夏威夷和南太平洋岛屿上的土人）在英国领事监督下来到父岛，宣布该岛为英国所有，其中一些人之后便在当地殖民定居。他们是小笠原群岛最初的居民。

1853年，美国海军准将佩里的舰队曾于父岛停驻。当时小笠原群岛仍然只有父岛有人居住，居民共计31名，包括三四名美国人、相当数量的英国人、1名葡萄牙人（以上均为白人），其余都是夏威夷群岛的土人及其子女。佩里在当年向美国政府提出让小笠原群岛成为通往中国航线的中间煤炭供给港，但这一建议未被采纳。

1862年，德川幕府命令伊豆的代官江川太郎左卫门招募移民去小笠原群岛。江川从伊豆诸岛的居民选出了男性15名、女性15名、木匠5名、锯木工1名、铁匠1名、船匠1名共计38名，成为第一批移民。这些人多半是八丈岛出生。这是日本人首次移民小笠原群岛，但实施移民的幕臣安藤信正于1862年在江户城的坂下门被杀，负责开拓小笠原群岛的外国奉行水野忠德也失去权力，被排外势力压制，结果1863年5月这些移民都已离开小笠原群岛。就这样，日本人第一次移民小笠原群岛以失败告终。

1875年，日本政府对小笠原群岛进行了实地调查，当年各国正式承认小笠原群岛为日本领土。1880年，该群岛被移交给东京府管理，1886年11月在父岛设置了小笠原岛厅。

硫黄列岛（别名“火山列岛”）最初于1543年被发现。1784年左右，英国人戈尔在太平洋探险时将该列岛命名为“硫黄岛”。1805年，俄罗斯探险家克劳森斯滕也曾访问过该处。但来过该岛的探险者都未曾建议母国将这里开拓为殖民地。此后这里一直是无人居住的无主之岛，默默无闻。

1887年11月，日本东京府知事一行首次巡视硫黄岛。1891年9月，日本政府正式将该列岛编入日本领土，将所在岛屿命名为北硫黄岛、（中）硫黄岛、南硫黄岛，由小笠原岛厅管辖。

南鸟岛于1898年根据先占权被编入日本领土，属小笠原岛厅管辖。1926年，小笠原岛厅被改名为“东京府小笠原支厅”。

小笠原支厅管辖的人口在1943年6月为8053人（其中小笠原群岛6940人），所有岛屿中以父岛人口最多，占了全部的半数以上（5027人），母岛、硫黄岛次之。

父岛是小笠原群岛（从此处开始所称的“小笠原群岛”，一般包括狭义的小笠原群岛和硫黄列岛、南鸟岛等，以下不再注明。广义的小笠原群岛实际上在日文中被称为“小笠原诸岛”）中面积最大的岛屿，东西、南北各4公里，面积24.5平方公里，是小笠原支厅所在地，也是父岛要塞司令部和海军的第7根据地部队司令部所在地，还拥有父岛洲崎机场（1000米×400米）、海军水上飞机基地（60米×30米）等。父岛有很多从事农业和渔业的人口，比较发达，是小笠原群岛的文化中心。

南鸟岛在父岛东方约1200公里，是一座接近正三角形的地势低平的孤岛，最高处也不过标高19米。岛上有呈L形的南鸟岛机场。

硫黄列岛位于北纬24度10分－25度27分、东经141度10分－141度30分之间，从北至南分布着北硫黄岛、硫黄岛（别名“中硫黄岛”）和南硫黄岛三座火山岛。在地质构造上是由第四纪火山喷发而成，余火仍未燃尽，属于相当年轻的火山山脉。

硫黄岛位于北纬24度44分、东经141度22分，在东京南方约1250公里、塞班北方约1100公里、父岛西南偏南约270公里。从横滨港出发，乘船沿伊豆列岛南下约需四昼夜；乘飞机需4个半小时到达。其面积约20.1平方公里，是硫黄列岛中面积最大的岛屿，也是小笠原群岛中唯一的呈平坦台地状的岛屿。硫黄岛以岛屿西南端的碗状死火山折钵山为顶端向东北方延伸，从空中看去就好像一把浮在水面的水舀子，从海上看则好像一条沉下一半的鲸。硫黄岛的长轴（东北－西南）长约8.3公里，东西最宽处约4公里，最狭窄的千鸟原南部约宽800米。

从总体上看，硫黄岛上的高地很少，地形大体都是平地，从海上看去几乎就是一座扁平的岛屿，但一切没有表面看上去的那样简单。

硫黄岛东北部台地（元山台地）占去该岛大部，直径约1.6公里，标高约110米，由

硫黄岛鸟瞰。

硫黄岛上喷出的硫黄气和地热。

凝灰岩构成的阶梯状台地重重叠叠，顶部形成起伏不平的台地，遍布岩石。台地的中央就是元山，附近有凹下去的硫黄气体的喷火口，元山周边也是居民最集中的地方。位于元山部落南方约550米的二段岩是该岛东北部的最高点（标高114.8米），该处地形较为平缓，并不是很显眼。二段岩东南的平缓棱线延伸处坐落着玉名山，二段岩的南方则是屏风山，从屏风山再往南就是南部落，其附近有不少耕地，但从海上不易看到。在元山台地上，二段岩的西侧有元山（第二）机场，此外元山部落的北侧还有北（第三）机场。

硫黄岛东北侧大体上是荒凉的不毛之地，在很多地方有水蒸气、硫黄气或黑烟从地下喷出。岛屿西南部是被称为“千鸟原”的地方，由堆满火山沙的地峡和标高169米的硫黄岛最高峰折钵山构成，在其中央有千鸟（第一）机场。折钵山是一处良好的观测点，从上面可以眺望南海岸、西海岸、千鸟原，在晴天可以观察全岛。

元山台地的地质几乎完全由黄色的凝灰岩构成，这种岩石是熔岩从海底喷出的，同时急速冷却形成的，重量较轻，质地柔软，可以用铁锹、斧头、锯子等工具任意采掘，制作成石材，当地一般将这种石材称为“土丹岩”，用作工程材料。千鸟原是覆盖黑色粗火山灰层的沙地。折钵山也被称为“烟斗山”，是一座休眠火山，由火山灰层和玻璃质熔岩构成，山顶有火山口。除千鸟原和折钵山的山腹外，布满土丹岩的硫黄岛的土质都非常适合构筑工事。这种土质弥补了筑城材料的不足，可以不用一根坑木就构筑深入地下15米、长数百米的洞穴阵地。但是岛上到处都喷出硫黄气体，而且地下温度很高（温度最高的地方可达60摄氏度），导致作业效率相当低下。此外，在海岸处还有西部落温泉或温泉浜这样的几处天然温泉。

岛上的山谷里没有河流，全都是干谷，也没有地下水涌出。由于土质的关系，雨水只需1－2个小时就渗入土中，无法在地表蓄存。居民们使用贮水槽（全岛约500个）来蓄存雨水，平时饮用这些水，也可另作他用。饮用水的不足问题在大量部队来岛后更加严重，在硫黄岛，水成了宝贵的管制物品。日军各部虽然也使用贮水槽等贮水设备来蓄水，但由于人数太多，根本不敷使用，有时甚至要用飞机从内地运来饮用水。混凝土制成的小型贮水槽几乎都在战争期间被破坏，战后只剩下破碎遗迹。铁桶也被大量使用。日常洗脸、餐具洗涤等都只能使用海水。

硫黄岛的东海岸和北海岸是40－50米高的断崖，有很多暗礁，波浪也比较高，舟艇抵近有些困难，但还是有一些地方适合小部队奇袭登陆。南海岸是覆盖黑沙的沙滩，但海滨的坡度略陡，呈阶梯状，距海岸100米处水深为10－18米，距离1.5－2公里处为100米。从折钵山的山麓到“南卸船场”一带的海滩绵延约3.5公里，是岛上最适合登陆的地区。此外，南海岸（美军称为“东海岸”）的海岸线随日期不同会有明显变化，这让选定设置海岸防御设施的位置成为十分令人困惑的难题。

西海岸与南海岸相似，断崖较多，距离海岸100米处水深约5米，4公里之外水深100米。但由于季风的缘故，波浪较高。以“西卸船场”为中心的约4公里长的海岸线比较适合登陆。

硫黄岛从纬度上来说属于亚热带，但温度上却属于热带，是纯粹的海洋性气候，温度较高但湿气较少。气温最高可以接近40摄氏度，最低大约为15度，年平均气温为22度，全年的气候都酷似日本本土的

美国陆军航空兵的一架B-24轰炸机飞越折钵山（图左），向千鸟机场（图右）投弹时航拍的照片。

盛夏时节。岛上在12－4月左右比较凉爽，5－12月则比较热，平均气温达到23－27度，以至于可以洗海水浴。硫黄岛的年降水量为2500毫米，4－6月降雨较多。

岛上的道路网比较发达，连接西部落（或叫“西村”）－南部落（南村）－元山和西部落－元山－南部落的道路接近全部完成。元山至北部落（北村）和通往东部落（东村）的道路还算良好，均可通行轻型车辆。元山部落是岛内的中心部落，有硫黄岛村公所、警察署、小学、硫黄岛神社等。

硫黄岛几乎没有可被称为“港口”的地方。南海岸的东北角有南码头和“南卸船场”，西海岸有“西卸船场”，仅此而已。由于季风的影响，同时从西方和南方卸船比较困难，所以在冬季几乎只使用南海岸，但由于浅滩、暗礁等天然障碍的影响，需要使用驳船将人员和物资拖到岸上。

太平洋战争之前，日本人在千鸟原附近建有机场（800米×200米），此后不断逐步扩建。硫黄岛的产业最初只有渔业，后来硫黄、磷矿等采矿业颇为繁盛，建了硫黄精炼所。在元山部落附近的旧火山口（又名“硫黄丘”），沸腾的硫黄不断喷出热气，发出隆隆响声，连地面都被摇动。附近一带硫黄堆积成山。日本人在这里建起了工厂，正好利用这天然热气。岛上的农产品有甘蔗、药用植物古柯和鱼藤等，还有制作白糖的工厂，其他的就只有仅供当地消费用的蔬菜田了。由于土质、气候的关系，大米完全无法生产，必须从日本内地输入，其他生活必需品也必须依赖日本内地供给。包括南鸟岛在内，小笠原群岛的所有岛屿上都缺乏清水，井水通常都含有盐分和石灰，不适合饮用，人们用水大都依靠各种工具储存的雨水。

硫黄岛上的居民聚居的地区，除元山外还有南部落、东部落、北部落、雾岛部落和光部落等。硫黄岛村（行政建制）的人口，根据1944年6月1日的记录为1029人，但在当年8月左右，除一部分军属（约200人）外，全部同小笠原岛民一起撤回日本内地。

硫黄岛上的天然植被稀少，野草和多瘤的树木常年要为生存和恶劣的自然条件搏斗。曾经在硫黄岛服役的日本陆军少佐堀江芳孝这样写道：“……我们在这个岛上没有什么特别的物产，地理书上写下的就是一个满是硫黄的小岛，没有水、没有麻雀，也没有燕子……”

美国人谈起硫黄岛也是一副诅咒的口气。一位美国海军军官曾对随军牧师这样说道：“上帝在创造世界之后，一定是用剩下的所有肮脏灰烬和瓦砾制造了这个硫黄岛。”

偏偏就在这么一个几乎毫无经济价值，哪怕在日本本土都鲜为人知的荒凉小岛，发生了一场史诗般的两栖登陆战，那么在交战双方心目中，这个小岛究竟有什么样的军事价值呢？

美国人和日本人都知道，硫黄岛在军事上具有相当重要的价值，堪称“不沉的航空母舰”。在太平洋战争爆发后的日军进攻阶段，硫黄岛仅充当对南洋群岛的飞机中转基地，由于岛上没有港湾，就没有像父岛那样被用作后方补给基地。随着航空作战重要性的凸显，硫黄岛的价值逐渐受到重视，特别是在中太平洋的各岛屿落入美军手中、联合舰队丧失战力后，硫黄岛成为日本本土防卫最前线的重要防卫阵地，不沉的航空母舰的价值突现出来。不过硫黄岛地形平坦，缺少坚固地形，地面作战存在很多问题。由于地域狭小，舰炮可以轰击岛上任何地方，在机场地区也无法准备坚固的防御设施。

硫黄岛虽然没有港湾，但在南海岸和西海岸却均有4公里左右的沙滩适宜登陆，且海岸边没有珊瑚礁，便于登陆艇抵达（由于潮流的关系，海岸线会随季节的不同发生很大变化）。对于防御方来说，以折钵山为枢轴、南海岸正面南卸船场北侧的南部落周边台地是名副其实的要点。这片台地的脚部是十数米的悬崖，对南海岸一带拥有良好的视界、射界。此外，元山台地西南端的章鱼岩到大阪山一带都是陡峭的悬崖，这些台地边缘部位对西海岸正面拥有良好的视界、射界，形成防御要点。

其他海岸地区都是陡峻的悬崖峭壁，只有箱庭浜、日迎浜等地方存在适宜小部队登陆的地点。北部的为八海岸、標流木（又写作“漂流木”）海岸上分布着高达50－70米的断崖，最为险峻。

台地上适宜充当防御阵地的地方，有屏风山、二段岩、玉名山、东山、桌岩、北部落周边高地、天山等台地边缘地带的高地，适合对抗从海岸地区发动的正面进攻。在台地上这些高地看起来只是些小丘，总体上高度并不起眼，却易守难攻。

日军在小笠原群岛的早期防御部署

日军在太平洋方面的作战以往一直主要由海军负责。根据1918年修改的国防方针，日本海军制订的作战计划，基本原则是海军对于从太平洋正面攻来的敌军，将全部舰队在奄美大岛附近集中，在小笠原群岛附近设置巡逻线，以全部力量向敌主力进攻的方向出击。另外为保卫小笠原群岛，1920年，日本陆军在父岛新设筑城部父岛支部，于次年开始修筑防御工事。然而根据1922年2月6日缔结的《限制海军军备条约》中的相关限制条款，小笠原群岛等地的军备受到限制，按规定应维持要塞和海军根据地的现状。于是小笠原群岛防御工事的修建被中止。

1922年4月1日，随着南洋厅的开设，部署于南洋群岛的海军部队被撤回，小笠原群岛的警备由横须贺镇守府负责，但未配备舰艇。小笠原群岛位于南洋委任统治领和日本本土中间，是南洋联络线上的要地，还可用作经中途岛向日本进攻的美军对日作战路线的侧面防卫基地，地位非常重要。1923年，日本海军将对美

1937 年，日本海军省在硫黄岛竖起的“禁止擅入”标志牌。

作战计划中的主力决战阵位推进到小笠原群岛，前哨线则推进到南洋委任统治领的一部（马里亚纳群岛一带）。1923年3月，日本新设父岛要塞司令部，1927年制定要塞防备教令，规定了离岛防卫中的防空、沿岸警戒和战时警备等事项。但是在平时并未部署守备部队。

1933年，日本宣布退出国际联盟，次年12月又通告美国废除《华盛顿条约》。该条约将于1936年12月31日失效，太平洋迎来了日美两国军备的无条约时代。

根据1936年3月25日制定的关于日本国内防卫的陆海军任务分担协定和要塞地带法等，父岛要塞地带（父岛列岛及其周边的一定区域）的防卫由陆军负责，海军提供协助，小笠原群岛的其他部分、火山列岛、南鸟岛由海军负责。

1933年日本海军大演习时，在硫黄岛南部临时修建了战斗机用机场（南北跑道长800米、宽200米）。此后随着华盛顿条约的废除，海军着手对父岛、硫黄岛的航空基地进行整修扩建。1937年大演习时，在前述的硫黄岛南北跑道的北端，又增加了东西跑道（长800米、宽200米）。1939年4月，海军在父岛新设了航空队。当年11月15日，又新设第4舰队，以南洋方面为主要作战地区，对美作战计划中的决战场也从小笠原群岛附近海域推进到马里亚纳、西加罗林群岛海域。1940年2月的联合舰队的作战方案中，迎击决战海域又进一步修改为包含马绍尔群岛在内。1941年7月25日，海军又新设第5舰队，随着对美作战计划的进展，负责小笠原群岛附近东北偏北海域的警戒，当年10月1日又在父岛新设第5舰队辖下的第7根据地部队，奉命同陆军配合，负责小笠原群岛（不过父岛要塞地带由陆军负责，且有陆军一部部署于母岛）的防卫，同时决定强化火山列岛、南鸟岛的防卫。

在南鸟岛，1941年10月，海军第7根据地部队的派遣队员约50名抵达该岛，负责这里的防御。当年12月，又增加了约300人，从事南鸟岛航空基地的整修扩建。

另一方面，大本营陆军部鉴于形势紧迫，于1941年11月8日，根据国土防卫计划训令，发布了关于父岛要塞等地的战备命令。

1941年12月7日，陆军父岛要塞部队编成完毕。父岛要塞司令官为川上护大佐（至1942年7月31日），下属

太平洋战争爆发时的日本陆军东部军司令官田中静壹中将。

单位为：

父岛要塞司令部（含兵器修理所）；

第42要塞步兵队，由4个中队编成，各中队辖3个步兵小队和1个机枪小队；

第43要塞步兵队（编成同上）；

第15要塞工兵队；

父岛要塞重炮兵联队，辖联队本部和2个大队，装备“四五”式240毫米榴弹炮（4门）、“四五”式150毫米加农炮（2门）、“三八”式120毫米榴弹炮（4门）、“三八”式100毫米加农炮（4门）、“三”式70毫米加农炮（4门）；

父岛要塞防空队，包括2个高射炮中队、1个空中探照灯中队、1个机关炮中队；

父岛要塞通信队；

父岛陆军医院。

日本时间12月8日（美国时间12月7日），太平洋战争爆发。当天2时，东部军司令官田中静壹中将向父岛要塞司令官川上护大佐下令，该要塞应在12月8日6时以后，摧毁来袭的敌机敌舰。父岛要塞司令官根据该东部军命令及父岛要塞防御计划等，于12月8日9时下达了“父作命第26号”：“父岛要塞在击落来袭敌机以外，还应同海军配合应对敌军自海上的攻击，确保父岛本岛并尽量确保母岛本岛。”根据这一意图，采取了以主力防御父岛、以一部防御母岛和兄岛的部署。其设想为：“要塞防御的重点在敌之登陆攻击，同时针对来自海上的敌之炮击、（鱼）雷击及敌之空袭，应与海军配合掩护二见港和冲港。为此应于泊地附近将敌舰船消灭，不得已的情况下，也要确保岛内要点，适时采取攻势，将敌于海滨消灭。”这一防御构想系以父岛要塞为中心，至于硫黄岛的防备，陆军部队尚未予以关注。

随着太平洋战事的进展，小笠原群岛（包括南鸟岛）成为对东南方面及中太平洋方面作战的中转航空基地、海上运输基地，具有了重要意义，战备逐次得到强化。1942年6月15日，第7根据地部队被改编

1942年出任日本陆军北部军司令官的樋口季一郎中将。

为父岛方面特别根据地部队，继而在第5舰队属下负责该方面警备。当年9月25日，该根据地部队从第5舰队转归横须贺镇守府司令长官平田升中将指挥，负责父岛方面海陆空的防备、监视、巡逻、索敌攻击、海上交通保护救难、通信、探查敌情等任务。此外第5舰队负责日本本土东北方面海上作战和对苏警戒、第11航空舰队一部负责本土东方海上作战、第2海上护卫队负责南方航线的海上交通保护，同时横须贺镇守府对所辖区域严密防备、负责海上交通的保护、消灭附近敌舰船和飞机、协助联合舰队作战。

1942年9月，随着阿留申方面战况紧迫，为加强父岛的防备，父岛要塞下属的第43要塞步兵队于9月16日从父岛二见港出发，转归北部军司令官樋口季一郎中将指挥。随着该部转用，要塞司令官木村直树少将（1942年9月1日出任父岛要塞司令官）废止兄岛的部署，将防御部署改为以主力确保父岛、一部确保母岛，继续执行先前的任务。

1943年4月12日，根据大陆命第775号，大本营向南海第1守备队（吉尔伯特群岛方面的守备）和南海第2守备队（吉原秀雄中佐以下约420人）下达了派遣命令，后者被派往南鸟岛。

南鸟岛自1941年12月以来，已有海军部队约350人抵达，负责南鸟岛航空基地的整修扩建和该地的防卫。1943年4月10日，海军新设南鸟岛守备队，包括松原雅太大佐以下约500人（定员773人），归横须贺镇守府司令长官指挥，负责该岛警备。

南海第2守备队于4月26日从鹿儿岛出发，5月4日从宇品港出航（驱潜舰、扫雷艇各一艘作为护卫）时，归属横须贺镇守府司令长官指挥。5月5日，守备队乘坐的舰船在日本三重县大王崎附近海面被美军潜艇击沉，半数以上人员死亡，幸存者在护卫艇救助下于次日（6日）登陆横须贺，在

该地被编入由福井、石川、富山县兵员编成的部队，重新整编，之后于15日从横须贺起航，19日登陆南鸟岛，归属南鸟岛警备队司令松原雅太少将（1943年5月1日晋升）指挥。

联合舰队的第三阶段作战方针和作战实施要领等，于1943年8月15日传达给下属部队，内南洋方面的部队自不必说，小笠原群岛和南鸟岛防御部队也应在东北方面部队（以第5舰队及第12航空舰队为基干）作战警戒内，由横须贺镇守府负责抓紧建成迎击地带基地。联合舰队对太平洋正面的作战要领被命名为“Z作战”，方针为当敌舰队、进攻部队来攻时，联合舰队向该方面集中全部兵力迎击歼灭之。

太平洋战场的战况渐渐对日军不利，日军大本营决定改变先前的作战方针，于1943年8月24日内定了新的作战方针。联合舰队也于8月15日确定了第三阶段作战纲要和基于该纲要的作战要领（太平洋方面邀击作战要领）。

大本营在9月15日的御前会议上，决定了“在中、南太平洋方面，击破进攻现占领地域之敌的同时，极力持久作战，在此期间尽速完成从班达

1944年7月4日，美国海军的一架航母舰载轰炸机拍摄的日军在小笠原群岛最重要的设施之一父岛二见港照片。

海方面到加罗林群岛方面的防备，整备反击战力，对来攻之敌予以彻底反击，尽量在事前粉碎其进攻企图”的作战指导大纲，企图到1944年春左右为止，整备反击战力，特别是航空战力，彻底击破攻来的盟军。

根据大本营的这一新作战方针，为了加强东南方面和中太平洋方面的各岛屿的战备，决定投入以步兵约40个大队（南洋第1－第6支队等）为基干的陆军部队。

关于小笠原群岛和南鸟岛防卫的陆海军任务分配，根据1943年8月15日以后修订的陆海军任务分配协定，关东地区的离岛防卫任务的负责区划为：父岛列岛、母岛列岛由陆军负责（两地均由海军协助），伊豆群岛、小笠原群岛（除父岛列岛、母岛列岛）、火山列岛、南鸟岛由海军负责，其中伊豆列岛由陆军协助。

当时在南鸟岛，横须贺镇守府下属的南鸟岛警备队（海军）和南海第2守备队（陆军）及横滨海军航空队南鸟岛派遣队（陆攻6架）正在加强对该地的防备、巡逻和周边的对潜警戒等任务。1943年9月1日，以航母6艘、巡洋舰7艘、驱逐舰8－10艘为基干的美军特混舰队，从3时25分（南鸟岛的日出时间为4时24分）至13时5分，对南鸟岛实施了5次舰载机攻击，同时进行舰炮射击。南鸟岛守备部队以地面炮火击落了数架美机，但日军方面战死37人、6架飞机起火，机场、机库、兵营合计10座/栋被烧毁、南北两条跑道中弹80枚、航空燃料除400桶外全部被烧毁，损失很大。

9月2日，大本营对于美军空袭南鸟岛的意图，做出了“很可能是为了牵制其他方面或对本土实施奇袭作战而进行事前强行侦察和破坏攻击，但也有必要对其攻占南鸟岛的企图严加防范”的判断。此外，大本营陆军部通过这次空袭，对从南鸟岛至本土的接近路线上的要冲小笠原、硫黄岛的防备薄弱感到忧虑，立即指示加强硫黄岛方面的兵力。

当时硫黄岛的防务，如前所述是由海军负责（部署了父岛方面根据地部队一部），全岛的防备强化正在按照计划进行，包括扩建硫黄岛机场、设置雷达（电波探信仪）和方向探知机、加强对空和对海上军备等。

1943年9月硫黄岛的防御兵力如下：

硫黄岛守备部队（海军）

父岛方面特别根据地部队一部

父岛海军航空队硫黄岛基地

横滨海军航空队

〔以上两部合计约100人，有舰载轰炸机3架、中型攻击机6架（正在进驻南鸟岛中）〕

第7守备队一部（约100人）

80毫米高射炮4门、7.7毫米高射机枪4挺、75厘米探照灯2台（第一、第二炮台）

父岛海军通信队一部（约30人）

收发信装置一套

横须贺镇守府（横须贺设施部）派遣队（约800人）

此外，海军横须贺设施部的派遣队当时正在硫黄岛的千鸟（第一）机场施工，扩建与旧跑道斜向交叉的跑道，一条长1200米、宽200米的跑道已大体完成，另一条长1600米、宽200米（预定）的跑道则已经整修好1200米，可以起降海军“一”式陆攻（双发动机轰炸机）。其他附属设施也正在逐次完善。另外，陆军中央部大约在同一时期还顾虑到以陆军防备硫黄岛和母岛的问题，为了收集关于机场和防备设备的相关资料，陆军筑城本部部员木暮义雄中佐被派至硫黄岛，根据其侦察结果所做的研究，估计由陆军负责硫黄岛防卫的话，需“步兵一个大队（约1000人）、炮兵一个大队（约1000人，150毫米加农炮12门、120毫米高射炮16门）及若干其他人员（约500人）”。

日军大本营将班达海方面到内南洋诸岛中西部、马里亚纳、小笠原群岛一线设定为绝对国防圈后，根据这个绝对国防圈的设想，决定从中国派遣军及日本内地等地区抽调战略兵团派往太平洋正面，11月8日确定了关于大量派遣陆军部队至中太平洋方面的陆海军备忘录，决定向该方面派遣以步兵约40个大队为基干的部队（南洋第1－第6支队等）。11月15日，大本营又通过大陆命第889号，将第1独立混成联队（宇都宫）派往小笠原（于父岛待命），将第5独立混成联队一部和第16坦克联队第2中队及其整备中队一部派往南鸟岛，将第16坦克联队主力和第5独立混成联队主力派往大鸟岛（威克岛）。

第1独立混成联队于11月16日下令动员，26日，联队长坂本康一大佐以下4131人完成编成（联队本部、3个步兵大队、炮兵大队、工兵中队、卫生队），当天归入东部军司令官辖制，归属父岛要塞司令官指挥。

该联队根据大陆指第1718号（1943年11月19日），于宇都宫集结，为了随时可为大本营使用，开始专注作战准备，进行热带海洋作战的训练（在优势敌海空军活跃的情况下对优良装备敌军的岛屿攻防，特别是实施果敢的海上机动战所必须的事项），目标是在1944年3月末大体完成各训练项目。

1943年12月7日，大本营内定将正在宇都宫地区实施热带海洋作战训练的第1独立混成联队转派到新爱尔兰岛，12月14日，通过大陆命第908号，将该联队派往东南方向。第1独立混成联队于12月20日从横须贺出港，1944年1月1日登陆卡维恩（新爱尔兰岛的港口）。

第5独立混成联队于1943年11月17日下令动员，11月22日在广岛联队长坂田善市大佐以下4161人完成编成（联队本部、3个大队、炮兵大队、工兵中队、卫生队），从12月3日开始，在广岛县加茂郡原村厂房进行待命期间的训练。

此外，第16坦克联队（联队长八代重矩中佐以下本部、2个坦克中队、1个整备中队）正在中国东北的海拉尔驻扎，于当年12月21－22日期间抵达宇品，24日以后，同第5独立混成联队一起分成数波运输，开始向大鸟岛和南鸟岛方面前进。

南鸟岛守备队从1944年3月10日0时以后被编入第31军，同时由海军联合舰队司令长官指挥（中太平洋方面舰队司令长官直接指挥）。

第二章　日军在硫黄岛的早期准备和防空战斗

增兵小笠原群岛和新设第31军

1944年的战事与日军的预期相反，盟军的攻势进展迅速。在中太平洋，美军于1944年2月1日登陆马绍尔群岛的夸贾林环礁，日本陆海军守备部队于2月5日“玉碎”。中太平洋日美两军的海空战力差距日益悬殊。日军大本营于是更改既定的中太平洋增兵计划，除了向马里亚纳派遣第29师团，还将增兵小笠原、硫黄岛、南鸟岛等地列为优先事项，决定大力实施。2月5日，大本营通过大陆命第932号，下令向小笠原方面派遣要塞步兵队等部队。派遣的部队详情如下表所示：

上述部队于3月1日从横滨出港，3月4日抵达父岛。

此前，大本营在2月16日关于从中国和朝鲜抽出大量兵力派往中太平洋方面，以及新设第31军司令部的上奏得到批准。17和18日，美特混舰队乘占领马绍尔的余势急袭日本海军最大的根据地特鲁克环礁，使日军的飞机、舰船等装备和

指挥系统	派遣部队	动员管理官	登陆地点
归入父岛要塞司令官管辖的部队	第44要塞步兵队(甲)	留守近卫第2师团长	父岛
	第45要塞步兵队(甲)	同上	母岛
	第64要塞步兵队(乙)	留守第6师团长	兄岛
	第65要塞步兵队(乙)	同上	父岛
	第7要塞山炮兵队	留守第52师团长	同上
	第22要塞工兵队	留守第55师团长	同上
归入父岛要塞司令官管辖及横须贺镇守府司令长官指挥的部队	第41要塞步兵队(甲)	第42师团长	同上
	第67要塞步兵队(乙)	留守第56师团长	同上
	第68要塞步兵队(乙)	同上	同上
备考	一、要塞步兵队(甲)为大队编制，包括本部、3-4个步兵中队、机枪中队、步兵炮中队。 二、要塞步兵队(乙)为中队编制，包括3个小队。 三、第7要塞山炮兵队和第22要塞工兵队均为中队编制(3个小队)，要塞山炮兵队装备“四一”式山炮5门。		

设施损失很大，继而又于24日首次空袭马里亚纳群岛。

大本营陆海军部根据特鲁克空袭的事态，在紧急检讨前述增兵方案后，决定如预定的那样强行急速运输这些部队，于2月21日发布大陆命第949号，下令派遣第1－第8派遣队，并于同日以大陆命第950号，下令向小笠原方面增派下列部队（后面括号内为动员管理官）：

第54要塞步兵队（甲）（留守第53师团长）

第56要塞步兵队（甲）（留守第5师团长）

第57要塞步兵队（甲）（留守第5师团长）

第61要塞步兵队（甲）（留守第6师团长）

第66要塞步兵队（甲）（留守第56师团长）

以上部队于3月18日从芝浦出港，25日抵达父岛二见港，第54、第56要塞步兵队登陆父岛（之后被部署于母岛、兄岛），主力则在船内待命，一直到根据后述的伊支队派遣命令，于3月27日向硫黄岛前进。

为了应对中太平洋方面的紧张形势，大本营认为随着该方面的兵力增强，需要设置全面指挥陆军部队的司令部。

31军司令官小畑英良中将。

因此大本营在1944年2月25日发布第31军战斗序列，军司令官指定为小畑英良中将，将该军归入海军联合舰队司令长官的指挥，并于同日通过大陆命第954号，解除了“昭和十八年度以降帝国陆军国土防卫训令”中规定的防卫总司令官（东久迩宫稔彦王大将）对小笠原群岛的防卫任务，3月10日0时以后由海军负责该任务。

在海军方面，随着陆军新设了第31军，以第5舰队和新编成的第14航空舰队为基干，于3月4日新编中太平洋方面舰队（司令官南云忠一中将），第31军归入该方面舰队指挥。

第31军司令官于2月下旬乘飞机进入塞班岛，3月10日开始指挥。第31军起初由特鲁克地区集团（以第52师团为基干）、马里亚纳地区集团（以第29师团为基干）、帕劳地区集团（以第35师团为基干）、小笠原地区集团（以父岛要塞部队为基干）和军直辖部队等组成。

3月20日，随着将第14师团转派马里亚纳的命令的发布，马里亚纳地区被区分为南、北两地区集团。

小笠原地区集团于3月10日0时脱离东部军司令官的指挥，转为第31军司令部指挥。其具体编成如下：

小笠原地区集团

集团长　父岛要塞司令官大须贺应少将

父岛要塞司令部

第41、第42、第44、第45、第54、第56、第57、第61、第64、第65、第66、第67、第68要塞步兵队

第7要塞山炮兵队

父岛要塞重炮兵联队

第15要塞工兵队

第22要塞工兵队

父岛要塞防空队

父岛要塞通信队

父岛陆军医院

在1944年3月下旬制订的第31军防备计划中，为了绝对确保小笠原地区的重要航空基地硫黄岛，决定将其要塞化。

在第31军防卫计划中，小笠原地区集团的任务要点如下：

第31军防卫计划（摘录）

一、方针

1.军在预测敌军随时来攻的同时，以神速展开各部队，首先在小笠原、马里亚纳及特鲁克〔含（波纳佩）以西、（美莱庸）以东〕各地区，其次在帕劳（含雅浦周围及昂奥尔）地区急速确立防备基础态势。

2.各队逐次展开后，即扩充防卫修筑工事，造成可歼敌登陆部队于海滩之态势，逐次将其要塞化，期能以此确保航空基地群。为此，应首先于各队抵达后至迟一月内完成野战阵地，之后应尽速将要地永久工事化。登陆后大约3月内，完成以火力点为骨干之坚固野战阵地。

3.关于防卫基础态势的构成，系经考量当地海军的诸设施后，将其紧密联系统一起来，以此充分发挥综合战力。

二、今后作战指导之大纲

1.军作战指导的根本目的是为了确保中太平洋之要区，特别是航空基地群，以我航空部队将来攻之敌部队消灭于海上，使敌无法获得航空基地为先决条件，随后将敌进攻部队歼灭于海滩。

2.小笠原地区集团长要确保小笠原群岛。

其作战指导大纲如下。

（一）硫黄岛

该岛为小笠原地区之重要航空基地，须将其要塞化以绝对确保该地。

（二）父岛

该岛为较硫黄岛次等之航空基地，应加强既设要塞设施以确保之。为此应尽量保持海上机动兵力，准备对其他岛屿的作战。

（三）母岛、智岛

当前以阻止为敌利用为目标，部署所需之一部兵力。

3.各地区集团长对于未预定有部署兵力之各岛，应尽速进行调查，对于有可能为敌利用，特别是可能成为机场或谍报谋略基地之岛屿部署一部兵力，谋求监视之手段。

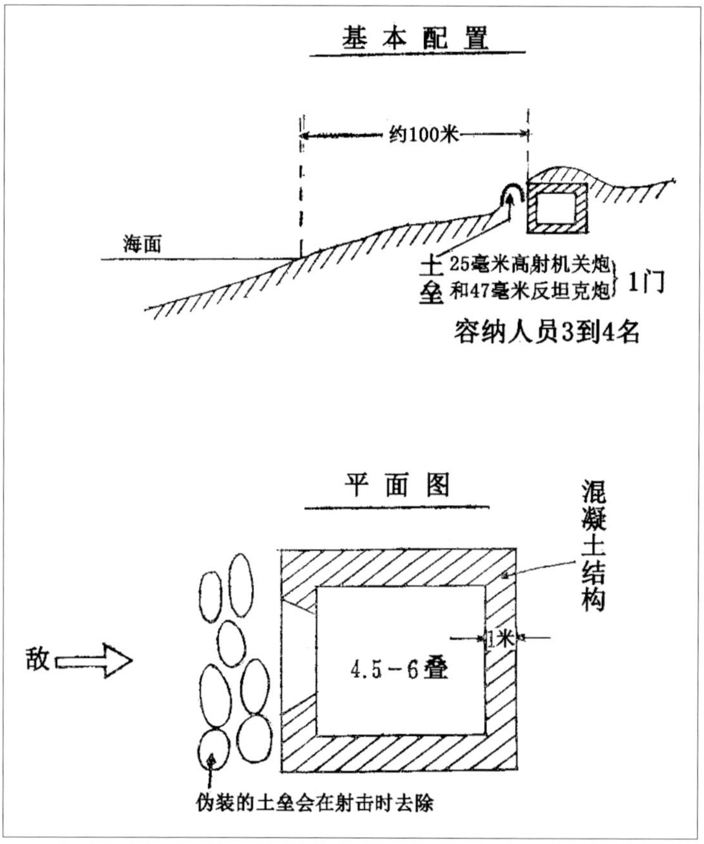

日军的滩头碉堡工事示意要图。

此外，根据防备计划别册“第31军筑城计划”，以“军于平时应对敌之来攻的同时，应首先为摧毁敌登陆企图于海滩，尽速大体完成可在轰炸炮击下掩护人员材料之工事设施。此后继续努力修补加强工事设施……至迟于今年10月末建成难攻不落之岛屿要塞”为方针，指示各地区集团在第一期（登陆后约一个月）完成野战筑城、第二期（继第一期后约两个月）加强野战筑城及一部永久筑城、第三期（第二期以后至1944年10月中旬）完成规定的永久性工事（重要掩体以高强度的混凝土和粗石制成或为洞穴式，阵地要害部位拥有坚固的地下构造）。另外在该计划中还规定了各地区的工事强度标准，其中小笠原地区的相关事项摘录如下表，计划中指示了在该地区以硫黄岛为重点，须特别大大增加其强度。

第31军防备计划从根本上来说是：为了在海上歼灭美军进攻部队而确立航空基地为主要着眼点，如果美军实施登陆，则将其歼灭于海滩。小畑军司令官在部队指导上，强调彻底的海滩兵力配备、海滩歼灭，这也是当时整个日本陆军对反登陆作战的指导思想。海滩歼灭思想的基础是，认为登陆作战中敌人最虚弱的时候是在海上和登陆前后，特别是登陆初期兵力被分割在地面和海上的时候，这正是歼灭敌军的绝佳机会。

3月中旬，中太平洋方面舰队和第31军司令部下达了该方面地面作战的防备统一要领，要求各地区集团长应将地区内陆海军部队地面作战的相关防备计划及准备工作统一起来，关于各岛屿地面作战的防备，由该岛屿的高级陆海军指挥官（航空部队指挥官除外）统一指挥。

所谓“地面作战相关防备”，系指地面战斗、近接炮台射击及伴随诸行动（配备、工事修建、障碍物的设置、警戒、通信），不含航空作战必要的航空部队行动、防空相关事项。

小笠原地区集团以父岛要塞司令官大须贺应少将（1944年2月14日任职）为首，于3月10日0时脱离东部军司令官指挥，转由第31军司令部指挥，其具体编成如下：

小笠原地区集团的编成

各地区筑城强度标准

地区	强度区分	设施要领	素质的强度		内地材料分配比率
			重要部	平均	
硫黄岛	甲	利用海岸和内陆的断崖岩盘陡坡，尽量构成洞穴式工事，对于缺乏可利用地形地物的地方，使用内地材料和石材等加强其强度，在海滩的岩礁部设置大规模水中障碍物，使海滩歼灭容易实施。	特甲	甲	七
父岛	乙	强化既设要塞特别是海滩防御阵地。利用地形构成洞穴式阵地，一部使用内地材料。	特乙	乙	三
母岛 智岛	丙	主要活用现地的地形和材料，在重要部形成甲以上的素质强度，内地材料限于少量使用。	甲	乙或丙	一
参考	一、在其他地区尽量活用当地的物料和地形以增加强度。 二、特甲（耐抗1吨炸弹、400毫米级炮弹）、特乙（耐抗200公斤炸弹、200毫米级炮弹）、甲（耐抗100公斤炸弹、150毫米级炮弹）、乙（耐抗50公斤炸弹、80毫米级炮弹），表示各自耐抗的直接命中强度，丙为耐抗15公斤炸弹和20毫米级炮弹及强力弹片。 三、内地材料的分配比率系针对以步兵一个大队为基干之情况。				

几名军官在小笠原地区集团长舍的合影，左起：白方参谋、厚地大佐、大须贺少将、大本营参谋高仓。

集团长 父岛要塞司令官大须贺应少将

父岛要塞司令部

第41、第42、第44、第45、第54、第56、第57、第61、第64、第65、第66、第67、第68要塞步兵队

第7要塞山炮兵队

父岛要塞重炮兵联队

第15要塞工兵队

第22要塞工兵队

父岛要塞防空队

父岛要塞通信队

父岛陆军医院

海军于3月15日新设硫黄岛警备队，同既有的父岛方面特别根据地部队、南鸟岛警备队一起被改称为“父岛方面防备部队”（指挥官为父岛方面特别根据地部队司令官森国造少将），在3月23日以后，由中太平洋方面舰队司令长官直接指挥，负责小笠原群岛和南鸟岛方面的防备。

小笠原集团的早期作战计划和备战工作

3月15日，父岛要塞司令官大须贺少将以小笠原地区集团长身份，根据第31军命令，按照以主力确保父岛列岛、以各一部确保母岛和硫黄岛的方针，向地区集团各部队发布了“小笠原作战命令（以下简称“作命”）甲第一号”。根据该命令，以第41、第67、第68要塞步兵队和第7要塞山炮兵队为基干的部队从3月20日左右开始到3月23日前后进入硫黄岛，同硫黄岛海军警备队协力着手强化该岛的防备，目标是到3月末为止，备战工作大体完成野战工事的构筑。

之后大须贺少将又决定将有力一部派遣至硫黄岛，于3月23日通过“小笠原作命甲第3号”，以要塞步兵8个队、野炮兵大队和工兵队等为基干编成“伊支队”，支队长由父岛要塞司令部附厚地兼彦大佐担任，负责确保硫黄岛。伊支队除支队本部外，其大概编

硫黄岛上残留的日军高射机关炮。

成为：第41、第57、第61、第64、第66、第65、第67、第68要塞步兵队，野炮兵大队（“三八”式野炮8门），第7要塞山炮兵队（“四一”式山炮5门），第15要塞工兵队，人员合计4883名。

小笠原、南鸟岛方面的海军部队，如前所述属于父岛方面防备部队（森国造少将以下2185人），在中太平洋方面舰队司令长官直接指挥下，于3

地图二　硫黄岛全图

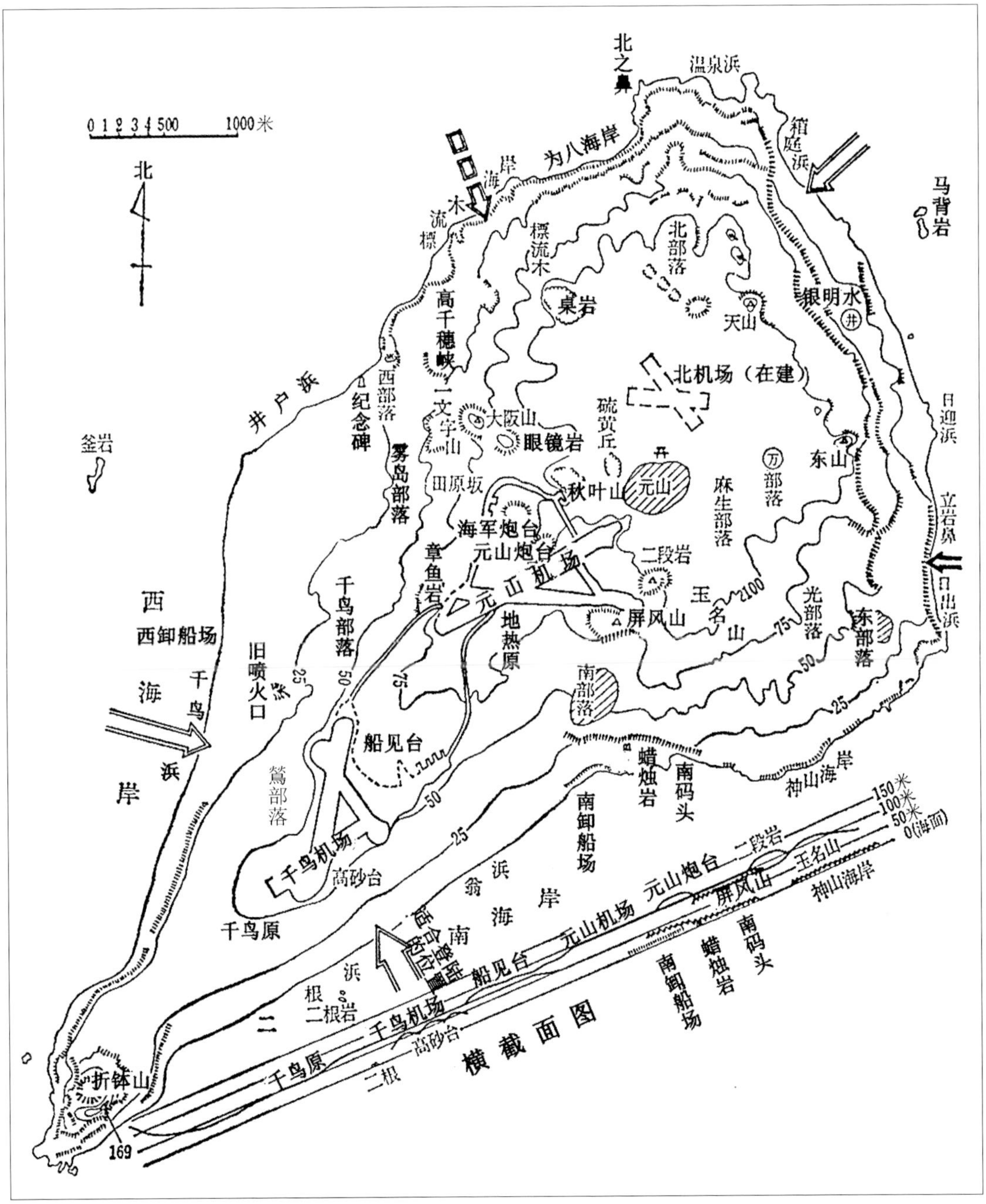

月下旬开始以水上部队为主，执行巡逻、船队（舶）护卫、紧急作战运输任务，由航空部队执行索敌巡逻飞行等任务。

和智恒藏中佐指挥的硫黄岛警备队在3月下旬得到海面炮台（120毫米炮3门）和防空炮台（120毫米高射炮4门、“九六”式25毫米双联装机炮6门，由横须贺镇守府海军建设部施工）等的加强。此外，父岛也在急速配备127毫米联装炮2门、120毫米高射炮6门、“九六”式25毫米双联装机炮12门等武器的海面炮台和防空炮台，同时父岛方面特别根据地部队尤其重视硫黄岛航空基地和父岛地面航空基地的扩建，努力加快施工进程。

3月下旬驻硫黄岛海军部队的编成概要如下：

海军硫黄岛部队

硫黄岛警备队司令

硫黄岛警备队（二段岩特设监视站、天山特设监视站尚未编成完毕）

父岛航空队司令

父岛航空队硫黄岛基地

901航空队硫黄岛派遣队

931航空队硫黄岛派遣队

3月23日，根据在贾鲁伊特北方约60海里处发现包括航母在内的敌大部队的情报，小笠原地区集团于3月26日14时30分以后转为第二警戒配备。此时正在向硫黄岛移动的伊支

在一个瞰制一片海滩的阵地上部署的日军双联高射炮，也可用于反舟艇射击。美军入侵时并未在那一片海滩登陆。这个阵地的位置过于暴露，从空中清晰可见，在美军地面部队登陆之前，已经被飞机的炸弹或火箭弹摧毁，也可能是得到空中观察员引导的美军舰炮击毁的。

队主力开始准备在船上进行对空射击，实施对潜警戒。就在这种紧迫情况下，该部于3月27日抵达硫黄岛（此前第41、第67、第68要塞步兵队和第7要塞山炮兵队等已登陆该岛），途中虽然受到潜艇威胁，但并未蒙受很大损失。至于硫黄岛的海军部队则以航空基地防空为主要任务，所以在伊支队抵达硫黄岛以后，该岛的全盘防卫主要由陆军负责。

伊支队长厚地兼彦大佐在3月27日同支队主力一起抵达硫黄岛后，于3月30日以火力及反击歼灭敌进攻部队于海滩为方针，确定了内容如下的作战计划。

伊支队阵地占领及战斗计划

（伊支作命甲第3号——1944年3月30日）

一、方针

支队于本岛四周占领坚固阵地，依凭火力摧毁敌舟艇于海上，以火力及反击歼敌于海滩。

二、指导要领

1.支队以主力在四周，特别是元山以南海岸一带占领坚固阵地。

2.特别让主要的自动武器、野山炮构筑“堡垒”或岩洞阵地，针对敌舰、敌机的轰炸炮击获得确实掩护，于敌船艇侵入时，将其摧毁于海上。

3.敌兵登陆时，以小型海滩水雷、地雷、反坦克壕、低铁丝网、肉搏攻击班摧毁敌机械化部队，集中步炮兵的主要火力以反击歼敌于海滩。

4.如敌军进入岛内，应特别在第一、第二机场各自的南端附近、南部落、101.9高地近旁西南方之无名部落附近构筑坚固支撑点确保之，以此充当反击据点歼灭敌军。

5.山炮3门应适时于支队预备队之位置待机，协助本岛东北部地区的战斗和在支队反击时该方面的战斗。

6.海军硫黄岛警备队在进行防空以外的战斗时，为协助支队应在机场附近支撑点的阵地同步兵协同战斗，其平射炮应以急射击毁迫近之敌运输船及船艇群等。另高射炮参加防空战斗的时机应能协助海滩的地面战斗。

7.根据敌舰艇来袭的情况，以水警科舟艇及临时第三锚泊场司令部支部的舟艇实施水上战斗，击毁敌舰敌舟艇。

8.根据战况的发展，在114.8高地一带构筑坚固阵地，充当最后的预备阵地，尽力确保，以此为消灭敌军的最后据点。

关于阵地构筑的支队长提醒注意事项

一、各队在敌舟艇接近海岸前和登陆前将其消灭，组成可实施海滩歼灭的火网及制定相应战斗计划。

二、各队应做好准备，以便在任何时候遭遇敌之急袭，均可立即完成部署，进行战斗。

三、应事先考虑第二线部队预备队等的反击计划。

四、各队应考虑相邻部队的侧面防御问题，以一部火力指向该方面。

五、应事先做好阵地前的距离测定标示。

六、各队应首先努力构筑完成第一线阵地。

伊支队所属各队抵达硫黄岛后，根据支队命令，以4月28日前完成野战阵地为目标，开始几乎不眠不休地倾尽全力从事阵地构筑等备战工作。

4月上旬，伊支队的防御部署如地图三所示，在四周部署要塞步兵队，第57要塞步兵队为支队预备队，置于支队本部所在的元山一带。

厚地支队长以阵地构筑为最优先事项，宿营设置等为次要事项，指示了可根据情况变化，即使从次日开始中断补给，也能够继续战斗的部署要

地图三　伊支队在硫黄岛的防御部署

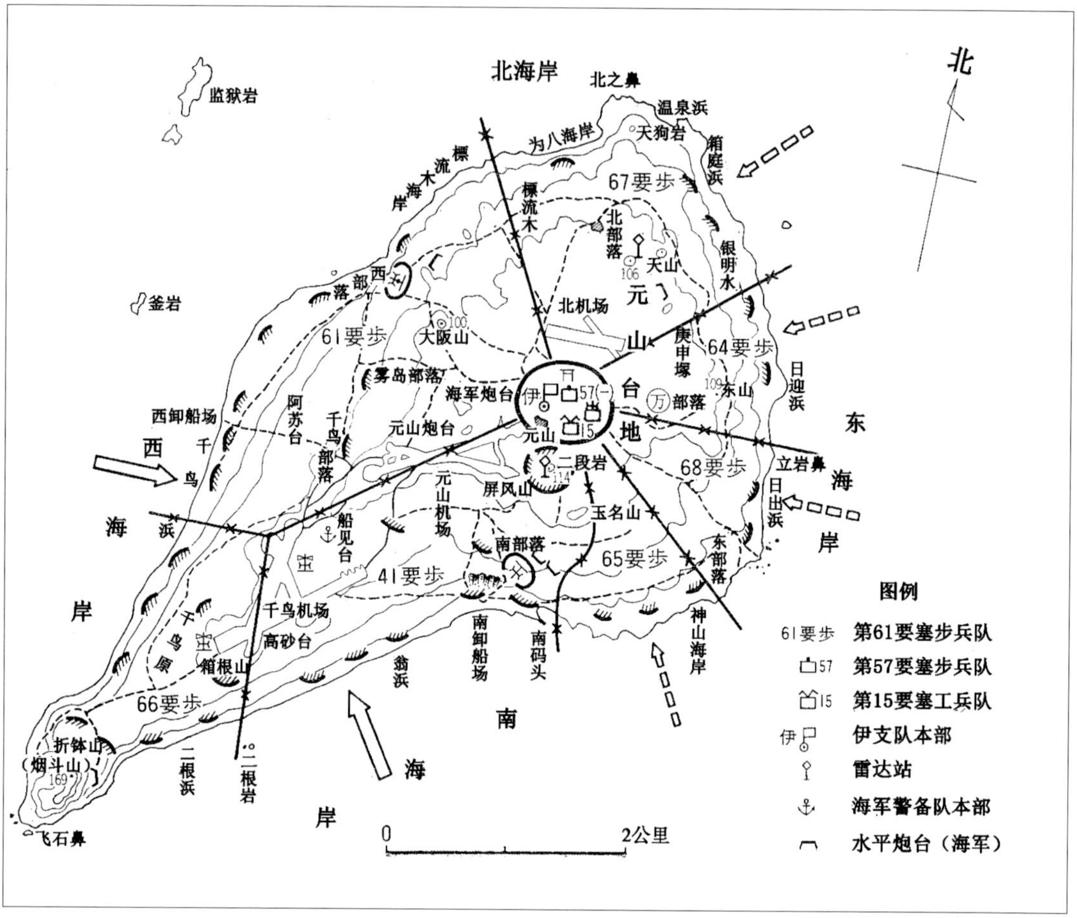

领，还要求节约物资。由于硫黄岛的用水不足和水质不良，导致很多人染上腹泻。根据4月23日的资料，患者数达到460名，约占总人数的10%，其中完全无法执行任务的患者有300名。支队虽然同海军协作研究了贮水方法和节约方法，但由于绝对数量不足，规定分配给各人的水的使用量只有每天洗脸0.5升、饮用水2升、做饭2升合计4.5升而已，在洗澡时，则以1人6升为标准。

4月6日，第31军司令官小畑中将在田村义富陆军少将（中太平洋方面舰队副参谋长）陪同下视察了硫黄岛，对伊支队的作战准备进行指导。军司令官以下强调必须贯彻军的作战指导根本方针，即在水上和海滩歼敌。

此外军筑城部的松木繁中佐于4月8日左右被派往硫黄岛，教授了美军机动部队的空袭战术和美军基地航空部队的攻击要领及岛屿防御的阵地编成、设备和防御战斗相关内容。5月中旬，军筑城部长木暮义雄大佐又奉命赶赴硫黄岛，实施了为期约一周的工事构筑相关教育。

小笠原地区集团长大须贺少将也在4月中旬视察硫黄岛，提出了关于组织积极的海滩歼灭战的要求，要点如下：

小笠原地区集团长训示（要点）（1944.4.17）

第一，抗击敌登陆的战斗

须贯彻海滩歼灭方针。

防御登陆必须以少量兵力负责整个正面。但是对于逐次登陆之敌，防御兵力相对而言并非处于劣势，可逐次将登陆之敌各个击破，如果使最后登陆之敌得以展开，则胜算不大。防御登陆在表面上是防御，实际上却是攻击。即使构筑了阵地也要以攻势决出胜负。必须做好以全部兵力指向登陆地点的准备。第一线阵地必须抱有死守的觉悟，不能退到后方。

第二，地形的考察。

敌军会在未部署过的地点登陆。在相当坚固的地点登陆的情况也有（如阿图岛之例），必须严密监视。

第三，关于工事。

敌军惯用的攻击方法为强攻。要准备将阵地要塞化，必须构筑能够承受敌轰炸炮击的设施，但不必对此过于执着，防御方的优势在于熟悉地形。应详细观察地形，充分利用地形地物。

第四，警戒。

不应过于依赖友军飞机，应各自充分保持警惕，避免为敌出其不意。

第五，对空战斗。

敌机击落主义、一发必中主义。

第六，与海军的联络。

第七，保证飞机能够活动是我们地面部队的任务。首先以友军飞机在海上远距离压制敌军是上上之策。应在协助建设机场的同时构筑自身的阵地。不要存在认为被海军役使是很卑屈的事情的想法。

第八，关于训练。

战场即训练场。不要将对中国军队的战斗同对美军的战斗混同起来，应训练对拥有优势火力之敌的反坦克战斗、对毒气战斗法、夜间攻击动作等。

第九，关于兵器材料。

应能熟练操作武器，保证能随时发挥其机能。

第十，现地自活观念。

第十一，略。

战后出家为僧的和智恒藏及其所作的“硫黄岛巡礼之诗”。

如上所述，关于硫黄岛的防御部署，各级指挥官均强调实施海滩歼灭，伊支队也以海滩部署为重点，不断完善阵地。

4月16日上午，以“熊野山丸”号（2857吨）为核心的运输船队搭载着硫黄岛警备队的增援部队等从横滨港出发。船队中还有航速缓慢、体型较小的“百福丸”号、“大功丸”号、驱逐舰1艘、护卫舰4艘。途中船队曾两度遭美军潜艇袭击，“百福丸”被击中起火。

4月26日“熊野山丸”号船队抵达硫黄岛。随“熊野山丸”号一同到来的海军官兵中，有馆山炮术学校毕业的多田实和生出正也两名少尉。登陆后，多田向身材瘦高的硫黄岛警备队司令和智恒藏中佐（战后出家成为佛教僧侣，任初代硫黄岛协会会长）报到时，注意到中佐后方远处有一个巨大的设备，从上面伸出了几根烟囱。多田问道：

“司令，那个装备是什么东西？”

“啊，那玩意啊。那是净化海水的装置，盐水分离器，因为这里没有淡水嘛。不过，那玩意没啥用。”

和智很快就向在船见山集合的警备队本部新任军官和士官下达部署命令，多田少尉被任命为南海岸机关炮台长，生出少尉则在本部出任卫兵警备副队长（不久之后成为警备队长）。

南海岸机关炮台位于千鸟机场东侧、南海岸的海边阶梯状台地上，背面和左方都被跑道包围，是直接守卫千鸟机场的设施。千鸟机场上整齐排列着约20架飞机，包括陆上攻击机、舰上攻击机、零战，就好像是海军飞机的展览现场一样，看起来很壮观，其实都是故障机和报废的飞机，但正好可以用来吸引敌机攻击。

南海岸机关炮台当时已安装25毫米双联装高射机炮5座共10门。但是朝炮台看上一眼就会让人立刻觉得“这样子可不行啊”。因为炮台全部是“地上式”的，暴露在沙滩上。多田在第二天就命令将其改筑为“半地下式”炮台。修筑作业十分辛苦，炮台人员露出了厌烦的表情。多田鼓劲说：“不管怎样应该活着跟敌机战斗到底。”炮台人员听到“为了活下来”这样的话之后，也提高了重新修筑工事的速度，用了几天工夫就使炮台在沙滩地面之下建成了稳固的结构。这一工程结束后，多田和炮台人员开始能够融洽相处了。

5月初，多田又奉命卸

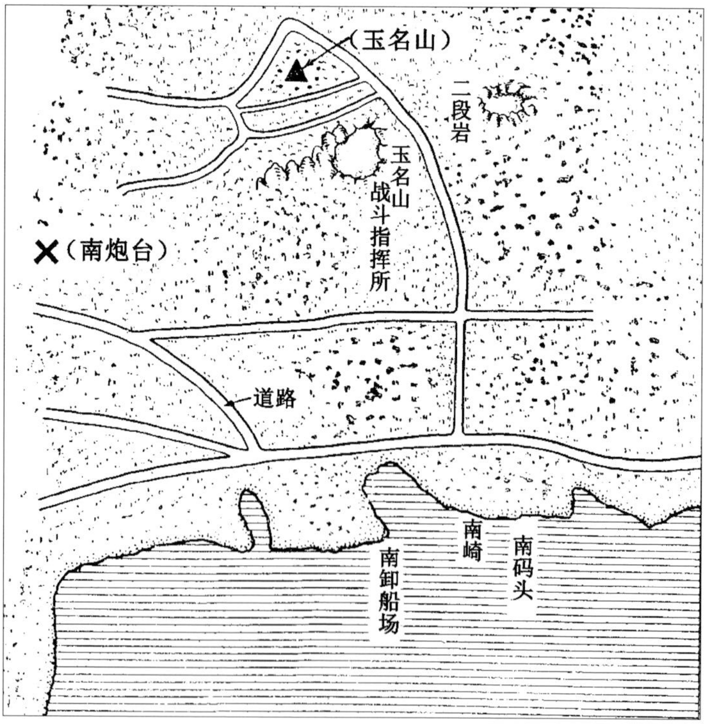

南炮台略图。

载、搬运和临时指挥1门平射炮。卸载到南码头上的1门140毫米炮，据说是从战舰上拆下的副炮，上面刻着“大正十二年制造”的文字。多田忽然想到：“在我出生那年制造的大炮能管用么？”不过这门炮在几天后就被临时安置在折钵山脚。

真正令多田忧虑的是另一件事：虽然美海军特混舰队可能很快袭来，但官兵们却全都居住在地面上的千鸟兵营和旧村落的设施里，必须尽快建成可承受轰炸炮击的地下居住区才好。但是钢材、木材和水泥都优先配给航空队，没有发给警备队。可是在满布沙地的南海岸建造地下居住区却必须使用钢材和水泥。

这样苦苦思索了两三天后，他忽然盯上了千鸟机场的废旧飞机。“有了！”他不禁为这一发现感到兴奋。其中的雪茄型的“一”式陆攻机让他非常中意，认为如果就这样埋在地下强化的话应该可以抗住近弹。他马上去找航空队交涉，对方的回答很爽快：“啊，想用哪个请自便，反正都是些没法用的东西。请尽管拿走好了。”

5月末，和智偕生出少尉前来巡视。此时恰好多田的部下正在南海岸掩埋“一”式陆攻，用土丹岩和水泥进行强化。

“多田少尉，那是什么？”

“司令，那就是‘一’式地下掩体。”

“哦，原来是那种东西啊，那玩意儿没问题吧？”

“没问题，这个必须要建在地下。被一吨级炸弹直接命中的话另当别论，舰载轰炸机的炸弹之类的话是没问题的。反正早晚要过上鼹鼠般的日子……”

“嗯，果然是要钻进‘一’式陆攻地下掩体啊，这是废物利用啊，哈哈哈！”

和智露出了难得的笑容。

将飞机的机身用作地下坑道式或碉堡式设施骨架的建设此后在满布沙地的千鸟地区一带得以推广，一直持续到美军登陆前不久。以若干“一”式陆攻为骨架的地下碉堡果然奇迹般地承受住了雨点般的轰炸炮击，在战后还被发掘出来。

新设109师团和栗林师团长的到来

日军大本营以1944年2月17日美军空袭帕劳为契机，加紧强化西加罗林、新几内亚西北部、菲律宾南部连接而成的三角地带的备战工作，联合舰队也制订了以在该方面的迎击作战为主的“阿”号作战计划，于5月20日下令启用该计划。然而在此期间，盟军的进攻十分猛烈，逐渐沿着新几内亚北岸取得立足点。

从中国、朝鲜紧急派出的第31军下属部队的运输未受大的损失，便在5月左右大体完成，但这些部队除了固有的师团、联队建制外，为了应对紧急战况不得不进行抽调编成，结果编组与指挥关系变得甚为复杂，为此大本营陆军部随着这些部队完成展开，为了确立指挥组织和加强团结，于1944年5月22日通过军令陆甲第58号，将各支队、派遣队等改编为独立混成旅团、独立混成联队等。

随着第31军下属部队的改编，大本营在当天通过大陆命第1014号更改第31军的战斗序列，同时以驻小笠原群岛的父岛要塞守备队、要塞步兵队等为基干编成第109师团。新的小笠原地区集团编成如下：

集团司令官 第109师团长

第109师团

第12独立混成联队

第5要塞建筑勤务中队

其中第12独立混成联队系由南鸟岛的陆军部队（第5独立混成联队本部、第5独立混成联队第3大队、第5独立混成联队炮兵第3中队、南海第2守备队、第16坦克联队第2中队、第16坦克联队整备中队一部）改编而成。

第109师团新编入师团司令部、第1混成旅团司令部、第1混成联队本部、第1混成联队通信队、第2混成旅团野战医院、师团警戒队。

第109师团主要是由驻小笠原群岛（不含硫黄岛）的要塞步兵队等为基干编成的第1混成旅团和驻硫黄岛的陆军部队为基干编成的第2混成旅团，以及第1混成联队、第109师团高射炮队、师团通信队、师团警戒队、第9重炮兵联队（由父岛要塞重炮兵联队改编）、父岛陆军医院编成。

小笠原集团（含第109师团的编制）的详细编成和部署情况如下表所示：

第109师团司令部主要幕僚：

参谋长　堀静一大佐(1944年5月27日－1944年12月29日)

参谋长　高石正大佐(1944年12月30日－“玉碎”)

参谋（作战，后为情报）西川猛雄中佐（1944年5月27日－“玉碎”）

参谋（情报·通信）　白方

小笠原地区集团的编成

<table>
<tr><th>部队</th><th>部署</th><th>部队</th><th>部署</th></tr>
<tr><td colspan="4">第 109 师团</td></tr>
<tr><td>第 109 师团司令部</td><td>硫黄岛(7. 5 抵达，下同)</td><td rowspan="3">第 2 混成旅团
(旅团长 大须贺应少将)
第 2 混成旅团司令部
第 309 独立步兵大队
第 310 独立步兵大队
第 311 独立步兵大队
第 312 独立步兵大队
第 313 独立步兵大队
第 314 独立步兵大队
第 2 混成旅团炮兵队
第 2 混成旅团工兵队
第 2 混成旅团野战医院</td><td rowspan="3">

硫黄岛
硫黄岛
硫黄岛
硫黄岛
硫黄岛
(缺部队)
硫黄岛
硫黄岛
硫黄岛
硫黄岛</td></tr>
<tr><td>第 1 混成旅团
(旅团长 立花芳夫少将)
第 1 混成旅团司令部
第 303 独立步兵大队
第 304 独立步兵大队
第 305 独立步兵大队
第 306 独立步兵大队
第 307 独立步兵大队
第 308 独立步兵大队
第 1 混成旅团炮兵队</td><td>父岛</td></tr>
<tr><td>第 1 混成旅团工兵队</td><td>硫黄岛(7. 3 抵达)</td></tr>
<tr><td>第 1 混成联队</td><td>母岛</td><td>第 9 重炮兵联队</td><td>父岛</td></tr>
<tr><td>第 109 师团高射炮队</td><td>硫黄岛(7. 16 抵达)</td><td>第 109 师团警戒队</td><td>硫黄岛(8. 12)</td></tr>
<tr><td>第 109 师团通信队</td><td>硫黄岛(9. 15 抵达)</td><td>父岛陆军医院</td><td>父岛</td></tr>
<tr><td>第 12 独立混成联队</td><td colspan="3">南鸟岛(6 月 8 日编成完毕)</td></tr>
<tr><td>要塞建筑勤务第 5 中队</td><td colspan="3">硫黄岛</td></tr>
<tr><td>备考</td><td colspan="3">一、第 109 师团之后又编入突击中队、喷进炮中队(喷进炮 40 门，配备弹药 434 发，约 130 人)等。第 9 独立工兵联队第 1 中队(中队长大塚家一郎中尉，主力派往特鲁克)被改编为第 2 混成旅团工兵队。
二、随着父岛要塞的废除改编，该要塞司令官大须贺应少将于 5 月 27 日被任命为第 2 混成旅团长。
三、第 2 混成旅团炮兵队含独立混成野炮中队(中队长玉田猛中尉，1944 年 8 月末抵达硫黄岛，有野炮 4 门、121 人。)</td></tr>
</table>

藤荣中佐（1944年5月27日－1944年12月10日）

兼父岛方面特别根据地部队参谋

参谋（作战·通信） 中根兼次中佐（1944年10月27日－“玉碎”）

参谋（后方·筑城） 吉田纹三少佐（1944年6月30日－“玉碎”）

参谋（派往父岛） 堀江芳孝少佐（1944年6月30日－“终战”）

参谋（后方） 山内保武少佐（1945年1月25日－“玉碎”）

副官 小元久米治少佐（1944年5月27日－1945年2月3日）

从东部军司令附转任第109师团长的栗林忠道中将是骑兵出身，以前主要从事陆军省勤务和担任骑兵部队指挥官，开战时出任第23军参谋长，参与制订进攻香港的计划。此外战前他曾两度在美国和加拿大担任驻当地武官，对美国的情况非常了解。

栗林酷爱诗歌，在陆军省马政课长时代曾创作过《爱马进行曲》等歌曲的歌词，极为爱马，在部队官兵中间流传的一个笑话是栗林曾对汽车司机说：“把车拴在那边。”

6月8日，栗林师团长偕副官藤田正善中尉从木更津直接飞抵硫黄岛。虽然有人提出应将司令部的一部分置于充当小笠原群岛全盘指挥、通信、补给中枢的父岛上，但栗林认为：“在小笠原群岛之中，硫黄岛拥有最好的机场，战略价值最为重要。敌军的攻击目标也应该是硫黄岛。”因此将司令部设在硫黄岛上。

硫黄岛日军最高指挥官，109师团长兼小笠原兵团长栗林忠道大将。
栗林忠道简历：
1914年12月25日 骑兵少尉（陆士26期）
1923年11月29日 陆大毕业
1927年9月26日 为研究军事驻美国
1930年3月6日 骑兵少佐
1930年4月23日 陆军省军务局职员
1931年8月1日 加拿大在职帝国公使馆武官
1933年8月1日 骑兵中佐
1933年12月30日 陆军省军务局职员
1936年8月1日 第7骑兵联队长
1937年8月2日 骑兵大佐、陆军省军务局马政科长
1940年3月9日 陆军少将、第2骑兵旅团长
1940年12月2日 第1骑兵旅团长
1941年9月16日 第23军参谋长
1943年6月10日 陆军中将、留守近卫第2师团长
1944年4月6日 东部军司令部附
1944年5月27日 第109师团长
1945年3月17日 陆军大将
1945年3月26日 战死

从6月8日抵达硫黄岛后，至1945年3月26日战死为止，栗林一步也没有离开过硫黄岛。抵达硫黄岛后，他暂时住在樱井真作的房子里，后来由于空袭日益激烈，搬进了坑道。

大本营陆军部参谋朝枝繁春中佐曾经接触过栗林。1944年7月中旬，为了推进小笠原群岛的备战工作，朝枝从作战课被派到硫黄岛。在师团司令部的营帐中，他初次同栗林师团长见面，栗林对他说：

“朝枝君，美国人有容易自豪的国民性，所以对美作战指导也必须充分理解这一国民性，努力与其相协调。”

栗林接着说道：

“在棒球方面也是，美国佬有这样的习性：如果他们在第一战中取胜的话，就会更加有劲头，后面会让对手难以抵挡，但是如果一开始就受挫的话，就会变得一直很软弱。”

“所以在这座硫黄岛上也是，如果不在这里予其沉重打击的话，他们在后面就会更加来劲儿，难以应付，以后的本土作战会非常艰难。应该让大

本营充分认识到这点。”

关于栗林给他留下的印象，朝枝有如下回忆：

将军给我的印象是深谋远虑，性格比较拘谨。5月，他以第109师团长的身份，在陆军作战室接受大本营的作战计划说明时，在图上感觉是铜墙铁壁般的防御，但6月10日（应为6月8日）抵达硫黄岛实地观察后，感到图上的印象与现实相差过于悬殊，使他相当吃惊。如果是其他将军的话，肯定会不断要求大本营增加兵力、材料，但将军对于我这个幕僚，仅仅是间接暗示而已，至于催逼大本营满足要求这种事从来没有说过。即使是次年2月受到敌人进攻后也是如此……

塞班岛陷落前后的硫黄岛防空战斗

1944年6月13日，美军大舰队包围了塞班，进行了猛烈的炮击轰炸。大本营仍固执地认为美军不会登陆塞班，不过联合舰队还是下令第1机动舰队北上前往马里亚纳海域。

1944年6月15日，美军开始大举登陆塞班岛。对美军来说，除了正在远道北上的第1机动舰队外，唯一会妨碍他们登陆塞班的就是便于从日本内地补充飞机的硫黄岛基地及其航空部队。为阻止日军对这次登陆作战发动航空攻击，美军在当天下午以60架舰载机首次空袭硫黄岛。

硫黄岛在当天从凌晨3时起进行了战斗部署。多田实少尉的南海岸机关炮台也为紧张的气氛笼罩。黎明时分，一号机枪至五号高射机关炮均已将双联装的炮口指向天空，士兵们都戴上了钢盔，全体人员屏住呼吸等待命令。

早饭后不久，硫黄岛日军各部便接到了“敌军开始登陆塞班，本岛也有机动部队（航母舰队）接近”的情报。多田立即进入指挥所的地下掩体更换服装。10时30分，多田所属的千鸟炮台群的指挥官蛭沼喜助中尉命令各炮台长集合。蛭沼叉开双腿站在千鸟80毫米高射炮台的掩体上，说道：“今晨7时17分，联合舰队司令长官下令发动‘阿’号作战决战，还发出‘皇国兴废在此一战，各位应更加奋勇努力’的训令。敌人必然袭击本岛，现在皇国的兴废就落在参加‘阿’号作战的诸官的双肩。希望你们指挥部下发挥平时的训练成果。”

“雷达情报：120度，200公里，感应度高，严密监视中。”13时刚过不久，多田首次接到敌军逼近的情报。从背后的千鸟和元山的机场上，海军航空兵的37架“零”式战斗机在轰鸣声和沙尘中一架接一架地起飞了。过了15分钟，突然从密云的另一边隐约传来了爆炸声。过了数十分钟，多田看到2架日机冲向千鸟机场着陆，接着微粒般的飞机编队开始在云间现身。

“疑似敌编队，南硫黄岛方向！”各机炮同时报告。

“对空战斗！”多田从指挥所探出身子大声发令。接着响起了机关炮特有的沉重的弹

硫黄岛的“零”式战斗机。

仓装填声。多田用双筒望远镜观察飞机编队，清楚地看到是新锐的格鲁曼F-6F“地狱猫”战斗机。

“目标，敌格鲁曼编队，南硫黄岛方向，高角60！”

美机编队仍然在云间时隐时现，并未冲过来。日军的高射炮首先开火。编队后方出现了星星点点的黑烟。美机再次隐入云中。

这时从云中飞出了1架、2架、3架、4架——格鲁曼向千鸟机场冲过来了。美机的机枪首先开火。高度4000、3000、2000……

“开火！”

南海岸机关炮台的10门双联装机关炮同时开火了。夹杂着曳光弹的数十条火力线在空中交叉飞舞。转眼间第一波美机就向机场俯冲过来，然后在爆炸声和机枪声中贴着西海岸的海面飞走了。硫黄岛的首次战斗断断续续打了约50分钟后结束了。

“疑似大编队，90度方向！”这排列整齐的大部队只可能是美机。

“敌机，90度，冲过来了！”

监视员喊道。这次不只有格鲁曼，还有柯蒂斯SB2C轰炸机。

“目标，敌人的第二次编队！”

“开火！”

美机的目标和多田预料的一样是千鸟机场上堆在一起的废机群。美机以数架为一组急速冲来。爆炸声、双方的开火声、炸弹的爆炸声和震动、飞扬的沙尘、飘荡的硝烟，这一切使得地面上几乎无法看见天空。

“干得好，万岁！”靠近指挥所的一号机炮那边响起了欢呼声。高度约100米、也可能是50米，一架格鲁曼拖着鲜红的火焰猛然下降。美军飞行员在火焰中拼死挣扎的情景掠过多田眼前，紧接着在瞬间越过西海岸冲进海中。

“笨蛋！”多田循着声音仔细一看，在一号机炮那边，资深下士官石井作治一曹正在用指挥棒乱敲射手渡边长光上水和旋转手涉谷喜幸上水的钢盔。射击停止了——两人都离开握柄和踏板在不停地欢呼“万岁！”

“右方，敌机！”多田不禁叫出声来。这次从折钵山方向飞来了新的编队……

当天空袭，美机反复攻击的目标主要是以千鸟机场为中心的地区，持续了约2个小时。日军应战的地面炮火是以南海岸和船见台为中心的南地区和千鸟地区的防空炮台。

16时，美机终于离去，这时南海岸机关炮台已经布满了难以计数的炸弹坑和机枪子弹孔及弹片，己方的弹壳也在周围堆积成山，简直连下脚的地方都没有了。正如多田预料的那样，南海岸机关炮台出色地发挥了吸引美机火力的作用，且没有一人死伤。当天该炮台的发射弹数为4270发，是预计的数倍之多。

日本海军航空兵以37架零战迎战，声称空战战果为击落4架、地面炮火击落13架，但日军方面有28架战斗机未归还，此外还有陆攻（海军的双引擎轰炸机）3架起火、4架中弹。当天，父岛也首次遭到约80架美机空袭，日军的声称战果为击落约8架，但日军也损失了从塞班退避的水上侦察机等约20架。

16日，美舰载机约100架再度袭击硫黄岛，多田的南海岸机关炮台也再次被卷入战火之中。

“南硫黄岛方向，60度，敌大编队不断靠近！”监视员喊道。远远望去，美机大编队如同撒到空中的芝麻一般逼近了硫黄岛，开始在周围上空盘旋。太阳高挂头顶，多田再次戴上了太阳镜。这时两架……三架……四架美机背朝太阳突然翻动机翼，然后和昨天一样

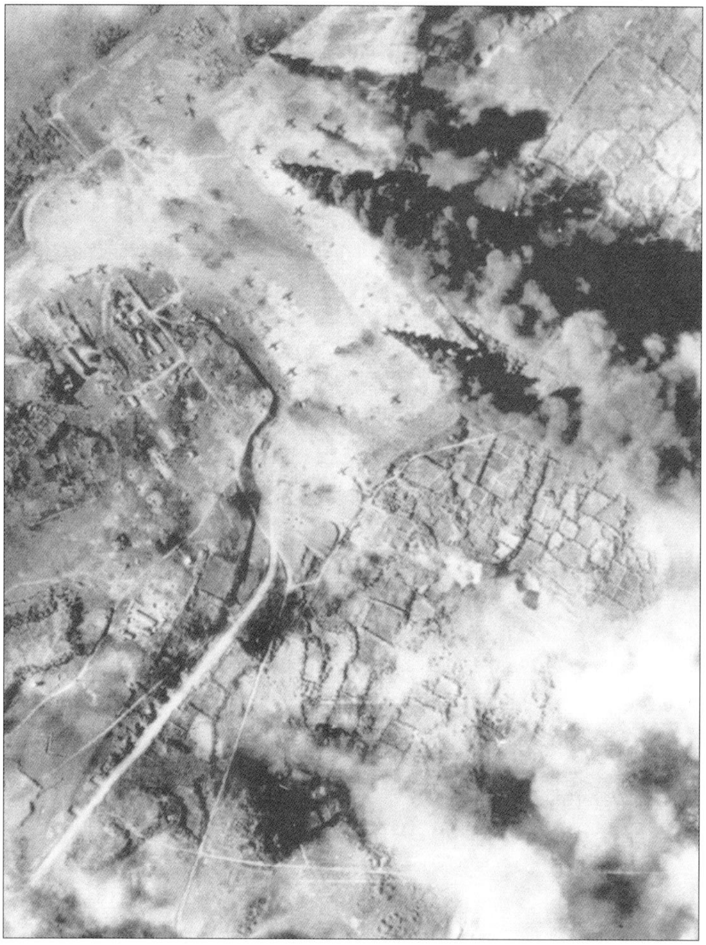

美国海军航母舰载机空袭硫黄岛时，摧毁尚在地面的飞机的照片。图中黑色烟柱是由于美机空中机枪扫射击穿日机油箱引起的燃油爆炸产生的。

向千鸟机场冲来。残酷的战斗开始了。格鲁曼从3000米处开始用机枪扫射，数十条火矢越过头顶。但美机仍在己方射程距离之外。美机到了大约2500米高度时，四号机炮还没有接到命令就突然开始射击。

“笨蛋！”多田在指挥所不禁怒骂起来，但已经来不及了。各机炮一齐开始射击。

美机这次向南海岸炮台俯冲过来。SB2C跟在格鲁曼后面一架接一架地逼近。机枪子弹在炮台内乱飞，炸弹也开始落下。炮台上到处有机枪子弹打来，又被弹飞，炸弹在发出可怕轰响的同时掀起高高的沙土，其中还夹杂着己方机炮的咆哮声。硝烟和沙土又让地面上的人几乎看不到天空。

十数枚火箭弹和几颗、十几颗炸弹一起离开机身落在近处。多田感到太近了，觉得很快就要被打中了，一瞬间他出于本能弯下腰将身子缩在指挥所掩体内。

俯冲结束后，多田从烟尘里站了起来。当沙尘消散时，他才可以看到各机炮的情况。各炮长都在凝视着指挥所，多田和各炮长的视线碰到了一起。各机炮都调转了炮口以应付下一个编队。多田利用美机来袭的间隙集合各炮长讲话。

“大家都干得很好。我炮台遭到敌人的集中攻击，但是如果把敌机放到近处的话，稳定的地面炮台一定会赢。绝对不许无命令就过早射击。电话线也再次被切断了。所以从现在开始转换为‘主动炮模式’。我会进入一号机炮。我在一号机炮挥舞军刀，就表示‘开始射击’。听好了，在一号机炮射击前绝对不要射击。”

第二波美机很快就来了。多田已经进入一号机炮的大型掩体，各炮长紧紧盯着一号机炮。

“开始射击！”挥舞着的刀身在灼热的眼光下闪闪发光。各机炮一齐开火了。

美机编队这次以南海岸为中心向防空炮台冲来。沙土和硝烟遮蔽了半个天空。一号机炮近旁也不断落下炸弹。但是大多数美机都投弹过早，似乎是因为害怕数十条对空曳光弹的弹道。机枪扫射也没有打中炮台。

战斗持续了差不多两个小时。一些美机冒出火焰坠落了。炮台也有损失，首先是二号机炮受损无法射击。然后四号机炮因近失弹造成大崎健二一水身受重伤，机炮也被弹片击中，左侧炮身破裂。接着三号机炮被沙土埋没一半，炮身被烧焦无法活动。故意埋在废机群中的五号机炮的炮身被直接命中，导致右侧炮身破裂。最后剩下的一号机炮也挨了近失弹，全体人员都被炸倒埋在沙土里。泷泽由义一水受了重伤。多田也发现自己被埋在沙土里。南海岸机关炮台终于连一门能够射击的机炮都没有了。

“有没有马上就能修好的机炮？”

“需要更换炮身。请求紧急派遣工作科。”

多田下了决心：“全体人员向崖下的陆军阵地躲避！”

炮台人员如脱兔般离开炮台冲进台地下面的陆军章鱼罐阵地。紧接着多田看到已报废的机炮中的五号机炮被直接命中，已经连同掩体一起被炸飞了。

“唉，五号机炮已经全灭了啊。”多田感到自己捡了条命。不久美机离去，飞往黄昏的海上。

多田下令：“全体人员，返回炮台，立即修理机炮和整备炮侧！”

南海岸机炮炮台已是一片凄惨景象。有人报告：“炮台长，大崎不行了。”弹片击穿钢盔，斜着贯通了大崎一水的头部。

不久响起了吵嚷声。和智司令骑马从机场跑道进了炮台。

“炮台长在哪里？混蛋，在干什么呢？这点小战斗就给吓破胆了吗？如果现在敌人来了可怎么办？赶紧做好战斗准备！”

和智连大崎的遗容都没有看一下就走了。

多田环视了一下炮台。弹坑彼此重叠，几乎没有了平地。被称为“多田流伪装”的故意胡乱堆积起来的原木的两面扎进数百枚弹片。除了草、虫子、炮台人员之外的一切活物都看不到了。一个法国人偶正在无人的指挥所的墙壁上轻轻摇晃着。

当天硫黄岛上有8人战死，南海岸机关炮台也有15人受了轻重伤。千鸟炮台群官兵居住过的千鸟兵营形迹全无，南码头的巨大的盐水分离器也被炸飞了。

当天美军舰载机约80架袭击父岛、约50架袭击母岛、约20架袭击聟岛。日军的声称战果为以地面炮火和空战等击落十数架，但己方人员死伤约40名、飞机20多架（含水上侦察机13架）起火、国民学校（小学）等120栋房屋烧毁倒塌。硫黄岛上的航空战力只剩下零战4架，不过千鸟和元山机场仍然可以使用。

继6月15、16日的前两次空袭后，硫黄岛在6月17日以后也断断续续受到美机空袭。联合舰队司令长官于6月15日下令“发动‘阿’号作战决战”，在命令硫黄岛，东、西加罗林等地的基地航空兵力参加挺进攻击的同时等待机动舰队到达，企图寻机歼灭来攻的美特混舰队，命令由除北海道、千岛方面所部署兵力外的第7空袭部队（第27航空战队）和横须贺海军航空队派遣队临时编成的八幡部队（指挥官为第27航空战队司令官松永贞市中将）向硫黄岛移动，准备攻击马里亚纳地区。

“八幡空袭部队”在15日奉命进入硫黄岛。八幡部队拥有战斗机、轰炸机112架，主力由“第252航空队”（零战队主力）、“第752航空队”（“天山”舰攻队和“一”式陆攻队主力）组成，虽然是急速编成的部队，却也是身经百

1944 年 6 月 19 日，马里亚纳海域，美军第 58 特混舰队舰载机升空后，在空中划过的飞行轨迹。美军在马里亚纳海战大获全胜，意味着日本败局已定，硫黄岛面临的局面更为艰难。

战的精锐。硫黄岛上的日军官兵听闻“联合舰队出动”、“有从内地来的强力航空队来岛”的消息士气大涨。18日，八幡部队的11架陆攻和14架舰攻抵达千鸟机场。在千鸟机场的战斗指挥所，写着“八幡大菩萨”、“非理法权天”字样的两面白色旗帜迎风飘扬。官兵们因为迎来已许久未看到的己方机群激动万分。但八幡部队的零战队因恶劣天气的关系没能抵达。

252空的零战队虽然在馆山航空基地集结，但终于没能等来天气的好转。6月19日，第1机动舰队孤军突入马里亚纳西方海域。应该从硫黄岛或马里亚纳群岛出发夹击美军的日军基地航空兵力几乎一架都没能参战。八幡部队的主力部队因恶劣天气的关系抵达较迟，结果未能在决战中发挥很大作用。

19日，日方主力航母“大凤”号被美军潜艇发射的鱼雷击沉。接着“翔鹤”号航母也被鱼雷击沉。20日“飞龙”号航母也沉没了，“隼鹰”号航母中弹，“瑞鹤”号航母和“千代田”号航母以及“摩耶”号航母也被击伤。日军的攻击机队的出动架数也因此剧减，而且也没有基地航空队的夹击，真正的对舰攻击也很少，仅仅击伤了2艘美舰。没有战斗机的硫黄岛上的陆攻队也没有得到反击的机会。19－20日的决战以日军惨败告终，日本海军损失了大部分基地航空和机动部队，中太平洋方面的制海、制空权完全落入美军之手。塞班岛上的日军地面部队最后在7月7日覆灭，结束了有组织的战斗。

具有讽刺意味的是，就在第1机动舰队完败的6月21日，随着本州南方的天气好转，252空的零战队终于抵达硫黄岛，八幡部队的阵容总算完整了。尽管战斗力只有几乎完好无损的美特混舰队航母航空兵力的几十分之一，但八幡部队仍要报一箭之仇。

22日，八幡部队的“一”式陆攻机12架首先出发，带队出击的是奥田一男大尉。“一”式队仍在继续激战的塞班周边海域进行了特攻式袭击，但是无法确认战果。

另一方面，美军在马里亚纳海战大获全胜，硫黄岛的八幡部队成了仅存的较大空中威胁。23日，由大型正规航母组成的第58特混舰队北上朝硫黄岛进发。24日凌晨，美军航母和护卫舰队到达硫黄岛南方，天亮时对硫黄岛进行奇袭。

在硫黄岛上，6时20分雷达捕捉到了美机来袭的迹象。立即有零战59架、接着是装载鱼雷的“天山”舰攻队29架，随后是“彗星”舰爆队8架、舰侦5架，卷起沙尘从千岛和元山机场起飞。转眼便有超过百架的格鲁曼战斗机飞来，双方陷入混战。

激烈的空战持续了几十分钟，结果有35架日机未归还。日方根据自己统计的战果，认为这次战斗证明了美军的F6F“地狱猫”虽拥有新型VT引信、防弹装置等设备，性能优于“零”战，但日机的飞行员比较老练，数量相近的话，双方仍有机会打成平手。

问题是拥有绝对数量优势的美机换上了生力军，趁日机返航时从云中现身，冲向千鸟和元山机场发动奇袭。这时太阳已经斜向西南，从薄云中出现的美机追着正在着陆的受伤日机袭来。向南海岸机关炮台冲来的美机编队也出现了。美机分成两段开始俯冲。格鲁曼在下段，柯蒂斯在上段，机头向下急袭而来。多田下达了命令：

“目标，冲来的敌编队！”“开始射击！”

美机发射的曳光弹形成的红色火力线射向炮台周围。多田在一号机炮掩体里一直忍耐着。一秒、两秒、三秒……他尽可能地将美机放到近处后才下令开始射击。双方再次展开激战。数架格鲁曼拖着黑烟全速逃走。接着第二个编队的格鲁曼掠过头顶，柯蒂斯紧随其后从正上方逼近过来，高度大约是2000米或1500米，多田看到从几架飞机上掉出了一些黑点。转眼间，黑点便穿过己方火力线坠落下来，体积也随之不断膨胀。随后发生的事情，多田全无记忆。

“炮台长，炮台长！”

声音越来越近。石井一曹好像在用指挥棒敲打多田的头部。

“炮台长，没事吧？”

多田屡次吐出混合着血液的胃液。

“没事，其他人怎么样了？”

“重伤一名，被削掉耳朵的两名，其他都是擦伤，没什么要紧的。”

多田不由得摸了摸自己的耳朵，发现耳朵还在。60公斤炸弹落在掩体右方1.5米的地方，炸塌了掩体，多田被气浪掀飞，埋在石头、水泥和沙子中，胸前的双筒望远镜也摔碎了，上衣裂开，变得破烂不堪，弹片扎进鞋子流出了鲜血。

多田又问道：“除了一号之外情况如何，有谁受了重伤？”这时他感到身体隐隐作痛，意识也开始模糊起来。当晚多田被担架送到北地区的病房，当意识恢复时，已经躺在帐篷中的床上了。

这一天，八幡部队一举损失了70架飞机，消耗了大部分航空兵力。

7月3日凌晨，硫黄岛上的官兵们突然被巨大的响声惊醒，原来是一名军属不小心造成南地区海军弹药库爆炸。爆炸持续了半天，千鸟机场有多架大型飞机被炸得浑身是洞。官兵们痛恨得咬牙切齿，但这并没有持续很久，因为美军第58特混部队正在逼近硫黄岛。

继6月24日的空袭后，美特混舰队又在7月3－4日大举空袭小笠原地区，还进行了舰炮射击。7月3日从14时52分开始，总计有40架飞机袭击硫黄岛，当地海军航空队（八幡部队）以完成补充的零战队的约82架战斗机从元山和千鸟机场起飞迎击，同美战斗机展开激烈空战。252空零战队的空战能力较为优秀，但格鲁曼F6F即使中弹也不容易起火。空战持续了约一个小时，日军声称战果为击落敌机17架，但己方也有约30架飞机未返航或在地面被烧毁。

日军料到美机将在7月4日晨来袭。这一天是美国独立纪念日，防空炮台在凌晨3时进行了部署。果然，从4时25分开始至16时，有5个波次总计约350架美军舰载飞机袭击硫黄岛，此外从大约14时开始至15时50分期间，巡洋舰、驱逐舰各8艘用舰炮炮击机场一带。日军以战斗机和地面炮火迎战，但在压倒性的兵力差距面前，少量日军战斗机的迎战无济于事。转眼之间空中就连一架日机也看不见了，之后就

1944年7月初，美国海军重巡洋舰炮轰硫黄岛千鸟机场引起的弥漫硝烟。

只有地对空的激战。

全岛的高射炮、机关炮台一齐开火。高射炮的红黑色的弹幕率先划破了黎明前的黑暗。不久双方的机枪曳光弹形成的数百条火力线交错乱飞，让黎明的天空色彩缤纷。当阳光开始照亮天地时，遮蔽天空的美机大编队从地面上用肉眼就能看得清清楚楚。战场到处是光、热、硝烟和沙土，变成了白、红、黑相互交错的世界。

6时左右，第二波美机向西部落机关炮台冲来。西部落机关炮台长是接替生出少尉（6月24日）的田原淳少尉。

“四号机炮被直接命中！”美机开始下降后，田原听到这撕心裂肺的尖叫声。

正午过后不久，漫长的战斗暂时告一段落，第四波美机终于离去。田原跑向四号机炮。沉重的25毫米双联装机炮被连根拔起，在几个小时前还在说笑的炮长以下6名炮手的身影已经消失不见了，周围散落着头、手、腿脚、躯干。被烧烂的炮架上粘着肉片，从沙中露出了白骨。田原努力控制住慌乱的神经，和先任下士官萨摩猪吉一曹一起查找辨认头颅和脸孔。一些士兵靠近又跑开，其中还有人忍不住呕吐起来。

“360度，可以看见船只。炮台长，像是美军舰队。”

瞭望员激动地喊道。这时是14时稍过。田原立即用12厘米大型望远镜远望西海面，看到十数艘美舰正在缓缓北上。

不久之后美军舰炮射击开始。千鸟、元山机场周围升起了滚滚炮烟。

“炮台长，是舰炮射击。快躲避吧。”萨摩一曹用冷静的声音说道。田原点了点头：“好。”

在赶造的地下避难所里，田原自己先抽起烟来。

“炮台长、炮台长！”听到呼喊声，田原探出头去。在舰炮射击中，两三名炮台人员在沙地上向指挥所爬来。钢盔下，他们的脸上都显露出了必死的神色，似乎是想和田原死在一起。

“笨蛋，不要白送死。快回到自己的避难所里！”田原怒斥爬过来的士兵，用指挥棒敲打他们的钢盔赶他们回去。士兵们又爬过沙地返回自己的机炮旁。

6月24日多田少尉受伤后，山下升少尉接任南海岸机关炮台长。7月4日下午2时25分开始，南海岸机关炮台经受了舰炮射击的洗礼。炮弹接连落在正后方的千鸟机场的指挥所和跑道一带。南海岸炮台摇晃起来。滚滚硝烟覆满天地之间，机场上的日机正在燃烧，火焰直冲天际，惨不忍睹。16时，山下命令全体部下向海岸退避，危险不见减少反而越发增大，于是又折返回来。山下做好了当天就战死的准备。日军以为美军在舰炮射击之后会登陆作战，但美军不会在马里亚纳的战事结束之前就在硫黄岛登陆。

田原指挥的西部落炮台，在当天傍晚开始着手收集被直接击中的四号机炮的战死者的遗体。众人竭尽所能也只找到四个人的头颅，埋在相距20米远的弹坑里的肉片都成了一片白色，上面爬满了蠕动的蛆虫。一名士兵一边哭叫着“这混蛋，这混蛋”一边将蛆虫除掉。

等待修理电话的田原请求警备队本部“提供焚烧6人遗体的汽油”。值班军官却怒喝道：“什么，你把这里当成啥地方了？这里可是战场。每一滴汽油都像血一样珍贵。挖个坑埋掉得了。”士兵们用自制的耙子将肉片收集起来埋在浅坑里，在小小的木片上写上名字当作墓标。

据日军统计，在当天的袭击中，美军战舰发射了约6000发舰炮炮弹。日军方面的声称战果为击落美机约40架，己方有20架飞机未归还，此外航空队使用的宿舍等设施几乎全部被烧毁。就这样，刚抵达不久的八幡部队在6月24日以后的空袭期间损失惨重，进驻当地的战斗机队实际上已经全灭，“八幡空袭部队”名存实亡。这是自6月15日的首次空袭以来，硫黄岛遭遇的最大规模的特混舰队海空火力袭击。这也是美军在登陆之前规模最大的一次空袭。

7月4日父岛、母岛方面也从3时20分至16时30分期间，遭到8－10个波次总计约100架飞机空袭，日军以父岛航空队的水上侦察机约9架和地面炮火等迎击，声称战果为击落约20架，但己方也损失运输船5艘（合计约1万吨）、舰艇1艘，第21特殊渔船队的机帆船15艘沉没或被烧毁。恰在此时实施的“伊”号运输（第145步兵联队等）部队却利用空袭的间隙，在7月4日有超过半数抵达硫黄岛。

7月4日这天，生出正野少尉也受了伤。此前生出的西部落机关炮台长一职已由田原少尉接替，生出再次转任警备队本部附，进入了船见山的战斗指挥所。他的任务是充当司令或副长的左右手，负责挂起表示发出“对空战斗”命令的红旗、撰写战斗记录、向各炮台传达命令之类的工作。

当天生出正在地下战斗指挥所里撰写战斗记录，突然传来巨大的轰响，与此同时他被气浪掀出了坑道。生出几乎被炸弹直接击中，瞬间便不省人事，当苏醒过来时，发现自己的半个身子被埋在沙土里，正在吐血。生出的上半身被烧伤，胸部疼痛难忍。他忽然看见和智司令也被沙土埋住了半个身子。

“司令，不要紧吧？”这么一喊，他感到身体更加疼痛。他的左肋骨有2根已经因为气浪和沙土的关系折断了。2、3天后，生出被驱逐舰后送到横须贺海军医院治疗。

不久，和智又骑马来到多田所在的硫黄岛北端的海军病房。和智说道：“喂，多田少尉，一两天内就会有潜艇过来。生出也会回（本土）去。暂且先回去把身体治好吧。”

多田默默地从衣袋中掏出早已写好的申请书：

申请书

希望留在硫黄岛海军警备队。已无家累的后顾之忧。

海军少尉　多田实

和智只是点头说了一声“是这样啊”便回去了。

7月13日，和智再次骑马来到病房。

“多田少尉，贵官将留在硫黄岛警备队。但是要暂且先搭乘明天14时入港的‘利根川丸’到横须贺海军医院住院。会保留你的硫黄岛警备队附职务，所以请在痊愈后立即返回本岛。以上为命令内容。”

7月14日，多田同十多名海军伤病员一起登上停靠在西海岸的运输船“利根川丸”。多田等人上船后，海军的分队士、军官来到海岸为他们送行。

多田登上甲板，看到从自行车上下来的军官正在使劲挥着手。那人应该是山下少尉。多田急忙从下甲板的行李箱取出2、3册书。“喂，请把这个交给海岸上的军官。”说完就向眼前的大型发动机艇扔了过去。

就在这时，突然传来了呼喊声：“空袭！”船见山上立即升起了红色信号弹。岸上的军官也使劲挥着手，骑着自行车向船见山方面赶去。不久多田听到了与之前听过的完全不同的爆炸声，一些飞机从折钵山方面逼近过来。转眼间美机开始用机枪向西卸船场和船队扫射，空投炸弹。机枪子弹在船内弹跳，简直无处躲避。接着炸弹在船舷外掀起了巨大的水柱。船体在冲击下摇摇晃晃。傍晚时，巨大的黑影掠过船上向岛上飞去。这是从塞班来的B-24轰炸机在实施对硫黄岛的首次空袭。

船队在B-24轰炸机的追逼下从硫黄岛起锚，在15日晨进入父岛，多田等海军伤病员在港内转乘驱逐舰“初春”号。“初春”号护卫着船队再次开始北上，不久遇到美机，但飞机并未投弹，就这样到了天黑。

多田来到甲板上，跟机关科的兵曹在一起。两个人几乎同时喊起来：“右方有雷迹！”水面上白色的线条隐约可见，正以直线向“初春”号逼近过来。

“两舷全速，右满舵！”从舰桥传来了舰长猿田少佐的沉着号令声。船速在加快，“初春”号劈开波浪向右方大角度旋回。白色线条从右舷约30米处平行驶过。

“右方有雷迹！”这次是从舰桥上传来的喊声。

“右满舵！”

“初春”画着圆形再次向右方旋回。这次白色线条再次在船头数十米处经过。

“炸弹准备！”

“投射准备！”

接着深水炸弹一颗接一颗地被投射出去，在后方大约二三百米处爆炸，涌起大股白色海水。

“对空战斗！”

这次又来了飞机。但是不清楚是敌机还是友机，就这样渐渐远去了。

7月19日，“初春”号终于在横须贺入港。

日军处境的持续恶化和防御指导方针的调整

硫黄岛的陆军主力伊支队完成了野战阵地的构筑后，从5月29日左右，开始转入碉堡或洞穴式的永久防御阵地的构筑工作，一边全力实施警戒和集中强化战备，一边加紧完成海滩阵地的构筑。6月7日以后，日军着手准备改编第2混成旅团。

栗林师团长于6月8日抵达硫黄岛后，几乎连日忙于视察指导硫黄岛的阵地构筑情况等事务，但在得知塞班岛的作战情况和战训后，于6月20日向伊支队指示了步兵和炮兵阵地的纵深配备、后方阵地的占领等，随后于6月23日通过“109师作命甲第一号”正式行使指挥权。

在先前于6月17日下发的“师团长提示注意事项”中，栗林指示：

一、伪装、遮蔽（个人、宿舍等）尚不充分。

各人应携带伪装网。

二、应将材料彻底分散配置。

粮食及其他物品不宜大量堆积于一处，应分散开，加以伪装掩护。

三、应注意做饭、烧开水

正在硫黄岛指导日军守备部队的栗林师团长（左二）。

一座瞰制美军登陆海滩的日军碉堡。在枪眼右侧，可以看见美军大口径炮弹留下的弹孔。这一击几乎伤到混凝土工事，将机枪手震得休克。

等产生的烟火，当传来空袭警报、警戒警报时，必须立即将其扑灭。烧火的时间目前大体上按照以下限制进行：从拂晓后至7时、从10时至12时、从15时至18时。

四、工事构筑应更加彻底地进行。特别是应尽速完成防空壕的设施、海滩处的坦克障碍物的构筑。

五、不得已时可暂时于军队防空壕内收容地方居民，但在空袭警报解除后以及夜间等时间禁止收容。另外，军队防空壕内禁止带进地方居民的家具什物。各队长应指导地方居民自己修建防空壕。

六、应尽量无声地进行指挥（不能大声说话，应利用符号动作）。在同敌军距离很近时，敌军会使用“传声器”等来探知我军的行动位置等情报，或据此向我军射击，对此应特别注意。

七、应避免密集于遮蔽物的后方或森林内。

八、不要在行走时携带记有部署情况的地图等物品。

九、顾虑到武器的损耗，在配备时应考虑（预备武器）能够长期使用的问题。例如将重机枪4挺全部部署于第一线之类的做法并不可取。

十、海滩战斗需要将敌军歼灭于海滩处，但在敌军一部已登陆的情况下，为了进行登陆后的战斗，应特别考虑构筑相应的适当部署的阵地（特别是大队级部队以上）。如炮兵全部部署于海滩阵地，则在敌兵登陆后将无法用于战斗，应能够根据情况的变化来变更部署。

在塞班岛战况愈加急迫的6月25日下发的师团长提示注意事项中，栗林指示了下列应对实战的诸事项：

一、坦克障碍（至少能够迟滞坦克行动的东西）不仅布设于阵前，阵地内也应到处设置。为此应首先堆积土丹岩或挖掘三角截面的坑壕，此外还应准备将目前使用中的机场跑道变为雷区。

二、应尽量为将运到的反坦克炮选定并设置合适的阵地。

三、工事不能做得马马虎虎，应考虑抗轰炸特别是抗舰炮射击。必须全部彻底完成。

四、阵前有森林、草丛等的部队，应在利用其为障碍的同时，清除其下部枝叶等，以努力扫清射界。当然还应考虑森林、草丛等全部被敌火消灭的情况，不要忘记在必要地点设置坦克障碍。

五、应在阵前的森林内部署少数精兵，巧妙骚扰敌人当特别有效。在这种情况下，利用炸药来爆破炮兵等最为适宜。

六、根据支队新战斗计划，部署于海滩的一支部队的任务并非监视，而是以决死奋斗极力粉碎敌之登陆，切勿对此产生误解。

七、突击必须同时使用火力，若无火力的掩护仅实施白刃战将蒙受严重损失且收效甚微，对此须加以注意。

八、有上级巡视时，部队无须中止工程等工作向其敬礼，只需在场的指挥官报告现状即可。监视兵等也无须敬礼，应继续执行监视任务。

九、军官应密切注意士兵的膳食。必须绝对避免比如只特别做军官的饭食而对士兵的伙食漠不关心之类的事情。

十、命令、注意事项的传达和实行须迅速实施。

十一、对于目前使用中的道路，应立即制定有关挖掘反坦克壕或埋设地雷等措施的计划。

硫黄岛典型的碉堡工事，上部掩体厚重。每座碉堡里配备一挺机枪，射界相对有限，枪眼两侧都有尘土，这座碉堡位于美军入侵海滩上方，虽然曾被大口径炮弹、炸弹或火箭弹直接命中，但是在被美军的正面突击拿下之前，仍然可以保护里面的日军战斗。

大须贺少将根据栗林6月23日发布的命令，在6月25日紧急进入硫黄岛，于26日18时通过“混2旅作命第一号”接管指挥权，由该旅团继承伊支队的任务。

伊支队长厚地大佐在6月20日接受栗林师团长的指示后，鉴于日益紧迫的战况，暂时推迟部队的改编，根据师团长的指示，“支队以一部于海滩粉碎敌之登陆的同时，以主力于西岬一带（西卸船场）－第二机场南端－南部落间构筑新阵地，以火力及反击歼灭敌军”为新战斗方针，于6月23日下达了内容如下的构筑后方阵地的命令：

伊支作命第37号

伊支队命令　6月23日17时30分　硫黄岛　元山

一、支队暂时中止海滩阵地构筑作业，改在后方构筑阵地。

二、各步兵大队应在另外指示的地区构筑阵地。

三、炮兵队应在大阪山一

带、南部落及折钵山北侧一带构筑阵地以能够射击第一机场一带。

四、第15要塞工兵队应协助步兵队和炮兵队构筑阵地。

五、第9独立工兵联队第1中队负责师团及旅团战斗指挥所的构筑。

六、以上各项的阵地中的骨干部分应在6月底前完成。

七、本人将位于元山支队本部。

伊支队长　厚地大佐

6月29日，大本营陆军部根据塞班作战的战训，对小笠原地区集团长等指示："如在优势之敌轰炸炮击下过早于海滩部署兵力，很可能会在敌登陆前遭到重创，对此应予认真考虑。不如在敌军登陆当晚乘其滩头阵地尚未巩固之机，以统一计划实施夜袭，一举将敌歼灭更加适宜。对最近的战训应进行充分研究。此外在任何情况下都应尽量充分确保可压制机场的据点。以上指示事项应使下属部队充分贯彻实施。"

此外，第31军过去一直将"确保要区特别是航空基地群，使我航空部队得以将敌来攻部队于海上歼灭，同时避免让敌军利用，以此为先决条件，其次是将敌攻略部队歼灭于海滩"为军作战指导的根本方针，但根据塞班的战训和前述大本营陆军部的指导，6月30日通过"备作命甲第9号"，变更防备上的根本方针，命令各地区集团司令官等借鉴塞班的战训，根据以下内容迅速改善加强防卫，从而能实施强韧的有组织的防御战斗直至最后一刻：

一、将海滩阵地彻底据点化，当敌登陆时坚决消灭。

硫黄岛中北部的一门127毫米高平两用炮，这个阵地可将全岛长轴线一览无余，无疑曾投入过战斗。炮膛正后方有一枚弹壳。这个阵地位于一道低矮小丘上，用砖石结构砌成，外部堆土加固。

二、在不得已的情况下，也要极力扼制机场，阻止其为敌利用。

三、构筑坚固的预备阵地，选定阵地时，应尽量保证该阵地可达成扼制机场的目的。

6月26日，小笠原地区集团接到命令，该部改称小笠原兵团，自7月1日0时以后，直属于大本营。

伊支队自6月23日以来暂时中止机场整修协助作业，除一部充当对空（海）警戒、射击部队外，全力从事后方阵地的构筑作业，6月30日大体完成了其骨干阵地的修筑。

这时栗林兵团长更改了硫黄岛防备计划，确定了“在折钵山、元山地区编成坚固的后备据点以图持久作战，同时保留强大的预备队，在敌来攻时暂且任其登陆，待敌进入第一机场后出击，将其压迫至海岸正面歼灭”的设想，此后就基于该设想推进硫黄岛的作战准备。

大尉时代的堀江芳孝。硫黄岛战役期间，堀江已晋升少佐军衔，因人事调动从硫黄岛转往父岛任职，免于经历苦战。他留下的回忆录成为研究硫黄岛战役的重要参考资料。

关于伊支队防备方针的改变，当时的109师团参谋白方藤荣中佐在战后曾有如下回忆：

7月4日，在向大本营的报告电文中提出：“本日的舰炮射击究竟系敌真面目之攻击（企图登陆），抑或只是在美国独立纪念日进行的示威攻击，对此难以断定，须严密警戒。”根据遭到5000－6000发炮弹的猛击而认识到海滩歼灭方针不可行，此外为了进行指导而来到岛上的大本营参谋晴气诚少佐也提出了有关意见（应将海滩当作假阵地采取后退部署），栗林兵团长的后退部署思想愈加巩固了。

根据当时的109师团参谋堀江芳孝少佐回忆，栗林的后退部署思想逐步坚定，与堀江本人的说服不无关系。

堀江在1944年6月29日抵达硫黄岛，这时他已知晓日美战争大局已定，悲观情绪无法完全掩饰，还是在言行中流露出来，被人称为“悲观参谋”或“胆小鬼”。

在此之前，6月19日“阿”号作战已决出胜负，联合舰队事实上已经走向终结。6月29日夜，在栗林同堀江的聚餐上，两人唇枪舌剑地争论起来。

栗林：“从东京出发时，后宫先生（参谋次长）说过敌人一定会向硫黄岛进攻，堀江君你怎么看？我也是这么想的。那样的话，就把敌人吸引到这里，然后联合舰队从内地或冲绳赶来痛击敌人好了……”

堀江：“阁下，联合舰队之类的是不可能有的。”

栗林：“我说你别犯傻了，这里可是东京都（硫黄岛在行政上隶属于东京都）啊。”

堀江：“在‘阿’号作战前还有一丝胜利的希望，但6月19日的决战，让这点希望也永远消失了。铃木宗作先生经常说太平洋的主角是联合舰队，我也这么认为。事实上今日联合舰队已步入穷途，只不过是在用剩余的一点力量继续战斗而已。”

栗林：“哪有不用联合舰队还能打仗的道理？这样的话，我们就只能在东京的门口等死么？你喝多了吧。从我的经验来看，你们太年轻还什么都不懂。年轻人真是不明白事理呢。”

堀江：“阁下是26期，我是48期，相差了22年。阁下是纯种马，我只是一匹驽马。但现在不是在争论我的判断是否得当。我是在陈述事实。驽马眼中的事实依旧是事实。”

栗林：“我向后宫次长亲自问询过的。”

堀江：“那是‘阿’号作战前的事了。日本的死期就是6月19日，第1机动舰队败亡那一天。”

就这样，在29日晚上聚餐时，两人围绕着联合舰队的“有”、“无”展开了争论。秀才栗林甚至羞辱“驽马”堀江道：“年轻人是不会明白的。少佐真是没出息啊。”最后空袭警报打断了两人的争论。

栗林几乎不了解海军方面的实情，所以他一直期望联合舰队能在关键时候出场，但堀江的话却粉碎了他的幻想。

第二天，即6月30日的聚餐从18时持续到22时左右，同样的地方、同样的饭菜、同样的饮料。栗林与昨晚相比全然两样，耐心地倾听堀江的说明（堀江始终不明白为何栗林会有这样的变化）。堀江详细地说明了中途岛、瓜达尔卡纳尔、“龟”作战、特鲁克和帕劳的悲剧，当时陆海大本营内的破绽，“鹤”作战到“阿”号作战的全部经过。特别是关于舰船的沉没的情况，他能记住大部分舰船名、沉没的日期、地点、搭载物件等等。堀江还提到发自大岛大使和建川大使的电文，说明德国已经来日无多。最后他压低声音谈到本国重臣已在暗中开始进行“终战工作”。

栗林说：“是这样啊”，脸色发青，再也吃不下去，只是埋头倾听堀江的说明。他又说了“日本也要完了啊”“活着取得胜利的希望，和增援部队到来的希望都不存在了”之类的话。

根据堀江的回忆，6月30日以后，栗林的音信、言行完全改变。栗林把随身物品等送回家里，在信中提到应在长野的本家和东京的住处建造自己死后的坟墓，甚至还谈到墓碑的大小。

后来堀江在父岛听说栗林在自己离去后，立即派遣一名副官到市丸利之助少将那里确认“堀江之言”的真假，得知是真的，栗林马上盖上被子躺下了。

与其他日本军人相比，堀江显得十分特别。同其他人喜欢将俘虏斩首不同，他曾经与俘虏同住来练习英语口语。那是后来堀江在父岛任职期间，曾有数名美航空兵军官在父岛上空被击落，被人带到堀江那里。他们是“大黄蜂”号航母上起飞的舰载机正副驾驶员，军衔为海军上尉和海军少尉。

堀江从这两人身上获得非常多的情报，报告给兵团长和大本营。根据这些情报，日军得知美军的登陆兵力是陆战队第3、第4、第5师，不会在硫黄岛以外登陆，预计在第二个月以更强大的兵力攻击冲绳等等。

这两名俘虏并没有愁眉苦脸，相反却很喜欢开玩笑，一边哼着小曲一边说：“不久就会登陆九州，战争一结束就能回国了。肯定会成为英雄晋级。还会支付一次薪水，回去就新婚旅行。”还伸出手说教你跳舞吧。

特别是那名少尉，因父亲早亡，母亲一边在理发店工作，一边养活自己到上大学。如果回国的话，就马上结婚让母亲高兴。他们同战阵训教育下的日本军人的心理完全不同，让堀江非常吃惊。

1945年2月17日，美第58特混舰队空袭了日本本土，因此第58特混舰队的情况也从这两人口中打听出不少，堀江也将这些情报发送给大本营和硫黄岛。

虽然堀江在中学、陆士、陆大学了整整十年英语，当时却只能译读，对话却完全不行。于是他跟两名俘虏努力练习英语对话，使自己的英语水平突飞猛进。

此外关于硫黄岛的防御，堀江还曾建议不要将高射炮等防空武器指向空中，而应该用于地面战斗。总之由于堀江特立独行的言论、作风，被其他人视为怪人。堀江却颇有些自命不凡，起初他从陆大毕业后，出任船舶参谋，去第1海上护卫队服务，在高雄工作了6个月，接着在1944年初转到东京新设的及川海军大将统率的海上护卫总司令部，经常到世谷台的大本营陆军部同相关各部联络，阅读过大量陆军电报。因此他自认为就知晓世界战况这一点来说，“恐怕至少在日本是第一名”。

关于栗林的后退部署思想，堀江在战后曾有如下回忆：

栗林兵团长从最初就抱有后退部署思想，听到我诉说的“阿”号作战的真相后更加坚定了这一信念。

记得我在当时向大本营陆军部提出了如下意见：

“‘阿’号作战的结局，是日军几乎损失了全部舰队和航空兵力。如果美军强袭硫黄岛，恐怕会在一个月内攻陷。因此我们绝对有必要阻止敌人利用该岛，为此必须炸沉该岛或者至少努力炸毁第一机场”。对此意见，在大本营陆海军部中还真有人同意，我接到了“先试着计算一下炸沉硫黄岛所需要的炸药量”的指示。但是计算出来的炸药量巨大，结论是不可能实行。

1944年6月下旬硫黄岛的海军部队除了松永卓市中将指挥的基地航空部队，其编成如下：

父岛方面特别根据地部队司令部

（司令森国造少将）（父岛）

硫黄岛部队

硫黄岛警备队司令（和智恒藏中佐）

硫黄岛警备队

二段岩特设监视所

元山特设监视所

父岛航空队司令

父岛航空队硫黄岛基地

父岛航空队父岛基地

901航空队硫黄岛派遣队

佐世保航空队父岛派遣队

小松岛航空队父岛派遣队

美军登陆塞班岛后，日军大本营鉴于塞班地面作战的不利状况，为绝对确保该岛，计划首先让正在鹿儿岛待命的第145步兵联队（联队长池田增雄大佐）、5个独立速射炮大队、3个中迫击炮大队搭乘第5舰队的舰艇增援塞班岛（“伊”号作战），之后在联合舰队支援下，以约2个师团为基干的反击部队，计划在7月上旬实施歼灭美军的作战（“哇”号作战）。（两作战统称“Y”号作战）。

145 步兵联队长池田增雄大佐。

然而，由于“阿”号作战失败，由此造成的母舰战力和油船的不足，以及地面守备部队的战力过早严重下降等原因，“伊”号作战和“哇”号作战均已不可能实施，大本营于6月25日放弃塞班夺回作战，预定参加该作战的部队根据既定计划，被转用于菲律宾、台湾、西南群岛和小笠原群岛等后方要地，急速强化当地战备。

此外，随着塞班岛战况的恶化，第31军司令官实质上已不可能指挥小笠原地区集团，而且一旦马里亚纳陷落，小笠原、硫黄岛方面已成为抵御盟军进攻的最前线阵地，是本土防卫的外廓地带，战略地位更加重要。因此大本营通过6月26日的大陆命第1038号，发布了小笠原兵团的战斗序列，又通过7月1日的大陆命第1045号赋予该兵团任务，内容如下：

大陆命第1038号（1944年6月26日）

一、发布小笠原兵团战斗序列，将其直属于大本营。战斗序列如另纸所示。

二、第31军司令官及动员管理官应各自将前项部队纳入小笠原兵团长麾下。

三、隶属关系转移的时间定为7月1日0时。

不过7月1日0时以后如有部队由本州和朝鲜出发，则定为其从本州和朝鲜港湾出发的时间。

四、关于细节由参谋总长指示。

另纸

小笠原兵团战斗序列

小笠原兵团长 陆军中将 栗林忠道

第109师团

第145步兵联队

第12独立混成联队 （第31军司令官）

第8独立速射炮大队 （近卫第3师团长）

第9独立速射炮大队 （近卫第3师团长）

第10独立速射炮大队（第44师团长）

第11独立速射炮大队（留守第5师团长）

第12独立速射炮大队（留守第5师团长）

第26坦克联队 （第1坦克师团长）

第3中迫击炮大队 （近卫第3师团长）

第20独立臼炮大队 （朝鲜军司令官）

第5要塞建筑勤务中队（留守第6师团长）

（后面括号内为动员和编成管理官）

大陆命第1045号（1944年7月1日）

一、大本营对于小笠原群岛方面的意图为击败来攻之敌，确保其要域，以此达成防卫皇土之目的。

二、小笠原兵团长应同海军协同击败来攻之敌，确保小笠原群岛之要域。

三、关于细节由参谋总长指示。

小笠原兵团编入部队的编制概要如下表所示。

第109师团
第145步兵联队(联队长　池田增雄大佐以下约3000人) 　联队本部 　第1大队(大队长　原光明少佐) 　第2大队(大队长　安武末喜大尉) 　第3大队(大队长　安庄宪珑少佐) 　(每个大队包括大队本部、3个中队、步兵炮中队) 　野炮兵大队(大队长　益田茂雄大尉) 　(包括大队本部、3个中队，装备120毫米榴弹炮4门、野炮9门，备弹药13412发) 　工兵中队 　通信中队 　补给中队 　卫生队

第 12 独立混成联队(南鸟岛)(联队长　坂田善市大佐以下 2162 人)
第 26 坦克联队(联队长　西竹一中佐以下 755 人 坦克 23 辆) 联队本部(轻型坦克 2 辆) 第 1 中队(中型坦克 5 辆、轻型坦克 2 辆) 第 2 中队(中型坦克 4 辆、轻型坦克 3 辆) 第 3 中队(中型坦克 2 辆、轻型坦克 5 辆) 步兵中队 炮兵中队("九零"式机动野炮 8 门) 工兵小队 整备中队
第 8 独立速射炮大队(大队长清水一大尉以下 309 人) 第 9 独立速射炮大队(大队长小久保藏之助少佐以下 344 人) 第 10 独立速射炮大队(大队长松下久彦少佐以下 457 人) 第 11 独立速射炮大队(大队长野手保次大尉以下 452 人) 第 12 独立速射炮大队 (大队长　重冈猛夫少佐—1945 年 1 月 4 日 早内政雄大尉—1945 年 1 月 4 日以后 以下 432 人) 注：各大队的编制为本部、3 个中队和辎重队，各中队装备"一"式机动 47 毫米速射炮各 4 门，大队计 12 门，人员为 1944 年 11 月 30 日的现有人员(定员为各大队 480 人)。
第 20 独立臼炮大队(欠 1 个中队)(大队长　水足光男大尉以下 400 人) 注：编制为本部、2 个中队、辎重队，各中队装备"九八"式臼炮各 6 门、轻型迫击炮 12 门，计臼炮 12 门、轻型迫击炮 28 门，备弹药 2889 发，人员为 1944 年 10 月 19 日的现有人员。
第 3 中迫击炮大队(大队长小林孝一郎少佐以下 413 人) 注：编制为本部、3 个中队、辎重队，各中队装备"九六"式 150 毫米中型迫击炮各 3-4 门、轻型迫击炮 2 门，计中型迫击炮 10 门、轻型迫击炮 6 门，备弹药 3568 发，人员为 1944 年 10 月 19 日的现有人员。
第 5 要塞建筑勤务中队(中队长　谷山纯忠中尉)

其中第3中迫击炮大队是1944年6月末召集，在东京世田谷的东部第12部队内编成的，兵员近1000人。该大队的半数400多人为先遣队，搭乘驱逐舰前往父岛，剩下的近500人接受了再教育，在3个月后从内地出发，但在即将抵达硫黄岛前的一天早晨被美军潜艇击沉，只有一人游到了岛上，其他人都沉入海底。

增加硫黄岛兵力的艰苦努力

6月下旬的驻硫黄岛防卫部队，除了正在准备改编为第2混成旅团的伊支队和硫黄岛海军警备队及父岛海军航空队的一部外，就只有为策应"阿"号作战正在进抵中的八幡部队（海军基地航空部队）。至于第145步兵联队主力、第8－第12独立速射炮大队、第3中迫击炮大队则属于"伊"号作战部队，于横滨港集结，搭乘运输船"能登丸"号待命中，后于6月28日从该港出发前往硫黄岛。另外第26坦克联队、第20独立臼炮大队

第26坦克联队长西竹一中佐。

属于塞班夺回部队，正在釜山集结。

7月4日和9日，日军大本营将在广岛编成的第17独立混成联队（联队长饭田雄亮大佐）和在久留米编成的第2中迫击炮大队等部队先后编入小笠原兵团战斗序列，意图在以后陆续加强给该兵团。

此外，由于战况的急剧变化，小笠原兵团曾暂时中止改编，专心推进后方阵地的构筑，但随着6月末这些工事大体完成，又从7月1日开始着手将各要塞步兵队等改编为混成旅团下属部队，在美机空袭的7月4日已完成改编。第2混成旅团的编成部队包括：第2混成旅团司令部、第309独立步兵大队、第310独立步兵大队、第311独立步兵大队、第312独立步兵大队、第314独立步兵大队（各独立步兵大队辖本部、3－4个步兵中队、机枪和步兵炮各1个中队）、第2混成旅团炮兵队（辖本部、2个野炮中队、1个山炮中队，装备野炮10门、山炮5门，备弹药13993发）、第2混成旅团工兵队（辖工兵1个中队）、第2混成旅团通信队、第2混成旅团野战医院。该旅团的步兵中队由3个小队编成，装备轻机枪9挺、掷弹筒9具；机枪中队由3个小队编成，装备“九二”式重机枪12挺；步兵炮中队由2个小队编成，装备“九二”式步兵炮2门、“九四”式37毫米速射炮2门。

在此期间，塞班岛的日军于7月7日覆灭，这是日本陆军中史无前例的战略兵团“玉碎”事态。

当时在硫黄岛上已经有供大型飞机使用的千鸟（第一）机场和供小型飞机使用的元山（第二）机场，海军却急于建成北（第三）机场，为此下令投入拥有珍贵的新型土木器械的海军“第204设营队”（队长饭田藤郎技术大尉）。该部于1944年1月5日在横须贺镇守府（横须贺设施部）编成，先遣队于5月20日抵达母岛，主力于7月8日左右抵达硫黄岛，承接了以前一直由横须贺镇守府（横须贺设施部等）负责的硫黄岛航空基地设营工程，开始着手进行硫黄岛航空基地的警备扩张、防卫工事建筑等。但正在靠近硫黄岛的一部于7月10日在父岛附近海面遭到潜艇攻击，搭乘的2艘运输船中雷沉没，失踪252人、死伤66人，宝贵的土木器械几乎全部损失，残存兵力大约在7月下旬抵达硫黄岛。由于丧失了器材，设营队的作业极为苛酷，不断有人病倒。

随着中太平洋方面舰队丧失机能，有必要统一指挥驻硫黄岛的海军部队以最大程度地发挥航空战力，因此大本营海军部破例采取了特别措施，于7月20日将新编成的南方诸岛海军航空队（乙航空部队）、原属父岛方面特别根据地部队的硫黄岛警备队以及第204设营队编入第27航空战队。

随着塞班的陷落导致绝对国防圈出现破绽，大本营于7月21日决定了“捷”号作战的根本方针，也就是“加强菲律宾、台湾、西南群岛、小笠原、本土与千岛的新防线的防备，无论该地区中的何处遭敌攻击，都可随时集结陆海军战力歼灭之”。在“捷”号作战计划中，小笠原方面是本土决战的一环，依情况会从本土得到一个支队的增援，但实际上由于距离较远很难实现。

根据109师团参谋白方

位于折钵山东北象限的日本海军127毫米高平两用炮，居高临下，可用于防空、反舰船防御和对人攻击。

中佐战后的回忆，大本营的“捷”号作战计划以及相关的命令并未传达给小笠原兵团。1944年10月，白方参加了在大本营进行的本土决战图上研究，带回了关于其设想的相关文件，但栗林兵团长却说：“就算看了也没什么法子”，都没看一眼。

8月初左右，栗林判断“敌军必定先攻硫黄岛，之后夺取智岛，最后夺取父岛的泊地”，专心强化硫黄岛的防备。大本营也忧虑盟军将在下一阶段进攻小笠原地区，在8月9日、10日，派遣大本营陆海军作战部长真田、中泽两名少将一行到硫黄岛视察其防备情况。当时的硫黄岛防备兵力为（1944年8月10日）：

海军部队：

第27航空战队司令官指挥下的航空队 225人

南方诸岛海军航空队 629人

硫黄岛警备队 1362人

第204设营队 1233人

合计 3449人

陆军部队：第109师团主力 11294人

合计 14743人（另有居民约200人（16－60岁的男子）被征用为海军第204设营队军属）

此外，关于海军火炮等武器的现状：拥有127毫米高射炮17门（4座炮台），77毫米高射炮1个炮台，80毫米高射炮1个炮台，25毫米机炮157门（内交付陆军19门），水平炮台140毫米炮4门（折钵山），150毫米炮4门（2门2座炮台），120毫米炮3门（6门未抵达，6门生锈）。其他还有大发动艇23艘（陆军7艘、海军16艘）、车辆59辆（内陆军8辆，海军有自动货车20辆、装备机枪的自动货车3辆、作业车8辆、牵引车2辆、洒水车4辆、燃料车14辆）等。

7月，大本营陆军部的朝枝繁春参谋为了推进小笠原群岛的作战准备，从木更津的海军航空队搭乘“中攻”飞到硫黄岛。搭乘同一架飞机的还有前去赴任的市丸司令和为了作战联络而被派去的浦部圣海军

日军在硫黄岛的一辆“九七”式中型坦克没有投入机动作战，而是改为一个卡在土堤之间的钢铁工事。这辆坦克位于硫黄岛中部的二段岩（382高地）之下。美军陆战队员很难发现它，从正面攻击相当困难。

中佐。这架飞机运来从木更津带来的黄瓜、茄子、西红柿，这些蔬菜装满了大筐，此外还带了一大桶井水。在跑道上，当水桶被交给机场勤务兵时，对方再三敬礼，显得十分高兴：“喂，大家把水杯拿来。内地的淡水来了！”

关于当时硫黄岛上缺水的情况，朝枝回忆道：“即使海水蒸馏技术像今天这样发达，蒸馏用的燃油的补给也是个问题。没有办法的办法，只好将装航空燃料用的金属桶弄成蜂窝一样后埋在地表蓄积雨水，将泥水用卫生滤水器过滤后，当作饮用水使用。”

除了水，维生素C的补充也十分困难：

“仅次于水的还有如何补充维生素C这个卫生学上的问题。当时虽然可以从新鲜蔬菜中提取维生素C，但是这种做法比较昂贵。不过因为到底是可以花钱来解决的事情，所以就委托陆军省进行补给。”

关于硫黄岛上的恶劣环境及构筑碉堡的材料问题，朝枝参谋还回忆道：“同司令部的幕僚巡视了阵地，但如果踩到小道外面，就会被喷出的硫黄的炽热烧伤自己的脚。在东海岸有的地方还从海中喷出蒸汽。如果挖掘坑道的话可真是成了焦热地狱。为了构筑碉堡需要使用混凝土，但是只有海水可用。这会严重影响强度。研究的结果，决定用即使海水也可以凝固的八幡炼铁厂的高炉的矿渣当作水泥的代用品。此外还卸下坦克的炮塔充作碉堡。”

8月9日，朝枝参谋陪伴真田少将和中泽少将从所泽搭乘重型轰炸机再次前往硫黄岛，当时在折钵山的高射炮中队长中有个叫大屋的预备役大尉，是朝枝在陆大同期的大屋角造的兄弟。由于缺乏弹药无法进行充分的对空射击训练，大屋只好拔剑仰望天空，痛恨不已。

8月10日上午，栗林对堀江参谋说：“你明早出发前往大本营。要向他们提出如下要求。”

这些要求是：

一、急派2个机枪中队

军官限于陆士出身的现役。弹药越多越好。

二、大、中队长更新15名。

60岁前后的中佐、少佐、大尉都换成陆士出身的现役军官。

堀江亲自给海军打电话要求提供飞机。他在11日抵达东京，定于12日9时访问大本营，所办事项由口头说明。

12日9时，堀江抵达大本营，吓了一跳。陆军省、参谋本部、教育总监部的幕僚、将官以下约150名、陆大教官全员约50名在这里听讲。

兵团长的要求全部得到安排。

事情办完返回硫黄岛，堀江向栗林做了报告，栗林表示非常感谢。

几天后，堀江飞到父岛，在那里见到乘船抵达的军官、机枪队的官兵。这些正是堀江应栗林的命令向大本营要求派遣的人员。他们从日本内地到父岛、又从父岛到硫黄岛的旅途一路平安。而为了更换干部被送到父岛的大、中队长的老头子们也欢欢喜喜地离开“玉碎之岛”硫黄岛，最后平安抵达日本内地。

7月3日至20日左右，小笠原的大部分居民都被遣返到日本内地，在8月末还有数十人残留在父岛上，后来也搭顺风船送走。硫黄岛的居民（16－60岁的男子）约200人被海军第204设营队征用，还有约30名军属等，主要被陆军征用为蔬菜栽培指导员。其余在7月14日乘船送往内地。

被编入小笠原兵团的第17独立混成联队（联队长饭田雄亮大佐）于7月6日完成动员（联队本部和第1大队在滨田、第2大队在山口、第3大队和工兵中队在广岛编成），该联队同第26坦克联队、第20独立臼炮大队、第2中迫击炮大队、第2独立机枪大队等一起在7月10日从横滨港出港，但当天运输船“日秀丸”（搭载第17独立混成联队、第26坦克联队、第20独立臼炮大队的主力）因故障返回横滨，其他运输船则在14日平安抵达硫黄岛西海岸，第26坦克联队、第20独立臼炮大队各一部，第2中迫击炮大队、第2独立机枪大队等（搭乘“根川丸”的部队）除第17独立混成联队第3大队外都在硫黄岛登陆，立即转归栗林兵团长指挥。第17独立混成联队第3大队（藤原环少佐以下479人）于次日7月15日返回父岛待命。

搭乘“日秀丸”的部队主力于7月14日再次从横滨出发，但18日在父岛西北约290公里处遭到美军潜艇的鱼雷攻击而沉没，虽然死伤者较少，但损失了28辆坦克，幸存者被护卫舰艇、同行的船只救助，于次日19日登陆父岛。

日军向硫黄岛海运增援人员和物资一直都受到美军的空中力量威胁。图为1944年8月4日，美国海军舰载机摧毁的1艘日军驳船在硫黄岛滩头搁浅。

藤原大队（配属联队通信队的主力）于23日以后同第20独立臼炮大队等一起逐次向硫黄岛前进，到7月末左右完成了运输。藤原少佐于7月23日登陆硫黄岛（西卸船场），部队当天即归栗林兵团长指挥，同先已在7月14日抵达硫黄岛的第26坦克联队、第20独立臼炮大队的各一部、第2中迫击炮大队、第2独立机枪大队一样，均各自接受兵团长训示、要求事项和注意事项，主要负责加强该岛北部地区的防备。另外第17独立混成联队主力负责父岛的防备。

第26坦克联队主力在父岛努力重建部队，在8月为受领补充用坦克，派遣了一部人员去日本内地，部队主力则在8月30日以前抵达硫黄岛。

此后，由于栗林兵团长呈报的意见等，许多部队、武器等得到加强，投入了硫黄岛。这些部队、军需品的运送，因顾虑美军潜艇、飞机的妨碍，决定以父岛为中转站实施，向父岛派出以小笠原兵团后方参谋堀江芳孝少佐为首的约40人以使补给、运输得以顺利实施。但之后随着战况的进展，通过运输船、驱逐舰、高速运输舰进行的运输日渐窘迫，因此后来动员了海军SB艇、机帆船、渔船（约50艘）等，还在父岛上以约2000名作业员和50辆车辆实施了转装作业等，主要利用夜间抓紧进行父岛、硫黄岛间的海上运输。

第三章　日军的后期准备和防空战斗

日本陆海军的分歧和妥协

栗林兵团长到硫黄岛赴任之后，对塞班作战的战训和硫黄岛的地形、地质等各种主要因素进行了检讨，决定放弃地形、土质上比较薄弱、难以顶住美军舰炮射击的海滩阵地，而在西码头－第二机场（元山机场）西南端－南部落一线构成纵深1000米的主阵地带，另以折钵山为有力据点，在放任美军登陆之后从两据点出击，将其压迫至海岸正面歼灭，即以所谓的后退、纵深部署的防御构想指导下属部队备战。

对陆军的这种防御构想，海军方面意见相左。海军的想法是：如今日本海军机动部队的实力已经相当低下，为了在海上击破美机动部队，必须将地面航空基地当作不沉的航空母舰来确保和利用。8月初，同陆海军部两作战部长同行来岛的第3航空舰队参谋浦部圣中佐，在8月11日同栗林兵团司令部一起举行了防御构想会议。海军方面有市丸少将、间瀬中佐、赤田大尉参加，陆军方面有栗林、堀参谋长、西川与吉田两位参谋以及恰好从父岛飞来进行联络的堀江参谋参加了这次会议。会议在师团司令部的参谋室举行，从13时持续到17时左右。

会议的主题是如何使用海滩阵地，浦部参谋主张为绝对确保硫黄岛特别是机场，应该在预计敌登陆的地区（第一机场）的两侧海滩构筑混凝土制的特殊火力点群、巨大支撑点，在登陆部队抵达海滩前将其歼灭。

浦部以海军中央部的意向为开场白：“海军会运输全部武器材料，所以希望陆军提供兵力，在第一机场周围修建数重碉堡。武器是25毫米机炮，数量约300门。在机场以外没有适合敌人登陆的地方，所以如果能阻止敌人在这里登陆的话，就可算是难攻不落之地了。”浦部曾在陆军步兵学校学习，在海军人称“陆战通”。

陆军方面因早已根据栗林的方针在推进防御准备，所以主张通过后退部署打持久战。堀江反驳了浦部的发言，甚至挖苦说身穿海军制服的人却不了解敌舰炮的威力，在数百门大炮面前，部署25毫米机炮之类的玩意儿毫无意义。恰巧在这一时期堀、西川、吉田三人同栗林的关系并不太好，所以始终一言不发。结果争论

硫黄岛日本海军最高指挥官市丸利之助海军少将。

变成了栗林、浦部和堀江的轮流发言。激烈争论持续了几个小时，直到深夜，最后栗林做了决定："同意堀江参谋的意见。"

浦部在吃饭时对堀江说："已经领受了中央的意向，所以无论如何请在今晚改变心意。"他又拍了拍堀江的肩膀笑道："没想到会遭到你这个亲海军分子反驳呢。"

次日早晨，栗林出现在参谋室前，对堀江说道："关于碉堡的事，在战术上确实如你所言，但是海军带来的武器材料，特别是炸药和水泥可不是闹着玩的。光是机炮就有300门，可真是不得了。可以拿出一半像海军主张的那样使用，剩下的归我们使用，以这个为条件怎么样？"堀江说："如果阁下能巧妙地利用这次机会的话，那当然再好不过了。"这样陆海双方讨论的结果，是决定在东西两面美军可能登陆的海岸海滩附近构筑一些碉堡阵地，部署一部分陆军部队。

在以上的关于碉堡的争论中，也涉及了不熟悉陆战的海军部队该如何部署的问题。堀江主张海军应分属五个地区队，由地区队长活用。他正在思考在座的各位是否会同意，市丸少将却流下眼泪哭泣起来，恳求说："海军拥有独特的习惯，有'死也要死在一起'的说法。请让我们集中在一个地方战斗。"哀声闻之令人断肠。堀江为自己的鲁莽道歉，栗林则说"可以了"，同意市丸的要求，决定将海军主力集中在从玉名山到南地区队与东地区队的中间地带（后来当美军进攻时，市丸方案的缺陷暴露出来了）。

8月18日，浦部参谋在发给第3航空舰队参谋长的电报中，要求提供建立海滩碉堡阵地所需的武器、材料。浦部在电报中指出："为绝对确保硫黄岛，将预计敌进攻部队来攻时最有可能登陆的（第一机场）地区急速要塞化为最紧急事项，在其周边构成以25毫米机炮为基干的特殊火力点群、巨大支撑点，部署陆军精锐两个大队，必须在敌登陆部队，特别是坦克和搭载重炮的舟艇抵达海滩前将其歼灭，根据累次的战训，确信此为本岛防御最优良之手段，对此现地陆海军持完全一致意见。"

浦部在电报中要求提供的武器和材料包括：

一、武器

1.25毫米机炮70门（1门穿甲弹2000发、普通弹500发）

2.250公斤炸弹喷筒50具

二、材料

水泥12000吨，圆钢3750吨，铁丝网20号（韧炼钢筋）15公里，钉子60吨，锻铁板200块，小型碎石机20台。

（注：炸弹喷筒是为了将炸弹用于地面战斗，安装在其后部进行发射的筒，即喷进筒）

栗林兵团长同意构筑海滩据点，这让他向来主张的后退

日军精心构筑的小型工事，虽仅能容纳一人，却可瞰制美军登陆的一片海滩。

硫黄岛东侧，美军入侵海滩正北的一条坑道，是日军凿开石头挖掘出来的。这种坑道遍布全岛。

部署的构想未能彻底贯彻。关于这件事，师团参谋掘江、白方两人在战后回忆说：“兵团长并未改变后退部署思想的本意，应该是考虑到如果海军能提供在海滩修建坚固碉堡的材料，就可以将一部兵力部署其中加以有效利用。也有在海滩设置伪装阵地，吸引敌军舰炮火力的想法。”

美军海军战史则认为“硫黄岛的防御部署，是将旧式的海滩歼灭战术和在佩里硫、莱特岛和林加延试用过的新的纵深防御战术的优点结合到了一起。”

栗林基于以上方针，命令兵团工兵部队和第145步兵联队第1大队（大队长原光明少佐）协助构筑海滩据点。

此后，中央部实际提供的武器材料补给只有水泥约3000吨、25毫米机炮75门。第一机场周边海岸的碉堡（厚70－80厘米）在距海滨100－150米一带，以10米间隔，在南海岸有两条战线、在西海岸有一条战线，共计构筑了约26个火力点，与当初的计划相差甚远，未能在美军登陆时发挥所期望的效果。

在此期间，提尼安、关岛的日军守备部队全部“玉碎”。大本营陆军部对塔拉瓦、马金以来的战训，特别是塞班岛海滩防御的失败进行了检讨，从根本上改变了以往的海滩部署思想，提出了以后退部署为基础的抗登陆防御方针，在8月20日，发布大陆指第2130号，向全军指示“岛屿守备要领”。

小笠原兵团自6月下旬栗林兵团长正式行使指挥权以来，一直根据该思想在构筑阵地，即使是依据前述同海军方面的妥协进行的海滩据点构筑，在这些据点部署一部兵力，同样与岛屿守备要领的基本原则相符。

8月27日，大本营以大陆指第2144号指示驻小笠原群岛的陆海军指挥关系。根据该指示，各岛屿的首席指挥官在地面战斗中统一指挥当地陆海军部队（除航空兵外）。

1944年9月，小笠原地区的日军防空战斗

8月31日－9月2日，美特混舰队大举袭击小笠原地区。8月31日14时至16时，美舰载机约84架对硫黄岛、约40架对父岛、约20架对母岛实施空袭。次日，5时30分至13时40分，约50架袭击父岛，巡洋舰

2艘和驱逐舰4艘对其进行舰炮射击，同时以120架飞机对硫黄岛进行了5次空袭，攻击机场、码头、海岸阵地、设施（雷探等）。紧接着又在2日5时55分至11时13分，以约30架飞机对父岛、5时44分至17时2分以140架对硫黄岛进行了7次空袭，再次实施舰炮射击（1500－1600发）。

当地日本陆海军部队声称空战和地面炮火取得了击落18架美机的战果，但日军方面也死伤115人，损失飞机24架、小型舰艇14艘等。

9月1日美军对硫黄岛的空袭期间，元山炮台群的“元山东直掩机关炮台”在对空战斗中表现突出。元山炮台群的指挥官兼分队长是土井英三郎中尉。炮台群拥有120毫米单管高射炮4门，高射器、发电机等辅助设备。这4门主炮用来射击高空的敌机，各机炮炮台的25毫米机炮则用来防御从低空接近的敌机。120毫米高射炮的最大射程约为16000米，高射角的有效射击高度充其量也就5000多米。而且引信的调定由人力完成。无论怎样训练，引信的调定也不可能即时变化，与敌机冲来时的速度匹配。所以限定在预测敌机将会冲过来的地点，使用所谓“距离引信极限射法”。即使是对射击诸元的基础——距离的测量，也只是依靠测距仪和肉眼。虽然有的炮台也装备了电探（雷达），但其性能、操作上都很不成熟，难以发挥作用。炮台是半土中式，炮身和高射器的瞄准器在地面上，炮手则在洞中。炮台的构筑极为简单，就是挖出洞来，用挖出的土筑成掩护墙，台基是在十字型的木材上装上炮架（约7吨），将炮身（约3吨）嵌入其中，所以台基上应该浇筑混凝土，但实际上做不到，只好填上泥土夯实，据说这样就可以坚固耐用，算是野战专用的量产物。

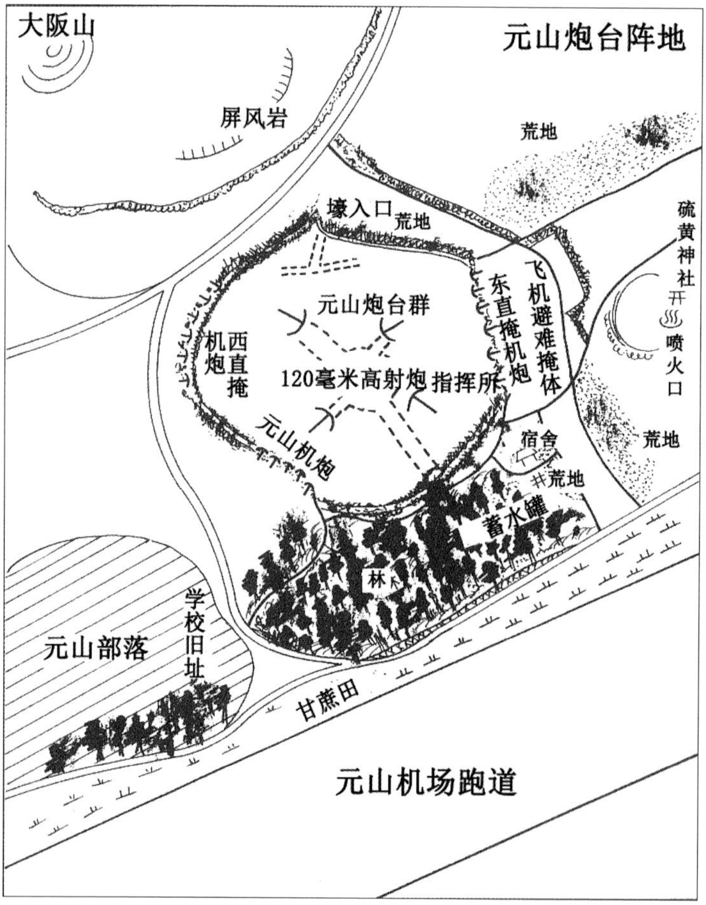

日军的元山炮台阵地，图中的屏风岩和屏风山不是同一个地方。

该炮台群的元山东直掩机炮炮台（东机关炮台）配备了6挺25毫米对空机炮，指挥官是敕使河原少尉，机炮手有25名。桥本卫上等兵曹是一号机炮长，射手是渡边一等水兵，装填手是绫部一等水兵。这两名一等水兵都是接近40岁的补充兵。另外还有一人是给弹员吉原一等水兵，只有18岁。一号机炮全部人员有4名。

美国航母舰载航空兵的主力战斗机格鲁曼 F6F-5“地狱猫”战斗机。

炮台群的下士官共有三名，所以偶数的二、四、六号机枪由水兵长担任机炮长。指挥传令由浅野水兵长担任。三号机炮长是舟见一等兵曹，年龄超过40岁的君塚二等兵曹担任5号机炮长。

25毫米机炮阵地是直径3米左右的洞穴阵地，阵地上只要落进一颗小型炸弹，4个人就会全部报销。

防空壕的地点选在一号机炮前方，修筑进展快得意外，到第3天就挖了大约5米深。

一号机炮阵地在元山机场北方，距离跑道四五百米，其间是平坦的沙地。

9月1日上午响起空袭警报后，无数美机遮蔽硫黄岛的上空，转眼间雨点般的炸弹就以跑道为中心落下。大约一个小时后，又有大群美机，如麻雀般从折钵山方面和大阪山方面接近过来。

东机关炮台指挥官敕使河原少尉扯着嗓子喊道：“对空战斗！”美机的引擎“呜呜”轰鸣，开始在元山地区上方盘旋。

一号机炮长桥本卫上曹看到给弹员吉原一水跪在运弹通道上，因首次同舰载机战斗，正在瑟瑟发抖，便对他大喊道：“吉原，弹药可别断了呀！这里的用完的话，就从附近随便什么地方取来！”

美机首先以千鸟机场一带为主要目标突击，反复下降、上升。千鸟、折钵山的炮台群一齐开始射击。

“向那架飞机，开始射击！”敕使河原少尉举起红白相间的指挥棒，指向从北方绕过来直冲该阵地的机群。

高度约3000米、高射角45度附近的三机编队分散开来，一架接着一架，一边用机载机枪扫射，一边向东机关炮台猛冲过来。

“开始射击！”桥本尖叫道。射手渡边一水不停地叫喊：“苍蝇遮住眼睛了，看不见飞机了！”

这时不知为何出现了很多大个的苍蝇，让他们烦恼不已。苍蝇粘到他们的身上，怎么也弄不掉。

射手为了瞄准正在用一只手握住扳机、另一只手握住枪把，都无法用手撣苍蝇。射手发出惊叫，桥本情急之下撑住了枪把。

这个25毫米机炮的瞄准器被称为“环形瞄准器”，用圆和线组合在一起，计算出方向、敌速、距离，使用起来比较简便。在桥本辅助下，射手一边用一只手赶走苍蝇，一边猛烈射击。突然“咣！”地一声，桥本的全身被烟尘包围，大脑变得一片空白。

美机一架接一架一边射击一边冲过来，然后向右转弯飞到海上。双方射击的声音和曳光弹的光迹交错混杂，但哪一方都没有命中。

在桥本看来，虽然美机以三机编队攻来，但他们突击时通常是一架一架俯冲，而且下降点大致在相同的高度和距离。因此桥本对射手说：

"喂，小边，下次不要移动机炮。就固定在他们冲来的方向上，只在进入瞄准器正中间的瞬间扣动扳机。"

渡边也应答道："哎呦，我也是这么想的。"看来他也想到了同样的射击方法。

他们稍稍喘了口气，美机的又一波攻击开始了。千鸟炮台群重新开始射击。

"那架飞机，开始射击！"敕使河原少尉的声音再次响起，大群美机出现在与刚才相同的方向，开始向目标冲来。

桥本对渡边喊道："渡边，等我拍打肩膀再打！"射手渡边为了不让机炮移动，一边用手赶走苍蝇，两眼却一直盯着瞄准器。

"来了！"桥本喊道。他感觉这次的敌机跟刚才的格鲁曼不一样，体型更加粗大，速度更慢一些，高度也低一些。

跟刚才一样，最前面的飞机首先冲过来。突然地动山摇，升起火柱和黑烟，桥本从掩壁后方探头看向六号炮的方向，只见爆燃的烟雾正在横向蔓延。这是新型炸弹，是为了大范围破坏人员和机枪等地面目标的特殊炸弹。片刻间，他看到了飞机驾驶舱前方美国兵的面孔。

"打！"桥本用力一拍渡边的肩膀。

一号机炮同美军的俯冲轰炸机来了一回单挑，对方在一号机炮射击的同时，一边扫射和投弹一边向左飞走，结果没能命中。

接下来第二架飞机以同样的路线进入下降点。但不知为何，它在一瞬间机首摇晃了一下后才俯冲。就是这零点几秒的踌躇，被渡边射手的一发弹丸击中了。

这架美机被一号、二号、三号机炮发射的曳光弹的射线包围，突然喷出火来，一边冒着黑烟一边转弯，向北海岸方向急转后落入海中。

"小边、小绫，命中了，

柯蒂斯 SB2C"地狱俯冲者"舰载轰炸机。

干得好！”桥本兴奋地喊道。

很快渡边在下一架冲来的飞机进入瞄准器正中间时扣动了扳机。这架飞机也喷出火焰，拖着黑烟向左转弯，但二段岩和玉名山的炮火也盯上了它，最后它一头钻进海里。

“全体退避、全体退避！”突然指挥官尖着嗓子发出号令。桥本等人正沉浸在胜利的喜悦中，却被迎头浇了一盆凉水。桥本望向玉名山，看到了黄色的信号旗。“全体退避”是估计敌舰炮射击之后将会开始登陆而下达的命令。（这一天来袭的美特混舰队是美第58特混舰队一部。）

舰炮射击开始了，整个岛屿都在炮击轰炸下颤抖，火焰、炮烟和硫黄的喷烟笼罩全岛，仿佛火山喷发一般。一个小时后舰炮射击结束，舰载机的空袭再次开始。

传令兵传来了命令：“对空炮台，各就各位！”敕使河原指挥官的声音再度响起：“那架飞机！”

“小边，按照跟刚才一样的要领（射击）。”

“包在我身上。”

不知为何，桥本他们发射的弹丸没有一个命中直线冲来的美机。美机一边用机枪扫射一边接连投下炸弹，炸弹在阵地中间爆炸，火和烟笼罩了机炮群，炸出了好像平底碟子一样的大坑。

每挺机炮的枪管都打得通红，表面的油漆到处鼓起气泡剥落下来。

“小边，又打中了！”桥本喊道。又一架飞机被打中了。这架飞机也在突入点踌躇了一下。

6门机炮全部命中，这架飞机在空中发生爆炸的同时越过元山炮台，拖着火焰坠落在千鸟机场方向。

在炮座中，打过的弹壳弹夹堆积如山。空袭间隙，绫部和吉原将他们扔到外面，拼命装填弹舱。

“小边，冷却枪管！”

射手渡边把米袋放进桶里的泥水，蘸满水后取出放在枪管上，立刻出现水蒸气和异样的声音，像是发生了爆炸，绫部和吉原吓了一跳，回头向这边看过来。

“快修理尾栓！”

“太热了，下不了手。”

“笨蛋！打开，从上面浇油！”

渡边倒了润滑油，立即沸腾起来。枪管慢慢冷却下来。

刚好过了一个小时，敕使河原指挥官发出命令：“全体退避！”这次也是为了防备舰炮射击。

“往元山方向逃吧！”桥本喊道，然后最先跑了出去。

正当他在最前面奔跑在沙地上时，大口径火炮特有的炮声包围了硫黄岛，仿佛“万雷齐鸣”一般。落下的巨弹破坏力极大，地面被火、烟和沙尘笼罩，硫黄岛在颤抖，就好像整座岛屿都要爆炸了似的。

桥本他们总算跑进元山的防空壕里。炮击在一个小时后结束。炮台本部的传令兵在入口喊道：“对空炮台，各就各位！”

桥本在返回阵地时，看到牛一样的大岩石盖在一号机炮阵地上。二号和三号以及其他机炮也在炮击中被炸飞的岩石或沙子什么的盖住。不过人员和机炮都没有损失。举目所见，山丘都被硝烟笼罩，在从地底冒出的硫黄烟气之中，树林被折断、烧焦，跑道和阵地也被炸开裂缝，岩石飞到四周，让桥本想起儿时在村庄的寺庙里看到的幻灯里的地狱图案。

后来东机关炮台向炮台本部报告“击落敌机3架，击伤2架，人员武器无异常，发射弹数1080。”但几个小时后，警备队本部负责保管弹药的少尉掌炮长和佐佐木伍长、上曹仓库长一起乘汽车赶来。

“笨蛋！一天就消耗了千发，你们想过还会剩下多少弹丸吗？”

这声大吼让桥本不寒而栗。他原本以为干得很漂亮，司令官也会感到高兴，还会得到一份赏词，正为此得意洋洋时却挨了一顿叱责，真让人摸不着头脑。

少尉继续对感到气愤的桥本说：“硫黄岛上的机炮弹还不到10000发，一天只能消耗弹丸300发，不知道这个规定吗？”

桥本以一副无法接受的表情瞪着掌炮长。

“你小子还不明白吗？”

他脸涨得通红，对桥本怒吼道。

“掌炮长，这家伙跟我搭的是同一条船。”

佐佐木伍长一边干笑一边看着桥本，走进掌炮长和桥本中间。

“喂，桥本，还是小心为妙，过于意气用事的话，恐怕会没命哦。”

说完便催着掌炮长回去了。

桥本听过硫黄岛的25毫米机炮有157门，保有的炮弹数并没有想过，也没有听说过一天一个阵地发射300发之类的规定，指挥官也没有对他提起过。在桥本他们居住的宿舍旁边的仓库里，机炮弹堆积如山，他以为这些全部都是东机炮的储备炮弹，因此才尽情地对敌机发射。现在却听说这些是警备队本部的仓库部门保管的弹药。

后来桥本9月下旬患了阿米巴痢疾，不久又诊断出了肺炎和肺浸润。9月29日傍晚，桥本搭乘第132号运输舰离开硫黄岛返回横须贺。10月2日晨，桥本等人抵达横须贺。东机炮的战友们则在后来的战役中全部阵亡。

父岛也是美军这一轮空袭的重要目标。硫黄岛的航空基地是马里亚纳群岛出动的美军B-29轰炸机轰炸日本本土的主要阻碍，父岛是硫黄岛最近的补给基地，其强大的雷达搜索和通信能力无法忽视。美军第58特混舰队在攻击硫黄岛的同时，也尽可能对父岛实施空袭。轻型航母“圣哈辛托”号上的“复仇者”鱼雷轰炸机也同格鲁曼“地狱猫”战斗机一起参加了对父岛的袭击。后来成为美国总统的乔治·布什中尉也在这支队伍中。布什将自己的爱机用订婚对象的名字“芭芭拉”命名。机组成员一共3人，布什是机长。

9月2日晨，布什驾驶的“复仇者”从父岛近海的“圣哈辛托”号起飞，同僚机一起从父岛南方向岛屿中央的无线电塔发动进攻。飞抵海岸线附近上空的布什机在2500米高度开始俯冲。很快布什机即遭到父岛防空炮台的集中炮火攻击中弹，发动机起火，不断冒出浓烟。但是布什机仍然继续俯冲，向无线电塔投下4颗500磅炸弹。确信命中的布什机带着浑身的火焰和浓烟急向东（右）方转弯。但是机身急速下降，布什机长决定弃机跳伞，向同一架飞机上的两人做了指示，在900米高度脱离了飞机。这时他的头部撞到飞机后部受了轻伤，但降落伞顺利打开，布什中尉降落到父岛和兄岛的东方海面上。在上空掩护的指挥机很快投下救生浮舟，布什游到了浮舟上。这时掩护飞机也开始用机枪向正向救生浮舟靠近的2艘日军大发扫射，布什约两个半小时后被美军潜艇收容，避免沦为战俘。同机的一人却没能逃脱，另一人则因没能打开降落伞而死去。

二战结束后，涉嫌将在父岛上空被击落的美军飞行员斩首，还吃人肉的2名日军军官被起诉。布什如果当时被俘的话可能也会遭遇不测。

另外根据美国的军事审判起诉书，从1944年6月到二战结束在父岛被俘的10名美军飞行员中，只有2人被后送到日本内地，其余8人在当地被处决。战后美国在关岛进行军事审判，5名日军干部，即驻父岛的陆军中将、海军大佐、陆军中佐、陆军少佐、陆军大尉都被判处绞刑。

战后布什在访问日本时曾对媒体表示“想知道击落自己的炮台在哪里、炮台长是谁，如果可以希望能会面”。当时在父岛迎击第58特混舰队的是零式战斗机和父岛上的陆海军防空炮台，后者的主力是海军的兵科第3期预备学生馆炮（馆山炮术学校）对空专修的少尉们指挥的高射炮、机关炮台群。9月起出任乳头山120毫米防空炮台长的玉木邦夫少尉，曾在8月初美特混部队来袭时，在驱潜舰“庆南丸”上同美舰载机激战，这件事被东京的各家报社大肆报道，算是一名历战老兵。

太平洋战争时期的海军飞行员乔治·布什中尉。

关于布什提出的问题，当时的海军预备学生第三期出身的炮台长曾数次聚集起来探讨，虽然能推定几座符合情况的炮台，可是在混战中无法弄清到底是哪座炮台。如果是被高射炮炮弹正面命中的话，“复仇者”几乎肯定会立即解体。从与俯冲机对战的机会和高度上来看，布什的座机被25毫米高射机炮炮弹击中的可能性较大。

第四章 美军谋攻

美军的“分遣队”计划

日军为了在硫黄岛抵御美军的进攻积极备战，美军也正在积极谋划拿下硫黄岛这个战略要地。早在1943年9月，美军参谋长联席会议的下属军事计划机构——联合战争计划委员会，就开始制订夺取小笠原群岛和火山列岛的初步计划。此后因美军在中太平洋沿吉尔伯特群岛、马绍尔群岛和马里亚纳群岛一线进行一系列战役，进攻小笠原群岛和火山列岛的备战计划一直到1944年夏才再度提上议事日程。同年7月，美军在塞班岛大获全胜，让中太平洋地区的后续作战更加引人注目。

1944年7月13－22日，美国陆军高层领导人在华盛顿举行会议，联合战争计划委员会的几位高级成员，向参谋长联席会议提交了继续对日作战的各种可行性方案。会议讨论期间，轰炸日本本土列岛的计划尤为突出。与会成员再度讨论让马里亚纳群岛成为远程轰炸机基地的计划，为便于轰炸日本本土有夺取小笠原群岛和火山列岛的必要。

1944年7月中旬，美国海军作战部长兼海军舰队总司令欧内斯特·金上将在视察夏威夷期间，与太平洋战区司令尼米兹海军上将讨论了参谋长联席会议的一些决策。他告知尼米兹，为远程轰炸日本本土，参谋长联席会议已经命令陆军航空兵在马里亚纳群岛设立4个B-29轰炸机大队。最终，马里亚纳群岛的各机场，将成为12个B-29轰炸机大队的作战基地。由于美军战斗机的作战半径都远小于B-29轰炸机，金提出，为了给B-29轰炸机提供战斗机护航，需要占领小笠原群岛和火山列岛，充当护航战斗机群的基地。今后几个月，美军会在加罗林群岛和菲律宾群岛作战，两位海军上将都觉得这段时间不应为小笠原群岛和火山列岛分兵。金认为除非在小笠原群岛和火山列岛战役结束之后不久，就会入侵日本本土，不然进攻那一片火山岛不是明智之举，却仍然指示尼米兹为进攻小笠原群岛和火山列岛准备作战计划。

进攻小笠原群岛和火山列岛的两栖作战计划，与美国陆军航空兵B-29远程轰炸机的发展密不可分。早在1939年，时任陆军航空队司令的阿诺德中将就下令研制一种飞行里程可达3200公里的4引擎轰炸机。最终发展成型之时，B-29“超级空中堡垒”轰炸机翼展达43米，机身长30.18米，配备4个带涡轮增压器的莱特式发动机，每个发动机的海平面功率为2200马力。这架巨型轰炸机装备12挺机载12.7毫米口径机枪，机尾配备1门20毫米口径航炮。B-29最大升限为11582.4米，接近升限时的最高时速为581公里，空载飞行里程为

7081公里，装载4吨炸弹时，飞行里程可达5633公里。

1944年下半年，美国陆军航空兵第20轰炸机部队的大约100架B-29轰炸机，已经在中国境内大后方的机场起飞行动。第20轰炸机部队当时还是为实战目的组建的一个实验性编制，成为后来美军各远程轰炸机部队的原型。当时该部队的任务有三个：在作战条件下测试B-29轰炸机的性能；制定和完善战术条令；完善行政结构以支持B-29出击。1944年10月中旬，在中国各基地的B-29轰炸机合计执行10次飞行任务，打击从泰国曼谷到日本本土的各种工业目标。

同一时期，美军在中太平洋的攻势进展顺利，全面占领马里亚纳群岛。将马里亚纳群岛建成持续轰炸日本本土的基地的准备工作已在进行。预计马里亚纳群岛能够容纳B-29轰炸机的第一座机场，会在1944年10月投入使用。要从马里亚纳群岛出动远程轰炸机轰炸日本本土的话，正好位于马里亚纳群岛和东京中途的小笠原群岛和火山列岛自然会具有重大的战略意义。属于火山列岛的硫黄岛看来是美军入侵的合理选择，在小笠原群岛和火山列岛的所有岛屿之中，只有这个岛屿适合容纳B-29“超级空中堡垒”。不过此时美军并非打算让硫黄岛成为B-29轰炸机的一个基地或者中转站，而是希望将其建成一个前方航空站，让进驻的战斗机能够为空袭日本本土的大型轰炸机护航。与此同时，空袭日本受损的B-29轰炸机能够在硫黄岛紧急着陆，飞行员不用在跳伞之后让飞机坠入太平洋。塞班岛激战正酣之时，已有500架B-29巨型轰炸机做好战斗准备。

马里亚纳群岛的航空基地吸引的关注越来越多，中国境内的B-29轰炸机基地的战略重要性相应减弱。早在1944年9月初，陆军航空兵司令阿诺德上将就在认真考虑将第20轰炸机部队转移到一个更为有利的地方。日军在中国大陆进行的“一号”作战夺取大片土地，威胁中国抗战大后方机场的安全。美军终于不得不放弃在华的B-29基地，将各作战大队及后勤支援单位都转移到马里亚纳群岛。

太平洋舰队陆战队司令，硫黄岛远征军地面部队司令霍兰·史密斯中将。

1944年7月，陆军航空兵向联合参谋计划人员提出建议，如果P-51“野马”战斗机以硫黄岛为基地，东京就正好处于其作战半径之内。8月12日，联合军事计划委员会即建议占领小笠原群岛和火山列岛，列出的主要理由有：这些岛屿可以充当战斗机基地，支援B-29轰炸日本的空袭行动；让敌人失去这些战略前哨；为美军在马里亚纳的阵地提供防空基地；还可以为空袭日本的重型轰炸机提供中转站。

1944年8月下旬，联合计划人员编制了一份海军人员需求研究报告，其中包括一份预计在1945年4月中旬发动的攻打小笠原群岛的作战清单。据估计，这次作战需要3个师的兵力。尼米兹在计划入侵台湾岛的同时，对小笠原群岛也非常感兴趣。1944年9月，他通知太平洋舰队陆战队（FMFPac）司令霍兰·史密斯中将，陆战2师和3师会留在马里亚纳群岛充当战区预备队，准备用于台湾岛作战。此外，一旦对小笠原群岛的硫黄岛发动进攻，这两个师会成为登陆部队主力。

就在这个时候，太平洋战

区的几位主要兵种司令官，对金上将一心要进行的台湾岛登陆作战非常认真地提出了怀疑意见。战区陆军航空兵司令米拉德·哈蒙中将主张，为直接进攻小笠原群岛和琉球群岛，可以绕过台湾岛不打。他的上司，战区陆军司令小罗伯特·理查森中将，同样无法发现占领台湾岛有任何益处，表示赞成直取南方诸岛（伊豆诸岛、小笠原群岛和火山列岛）。尼米兹上将认为，只有在占领台湾岛后会在中国沿海登陆，台湾岛对美军才有用处，而日军最近在中国战场为打通大陆交通线取得的战果，让美军登陆中国沿海的价值值得怀疑。

7月11日和12日，金与尼米兹去塞班岛视察期间，金询问第5舰队司令雷蒙德·斯普鲁恩斯海军上将的下一次作战目标。斯普鲁恩斯回答想要夺取冲绳岛。尽管相关将领反对进攻台湾岛的呼声日益响亮，直到1944年10月初，金仍然坚持攻打台湾岛。

马里亚纳战役结束后，斯普鲁恩斯在1944年8月28日，将指挥权移交给哈尔西海军上将，9月初回到珍珠港。尼米兹在听取他的报告后，说道："你的下一次作战会是去夺取台湾岛和厦门。"斯普鲁恩斯对尼米兹直抒己见："我倾向攻打硫黄岛，然后再占领冲绳。"尼米兹内心虽然倾向斯普鲁恩斯等部下主要指挥官的意见，但此时还是告诉他："美国舰队总司令官要求攻打台湾岛。"

太平洋战区海军三巨头斯普鲁恩斯（左）、金（中）、尼米兹（右）。

然后斯普鲁恩斯回美国本土休假，预定在9月下旬返回珍珠港。斯普鲁恩斯从美国本土度假完毕动身之前接到命令，月底金上将会与尼米兹上将在旧金山举行一次会议，他也要出席。

就在这次旧金山会议上，尼米兹提交了一份文件。按照斯普鲁恩斯的推断，这份文件出自太平洋舰队作战处长弗雷斯特·谢尔曼海军上校之手。这份文件提出第5舰队下一阶段的作战目标应当是硫黄岛和冲绳，而不是台湾岛和厦门。变更目标的理由是预定指挥台湾战役地面部队的第10集团军司令巴克纳陆军中将提出的，他没有足够的部队用于夺取台湾这么大一个目标，按照现有部队的规模，夺取冲绳才是可行的。尼米兹和斯普鲁恩斯又费了好一番口舌，才说服金相信改变目标是必要的。金终于答应向参谋长联席会议递交这份文件。

旧金山会议结束后不久，10月2日，金便回到华盛顿，向参谋长联席会议提交了对太平洋战区未来军事行动的建议性指示。他指出，太平洋战区的地面部队无法满足入侵台湾岛和中国东南沿海的最低要求。此外，陆军部也透露，在欧洲的战争结束之前，无法为太平洋战区增派地面部队。金在这份提案中又指出，如果在南方诸岛占领几个阵地，尤其是如果能在1945年1月占领硫黄岛的话，就能让战斗机为从马里亚纳群岛起飞的B-29轰炸机提供支援。此外，攻入琉球群岛，尤其是冲绳岛的话，就能切断日本在整个琉球群岛的空中交通线。要完成硫黄岛和冲绳岛的战役任务，太平洋战区的地面部队是足够的。

参谋长联席会议立即接受金的提案，10月3日发布了指导太平洋战争的新指示。太平洋战区得到的新指示为：为西南太平洋战区预定在1944年12月20日发动的吕宋岛战役提供舰队掩护和支援；预定在1945年1月20日，在南方诸岛占领一个以上的阵地；预定1945年3月1日，在琉球群岛占领一个以上的阵地。

参谋长联席会议最终决定太平洋战区将在南方诸岛占领一个目标，这就必然提出了该选择哪个目标的问题。要在南方诸岛地区尽快为美军夺取机场，不让日军使用这些机场，只有夺取硫黄岛能满足这一要求。硫黄岛战役行动代号定为“分遣队”行动。如果菲律宾的军事行动进度不如预期，发动硫黄岛战役的时间将会相应推迟。

10月7日，尼米兹和他的参谋部发布了一份先期计划报告，列明了“分遣队”行动的目标。这次行动的首要目的是不断地对日本施加军事压力，扩大美军在西太平洋的制海权。在美军手中，硫黄岛可以变成一个远程空袭日本本土的支援基地，还可以保护美军在马里亚纳的基地，掩护海军部队对通往日本本土的水上通道进行侦察，让战斗机为远征空袭行动提供护航。这份研究报告特地设想了三项任务，即削弱日军在本土列岛的海军力量、空中力量和工业设施；还提到要摧毁日军在小笠原群岛的海空力量，夺取和占领硫黄岛，随后在该岛布防，发展成一个航空基地。

10月9日，霍兰·史密斯接到战区司令部送来的绝密急件，除了上述研究报告之外，还有一份尼米兹上将命令夺取硫黄岛的指示。这份指示已指定硫黄岛作战各部队的指挥官。第5舰队司令斯普鲁恩斯海军上将出任作战部队即第50特混舰队司令。在斯普鲁恩斯以下，太平洋两栖舰队司令里奇蒙·凯利·特纳海军中将会指挥联合远征舰队，即第51特混舰队。联合远征舰队副司令为哈里·希尔海军少将。霍兰·史密斯中将会出任远征地面部队——第56特混部队司令。尼米兹挑选这几位将领指挥这次重要作战几乎不用考虑。他们在瓜达尔卡纳尔战役到关岛战役期间，共同完善了美军两栖作战的各种技术细节。自1942年以来，这几位将领从瓜达尔卡纳尔岛的丛林到所罗门群岛，从塔拉瓦的血腥珊瑚礁到马里亚纳群岛的群山，已经遭遇过两栖登陆作战的每一种困难，最终都为美军取得了胜利。

美军地面部队的备战计划

1944年10月中旬，史密斯指定第5两栖军军长哈里·施密特少将出任“分遣队”行动地面登陆部队，即第56特混部队1支队司令。施密特时年58岁，从军将近26年，此前出任陆战4师师长，在马绍尔群岛战役期间率部攻打罗伊－那摩岛，塞班岛战役期间也率部参战。他部下经验丰富的参谋班子，以参谋长威廉·罗杰斯上校为首，会负责“分遣队”行动期间地面部队的所有备战、训练和行动计划。待计划工作

硫黄岛战役期间的第5两栖军军长哈里·施密特少将。

硫黄岛战役期间第5两栖军的3位师长，陆战3师师长厄斯金少将（左）、4师师长凯茨少将（中）和5师师长洛基少将（右）。

完成后，登陆行动计划会由施密特转交史密斯批准。10月20日，第5两栖军军部接到战区陆战队司令部的指示，说明了分配给该军的具体作战部队。起初，第5两栖军要在12月15日就为战斗做好所有准备。

纳入第5两栖军，即地面作战部队的主要单位是海军陆战队第3、第4和第5师。陆战3师已经在所罗门群岛的布干维尔岛和马里亚纳群岛的关岛经历过实战考验。1944年深秋，“分遣队”行动尚在计划阶段，陆战3师在关岛激战结束后，尚在就地重整，同时积极扫荡仍在该岛与美军周旋的日军散兵游勇。陆战3师师长格雷夫斯·厄斯金少将时年47岁，是海军陆战队最年轻的将官之一，以性格坚韧顽强著称。1917年，厄斯金成为陆战队的预备役少尉，第一次世界大战期间就在法国成名。战后，他曾在海地、多米尼加共和国、尼加拉瓜和中国服役。

1941年12月，日军偷袭珍珠港时，厄斯金还是大西洋舰队两栖部队的参谋长。1942年，他转任太平洋舰队两栖部队参谋长，直属上司正是时为少将的霍兰·史密斯。阿留申战役期间，他负责训练参加奇斯卡岛和阿图岛作战的陆军部队。1943年，美军为在中太平洋发动两栖攻势，组建第5两栖军，厄斯金出任副军长兼参谋长。在制订夺取塔拉瓦环礁的作战计划期间，厄斯金发挥了重要作用，后来又随部队参加了夺取夸贾林环礁、塞班岛和提尼安岛的战斗。美军占领塞班岛后，太平洋舰队组建海军陆战部队，厄斯金出任该部参谋长。1944年10月，他晋升少将军衔，接任陆战3师师长职务。

陆战4师时任师长是克利夫顿·凯茨少将。这个师也经历过多次实战考验。马绍尔战役期间，该师成为第一个直接从美国本土投入战斗的陆战师，负责夺取罗伊-那摩岛。在不到一年时间里，该师又在提尼安岛和塞班岛作战，已经参加过三次登陆战。行将到来的硫黄岛战役，将是该师在不满13个月内的第四次登陆作战。

1944年7月12日，前任师长施密特升任第5两栖军军长后，凯茨接管陆战4师的指挥权。凯茨在陆战队已服役多年，颇有名气。第一次世界大战期间，他在法国已经成为一名连级军官。在陆战6团服役的20个月时间里，他两次在战斗中负伤，获得海军十字勋章和其他纪念奖章。太平洋战争早期的瓜岛战役期间，他指挥的陆战1团，是最早在该岛登陆的2个突击团之一。

与陆战3师和4师这两位“哥哥”相比，在硫黄岛战役之前，陆战5师还不是一个经历过实战考验的建制单位。1943年11月11日，这个师在加利福尼亚的彭德尔顿军营组建，凯勒·洛基少将出任师长。和陆战3师与4师的两位师长一样，洛基1918年就在法国的蒂埃里堡参加过战斗。尽管这个师是一个没有战斗经历的建制师，不过大约一半人员都曾在参加过实战的其他单位服过役。战争结束后，洛基满怀深情地回忆道：“从陆战5师最初组建到解散的那一刻，我发现这个师拥有高水准的军事能力和非凡的精神状态，而且一直保持着。当第5师参加战斗的时候，行动的第一个小时就像一支老兵组成的队伍。这个师以最大的火力、勇气和智慧参加了他们的第一次战斗。”

在“分遣队”行动的最终计划和准备阶段，陆战3师仍在关岛驻扎。第5两栖军军长施密特少将的军指挥部也在该岛。陆战4师在塞班岛和提尼安岛的战斗结束后，回到夏威夷毛伊岛的永久性营地。1944年8月，陆战5师从加利福尼亚移驻夏威夷，进行最后阶段的战前训练。1944年的最后4个多月，陆战4师和5师在夏威夷成了邻居，让这2个师在计划阶段就能进行协调。10月13日，施密特少将的第5两栖军军部转移到珍珠港，这样除了陆战3师之外，“分遣队”行动的主要有关参谋计划人员，现在就能密切合作，对军部和两个师的协调产生了有益影响。

预定参加“分遣队”行动的3个师之中，陆战3师是唯一在计划阶段仍在积极参加军事行动的一个师。1944年8月10日，美军已正式宣布占领关岛，陆战3师扫荡和消灭残敌的行动，却一直到12月中旬才结束。关岛的这种局面，难免对硫黄岛战役的作战计划产生影响。

对于陆战3师的问题，后来霍兰·史密斯回顾道：“有人提议将第3师留作预备队，就在关岛待命。根据进一步研究，我觉得让这个师和其他部队在登陆日一同进入目标地区，充当可用的海上预备队更加合理。”事实证明，史密斯的决定是正确的。

1944年10月19日，施密特发布了“分遣队”行动的第一份蓝图，这是一份分发给下属指挥官的行动指南。次日，史密斯命令第5两栖军在12月15日准备好进行“分遣队”行动。

1944年还剩下2个多月的时间，在所有指挥官参加的多次联席会议上，第5两栖军制订了战术和后勤计划。由于可用情报越来越多，参谋们又起草了相应的替代计划，原计划也有变更。所有指挥官都发布了各自作战计划的初步草案，后来一直在进行调整，以给予现有部队最大限度的支持，编组可能的战斗力最强的突击部队。计划一直到预定登陆日仍然保持着灵活性。由于菲律宾战役的拖延，入侵硫黄岛所需的海军在菲律宾海域作战的时间只得延长，硫黄岛的预定登陆日不得不两度推迟。11月18日，登陆日被推迟到1945年2月3日；12月6日，又再度推迟到2月19日。

1945年1月26日，斯普鲁恩斯接管调配给中太平洋特混舰队的所有部队，太平洋战区总司令部的11-44号计划随即全面生效。预定用于滩头进攻的部队是陆战4师和陆战5师，但抽出第5师的陆战26团充当登陆部队预备队。在行动前的训练阶段，26团仍会与本师一同行动。在目标区域，陆战3师会留在船上充当远征地面部队总预备队，直到登陆第4天为止。

第5两栖军的滩头登陆计

划相对简单。陆战4师和5师会齐头并进，在硫黄岛东面的海滩上登陆，4师在右，5师在左。远征地面部队总预备队陆战3师，在正式调给第5两栖军之后，会在相同的海滩上登

地图四　美军的硫黄岛登陆计划

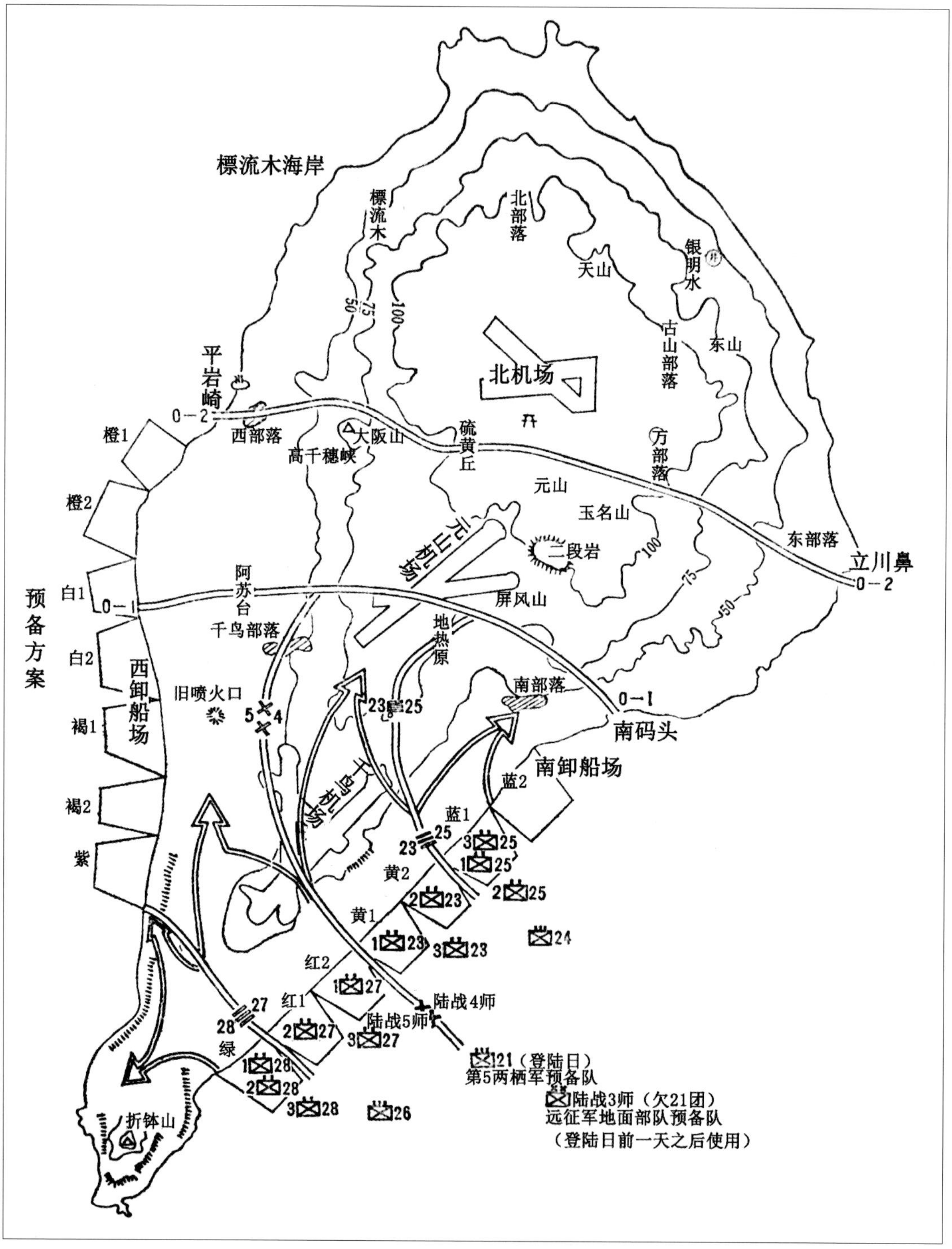

陆，根据需要，参与攻击或者承担防御任务。该计划要求迅速扩大滩头阵地，向东北方向前进，进而占领全岛。陆战5师的一个团会负责占领岛南部的折钵山。

由于硫黄岛东部海滩的海浪条件可能对登陆不利，第5两栖军在1945年1月8日发布了一份备用计划，按照该计划，会在西部海滩登陆。然而，由于北风和西北风会在岛西南侧造成持续的危险涌浪，这一替代计划似乎不太可能实施。

美军将会登陆的海滩，从折钵山向南卸船场延伸大约3500码。为了组织和控制好登陆部队，这些海滩被分成各长500码的7段，从左至右，被划为绿色海滩、红1和红2海滩、黄1和黄2海滩，以及蓝1和蓝2海滩。陆战5师会在绿色、红1和红2海滩登陆，然后在形成地峡的部位，直接横穿硫黄岛，到达西海岸。与此同时，在该师的部分兵力南下占领折钵山时，其余部队保护其右翼。陆战4师的任务则是进入地峡中央，同时该师右翼部队转向北方，占领南卸船场北面的元山台地。除非美军尽快拿下登陆海滩北面的元山台地和南面的折钵山，否则，登陆部队必然会遭到在这两片瞰制海滩高地上的居高临下的日军火力打击，损失惨重。

一旦占领硫黄岛南半部，陆战4师和5师会向北进行一次协同运动。届时陆战3师这支总预备队就可以下船登陆，来协助两个师的友军保持第5两栖军的进攻势头。

按照登陆机动的细分计划，哈里·利弗塞奇上校指挥的陆战5师28团，成为全军的最左翼，在绿1海滩登陆。28团右侧是托马斯·沃恩汉姆上校指挥的27团，会向岛西岸进攻，然后折向东北，占领0-1线位置。按照规定，27团和28团的行动会将日军从硫黄岛南半部高地驱逐，同时确保第5两栖军侧翼和后方的安全。

至于陆战4师，沃尔特·温辛格上校指挥的23团，会在“黄色1”号和“黄色2”号海滩登陆，占领千鸟机场（第1机场），然后折向东北，占领元山机场（第2机场）和该团行动区域内的0-1号线。约翰·拉尼根上校指挥的25团在蓝1海滩登陆，会协助23团占领千鸟机场和蓝2海滩，占领本团行动区域内的0-1号线。沃尔特·乔丹上校指挥的24团，在初期登陆期间，会留作陆战4师预备队。切斯特·格雷厄姆上校指挥的26团，在预定登陆日会从军预备队调出，准备好支援陆战5师。

陆战4师和5师的炮兵部队，会根据两位师长的命令登陆。陆战4师会得到路易·德哈文上校指挥的陆战队第14炮兵团支援；詹姆斯·怀勒上校的陆战队第13炮兵团会支援陆战5师。

在登陆部队预定出发的时刻，68辆LVT（A）4两栖坦克会组成第一波登陆梯队，抢滩登陆。这些两栖装甲坦克会向内陆推进，一直到水线外的第一级海堤平台为止。这些两栖坦克会使用车载75毫米榴弹炮和机枪，尽最大努力压制日军，从而为后续波次登陆部队提供一些保护。陆战队员在从LVT履带登陆车下车登陆时，在日军居高临下的火力面前，是极易受攻击的。

第5两栖军最初的作战计划版本曾要求陆战第4和第5坦克营在预定登陆时刻后的30分钟就登陆，但是对滩头情况的后续研究证明，有必要做更为灵活的安排。登陆期间水线一带可能出现的拥堵也促成了计划的这一变更。最终，让坦克登陆的时间会交给各团长来决定。配属27团的第5坦克营A连在红色海滩的预定登陆时间为登陆后的30分钟不变。

如果美军在硫黄岛西部海滩登陆的话，陆战24团的一个连，会得到第2两栖装甲营的1个两栖装甲排加强，占领位于硫黄岛西北大约2公里的一个约550米长的小岛监狱岩。美军可以在岛上建立一个炮兵阵地，根据一项应急计划，陆战14团4营的105毫米榴弹炮会在监狱岩登陆。

考虑到日军飞机可能会坚决反击，克拉伦斯·罗杰布上校指挥的陆军138高炮集群配属给突击登陆部队，奉命为滩头阵地提供防空掩护，一旦陆战队占领机场，机场的防空任务也由该部接管。

硫黄岛面积不大，部署炮兵阵地的空间有限，美军各级指挥官一致决定，这一战第5两栖军直属炮兵的数量仅为2个155毫米榴弹炮营，编组为第1暂编野炮集群，由约翰·莱彻上校指挥。考虑到地面炮火可能有所不足，美军海空部队会提供火力补充。

美军的情报工作

1944年10月，当第5两栖军开始制订硫黄岛作战的战役机动计划时，已经获得了足够的可用情报。1944年夏天在塞班岛缴获的日军文件，让美军对小笠原群岛和火山列岛的日军力量有了相当程度的了解。缴获的日军地图，以及美军航母舰载机在1944年6月和7月发动空袭期间拍摄的航空照片，为美军绘制军用地图和研究滩头情况提供了资料。在作战计划阶段，海军第4和第5（航空）照相中队和陆军航空兵第28照相侦察中队飞行371架次之多。第7航空队的B-24“解放者”式轰炸机在执行轰炸任务期间，获得了拍摄硫黄岛的额外机会。

在计划准备阶段，第5两栖军下辖的3个师、两栖军军部、战区两栖部队司令部和战区司令部的代表们共同努力，

1944年，美国陆军航空兵在太平洋战区的轰炸攻击行动主要由B-24四引擎重型轰炸机完成，这种轰炸机能携载5000磅炸弹，在28000英尺高空飞行大约1000英里。即便没有B-29轰炸机，根据欧洲和地中海战场的经验，只要以硫黄岛这类和日本本土距离适中的岛屿为基地，集中大批战斗机护航，对日本大量使用B-24轰炸机，就能造成毁灭性打击。此举的代价相当高，但是成果绝对有保障，同时还能拍摄大量航空照片，获取急需的重要情报。

美国海军的SS-190“矛鱼”号潜艇（萨尔戈级）。
排水量　水面1450吨，下潜2350吨
长91.44米、艇宽8.2米、吃水4.19米
航速　水面20节，下潜9节
武备　76.2毫米口径50倍径主炮1门，8具鱼雷发射管，24枚533毫米鱼雷
编制人员　78人
最大航程　水面15000英里

在1944年12月6日完成了一份联合态势地图。1945年1月下旬，海军和陆战队各单位的代表军官奉命向关岛的第2摄影解读中队报告。那里有最新拍摄的照片。根据当时可用的最新信息，美军编制了一份最终版敌方设施地图。这份地图将在登陆日前海空打击的火力准备阶段和登陆攻击阶段发挥作用。

美军的侦察手段不只航空拍摄而已。1944年11月29日至12月2日，美国海军潜艇“矛鱼”号在硫黄岛外海进行了侦察。“矛鱼”号行动隐蔽，躲过日军警戒哨，尽可能靠近硫黄岛海岸。艇长用潜望镜观察，飞速记下看到的一切情况。潜艇离硫黄岛海岸如此之近，乃至于艇长在一个位置发现了一个深入折钵山底部的洞穴，看到“一个神色沮丧的人坐在洞口晒太阳”。艇长还发现一辆日军装甲车在运动，观察了岛上不同位置的土工建筑和碉堡工事。问题在于日军的工事修筑得非常隐蔽，这次潜艇侦察尽管能看到不少洞穴，却还是没能发现折钵山山坡上的任何炮兵火力点，也无法确定任何碉堡的具体位置。

潜艇对硫黄岛海滩的研究结果，证明轮式车辆在松软的沙滩上运动会非常困难，不过履带车辆应该不会有什么麻烦。在东面和西面部分海滩的水线位置发现掩埋了大量汽油桶，让美军情报人员陷入思索。这些汽油桶可能与电子打火装置相连，开战之时，燃烧的汽油可以浮在水面上阻挠登陆舟艇前进，或是在美军的两栖车辆和坦克靠岸时点燃，从而筑起一道火墙。也有人猜测这些圆筒可能被改造成地雷，配备了拉拽式雷管，与引爆线连接，在人员或坦克触及引爆线时，就会击发点火。

美军对硫黄岛日军地面部队进行了分析，认为他们已经吸取了在其他岛屿防卫失利的教训。日军的滩头防御阵地看来有足够的纵深空间，在开阔地部署了大片反坦克防御设施，在最后的防护阵线上设有机枪。步兵单位的轻型火炮在学习如何脱离其早期刚性环形防御阵地的战术，较为灵活地开火。

美军情报军官对一个情况非常在意。根据情报，硫黄岛日军大致有9个步兵大队（第2独立混成旅团5个、145步兵联队3个和第17独立混成联队第3大队主力），但野外工事看来仅够4个步兵大队作战。这意味着日军将5个步兵大队留作预备队，准备发动一次反击。不过也有人指出，日军此举可能另有用意，战争进行到这个阶段，他们可能已经明白打击美军坚固的滩头阵地是非常愚蠢的。美军的战前研究说明，如果敌人对美军阵地的首次全面进攻失败，很有可能会退到岛中央的高地，在洞穴里隐蔽，疯狂抵抗到最后一兵一卒。

美军飞机航拍的硫黄岛照片。

尽管过去的战斗经验证明，日军的反坦克防御阵地和武器不足以抵抗美军坦克的冲击，但是美军情报军官仍告诫陆战队各作战单位，要做好日军大量使用反坦克地雷和障碍物的心理准备，而且日军应该还会以“小规模攻击单位”对坦克发动近战攻击。另外还要防备日军设计专门用于摧毁美军坦克、指挥所、通信设施、火炮和迫击炮的渗透反击战术。

至于日军的火炮战术，应当不会有太大变化。虽然据报告日军在硫黄岛集中了相当数量的火炮，但没有任何迹象表明日军能发动中队以上的密集火炮攻势。熟知日军炮兵战术的美军情报军官提到，日军一向不愿为进行全面炮火支援而放弃近距离炮火支援。

根据1944年12月3日到1945年2月10日的美军最新情报，日军在硫黄岛的岸防火炮数量从3门增加到6门；高平两用炮从16门增加到42门；高射机炮从151门增加到203门。更重要的是，大量开放式炮兵阵地修建了掩体，有掩体的炮兵阵地从39个增加到67个。开放式炮兵阵地、反坦克炮、反舰艇火炮和机关枪有所减少，不过用远征军地面部队情报处长埃德蒙·巴克利上校的话来说，观察到的机枪明显减少，可能是因为被大量转移到增加数量明显的碉堡之类的野战工事中去了。这些碉堡里可能还有固定阵地的火炮，许多时候，这些碉堡的结构是可以让移动炮车进入的。每座野战工事里都很可能配备一挺或数挺机枪，这些机枪从空中是无法观察到的。

美军的前期侦察工作提供了大量有用的情报，但是在两个重要问题上出现了失误。情报军官们估计，硫黄岛守军数量在13000到14000之间，这与109师团的实际兵力一致。美军对小笠原群岛各地驻军的指挥官姓名和背景有相当充分的了解，却错误地估计日军109师团司令部设在父岛，师团长栗林忠道中将在那里统一指挥火山列岛和小笠原群岛的防务，负责硫黄岛防务的是大须贺应少将。实际上栗林早已进驻硫黄岛。另外美军对日本驻硫黄岛的海军地面守备部队和航空兵部队的情况几乎一无所知，这就让他们严重低估了日军的守岛总兵力。实际上1945年1月底，日本海军在硫黄岛的地面守备部队和航空部队仅战斗人员便有大约6000人。战斗打响之前，栗林指挥的硫黄岛地面部队总兵力至少有将近20000人。

第二个严重错误是虽然已有少数人提出异议，但大多数情报军官仍一厢情愿地假设硫黄岛日军的防御战术会与以前的历次作战大致相符。美军情报人员在评估日军战斗力时，如此展望道：“敌人可能会准备在我军的滩头阵地稳固之前，进行局部小规模反击，以歼灭我们的滩头部队。敌人的军事学说是，一定不能让敌人在滩头获得一个稳固立足点，那么他们为了分割我军，肯定会让所有部队准备好进攻，用

地图五　1945 年 2 月太平洋的战略形势图

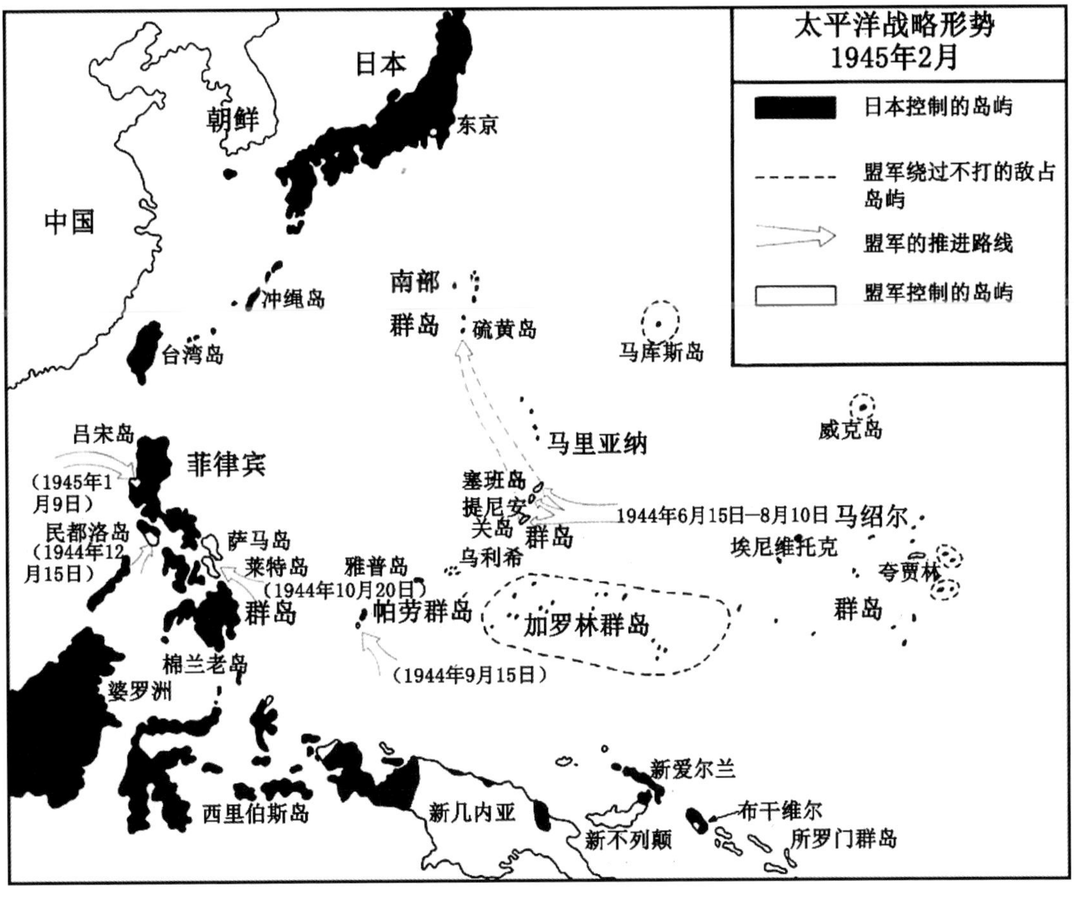

局部反击消灭我们。”最后美军情报部门估计，日军在登陆次日黎明之前，会将所有可用预备队用于进攻滩头阵地。

在计划阶段，除了收集和分析敌军兵力、战斗力和部署的任务之外，美军计划人员还面临一个艰巨难题，即尽可能保持攻打硫黄岛的庞大部队调动的机密性。鉴于占领和开发该岛的部队规模庞大，这根本就是一个无法完成的任务。仅特纳海军中将指挥的部队舰船数量即多达495艘，其中指挥舰4艘、战列舰8艘、航空母舰12艘、巡洋舰19艘、驱逐舰44艘、运输舰43艘、63艘LST坦克登陆舰和31艘LSM中型登陆舰。加上第58特混舰队，连补给舰船和辅助舰船在内，入侵硫黄岛的舰船总数超过800艘。陆战队地面攻击部队官兵合计71000人左右。加上陆战队和陆军的各守备单位，以及突击登陆阶段参战的3个陆军DUKW两栖卡车连，还有负责滩头组织的配属海军人员，地面部队总人数超过111000人。如果再加上特纳部下舰船和第58特混舰队的船上兵员，美军参与硫黄岛作战的总兵力超过250000人。

事实上想要为这样一场大规模军事入侵行动完全保密根本办不到。1944年12月22日，珍珠港的一份报纸刊发了空袭硫黄岛的照片。为了防止日军看透美军的意图，第5两栖军军长施密特少将故意让人在檀香山的酒吧和旅馆里放出消息，说他很快要出发攻打台湾岛。至于效果如何，美军心里完全没底。

1945年2月14日，当入侵运输船队已经出航前往目标之时，有人无意间在塞班岛附近的无线电听到：“我们正在赶去硫黄岛。鬼子的这个岛离这里不远。B-29轰炸机每天都从这里出发去轰炸那个岛。那里距离日本（本土）大概600海里。我们到达那个岛的时候，就会让那里的鬼子热闹起来。我们会在次日或最近的日子里动身去那个地方。”

这次严重泄密事件简直让阅历最丰富的情报军官都要跳脚骂娘。第5两栖军军部接到报告也无可奈何，无论这则情报是否会被日本人的耳目听到，大军都已经无法回头。

美军的后勤保障和行政管理

第5两栖军要承担的另一项重要任务，就是硫黄岛战役的后勤保障计划和行政管理计划。实际上，早在第5两栖军参谋部的军官们到达珍珠港的1944年10月13日之前，后勤计划工作就开始了。后勤行动对硫黄岛战役至关重要，太平洋舰队陆战队的一批特派参谋人员为此举行了多次预备会议，拟定了初步计划。在施密特到达夏威夷地区之前，太平洋舰队陆战队的参谋部会处理所有下级单位事关硫黄岛和后勤的工作所需信息。各级指挥部的协调配合，得到了实实在在的回报。很短时间内，后勤计划人员就发布各项指示，详细说明了何人应当在何时何地和如何去完成何种任务。

太平洋战区陆军部队军需部，将负责为所有参与硫黄岛作战的人员供应口粮（1类补给品），以及所有衣物、特殊装备和物资（2类补给品），为参战的陆军部队供应弹药（5类补给品）。太平洋战区海军后勤部队负责供应燃油和机油（3类补给品）。太平洋舰队陆战队补给部队，会为陆战队提供弹药（5类补给品）和特殊物资和装备（4类补给品）。4类补给品一开始会由夏威夷的第6基地军需库和关岛的第5野战军需库分发。

行政管理计划，包括对第5两栖军地面部队的后勤服务和支援计划，由第5两栖军军需处负责，1类补给品的规定量为攻击部队2天的口粮加上

30天的后备口粮。用水会用水罐、水桶或其他建制内装备，按照每人每天2加仑的定量运载5天的量。2类和4类补给品要储备30天的量。为地面部队准备的弹药，即5类补给品将按照如下标准提供：火炮、迫击炮和高射炮为7个基数单位，所有其他类型武器为5个基数单位。

坦克登陆舰上的特殊预载物资是为攻击部队提供的一份均衡的初始补给品，包括口粮、燃油和弹药。这些物资都装载在坦克登陆舰的油台上，预定用于在登陆日和登陆次日就近为滩头阵地供应初始优先战斗补给。在各攻击单位登船之前，38艘坦克登陆舰会在珍珠港、美国本土的希洛和关岛进行预载。此外，42辆2.5吨载重的两栖卡车（DUKW）会在珍珠港预装各种轻武器和迫击炮弹药、口粮、燃油、医疗用品和火焰喷射器燃料。这些车辆计划会在登陆日为滩头阵地提供早期补给。

再补给的计划和准备工作由海军陆战队补给部负责。最初的再补给船只，将会在瓦胡岛为2个陆战加强师和所有估计在登陆后35日到达硫黄岛的守备部队，装载30天的1类、2类和4类补给品和15天的3类补给品（除了航空汽油）。至于5类补给品，美军的一艘军火船上将会准备如下弹药：为一个陆战师准备的9个基数的弹药，一个155毫米榴弹炮营7个基数的弹药，一个陆军重装防空营8个基数的弹药，一个陆军轻装防空营，以及工兵和化学战斗爆破部队的90吨弹药。

中太平洋前方战区司令得到指示，在马里亚纳群岛准备好船只，一旦出现紧急情况，就准备调运30天的1类、2类、3类和4类补给品，以及一个加强陆战师和一个加强陆军师可用的2个基数的弹药。这些物资将会由太平洋战区司令部、太平洋舰队陆战队司令部和太平洋战区后勤部提供。太平洋战区航空兵司令部除了5类补给品之外，将会在前沿战区的船只上，为部署在该地区的海军和陆战队航空器准备可维持45天的航空补给品库存。关岛和罗伊－纳摩的航空补给品会保持在一个可应对紧急装运需求的水平。太平洋战区司令部将会在前方战区的船上，为陆军航空器维持45天的航空补给品库存。一旦配属给战区司令部的空间和设施不足，太平洋战区后勤司令部将会提供必要的库存。太平洋战区后勤司令部会将第10后勤中队调往乌利希环礁，为各舰队单位提供支援，为陆基部队提供紧急补给。上述中队的成员将会被安置在马绍尔群岛和马里亚纳群岛，以支持各小型特混部队。

硫黄岛周围并没有珊瑚礁盘，所有类型的登陆车艇都可以直接从运输区进入滩头阵地，无需进行在中太平洋此前数次登陆行动中必须进行的耗时颇久的转运操作。这一条件让第5两栖军军部授权下属各单位在运货托盘上多装运50%的补给品。

硫黄岛作战的计划人员都意识到，海滩上的松软火山灰和内陆途经的陡峭梯形台地会阻碍轮式车辆运动。为了确保物资能源源不断地运往内陆，美军临时组装了转轮雪橇，能够装载所需的各种物资，可以用履带车辆拖运到内陆地区。另一项克服松软沙滩或火山灰制造的障碍的即兴办法，是在海滩上铺设马斯顿钢垫。这种钢垫最初是用于修建机场跑道用的，不过同样可以为在海岸的沙滩上架设桥形通道提供巨大便利。

除了通常用于两栖作战的各种物资和装备外，第5两栖军还首次使用了两种装备。一种是两轮驱动的“聪明布鲁克斯”3.5吨载重两栖拖车。1944年11月，陆战3师率先收到这种拖车，1个月后，4师和5师也收到这种装备。演习证

美军的DUKW两栖卡车，是经历过多次实战考验的两栖运输车辆。

明，这种拖车很难操作，不过好歹能充当运载高优先级物资的“单途”运货车。另一种是载重0.5吨的M-29C轻型运货车（后来被称为“黄鼠狼”）。这种如同舟艇一样的履带式车辆，类似一辆拆除了坡道装置的微型LVT履带登陆车。“黄鼠狼”在测试和演习时表现优越，被视为一种宝贵的装备。然而，维修零件的严重短缺，让人们对将这种车辆装船运往硫黄岛的可行性产生疑惑。好在空运急需零备件的补充计划能打消这种疑虑，参战的3个陆战师都装载了“黄鼠狼”。在各师乘船出发之前，额外的零件都用水面舰船及时运到，分配完毕。

硫黄岛作战期间，陆军的3个和陆战队的2个，合计5个DUKW两栖卡车连配属第5两栖军。在训练期间，5个连的人员用了几个月时间熟悉这种车辆，和他们将会在作战期间支援的陆战队战斗人员形成了初步默契。不过两栖卡车的零备件又成了麻烦。5个连一共需要200个推进轴和100个推进器，陆军和陆战队的采购机构却都没有办法解决。为满足这一紧急需求，珍珠港海军造船厂赶工制造了这批配件，不过交货已经是1945年1月23日的事情了。

为了确保作战期间的工兵支援力量，参战的3个陆战师建制内的工兵营都尽可能齐装满员，此外陆战4师和陆战5师各自得到海军133工程营和海军第31工程营（“海蜂”）加强。此外，第5两栖军军属工兵此役会辖海军陆战队第2独立工兵营、第2独立地形连、第2未爆炸弹处理连，陆军156军械未爆炸弹处理小队和海军第62工程营。

工兵部队的任务包括清理雷区、未爆炸弹处理、道路建设和维护、供水和机场的早期维修和改进。鉴于硫黄岛的具体地理条件，所有战斗工兵任务中最常见的架桥任务没有指派部队承担，在岛上应当只需要架设小型管道设施即可。

海军第62工程营接到的命令是，在滩头突击之后，要尽可能最快地开始修缮和改进千鸟机场的跑道，让美军轻型观察飞机和战斗机使用，竣工目标日期为登陆后第7天。海军第31工程营将负责修缮元山机场，将跑道增建至7000英尺，供B-29轰炸机使用，竣工目标日期为登陆后第10天。

鉴于硫黄岛作战的规模和行动范围，对伤亡人员的处理和后送需要特别规划。最初，美军估计占领目标需要14天时间。预计攻击部队最初两天的战损率达到每天5%；第3和第4天达到每天3%，其余10天每天的战损率为1.5%。换言之，预估在14天作战期间，总战损率将达到31%。医疗计划人员进一步估算在所有战损之中，死亡和失踪比率为20%，亦即预估总死亡和失踪比率为6.2%。

为了应对预期可能出现的高战损率，美军医疗单位严阵以待。参战的3个陆战师建制内各有一个医务营。第5两栖军直属队建制内则有一个医务营、1号后送医院和第38野战医院。第38野战医院是陆军的建制单位，根据最早的计划，只负责守备部队的医疗任务。然而，美军上下对战损问题非常关注，最后索性将这一野战医院配属给登陆部队。

马里亚纳群岛的作战结束后，美军陆战队各医务营都得到授权，将治疗设施和装备都增加100%，营属床位从72个增加到144个。这样第5两栖军下辖的3个师可以容纳432名伤员。军属医疗单位和配属的陆军野战医院能照料3160名伤患。第8野战军需库可为另外1500名伤患运送帆布床、帐篷、毯子和供膳用具。如此一来，美军地面登陆部队的伤患处理能力已经达到5000个床位以上。

为了从硫黄岛将伤员后送到美军的其他基地，美军的2艘医疗舰“撒马利亚人”号和“安慰”号，以及一艘APH（辅助人员医疗舰）“平克尼”号随时待命，LSV车辆登陆舰“奥扎克”号也会在战役期间充当辅助医疗舰。另一艘医疗舰“慷慨”号，后来也被安排为硫黄岛战役服务。

此外，4艘医用坦克登陆舰将会在登陆海滩以外2000码待命，充当后送控制中心。美军的计划是让控制中心完成海滩后送过程的第一个步骤。伤员会在控制中心记录在案，进行额外的紧急处理，然后转移到其他船只接受进一步护理。LCVP人车登陆艇会被用作救护艇，将伤患运送到运输舰（能提供有限的医疗设施）和医疗舰上。运输舰和医疗舰会将伤患送往塞班和关岛，那里一共有5000张床位。一旦岛上的停机坪为容纳运输机准备就绪，后送伤员的航空运输计划便会启动。

在早先的历次太平洋作战之中，在作战地区输血的全血都是从现场人员那里获得的。不过，随着关岛建成一个全血分配中心，这一次可以在目标地区提供一个极其重要的流动血库。1945年1月初，第5两栖军军属医务营配属了由1名医务军官和2名医务兵组成的一个移动血库设施。这个血库会在一艘后送控制LST坦克登陆舰上运作，为接收伤患的舰船和岸上的医疗单位充当地方血液分配中心。在岸上条件允许的时候，配备制冷设备的该血库会转移到岸上运作，直到从关岛来的定期全血空运能够进行为止。

与护理和后送问题并行的是提供准确的战损报告。在过去的一些作战中，由于许多伤者的下落一连几个月都不清楚，就一直被当作在战斗中失踪。第5两栖军采取多项措施防止在硫黄岛出现这种情况。

美国海军的“撒玛利亚人”号 AH-10 医疗舰
满载排水量 10000 吨
长 136.8 米 宽 17.68 米 吃水 7.32 米
最大航速 13 节
武备 无
编制人员 可容纳 394 名伤病员

4艘医用坦克登陆舰是滩头到船舶后送链的第一个环节，会负责保存完整的伤患接收和处置记录。每一辆运输舰上的地面部队指挥官会指派一名文职士官记录和报告船上的所有伤病情况。所有船只都要向军部提交战损报告；空中后送军官会报告航空后送的情况。第5两栖军伤亡科的1名军官和2名士官会处理这些报告。关于收集和保留友军尸体、埋葬敌方死者、修建墓地和登记墓碑的详细计划都会发布。

1944年的最后几个月，6艘运载补充兵员的船只从美国本土出发，前往第5两栖军基地报到。每艘船上有大约1250名官兵。6艘船上的6个分遣队官兵被平均分配给3个陆战师，一些人员在离开前往硫黄岛的中转站之前，就会被纳入各师的建制。不过，大部分补充兵员将保留本来的建制单位，加入各师的海岸工作队从事滩头作业，在需要他们替换战斗损失人员时，才会被补充到作战单位。

军后勤处和人事处苦心经营，制定了后勤和行政规划的许多细节。随着攻打硫黄岛的目标日期越发接近，这些计划与全盘作战方案都顺利衔接起来。

第五章　序　　战

训练与出动

第5两栖军军长哈里·施密特少将精力充沛，负责麾下所有参加硫黄岛作战的部队的备战和训练工作。除了日常项目之外，这次训练的特点是，第5两栖军下属各单位不仅在参与如“聪明的布鲁克斯”两栖拖车和M-29两栖货车（“黄鼠狼”）的测试和演习，还会让相关人员熟悉将会在“分遣队”作战期间配备的新武器和新技术。各师的训练项目强调对设防阵地的进攻；清除碉堡工事；探测、标记和排除地雷；以及支援武器的使用和协同。

11月的最后两周，陆战4师在毛伊岛进行了多项两栖演习和一次师级规模的实战演习。陆战5师在夏威夷岛的塔拉瓦营地进行各项训练。在希洛岛，部队进行登船和下船训练，以及在LST坦克登陆舰上装卸装备的训练。陆战13团的几个炮兵营在莫梅海滩进行用DUKW两栖卡车、LST和LSM特别装运的训练项目。炮兵们使用大型两栖卡车，学会了该如何在登陆舰上装卸他们的榴弹炮，以及如何从LST的大口进出。

陆战5师下辖的陆战28团预定会充当突击箭头部队，接受了特殊训练。这个团的每个营都在与硫黄岛条件相似的海滩和松软的火山灰地面进行演习。这一系列演习还包括对一座高地的包围。这座高地的条件与硫黄岛的折钵山相似度很高，不过参加训练的人员没有一人了解这一点。5师在夏威夷进行了三次指挥所演习，包括协调呼叫航空、海军炮火和地面炮兵支援会造成的问题。

在关岛、陆战3师的部队按照分配给他们的任务，为行将到来的作战进行了针对性训练。训练强调预备队单位在登陆和进入岛屿内陆必经的几个阶段。由于陆战3师不会参与两栖突击登陆行动，便没有进行突击登陆演习。3师在登陆之前，会利用2个突击登陆师的海岸工作队设施。

6支补充替换部队，到1944年11月底才与3个陆战师会合。虽然补充兵在美国本土已经接受过单兵训练，还是要在进行战斗准备之前学习基本的小单位战术，进行必要的练习。鉴于这些补充兵在被分派执行战斗任务之前要在海岸工作队服役，所以他们必须先开始执行货物装卸任务。

战争进行到这个阶段，美国海军陆战队各师的训练状态都已相当先进和完备，而且参战3个师的下属各团都拥有丰富的作战经验。第5两栖军的训练指令更多是关于作战技术的改进，以及师和军指挥部的监督，还有师属和军属直属队对各团的支援问题。此外的训练就留给各师自行解决。由于DUKW两栖卡车交付延迟，需要进行大量的再培训，以便让坦克车组乘员和维修人员熟悉新的M4A3“谢尔曼”坦克的操作和维修。

1944年12月24日，在两栖演习结束阶段，以夏威夷岛为基地的各路攻击部队开始集结；次年1月9日，所有部队都已登船完毕。个别单位会前往瓦胡岛，他们会在那里与联合远征军的其他部队进行磨合。这一过程在1月19日至26日之间完成。在这段时间里，所有人都在岸上进行了一些自由活动，在监督之下稍事娱乐。

正在登船准备出发的美军陆战队员。

1944年12月27日至1945年1月8日，陆战4师全员转移到毛伊岛外海的运输舰上去了。12月25日至1月中旬，陆战5师在夏威夷岛外海上船。关岛的陆战3师计划在下个月开始登船。2月的第二周，驻马里亚纳群岛的地面部队进行了最后一轮演习。参加演习的还有布兰迪海军少将指挥的两栖支援部队（第52特混舰队）和伯特伦·罗杰斯海军少将指挥的海军舰炮支援和掩护部队。最后一轮演习的主要目的是检验攻击部队和支援部队之间的协同能力。岸上火力控制组，实际上在提尼安岛登陆，进行模拟炮击通信测试。在2月12日进行的演习期间，由于海况不佳，部队无法乘舟艇行动。次日，部队下船登陆时，组成了突击登陆波次进行演习，登陆艇到达提尼安岛西海岸外300码以内海域。

2月15日，处于战斗装载状态的美军坦克登陆舰集群（车辆集群）出发前往目标区域。次日下午，第15和第16运输中队，由巡洋舰和驱逐舰护航，运载地面攻击部队出发。同一天，运载第3坦克营、军直属工兵部队、几个海军工程营、一个军直属高炮营和2个陆军高炮营的船只离开关岛。2月17日，运载远征军地面部队预备队陆战3师的第11运输中队离开关岛。前往硫黄岛的航行途中，陆战26团战斗群从军预备队复归5师序列。2月16日傍晚，陆战21团战斗群乘坐第32运输中队的船只离开关岛，在2月19日上午到达硫黄岛海域时，从远征军预备队转为第5两栖军预备队。

当入侵舰队悄然向目标运动之时，特纳海军中将的旗舰“埃尔多拉多”号上有一位显赫的乘客搭船。此人在2月15日登船，动静很小，许多舰员最初都不知道这位大人物来了。他就是现任美国海军部长詹姆斯·福雷斯特尔，打算以观察员的身份见证即将到来的硫黄岛战役。福雷斯特尔一身卡其布外衣，没有任何标志，很容易让人误认为是指挥舰上的一位民间战地记者。

日军几乎在美军大舰队从塞班岛出发伊始，就已经得到了消息。舰队究竟是被日本飞机，还是潜艇发现的，美军一直都不清楚，但是至少有一个确切的情报来源认为，一架日本海军巡逻飞机，在2月13日报告，170艘舰船正在从塞班岛向西北方向运动。于是，火山列岛和小笠原群岛的日军都严阵以待。

美军航空兵的空袭准备

与此前的岛屿作战一样，战斗早在美军入侵舰队的第一批船只进入岛屿外海之前，就已经在空中打响。1944年6月，美军航母舰载机对硫黄岛实施首次大规模空袭。8月，美军航空兵开始对这个目标实施定期空袭。对硫黄岛的大规模空袭作战经历了两个阶段。第一阶段为1945年2月16日之前的战略空袭阶段，主要由陆军第7航空队在马里亚纳基地的B-24轰炸机执行。

从1944年12月8日起，空袭持续了74天不曾间断。B-24轰炸机在火山列岛和小笠原群岛上空呼啸而过，炸弹如雨点般落下，造成死亡和破坏。硫黄岛自然是重点关注对象。从1944年12月初开始，直到1945年1月底，海军陆战队航空兵的B-25中型轰炸机参加了空袭。从马里亚纳发起的空袭由陆军航空兵第7轰炸机部队司令部统一指挥，海军陆战队飞行员负责在火山列岛和小笠原群岛执行夜间飞行任务，特别注意破坏日军的航运能力。据了解，日本船只在白天极易受美军空袭打击，不惜铤而走险，在夜间努力从海上向硫黄岛和附近岛屿运送补给。

从1945年1月31日起，所有空袭任务都会根据硫黄岛空中支援计划进行。在美国远征大军入侵硫黄岛之前的3周，马里亚纳群岛的B-24轰炸机为空袭硫黄岛，每天会出动30架次以上。总的来说，轰炸的目标是让硫黄岛上的机场和各种设施无力化，摧毁炮兵阵地和固定防御阵地，以及没有掩护的其他目标。一开始，袭击硫黄岛的陆基飞机由第93特混部队司令，陆军航空兵中将米拉德·哈蒙负责。随着入侵日期的接近，轰炸机空袭将根据联合远征军司令官提出的要求进行。

2月1日，美军航空兵在空袭中首次使用凝固汽油弹，硫黄岛守备队急忙将武器弹药、粮秣等收存于地下以避免损失。当时，小笠原兵团司令部判断“美军很可能将在2月末或3月上旬进攻硫黄岛”。

2月16日起，美军对硫黄岛的空袭力度不断加大，每个白天都对该岛实施一次打击。此外，美军飞机对硫黄岛的夜间骚扰和战斗机空中扫射也一直在进行。执行摄影侦察飞行任务的飞机，在大军入侵前的最后一刻，都在努力获得日军防御体系的照片。

在登陆日之前，美军多次尝试用空中摄影侦察估计海空火力准备的有效性，特别强调对选定实施特定空袭的几个目标区域的研究。1945年2月9日，一份提交第5两栖军参谋长的报告尖锐地指出：

> 截至1945年1月24日的摄影报告说明，从1944年12月3日到1945年1月24日，轰炸对（硫黄岛）各种设施造成的损害总体上可以忽略不计。这些打击显然没能阻止敌人改善其防御阵地。到1945年1月24日，他们的各种设施数量都显著增加。现在，这个岛上的炮兵阵地和野战工事要比1944年10月15日大规模轰炸开始时更强，防御更为严密。

2月13日，情报处长提交给参谋长的一份备忘录证实了这一消息。这份备忘录比较了1944年12月3日和1945年2月10日，日军的静态防御状况，指出重型武器和野外防御工事，特别是碉堡显著增加。

对持续轰炸的进一步评

1945年2月1日，陆军航空兵第27轰炸机中队的B-24J“解放者”轰炸机在硫黄岛上空空投灌满汽油的55加仑油桶凝固汽油弹，焚烧岛上的植被。

估表明，空袭并非完全无效：日军在硫黄岛地面上的飞机被摧毁，而且机场已经暂时无力化。另一方面，日军的炮兵阵地、碉堡、暗堡、掩体和其他强点，为抵御美军的海空火力打击，进行过充分的准备，远没有机场那样脆弱。崎岖的地形和无数洞穴提供了天然保护，可将高空水平轰炸的破坏性降到最低。

即使轰炸机对硫黄岛机场的空袭，也不能长时间阻止日军使用。美国陆军航空兵不得不承认：“硫黄岛的所有机场跑道在任何时候都不会无法运作，也没有任何一条跑道会一整天无法使用。”

随着“分遣队”作战的登陆日期临近，陆军航空兵加大了对硫黄岛的空袭力度。2月1日至16日，第7航空队的轰炸机日间飞行283架次，在硫黄岛投下602吨炸弹和1111桶凝固汽油弹；同一时期，B-24轰炸机执行夜间袭击任务233次，投弹504吨。

2月12日，313轰炸联队的21架B-29轰炸机在精心选定的折钵山炮兵阵地，以及其他位置的防空阵地、无线电和雷达设施上空，投下84吨炸弹。轰炸机在中等高度飞行，由于多云天气，经常用雷达投弹，结果再度令人失望。无论如何，轰炸机组成员发现很难对妥善隐蔽和深埋在地下的目标进行有效打击。投下凝固汽油弹是为了烧掉日军的伪装，但没能奏效，一来投弹位置不够精准，二来日军用于覆盖掩蔽所的岩石和火山灰也无法燃烧。

鉴于空中轰炸未能对硫黄岛日军防御设施造成多大损害，对该岛的海军舰炮火力准备——此次作战不可替代的重要前奏——就变得越发重要。对一个坚固的敌方要塞化阵地实施两栖攻击，从根本上来说，基本没有什么突袭因素，这就要求海军的炮火准备定要将相当一部分敌军的防御设施无力化。如果没有这种对岸炮火打击，两栖攻击的成功率就会大大下降，或者说会让预定上岸攻击的陆战队伤亡惨重。偏偏在海军舰炮火力支援这个关键问题上，远征硫黄岛的美国海军和陆战队高级将领未能达成完全一致。陆战队高级将领以霍兰·史密斯中将为代表，他在先前的历次两栖登陆战之中，亲眼见证过在一个防御严

1945 年 1 月初，美军航空兵空袭硫黄岛千鸟机场时拍摄的航空照片。

密的岛屿上，没有受到充分舰炮火力打击的敌军，会用何种火力对近岸的陆战队攻击波次造成怎样的伤害。

陆战队与海军军官的争论

随着登陆日临近，史密斯越发焦虑。这位阅历丰富的海军陆战队高级将领把硫黄岛比作一条越是切割越是结实的蠕虫，眼看着这个小岛在美军的空中轰炸之下，防御能力反而越来越强。史密斯大发牢骚：“我本人早就研究过（硫黄岛的）航空照片，岛上的自然条件不可思议。很明显，硫黄岛上有我们以前从未遇到过的防御工事。想想塔拉瓦，那里的大部分工事都是地上工事，陆战队登陆的时候仍然屹立不倒。我的看法是，在一个面积五倍于塔拉瓦的岛上，有着数量多出许多的防御工事，大部分都深埋在地下，需要的海军舰炮火力支援要多得多。我无法忘记漂浮在塔拉瓦礁湖和海滩上的陆战队员的尸体，他们在突击本应被海军舰炮摧毁的防御工事时丧生。在硫黄岛，这个问题要麻烦得多。如果海军舰炮不能摧毁可见的防御工事，那么除了靠大规模的火力射击之外，他们怎样才能摧毁看不到的防御工事呢？”

史密斯和他的参谋部达成了一致意见，要削弱硫黄岛的防御能力，必须先经过一段时间特别长的激烈海军炮火准备。完成这一任务所需使用的舰炮型号，以及所需的弹药数量和种类，依赖于和目标类型与数量有关的情报。基于这类情报，可以在一定程度上准确计算出海军炮击部队部署的舰船数量。要确保摧毁一个目标，需要舰船上或空中的一个观测员进行目视识别，然后精确调整射击参数。除了水面炮术的能力之外，指挥这次对岸炮击的人还需要特殊的训练和经验。根据之前在塔拉瓦、关岛、塞班岛和佩里硫历次作战的经验，陆战队的计划人员很清楚，炮火准备不可匆忙进行。

早在1944年9月，第5两栖军参谋部，在太平洋舰队陆战队的一些军官支持下，就开始为攻打硫黄岛所需的海军舰炮支援准备详细计划。奉命出任第5两栖军的太平洋舰队陆战队海军炮术官的唐纳德·韦勒中校指导制订该计划。在计划的早期阶段，美军就已经知道硫黄岛是当今世界上设防最为坚固的阵地之一，陆战队计划人员规定，需要一支战列舰和巡洋舰组成的水面舰队，用10天时间来削弱岛上的重点目标，这些在两处预定登陆海滩上的目标都可以用舰炮直射火力打击。1944年10月24日，第5两栖军向特纳海军中将提交了海军舰炮火力需求报告，具体提出需要7艘战列舰、7艘重型巡洋舰和2艘轻型巡洋舰组成的水面舰队实施登陆前10天内进行的火力准备。

同一时期，特纳海军中将部下的炮术军官们也在准备“分遣队”行动的舰炮火力需求报告。海军炮术军官得出的结论与陆战队军官大不相同。海军军官的观点受到多个因素影响，无意间会对陆战队的突击部队不利。最重要的一个因素是，最初的水面舰炮炮击，必须与快速航母部队（第58特混舰队）对东京实施的首次航母攻击密切配合。第5舰队司令斯普鲁恩斯海军上将早早计划在对硫黄岛实施登陆前的海军舰炮火力准备之初，对东京实施一次同步航母袭击。一旦海军舰炮炮轰开始，那么硫黄岛作战的所有战术突然性就会完全消失。登陆前的海军炮击时间越长，日军从本土出动的飞机干扰登陆行动的可能性就越大。对日本本土实施一次为期两天的航母打击，会分散日军对硫黄岛的注意力。与此同时，海军航空兵能够对日军的飞机制造厂——迄今为止陆基飞机都没有对之造成严重损害的目标实施打击。为削弱日军的飞机生产能力，需要长时间进行多次空袭。这样一来，航母将会用于进行一次战略打击，而非战术打击。

在海军的计划过程中，对上述战略打击效果的重视使得对本州岛的空袭变得越发重要，乃至于在海军计划人员心目当中，一开始仅仅是一种让日军从硫黄岛分散注意力的手段的牵制性航母打击行动，变成了诱人的香饵。海军的计划越发强调对日本本土实施海军航空兵打击的重要性；这就让行将进行的对硫黄岛的攻击在更大的战略背景之下，变得不那么显眼了。海军计划人员在这种大背景下，得出自己的结论时，就必然考虑到可用舰船的限制条件、弹药补充的困难。由于攻打冲绳的“冰山”行动已经在筹划，冲绳战役的预定登陆时间仅比硫黄岛战役晚一个多月而已，这让海军计划人员必须考虑要尽一切可能在发动和完成硫黄岛战役期间，避免造成冲绳战役的延迟。

陆战队和海军舰炮火力计划人员在观点上的分歧，很快就由参战的海军和陆战队地面部队高级将领表达出来了。第5两栖军请求的登陆前海军舰炮火力准备不仅要至少进行10天，而且明文指出登陆日应当确定为“将敌军防御设施成功摧毁之时”。

霍兰·史密斯大力支持陆战队军官提出的海军舰炮火力支援要求，这些要求被转发给太平洋舰队两栖舰队司令部。陆战队期望海军大体上能同意考虑进行一次精心准备、估算合理的舰炮火力支援，来确保以最小的伤亡代价迅速占领硫黄岛。1944年11月15日，特纳海军中将的通知发到第5两栖军军部。令施密特少将以下的军部所有人员都大吃一惊的是，通知上赫然写道："两栖支援舰队将会进行3天系统而彻底的炮击。"

关键的海军舰炮火力支援时间从10天减少到3天，大大出乎意料。施密特军长坐不住了，赶紧召集参谋人员，准备了一份特别参谋研究报告，含多份详细表格，还对这些非常详细的统计数据附加了注释和评估资料。陆战队在这份报告中做出了让步，提出所有种类的全部火力准备，包括水下爆破队（UDT）的支援和扫雷行动，以及系统性的预备任务，总时长不应少于9天。

特纳给了回信，内容好比左手给了陆战队计划人员一块糖吃，右手直接一桶冰水兜头泼下，让他们获得至少9天海军火力支援的希望彻底破灭。用特纳的话来说：

……在基础性报告中给出的硫黄岛作战的海军舰炮火力准备评估，是迄今为止提交本司令部的此类分析的最佳榜样。本司令部不仅愿意在舰船、弹药和时间允许的限度以内，满足（陆战队在）信中表达的各种期望，而且会在海军能力范围之内，给予比所要求的更多的支援。

特纳发回的基础性报告随附各种支持海军观点的评论。

硫黄岛战役期间的三位美军高级将领（从左至右）：联合远征军司令特纳海军中将、第5两栖军军长施密特少将和远征军地面部队司令史密斯中将。对于硫黄岛的先期海军舰炮火力准备问题，特纳与两位陆战队将领的分歧明显。

第5两栖军获得海军舰炮火力支援的最低期望值再度落空。然而，施密特依然不准备接受这一势所难免的挫折。他再度送出一份陆战队做出重大让步的提议，请求海军的舰炮火力准备时间从登陆前4天开始。

施密特这一次得到霍兰·史密斯的坚决支持。史密斯指出，根据从以前历次作战获得的经验和对"分遣队"行动的长期研究和分析，4天是取得成功必需的舰炮火力准备的最短时间。随后史密斯郑重提出警告，除非日军坚固的防御阵地被（火力准备）摧毁或至少无力化，此次作战的人员伤亡将超过此前中太平洋的任何一次战役；事实上，连整个战役的成功都会蒙上一层阴影。

11月30日，特纳看来已经愿意同意进行为期4天的海军舰炮火力准备，前提是得到第5舰队司令斯普鲁恩斯批准，而且快速航母舰队能够在登陆前的第4天对日军实施空袭。偏偏斯普鲁恩斯不同意多提供这一天的舰炮火力准备。他驳回第5两栖军请求的理由有三个。第一，他坚持对硫黄岛的水面火力准备，必须与航母对东京地区的最初空袭同时进行。第二，他认为硫黄岛的情况与之前在塞班岛的情况不同，在登陆日，硫黄岛的日军人员和固定防御设施将会遭到相当长一段时间的陆基航空兵空袭。按照斯普鲁恩斯的说法，这种在塞班岛没有实施的陆基航空兵空袭，应当被认为至少与陆战队建议增加的一天海军舰炮火力支援同样有效。第三，他指出，没有为增加的一天海军舰炮火力支援提供备用弹药的机会，很大一部分海军备用弹药必须留在登陆日当天进行舰炮火力准备。可用于登陆日之前的海军舰炮弹药是有限的，同等数量的弹药分4天使用还不如分3天使用。

尽管如此，海军舰炮火力支援依然没有最终定论。1945年1月的第一周，海军陆战队再度努力争取。1月2日，施密特亲自再次请求延长舰炮火力准备时间。这一次，他建议要么延长火力准备时间，或者集中火力攻击主要登陆海滩，将岛上的其他目标留待以后处理。史密斯也再度支持第5两栖军的请求。他补充道，时间是夺取硫黄岛的一个重要因素，而充分的舰炮火力准备实际上会缩短这次作战的持续时间，有利无害。史密斯又再度重申，到目前为止，水平轰炸对目标的影响微乎其微，那么对硫黄岛空袭的最终结果预计是无法达到海军舰炮增加一天炮击的效果的。史密斯警告道，只有一次足够的、有条理的火力准备，才能将该岛的防御能力降到一个确保能速战速决的程度。按照原定计划进行火力准备不仅会延长需要完成作战所需的全部时间，还会在初始突击阶段增加不必要的人员损失。

霍兰·史密斯是出了名的"咆哮疯子"，一向口无遮拦，为此得罪过不少人，塞班岛战役期间险些让陆战队和陆军的矛盾公开化，然而这次他无疑是正确的。在回忆录中，这位将军有些痛苦地承认，他的警告没有得到重视：

限制（条件）对我们更好的判断不利，对于仅有3天的火力准备看来做不了任何事情，但只能尽力争取最好的局面……于是我们——一群训练有素、经验丰富、基于以前的多次岛屿作战、充分认识到海军舰炮火力的必要性的陆战队战士，再度被海军的思路挫败了。我们发现自己陷入困境，于是竭尽全力去启发高级指挥部，认为我们的判断力会得到尊重，可是海军的利己算盘又赢了。

战前日军面临的形势

美军高级指挥官讨论登陆日前的炮火准备期间，日军已经预料到硫黄岛大战在即。1945年2月5日，日军大本营海军部根据1月末以来的通信情报等，判断美军正在以马里亚纳地区为中心准备下期作战，又继续努力收集情报，做出如下判断：

一、1月26日以来，吕宋岛林加延湾的美机动部队（航母舰队），似正在向乌利希方向返航。

二、2月3日，中太平洋方面飞机呼叫符号被全面改变，判断系为下期作战准备。

三、美机动部队同菲律宾方面作战的关联逐渐减少，同小笠原方面、西南群岛方面的联系则在增加。

四、美军的主要指挥官在逐渐向前线进抵，尼米兹司令目前似在马里亚纳地区。

五、中太平洋方面的舰船增援情况极为活跃。

此外，日本海军联合舰队参谋长感到美军的下期进攻作战已经迫近，在2月7日晨通报其指挥下的部队：

根据通信情报，自2月初以来，美军似正在马里亚纳、马绍尔地区准备新作战，其指向方向和时间尚未判明，但应不外乎以下三种：

一、2月下旬左右，向小笠原群岛地区进攻；

二、2月中旬以后，以机动部队空袭我本土地区；

三、3月以后，实施大规模进攻作战（很可能对西南群岛地区）。

另一方面，大本营在2月6日下达内地防卫军和（朝鲜）第17方面军的战斗序列命令，决定开始真正推进本土防卫准备，又于7－8日举行了内地军司令官会议，进行了今后的作战指导。在这次会议上，大本营陆军部第一部长就盟军的下期进攻，陈述了“盟军今后的企图，判断可能先登陆中国沿岸后登陆进攻本土，和先夺取西南群岛再进攻本土这两种情况，很可能在8－9月以后实施（进攻本土）”的判断，强调本土作战准备将在今年中期以前完成。

在菲律宾地区，莱特决战业已失败，日军丧失了大半海空战力，被迫在1944年12月19日放弃地面决战方针。此后菲律宾的战局不断恶化，1945年1月9日，美军登陆吕宋岛，2月3日，占领马尼拉。在这种情况下，为了充分完成本土防卫，必须在外廓要地拼尽全力争取时间，但为其提供支援的海空力量已经极为微弱，只能寄希望于第一线部队的鏖战。负责本土防卫的陆军第6航空军为了协助硫黄岛方面的航空作战，也只能计划从第60飞行战队和第110飞行战队挑选的少量飞机（每次1－2架）实施攻击硫黄岛周边敌舰船的小规模“靖四号”作战。

1945年2月11日纪元节那天，根据栗林兵团长的命令，硫黄岛各部队凌晨零时举行了立体演习。司令部人员由参谋部的大泽金夫大尉负责指挥，在夜间实施挺身突击、在白天实施反坦克肉搏攻击的演习。

一架美国海军飞机在投掷炸弹，或者用机载火箭炮或机枪扫射之前拍摄的一处硫黄岛施工或演习现场。图左海浪线上方可以看到几名日军士兵奔逃的身影。

在训练中，官兵们如同实战那样杀气腾腾地向司令部周围、北部落、温泉浜台上的北机场（第三机场）杀去。

反坦克攻击由兵团司令部的卫兵长久米少尉指挥部下实施。这天早晨，硫黄岛被当地特有的雾气笼罩，视野为零。演习的设想是敌坦克在天山集结，其中2辆向兵团司令部攻来，在其从旧火山口通过道路时迎击。

在现场，栗林同下属各部队的官兵一起在观摩学习。上午6时，伴随着“咔嗒咔嗒”的履带声，坦克急进而来。埋伏在道路北侧草丛中的卫兵新井军曹一跃而起，迅速向坦克正面投掷模拟急造炸弹。

成功了。接下来是大隅伍长。这时栗林喊道：“这名士兵等一下！”然后看了一下久米少尉：“这名军官，由你来做。”

久米少尉回答道：“是。”他的脸上因极度紧张已变得通红。他的动作显得有些惊慌，旁边的中根参谋斥责道：“久米少尉，请做出榜样！”第109师团副官部附龙前新也军曹看到久米少尉的军刀很是碍事，就让新井军曹把它解了下来。

坦克开过来了。久米从右侧的洼地冲出来，一瞬之间，他的身体被撞飞到道路上，仰面倒下。这是名副其实的与坦克相撞。久米由于过于认真，周围又有很多上级长官正在参观学习感到紧张，结果真的撞到了坦克。

周围的人什么都做不了，只能紧张地干瞪眼。栗林和幕僚们随即向下一个演习场地走去。中根参谋把后面的事交给龙前军曹处理，脸上现出痛苦的表情，急忙向栗林追去。

龙前晃动少尉的肩膀呼喊道：“少尉大人！”这时久米少尉的意识还很清醒，回复道：“是龙前军曹啊。”

龙前指挥士兵把少尉放到卫生兵准备好的门板上，用卡车运到西部落的145联队卫生队。久米少尉最终因内出血在当天死亡。

2月13日，布兰迪少将率美军第52特混舰队开始北进。这时，日军感到下期作战临近，已重新开始因燃料不足而中止的索敌飞行，硫黄岛的第27航空战队也在尽力执行索敌任务。13日，2架“天山”舰攻机从硫黄岛元山机场起飞索敌。大约一个小时后，森笃美中尉操纵的飞机发回报告：“我发现敌水上部队，敌大舰队从塞班附近北上中。”硫黄岛海军部队终于发现了美军舰队。

14日黎明之前，从木更津而来的侦察102飞行队的成田诚次郎中尉驾驶的“彩云”侦察机从硫黄岛千鸟机场起飞。

11时15分，第27航空战队司令部收到了成田发来的紧急消息：“塞班西方80英里、进路330度（西北方），发现舰艇170艘，向硫黄岛前进的可能性较大。”成田的侦察机此后继续发来报告，直到下午消息断绝。

此时大本营仍固执地把焦点放在冲绳，得知美军舰队“从塞班西方向西北前进”的消息后又做出了错误的判断，立即下令西南群岛进入“第一配备”，让潜艇和航空队准备向冲绳方面出动。但是当天傍晚从硫黄岛起飞的“天山”舰攻机又第三次发来紧急消息：“硫黄岛的160度（东南方）方向、距离150英里，发现敌舰队。”

15日晨从木更津起飞的巡逻机也发现了东南方的大舰队。谁都能看出来美军舰队明显是在向硫黄岛北进。

2月15日10时，第27航空战队司令部的密码主任下士官松本严海军上等兵曹（此役第27航空战队司令部唯一的生还者）将发自巡逻机的电报送交资深参谋间濑中佐，电报内容是：“敌大机动部队从乌利希

一架美国海军舰载机低空飞行，向一辆装载燃料的日军卡车扫射之前拍摄的照片，车前几名身穿雨衣的日本兵正拔腿要跑。

北方向西北进发中”。

防备参谋赤田少佐用发抖的手给陆军的中根作战参谋打去电话。

“赤田君不要惊慌嘛！我现在就过去。”说完中根向旁边的高石参谋长报告电话的要点，然后便赶往海军司令部。

在市丸司令官、间濑、冈崎补给参谋面前，中根和赤田开始争论敌人会向何处进攻。

中根刚断言“敌人向冲绳进攻”，松本就拿着追加的电报过来了。

“敌军带着运输船队。”

中根刚返回陆军司令部，高石和西川、吉田、山内各参谋就聚集在栗林跟前。

中根说：“据说跟随着运输船队。”栗林说：“终于来了。”

13时45分，他们又接到了巡逻机发来的电报：“敌大船队向硫黄岛驶来。”

硫黄岛守军匆忙进行了接敌准备。这时在预计美军会登陆的南海岸，有24个碉堡埋在千鸟原的沙中正对着海岸，为了构筑这些碉堡还使用了废旧“一”式陆攻机的机身。南海岸东侧部署了粟津大尉指挥的第309独立步兵大队，西侧是原少佐指挥的第145步兵联队第1大队，他们同海军警备队的官兵一起在“牺牲阵地”展开。

当晚，折钵山地区的第10独立速射炮大队山本队派联络员川本洁兵长进入第312独立步兵大队（长田大队）的坑道。坑道内忽然变得明亮起来，川本回头一看，一名士兵正在蹲着焚烧照片。很快小小一张照片就烧完了，周围又恢复了黑暗。原来，兵团司令部不久前发出了冷酷的指令：“战斗之前，不能持有妻儿的照片等。”

海军部队在15日编成了陆战队。海军部队原则上应在陆战时配属陆军指挥，对空战斗仍由市丸司令官指挥，警备队的八群防空炮台将成为高平两用炮台，在陆战时移交陆战队，四群平射炮台则暂时由陆军的各地区队长统率。

问题是南方诸岛航空队和设营队等拥有3000人规模的特科部队（地面部队）。陆军主张都分配给陆军各部队，但市丸司令官又提出“海军的传统是死也要死在一起”，所以海军部队分为“玉名山”、“南地区”、“北地区”、“西地区”四支陆战队。特别是海军的根据地玉名山—二段岩地区（南方诸岛航空队和警备队本部坑道）的“玉名山陆战队”集中了3000特科部队中的2400名，“南地区陆战队”在第一线担任南码头方面的防御战斗。

“玉名山陆战队”在井上司令手下，由参谋兼飞行长立川大尉指挥，第1大队部署于二段岩坑道、第2大队在设营队坑道、第3大队在玉名山南方空坑道。

2月16日，岛上全体人员

凌晨2时醒来。防守预计美军会登陆的南海岸折钵山、千鸟地区的海军千鸟炮台群也完全做好了准备，鶯部落机关炮台和千鸟机关炮台等也将大部分机炮放进地下平射阵地，将海侧的掩体改为土囊式，扫清了射界，准备进行高平两类战斗。

美国海军在2月16日的舰炮火力准备

美国入侵硫黄岛的海军舰炮火力准备问题仍在计划人员和高级指挥官之间讨论的时候，提供火力准备的水面舰队已经在组建了。两栖支援舰队（第52特混舰队）由布兰迪海军少将指挥，下设一个舰炮火力和掩护舰队（第54特混舰队），由罗杰斯海军少将指挥；一个航母支援大队（第52特混舰队第2大队），由卡尔文·德金海军少将指挥；一个扫雷大队（第52特混舰队第3大队），由亚历山大·夏普海军少将指挥；一个水下爆破大队（第52特混舰队第4大队），由霍尔·汉伦海军上校指挥；两个炮艇支援单位（第52特混舰队第5大队第1单位和第2单位），由迈克尔·马拉纳菲海军中校指挥；以及一个航空支援单位（第52特混舰队第10单位），由埃尔顿·帕克海军上校指挥。

硫黄岛战役期间的两栖支援舰队第52特混舰队司令威廉·布兰迪海军少将。

将舰炮火力准备时间限定为3天，让第54特混舰队的支援舰船承担了重负。他们的任务是在登陆日之前，摧毁日军防线最强大、最具威胁的部分。2月16、17和18日的三天里，需要优先摧毁的A类和B类目标不下724个。这个任务会由6艘战列舰、4艘重型巡洋舰、1艘轻型巡洋舰和16艘驱逐舰承担。6艘战列舰是“田纳西”号、“爱达荷”号、“得克萨斯”号、“纽约”号、“内华达”号和“阿肯色”号；重型巡洋舰战队由“切斯特”号、“盐湖城”号、“图斯卡鲁萨”号和“彭萨科拉”号组成；唯一的轻巡洋舰是“维克斯堡”号。“阿肯色”号、“得克萨斯”号和“内华达”号都参加了1944年6月的诺曼底战役。原本美军打算让2艘新型战列舰——装备406毫米主炮的“北卡罗来纳”号和“华盛顿”号战列舰参加硫黄岛的火力准备行动的，但是为了给袭击东京的第58特混舰队护航，还是被抽走了。

乘坐“艾斯特斯”号指挥舰的布兰迪海军少将和他的参谋部，在火力准备期间，负责对硫黄岛的所有行动。海军陆战队炮术负责人韦勒中校也在这艘舰上。他指挥的陆战队人员会进驻每一艘参与火力准备的舰船。火力准备计划融合了欧洲和太平洋历次作战的经验和教训。整个硫黄岛被划分为几个方格，每个方格都被分配给一艘具体舰船。每个目标都编了号，在“艾斯特斯”号有一张主卡索引，其中的一张卡包含关于每个目标的适当信息。航母舰载机飞行员为执行舰炮火力观测员的任务，都接受了特殊训练，准备从“威克岛”号航母上起飞，为炮击舰船充当空中之“眼”。一个精心设计的无线电网络已经建立起来，用于协调各炮击队伍的工作。因为在过去的作战中已发现进行区域炮击浪费低效，所有火力支援单位都得到命令，在能够识别具体目标，能从空中观察炮击效果时再开火。

地图六 美国海军2月16日至17日炮击硫黄岛分区图

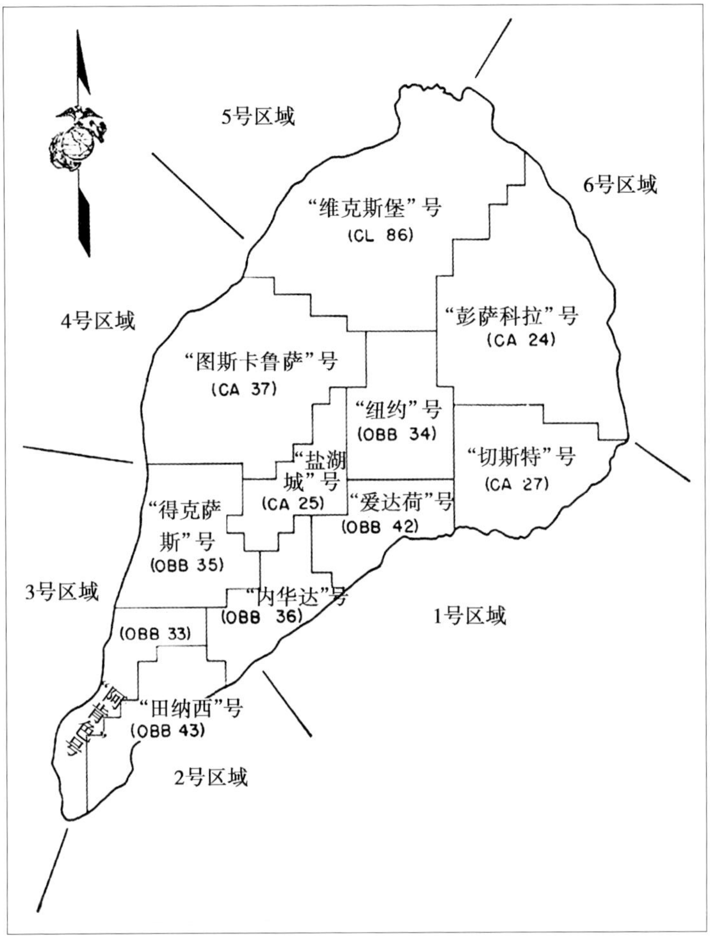

2月16日一早，米彻尔海军中将指挥的快速航母舰队，让舰载机升空空袭日本本土的同时，布兰迪少将的炮击舰队来到硫黄岛外海，出现在日本守军的视野之中。得知美国入侵部队大举逼近。硫黄岛日军主将栗林中将在2月15日夜晚已经急电东京，请求帝国舰队出击，在海上阻击美军。东京的答复令人沮丧，帝国舰队现在不会出击，到4月1日，舰队会突然到来，将美军一路打回老家。

美军的对岸炮击在8时开始，支援舰船紧随扫雷舰。美军上下几乎立即明白的是，当天的天气对执行预定炮击计划不利。云幕高度很低，让舰上的观察员和空中观测员都无法履行自己的职责。每艘舰船都只能在天气条件允许的时候，才能向给定分区开火。天公难得作美的时候，岛上密集的防空火力迫使观测飞机保持900米以上的飞行高度，这对于精确评估海军舰炮火力的要求来说实在太不理想了。

虽然天气不利，对硫黄岛的空袭规模被迫大幅缩小，但2月16日的空袭依然在持续进行。8架海军战斗机用火箭弹袭击了千鸟机场，其他航母舰载机则空袭折钵山的炮兵阵地。下午，42架B-24轰炸机从马里亚纳群岛飞抵硫黄岛上空，但此时云层已变厚，布兰迪少将命令机群携带未投下的炸弹直接返航。当天德金少将的航母支援大队舰载机共出动158架次。在地面部队占领机场之前，航母舰载机都必须为登陆的地面作战部队提供近地空中支援。

硝烟将千鸟海岸和南海岸罩住。日军的少数两用防空炮台的25毫米机炮进行了还击，很快就击落了在低空飞行的三四架美机。

16日下午，就摧毁硫黄岛的主要目标这一点而言，美军几乎做不了更多事情。在一个紧张时刻，一架从“彭萨科拉”号重巡洋舰起飞的OS2U“翠鸟”式观测飞机，报告机尾方位发现一架日军的零式战斗机。令所有人惊讶的是，速度更快的零式战斗机没能击中移动缓慢的目标，在这架日机呼啸而过时，观测机的飞行员一击命中它的机尾。须臾这架零式就已坠毁。按照美军的记录，这是当天日军唯一的一次空中反击。不过根据日军的记录，当天，第6航空军第110飞行战队的2架重型轰炸机从本土的滨松基地起飞，柴山中尉在驾驶飞机对硫黄岛海域的美军舰船实施奇袭攻击时自爆。

同样在当天下午，3艘美军快艇载着3名在塞班被俘的日军向硫黄岛驻军广播：

致日本的士兵。我不是第二代（日本移民）。我是纯粹的日本人某某曹长。在故乡还有可爱的妻儿等着你们。不应该因为一名队长的命令就舍弃宝贵的生命。美军方面准备了气派的房屋、温暖的衣服、美味的饭菜等着你们。请马上扔掉武器来到海岸。这座岛屿恐怕将在一周内陷落。

日军的各位，胜败已成定局。请手持白旗前来海岸。不然的话各位的生命将在数日内消逝。

这些快艇在军舰之间一遍又一遍地往返穿梭。

当天乌云低垂，有断断续续的暴风，对登陆不利，栗林却根据美军的炮击轰炸和在该岛海域的扫雷行动等情况判断“美军即将登陆”，命令全体硫黄岛守军转为“甲配备”（防备敌军登陆的配备）。他还根据既定方针，指示部队对于美军的挑衅性行动不要过早开始射击，应在严格隐匿部署的同时防止损失。

1945 年 2 月 16 日，炮击硫黄岛的“纽约”号战列舰。

傍晚时分，第13水下爆破队成员乘坐小舟前往硫黄岛东面海滩以外大约1.5海里的东岩，他们在那里放置了一个每隔2秒一闪的标记，用于充当地面攻击部队的向导。日军虽发觉礁岩上有人，还向他们开火，但距离太远，没造成任何伤亡。他们顺利完成任务，从容撤退。18时，炮击舰队驶向远处的海洋过夜。在第一天的海军舰炮火力准备期间，硫黄岛上的数百个优先目标被摧毁的数字无法确定。当天糟糕的能见度妨碍了对结果的准确评估。对陆战队而言，这实在不是个好兆头。

其实当天硫黄岛守军仅战死22人、战伤2人，损失轻微。

南方诸岛海军航空队（海军玉名山特别陆战队）第3中队的海军二等整备兵曹橘田信一的硫黄岛日记摘录如下：

2月16日　官兵们几乎都彻夜无眠。6时，敌舰炮一齐开始射击。9时，格鲁曼机100架、200架地从低空飞来。陆军高射炮终于开火了。但遗憾的是高射炮阵地一个接一个地被破坏了。

16日下午，传令兵带着第

2混成旅团长的命令来到第109师团工兵队第2中队的坑道，中队长武藏野菊藏中尉受领要点如下的旅团命令：

> 武藏野队全员为特攻队，以主力确保南部落（赤城队—川端部队）的中间阵地，攻击该方面的敌坦克群。
>
> 派遣一部至烟斗山（折钵山）、一部至南部落地区，由各地区队长指挥。

武藏野中尉受领命令，立即命浅田中尉指挥的一个小队（约60名）向折钵山地区出动，坪井中尉指挥的一个小队（约60名）向南部落地区出动。各小队携带预先准备好的10公斤炸药包（爆破用黄色炸药）一个及其他武器弹药和破坏用器材等待出动命令。因为白天无论如何也无法出动，两个小队不得已只好等待黄昏到来。下午8时，出动的时刻到来了，浅田、坪井两名中尉向武藏野告别。浅田小队计划从武藏野中队阵地通过西海岸向折钵山（距离约3000米）前进，坪井小队计划从中队阵地径直向南地区队前进（距离约500米）。两个小队出动后，浅田小队在17日拂晓向折钵山地区队长报道，坪井小队也在16日半夜进入南地区粟津地区队长的辖区。

到了晚上，海上变得灯火辉煌，仿佛突然出现了大都会。美军在当晚以一部舰艇连续发射了30发照明弹和150发信号弹，意图妨碍日军加强地面防备和实施修复作业，但日军仍在夜间努力修复加强被破坏的阵地为次日做好准备。

在硫黄岛以北600海里，米彻尔海军中将的快速航母舰队也已结束当天的行动。尽管天气条件不利，58特混舰队的舰载机依然给予日本的军事工业较大打击。按照日军的说法，16日美军舰载机约20个编队、总计约1400架次飞机空袭了关东、东海地区的机场、港湾设施等目标。日军蒙受了约100架飞机及地面设施等相当损失。

17日晨至正午左右，美军又以总计约600架飞机实施5次空袭，攻击了关东地区各机场、飞机制造厂、交通机构、船舶等。日军声称太田、武藏野、多摩、立川各飞机工厂的一部被破坏，民用油船“山盐丸”（1万吨）被烧毁，损失惨重，可以证明美军给予日军军事工业较大打击的说法。另外日军当天有100架飞机自爆未返航，120架飞机在地面被烧毁。那么日军在美军的这两天的大规模空袭期间，一共损失飞机320架。

58特混舰队空袭结束后声称，美军舰载机损失代价为战损60架，飞行损失28架。17日午后天气条件继续恶化，气温骤降，乃至于航母舰载机相当数量的机载火炮和机枪都结冰了。米彻尔中将断然取消后续空袭。

2月17日下午，回收飞机之后，58特混舰队开始向硫黄岛撤退，比原计划早了一天。2月17日夜间，58特混舰队在经过硫黄岛北面的父岛和母岛时，出动舰载机空袭父岛机场，摧毁了父岛和母岛外海的一些小船。18日下午，58特混舰队靠近硫黄岛，准备在预定登陆的2月19日上午，为陆战队提供直接支援。

2月17日的激烈炮战

2月17日，布兰迪海军少将对硫黄岛的炮击行动至关重要，特别是考虑到16日的炮击对日军防御体系造成的损害很小。所有迹象都在预示，第二天的炮火准备会比首日更加成功。早晨天气晴朗，能见度良好。2月17日的预定日程要求对父岛进行战斗机扫射，扫清硫黄岛外海的水雷，水下爆破队进行海滩侦察，大型舰船、驱逐舰和LCI步兵登陆炮艇会

1945年2月17－18日，入侵之前美军扫雷舰艇在硫黄岛外海工作；注意岛上发射的高射炮弹正在空中爆炸，画面右侧一架着火的飞机正靠近地面飞行。

提供密切支援。下午早些时候，B-24轰炸机将会对该岛实施另一次全面空袭。

8时方过，12艘美军扫雷舰进入硫黄岛近海750码以内水域，搜索水雷和各种障碍物，刺探是否有珊瑚礁盘和浅滩。8时40分，战列舰“内华达”号、“爱达荷”号和“田纳西”号转移到距海岸3000码位置，以便为预定在上午11时行动的水下爆破队提供近距离支援。这3艘战列舰几乎都在平射射程开火。很快，日军就做出回应，岸炮炮台用猛烈火力回击美军掩护火力舰船。“田纳西”号最早受到炮击，9时之前几分钟，4名舰员负伤，不过舰船本身并未受损。

关于当天的情况，兵团司令部的龙前新也军曹回忆道：

“敌机的攻击愈加激烈，发射了火箭弹、用机枪扫射。密码班台上的监视哨成为攻击目标。村木上等兵和小野上等兵全身被机枪子弹打成蜂窝般阵亡。司令部一带从洞穴到洞穴的挖掘作业并未完成。大家不眠不休地继续作业。栗林中将和参谋坐在洞内，脸上一副该来的终于到来的表情。司令部的精神中枢、指挥根源是中根参谋。传令兵陆续出去了。联络兵频繁地跑进来。无线机的工作十分繁忙。”

当时在东地区日出炮台的小泉忠义一等水兵则回忆道：

加藤少尉是炮台长，部下约50人部署在沿着陡峭断崖上的海岸线分布、装备25毫米双联装机炮10门的炮台上。我属于十号机炮的人员。

舰载机群打破了2月17日早晨的寂静，难以计数的飞机起飞后，呈放射状排列的各舰开始没有间断的快速射击。坑道的入口位于地形稍高处，所以可以一览无遗。不久以数人为一组陆续冲出进入战斗岗位，向冲着我阵地俯冲过来的“格鲁曼”开火。虽然遭到多次机枪扫射，但没有一人受伤或战死……

因为日出炮台是向下深挖沙子修成的章鱼罐型的阵地，所以从海上很难发现，但从空中却能看得清清楚楚。

9时30分左右，美军“彭萨科拉”号重巡洋舰靠近硫黄岛东海岸的悬崖，为扫雷舰提供掩护。尽管日军接到不可开

1945 年 2 月 17 日，美军对硫黄岛实施先期炮火准备期间，炮弹在海岸上爆炸。

火的具体命令，可是炮兵眼看着距离1500米以内的一艘大型军舰这么一个极佳的射击目标通过，实在顶不住诱惑。北地区的日军炮手用150毫米重炮向美军重巡洋舰开火。第一弹差50码没能命中。“彭萨科拉”号赶紧规避，可是一时之间无法脱离日军重炮射程。3分钟之内，“彭萨科拉”号连中6弹。炮弹摧毁了舰上的战斗信息中心，右舷弹射器上的一架飞机起火，舰体穿孔，造成17人阵亡，120人负伤。“彭萨科拉”号的主任参谋也在阵亡之列。虽然受伤较重，伤亡众多，“彭萨科拉”号后撤时仍一面扑灭大火，修复船体，一面持续开火还击。负伤的“彭萨科拉”号一直在执行自己的任务，只有伤员在接受手术治疗和输血时，才暂时停止射击。随后3艘美军战列舰接近至距离海岸约3公里一带对该炮台等进行了集中炮击。

11时之前几分钟，将近100名海军水下爆破队员向硫黄岛方向游去。这些胆大无畏的蛙人要执行的危险任务是检查海滩和海浪的状况，在登陆海滩附近和海滩上寻找水下障碍物，还要在敌人眼皮底下摧毁所有的此类障碍物。当蛙人接近小岛时，日军的迫击炮和轻武器便猛烈开火。掩护蛙人的是在离岸大约1000码海域就位的12艘步兵登陆炮艇，他们持续不断地向海滩上发射火箭弹和40毫米口径炮弹，形成连续弹幕。这一轮火力，尤其是火箭弹的射击，大概让日军相信美军对硫黄岛的攻击正在进行。日军炮兵不顾自己接到的命令，海军南炮台的4门120毫米加农炮率先开始射击，随后折钵山炮台的4门140毫米炮也加入炮击行列。折钵山炮台已经在美军的炮击中濒临崩溃，配备的炮弹几乎都是不适合陆战的穿甲弹，炮手们自然会感到与其坐以待毙不如奋起反击。转眼之间，美舰艇群便被命中许多炮弹，日军眼看着美军舰艇腾起火焰、沉没，许多人被炸飞。仅仅两三分钟，南海岸附近海面便被大火和黑烟笼罩。在这场持续45分钟，并不均衡的炮战中，美军的LCI步兵登陆炮艇经受了日军炮火的严峻考验。一份官方报告记录道：

这些小炮艇上的人员表现

1945 年 2 月 17 日，美军在进行登陆前的先期火力准备时拍摄的硫黄岛。

出巨大的勇气，倾尽一切努力还击，直到物资和人员损失让他们无法继续坚持下去，才离开自己的阵位。即使到了这个时候，经受了沉重打击，一些炮艇仍冒着冰雹般的炮火回到自己的阵位，直到再度受重创为止。负责替换第一批受损船只的炮艇，毫不犹豫地接替了前者的任务。

在这场激烈的不对等交火期间，美军的12艘步兵登陆炮艇全部中弹。日军的炮火给LCI474造成的损伤极重，船员只能弃船；后来这艘炮艇倾覆，是友军的炮弹将它送入海底。驱逐舰和火力支援舰船用密集火力和白磷弹的烟幕掩护这次行动。在步兵登陆炮艇后撤时，火力支援舰船接收他们的伤亡人员。12艘炮艇上共有7人阵亡，153人负伤。驱逐舰“洛伊策”号也被一发日军炮弹直接命中，造成7人阵亡，33人负伤。12艘炮艇之中，仅有6艘能靠自己的动力返回塞班岛。

12时20分，水下爆破队的所有蛙人，除了一个之外，全都安全返回。那位不幸失踪者的命运究竟如何，多年都没有答案。4个水下爆破队的人员都完成了他们的任务。他们的侦察结果证明，水下和海滩没有障碍物，也没有雷区。海滩和海浪的条件都对登陆有利。有些蛙人其实都爬出水面采集了土壤样本，以便在船上检验。

就在损伤严重的LCI步兵登陆炮艇向外海撤退的时候，“内华达”号战列舰对日军炮兵阵地发动了一次密集的反制火力炮击，一直持续到12时40分。与此同时，“内华达”号与其他2艘战列舰还在整个东海岸地区一路施放烟幕，掩护蛙人撤退。问题在于烟幕同时对支援的驱逐舰和战列舰的视野也是一种阻碍，由于水面上的烟幕和炮弹在岛上爆炸扬起的尘土，他们很难找到敌军重武器的位置。

烟尘让双方都很难看清战况，但日军的炮击已让美军确定了日军南地区炮台和折钵山炮台的具体位置。在日军开炮时，南地区120毫米炮台的茑幸治兵长紧紧抓着测距仪，一边发出测距报告一边为眼前的景象感到兴奋。他清楚地看到刚才还在甲板上从容作业的美军被炸飞、舰首炮塔被炸倒。不知过了多长时间，茑兵长耳边传来异样的冲击声，身不由己突然飞起来了。这是美军开始反击了。

尽管损失惨重，但是岛上的日本陆海军官兵在这一天却为目睹硫黄岛守备队的首次大反击狂喜不已。但北地区地下战斗指挥所中的栗林兵团长却对海军炮台不等敌军登陆便开火十分愤怒。

美军对东海岸的探索任务结束后，水下爆破队的工作却还没有结束。按照预定计划，17日下午会对硫黄岛西海岸进行一次侦察。在水下爆破队的蛙人为二度侦察进行准备时，重型火力支援舰船开始炮击东海岸一带的最重要目标。

从迄今为止都不曾怀疑的阵地射出的敌军炮火，让实施舰炮火力准备的军官都认识到，对敌军设施的大量破坏仍有待进行。布兰迪提高了弹药分配量，以便对东海岸实施更为猛烈的集中火力打击，特别是那些最近发现的隐匿日军岸防炮阵地的地区。指挥舰炮火力和掩护部队（第54特混舰队）的罗杰斯海军少将向布兰迪提出建议，将所有可用的火力都针对折钵山周围和东部海滩北方高地的最重要设施。这一建议获准，17日余下的时间里，包括“内华达”号等3艘战列舰和2艘巡洋舰在内的第1和第2火力支援单位负责实施对那些区域的近程火力打击任务。

水下爆破队对西岸海滩的侦察在16时15分开始进行，由3艘战列舰和1艘巡洋舰提供火力掩护。这一次凫水的蛙人再度吸引了日军的自动武器和步枪火力，不过没有造成任何人员损失。18时，所有蛙人完成侦察任务，回到自己的快速

硫黄岛战役期间的舰炮火力和掩护部队第54特混舰队司令伯特伦·罗杰斯海军少将。

运输舰上。这次发现了一枚水雷，被顺利摧毁。不过并没有雷区或水下障碍阻塞通往西面海滩的水道。海滩和海浪的条件应该都适合登陆。陆战4师和5师的两个师属侦察连的22名陆战队员随同水下爆破队一同去东西海岸的海滩侦察。顺利完成任务后，陆战队员返回海上指挥舰，与原建制单位会合。这些侦察员收集的情报，让各突击单位的指挥官得到他们行将作战的那些地区的最新消息。

2月17日全天都是好天气，让美军航空兵得以在白天对硫黄岛实施毁灭性空袭。不计搜索和巡逻飞行，航母舰载机飞行员当天一共飞行226架次。他们攻击的主要目标是机场和海滩地区周围的高平两用炮和防空自动武器。白天，8架海军战斗机空投的凝固汽油弹仅取得有限的成功。一些炸弹未能释放；其他炸弹落地后未能点火引爆。在任何情况下，硫黄岛地面上都没有什么可燃物能点燃。日军面对连续不断的空袭，没有一味被动挨打，空袭的飞机遇到猛烈的防空火力反击。42架陆军航空兵的B-24轰炸机在1500米高度投弹，成功命中目标区域。可是，就查明的情况来说，这次轰炸对敌军设施的影响很小，

从硫黄岛的一个洞口探出炮管的日军127毫米火炮。这个掩体在登陆日之前，被一枚大口径舰炮炮弹直接命中，就此毁掉。

或者说根本没有形成可知的损害。

根据日方的记录，当天硫黄岛日军一共战死54人、战伤26人，120毫米平射炮3门、120毫米高射炮3门、喷进炮1门、25毫米机炮6门、雷达2台等装备被破坏。

17日夜，栗林兵团长判断“敌军真正的登陆企图大体可确定为是在南海岸（美军称为东海岸）”，下令努力避免因射击导致暴露海军炮台的全貌，利用敌照明弹的间隙，持续修复损伤、强化防备。

17日傍晚，美军收听到东京电台的节目。日本人宣称他们在硫黄岛击退美军的登陆部队，击沉5艘军舰，包括1艘战列舰。

更有意思的是，联合舰队司令长官丰田副武海军大将也向硫黄岛海军航空部队司令市丸利之助海军少将发去如下电文：

虽说敌军的轰炸和炮击非常强大，你在硫黄岛的部队冷静判断出敌人的意图，挫败了第一次登陆的企图，平静等候下一次登陆，决心不惜一切代价守住硫黄岛。得知此事，我心甚慰，希望你们继续保持高昂士气，无论敌军的攻击有多激烈，都要击退他们，保卫本土的外围防线。

2月18日美军的火力准备

就在日军自以为将一支突击登陆部队击退到海上而高兴时，美军入侵部队高级指挥官聚集布兰迪司令官在“艾斯特斯”号上的舱位里会面。气氛相当凝重，对硫黄岛敌军设施的舰炮火力准备已进行了两天，造成损害相当小，如今只剩下一天时间了。事实上，在这两天的重炮火力打击之下，硫黄岛的日军防御阵地看上去比以往都更为令人生畏。第52特混舰队的炮术官奇尔顿海军中校和代表地面部队的韦勒中校，就在布兰迪少将面前，讨论了战前火力准备的最后一天应当完成什么任务。韦勒力主将所有可用火力都用于打击瞰制海滩的日军防御阵地。布兰迪当即批准。

根据2月17日晚上起草的修改计划，“田纳西”号等4艘战列舰和“切斯特”号重型巡洋舰，将它们的主要武备127毫米、203毫米和356毫米口径舰炮的炮口，全部对准预定登陆区域，进行地毯式炮击。这5艘军舰得到命令，除了登陆日所需的弹药之外，只要天气允许，全部未用炮弹都可以在18日用尽。

18日上午7时45分准点，罗杰斯命令他的舰炮火力和掩护部队“靠近海滩开炮”。这些舰船当即推进到离岸2500码以内的水域，一时炮声大作。根据布兰迪的特别命令，“田纳西”号和“爱达荷”号会集

地图七 美国海军2月18日炮击硫黄岛分区图

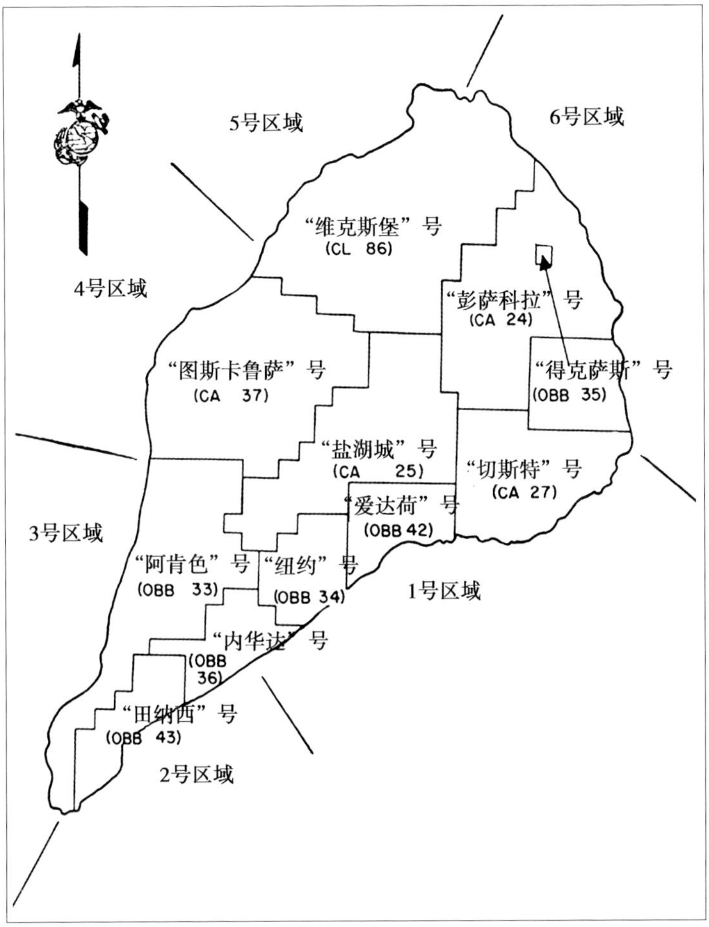

中火力炮轰位于折钵山脚下的日军炮兵部队，以及位于南卸船场以北大约400码的一片采石场边缘的岸防炮。在执行这一关键任务的不到4分钟炮击时间里，“田纳西”号一共消耗炮弹333发；“爱达荷”号射出280枚炮弹。落下的炮弹极为密集，被炸出的弹坑又会二度、三度落入炮弹。岛屿南部几乎被硝烟沙尘湮没不见。

美军的判断和果断行动是正确的。日军的炮台，在折钵山的山脚处有海军重炮阵地，东侧海岸的海滩附近也设置了隐藏在岩石后的岸炮。海军炮台的射界指向南、西两海岸地区，海滩的岸炮则是向二根岩正面的海岸（南海岸）侧射。此外，南卸船场北侧高地的断崖上设置了一连串海军炮台，拥有可以俯视南海岸的良好视/射界，该巨大炮台应该可以被海面上的美舰清楚地观测到。该混凝土炮台至今尚存，其枪眼部被严重破坏，有的以很大角度被倾覆，可以想见当时炮击的激烈程度。

下午天气转晴，美军战舰向折钵山、南海岸、千鸟原、南地区集中发射大口径炮弹直至傍晚。南部海军防空炮台有许多位于沙地的较浅碉堡形陆战坑道，在炮击中仍有一部分幸存下来，日军高炮兵仍竭力寻找机会同在空中挤满的美军舰载机群激战。美机遭到意外的反击，一些飞机带着火焰逃走了。由于通信线路被炸得支离破碎，硫黄岛警备队本部无法同南部炮台取得联系，不能了解那里的详细情况，警备队本部为了指导陆战和进行联络，接连向各炮台派出军官或下士官冒死传令。各炮台都是一片凄惨景象。在秋叶山机关炮台，一名浑身是血的少尉喊道：“传令兵，你可要好好传达给藏在地窖里的本部的家伙们！秋叶山机关炮台就是这个情况！”说完他亲自操作仅存的一门机炮向扑来的格鲁曼射击。这里到处横尸累累，幸存的几名士兵都成了血人，正在拼命装填弹舱。喊话的那名军官是秋叶山机关炮台长户田正夫少尉。

2月18日的天气并不像前一天那样一直对战斗有利。17

炮火准备期间，美国海军舰炮射出的炮弹在折钵山顶爆炸。

日白天大部分时候能见度极佳，18日却小雨频繁，能见度大降。糟糕的观察视野形成了障碍，但美军的这次大规模炮击还是奏效了。美军战前炮火准备的最后一天在18时30分之前几分钟结束。

对美军的舰炮射击，日本海军守备部队也以折钵山、南部落的140毫米平射炮等武器还击。结果日军火炮的位置立即暴露，大炮一门接一门地被击毁。由于17日、18日的美军空袭和舰炮射击，岛上的草木被炸飞，特别是南海岸到处布满弹坑，折钵山的山顶被炸飞四分之一。

2月18日，从父岛起飞的“天山”舰攻机（机长土田稻穗上飞曹）在7时50分左右发现并攻击了美军的小型运输船，但没有命中。

美军水面舰队对硫黄岛进行最后一次全面炮击时，陆军第7航空队的轰炸机从马里亚纳群岛经过长途飞行，到达该岛上空。连续小雨的低能见度天气无法实施空袭，只得取消。卡尔文·德金海军少将指挥的支援航母大队的海军飞行员，当天飞行28架次，空袭预定登陆海滩侧翼的各处阵地。这是登陆日之前，航母舰载机对硫黄岛地面目标出动的612架次飞行的最后一波。仅3架海军飞机被日军地面火力击中，不过机组成员全部成功获救。

当天夜间，日本海军第903航空队父岛派遣队的2架“天山”式舰载攻击机和陆军第110飞行战队（滨松基地）的2架重型轰炸机各自在超低空攻击了硫黄岛海域的美军舰艇，最终3架飞机自爆未归还。一架低空飞行的日机对美军入侵舰队进行了短暂而猛烈的打击。21时30分，“祝福者”号快速运输舰（舷号48）被一枚日军炸弹击中。炸弹在前消防室上方的地面部队区爆炸，造成严重的物资损失，2名第15水下爆破队的蛙人在前一天执行危险的海滩侦察任务时都全身而退，这次却不幸身亡，还有20人负伤。“祝福者”号的舰员有11人负伤。这次空袭，是登陆之前，日机在硫黄岛一带对美军唯一造成损害的行动。

在次日上午美军陆战队突击登陆之前，海军舰队还有最后一次机会，在登陆前的炮火

一个瞰制黄色海滩，几乎没有掩体，在火力准备期间被美军舰炮直接命中的日军25毫米双联高射机炮火力点。

准备中打击日军的防御阵地。登陆前夜，布兰迪发报给特纳海军中将："虽然天气条件让我们无法打完全部（用于先期火力准备）的弹药，无法得到更多的一天时间发现和摧毁更多敌军设施，我还是相信如果有必要的话，登陆可以在明天如期完成。不过，我建议在硫黄岛东海岸及其两侧登陆前和登陆期间，要特别注意应对日军火力，如有需要，应立即使用白磷弹。"

登陆前的最后一夜，霍兰·史密斯中将心潮澎湃，他发现"行动的迫切性和为我们所进行过的最为令人震惊的作战要承担的责任实在太沉重了"。这位阅历丰富的海军陆战队指挥官对行将到来的战役忧心忡忡。数周之前，海军方面否决了陆战队提出的进行9天先期舰炮火力准备的请求，随后撤出2艘新型战列舰，让它们的406毫米主炮去为第58特混舰队提供防空火力。当时斯普鲁恩斯海军上将对他说道："我很遗憾，你精心计划的事情出现了这种混乱局面，但我知道你和你的部队能够克服。"史密斯当时就意识到，缩短海军先期舰炮火力准备的时间和战舰数量的做法，会让陆战队付出更多生命代价。数年之后，史密斯提起这件往事，依然无法平静：

我确信我们会在硫黄岛损失15000人。这是我们在珍珠港制订的计划算出的绝对最小数字，虽然我部下的一些军官希望这个数字能更低。就海军陆战队而言，我们已经为尽可能迅速而经济地占领该岛做好准备。我们将会让60000人的攻击部队登陆，估计每4人中就有1人伤亡这件事，我从未忘记。

我对战役的结果并不担心。我知道我们会赢。我们一直在赢。可是想到付出的生命代价，让我度过许多不眠之夜。

"咆哮疯子"是部下畏惧多于敬爱的人物，可是在提及硫黄岛伤亡的陆战队官兵之时，却是真情流露。

硫黄岛日军也在为迎战行将登陆的美军进行最后的准备。18日夜，栗林中将派第2混成旅团司令部附厚地兼彦大佐去折钵山地区指挥战斗，此后厚地就同该地区队一起行动。当晚地区队本部推前至第312独立步兵大队的位置。

18日硫黄岛守军的人员损失只有战死、失踪等95人，但由于炮击轰炸的缘故，千鸟机场无法使用，折钵山山顶严重受损。此外南海岸的混凝土工事有6个全毁，海军水平炮台8个被破坏。火炮的损失为140毫米炮4门、120毫米炮4门、短120毫米炮1门、120毫米高射炮3门、80毫米高射炮1门、75毫米野战高射炮1门、25毫米机炮7门、13毫米机枪3挺、迫击炮2门、探照灯2台，特别是南部落、折钵山地区的海军平射炮大部分都在美军突击登陆前损失，对该岛守军来说实

从洞穴中捡拾遗骨的和智恒藏（左一），麻袋中装满了日军官兵的遗骨（1952年）。

为一大痛事。美国海军历史学家莫里森海军少将在《太平洋的胜利》一书中写道：“我军的舰炮射击使日军炮台的位置暴露出来。加上空中摄影、潜水艇侦察、在塞班缴获的资料等，由此正确判明了硫黄岛的可怕防备。18日，日军将我军的扫雷和侦察行动误认为突击登陆进行还击，暴露了海岸炮台，使其在事先就被摧毁。这是日军在硫黄岛防卫中唯一的重大失误，对美军来说却非常幸运。如果这些炮台保持沉默留存下来，美军在19日的登陆恐怕会蒙受重大损失。”

20世纪80年代初，（由厚生省主管）为了收集遗骨而来到硫黄岛的硫黄岛协会人员（硫黄岛战役的生还者），在通往折钵山山麓的原140毫米炮台（已发掘完毕）的入口处，发现了立在那里的全新的高木牌，正面写着“勇足炮台”几个字，背面写着竖立木牌的海上自卫队派遣队下级干部的姓名。所谓的“勇足”是一个具有贬义的日语词，本意是在相扑比赛中，把对方推到赛场边缘、眼看胜利在望却因用力过猛，导致自己的脚先出线而输掉了比赛。因此该词含有因自己操之过急而导致失败的涵义。

硫黄岛协会会长和智恒藏气愤地说：“是哪个家伙干的？”拍下留作证据的照片后，拔掉木牌带回东京。所谓的“勇足炮台”，指的是在硫黄岛战役期间这里的海军140毫米平射炮台违反了栗林兵团长事前的命令，在美军正式登陆前就向在海上为进行侦察而试图靠岸的美军舰艇群开炮，虽然给美军造成不小的损失，却暴露了炮台的位置，遭到彻底的炮击轰炸而毁灭，失去了在美军登陆后进行炮击的机会。

硫黄岛战役的幸存者之一多田实曾是折钵山平射炮台长

登陆日之后，美军在一座被先期火力准备摧毁的127毫米火炮掩体里拍摄的东海岸舰队锚地。

的部下，他认为该平射炮台过早开炮实在是事出有因：

1.由于当时海军的传统和教育，官兵们感到如果没有击沉敌舰的话就会死不瞑目；

2.原本修筑折钵山平射炮台就是为了炮击登陆时的敌舰船；

3.如和智恒藏所说，配备的炮弹也是穿甲弹（虽然后来进行了若干补正），并不适合向千鸟原的沙地射击。

4.当时美军虽尚未发现南地区炮台的准确位置，但对折钵山炮台知之甚详，这座炮台有在开炮前就被全部炸塌埋没之虞，与其那样还不如在崩塌之前炮击——这是最重要的开炮理由。

从16日以来，硫黄岛就被许多美军舰艇包围，连日遭到炮击轰炸，但日军并未对这些舰艇进行大规模的航空攻击。实际上当时日本航空兵在空战中不断消耗战力，且美军对日本本土进行了空袭，实在没有能力投入多少航空战力，仅能以第6航空军的少数精锐飞机实施夜间空袭，只造成美军的一些轻微损失。

18日18时32分，大本营接到来自硫黄岛的电报：“上午的舰载机共计265架次，虽然（我军）加强了射击并有降雨，但美军仍然对南海岸实施了猛烈炮击，正对四周实施近接侦察。我方也对极近距离上的敌舰以140毫米炮实施了干扰。各部队在夜间利用敌军射击的间隙，加强器材的活用训练、提高战力以强化防备。”

根据日方统计，在3天的轰炸和炮火准备中，硫黄岛遭到总计800架飞机的航空攻击和估计约5000吨的炮击，全部目标的约22%被破坏，但由于可以利用有效的工事建筑成果，日军人员的损失轻微。

另据日方统计，美军对硫黄岛的空袭和舰炮射击，自1944年6月15日的首次空袭以来，至1945年2月18日（12月中旬以后连续60多天）为止，在昼间总计有3000架次、夜间总计约550架次，合计约3600架次，舰炮射击则前后总计约10次（10天）。

判断错误的日本海军

2月18日深夜，硫黄岛海军司令部向木更津的第3航空舰队司令部发电：“机场无法使用，短波、长波无法发送，只有雷达可以工作。”官兵们翘首盼望航空队来援，却毫无动静，千鸟机场就这样停止了运作。

玉名山陆战队的小队长大曲觉少尉当天从凌晨开始就忙得不可开交。此前的2月14日，大曲觉接到立川大尉的棘手命令：“大曲少尉在千鸟机场和通到那里的敌坦克必经路上埋设反坦克地雷6号（60公斤炸弹）。”

大曲心中十分恼火，美军随时可能空袭，一旦抱着炸弹去空袭目标千鸟机场时正好遇上美机投弹，等于自杀。他委婉地反对道：“埋下炸弹的话机场就无法使用了……”但上面回答说：“没有办法。南方空也全面转换为陆战体制了。”大曲于是召集数十名刚醒来的部下，等待舰炮射击暂停，把60公斤炸弹装到搬运车上赶往千鸟机场，顺利地埋下了炸弹。

可是2月18日白天，立川大尉又向大曲下达了命令：“大曲少尉，虽然很辛苦，但是要把之前埋下的6号再挖出来。”这是南方空本部的命令。

几天前冒着生命危险埋下的代替地雷用的炸弹，却要统统回收，这一命令让大曲十分苦恼。

“哎，这次又要挖了吗？”

“不是，司令部的命令说要拿炸弹当喷进炮弹使用。”

军令如山，大曲实在没有办法，只好在17时左右召集了人员，趁美战斗机返回航母时出发了。

到了晚上，炮击仍在进行，但没有白天那样猛烈。他带着30名士兵乘卡车前往元山机场。幸好这时舰炮射击停止了。由于炮击轰炸的关系，地面变得凹凸不平，车身不停摇晃。舰炮炮弹在周围猛然落下。

17时30分左右，他们抵达元山机场，这时周围尚在微明中。卡车隐蔽在残存的树下，他们像忍者一样压低身子走到跑道上。

这时，大曲第一次看到包围岛屿的美军舰队，不由得大吃一惊，连呼吸都停止了。他从未见过规模如此庞大的舰队，好像世界上所有的船只都集中到了这里。数百艘美舰围绕在岛屿近海，而且距离很近，似乎扔块石子都能打到。最近的船上，可以看到把毛巾缠在脖子上正抽着烟的美国兵的面孔。

大曲回头看了看跑道，再次大吃一惊。之前B-29的空袭主要以机场为中心，在轰炸时第一、第二机场上经常各被炸出数十处大坑。

大曲以为三天以来这样猛烈的舰炮射击和轰炸下，现在跑道一定已经变得坑坑洼洼的。但其实跑道毫无损伤。岛上明明弹雨如注，但跑道上连一发炮弹也没有落下，连一个弹坑也没有。这应该不是偶然的。他为之战栗。显然这几天美军的舰炮射击和空中轰炸都在故意避开跑道。毫无疑问登陆近在眼前，因为美军如果登陆的话当然要使用跑道，所以跑道上才没有落下炮弹。他相信自己死定了。

因为美舰队避开机场及其周边进行舰炮射击，所以在作业中没有落下炮弹。卡车上

在火力准备期间，被炸成月球表面一般坑坑洼洼的硫黄岛机场一角。

堆了24颗60公斤炸弹，所以走得很慢。大曲他们终于平安返回。回收的炸弹被移交给其他部队。

大曲到“南方空”的本部坑道报告了回收炸弹的事情，又向南方空的军官说明：“跑道上一个坑也没有。这是为了在登陆后能马上使用跑道。美军一定会登陆。”

但井上大佐以下的军官们歪着头说：“这是偶然的吧。两三天后，前往冲绳的可能性很大。”并不怎么相信大曲的话。

判断错误的不仅是驻硫黄岛的海军高级军官。不久之前，接到“美舰队北上”消息的吴港的第6舰队（潜水舰队）司令部也骤然紧张起来，但2月16日第6舰队司令长官却发出了奇怪的命令：“手头的潜艇向西南群岛方面出动。”这是由于大本营判断错误，结果濑户内海的“吕43”潜艇首先接到向西南群岛出击的命令。“吕43”急忙穿过丰后海峡一路向冲绳南下。

17日，不论谁都能看出美军的进攻目标不是冲绳而是硫黄岛。为之愕然的第6舰队，立即将“吕43”的出击地点改为南方诸岛（硫黄岛和小笠原群岛），“吕43”急忙转舵向东南方急进，进入了硫黄岛海域。这时日军潜艇部队应该全力支援硫黄岛作战，但却只有这一艘小型潜艇前来支援。虽然18日第6舰队司令部决定全力投入可以出动的“回天”潜艇，但可以出动的只有“伊368”、“伊370”（均搭载“回天”5台）和“伊44”（搭载“回天”4台）。

2月19日，日军以上述装载人操鱼雷“回天”（用鱼雷改装成的水下特攻武器，乘员1名，根据对敌舰船进行冲撞自爆的设想制造，全长约14.7米，重量8.3吨，最高速度30节，头部炸药量1.55吨）的2艘潜艇编成了特别攻击队“千早队”。3艘潜艇在暮色中溜进了大津岛和光基地，次日先后出击。

“吕43”和“千早队”都不走运。“吕43”最早到达战场附近，稍后“伊368”也进抵硫黄岛北侧水域。但是这2艘潜艇在向该岛接近时被美机发现，遭到对方压制，只能辛苦忍耐等待突入的机会。美军舰队严密布下了三层警戒网。“伊370”察觉了这一情况，绕了个大弯子向硫黄岛南侧迂回。但这里也充满了巡逻的飞机和舰艇。3艘潜艇努力避开小型巡逻艇，企图寻找向包围硫黄岛的航母或运输船队突入的时机。

第六章 海滩之战

美军登陆前最后的火力准备

2月19日一早，希尔海军少将指挥的第53特混舰队的攻击舰船，到达硫黄岛外海，与布兰迪少将的两栖支援舰队会合。硫黄岛上曙光初现，美军第5舰队的450艘舰船已在外海云集，这是太平洋战区有史以来聚集的最庞大的一支舰队。

希尔的攻击部队包括运载陆战4师和5师的运兵舰船。这些巨舰一路向离岸大约10000码的运输区水域驶去。在运兵舰船上，50000名陆战队员吃过一顿丰盛的早餐，登上甲板，来看一眼他们行将攻打的岛屿。此时能见度太低，硫黄岛仍几乎被黑暗遮蔽，只隐约能看到一片折钵山居高临下的阴影。船上成千上万紧张的眼睛，时不时瞥见那陡峭的圆锥形山体。

众人看看天色，清晨肯定会遇上好天气。海面相对平缓，海浪条件较好。万里无云，能见度几乎不受影响，气温是20摄氏度，北风风速8到10节。

6时40分准点，美军的重型火力支援舰船开始进行登陆前最后一小时的舰炮火力准备。罗杰斯海军少将的舰炮火力和掩护舰队随即将成吨的高爆弹倾泻到硫黄岛上。这是美军在登陆之前，让控扼船艇航道和海滩的日军重炮无力化的最后机会。“华盛顿”号和“北卡罗来纳”号2艘新型快速战列舰的406毫米线膛炮也加入这次炮击。6艘战列舰上的炮手神色刚毅，调整舰炮的射击诸元。一枚枚重磅炮弹从炮口射出，在重力和初速度作用下，划出弹道曲线，落在硫黄岛上爆炸，闪焰一瞬而过，随后便升起浓烟，掀起大片沙

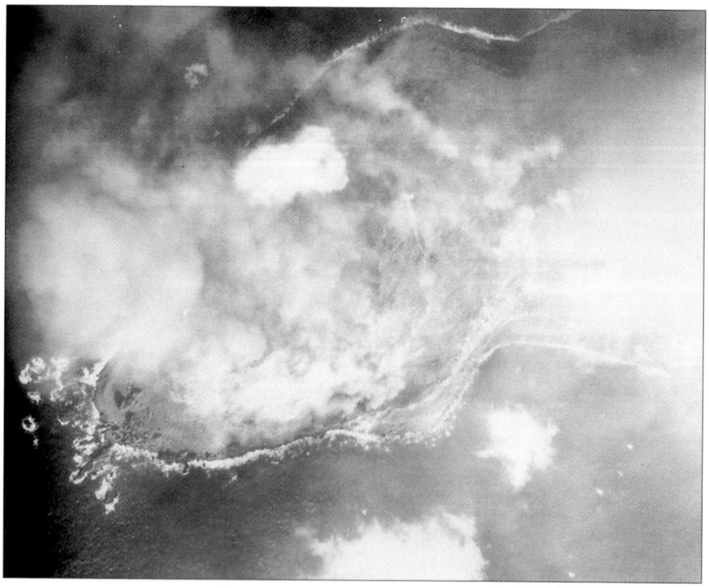

1945年2月19日，美军的炸弹和海军舰炮炮弹击中折钵山掀起的硝烟。

尘和火山灰，在空中飞散，仿佛炮击要将这个小岛从海洋上彻底抹去一般。早已成为死火山的折钵山山顶边缘频频被炮弹击中，散发出带着浓重硫黄味的热气，令人产生错觉，以为火山口随时会喷发炽热的熔岩。爆炸声接二连三传入舰船上的美军官兵耳中，海滩、机场和硫黄岛北部的山地和峡谷都在炮声中震颤。

炮击开始5分钟后，即有9艘装备127毫米火箭发射器的LCI步兵登陆炮艇加入炮击，他们的任务是集中火力打击元山台地，向日军的重点设防区域一共发射127毫米火箭弹9500枚。从7时30分开始，美军的炮艇和迫击炮支援集群全面参与炮击。这一次美军一共动用42艘LCI步兵登陆炮艇，其中12艘装备114毫米口径火箭炮和40毫米口径火炮；18艘卸载107毫米口径重迫击炮。整个上午，步兵登陆炮艇向折钵山和海滩以北元山高地大量倾泻弹药，一共消耗10000枚114毫米火箭弹和大量迫击炮弹。

按照预定计划，44架陆军航空兵轰炸机会在登陆前的最后火力准备期间，空袭硫黄岛，可惜从马里亚纳群岛出发的B-24轰炸机过半未能完成飞行任务，最后仅有15架到达硫黄岛上空，对东部防线空投了19吨炸弹。

从2月16日至19日期间的舰炮射击和航空攻击，日本守军的南、中和折钵山各地区队（含海军陆战队）地面上的主要火炮、阵地及设施等几乎全部被破坏，特别是硫黄岛陆海守军协力投入大量材料构筑而成的千鸟机场周边海岸的24个

1945年2月19日，从“硐堡山”号航母起飞执行空袭任务的美军舰载机。

1945年2月19日，一名登陆艇船员头戴钢盔，观察驱逐舰炮轰硫黄岛。

混凝土穹窖（海岸碉堡），有3个全毁、1个半毁（容纳的火炮全毁）。岛上的草木也被扫去大半，地形地貌为之一变。不过在折钵山、千鸟机场、船见台和元山台地山麓等地的地下洞穴待命的日军兵员的损耗却极轻微。自2月18日半夜以来，日军从地下掩蔽所出来，全体进入防御阵地，对被破坏的阵地利用弹坑等就地构筑应急阵地，做好充分准备，等待美军登陆。

8时05分至8时25分，当美军火力支援舰船暂停射击，向最终阵位机动，快速航母舰队的120架舰载战斗机和轰炸机分两个波次对登陆海滩和附近区域实施猛烈空袭。空袭完毕，重新就位的海军舰船再度开火。

这一回舰炮射速加快，让海滩一带的日军无力化成为主要任务。最初，某些在空中开花的炮弹是用来压制可能在空旷地带的日本守军的，这一回，当装载地面部队的履带式登陆车越过炮火支援舰船在船艇航道上的阵位时，海军炮手开始转用冲击力更强的炮弹。步兵登陆炮艇发射的火箭弹再度炙烤登陆区域，迫击炮艇向内陆纵深大约1000码的位置开炮。当突击部队靠近海岸之时，海军舰炮调高射击炮口，将目标对准两翼，舰载飞机重返海滩上空，实施最后一击。

此前的历次太平洋突击登陆战，美军地面部队抢滩登陆时，海军舰炮火力都向内陆转换太深。塞班岛作战期间，在靠近登陆区域的位置缺乏足够的掩护火力，导致登陆期间地面部队伤亡很大。为了解决这一问题，美军在硫黄岛使用滚动弹幕技术。海军的127毫米舰炮根据对地面部队前进路线的最佳可估数据，将火力转换到内陆，在友军地面部队前方维持400码安全距离。在地面攻击未能如预期的那样迅速推进时，某些预先安排的火力打击区（目标区域）会被反复炮轰。在登陆前最后的不到30分钟内，美军舰炮一共向硫黄岛发射炮弹8000枚之多。

小小的硫黄岛上地动山摇，负责炮火准备的海军军官却没有一个能了解炮击对日军的防御阵地究竟造成多大损害。他们充其量只能希望海军的炮轰、空中轰炸和扫射严重削弱了日军给迫近的登陆部队制造麻烦的能力。只有行将在敌方海滩着陆的陆战队员，才能最先确定日军对两栖突击仍然能进行多大强度的反击。

突击登陆

经过太平洋战场的数次两栖登陆战，美军运兵舰船对作业程序已十分熟悉。8时前后，海军舰炮的炮弹正在硫黄岛上开花，运载陆战队8个营的482辆两栖登陆履带车已在水中载沉载浮。距离硫黄岛东（南）海岸大约4000码，与翁浜和二根岩海滩平行的位置，已经设立了一条出发线。出发线两端各有一艘控制船标定界限。一艘中央控制船占据出发线中间位置。沿着这条出发线，小艇以有规则的间隔，标出车艇行进通道。陆战4师副师长富兰克林·哈特准将和5师副师长莱奥·赫姆利准将各自在出发线两端就位，充当观察员。

8时15分，前3波次的登陆部队已经准备好越过出发线。陆战队员们就在那里观察海军舰炮炮击硫黄岛的壮观景象，火力支援飞机在岛屿上空投射致命武器时，他们纷纷喝彩致意。即便兴致勃勃，正在接近硫黄岛的陆战队员还是很清楚前方等待他们的是什么，远征军上下都很清楚，在硫黄岛定有一场代价高昂的血战。

各突击波次的官兵希望海军能扫清滩头的所有防御设施，也能将内陆深处的大部分其他目标摧毁。由于个人的经历不同，陆战队员们对日本守军在猛烈的海军火力准备下能有多少人幸存，看法并不一致。许多了解塔拉瓦、关岛和佩里硫登陆战的官兵，都知道这三个地方的日军有多少人经过类似的炮击和轰炸幸存下来。尽管如此，求生的欲望还是让几乎每一个参战的陆战队员，都希望小小硫黄岛上的日本守军，在美军海空火力的狂轰滥炸之后，战力已被大幅削弱。

8时30分正点，中央控制船降下信号旗，让第一突击波次出发。小里德·法韦尔中校指挥的第2两栖装甲营的68辆两栖坦克率先越过出发线，向前方海滩突击。与此同时，数百枚海军舰炮炮弹从他们的头顶呼啸而过，第一波登陆部队跟随在发射火箭弹和40毫米炮弹的炮艇后方，到达规定位置，炮艇便分头左转和右转进入下一个阵位，从那里为两翼的各营提供火力支援。

按照作战计划的规定，每波次突击部队会用30分钟时间通过4000码的水面，从出发线到达硫黄岛海滩。后续各波次登陆部队，保持250码到300码的间隔，相继越过出发线，跟随第一波登陆部队进发。第二突击波次的1360名陆战队员乘坐无装甲履带登陆车，在第一波次的两栖装甲坦克出发2分钟后，便越过了出发线。随

1945年2月19日，运载陆战队员的LVT履带登陆车，正在经过“田纳西”号战列舰附近，向硫黄岛海滩前进。

后还有8个波次的突击部队，各自间隔5分钟出发。根据预定计划，9000人的突击登陆部队，应在45分钟之内全部靠岸。

第一波登陆部队到达离岸400码位置时，海军舰炮将打击目标转向内陆和滩头阵地两侧。与此同时，米林顿中校指挥的舰载战斗机凌空疾驰而下，就在两栖装甲坦克靠近海滩的同时，一直在用机载机枪无情地扫射海滩上的日军阵地。美军战斗机飞行员早先已经对硫黄岛投掷过凝固汽油弹和火箭弹，现在大胆实施低空飞行，袭击登陆海滩。当第一波登陆部队靠岸之时，战斗机已经进入内陆大约500码位置，继续进行空中扫射。

从船到岸的突击登陆行动按计划顺利进行。第一波登陆部队在8时59分到9时03分之间靠岸；第二波和第三波登陆部队各间隔两分钟靠岸。最初这三波美军突击部队靠近海滩之时，日军静悄悄不见丝毫动静，十分诡异。最终靠近目标的几分钟时间里，最初的几波登陆部队没有遇到任何日军的反舟艇火力阻击。有些陆战队员不由心生希望："狂轰滥炸看来是奏效了，鬼子的战斗力看来被阉了。"

当第一波履带登陆车（两栖坦克）冲出水面，来到沙滩干地为止，整个登陆机动都在以阅兵场上的精度进行。对参战的陆战队员而言，唯一证明岛上有敌人存在的迹象是在空中。一时刻，陆战5师的1架观察飞机在登陆部队上空懒散盘旋；下一瞬间，日军的高炮开火声连响数下，一发高炮炮弹直接命中，这架小飞机无力盘旋几下，晃晃悠悠跌进海浪。第一批履带登陆车辆到达海滩不久，就开始向内陆前进，马上发现海滩正后方一片4.5米高的陡坡，将他们的射界挡住。

陆战队员的心不由一沉，

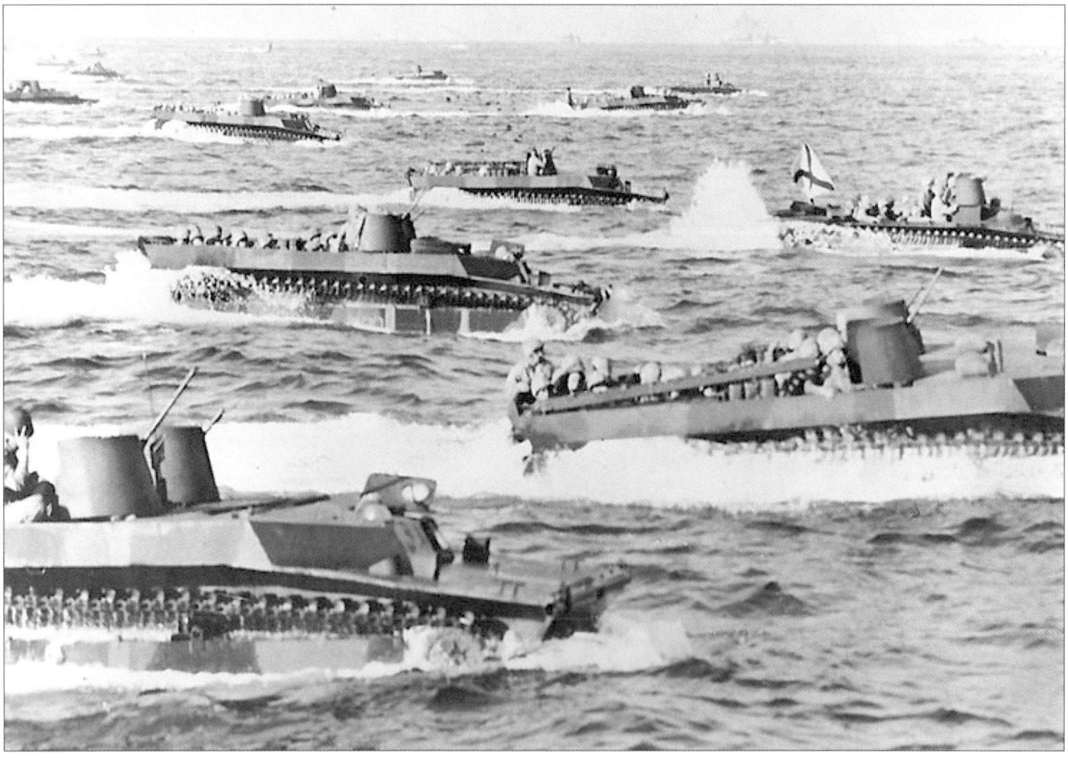

1945年2月19日，正在冲向硫黄岛海滩的美军LVT履带登陆车。

这片陡坡是他们在硫黄岛遇上的第一个不愉快的意外。陆战4师和5师的官兵纷纷走出自己的登陆车辆，不消片刻就已明白，情报部门对硫黄岛上的火山砂的成分完全估计错了。火山砂形成的地质太过松软，根本无法支撑履带车辆行进，人员在上面行走也十分艰难，更不用说登陆部队的陆战队员之中，有许多人身负超过100磅重的武器和其他装备。在他们登上4.5米高的陡坡之前，先得和大片火山灰奋战。陆战队步兵几乎一动脚步，脚踝就被火山灰没过，真是举步维艰。陆战4师的步枪兵爱德华·哈特下士说道："沙子太软了，（我们）简直就像要在松软的咖啡（粉）地面上奔跑一样。"陆战5师28团早早地对登陆之初的情况发出一份言简意赅的报告："抵抗尚可，地形糟透了。"

1945 年 2 月 19 日，陆战 4 师官兵在硫黄岛登陆。

一些两栖车辆在到达海滩后也没有放慢速度，径直向内陆驶去，登上第一片陡坡组成的平台，然后又向前推进50到75码。那些未能攀上陡坡斜坡的两栖坦克，退到海上，然后转过车身，用主炮向内陆开火。9时07分，第三波登陆部队1200人上岸，4分钟后，第四波的1600人也已到了。几波后续登陆部队紧跟第一波登陆部队而上。随着后续波次登陆部队靠近海岸，虽有少数个别火炮炮弹和迫击炮弹开始落入海浪之中，但仍然没有发现日军的有组织抵抗。除了一些地雷之外，海滩上并无人为障碍物。

陆战4师和5师的8个突击营已经在硫黄岛东南海岸并排登陆。在绿色海滩登陆的是28团1营和2营；在红1海滩登陆的是27团2营；27团1营则在红2海滩登陆；23团1营的靠岸位置是黄1海滩；23团2营则在黄2海滩，25团1营在蓝1海滩，25团3营在蓝2海滩的南面边缘登陆。

登陆前美军约两个半小时的猛烈炮击轰炸起了作用，地面上飞扬的沙土高达约5－8米，目视距离降低到约20米以下，因此最初日军无法准确判明美军的登陆时刻和兵力，不过"8时，敌第一波开始在（东）南海岸登陆，登陆兵力约1000"的判断与实际情况相差不远。10时30分左右，按照日军的布防来看，在南地区队翁浜正面有2个营，中地区队南海岸正面有约3个营和折钵山地区队二根浜正面有约3个营，合计步兵约8个营及坦克约1个营的美军陆战队已经登陆完毕。

当美军整队向内陆进发的时候，日军逐渐活跃起来。最早察觉日军反应的登陆部队单位是黄2海滩上戴维森少校指挥的23团2营。该营的第一波登陆部队上岸不到2分钟，一波数量不多不少的日军迫击炮弹就落在黄2海滩上。不过15

1945年2月19日，陆战4师的官兵正在跳出登陆车辆，冲向海滩，图右为中弹倾覆的LVT。

分钟，黄色和蓝色海滩上的陆战队员就报告遭遇敌人的较强迫击炮火阻击。在南面的红色海滩和绿色海滩，陆战5师的部队开始向内陆前进，起初只遇到轻微抵抗。9时30分，28团1营已向内陆推进150码。10分钟后，该营报告：“左翼受到日军重迫击炮火力打击。”

著名随军记者，《时代周刊》特约战地报道员罗伯特·谢罗德曾经参与过陆战队在中太平洋的多次登陆行动，他对当时的场面留下了这样的描述：

> 眼看着鬼子的迫击炮弹落入弟兄们的队列令人揪心……这些巨大的高爆弹——我们管它们叫“飘动的深水炸弹”——会在陆战队员单薄的队列里爆炸，在正将援兵送往海滩的车艇之间肆虐，将沙子、海水，甚至（人体碎裂的）肉块掀到30米高空……海滩一带……躺倒许多尸体。无论（死去的）是美国人还是日本人，有一点是相同的。他们都被可能的最残酷的方式杀死。在太平洋战争的其他战场，我从未见过损坏如此严重的尸体。许多被整齐地切成两半。尸体的腿和手臂相距15米远。只有腿部能辨认身份——如果裹着卡其布绑腿就是日本兵；裹好帆布护腿的就是美国兵。就在沙滩上，离我最近的几具尸体一旁，我看到一串4.5米长的肠子。

当陆战队前进了300码时，折钵山上和登陆海滩北方高地的日军迫击炮和火炮已全面开火，如同居高临下的花洒一般，让美军在弹雨之中沐浴。栗林中将算得不错，松软、滑动的火山砂土地面很难提供隐蔽所。美军士兵赶紧开挖散兵坑，几铲下去，刚掘出的一个小坑又被砂子填满。“请求将沙袋送到前线”的呼叫充斥在美军的无线电中。9时35分，绿1和红色海滩的日军重迫击炮弹幕暂告结束。可是陆战队员向内陆推进时，日军从极为隐蔽的大小碉堡工事里用机枪和步枪交叉火力射击，只要美军离开第一道陆坡的掩护，就连山洞里也有早已埋伏的日军士兵射击。

美军陆战队官兵越是深入硫黄岛内陆，日军的火力密度就越大，精度也越准，偏偏沿岸更多的登陆队伍开始拥挤起来，让前锋无法后退。就在这个时候，日军开始集中火力射击海滩上和附近的两栖登陆车辆、登陆艇。日军的战术奏效了，迫击炮和火炮很快就直接命中了不少不幸的美军车辆舟艇。一些幸运的登陆艇突破日军的阻击炮火，来到岸边，将吉普车和卡车在海滩上卸下。车辆前轮刚着地，车轮就陷在危险的火山灰之中。许多小艇的船首都陷在海滩上，进退不得。

1945年2月19日，陆战5师的一辆两栖登陆车被日军中迫击炮弹直接命中。

从能见度允许的时候开始，硫黄岛日本陆海军部队按照既定计划，开始同登陆美军激烈交火。街道长作大佐指挥的第2混成旅团炮兵部队和南、中、折钵山各地区队及海军南、千鸟、折钵山各地区的残存炮台等，利用美军登陆时的混乱、通过沙滩时的运动困难等，抓住时机，集中火炮、迫击炮等重武器火力，居高临下，充分利用射界，给美军登陆部队造成很大损失。

首先开始炮击的是在玉名山至东山隐蔽布阵的第3中迫击炮小林大队的中型迫击炮和南部断崖上的第20臼炮西山大队。密集的炮弹将海滩上麇集的美国陆战队员撕裂炸飞。紧接着玉名山至屏风岩一带前田炮兵队的主力炮火齐发。就好像是在发泄长期积累的怨愤一样，百余门火炮每炮连续发射成百发炮弹，在南海岸的美军密集地带爆炸。

接着海军的残存高射炮也加入了战斗。高射炮将引信截短，无数锐利的弹片在杂乱拥挤的舟艇群上方飞散。守备队的连续猛烈炮击使南海岸登陆场一带立刻陷入严重混乱，陆战队员被炸到空中，弹药和汽油被引爆点燃，转眼之间这一带就化为流血和火焰的修罗场。

在玉名山布阵的第3中迫击炮大队的中型迫击炮的火力，给登陆美军制造了极大麻烦。据隶属该大队的士兵小泽政治回忆：

开战之初，我中迫对敌登陆部队来说，用一句话总结大概就是“恐怖的炮弹”吧。开上沙地的登陆艇打开门扇，陆战队10人、15人一群地冲了出来。其重型装备、鞋子陷进沙中。此时他们的头上沙尘飞扬。这时中型迫击炮的炮弹在极近距离爆炸。我是观测兵，任务是观察炮弹爆炸情况，通过传声管时时刻刻报告远近、左右多少毫米等，不过打得实在太出色了，以至于我都忘了报告。沙尘散去后，先前还在那里的敌人已经消失不见了。大概是被炸飞到什么地方去了吧，连个人影都没有。为标记射击目标，在登陆前已经在沙地中竖起约20根圆木。在目标附近，一队敌人开始移动。我赶紧报告。随后中型迫击炮发射了。炮弹从观测队头上呼啸飞过。不久炮弹爆炸了，在地面卷起沙尘。敌兵的身影不见了。这种景象在登陆第一天、第二天一直持续着。打得真是漂亮。敌人侦察过阵地后，舰炮进行了集中射击。然后再次开始登陆。

大约在第三天弹药开始不足。而敌人的坦克却在源源不断地登陆。

在东海岸日出浜一带布阵

硫黄岛守备队街道（第2混成旅团炮兵）部队独立混成野炮中队在日本内地时的纪念写真（第二列左起第11人是玉田猛中尉）。

的第44特设机关炮队的士兵铃木荣之助回忆道：

对登陆部队来说，我方的武器中最有效的是喷进炮（火箭炮）和臼炮……最初登陆的陆战队有不少黑人士兵。机场上虽然有一些我方的碉堡，但在敌人的舰炮面前，这种东西有跟没有都一个样。

对喷进炮的威力，南方诸岛海军航空队（海军玉名山特别陆战队）的整备兵远藤信忠也这样评价道：“在这场战斗中，我军威力最大的武器是陆军的喷进炮。”

玉田猛中尉的独立混成野炮中队在接到攻击命令后，4门野炮也向美军开了火。该中队原来被部署在通往元山机场和玉名山的第一线阵地的中间位置，后来在2月18日奉命向元山机场移动，这是为了对准美军登陆的焦点而调整部署。大炮的口径是200毫米，炮弹是榴弹，最大射程6000米，有效射程5500米。大炮瞄准的美军正在有效射程之内。

瞄准的地区出现了白色的闪光。一艘登陆艇被炸得翻起了跟头，瞬间四分五裂，艇中的美国兵也飞散到空中。该中队发射的第一弹就命中了。玉田畅快极了。

“中队长大人！”

年轻的炮技手（操作火炮的士兵）高兴地大喊道。他回头看看玉田，开心地笑着。手指正指着四散的登陆艇那边。

“嗯，干得好！”玉田说。

岸边的海上腾起一大片水花，那是齐射的日军炮弹，但舟艇的航迹却穿过水花直冲过来。

目标很多，而且很大，现在已经更没有必要指示目标和距离了。玉田一边因极度兴奋而颤抖，一边连呼“打！”然而在日军的弹幕下，美军仍然抵达海滨登上了南海岸，然后第二波也蜂拥而来，第三波跟在后面。玉田回忆道：“与我军的炮弹相比，敌人的舟艇看起来似乎更多。”日军的炮击尽管杀伤力很大，却并不能阻止美军建立滩头阵地。沙滩上，日军铺设的地雷大多数都被犁遍每一寸土地的美军炮弹、炸弹引爆了。

海岸地带挤满了美军。玉田中队的炮火从侧面向他们倾

1945年2月19日，一枚白磷燃烧弹在硫黄岛海滩爆炸。

泻过去。登陆地点成了凄惨的人间地狱。但玉田没有时间为他们感伤，只是用嘶哑的嗓音不停地大喊：“打！”

虽然日军的炮火给登陆美军造成沉重打击，然而在美军登陆场正面，日军各地区队本部与第一线各中队间的电话联络当天8时以后逐次中断，日军的6号无线机只能接收到美军的无线通话，无法发挥作用，派出的传令兵也相继战死，大队以下的通信联络几乎完全断绝。因此受到登陆攻击的海滩附近的阵地变成了各自为战，幸而由于视野良好，从登陆海岸的两侧高地和船见台等处，可以清楚地观测到海岸一带美军登陆部队的行动，日军得以集中火炮火力，支援第一线阵地的战斗。

还在船上观战的两名美军陆战队军官虽不情愿，还是向日军炮手表达了钦佩之情。陆战第14炮兵团作战训练科长卡奇少校说道：“这是战争中最惨烈的流血场面之一。他们（日军炮兵）让那些炮火弹幕在海滩上上下翻滚，我真是不知道人要怎样才能穿过这样密集的弹幕。”约瑟夫·斯图尔特中校说：“那些日本人是第一流的炮兵……每次他们开火，都有人会被击中。”

在海上负责指引海军舰炮的韦勒中校，竭尽全力组织海军舰炮火力打击日军在蜡烛岩（美军称为“采石场”）的炮兵阵地。要协调这次火力支援需要时间，日军的前几阵弹幕却已经将25团3营和25团的整个海岸工作队的队形全部打散了。

日军的炮击到达全面高潮之时，4个突击团的报告一股脑儿都发到旗舰上去了。不到10分钟，这些可怕的消息在美军的指挥通信网络上噼啪作响：

10时36分（25团）：采石场方向的威胁太大。密集的迫击炮和机枪火力！

10时39分（23团）：伤亡惨重，暂时无法行动。迫击炮正在杀死我们。

10时42分（27团）：所有各单位都被火炮和迫击炮火力压制。伤亡很大。每个地方都需要坦克快速来支援。

10时46分（28团）：遭到重火力打击，推进停止。机枪火力和炮火都是有生以来见过

登陆当天，美军陆战队的一个步兵营冒着日军酷烈的阻击火力，拖着沉重的装备，越过松软的海滩，向硫黄岛冲锋。

的最猛烈的。

日军的火力不减，海滩水线交通拥堵，美军最初的登陆相当混乱。尽管如此，人员和物资一直在向海岸上倾泻。第一波登陆部队在硫黄岛取得立足点之后一个半小时不到，8个步兵突击登陆营已经全部上岸。10时05分，3辆运载第4坦克营的16辆坦克的中型登陆舰在黄色海滩靠岸。坦克下船上岸困难重重，他们的麻烦其实才刚刚开始，3辆坦克在离水面不到150码的位置触雷抛锚。

依靠海军舰炮仍在提供掩护的弹幕，4个刚刚登陆的陆战团突击部队准备重整建制，开始深入内陆。从北到南，陆战4师的25团和23团，陆战5师的27团和28团，在重重困难中勉力列成攻击阵形。

冲向折钵山

日军并没有像美军期望的那样，被海空火力准备的狂轰滥炸削去大半战力，但战争进行到1945年，这也不是什么意外。无论如何，地面部队顶着日军的猛烈火力反扑上岸之后，就要实施预定的全面计划攻击前进。

按照预定计划，陆战25团要沿着滩头阵地北半部，向南码头正北面的蜡烛岩采石场推进，那里是美军预定在登陆日结束前要夺取的目标位置0-1线东端。这条0-1线将元山机场一分为二，在机场以西大约1200码的位置，沿着岛中央弯曲到西岸。陆战23团从黄色海滩向内陆推进，将穿过千鸟机场北半部，前往元山机场。27团的任务是沿西北方向向内陆推进，横穿千鸟机场南端，然后转向更偏北的防线，到达元山机场西面的一个位置。28团承担的是最早的攻坚任务，分割包围折钵山，攻打这个岛上的可怕制高点。为此，28团1营登陆之后，将穿过仅700码宽的岛屿颈部。2营会向内陆前进大约350码，然后向南前往折钵山。

日军折钵山地区队以折钵山制高点为核心，在从山麓至千鸟机场西南端的地区构筑并占领了坚固的阵地。该地区队

1945年2月19日，陆战5师官兵越过红1海滩上的火山灰，向硫黄岛内陆挺进。

以松下久彦少佐指挥的第10独立速射炮大队、第312独立步兵大队（大队长长田谦次郎大尉）为基干，将速射炮部署在纵深阵地，另部署独立机枪、中迫击炮、工兵中队、海军部队等各一部。该地区队的主阵地前沿设在距山麓700－800米的地带，阵地组织适合其与兵团主力分开独立战斗，成为硫黄岛南部的独立据点，这也是日军根据岛南部地形条件做出的必然部署。

地区队长松下久彦少佐以第一线阵地的千鸟机场西南端约200米一带为前缘，从西海岸到南海岸组织了一连串阵地，在这里部署了第312独立步兵大队第2中队（中队长田中种雄中尉）、第4中队（中队长森进中尉）和第10独立速射炮大队第1中队（中队长山本保重中尉），还合并指挥该地区的海军部队，与之交战的是在二根浜海滩（美军标记为“绿色”和“红1”海滩）登陆的美军，即陆战28团的2个突击营和陆战27团左翼的2营。

登陆日9时35分，钱德勒·约翰逊中校的28团2营已经在尝试冲出海滩，从而能面朝折钵山部署兵力，保护全团左翼。日军的重迫击炮和火炮火力在持续落下，各连要在分头行动时按建制重整困难重重。

E连在绿色海滩上的位置暴露，在日军的持续炮击引发的混乱期间，埃德·佩内尔中尉指挥的2排和迈克·斯特兰克中士指挥的一个班差点迷了路，他们其实是在绿色海滩北面的海滩上岸，偏离了预定位置。日军的炮击爆发不多时，E连长戴夫·塞弗伦斯上尉就接到利弗塞奇团长的电话。

“你准备好出击了吗？”

“2排还没赶到，长官。”

“好，你有5分钟时间找到这个排，不然就准备上军事法庭！”

好在2排很快就与连主力会合了。为了让部下在混乱中重整，佩内尔排长在海滩上来了一出西部片大英雄式的煽情表演。在登陆车的坡道门放下的那一刻，他不顾日军的猛烈炮火，大吼道：“跟上，弟兄们！”然后快速踏上渗水的火山灰沙滩，继之卧倒，匍匐前进。许多战士都大笑着跟他冲上了海滩。不过并不是每个人都能笑得出来，2排一位名叫伊拉·海耶斯的战士登上海滩第一眼就看见右侧3码外的一具战友的尸体，脑袋被打开了花，不由得胆战心惊。

紧要关头，许多新兵都趴在火山灰里不敢动弹，是老兵的勇气与从容挽回了局面。在日军的迫击炮火压制滩头的陆战队员之时，新兵劳埃德·汤普森卧倒在火山灰里，侧头向右边一看，简直不敢相信自己的眼睛。斯特兰克班长旁若无人地在沙滩上坐了起来，将沙子从靴子里倒出去。另一名战士比尔·拉纳斯也目睹了这一场面，由衷赞叹：“真是条好汉！”

斯特兰克从容向他的部下发出指令，让他们最终得以及时与连主力会合。战友乔·罗德里格斯永远忘不了斯特兰克在全班之间往返穿梭，提醒他们散开时说的两句话：“别挤在一起！别搞得像一串香蕉似的！”

正是斯特兰克和佩内尔这样的老兵的从容指挥，让美军陆战队最终突破了日军的滩头阻击弹幕。

登陆日当天，美军一直对折钵山狂轰滥炸。在绿色海滩登陆的美军陆战28团士兵们，在高处日军的眼皮底下向前挺进。

28团1营要穿越硫黄岛狭窄的千鸟原地区到达西海岸，虽说仅需推进700码，但可想而知日军对这一狭窄的险要地带的守卫一定十分严密。1营在前方齐头并进的两个连，遭到隐蔽阵地的日军轻武器的纵射火力打击。日军的强大火力几乎让美军的协同行动无功而返，即便能达成也代价昂贵。美军陆战队分散成多个小组前进，一时也完全不顾侧翼的安全。一些小部队被基本上仍然看不见的敌军射出的弹流暂时压制。火炮和迫击炮弹在周围爆炸开花，美军陆战队员在绵密的大网中仍奋力抬头，尽力捕捉日军的踪迹。他们看到的景象无法让人安心，穿过硫黄岛的半路上，一片可以相互支援的大小碉堡工事，如同迷宫一般，在整个日军前沿阵地延伸。

这次重要机动，眼看有可能在一个日军的重点设防区域陷入困境，好在美国海军陆战队强悍的单兵作战能力确保进攻势头不堕。最为突出的第一批勇者之中，有B连连长德文·米尔斯上尉。他眼看一座日军的小碉堡阻碍连队前进，也不多说一句，就提着一把冲锋枪亲自进攻这座碉堡。米尔斯很快在战斗中负伤，却一直在

1945 年 2 月 19 日，在硫黄岛战斗的美军陆战队员目睹日军工事爆炸。

进攻日军的多座阵地，直到他的身体太过虚弱，无法再移动为止。后来证明，他的这次负伤是致命的。在2营右翼，菲尔·洛基上尉率领C连穿过岛颈部，小心翼翼与B连保持相同速率。在攻打一座坚固设防的阵地时，洛基同样以身殉职。许多人在横越岛屿时，发现自己脱离了所属的排，组成了小型战斗单位，反而有助于维持进攻势头。

关键时刻，日军也以小集群为单位，冲出炮兵阵地反击，美军的60毫米迫击炮发挥了重要作用。送到前线的迫击炮持续不断地向这些日军开火，强悍的日军终究是血肉之躯，在60毫米迫击炮弹压制下，只得在开阔地逃窜。即便迫击炮没能直接给予日军杀伤，也迫使日军在开阔地里成为前进的美军步枪兵能射杀的可见目标。A连迫击炮排排长理查德·桑德伯格中尉，发现了日军的一个90毫米迫击炮班阵地，指挥部下的迫击炮集中火力齐射，直到日本兵被迫放弃这门重迫击炮为止。激战正酣之时，一门迫击炮连底板都脱落了，桑德伯格二话不说，亲自操炮，一击命中，旁观的战士们情不自禁为之欢呼。日军也不是省油的灯，战至中午，一直在火线忙碌的桑德伯格负伤，只得后送治疗。

10时35分，B连的一些战士已到达硫黄岛西岸。日军的火力造成的伤亡太大，乃至B连的建制已经被彻底打乱，只有1排长弗兰克·赖特中尉和部下4名士兵一路穿越千鸟原位置。11时前后，2排长韦斯利·贝茨中尉率领部下6名战士来到西海岸，与赖特会合。28团1营的部队现在虽已穿越硫黄岛颈部地峡，被绕过的多座日军阵地仍在继续拼死抵抗。1营预备队A连已登陆，向南

1945 年 2 月 19 日登陆后，陆战 5 师的部队越过海滩向内陆前进，背景处为折钵山制高点。

面临折钵山推进，保护全营左翼。现在2营替换该连，让他们能与1营主力共同扫荡顽敌。

折钵山地区除了制高点外，大多是包含火山灰的草地地形，并不适合防御，在平地上构筑的洞穴与其他各地区队的工事相比比较脆弱，防御战斗十分艰苦。日军的岸炮也遭到决定性的打击。美军对折钵山的重炮尤其重视，从登陆开始前后就以猛烈的舰炮射击和航空攻击等，集中所能动用的全部火力企图将其全部破坏。折钵山遭到四面八方的弹雨袭击，似乎都要被炸飞了。美军利用烟尘的掩护，在狭窄的沙滩上接连不断地卸载兵员和物资，弹药在沙滩上渐渐堆积成山。

日军喷进炮的战斗

12时过后，栗林兵团长判断时机已到，命令日军的喷进炮（火箭炮）开始射击。按照日军的预定计划，在美军的重火力下，喷进炮行动快速机敏，向海岸上的美军发射了炮弹。200毫米口径的喷进炮弹是从炮筒中发射的，400毫米的喷进炮弹则从木质的发射台上发射。发射台在洞穴外面，冒着美军的弹雨组装起来，组装完毕后，炮手立即用娴熟的连续动作搬上发射台，做好准备。发射时，炮弹带着恐怖的声音飞向目标。

喷进炮是硫黄岛陆海军配备的备受期待的新武器。陆军的喷进炮是炮筒式的200毫米炮和树筒式的400毫米炮，两种合计70门，发射两三发后，炮身和脚架就会被搬进地下坑道，再转移到其他阵地射击。

海军的喷进炮分为炮弹喷进炮和炸弹喷进炮，前者和陆军喷进炮结构相同，后者是第2航空厂派遣队的森下长左卫门技术少尉等十几名核心技术人员，在南方空工作科、警备队陆军专修士官协助下开发的，1944年12月终于实用化。由于美军的频繁空袭，日本的轰炸机难以靠近硫黄岛，岛上就留下大量空袭用的炸弹。炸弹有60公斤和250公斤2种，由航空队负责管理。

海军的地面战斗部队武器不足，军官们想到这些炸弹或许可以派上用场。于是就由第2航空厂的派遣人员进行新武

美军缴获的日军喷进炮。日军的这种武器让攻打硫黄岛的美军不胜其烦，但日军士兵往往将这种武器的威力过于夸大，甚至有人声称听见美军在广播里说“只要喷进炮停止射击，就停止舰炮射击”，这显然是不可能的事情。

器开发。该机构是从企业吸收的技术人员组成的“武器开发部队”，2/3的人员是由企业应召而来的民间人士，余下的是军人，但实际上进行武器开发或从事难度较大的修理工作的是民间技术人员。

炸弹喷进炮发射的250公斤炸弹是“一”式陆攻机在攻击美军基地时使用的。这种炸弹爆炸时会在地上炸出深3米、直径约10米的大坑，伴有猛烈气浪，威力波及半径200米以上。

为了制作发射台和火箭，需要用运输机从内地运来所需材料，研究则由航空厂的技术军官们进行。但是炸弹和发射台的搬运等，在开发和实验中则需要士兵出力。当时，负责开发的技术军官对军人没有命令权，所以实际调派士兵需要各兵种的现役军官出面。南方空的大曲觉少尉正是支援开发的军官之一。

当试用品完成后，很快就进行了实验。在实验那天，海军的军官和士兵们聚集在西海岸。大曲觉指挥士兵用卡车搬运炸弹。试射的炸弹是真品，如果出岔子不慎爆炸的话，后果不堪设想。

士兵们安装了发射台，接着用链条滑车吊起炸弹，放在V字形的发射台上。炸弹喷进炮在250公斤炸弹的尾部安装上装填推进药的圆筒。

实验由航空厂的军官指挥。发射台是一个将长约5米、宽约50厘米的金属板制成V形的“导管”，还有一个支撑它的三脚架。三脚架比人还高，大概有2米。整个结构看起来非常粗糙，就像是在大型的导水筒上安装了照相机的三脚架一样，怎么看都像是玩具。

那个V形“导管”呈45度角朝向大海。250公斤炸弹的后面的喷射装置上没有尾翼。

在远处大约200名官兵的围观下，实验开始了。士兵打开开关后立即跑开。250公斤炸弹开始喷射了。炸弹一边抖动一边开始前进，从发射台加速飞出。

观众发出了欢呼声。之后炸弹摇摇晃晃地飞行，最后落到大约300米外的海面上，掀起了水花，但没有爆炸。

士兵们都低下了头，毕竟不好让军官看到自己在笑，但谁都能看出他们的肩膀在抖动。

大家都觉得这玩意儿不好使，对它失去了兴趣，但是技术人员并未放弃。飞行距离的问题可以通过调整喷射力和角度来解决，在技术上是可行的，问题只是能否赶上美军登陆。之后技术人员不断进行改良，在千鸟海岸反复实验，记录不断被更新。飞行距离终于达到1500米。

实验的结果显示，45度角时最远可以飞行2000米，但是因为无法瞄准，精度十分低下，完全无法预测会落在什么地方。

喷进炮完成让大曲觉少尉倒了大霉。前一章提到过他奉命把埋好的炸弹挖出就是为了供炸弹喷进炮当炮弹使用而去回收炸弹的。

日本陆海军几种喷进炮的最大射程为3500米，虽然精度不高，但2月19日登陆当天，成千上万美军正在狭窄的海岸上聚集，只要能够命中目标区域，哪怕精度不高也能造成较大损害。喷进炮对美军人员和物资都造成了严重打击。这是日军首次使用喷进炮，让美军在硫黄岛海滩比上午更加混乱。喷进炮弹连续落在南海岸。随着“轰隆”巨响，喷进炮弹变成从天而降的火球。一瞬间，大片美军陆战队员被无数弹片和强烈的气浪击倒。遭到喷进炮弹打击的美军陆战队员一时陷入恐慌。海军炸弹炮的齐射造成如同空袭般的惨状，到处都是被切为两半的躯干、头和手足被炸飞的尸体。舟艇慌忙退往海上，喷进炮弹

硫黄岛东北部的一个喷进炮火力点，是一个精心设计、妥善修筑的壕沟工事。这是一道石砌壕沟，上面覆盖圆木，外面无疑经过良好伪装。

又向后退的舟艇落下。

陆战队员们在这奇异的呼啸声和恐怖的爆炸声中卧倒，蜷缩身体。飞行速度缓慢的巨大火球会延长陆战队员们感到恐惧的时间。陆战队员们将其称为“歇斯底里的女人”“哇哇哭闹的娃娃”等，还认真地祈祷“不要让她靠近”。

日本海军的炸弹喷进炮发射地点并不固定。发射台虽然粗糙，但方便搬运，所以在射击完毕后能立即搬进坑道，这样就不会变成美军的靶子。火箭是开关式的，打开开关后炸弹就会从下面喷火升空，以不规则抛物线飞行。大曲在发射实验阶段看过两三次，那情形让他感到实在很不可靠。然而就是这种玩具般的武器却给美军造成很大损失。

登陆硫黄岛的美军为防备日军的挺身突击，就在晚上组成严密防御阵地，用坦克或卡车围住士兵，设立机枪阵地，防备夜袭。炸弹喷进炮就在美军睡觉时发射。巨大的火球突然从天而降，伴随着可怕的轰响以肉眼可见的速度从空中落下，令美军惊恐不已。下一个瞬间，在无数弹片和强烈的气浪中，美军多有死伤，一时陷入恐慌状态，惨状如同空袭。不过习以为常后，这玩意儿其实对美军陆战队员的最大伤害是让他们无法安睡，造成的人员伤亡在逐渐降低。

2月19日和20日深夜，美军用无线电向塞班和提尼安基地发去明码电报。

美军的明码电报会被兵团和南方空的电信室收到，然后由通信兵翻译，再由传令兵传达给各部队。

美军登陆的次日，传令兵来到大曲所在的防空壕报告明码电文的内容：

“美军蒙受了严重损失。”

“受到在关岛、塞班、佩里硫未曾遭遇到的攻击。”

“出现了大量死伤人员，请火速派来医院船。”

“通红的火球从空中飞来。”

“日军使用了之前从未遇到的新武器。”

硫黄岛战役结束后，美军曾寻找过日军的“新武器”，但岛上并没有什么新武器。

大曲被俘后才知道美军寻找的“新武器”其实就是那种玩具般的炸弹喷进炮。

在关岛的收容所里，美国兵向日本兵询问：“知道火箭炮的事吗？就是发射火球，以肉眼可见的速度飞行的那种东西。”俘虏们都摇头说：“不知道。”

大曲听说其他日本兵被频频询问“知不知道拥有惊人威力的某种火箭炮？”“快点告诉我那种一边放出火球一边飞行，在地面造成大爆炸的东西。”

新武器……通红的火球……大爆炸……大曲忽然想起那天听到的美军电报，想到或许就是那玩意儿。

炸弹喷进炮的发射装置就像引水槽一样，如果放进坑道里，看起来根本不像发射装置。所以美军并未发现“新武器”的真面目。

大曲被询问时，回答美国兵道：“你们在寻找的新武器，可能就是海军的火箭炮吧。那是空技厂和航空队用三四个月时间制成的。用那个在晚上向南海岸发射。那东西应该有一些打中了，给美军造成了很大损失吧。”

美国兵却摇了摇头。大曲讲了自己知道的事情，但美国兵并不相信他的说法。

分割折钵山

美军在19日正午以后继续让步兵、坦克部队登陆，从14时起炮兵部队也开始登陆。海岸地带的战斗到下午达到最高潮。日军抓住美军大举登陆的时机，集中火炮、迫击炮和喷进炮火力击毁了数门火炮，杀伤很多兵员。

虽然午后日军的重武器阻击火力更为凶猛，不断造成美军的人员和物资损失，但陆战队员并没有停止前进。28团1营在上午的战斗中损失很大，利弗塞奇团长请求让师预备队28团3营重归他指挥。洛基师长批准了。这个营早已登上小艇，准备好在任何5师登陆的滩头阵地上岸，在午后12时10分接到登陆命令。10分钟后，该营的第一批登陆艇就越过了出发线。如上文所述，这一回登陆艇靠近海岸的时候，折钵山和登陆海滩以北高地的重火力，尤其是大口径喷进炮弹，向登陆艇直射过来。3营在完成从船到岸的抢滩登陆阶段，蒙受了远比1营和2营严重的伤亡。13时过后不久，3营的所有部队上岸，但直到下午晚些时候，才勉强整理好队列。在海军舰炮对折钵山高地实施火力准备之后，得到足够的空中支援，2营和3营将在15时45分出发，向南攻打这座制高点。

进行这样的攻坚战，需要装甲兵支援。第5坦克营C连奉命登陆，为28团的步兵提供直接支援。该连有14辆“谢尔曼”M-4坦克、2辆火焰坦克、1辆坦克推土机和1台机场拦阻装置。原先美军打算让C连在红1海滩登陆。问题在于负责支援27团的A连，先前已经登陆，发回报告说坦克在这片海滩上机动非常困难。

第5坦克营营长威廉·柯林斯中校决定派C连在红2海滩登陆，但是海军控制船上的高级军官拒绝批准。坦克营提出抗议，据理力争，却只是在浪费时间。最终11时30分，C连在红1海滩登陆。松软的沙子和遭到日军火力打击的几道陡坡让坦克想要开到前方都很困难，第一道陡坡还埋设了地雷。就在第5坦克营的其他部队上岸时，海滩上挤满了被日军火力摧毁的搁浅的轮式车辆，许多人员和装备在一个有限的区域里过分集中，开始造成相当大的混乱。这个坦克营一共有8辆坦克未能离开海滩。5辆履带出故障、1辆触雷、1辆卡在沙里、1辆抛锚。不过C连在离开海滩的时候，只损失了1辆坦克而已，相当幸运。

1艘美军的中型登陆舰刚刚让陆战第5坦克营的坦克下船，就被日军的两枚迫击炮弹击中。

相比之下，在同一片海滩登陆的28团团属火箭炮小队运气就糟糕多了。4辆车载火箭炮发射器登陆不过片刻，就有3辆被日军火炮打残。剩余的一辆火箭炮最终还是及时就位开火，火箭弹拖着火焰命中目标区域，引起巨大爆炸，一阵碎石在空中飞舞。邻近的陆战队员一齐高声为之欢呼。

大约14时，C连的坦克到达28团1营战斗区域。当时巴特菲尔德中校的这个营虽已配属2营E连加强，却动弹不得，先前美军绕过的日军大小碉堡，以持续不断的猛烈火力给美军造成不少伤亡。为今之计，美军决定使用C连的全部坦克将这一区域扫荡干净。由于雷区和坦克壕的阻挠，C连的坦克只能以单列纵队行进，刚一启动，立即遭遇日军反坦克炮火阻击。

这显然是日军早有安排的反坦克战术，部署在折钵山山麓第二线阵地的日军第10独立速射炮大队残存的47毫米速射炮、野炮等重武器，将坦克放到可以听到履带声的极近处，然后接连以直射火力打击，野炮穿甲弹贯穿了2辆坦克的炮塔，每辆都有3人伤亡。C连的坦克数量足够，充分发挥装甲和移动火力优势，最终将日军的1门速射炮摧毁，与1营的步兵协同作战，将这片日军工事扫荡干净。

日军在折钵山外围的守备部队殊死战斗，但在19日14时左右，因美军坦克已进抵第一线阵地后方的折钵山山麓最窄处，使他们遭到来自前后的猛烈攻击，第一线步兵部队的主力除一部（数十人）外全部覆灭，幸存者只有继续死守残存的地下洞穴阵地。

16时，C连剩余的谢尔曼坦克已来到28团2营和3营的战斗前线，编组好队形，准备支援两个步兵营进攻折钵山。然而日军的火力很猛，2营和3营都无法进入预想的阵地。小查尔斯·谢泼德中校的3营迟迟未能进入与2营并列的预定出发位置。C连的坦克行进了大约200码，发现右侧的步兵没有行动。此时3营好歹已经就位，可是天色太晚，已经无法发动进攻，谢泼德的部队便开始挖掘工事过夜。

17时之前几分钟，28团2营自行发动进攻。C连的坦克提供支援。半个多小时，2营仅前进150码，为此付出了许多伤亡代价。17时30分，该营后退，与3营在同一线阵地掘壕过夜，将取得的些许进展全部放弃。如此一来，C连的坦克孤独地留在28团阵地前方，还必须不断向日军的碉堡开火，在步兵各单位准备过夜的同时提供掩护。18时45分，C连总算奉命后撤。1辆坦克陷在弹坑里了，车组人员被迫将枪炮机械装置拆除，破坏无线电之后弃车。C连一直撤到距离前沿阵地300码的位置，才能掘壕过夜。

当28团越过绿色海滩向内陆进攻的同时，沃纳姆上校的第27团正在准备从红色海滩向内陆推进。27团的2个突击营2营和1营分居左右，齐头并进。左翼的2营最初只遇到零星抵抗。为加快进度，两个营都姑且绕过沿途的许多敌军阵地，顶着日军的猛烈火力前进。

27团2营遭遇的主要是硫黄岛日军中地区队。以原光明少佐指挥的第145步兵联队第1大队为基干的这支部队，负责防御包括中央的千鸟机场在内、东海岸至西海岸的两侧海岸地区。该部队海岸碉堡根据要求在距离海岸200－500米的位置构筑，射击方向设定为可以侧射抵达海岸的登陆用舟艇和坦克等车辆。南海岸正面的阵地从千鸟机场东端高砂台延伸至海岸地区，阵地以海岸碉堡为骨干组织。为了避免被敌机从空中发现，日军对碉堡进行了巧妙的彻底伪装，碉堡上部堆积沙土，其上杂草繁茂，侧面酷似自然岩石，完全融入周围环境，很难识别。然而海岸碉堡在美军的登陆、支援重火力下遭到决定性打击，大部分都被破坏。被摧毁的碉堡呈现一片惨景：枪眼部被粉碎、火炮炮身被从中间炸飞或变得弯曲。碉堡的遗迹后来成为登陆美军的容身之所，在战后还可以看到美军丢弃在里面的可口可乐和啤酒的空瓶子同日军的弹药箱混在一起。

在中地区队的正前方是美陆战27团2营，在其两侧的分别是28团1营和27团1营。在美军登陆的同时，双方就发生激战。特别是守备南海岸阵地的原大队第2中队（中队长鹿岛

1945 年 2 月 19 日，陆战 27 团 2 营的士兵在向硫黄岛内陆推进。

丰中尉），在距离海岸150－200米的阵地上，同蜂拥而至的美军27团1营展开殊死战斗，松田、村上、桑畑小队长固守各阵地，击毁了在那里登陆的美军坦克1辆、火箭炮车3辆。但由于美军压倒性的舰炮射击和轰炸扫射，守卫阵地的日军官兵甚至不能抬头射击，当他们乘着炮击延伸正要开始射击时，美军已经逼近到眼前，只能直接向美军突击以阻止其前进，伤亡一直很大。在猛烈的炮击下，少量日军步兵在薄弱的地形上以被破坏的碉堡为屏障，终究无法长时间阻止美军推进。10时30分左右，美军28团1营成功渗入日军中地区队与折钵山地区队之间的间隙，推进到西海岸的千鸟浜。

美军陆战队要压制日军的顽强抵抗需要装甲兵支援。

在硫黄岛登陆日重伤不治身亡的美国海军陆战队著名战斗英雄约翰·贝瑟隆。

第5坦克营A连奉命配属27团1营。A连是最早登陆的坦克兵单位，9时25分便已靠岸，不幸的是有4辆坦克的履带在松软的火山砂中损坏；1辆“谢尔曼”坦克的引擎直接抛锚，无法运动。其余坦克好歹找到路径离开海滩，向千鸟机场推进。

1营C连最初的进展相当顺利，但运载B连的两栖登陆车辆着陆位置比指定位置偏左200到300码，导致了混乱和重整的延迟。虽然位置不对的B连单兵和小单位陆续独立向右进入正确的连属战斗区域，但10时30分，上级已经很清楚，B连无法与C连一同前进。为了维持1营的前进势头，营长巴特勒中校命令预备队A连负责全营右翼的攻击任务，B连先专心重整。

27团1营的队列之中，有一位美国海军陆战队著名的战斗英雄，人称“马尼拉约翰”的枪炮士官约翰·贝瑟隆。1942年瓜达尔卡纳尔岛战役期间，他便立下赫赫战功，获得一枚“荣誉勋章”。瓜岛战役期间，他在10月的一次战斗中，交替使用两挺机枪和一把手枪射击，挫败了日军的一次袭击。为了留在一线战斗队伍，他拒绝了一份正式的军官委任状，仍以士官身份参战，自愿参加远征硫黄岛之役。贝瑟隆指挥1营的一个机枪排，率先越过千鸟机场南端。当他率部向西海岸突击时，亲自带队急奔，一枚日军迫击炮弹突然在他身后一步的位置爆炸，这位著名战斗英雄和4名部下都不幸身负致命伤，不久之后离世。

当天11时过后，在1－2个中型坦克连的支援下，大约3个营的美军陆战队已进抵千鸟机场第一跑道南缘一线。

11时30分，已渗透到千鸟机场南端的27团1营，沿着机场西缘巩固阵地。1营C连已越过机场，占领了一条从机场西南部延伸到西北部的阵线，大约250码长。

安东内利少校的2营遭遇完全不同。他们向硫黄岛另一边的运动要经过一个非常危险的弯角。从红1海滩向内陆推进不久，2营就一头遇上日军轻机枪和步枪的交叉重火力网阻击；日军在近距离之内投掷的手榴弹同样让美军步兵遇到麻烦。向内陆前进大约50码，2营就遭遇到第一座小碉堡，然后发现这一带的许多工事都经过精心伪装。根据尽快越过该岛的命令，2营E连和F连同样绕过许多日军的设施不打，只消灭那些直接挡住去路的工事。装备火焰喷射器和掷弹器的步兵组成多个突击小组，火力压制工事里的日军，战斗工兵小组则用炸药进行爆破。

2营基本上能与1营保持接触。27团同样受到日军迫击炮和火炮火力阻击，伤亡人数随着前进距离增加。27团副团长普莱恩上校手臂负伤，与其他伤员一同被后送治疗。

施密特军长急于发动进攻，11时02分向第5师发出一则信息，命令他们利用日军的任何弱点推进。11时33分，洛基师长将这则信息转发给两个突击团。27团奉命继续进攻。1营得到第5坦克营A连3排的坦克助战，转向北方，与顽强抵抗的敌军奋战，而得到A连1排和2排支援的2营则向西推进。

虽然“谢尔曼”坦克的出现必然会吸引日军的反坦克火力，让陆战队步兵也受到波及，但装甲兵多少能帮助步兵拔掉日军的设防强点。然而，即使得到坦克支援，1营也无法在当天的剩余时间里取得重大进展，倒是2营在大约15时抵达俯瞰西海岸的一线峭壁。11时30分，唐·罗伯特森中校指挥的3营登陆，充当团预备队，在2营后方200码跟随，一路扫荡友军绕过的日军阵地。

师预备队26团1营在15时完成登陆行动。丹尼尔·波洛克中校已率这个营从红1海滩进入内陆大约300码的一个集结区。15时02分，波洛克接到命令，他的部队被配属给27团，进入27团2营后方的防御阵地。

第5坦克营B连为等候C连的坦克将红1海滩清理干净，一直在海上待命，但13时终于不再等候，开始登陆。这些坦克遇到了其他两个坦克连同样的各种麻烦，到16时以前，才到达海岛另一侧，与27团会合。

17时44分，陆战5师师长洛基命令他部下的各团巩固阵地之时，5师距离0-1线位置仍然相当遥远，不过好歹已经建立了牢固的登陆场。陆战28团已经完成分割包围折钵山的任务，在穿越硫黄岛千鸟原地峡的一线阵地面朝南方布阵，准备次日上午重拾攻势。27团也已向西海岸推进，占据了一些阵地，从那里可以向北方挺进。

后续部队的登陆和狭窄的滩头阵地

登陆日当天，陆战26团大部分时间都在等待登陆。9时55分，施密特军长已下令让切斯特·格雷厄姆上校的26团（欠1营）回到5师归建，新近到达运输区的陆战3师21团转为军预备队。11时刚过，26团主力即奉命前往出发线，但是登陆海滩上一直非常拥挤，内陆打开的空间也有限，直到下午晚些时候，格雷厄姆的部队才能登陆。17时30分以后，26团主力全部在红1海滩上岸，然后进入千鸟机场正南的集结区，在那里占据防御阵地。

詹姆斯·沃勒上校指挥的5师师属炮兵团陆战13团也在准备登上硫黄岛海岸。10时30分，该团就派了几个侦察小分队去海滩进行先期准备，发现先前选定的几个炮兵阵地仍在日军手中。于是，亨利·沃勒中校指挥的13团3营直到14时才登陆。该团2营、1营、4营，先后在14时30分、16时56分、19时30分登陆。

陆战队第5两栖卡车连和陆军471两栖卡车连的DUKW两栖卡车运载13团的各单位，艰难地通过海滩上深深的软沙，随后依靠推土机或LVT履带登陆车牵引，终于越过海滩后方的陡峭斜坡。

13团最早上岸的3营进入绿色海滩北端的阵地，在那里看来不用向内陆推进太深就能在其他美军炮兵部队之前做好开火准备。登陆不到20分钟，一门105毫米火炮榴弹炮已经调整好射击诸元。17时45分，1营的所有火炮都已就位，准

在登陆场地区构筑好阵地的一个美军陆战队105毫米榴弹炮连。

备好为28团提供炮火支援。

运载2营的第一辆DUKW两栖卡车到达水线时，就发现预定登陆的红2海滩交通堵塞。营长卡尔·凯杰佩少校当即命令其余部队去红1海滩登陆。两栖卡车爬出海水后，车轮就陷进松软的沙滩，一切行动都被迫停止。多亏在海滩上候命的第5工兵营的推土机伸出援手，拖运他们摆脱困境。每一辆卡车都必须用推土机拖运到海滩之外的一个可以开炮的阵地，或者可以让卡车靠自己的动力向内陆前进的位置，推土机只得反复工作。2营最后登陆的E连运气最差，运载他们的DUKW遭到日军炮火持续打击，直到次日凌晨2时才进入阵地。该连的1门105毫米榴弹炮也被日军炮火摧毁，另一门轻微受损。

负责为27团提供直接炮火支援的13团1营的第一辆75毫米榴弹炮炮车，在16时45分已经上岸，同样要克服海滩上的重重困难。好在靠岸后才一小时，B连就已经进入阵地，准备开火，全营在22时45分都部署完毕，随时能够投入战斗。75毫米榴弹炮相对较轻，哪怕运载的DUKW两栖卡车抛锚，也能靠人力拖入射击阵地，而105毫米榴弹炮就只能靠两栖履带登陆车来解救。为了确保次日27团在进攻时得到炮火支援，13团团部才做了这种部署。好在尽管困难重重，75毫米榴弹炮在卸下卡车之前都无需人力劳动，海滩上有足够的两栖登陆车拖运两栖卡车通过陡坡坡道。

负责为5师3个步兵团提供总体炮火支援的4营被安排最后登陆。他们不仅在沙滩和斜坡上遇到了与其他营一样的地形困难和敌军火力骚扰，黑夜作业也备受挫折。3辆DUKW两栖卡车在黑暗中等待被拖出水面，结果丢失了2门火炮和宝贵的通信设备。这个营的8门榴弹炮好歹在次日凌晨4时进入阵地，但由于道路被损伤到无法动弹的两栖登陆车阻塞，5辆车运载的另外2门105毫米榴弹炮和其他装备，直到8时才到达阵地。

陆战5师在南面为穿越硫黄岛苦斗之时，凯茨少将的陆战4师已在黄1、黄2和蓝1海滩登陆，开始向0-1线推进。

4师正面的敌人是硫黄岛日军南地区队。这支部队以粟津胜太郎大尉指挥的第309独立步兵大队为基干，在翁浜（大致相当于美军标记的“黄2”和“蓝1”海滩）至东侧以南卸船场为中心的正面约2公里、纵深至元山机场台地的地区占据阵地。该地区系由控制南海岸的南卸船场北侧高地、最重要的元山机场、第2混成旅团司令部所在的玉名山等硫黄岛核心地点构成。因此，在该地区除了第309大队外，还部署了第2混成旅团的直属部队、旅团预备队和海军守备队等各部。该地区队将一部部署在翁浜的海滩阵地和千鸟机场东北偏东方向的船见台周围，主力都在从元山机场西南端至南卸船场北侧高地的主阵地内就位。除海滩阵地外，该地区的土质为凝灰岩台地，到处都有地隙或岩石构成的断崖之类的地理屏障，日军在各处构筑了地下洞穴，巧妙地建造了与上述地方相连的野战阵地，形成了坚固的防线。

陆战4师在黄1海滩登陆的23团1营最初的前进较为顺利，到达第二道斜坡时遇到日军的精确重火力阻击。拉尔夫·哈斯中校的这个营好歹通过这片阻击火线，9时30分推进了250码，千鸟机场令人绝望的齐射弹幕却让他们再也难以前进。

“谢尔曼”坦克向内陆前进的时候，陆战队的步兵在一道沟里隐蔽。

在1营右侧黄2海滩登陆的罗伯特·戴维森少校指挥的2营进展相似，同样因致命的阻击火力推进缓慢。2个营正面和侧翼敌军工事的抵抗越发激烈，都需要坦克助战。

23团2个步兵营营长早早请求坦克支援。9时48分，收到消息的第4坦克营营长理查德·施密特中校命令C连乘坐的登陆舰从出发线火速开动。运载C连16辆坦克的3艘中型登陆舰10时05分就已在黄色海滩靠岸。从LSM216登陆舰下船的一辆坦克刚从坡道门出来不到1.5米就抛锚了，船上的另外4辆坦克都被堵在里面出不来。另2艘LSM卸货顺利，但11辆坦克之中有3辆在距离水面150码的位置触雷。松软的火山灰和大量弹坑让剩余8辆坦克行进缓慢，前线的23团陆战队员在相当长一段时间内都无法得到坦克支援。

一上午都得不到装甲兵支援的23团却拼命穿过日军炮弹和轻武器射击组成的致命火力网，哪怕每前进一码都要付出重大代价，也在所不惜。11时30分左右，美军已进抵千鸟机场第一跑道东南缘至南卸船场前一线，日军南地区队的海滩阵地已被突破。12时，23团1营已向内陆推进500码，距离千鸟机场不过200码之遥。2营的处境更为艰难，推进了大约400码，需要支援。

关键时刻，23团团长温辛格决定让团预备队23团3营投入战斗。13时，3营长詹姆斯·斯凯尔斯少校接到命令，率部在黄1海滩一线登陆，向内陆推进大约200码，用营属81毫米迫击炮支援2营进攻。

3营登陆时遇到持续不断的火炮和迫击炮火力阻击，好在很少有炮弹落入水中，在靠近海岸时，也没有一艘登陆艇被击中。但是一旦靠岸，日军的重火力压制就造成了不小的人员伤亡，序列也被严重打乱。

坦克的支援让23团最终能一路推进到最前线，1营左翼在14时05分到达机场。但日军在机场一带的反坦克火力不仅猛烈，而且持续不断，支援坦克只得赶紧退到机场用水泥覆护的边缘寻求掩护。30分钟后，为了让3营离开滩头阵地，温辛格团长命令他们越过1营阵地，继续穿过机场地区进攻。虽然海滩上又躺倒不少伤亡人员，3营还是在前进。确定相邻部队的前线和侧翼虽有些困难，他们仍顺利穿过1营阵地。17时，3营占领了机场的几处近侧边缘，不久后便开始巩固阵地过夜。

23团2营的处境更艰难，松软的火山灰、地雷和日军的炮火让支援坦克无法运动，步兵只得独自前进。从正午开始，2营前方的E连和F连在日军的一座防御强点受阻足足3个小时，直到15时才能迂回这座阵地北进。这次机动面对日军的猛烈抵抗显得混乱无序，2个半小时之后，右翼的F连才好歹成功抵达千鸟机场。

14时05分，23团一路向机场苦战之时，凯茨师长命令师预备队24团的1营和2营登陆。这两个营一旦登陆，将会分别配属给25团和23团，但只有得到师部的进一步明确指示才能投入战斗。16时15分，24团2营接到命令，在黄2海滩登陆，替换陷入苦战的23团2营。

理查德·罗斯韦尔中校指挥他的部队在17时50分即全部完成登陆。然后这一个营的生力军迅速向内陆推进大约700码到达前线，18时即替换23团2营，就在机场正前方的位置掘壕准备夜间防御阵地，守卫23团3营和25团1营之间的结合部一线。

为了解决瞰制蓝色海滩的蜡烛岩悬崖一线高地带来的麻烦，约翰·拉尼根上校的25团在蓝1海滩和蓝2海滩南缘让2个突击营登陆，随后在一条双向战线发动进攻。1营自左侧直取内陆，3营则转移到左侧（东北方向）扫荡蓝2海滩的其余部分，包抄威胁甚大的蜡

在蓝 1 海滩登陆的陆战 25 团步兵正在越过沙滩，向千鸟机场推进。

蚀岩地区。

11时30分，霍利斯·穆斯滕中校的25团1营已前进约600码，与机场的延伸线（东北－东南跑道的东北端）平齐。在这个位置，右翼的B连开始转向北方进攻，但左翼的A连只能留守原地，以防在1营和23团2营（23团的右翼部队）之间的结合部放开一个危险的缺口。结果是1营的正面战线开始拉长，穆斯滕命令营预备队C连去填补任何可能出现的漏洞。13时30分，这次转向完成，B连在千鸟机场东面基本朝北的高地上占据了阵地。

25团3营的3个步兵连以纵向队列上岸，I连当先，K连和L连在后跟进。L连和营部各单位在南面大约200码的位置登陆，与本团1营的部队混在了一起，让海滩上的重整变得相当困难。当陆战队员在沿岸的大弹坑里寻找掩蔽所时，日军精心布置的打击火力让问题变得更加严重。人员伤亡，特别是军官的损失，令形势更加恶化。15时30分，K连已损失8名军官；17时，I连损失6名军官；16时30分，L连已失去5名军官。

配属给25团3营的第4坦克营A连，10时20分即在蓝1海滩登陆，那里显然是日军重火力防御的一个重点。

前方至少有4辆"谢尔曼"坦克正在刺探陆战25团3营在登陆日的目标区域，2名步兵在散兵坑里向前张望，讨论敌情。当天这个营陷入苦战，减员严重。

日军南地区队从19日拂晓开始，迎击从翁浜正面登陆的美陆战4师主力，在海滩周围展开激战。第2混成旅团直辖的第8独立速射炮大队由清水一大尉指挥，该部乘美军的舟艇抵达时，结合利用在海岸地带埋设的反坦克地雷等障碍，对美军的两栖登陆车进行了猛烈且有效的射击。美军第4坦克营A连的坦克几乎刚刚上岸就成了大批迫击炮、火炮和反坦克武器的优先打击目标。被坦克吸引过来的火力，甚至让正在为重整和脱离海滩发动攻击的步兵更加艰难。日军第8独立速射炮大队第2中队第1小队长中村贞雄少尉亲自操作47毫米速射炮，据称以准确的射击（初弹即命中）打瘫两栖登陆车约20辆。

3艘运载坦克的中型登陆舰在卸载坦克的时候，被中村亲自操作的速射炮弹击中受损，不过并不像日军记录的那样被摧毁，其实没有大碍，依然能在所有坦克下船之后，从海滩上退入水中。坦克推土机从蓝1海滩开出了一条越过第一道斜坡通向内陆的道路。偏偏这辆不幸的推土机触发了一颗大地雷，成为日军炮击的目标，接连被中村少尉操炮射出的3枚47毫米炮弹击中，彻底报废，与日军的记录相符。A连的其余坦克慢慢越过满地的弹坑，缓缓前进了大约100码，遇上了一片雷区，只得止步。他们就地用车载75毫米主炮支援步兵，与据守悬崖和海滩后方碉堡工事的敌人接战。工兵在坦克火力掩护下，想方设法要在雷区里清出一个安全通道。

正面和左翼的日军轻武器和机枪组成了错落有致的交

叉火力网，日军的迫击炮几乎从不停止地射击，组成一道死亡弹幕。25团3营营长贾斯蒂斯·钱伯斯中校在马绍尔群岛和塞班岛都曾指挥过与日军的残酷战斗，一时也难以控制局面。3营左侧与本团1营的联系终于断了。I连沿着海滩向东北方向运动，K连和L连则向内陆延伸至全营的正面，到中午时分，3营和1营之间已经出现了一个100码的缺口。拉尼根团长决定至少派出预备队2营的部分兵力设法占领本团登陆海滩东北方的高地，尽可能确保滩头阵地的安全。

鉴于2个突击营之间已经存在缺口，拉尼根命令2营在蓝1海滩登陆，让下辖的3个连横跨1营和3营的边界，以纵队方式排开，设法夺取蜡烛岩西北方的高地。赫德森中校指挥的2营12时50分登陆，随后进入距离蓝1海滩大约300码的一个集结区，E连准备在本团1营和3营之间占据一个阵地。

14时左右，25团向北发动了一次协同攻击，逼近南卸船场北侧的海军炮台至蜡烛岩一带的南地区队主阵地南翼。日军在该地区的断崖上设有可控制南海岸的海军炮台，还利用断崖构筑坚固阵地，在断崖的脚部挖掘了地下洞穴，阵地以地道同洞穴相连。此外，在断崖的地隙深挖岩山构筑的侧防阵地等，部署了速射炮或重机枪等，编成了浓密的火网。守备该地区的粟津大队主力以重武器、步枪等猛烈射击，杀伤很多美军，但日军的损失也逐次增大。

15时45分，美军25团3营沿着海滩前进大约200码，靠近蜡烛岩，可是该营左侧的25团2营E连和25团1营B连，仅暂时推进了100码而已，遭到日军的持续轻武器火力射击，被迫放弃了阵地。16时30分，3营L连接到命令，占领其前方的山脊一线，包括蜡烛岩地区。营预备队K连将进入左翼，维持与25团2营的联系。I连会继续沿南卸船场地区的海滩一带行动。此时2营已投入2个连的生力军，F连越过E连阵地前进，G连负责扫荡营左翼地区。他们的目标是一直在制造麻烦的蜡烛岩西北的部分山脊线。17时45分，25团2营已占领高地。45分钟后，本团3营L连到达蜡烛岩前方高地顶部。进攻期间2个营一度失去的联系，在19时已经重建。

15时30分，25团的前敌指挥所已在硫黄岛海岸建立。17时，团长拉尼根上校前来会合，为部下过夜采取措施，加强阵地。他申请将已完成登陆的24团1营的一个连配属给他，于是B连奉命接管25团3营L连的阵地。

这次替换在18时45分进行，3营长钱伯斯中校的报告不久就送到团部，原来他们营在前线的兵力已经降到150人。拉尼根只得请求师部再给他调一个连，加强全团右翼。接到师部命令的24团1营让A连执行这项任务。20时30分，该连开始进入3营阵地。仍属于1营直辖的C连接管25团2营后方的一个防御阵地。在日军的零星火力骚扰下，钱伯斯营直到23时30分才完全被替换下来休整，该营余部都奉命后退，在24团1营后方掘壕过夜。

24团的最后一个步兵营3营在19时登陆，进入距离蓝2海滩不远的内陆的几座阵地。陆战4师的全部9个步兵营都已上岸，准备好迎接日军可能发动的反击。尽管4师在登陆日的进展不像原计划那样顺利，日落时分，他们的前线仍已包括千鸟机场东缘，从蓝色海滩到内陆的阵地已拥有足够的纵深，能够确保滩头阵地稳固。

4师的师属炮兵团，路易·德哈文上校指挥的陆战14团，在登陆日能给予步兵的帮助很小。14团1营和2营上岸准备开火时，4师正在准备夜间防御。3营和4营只有侦察小分队先行上岸，主力都要次日才

地图八　2月19日美军的滩头登陆场

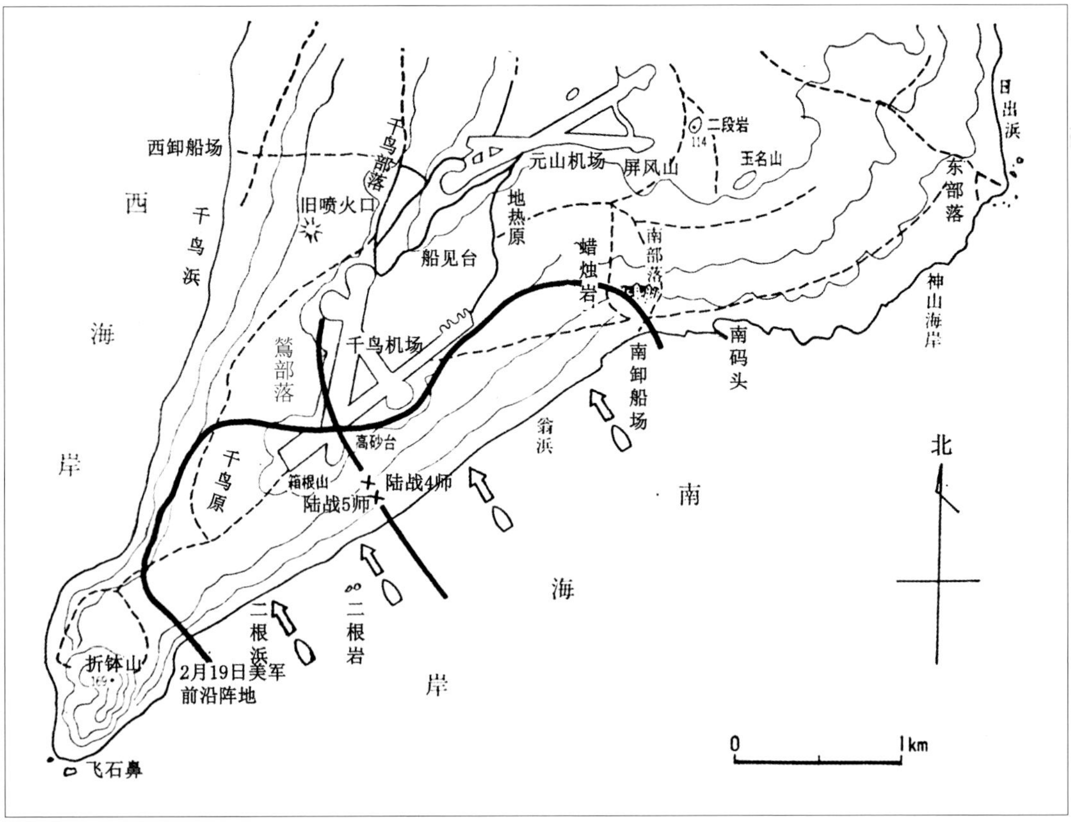

能登陆。

就这样，美军第一天的攻击以在日军第二线阵地前方保持对峙状态结束。傍晚，美军登陆部队已经占领了连接折钵山最窄处－千鸟浜附近－千鸟机场南部－南卸船场北侧－蜡烛岩前方一线的正面约3.5公里、纵深约500－1200米的滩头阵地。

登陆日之夜

美军在硫黄岛的登陆日遇到的是一场不均衡的战斗，地形和部队的部署都对守军有利。当美军陆战队员奋力将他们的机械化装备送上海岸，穿越条件困难的海滩时，日军的炮手从海滩两翼的高地开炮，令美军出现了较多阵亡人员和物资损毁。为了扩大滩头阵地，接近顽强战斗的敌人，美军陆战队被迫在开阔的地面上前进，同时受到很难测定位置的敌军火力的可怕打击。日军对阵地的保护非常出色，美军的海军舰炮火力支援和空袭几乎都无法让他们安静下来。

面对重重阻碍，美军在登陆日的进展远远落后于预定目标，不过在临近天黑的时候，6个步兵团、6个炮兵营和2个坦克营都已完成登陆，准备防御日军可能发动的夜间反击。第5两栖军正面战线除了两个小缺口外，都保持着紧密联系。美军战线的弱点之一在机场的东北－西南向跑道尽头，23团与25团的结合部有一个75码宽的间隙。另一处是日军在机场边缘的一个设壕小型孤立阵地，那里有一个圆形拐角突入23团作战区域。这些地区都已被美军的重火力射界覆盖，

1945 年 2 月 19 日，美军在硫黄岛的滩头阵地还十分凌乱。

而且受到严密监视。

结果，栗林中将在夜间根本就没有发动任何大规模反击，步兵夜战挺身突击都只是骚扰渗透而已。此前塞班岛和关岛日军进行的总反击损失惨重的同时，战果却很少，栗林吸取教训，没有计划在硫黄岛实施全面反击。夜间攻击是日军所重视的传统战术，但栗林认为硫黄岛上的洞穴阵地缺少机动余地，利用阵地进行火力战更加有利，决心拼尽一兵一卒，强迫美军血流成河。面对栗林的战术，登陆美军从第一天起就陷入了前景黯淡的战斗。美军在登陆后几乎看不见日军的身影，而日军炮兵却从两翼的高地倾泻死亡与毁灭的弹雨。如果为了扩大滩头阵地而接近日军阵地，就会陷入火力的包围无法动弹。这样的战斗一再重复进行，美军的推进远远落后于当初预定的第一目标位置0-1线。

23时15分，美军28团1营在西海岸击退了一次驳船登陆行动，击毙25名日军。27团报告，20日凌晨3时45分，该团1营正面日军的一次反击波及面达500码。陆战13团1营和2营得报，随即向这一带的敌军开火，将其打散。

总的来说，硫黄岛日军步兵在美军登陆的第一个夜晚安

硫黄岛登陆日，美军的人员伤亡相当大，图为负伤的陆战队员被转移到运输舰船上，准备后送治疗。

静得出奇，他们的迫击炮和火炮却没有闲着。美军陆战队的整个前沿阵地都遭到一刻不停的炮火骚扰。4师的各作战单位损失较重。23团1营遭受的打击最重。1营利用海滩附近的两个大弹坑充当指挥所，日军的几枚炮弹偏偏正好落入其中，1营营长拉尔夫·哈斯中校和部下的几名作战参谋被弹片击中，当场阵亡，营人事股长身负多处重伤，其他参谋人员也都负了轻伤。在附近的一个弹坑里，副营长路易·布里萨德中校和营情报股长等其他几名陆战队员没有受到这次炮击波及。布里萨德中校根据条令自动接任营长职务。25团的作战区域遭到日军火力彻夜骚扰。黎明之前，25团3营在海滩上的补给站被日军喷进炮的火箭弹直接命中，彻底报销。

白天，美军登陆的6个步兵团都已在岸上建立指挥所，但2个师和更高级的指挥官仍在舰船上。第5师副师长莱奥·赫姆利准将是登陆日唯一踏上硫黄岛海岸的美军将官。14时30分，他就在机场南端正东的一个位置建立了前敌指挥所，眼看日军重火力的威胁很大，建立通信联系困难重重，他建议师长暂缓登陆。

美军地面登陆部队的各突击步兵营，在登陆日全天都能得到两栖支援舰队所有火力支援武器的帮助。58特混舰队的作战航母和52特混舰队的护航航母舰载机飞行员全天执行多次飞行任务，在目标上空进行观察，保持警惕。2月19日，包括登陆前一小时的空中火力准备在内，606架次支援飞机执行26次飞行任务，空投炸弹274500磅。这些飞机还向岛屿的防御设施发射了2254枚火箭弹，投掷了100多枚凝固汽油弹。在突击登陆之后繁忙的几个小时里，空中和海军舰炮火力联络小组一直与空中和海上火力支援部队保持联系。127毫米至406毫米口径的海军舰炮一直在回应陆战队的要求，猛烈地打击日军阵地。北方高地的日军火炮射界覆盖登陆海滩地区，与美军支援火力舰船你来我往，用大口径炮弹对决。日军隐蔽的迫击炮一直在向登陆区域开火，陆战队步兵伤亡很大。美军舰炮得到报告，就集中火力先压制日军迫击炮火力，帮助友军。根据日方的记录，美军在硫黄岛登陆期间的舰炮射击耗弹量甚至超过了后来的冲绳登陆战。

登陆日滩头阵地的局面只能让最优先的物资先行上岸，其他物资暂且放在后面。LCVP登陆艇和LCM机械化登陆艇将弹药、口粮、水和通信装备送到海滩上。没有足够的卡车和其他重型设备，海岸工作队在极端恶劣的条件下只能将补给堆在高于水线的海滩上而已。LVT履带登陆车和“黄鼠狼”轻型履带车设法将物资从海滩运到内陆去，返程时带回伤员。繁忙的两栖车辆在LST坦克登陆舰一旁也穿梭不停，将急需的各种物资直接运送到前线的陆战队员手中。

夜幕降临之时，支援舰队的大部分运输舰和其他船只都从硫黄岛近海后退，但是一些指挥舰船、预装人员和货物的坦克登陆舰和医用坦克登陆舰仍留了下来。紧急物资，尤其是81毫米迫击炮弹药在夜间被送入滩头阵地，但实际完成的卸载量很少。许多伤员无法被及时后送，当天就只能在海滩上过夜。在挖掘通过陡坡的出口和清理地雷这两方面，美军取得了一些进展，但是敌人的火力骚扰和相关装备的短缺限制了这一活动。

当天夜间，日军第2混成旅团指挥的南、西、中及折钵山各地区队对美军的滩头阵地反复实施了局部挺进突击，同时进行了变更部署、修复阵地、后送死伤者等工作，为次日的战斗进行准备。

日本海军第7基地航空部队第752航空队鹿屋基地的4架

对地攻击机，以及陆军第6航空军第60飞行战队儿玉基地的4架重型轰炸机，从19日19时开始的超过2个半小时的时间里，攻击正在硫黄岛南方海面行动的美第58特混舰队舰船等目标，但未能取得很大战果。

美军在登陆日的伤亡相当高，不过并没有达到预估的占全部地面部队5%的比例。首日行动结束后的报告将损失人数严重夸大，尤其是失踪人数更为夸张。次日，在海滩上与原建制单位失散，只得暂时与友邻部队一同战斗的陆战队员都回到原单位，战损数字得以修正。第5两栖军在登陆日的总结急件之中，仅仅给出了非常不完整的损失数字，但对于人数力量密切相关的作战效率这一点，认为从登陆部队整体上看来是非常优秀的。登陆当天的美军陆战队的实际战损数字见下表：

阵亡	501
战伤	1755
战伤死	47
失踪	18
战斗疲劳症	99
合计	2420

第七章 激战折钵山

迈向折钵山麓

2月20日，第5两栖军兵分两路。美军主力全力北进，占领重要的三座机场，消灭抵抗的所有日军，陆战28团面朝南方布阵，负责夺取折钵山。

折钵山正如其名，山顶中央部有酷似擂钵的火山口，外侧有100米以上的外轮山，最高点为169米，是硫黄岛的最高点，也是一处良好的观测点。山北侧有登山道，东、南、西侧都只有布满狭小岩石的海岸，至山顶位置形成陡峻的山崖，在地形上恰好形成一个天然据点。因此栗林兵团长也从最开始就预计到该地区会被美军孤立，部署了陆军2个大队1060人和海军约640人，合计1700人坚守该地区。按照他的全盘防御计划，折钵山是几个半独立的防区之一，完全可以用自己的各种资源抵御美军进攻。此外，在美军的先期火力准备阶段，栗林判断美军“即将登陆”，18日夜，将第2混成旅团司令部附厚地兼彦大佐派到折钵山，负责指挥该地区的所有陆海军部队。

从折钵山顶可以清楚地看到登陆美军的行动，这个地方对美军来说是名副其实的眼中钉。如果不能早日攻取这座制高点，登陆海滩人间地狱般的惨状就不知何时才会终结。美军主力如果为了向北方扩大滩头阵地继续进攻而放任这座高地不管的话，就会时时如芒在背。于是美军一心想要早日占领折钵山。从先期火力准备阶段开始，美军对折钵山的空袭和舰炮火力就极其猛烈，似乎要把这座山炸飞。从远处眺望，炮弹掀起的烟尘会让人误以为是施放的烟幕。在酷烈的炮火轰炸下，折钵山的形貌都发生了很大变化。战后前往硫黄岛调查战迹和收集日军遗骨

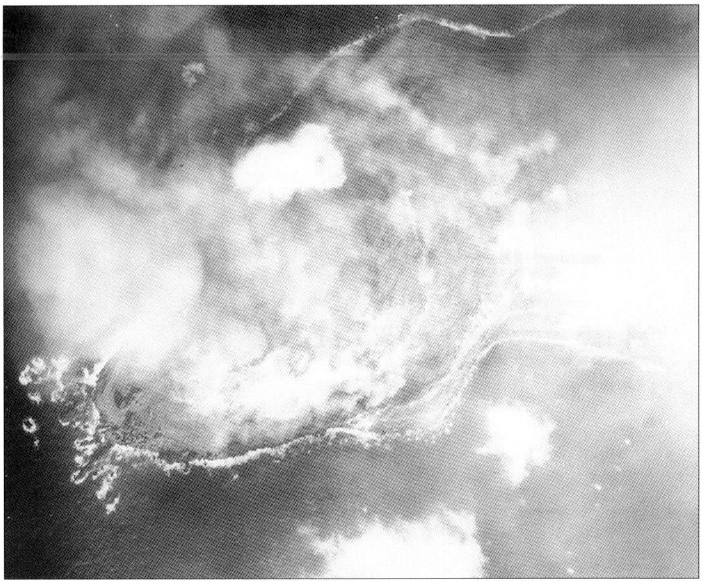

1945年2月19日，美军的炸弹和海军舰炮炮弹击中折钵山掀起的硝烟。

遗物的安藤富治发现，在山顶西侧高度100米以上的断崖绝壁已经在轰炸下面目全非，无法计数的岩石崩落下来，覆盖了山麓的洞穴。尽管形势如此险恶，但守备队仍在地下阵地苦苦忍耐，等待杀伤美军的机会到来。

美军要攻打这座沉睡的火山注定面临一场苦战。28团的陆战队士兵凝望那斑斑驳驳的光秃山峰，宛如见到一个怪异的毒蛇蛇头正张开蛇口，向山麓四方喷射毒液。美军陆战队员要到达山麓，先得穿过一片满布碎石和断桩的荒地。这片荒地拱卫着前往折钵山的通道，山上有数百个洞穴、大小碉堡工事和掩体、蛛网一般的陷阱、地雷和其他一切可以想象的防御工事。

至20日晨，折钵山地区队已完成了伤员后送等战场整理工作。该地区队以梶原九八中尉指挥的第3中队负责右侧第一线阵地，福永享中尉指挥的第1中队负责左第一线阵地（各欠1个小队，配属独立机枪、速射炮部队一部），地区队长合并指挥残余的陆军各部队和当地海军硫黄岛警备队的一部，准备面对第二天的战斗。此外，从19日夜至20日凌晨，该地区队编成数组挺身突击队（约1个小队），袭击美军滩头阵地的坦克、迫击炮、炮兵等，但没有取得什么战果。

当天，根据美军陆战28团团长利弗塞奇上校的进攻计划，会让他的部队包围折钵山麓，对悬崖峭壁上能辨识的敌军阵地保持强大的压力，寻找合适的路径登上山顶。按照美军的常规进攻部署，28团以2营和3营分两路向折钵山推进，1营充当预备队，出发时间定在2月20日8时30分。

曙光初现，美军航母舰载机即用炸弹和火箭弹空袭折钵山，又是一阵狂轰滥炸，地动山摇。先前折钵山日军的大部分火力看来都是从各处山坡脚下射出的，美机便对这些目标投掷凝固汽油弹。海军水面舰队派出1艘驱逐舰进入西海岸的近海水面，支援3营前进；一艘布雷舰在东海岸近海水面，负责支援2营。天气对美军并不友好，小雨降临，气温骤降。4英尺高的海浪拍击着海滩，南风劲吹。

28团的官兵正在等候出发，周围的一切却并不平静。日军的炮击持续了一天一夜，仍未停歇。许多人在登陆次日的早晨都神情沮丧，满脸不祥，睡眠和天气因素的影响还在其次，折钵山这座天然要塞

地图九　折钵山简图

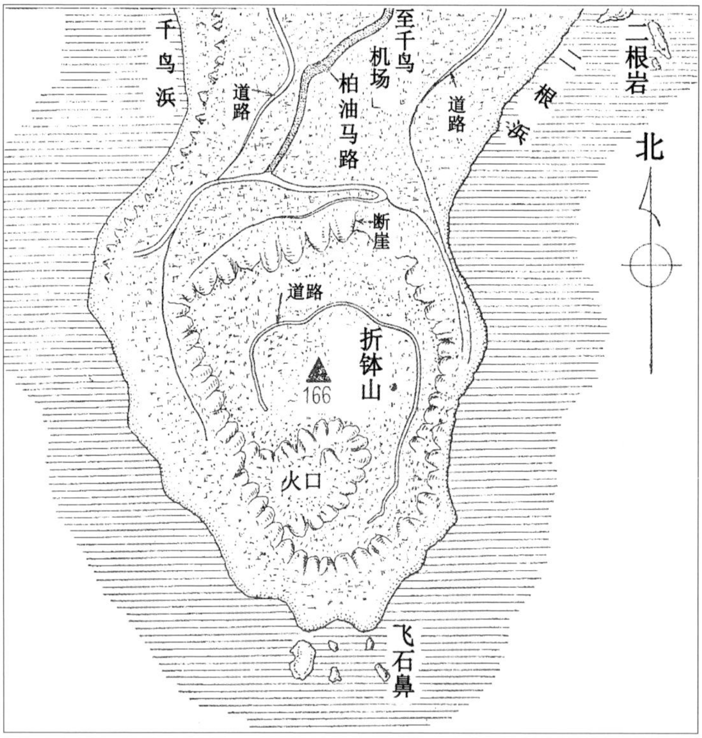

才最折磨人的神经。突击的陆战队员当时承受的精神压力，与盟军战士一年前在卡西诺山是一样的，这样的地形条件，任谁都明白他们的行动完全避不过敌人的眼睛，极其可怕。

在美军陆战队员眼中，折钵山仿佛化身为一头巨兽，正瞪大了无形的双眼俯视他们，让他们感到压力。他们就在这头巨兽的阴影里，在它的眼皮底下行动。事实上，在这座山上确实有成百上千双日军的眼睛居高临下盯着他们。对美军而言，折钵山天险此时已变得比日军更为凶恶。

28团对折钵山的攻击如期进行，海军驱逐舰、火箭炮炮艇和地面火炮对山体进行了火力准备。这次炮轰摧毁了日军的少数炮兵阵地，同时也揭开了深埋在通往山麓的灌木丛和岩石地面上的许多混凝土结构。美军很快就发现，折钵山低坡和山脚下的洞穴与山上的大小碉堡一样可怕。这些洞穴各有两到五个出入口，洞穴之间有相互贯通的隧道。美军入侵之前，这些洞穴曾经是日军的防空洞和生活区。这些作战洞穴与日军的补给和指挥洞穴相连，后两种洞穴里面有食物、水和弹药补给。从出入口到洞穴里，150毫米口径的火炮由1.5米高的墙壁保护，炮口直指山下的岛屿地面。

28团的陆战队员刚一迈步，几乎立即遭到日军轻武器、迫击炮和火炮的密集火力打击。日军火力点的位置隐蔽非常好，甚至都看不见枪炮发射时的火光，随着阵阵巨响，美军步兵的行动越发艰难。要顺利进攻折钵山，离不开坦克兵支援。按照预定计划，第5坦克营一部会支援28团进攻。虽然尚有8辆坦克可用，但手头根本没有坦克的弹药和油料。坦克手们想了个办法，用已经失去动力的几辆坦克上的物资应急。就在他们分配物资的时候，已经被日军望见。日军的迫击炮利用美军炮击的间隙向坦克的集结地射击。重迫击炮弹幕向坦克直扑过来，美军坦克慌忙向左移动以避开集中射击。日军迫击炮火几乎立即紧随美军坦克移动。接连三次都是如此，地形对日军太有利了，美军坦克在任何位置移动，都逃不过日军炮手的眼睛。

整整一上午，28团仅前进50到70码而已。海空支援火力和13团3营的火炮都在帮助他们。可是哪怕美军的海陆空支援火力协同发挥了最佳水平，都难以压制日军火力。隐蔽在山麓周围灌木丛中的那些日军碉堡伪装极佳，美军的支援火力简直束手无策。陆战队步兵一旦进入这些日军的可怕防线，就与日军太过接近，美军的飞机和火炮便无法再提供火力支援。步兵只有靠突击爆破队，使用火焰喷射器和高爆炸药来解决问题。与昨日的战斗一样，美军的推进都要依赖陆战队单兵作战的技能和勇气。

11时，坦克终于准备完毕，可以支援步兵推进。团属

折钵山附近已被美军破坏的碉堡。

重武器连的37毫米火炮和半履带式75毫米自行火炮也都被派到前线助战。日军以残存的47毫米速射炮、步兵炮、野炮等武器向这些坦克直射，同时实施决死的肉搏攻击，但遭到美军的火焰攻击阻击。日本兵再强悍，也终究不想让自己被活活烤死。面对日军的激烈抵抗，美军的每个单位都只有分秒必争，才能取得一点进展。美军的既定攻坚战术，是以步兵和坦克火力压制日军的每一个据点，同时一个火焰喷射器小队会来到工事的出入口之一放火焚烧。在用火焰向工事内部连续施放数次火焰之后，突击班组的其他人员会向内部投掷手雷，完成拔除工事的任务。一旦占据工事的日军被消灭，工兵和爆破队就会对这些阵地进行爆破，确保天黑后日军不会重新利用这些工事。尽管地形崎岖，但只要条件允许，美军的火焰坦克就会被用来打击日军的碉堡，这是最安全高效的办法。日军守备部队在美军步步紧逼之下，被迫后退至地下坑道深处。

17时，经过艰苦战斗，前进200码的28团离目标更近，代价是军官2死6伤、士兵27死127伤。28团2营和3营已经接近山麓。这个下午，他们用炸药爆破，封死了大约40个洞穴。28团官兵准备掘壕过夜之时，赫然发现周围都是美国海军舰炮在登陆日之前和当天的火力准备期间摧毁的岸炮破裂残片。3营沿西海岸一路向折钵山推进，击毙73名日军。对于登陆以来，无论生死都一直看不见日军的美军官兵而言，能看到日军的尸体也是一件令人鼓舞的事情。

美军陆战28团在加强攻势，日军在折钵山的局势逐渐恶化。美军在登陆日的海空轰炸，其实已摧毁折钵山阵地的所有140毫米大口径火炮。白天，日军折钵山地区最高指挥官厚地大佐仔细计点伤亡人数，给栗林兵团长发去一则急电，请求允许他率部出击，发动一次“万岁”冲锋，“光荣战死”，而不是在现有阵地坐以待毙。发报不久，前进的美军陆战队就发现折钵山与岛北部联系的地下电缆，将其切断。厚地从没有得到栗林的回

坦克支援陆战28团3营的步兵一路通过前往折钵山麓的开阔地。

折钵山一带水平炮台的140毫米炮：在折钵山周围，日军部署了原先用作旧式战列舰副炮的140毫米炮等海军火炮。结果火炮掩体的顶盖和墙壁在战斗中全部被炸飞。该炮台原本计划在美军登陆后开炮，结果在事前即开炮，暴露了位置，遭到美军反击而覆灭，这件事在日美双方的战史中都遭到批判，但也有人认为所谓这是“日本方面唯一的失策”的观点是错误的，因为美军通过事前的侦察已经掌握了海军炮台的位置，这个炮台开炮时已连日受到猛烈的舰炮火力打击。

复，可能是因为通讯已中断，也可能仅仅因为栗林对不合时宜的“万岁”冲锋的反对意见人所共知，无需重复。

一些战后的日方资料强调厚地实际负责指挥折钵山的日军，暗示栗林对委任时年57岁的厚地指挥折钵山至关重要的几座炮台并不满意。一位早先曾在硫黄岛服役的日本军官非常了解美军的指挥机构。他后来称折钵山地区的指挥官是个“可怜的退休业余军官”，还说“大本营陆军部将这样一个年迈生锈的人送到硫黄岛是错误的，他根本不适合指挥许多部下”。其他说法对厚地较为仁慈。无论如何，“万岁冲锋”无疑都是栗林和他的司令部成员不希望看到的。他们更加希望迫使美国人为了这座高地寸土必争，为夺取这座防御坚固的高地付出惨重的伤亡代价。

当天，倒霉的厚地在地下指挥所坑道入口附近指挥战斗时，被美军坦克炮弹直接命中战死。

双方在第二线阵地反复殊死战斗的同时，在第一天的登陆战斗之后，被孤立的滩头阵地中的残存日军也在同美军预备队激烈肉搏。负责28团占领区扫荡任务的1营为此耗费了一整天时间，才将折钵山地区队在滩头阵地的第2中队（中队长田中种雄中尉）、第4中队（中队长森进中尉，配属重机枪、速射炮部队各一部）及

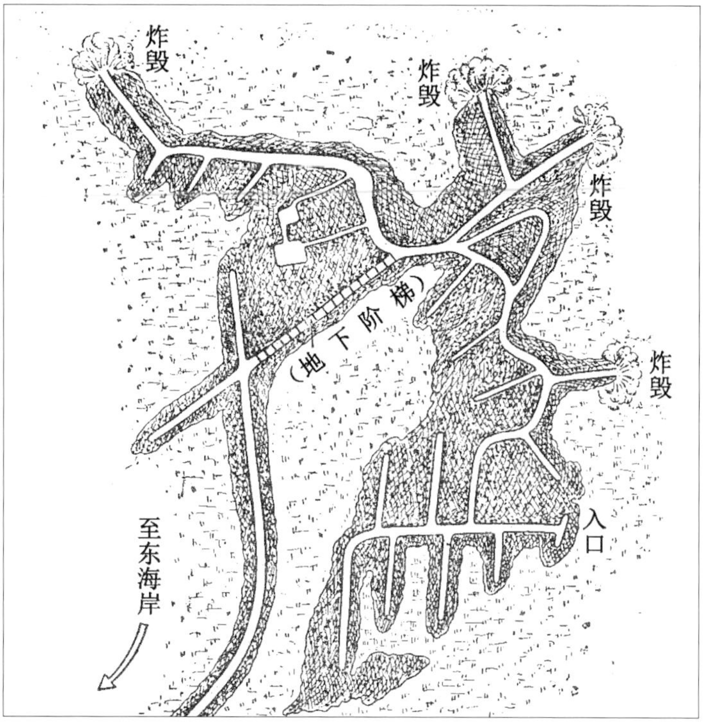

折钵山洞穴略图。

当地海军警备队一部残存的约75人全部消灭。

与硫黄岛北部师团司令部的电话联系被切断，不代表折钵山地区队被战友抛弃了。随着夜幕降临，折钵山日军发射了白色和琥珀色的信号弹，表示需要北方地区的火炮和迫击炮支援。美军陆战队阵地连续第二个晚上遭到折钵山和硫黄岛北部的火炮和迫击炮火袭击。战斗的噪音在夜幕中回荡，美军的地面和水面火炮断然向日军回击。

和登陆日的夜晚一样，2月20日夜间，陆战28团的官兵们在黑暗中都要时刻警惕日军反击的迹象。他们努力睁大疲惫的眼睛向南张望，留意日军的行动，日军仍未发动他们意料中的全面反击。师部交给该团的21日战斗任务，是继续向折钵山进攻。日军的火炮和迫击炮彻夜不宁，疲惫的美军官兵仍然会想方设法，在次日白天折磨人的天气到来之前小睡片刻。

日军折钵山地区队的第二线阵地的大半已被美军占领，但他们没有放弃，当晚继续从残存的地下洞穴出击，反复实施挺身突击。然而该地区队的损失已十分严重，至20日傍晚，残存兵力已仅剩约800人，还不足美军登陆时的（合计约1700人）一半。

2月20日夜，日军武藏野工兵中队第1小队的胜山健之亮上等兵等4名工兵奉命执行爆破美军坦克的任务。该小队17日刚被配属给折钵山地区队。白天，侦察兵已经查明美

1945年2月20日，美军航拍的折钵山照片。

军坦克的位置，就在千鸟机场面向折钵山的高台下有数辆美军坦克，那就是他们这次夜间行动的目标。

借着少许星光，4名工兵各背着10公斤炸药，和护卫的4名步兵一起从坑道中出发。虽然硫黄岛地处亚热带，一到夜晚，从折钵山刮下的风还是让人感觉到飕飕凉意。

8个人一路沉默，压低身形前进。途中经过几个日军的机枪阵地，都已被炮弹击毁，数名日本兵暴尸现场，凄惨凌乱。其中有军服破裂、从脸部到胸部被劈成两半的人，还有只剩下头颅和只剩下一只脚的尸身。途中，有时借着美军发射的照明弹，他们会不情愿地看到周围更加凄惨的情景。

大概马上就要到达目的地的时候，突然不知从何处出乎意料地飞来美军机枪的子弹，日军连卧倒都来不及，走在工兵前面的4名步兵横七竖八相继倒下。

胜山健之亮躲进前方10米处被大型炸弹炸出的弹坑。他背着10公斤炸药，一动不动地卧倒在地。等到安静下来，他悄悄抬起头爬出弹坑，向周围打量，但光线太暗，根本看不清，只好决定等待照明弹升起。

此时他确定步兵已经战死，至于敌人究竟在哪个方向，一起行动的同伴情况如何，就不得而知了。工兵都没带枪，每人只有2颗手榴弹。胜山把背上的炸药放下来，松了口气，抬头望向天空。美丽的星星依然在闪烁，折钵山像水墨画一样隐约浮现在眼前。他又挪动身体朝机场的方向匍匐前进。就在这时，远处不知是北地区还是东地区的方向响起激烈的枪声，接着照明弹在头上一颗、两颗……接二连三地发出光芒。利用这些照明弹的光亮，他迅速观察了周围的情况，吓了一跳。就在前方距离他大约不到20米的地方，竟然有几个美军的简易机枪阵地。

胜山不由恐慌起来，如果不尽快从这里脱身的话，到了早上就全完了。他本以为已经无法逃掉，但是环顾四周，发现后方还有一个弹坑。他再次背起沉重的炸药，然后抬头观察前方的情况。突然机枪子弹从头上掠过。等到机枪停止射击，他赶紧冲进后方的弹坑。

紧跟着“哒哒……”机枪子弹又跳动起来，在弹坑的边上扬起沙尘。胜山跳得太猛，背上的炸药“砰”的一声撞到脑袋，简直要把他撞晕过去。他只好一动不动地趴在地上等待时机。过了一会儿，美军终于停止射击。于是他环视四周，发现旁边有一名日军正趴在地上。胜山小声对他说：“喂，喂”，但对方没有反应。胜山悄悄靠近，见确实是一名日军。他捧起静静地伏在地上的脑袋，结果吓了一跳。这个人脸的正中间部位没有了，只剩下轮廓。一瞬间焦煳味扑鼻而来，胜山认出这正是和他一起背着炸药执行挺身突击任务的同年入伍的士兵。

胜山摸一摸死去战友的衣袋，将身份牌放进自己的衣袋，再次开始观察美军阵地的动静。美军好像以为他已经死了，正在悠闲地抽着烟。看起来在一个阵地上有3名左右的敌人。夜晚的凉气中隐约传来英语说话声。天就快亮了，他也不知道另2个工兵战友的情况。

不久，胜山爬出弹坑，费尽周折，终于摸到己方阵地的坑道。这时天已经蒙蒙亮了，2月21日的早晨已经到来，与他一起行动的7名战友最终都没有回来。胜山向队长报告任务失败，又汇报了他所看到的敌人的位置和各种情况，然后受领了当晚再次行动的命令。

逼近折钵山

2月21日上午，恶劣的天气变得更糟。东北风风速为19

节，登陆海滩的拍案浪达到6英尺高。陆战28团前沿部队与折钵山麓之间仍有一段距离，足够美军飞机和陆海炮火再度在步兵出发之前对日军进行火力覆盖。

步兵预定出发的8时25分之前，40架飞机用炸弹和火箭弹空袭日军阵地，在步兵阵地前方100码之内实施空中机枪扫射，集中火力打击一个坦克无法到达的区域。这是航空兵迄今为止提供的最近距离的空中支援，由于这一日的推进会让步兵距离目标太近，所以很可能也是折钵山地区最后的一次空中支援。

28团1营奉命派1个连到团右翼前方。8时25分，28团出击，各下属作战单位负责的区域和各自的边界与前一天没有分别。坦克再度由于要重新武装和加油，无法在出发时间共同行动，步兵只得独自进攻。

在海军舰炮和陆基炮兵的炮火掩护下，1营沿着西海岸向折钵山发动进攻。由于那一带的地形对坦克行动不利，进攻开始时没有坦克协同也无关紧要。配属1营的一个37毫米火炮排发挥了很大作用，一路捣毁11座日军据点。中午时分，1营已经到达折钵山西侧山麓。

负责中路的3营遭遇前一天挡住去路的同一片阵地中日军的顽强抵抗。好在11时，在装甲兵、37毫米火炮、75毫米半履带车载自行火炮和几个火箭炮分队一同前来支援步兵之后，推进势头大大增强。在推进期间，日军面对火箭炮的高爆弹攻击相当脆弱，于是集中火力攻击没有装甲板保护的火箭炮发射车，希望先摧毁这种威胁巨大的武器。遭到日军密集火力打击的美军车组成员只得后撤寻求掩护，为了安全，只有一个一个跑上火箭炮平

1945年2月21日，一个美军陆战队机枪班出发之前正在清理武器。

1945年2月21日，美军的1门37毫米火炮为支援28团的战斗，在向折钵山北坡开火。

台装弹。一旦得到开火命令，一名陆战队步兵会向前蹦跳，冲到发射车下面，然后伸出手臂，绕过侧面，按下开火按钮。火箭弹击中目标的爆炸声，往往意味着陆战队已经解决了一座日军阵地。

日军守备队自松下地区队长以下顽强防守折钵山脚的残存据点，在12时左右向3营正面发动了首次反击，未能阻止他们前进。14时，3营前锋已经到达折钵山山脚下。然后3营在山脚下度过了天黑前的几个小时。

28团左翼2营的情况完全不同；哪怕有海军舰炮火力支援，中路和右翼也要在坦克到达之后才能取得实质性进展。

2营左翼在东海岸向折钵山的推进也相当缓慢。一开始，日军在这一带的抵抗很弱，折钵山这座天然要塞在那么几分钟之内静得出奇。日军不会长久没有反应。最先传来的是步枪射击的“咔嗒”声，随后是机枪的连珠枪响。零散的枪响瞬间化为一片爆豆般声音，子弹在前进的美军陆战队周围落地，跳弹“噼啪”作响。一些子弹在美军士兵身上留下永远不会抹去的记号。随后日军最为致命的武器——迫击炮打响了。一些陆战队员都能看清迫击炮弹在空中划出的高弧线弹道。不多时，这片地区就被呼啸而过的钢铁弹道和飞沙覆盖。噪音和怒吼的音量不断增加，后来进攻的美军陆战队员对声音都麻木了，连思考都凝滞了。死火山仿佛突然活跃起来，美军仿佛正在向即将全面爆发的火山前进。

这一轮迫击炮打击根本算不上战斗，完全是单方面的杀戮。不少美军士兵从未见过这样惨烈的场景。日军迫击炮手简直就像将他们当作被吃掉的棋子一样任意抹掉。不少人根本就是在无意识中突破这道弹幕的，好久都没回过神来。许多投入进攻的陆战队员没能通过这道死亡弹幕，好在能越过的人数还能继续维持前进势头。那一刻的经历仿佛真正在地狱中穿行，活着的人都会名噪一时，但他们当时没有丝毫兴奋感，也不觉得有什么鼓舞人心的。他们只觉得不愿再前进了，满怀焦虑。前方等待他们的似乎只有死亡。哪怕他们能越过危险的开阔地，看来都只会变成隐蔽的日军枪炮的近射目标。如果要用一个词形容他们当时的心情，就只有“绝望”。

军人一样是血肉之躯，谁都会害怕。危急时刻，陆战队的严格训练证明了自己的价值。在这次酷烈迫击炮火下幸存的人，没有一个不希望转身后退的，但是他们得到的命令是进攻。训练有素的军人只有克服自己的恐惧心理前进。他们都经历过严格的训练，让他们对自己的军服满怀自豪，正是这种自豪使他们克服了犹疑和恐惧。他们都遵循“宁死不可不名誉”的传统原则，也正是因为对这一原则的看重，推动他们继续迈步向前。

当天在折钵山一带奋战的陆战队员出现过不少可歌可泣的事迹。一枚日军手榴弹正好落在28团2营的一位副排长亨利·汉森中士和唐纳德·鲁尔一等兵之间。紧要关头不容多想，鲁尔奋不顾身扑到手榴弹上，用自己的血肉之躯救下副

1945年2月21日，在折钵山为救战友以身殉职的陆战28团2营一等兵唐纳德·鲁尔，此役之后被追授荣誉勋章。

排长的性命，让他能继续指挥自己的兄弟们战斗。两名陆战队员负伤之后，倒在折钵山东麓痛苦挣扎了超过24小时。一个医护兵匍匐来到他们身前，在火线下为他们处理伤口，维持生命。有一名伤员要靠颈上插入的玻璃管才能维持呼吸。由于敌人的火力威胁太大，陆路后送是不可能的。参谋军士查尔斯·哈里斯带领几名陆战队员，用一艘橡皮艇划过汹涌的拍岸海浪，在多石海岸上靠岸，成功将两名伤员从日军眼皮底下救出。两名伤员虽饱受折磨，还是得到及时救治幸存下来。

18时左右，松下地区队长再度率部向逼近的美军发动反击，但在主要火炮已经被破坏的情况下同样未能奏效，日军的损失反而迅速增加，黄昏前第二线阵地的大半已经失陷，美军逼近至折钵山脚下。

2月21日夜间，陆战28团在折钵山正北占据了一道半圆形阵线。1营到达西海岸前往环山的中途；2营沿着折钵山东麓保持与1营相等的距离前进；3营位于半圆弧线中央，正对着折钵山。当天1营推进了1000码，2营推进650码，3营则为500码。为此28团合计有34人阵亡，153人负伤。由于当天伤亡很大，2月21日夜晚，28团的战力已经下降到全员时的75%。

2月21日，28团取得的进展很大程度上得益于坦克的支持。当天共有7辆坦克支援他们向折钵山的推进。其中吉姆·卡罗尔下士所属的1辆触雷，另1辆被日军的反坦克速射炮集中，还有1辆因地形太崎岖导致履带断裂。大约16时30分，当天的前进停止后，坦克撤出前线。为了避免次日上午攻击恢复的时候又一次出现延误，这些坦克会在夜间重新武装和加油。虽然有3辆坦克在当天的战斗中报销，在折钵山一带战斗的坦克兵当天并没有人员损失。

当天下午，硫黄岛落下一阵冷雨，在折钵山麓周围驻守阵地的美军陆战队士兵本来就颇为不适，这下更为辛苦。在他们身后和周围都是护卫折钵山的主要防御工事的残余物。一些碉堡和掩体被美国海军舰炮如火柴盒一样撕得粉碎；另一些则被凝固汽油弹的火焰烧成黑色。美军火焰喷射器所到之处，整片区域都弥漫着死亡和肉体烧焦的气息。火焰喷射器燃料消耗很大，乃至于暂时发生短缺，只有“黄鼠狼”两栖小车向前线运送的额外补给到位才能克服。

暮云四合，许多陆战队员都能清晰地听到山内日军的说话声。他们将汽油倒进山石的罅隙里点燃，烧死不少日军。折钵山内的日军阵地里，20日就已阵亡的厚地曾留下最后一道命令，让一个班的日军设法突破美军封锁线，去岛北栗林的司令部报告折钵山的情况。看到美军飞机升空，许多日军为自家缺乏空中支援极度痛苦。然而，日军的士气并未动摇，几乎所有人都下定决心战斗到底。

日本海军第二御楯特攻队的行动和美军包围折钵山

事实上，当天日军航空兵已竭力对硫黄岛日本驻军进行空中支援。日本海军航空部队在莱特决战期间损耗了大量飞机，为了充实正在训练的基地航空部队的战力，急需尽可能拖延美军新一轮进攻开始的日期。2月份，宇垣缠中将指挥的第5航空舰队自编成以来，就在计划攻击美军特混舰队的前进基地乌利希环礁。

然而，美军的出击却早得意外，航母特混舰队2月16日就对日本关东地区发动大空袭，紧接着远征大军便攻打硫黄岛。在关东地区部署的日本第3航空舰队虽竭力抗击美特混舰队，却没能给其重创，绝对劣势的航空战力到底束手无策，只能任由敌机横行。就在这种情况下，日军航空部队不得不采取特别攻击的手段，第3航空舰队司令长官寺平谨平中将命令第601海军航空队司令杉山利一大佐编成特攻机部队。

第601海军航空队本来预定为搭乘母舰的部队，在当时的各航空队中素质较为优秀，队员的士气也较高。2月19日，寺平司令长官向杉山大佐下达了编成第2御楯特别攻击队的命令，准备以该特攻队攻击硫黄岛周边的敌舰船。

第二御楯特别攻击队的编制如下：

队长 村川弘大尉

第一攻击队 舰上战斗机（零战）4架 舰上轰炸机（“彗星”）4架

第二攻击队 舰上战斗机（零战）4架 舰上轰炸机（“彗星”）4架

第三攻击队 舰上战斗机（零战）4架 舰上轰炸机（“彗星”）4架

第四攻击队 舰上战斗机（装载炸弹的“天山”）4架

第五攻击队 舰上轰炸机（装载鱼雷的“天山”）4架

合计32架飞机，60人。

特攻队原定在20日出击，当天还举行了出阵式，但起飞后因天气条件实在不允许继续飞行而返回。

日军判断美军舰队在硫黄岛东侧海区的方位较为松懈，认为第二御楯队应当从那里突击。为此日军航空兵派出飞机在西侧海区上空执行牵制欺敌任务，会撒下许多欺骗雷达用的锡箔，在攻击中会利用时间差和高低差实现奇袭效果。

执行佯动牵制任务的是第752航空队（木更津）的“一”式陆攻队。桥本幸夫少尉是其中一架飞机的机长。

“一”式佯攻队的5架飞机在21日正午从木更津基地起飞。途中3架因故障迫降。桥本机的引擎情况良好，在桥本的指挥下笔直地向硫黄岛西侧海域南下。佯攻队的2架飞机16时稍过到达硫黄岛西侧上空，在云端向左右分开，从上空撒下很多锡箔。下午4时40分，桥本机突然断绝消息。

2月21日晨，佯攻队出动之前，天气条件依然恶劣（阵雨，东北风10米/秒），但比前一天要合适得多，执行自杀式袭击任务的御楯特攻队从木更津基地出发，途中在小笠原群岛的八丈岛基地着陆补给之后，正午左右开始逐次起飞，经过父岛上空确认了位置。当天16时6分至18时50分期间，该特攻队以舰上战斗机（零战）9架、舰上攻击机（“天山”）6架、舰上轰炸机（“彗星”）10架，合计25架飞机中的21架，对硫黄岛东方至该岛周边的美军舰船实施奇袭撞击。这个特攻队的每一名飞行员都只有一个目标，连人带机撞到硫黄岛周围聚集的入侵舰队舰船上。

当时，香取基地的电信室为期待与不安的异样空气所笼罩。在电信室中，译电员马场正人少尉在等待接收“突入电”，突然响起了微弱的发报声。

“是第二攻击队的一号机。”

“采用突击队形。”

“司令，犹他（音），是三号机。”“犹他”是向运输船冲撞的代号。

“指挥官机突入航母！”——此时是16时15分。发报声还在继续，突然电波中断。特攻机在突入时按着电报键，发报声停止时就是撞击的瞬间。

“干得好！”人们大声喊叫起来。“彗星”轰炸机队的突入成功了。

这时“天山”舰攻队也利用薄暮接近了美军舰队。

“犹他、犹他”……这是第四攻击队三号机的中村机首先到达后发回的电报。17时47

分，该机突入了运输船。接着四号机也发来了“犹他”的信号。

仅仅数分钟后的17时52分，第五攻击队三号机佐川机发来表示击沉敌航母的信号。接着陆续收到“我，突入成功”的信号。在投下鱼雷、确认命中后，佐川又驾驶着自己已经没有鱼雷的飞机突入美舰。

美国海军的“萨拉托加”号航母在硫黄岛西北大约35海里的海域巡弋，日机尚在100海里开外，这艘航母的舰载雷达就已捕捉到它们的身影，要命的是雷达操作人员犯了珍珠港警戒人员同样的错误，以为那些是友军飞机。17时，美军的警戒拦截飞机报告，正在接近的飞机编队是日本机群，他们击落了2架入侵敌机。问题是最佳截击时机已经错过。不久之后，2架特攻机撞击“萨拉托加”号，引起大火。美军损管人员竭力灭火，眼看就要扑灭，另一架日机掠过飞行甲板，在舷外坠毁，机载炸弹在飞行甲板上炸了一个洞。20时刚过，“萨拉托加”号终于可以再度正常回收舰载机了。日机的这次自杀式袭击造成美国海军123人阵亡和失踪，192人负伤。此外，36架舰载机因大火焚毁或被迫抛入海中，还有6架在水上迫降。大火完全被扑灭后，“萨拉托加”号只得缓缓驶向珍珠港，去那里等待维修。

位于硫黄岛东面20海里水域的“俾斯麦海”号护航航母（CVE95）更惨。19时刚过，一架特攻飞机就一头撞上舰船的方形正横。船上的舰载机起火，弹药爆炸，火势迅速蔓延。当时海上风速达22节，风助火势，损管人员竭力扑救也

1945年2月21日，遭到日机撞击后起火的“萨拉托加”号航母。

1945年2月21日，“俾斯麦海”号护航航母被一架日本特攻飞机击中，最终沉入大海。

无济于事，只得弃舰。在一阵大爆炸后，这艘护航航母倾覆沉没。许多舰员跳水逃生，被护卫舰船救起，但不是所有人都那么幸运，不少舰员在冰冷的海水中丧生。“俾斯麦海”号的943名舰员总共损失了218人。

“伦加角”号护航航母（CVE94）也遭到日军特攻机袭击，舰员奋力用防空武器抵抗，击落4架日军鱼雷轰炸机，最终毫发无损。布网船“克奥库克”号被撞中起火，船员17死44伤。运载陆战3师师属炮兵的477号坦克登陆舰也被撞中，但没有形成什么重大损害。根据美军资料记载，日军特攻队有18架飞机自爆未归还，只有3架零战平安返回父岛。

另一方面，第二御楯队的两名飞行员定森和柳原命运迥异。指挥第四攻击队的定森从八丈岛起飞后约40分钟，驾驶员木须上飞曹告诉他“发动机运转不正常，飞到硫黄岛十分困难”。定森立即决定在父岛迫降、维修后再次突入。他在黑板上写上“我出现故障请负责指挥”，让三号机中村机看到，将一切委托给对方。

定森机飞到父岛上空。机场刚遭美军空袭，到处都是弹坑，还在冒着烟。定森机还装载着800公斤炸弹，但如果在海上迫降反正也是死，所以定森决定不管三七二十一就在父岛机场迫降。被犁过一般的跑道在眼前迅速逼近。接着好像发生了大爆炸，定森不由闭上眼睛，就这样失去了知觉。他很幸运，被友军救起，得到了治疗。

柳原则不太走运。柳原机本来属于第三攻击队的，但因发动机故障推迟从八丈岛出发，后来又不得已出发，负责掩护同样推迟起飞的第二攻击队的舰上轰炸机。这一推迟的影响是致命的。美军已经因第一、第二攻击队的攻击高度警觉，柳原机遭美军战斗机队迎击，在即将抵达硫黄岛时遭遇格鲁曼大编队交战。好不容易摆脱掉对方后，他企图在父岛着陆以便再战。因格鲁曼的迎击而中弹的第三攻击队本队的小平机等飞机已经在父岛迫降。

父岛航空队整备科的日下部淳二整曹等人在空袭的间隙拼命修补跑道。19时30分左右，黑夜上空再次响起像是友军飞机的爆音。指挥所传来命令要求打开着陆指示灯。但是美军的夜间战斗机立刻扫射过来。日下部只好暂且熄灯。美机离去后，空中再次响起爆音，这次识别出对方是友军飞机。日下部立即打开指挥灯，2架零战一架接一架地着陆了。只留下一架飞机在空中盘旋防备美机的夜袭以掩护着陆飞机。2架飞机平安着陆了。掩护它们的最后一架飞机也从空中降落进入着陆态势。突然爆音消失，开始能看到螺旋桨的条纹，这意味着机上的燃料耗尽了。高度约30米，飞机接近了跑道，螺旋桨却完全停止转动。

“加油啊，加油啊，就快成功了！”日下部整曹他们不禁招手连声高喊。但零战在跑道前方仅仅40米处一头钻进海里，转眼间便消失在水中。虽然父岛日军拼命搜索，但未能找到飞行员。2月28日，在二见湾的海边，一名日军飞行员的遗体被冲上岸来，少尉的袖章上写有“柳原”的名字。

2月21日天黑时分，医疗舰“撒马利亚人”号从硫黄岛起航，前往关岛。这艘舰上载有623名陆战队重伤员。美军对伤员的照顾与日军截然不同。日军医务人员能为伤员做的事情很少。日军的硫黄岛防卫计划没有一条提到伤员的后送问题。岛上负伤的日本兵要么自己向后爬，要么被抬进阵地后方的急救站。他们在那里可能会被安排住进坑道壁上的壁龛里，战友们会尽可能照顾他们。一些日本兵的伤口会被包扎起来，留在自己所属的部队里，如果他们还有体力的话，不是在一线继续战斗，就是在后方执行其他任务。

日军折钵山地区队眼看继续被动的话，将会被美军压迫到山腰一带，于是21日晚间利用夜色掩护，组织挺身突击部队沿南海岸出击，但未能成功，战死约80人。

当晚，武藏野工兵中队的胜山健之亮上等兵再次实施挺身突击行动。凌晨4时，胜山和两名战友背着炸药离开了坑道，目的地大约在1公里之外。晚上的星星闪闪发光，十分美丽。晚风吹拂着面颊，让人感觉清爽。有那么一瞬间，胜山觉得好像是在和平时期，并没有赴死的感觉，就像是小时候经常玩的捉迷藏一样让他感到轻松愉快。

胜山等人根据昨晚发现的敌情，十分小心地选择了不同的路线，前进了大约100米，忽然看见树影在晃动。他们低下身子仔细一看，发现有两个人正靠在树上，不知道是敌人还是友军。对方好像也发现了他们，端起了枪。胜山急忙喊了两遍口令："决死决死！"对方突然开枪。他们三人一开始就没带枪械，胜山只得拿出手榴弹，同战友一起卧倒翻滚了一下，便投了出去。

不知掷出的手榴弹落到了什么地方，反正数秒后便爆炸了。这次运气不错，似乎是在树根附近爆炸。美军一边大声叫喊，一边向侧面逃走，有一个人倒下了，另一个人逃掉了。胜山小心翼翼地靠近倒下的美国兵，原来是一个黑人士兵。不知道他是死是活，胜山觉得没必要搞清楚。

让胜山吃惊的是，美军竟然推进到这么近的地方，他立即意识到自己很难到达机场了。就算这次碰到的美军是侦察兵，但是敌人接近到距离坑道只有100米的地方这一事实，使他注意到日军的第一线阵地已被完全突破，第二线阵地也正在被入侵蚕食。

虽然如此，胜山还是决定要去寻找美军坦克。他和另一名战友越过若干个因弹坑而起伏的地方，又前进了百米左右，发现有两辆坦克利用起伏很大的地形被放置在那里。这里没有美军，于是他们在坦克履带的前后稍稍挖开沙子埋下炸药，又装上引信，设置成无论坦克是前进还是后退都会爆炸的状态，然后便逃走了。胜山从来没有像此时这样害怕，这是有生以来第一次，比起前进，逃跑更让他害怕。两人一

1945年2月22日上午，硫黄岛上湿冷多雾。照片中的一位军官在28团阵地上的一处前哨，正透过望远镜，想要透过浓雾锁定一些目标或地标。

言不发，不要命地逃回了自家坑道。回到坑道时，胜山很不争气地流下了眼泪。至于被安装了炸药的坦克，他认为之后应该是被炸毁了，但缺乏美军方面的相关资料佐证。

就算没有日本兵夜袭，美军坦克兵的麻烦就够多了。21日细雨下了一夜，挟着火山灰将坦克履带变成了巨大的泥球。坦克藏身的洼地简直就变成了流沙坑，将坦克的大半车身都吞没了，只留下半个炮塔在外。第5坦克营C连彻夜抢修，才能保证在次日将7辆坦克重新投入进攻折钵山的战斗。

2月22日，美军28团继续向折钵山高地逼近。负责中路进攻的28团3营，当天的战斗最为激烈。该营负责区域地形极为崎岖，机动空间有限，坦克和火炮的支援火力也无法发挥最大优势。3辆坦克一路进入折钵山西麓山脚下的峡谷，一场突如其来的大雨让坦克兵无法看清外面的情况，就只能靠车外的人员呼叫引路。地形和天气都不作美，3营就只能更多地依靠爆破和火焰喷射器逐步清除日军工事。按照日方的记载，第312独立步兵大队本部的地下坑道入口附近发生了激战。美军坦克进至日军地下坑道的入口前约10米处，进行火焰攻击，日军折钵山地下洞穴约有7个洞口全部因炮击被封闭，美军还用凿岩机从坑道上方凿洞，然后向里面注入黄磷或汽油，导致日军的损失越发惨重。

在坑道里，日军官兵变成了火人，在毒气中接连倒下。独立速射炮第10大队的川本洁兵长听到有毒气后，慌忙戴上防毒面具，但三个月没刮的脸上胡子拉碴的，加上脸颊急剧消瘦，结果到处都是空隙，根本没什么作用。

“乓、乓……”这时手榴弹突然开始在坑道内爆炸。这是一名士兵在痛苦和绝望之下用手榴弹自杀了。从此自杀像传染病一样蔓延开来，坑道内到处都有手榴弹爆炸，周围的士兵有不少人被波及。

“住手，发疯了吗?

“要死的话就跟敌人一起死！”

在爆炸声、怒吼声和呻吟声中，坑道里陷入恐慌状态。幸好风潮在五六个人自杀后就停止了。

在美军28团右翼，1营为3营腾出了一些空间，1营C连有一个巡逻队一路沿西海岸来到硫黄岛南端，与3营的友军顺利相遇。

28团左翼的2营一路扫荡残敌，E连派出一个巡逻队一路沿东海岸巡弋，与3营的友军巡逻队顺利会合。这两个巡逻队都想在陡峭的山坡上找到一条能上山的路，但一条都没找到。美军的舰炮火力和空中

1945年2月22日，陆战28团的战士们正在操作一挺7.62毫米口径机枪，打击他们发现的任何阻挠步枪兵推进的目标。

轰炸已经将少数原有的山间小径毁掉，给步兵留下了一个不大不小的难题。

这一天硫黄岛的天气和人们的面色一样凄惨。16至20节风速的东南风送来一阵冷雨，浸透了美军陆战队员的衣衫，雨水混合火山灰，让美军的自动武器发射不畅，变成了单发武器。老天爷仍然是日军的友军，28团还是在当天16时30分完成了对折钵山的包围。虽然西海岸有一个400码左右的空当，但那是因为友军的火力让巡逻队无法在那里取得联系，与日军无关。

在16时30分这一刻，28团停止22日的所有行动。3营I连的一位士官爬上折钵山北面山坡，报告称没有看到日本人。他询问是否可以继续上山，利弗塞奇团长觉得天色已太晚，决定将占领折钵山的战斗推迟到次日上午。

到22日天黑前，美军攻打折钵山的最重要阶段基本完成。日军折钵山地区队的现有兵力已减少至陆海军约300人，折钵山脚几乎完全被美军包围。松下地区队长鉴于当前战况特别是夜间的挺身突击战果甚少，相反损失却很大，决定以后的战斗重点是确保同第2混成旅团主力间的联络，编成数组联络班，命其在夜间在西海岸断崖下出击，但均未能成功。

美军当天大致算准了仍然占据这座死火山的洞穴和其他隐蔽所的日本陆海军兵力尚有300人左右。不过28团的陆战队员所到之处，见到数百具日军的尸体。曾经让美军充满不祥预感的天然要塞已经垮了。

折钵山易主

2月23日，陆战28团的任务简单明了，就是要登上168米高的折钵山火山口。这座天然要塞的陡坡几乎让美军不可能从多个方向分头上山会合。唯一可用的登上火山口的路线就是前一天傍晚之前，2营的一位士官发现的北面的一条山路。2营长约翰逊中校直接参与制订登上山顶的作战计划。约翰逊决定，在让一个排级规模的战斗巡逻队登上山顶之前，先派出几个较小的侦察巡逻小组去山顶。

早晨8时，2营F连的谢尔曼·沃特森中士带领一个4人巡逻队开始登山。就在折钵山顶，巡逻队发现了一个重机枪火力点，弹药都堆放在火山口边缘附近。那里没有敌人的踪影，光秃的灰色岩石周围一片寂静；洞穴和地下隧洞里似乎没有什么还活着，连着地基被轰飞的大小碉堡，证明了命中目标的美国海军重型舰炮炮弹的破坏力有多大；山坡上的大多数坑洞都被塌方的土石封死，还冒着青烟。一片寂静让刚刚经历连日苦战的沃特森等人很不习惯，更奇怪的是他们的出现没有吸引任何日军火力。他们一路滑下折钵山去向营长报告。

9时整，在沃特森指挥的第一个侦察小队回来之前，约翰逊营长就从D连和F连各拨出一个3人小分队寻找其他合适的路径上山，刺探日军的抵抗虚实。这两个小分队都没有引来任何火力。几个侦察巡逻小分队还在分头执行任务，约翰逊便召集战斗巡逻队，准备攻占折钵山，将美国的星条旗插上去。E连3排被选中执行这项任务。副连长哈罗德·施里尔中尉负责指挥这个战斗巡逻队。

E连3排当时能战斗的一共25人，神情疲惫，肮脏不堪，根本就不像精锐战斗部队。虽然他们刚刚度过战斗相对不那么紧张的一天，但一场冷雨让他们根本无法好好休息。要问他们的心里话，其实几乎都不想成为第一批攻占折钵山的陆战队员，但营长只管下令，可不会费神多问。

8时整，施里尔中尉就召集3排集合，又从连里的其他

施里尔巡逻队登上折钵山顶，报告山顶上没有发现日军踪迹。

1945 年 2 月 23 日 10 时 20 分，陆战 5 师 28 团的官兵在折钵山顶竖起第一面星条旗。

步兵排抽调人手，凑足40人。上山之前，他带领部队先绕着山麓回到东北侧的营部报到。约翰逊最终的命令简单明了：施里尔战斗巡逻队将攀上折钵山山顶平台，占领火山口，升起星条旗。巡逻队行将出动之时，营长亲手将一面折叠整齐的美国国旗交给施里尔。这面国旗是营副官乔治·威尔斯中尉送上岸来的。这面国旗长54英寸（约1.37米）、宽28英寸（约0.71米），是从“米苏拉”号运输舰上取来的。正是这艘运输舰将28团2营从中转区运载到硫黄岛。

巡逻队组成一个不规则的纵队直奔折钵山麓。他们一开始走得很快。等到山路变得越发陡峭时，行动更为困难，施里尔中尉决定分拨出几个人保护侧翼，以免较为脆弱的纵队遭受突袭。背负沉重武器和弹药的陆战队员攀登速度很慢，不时要停下来喘口气。有时山路太过陡峭，他们只能靠双手和膝盖慢慢攀爬。一路上，他们曾在近距离经过几个洞口，但洞里面好像空无一人，也没有人来抵抗。他们遇到的唯一的日本兵已经死了。友军的目光随着辛劳攀登的巡逻队逐渐上升。折钵山麓东北的陆战队步兵和舰队里的人员，都知道即将会出现怎样的场景，纷纷举起望远镜要看个真切。

巡逻队选择的攀登路线越来越高，避开大量埋设地雷的山路小径，在两翼保留足够的人手，防范日军伏击。离开营部不到半小时，巡逻队就已到达火山口边缘。施里尔在那里让队伍暂停前进，自己仔细观察眼前的局面。他发现了两三座被摧毁的炮台和几个洞口，却没有任何日军的踪迹。于是他示意部下开始在山口边缘列队。在巡逻队进入火山口时，大家呈扇形散开，就在山口边缘正内侧就位。他们个个神经紧张，随时准备战斗，可是山口边缘的洞穴和下方的地面依然一片静默。

巡逻队的半数人员在山口边缘周围就位时，其余人员进入火山口内部，刺探是否有日军抵抗。他们的任务部分已经完成。现在他们还要做的是找到一样东西来充当旗杆。陆战队员在火山口边缘侦察，有两人找到一段6米多长的管子。他们将星条旗绑在管子一端，将另一端插进山口北缘附近的松软地面。10时20分，美国国旗在硫黄岛最高峰竖起，在轻风中缓缓飘扬。从地面和海上看来，这面旗帜很小，但足够清晰，证明美军已经拿下折钵山。

在远处的多沙坡地和散兵坑里，仍然受到硫黄岛北方日军火炮和迫击炮致命火力威胁，精疲力竭，胡子拉碴的美军陆战队员顾不得仪态，纷纷喜极而泣，其他人兴奋地拍打各自的背部，大声欢呼。在海上，舰船纷纷鸣响汽笛和号角。“慰藉”号医疗舰的甲板上，重伤员都用双肘挣扎着支起身形，抬头仰望折钵山山顶的那个小点。

距离28团指挥所不远的地方，有一群人站在靠近海浪的沙滩上。他们刚刚从一艘登陆艇上岸，就目睹了硫黄岛战役期间最激动人心的时刻。这一幕深深打动了美国海军部长福雷斯特尔、霍兰·史密斯中将、两名海军将官和一批陆海军随员。福雷斯特尔正色地对史密斯说道：“霍兰，在折钵山升起的那面旗帜，意味着海军陆战队将会存续500年。”

在折钵山顶，施里尔中尉的巡逻队几乎没有时间欢呼。眼看美国国旗在折钵山上飘扬，守卫山顶的一个日军小队的残余再也按捺不住。陆战队摄影师路易·洛厄里中士刚刚按下相机的快门，拍摄火山口边缘竖起国旗的照片，2个日本兵就从山顶附近的一个洞穴冲了出来。一个日本军官挥舞着军刀，就向星条旗冲去，几乎立即被子弹击倒。另一个日本兵向这位陆战队摄影师投掷了一枚手榴弹。情急之下，洛厄里只得翻过火山边缘，滑下山坡，保住性命。他下滑有15米之远，好在没有受伤，相机

太平洋战争期间最为著名的影像之一，1945年2月23日，乔·罗森塔尔拍摄的折钵山竖旗照片。

摔坏了，但里面的底片完好。这第二个日本兵也被击毙。其他见到美军竖起国旗就按捺不住、从火山口附近的洞穴里现身的日本兵，同样死在美军枪下。

3小时后，一面更大的美国国旗——面积达到第一面两倍的旗帜，在折钵山上空竖起。就在陆战队员将LST779坦克登陆舰送来的这第二面星条旗竖起的时刻，摄影师乔·罗森塔尔按下了快门。他拍摄的这张照片是第二次世界大战最为著名的影像资料之一，从此成为无数美国人的灵感之源。

1945年2月23日，硫黄岛折钵山顶，乔·罗森塔尔为竖起的第二面美国国旗下的美军陆战队员拍照。

美军攻下折钵山，为此欢呼雀跃，硫黄岛和其他地方的日军不禁愕然。曾经在硫黄岛服役，后来转调父岛的日军参谋掘江少佐接到折钵山陷落的消息，一时情难自已，让他同样惊愕的是，这座天然要塞仅抵抗三天就被攻陷。根据日军的时间表，折钵山至少能坚守两周。美军占领了瞰制硫黄岛全岛的重要地形，无论是在精神上还是战术上，都对元山台地方面日军主力的战斗造成很大影响，对日军来说也意味着南方的据点已被摧毁。

当美国海军陆战队28团2营E连的一个加强排攀上折钵山时，该连的另一部正在海岛东端巡弋，直到与沿着西海岸行动的28团1营的部队取得联系为止。前一天，两个营的巡逻队就曾在这一地区取得过短暂联系。10时15分，这2个营的部队再度会合，比起折钵山升起第一面星条旗还早一些。虽然1营的2名士兵不幸踩上地雷身亡，但是他们在这一带没有遇到日军抵抗。

为了在行将到来的夜晚戍守折钵山顶平台，施里尔率领的40名陆战队员留了下来。28团的其余人员占据山麓周围的多处阵地。

松下地区队长和第312独立步兵大队长长田谦次郎大尉，眼看折钵山大势已去，决定在23日夜间突破美军的包围圈，同第2混成旅团主力会合。他们组织人员，从前述的被美军封闭的折钵山脚的地下洞穴内部成功打开了3个出口。除一部人员为爆破弹药而留在洞穴里，折钵山残余陆海军约300人的主力发动了总攻。从23时左右开始，出击部队分散潜入美军战线，许多人身上都绑着炸药，做好与美军同归于尽的准备，但在前进时期被美军发现，最终在折钵山地区战死约122人。长田大尉以下残余人员的主力则继续突破美军战线，从鶯部落方向朝千鸟机场实施决死的挺身突击，但几乎都在途中战死，仅有水野庄八军曹等25人（陆军20人、海军5人）同玉名山、狮子岩一带的第2混成旅团主力会合。

2月24日破晓之前，30名日军投掷手榴弹，袭击28团1

营的指挥所和急救站。在过去的岛屿战中，这种情况不止一次发生过，美军习以为常。1营营部的所有人员，包括医护兵在内，使用手头能使的任何武器杀死摸索进来的日本兵，保护躺在担架上的伤员。

折钵山地区队长（第10独立速射炮大队长）松下久彦回忆他亲自率领的一支日军残部的命运时说道：

我们在出击途中被敌人发现，无法前进，本人以下地区队本部的一部和残留部队约50人在2月末，因遭到美军的扫荡攻击剩下约35人。利用美军警戒的间隙，我们迂回折钵山西海岸，移动到旧地区队本部的位置（折钵山东麓），在地下坑道中一直潜伏到5月末。在这期间曾遭遇美军的水攻，但地下坑道在构造上无法被水灌满，幸免于难。6月初左右，我们在夜间逃出地下坑道，为了同主力会合，沿二根浜、翁浜海岸移动。途中天亮了，没办法只好躲避到沉没在海岸边的船只（破损一半，约1000吨级）里，但终于被敌人发现，遭到集中炮火攻击，几乎全部战死。

在折钵山地区队准备实施最后的总攻时，配属该地区队的武藏野工兵队第1小队的胜山健之亮上等兵也从长田大尉处受领了命令："工兵一个小队，以两人或三人为一组，尽速以炸药攻击前面的敌坦克。我们残存官兵，现在实施总攻。"总攻开始时，长田发出"突击"的号令，全体人员立即出击。长田的军刀在阳光下闪闪发亮。在胜山上等兵眼前，日军相继倒下。胜山最后同参加突击的官兵一起离开了坑道。他朝着与大家相反的方向跑去。在人们一齐冲向美军射击的枪火时，他拼命地朝着自己的坑道跑去，几次倒下又起来，起来又倒下，仅仅二三十米的距离却感觉跑了一千米左右，最后总算冲进了坑道。小队长紧紧拥抱住他。

此后胜山报告了地区队本部的总攻情况、敌人的位置和命令等。报告结束时，突然感到浑身无力，一屁股坐下去了。胜山看了看周围，结果吓了一跳。小队全员原有52人，现在已经不到30人了。全体队员都抓着炸药上的雷管的带子，好像打算自杀。他的脑袋"嗡"地一声。

胜山建议说："队长！为什么要自杀呢？与其在这里死，还不如在攻击时死。就按照本部的命令，用炸药同哪怕是一个敌人同归于尽吧。"

"好，既然如此，现在工兵队也带着炸药杀向敌人吧。"

队长最终决定服从长田的命令，以三人为一组出击。第一组的三人离开了坑道。美军突然向坑道口齐射。三人在离坑道入口两三米的地方战死了。接着又有三人越过尸体出

陆战28团的步兵在向折钵山高地推进时，一直都得到陆战13团3营的105毫米榴弹炮火力支援。

去了，结果也在距入口两三米的地方战死。就这样士兵们一组接一组地出去了。接下来轮到与胜山同年入伍的士兵了。

队长说：“后面的人怎么了？”

胜山忍不住开口：“队长请等一下。确实命令是要去攻击敌坦克，但是请队长看一下敌人的状态。这样不过是白送死而已，什么意义都没有。请改变战术用别的方法吧。”

听了他的话，队长同K和I班长谈了片刻，最后决定中止这次攻击。不久，美军向坑道内引爆了水雷似的东西，气浪导致半数人员战死或失明。从这时开始，胜山等人彻底成了“败残兵”。

在过了一段时间的败残兵生活后，胜山向队长建议逃出坑道。队长也好像早就有了逃脱计划。他们终于在3月23日开始逃离坑道，这时包括能走的伤员在内有大约七八十人。

为了避免目标太大被美军发现，这七八十人被分成两队。计划是一队（半数）从坑道的台上自东向南前往松下少佐的坑道，后面的一半人马从西边沿海岸向南方（折钵山最南端的松下少佐的坑道）移动，然后两队会合。凌晨3时，他们出发了。

胜山沿着西侧海岸，扶着腿上受了贯通枪伤的班长，摇摇晃晃地走在卵石上，同40名左右的士兵一起默默行走。这时传来了猛烈的枪战声。大概是登到台上从东侧迂回的一队遭遇了敌人。激烈的枪声持续了不到30分钟后又安静下来了。胜山所在的一队人继续行动，一般情况下步行十五六分钟就能走完的距离，却由于缺乏体力，还带着伤员，速度变得很慢。

2月23日，美军陆战28团继续围绕折钵山麓收紧包围圈。图中一座地平线位置的日军工事被爆破，第5坦克营的1辆谢尔曼坦克正抬起75毫米主炮，向火山北面的一个可能的目标射击。

不久东方的天空亮了起来。为了不被敌人发现，他们暂时躲到南方向海中最突出的山冈的山腰处，那里有一座原本用来隔离病人的天然洞穴。

在队伍前面由端着步枪的3人交替警戒。其实这时还拿着步枪的只有这3个人。

大概上午10时，外面突然吵闹起来。有3名美国兵一边用英语说着什么，一边走了进来。

这时在前面端着枪的3个人突然向美国兵开了火。一个美国兵倒下了，另一个腿部被击中慌忙爬了出去，还有一个人一边大声叫喊，一边逃掉了。

不久另外3名美国兵为了帮助那名倒下的美国兵一边用枪乱射一边进来了。日军用3支步枪应战，美国兵马上逃掉了。几分钟后，在前面用步枪射击的人说：“该换班了。”班长命令胜山去替换，没办法他只好替换上去。后面的两人因为没有替换者，只好留在原来的位置上。

胜山为了寻找遮蔽物，看了看周围，总算收集了五六块

2月23日，几名美军陆战队员展开一面日军旗帜，庆祝占领日军的一座加固混凝土掩体。这座工事无疑至少曾被一枚美军大口径舰炮炮弹直接命中过。

石头稳定住枪支。就在这时传来了美国兵的叫喊声，同时像是迫击炮的东西开始向坑道射击。

胜山的眼前瞬间亮了起来，头上在气浪冲来的同时响起了爆炸声，他就这样昏过去了。不知道过了多久，当他苏醒过来时，班长正在小声地一个一个呼唤部下的名字，以确认生死。

胜山悄悄地借着微光向传来声音的方向爬去。他的眼睛已经适应了黑暗，仔细一看，有数人靠在里面的岩壁上死去了。他们的脸像炭一样乌黑，如同柔软的棉花一样死掉了。在这里还有23名幸存者，约半数的士兵已经战死了。第二天早晨天色还昏暗的时候，他们才抵达南端的松下坑道。

配属折钵山地区队的第2混成旅团工兵队第3中队的小队长浅田真二中尉，在总攻之前曾在出击爆破坦克时受了重伤，留在地下坑道中，没有参加2月23日该地区队的总攻，就这样一直活到5月份，在此期间，他曾数次听见美军劝降。5月13日，他将写给美第5舰队司令的遗书塞到地下坑道入口的树上，然后同亀田工兵军曹以下数人一起朝东方高呼“天皇陛下万岁”后，在上午6时引爆三颗手榴弹自杀。

浅田留下的遗书内容如下：

留给美军司令官斯普鲁恩斯的遗书

阁下对我等的深厚好意实感激不尽。同时也十分感谢阁下送来的香烟和肉罐头。阁下规劝的投降仪式不符合日本武士道的传统。水和食物早已用尽，已定于十三日上午四时全体自杀同去天堂。最后祈祝贵军武运长久。

折钵山是硫黄岛战役期间最大的激战地区之一，据日方资料所述，从美军登陆以后，双方争夺折钵山达八次之多。白天美军将星条旗立在山上，但第二天早晨又会换成太阳旗，直至第八次争夺最后决出了胜负。甚至在美军占领折钵山后，仍有日军试图扯掉山上的星条旗。据海军司令部的松本岩上等兵曹回忆，在3月10日，他们曾遥遥望见折钵山上的星条旗被扯下，飘扬起破破烂烂的太阳旗。司令部作战室因此变得“勇气百倍”。但是这面太阳旗仅仅存在了两天，之后就只能看见星条旗了。

无论日军折钵山地区队的残部在2月23日以后怎样活动，都已无法改变这座全岛制

1945 年 2 月 25 日，美军在折钵山用炸药封死日军藏身的坑洞。

高点在当天已经易主的事实。23日下午的余下时间里，美军28团2营继续扫荡折钵山一带。美军陆战队步兵歼灭了敌人的狙击手，与工兵一起炸毁了大量的洞穴入口。许多日本兵被封在洞穴里，尽管无疑会有一些人从这些坟墓里设法出来，但仍有不少人会因为伤势和窒息身亡。一些在折钵山陷落后幸存的日本兵，设法回到硫黄岛北部的日军阵地。他们在那里面临另一种严峻考验。就在折钵山的日军残兵进入日军阵地时，发生了以下事件。

2月24日，一名日本海军大尉带领几名部下，各个满身血污，来到硫黄岛北部的一座日军指挥所，说他们是突破了敌军在折钵山的包围圈，想方设法来到指挥所报告的。一位日军士官将大尉带到井上海军大佐的办公桌前。井上难掩郁积在心的怒火，大发雷霆道："你这混蛋，为什么会回来？你的任务不是不惜一切代价守卫折钵山吗？你回到这里来真是丢脸。丢脸、丢脸、丢脸！你知不知道什么是羞耻？我告诉你，你是个懦夫，是逃兵！"几位在场的部下想劝大佐平静下来。井上却一点都听不进去，怒吼音量更大，最后说道："按照军法，逃兵都会被立即处决。我会亲手将你斩首。"

井上当场拔出指挥刀，高高举起。那位负伤的海军大尉只是平静地跪在地上，一动不动。几个部下赶紧抱住大佐，极力将指挥刀夺走。井上骤然放声痛哭，低语道："啊，啊，折钵山陷落了！折钵山陷落了！"部下们赶紧将那位大尉带到医务室急救。

美军夺取折钵山耗时虽不长，却并不轻松，代价相当之高。在2月20日到23日的战斗中，陆战28团战损总数达到519名。其中115人阵亡，375人负伤。这些数字不包括该团在2月19日登陆日损失的385人。

要获得在折钵山周围杀死的日军人数的精确数字是不可能的，不过美军还是给出了1231人的统计数字，另有数百人被封在各种洞穴和碉堡工事里。除了少数人成功闯过美军阵线，前往硫黄岛北部之外，日军折钵山地区队被悉数歼灭。在折钵山陷落之后的几天时间里，个别日本兵可能会成

地图十 陆战 28 团在折钵山的推进

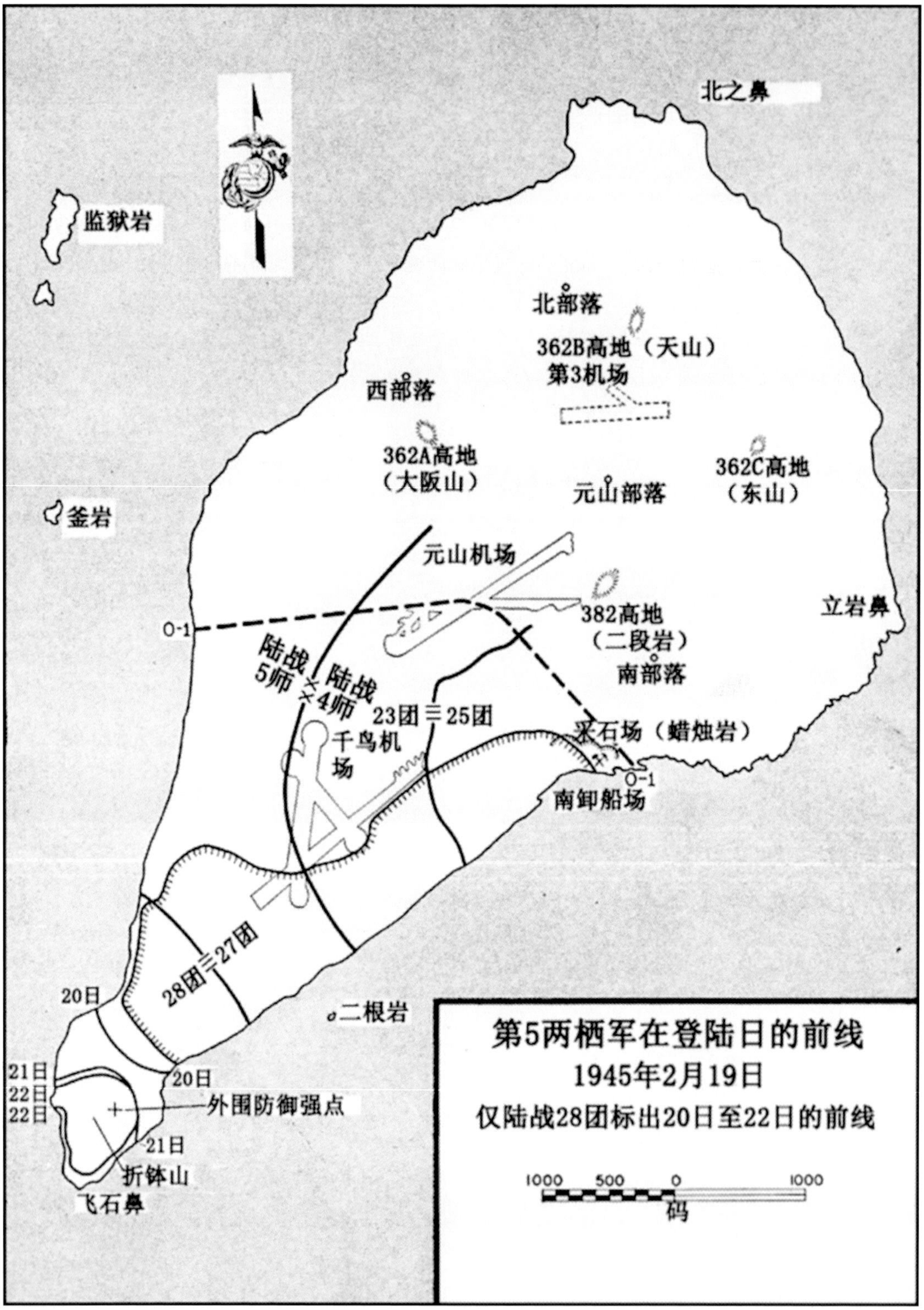

功地在被爆破封死的洞穴或隧道里挖出一条生路来，却几乎都会被驻守在这座山峰周围的、严阵以待的美军陆战队员射杀。

第5工兵营与步兵协同作战，已在这一带摧毁165座混凝土碉堡和工事，有些工事的外壁厚达3米以上。他们一共爆破了15座坚固大碉堡和海军炮兵阵地；毁去数千枚敌军炮弹、手榴弹和地雷；封死200个洞穴，有些洞穴有三层楼高，安装厚重铁门。此外，支援单位的部队后送数百名伤员，开辟了通往火山口的1500码道路和坦克通道。

美军占领折钵山之后，几乎立即开始利用这个全岛制高点。陆战14团火速将回声和闪光测距装备送到折钵山顶，以便从这个有利位置锁定日军在岛北端的火炮和防御工事。此后5天，利弗塞奇上校的28团都留在折钵山地区充当军预备队，负责搜索日军残余，抢修武器和各种装备，训练新的补充兵员。

尽管攻占折钵山的意义相当重要，而且颇富戏剧性，但对于占领防御十分顽强的硫黄岛而言仅仅是一个必经步骤而已。折钵山北面正在进行一场持久苦战。在这个阶段，美军几乎没有人怀疑过日本守军的力量和一路推进到硫黄岛最北端将会付出巨大代价。对硫黄岛的美国海军陆战队而言，占领折钵山，标志着硫黄岛战役初始阶段的结束；对于栗林部下的稳固设防的日军主力而言，这是人生大结局的开始。

第八章 美军北进之初

占领千鸟机场

1945年2月20日上午，当陆战28团准备进攻折钵山时，哈里·施密特少将麾下的第5两栖军主力正在为向北发动攻势进行部署。北进的陆战队前沿各营，从左向右，依次为26团1营、27团3营、23团3营、24团2营、25团1营、25团2营和25团3营（含配属的24团1营的2个连）。从折钵山正北的硫黄岛西海岸，一路越过千鸟机场南端，向东北方向延伸的4000码的前沿阵地上，这7个步兵营一字排开。从千鸟机场开始，美军的前沿阵地大致与机场东侧边缘重合，然后突然折向东面，在南卸船场一带到达东海岸。

早在2月19日登陆日，美军就已经非常清楚，虽然经过海军舰炮和航空兵狂轰滥炸，许多日军阵地经过美军的长时间火力准备之后，依然毫发无损。到了登陆关头，美军对日军在硫黄岛的防御纵深仍然只能猜测。陆战28团在折钵山的戏剧性进展最初引起过美军上下的关注，然而栗林忠道中将其实把硫黄岛日军主力大约20000之众，都集中部署在岛中部和北部。精于算计的日本小笠原兵团司令部在北部和中部地区的部署简直滴水不漏，那里的防御似乎坚不可摧。岛上的地形是他们的天然盟友，整个硫黄岛地貌诡异，由奇形怪状的悬崖、峡谷、沟壑与岩架组成。乱石、小树的扭曲树根、崎岖的山脊和深坑以极不规则的方式四处蔓延。在这座大自然造就的迷宫里，日军深藏在数百座精心建造的据点里，大小碉堡和土木工事，洞穴和伪装好的坦克应有尽有。所有工事的射界都精心布置过，覆盖面完整。

美军的海空火力准备之所以未能在登陆前摧毁日军的大量阵地，或者使之无力化，原因之一是日军巧妙的伪装技术。日军煞费苦心隐蔽阵地的位置，美军的海空侦察虽然耗时良久，投入不少精力，却仅发现了其中的一部分。美军对海空火力准备的效果十分悲观，乃至于在陆战队官方战史资料中都认为，即便有些工事不免被发现，成为美军海空火力袭击的目标，但得益于精心修建，结构坚固，基本上受损都不重。实际上日军的个别阵地在美军的狂轰滥炸之下，还是在一定程度上被削弱了。

南部落南侧的日本海军炮台一带（南卸船场北侧）在连日的炮击轰炸下，与阵地相连的断崖被炸塌了。这一带的地形，从海军炮台到东侧是一连串断崖，十分坚固，不过与最西侧的炮台相比，西侧从船见台到千鸟机场这一段的坡度比较平缓，因此日军料定美军会企图从该地区向屏风山（后来美军称为“查理狗山脊”）方向突进。该地区对于硫黄岛守军

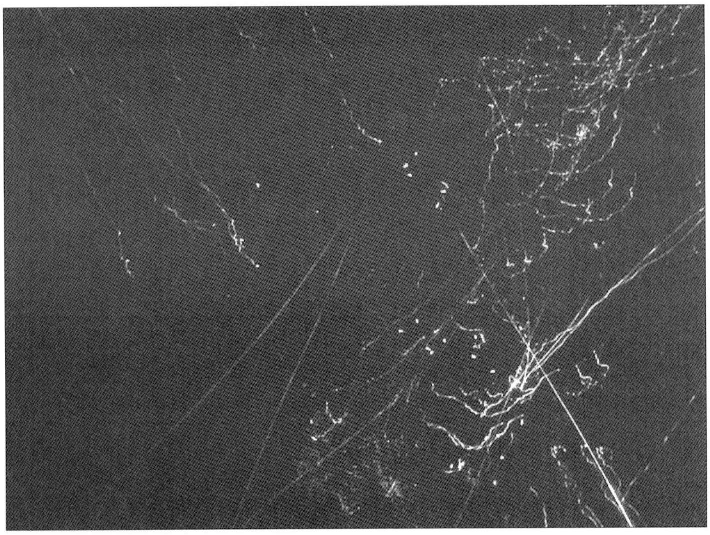

1945年2月19日夜间，照明弹或其他燃烧物造成的硫黄岛空中景观。

来说，是主阵地南翼的重要据点，因此海军炮台和速射炮及重机枪的阵地等都布置得十分坚固。美军集中舰炮火力对该地区进行了极其猛烈的炮击，在暴雨般的轰击下，即使是这般坚固的阵地也开始一点点地崩塌。海军炮台因台脚崩塌而倾覆，枪眼部遭到严重破坏。

20日凌晨，栗林兵团长在强化连接元山炮台－屏风山－二段岩－玉名山一线的南地区第二线阵地的同时，命令兵团直辖的西竹一中佐指挥的第26坦克联队主力向南地区出动。与此相呼应，第2混成旅团炮兵部队集中火炮和迫击炮火力，主要向美军坦克群射击，同时向千鸟机场周边的美军补给品堆积所、卸船点一带猛烈射击，给美军造成很大损失。

美军在硫黄岛度过的第一个夜晚，无论是在南部和北部，都一样得不到片刻安宁。凌晨2时30分，大约500名日军在27团阵地前集结，却在发动进攻之前，就被陆战13团的炮火驱散。清晨7时刚过，日军的一枚迫击炮弹正好落在蓝1海滩的25团2营指挥所，营长赫德森中校、副营长肯普弗少校和作战股长唐纳德·埃利斯少校都身负重伤。第4坦克营B连连长正好在2营指挥所逗留，询问即将发动的进攻期间2营作战计划的更多细节问题，不幸当场身亡。25团3营副营长詹姆斯·陶尔中校临危受命，接管2营的指挥权。

日军在夜袭期间的损失也不小。日本海军玉名山陆战队第3中队的橘田信一的日记有如下内容：

2月19日　敌人在猛烈的舰炮射击下，从南海岸向第一机场登陆。

下午，折钵山和元山地区已被敌步兵和坦克截断。到处都是激烈的枪炮声。我的玉名山阵地位于距离南海岸约200米的上方。

当晚编成了突击队。说是19时在本部集合。从第3中队选拔了三人。内野朝男上等整备兵（浅草出生，19岁）、田子善一上等整备兵（福岛县相马出生，26岁）和本田信上等整备兵（19岁）。携带了步枪、刺刀、手榴弹，生气勃勃地出发了。我强忍着不让泪水流下来。

2月20日　7时稍过，本田和田子回到了中队。说是袭击了屏风谷的敌人的帐篷。还说在归途中看见了内野上等整备兵和警备队下士官的尸体。

美军2月20日在北方的初始攻击目标，是夺取从硫黄岛西海岸向东延伸到元山机场南端的0-1线，从那个位置，0-1线呈马蹄形向南弯曲，然后继续大体上向东延伸到南卸船场东北海岸。为了抵达0-1线位置，第5两栖军各单位将不得不完成从西到东，向北方转移进攻中轴线的行动，这次机动其实在2月19日已经开始。第5

登陆完成之后，一片狼藉的硫黄岛海滩。

两栖军左翼和中路的各部队将横扫元山机场，将美军战线下垂的部分拉成一直线，直到他们能与配属了24团1营的25团大致齐头并进为止。25团占据着美军右翼的枢纽位置。

对许多准备在20日上午出发进攻的陆战队员而言，日光让他们看到最令人沮丧的景象。曙光之下，机场沿线的陆战队员回望海滩，才明白登陆日到底损失多大。海滩上的一片狼藉几乎无法描述。满地狼藉前后足有2英里长，而且非常厚，只有几个地方能让登陆艇进入。几十艘登陆艇残骸说明为将地面部队送上硫黄岛付出了多大代价。被打残的坦克和半履带车辆被抛弃在粗糙沙地上。被地雷和精准射击的炮弹摧毁的两栖车辆，大多都一副底朝天的惨状。被送上海滩卸货的起重机，以非常难看的角度在软沙上倾斜，推土机在自己开辟的道路上被日军的炮火打得七零八落。

箱子、防毒面具、步枪和衣物都被弹片撕扯得支离破碎，在海滩上散落。一片狼藉之中厕所用品和信件变得到处都是，仿佛战争想要窥探军人们的隐私。

散落在满地狼藉之间的是美军的死尸。一位负责一艘LCT坦克登陆艇的军官在努力将他那陷在沙子里的船艇解救出来时，被炸成了两半；一名死去的救生员在水中支撑着他的后备箱。在海滩上身亡的陆战队员，涨潮时局部被埋在沙子下面，有时只能看到一只从沙子里向外伸出的僵硬的手。

战斗在继续进行。密集的陆海空火力准备结束后，第5两栖军主力对北方的进攻在8时30分如期开始。在陆战5师攻击区域的1000码正面前线上，沃纳姆上校以26团1营和27团3营并列在第一线突击，27团1营和2营则留作预备队。师长洛基少将指定26团（欠1营）为师预备队，驻守千鸟机场西南角的各处阵地。

波洛克中校的26团1营和罗伯特森中校的27团3营出发不久，便被众多日军工事的火力和地雷所阻，推进速度大受影响，更为致命的是射击精准的日军迫击炮和火炮，日军炮

陆战5师的战士们越过开阔地向千鸟机场前进。

兵早已反复校准过射击诸元，炮击威胁极大。

在机场西面，沃纳姆上校的部队不得不穿越相对开阔的一片地区，这里无法提供任何掩护，也无法避过日军的眼睛。日军中地区队在这一区域的观察视野极佳，拥有非常好的射界。千鸟机场周围的中地区队指挥官原光明大队长自19日夜以来，将大队预备队第3中队（中队长高山惣次郎中尉）的一部增派到高砂台附近（千鸟机场南侧）的第2中队防御正面，同美军在极近距离对峙。

20日8时半左右以后，中地区队西侧鶯部落正面和东侧高砂台正面这两处前沿阵地遭到配属第5坦克营A连和B连的美军波洛克营和罗伯特森营进攻。日军原大队结合使用反坦克地雷和火炮、迫击炮、速射炮及重机枪的集中火力顽强战斗，但在潮水般涌来的美军面前终于寡不敌众，阵地逐渐被蚕食。当天12时左右，包括坦克在内的一部美军终于攻抵船见台，千鸟机场被美军占领，元山台地的兵团主力同折钵山地区队间的南北联络至此断绝。如前所述，在作战准备中，日军通过陆海军协力在千鸟机场周边构筑了碉堡阵地，投入了大量物资材料，但战斗结果表明长期确保靠近海滩的机场是不可能的。

在第5坦克营A连和B连的支援下，陆战5师的步兵稳步前进，人员损失却依然很大。18时，沃纳姆团长下令两个突击营停止前进，巩固已有阵地。当天，波洛克和罗伯特森的部队一共推进了800码。只不过，左翼的26团1营为了在一个更适合夜间防御的阵地布防，不得不后退200码。20日天黑之前，陆战5师的2个营在千鸟机场西北边缘向西海岸延伸的东西走向的一线阵地挖掘散兵坑，部署过夜。到了晚上，27团2营和27团1营，分别在前线后方左右部署纵深防御阵地。

第5两栖军右翼的陆战4师为了20日的进攻，一次在前线投入了两个团的兵力。4师攻击区域左翼，配属24团2营的陆战23团在8时30分出动。他们几乎立即就遭遇日军机枪、迫击炮和火炮火力的密集火网阻击，烈度丝毫不比5师遇到的差。为了查明阻击火力的源头，让日军的炮兵和机枪阵地彻底安静，23团团长温辛格上校的部下暂时失去了与4师右翼拉尼根25团的联系。23团战斗区域的地形对装甲兵前进其实相当不利，第4坦克营C连的一个加强排仍来到这一带提供支援。中午，23团的一次勇猛突击已经越过千鸟机场北侧边缘。这次突击刺穿了日军防御体系的一个重要部分，同时摧毁了一些隐蔽上佳的碉堡和步兵防御强点。进攻的陆战队伤亡也很大。无论在机场的平地，还是海滩的斜坡上，都几乎完全处于日军的射界之内，日军也充分利用了自己的有利防御条件。

下午，23团继续前进。可是，雷区和日益崎岖的地形让装甲兵很难再提供有效支援。日军用致命的喷进炮、火炮和迫击炮向前进的海军陆战队员开火。无法得到装甲兵掩护的美军步兵在下午能够取得的进展极其有限，几乎再没能占领比上午取得的更多的阵地。在越过机场之后，温辛格的部队一共推进了大约500码。16时30分，23团的预备队，即本团1营和2营来到机场临海边缘一带的阵地，组成了全团的第二道坚强阵线。天黑之前，23团与4师左侧的5师27团和右翼的25团已将战线连成一气。

25团在20日的进攻由3个营齐头并进展开。当天的主攻任务由全团左翼的1营承担；中央的2营负责直接占领其正前方的高地，然后为1营提供火力支援。在最右翼，配属该团的24团1营在25团1营和2营能够跟上之前，维持原地不动。25团3营在登陆日伤亡很大，从一线阵地退出，留作团预备队。

25团按时出动，第4坦克营B连支持这次进攻，但是极为崎岖的地形让这种支援几乎有名无实。此外，每次1辆坦克只要到达一个可开火的阵位，就立即会吸引日军迫击炮和火炮的精确射击。日军在

陆战4师的侦察兵到达千鸟机场外围，依托日本海军飞机残骸，正在设法寻找隐藏在其他飞机残骸里的日军狙击手。

隐蔽阵地里部署的机枪交叉火力，加上射击精准的大量步枪火力齐射，严重阻挠拉尼根的这个团推进，造成大量伤亡。

25团的步兵苦不堪言，他们找不到合适的地方避开日军的火力。日本兵都深藏在加固的混凝土工事里，他们的火力线组成了一道道弹流化作的致命金属风暴，将25团各连都撕扯得支离破碎。事先的精心伪装没有白费，美军一时根本无法分辨日军的任何设施。每一边的高地都遍布日军的炮兵阵地、碉堡工事、排水沟和观察哨，密密麻麻，仿佛蜂窝一般。日军阵地的视野都极佳；每当美军陆战队行动时，他们都能将每一步看个清楚。一旦美军真的行动，迫击炮、喷进炮、机枪就会用多层火线织成一张死亡火毯。陆战队炮兵和海军舰炮虽竭力支援，但日军只要退到较低层或内部的洞穴里，等待火力风暴过去，就能让美军的反制火力基本失效。待美军的炮火准备结束，他们就会迅速出现在射击位置，打击前进的陆战队步兵。

受到日军火力致命威胁的，不仅仅是美军的一线部队。11时，日军火炮的直射火力命中25团1营的急救站，6名海军医务兵当场阵亡，另有7人负伤。日军对炮兵的部署经过精心谋划，准备充分，乃至于所有深入岛屿内部的海滩和通道全部被覆盖了。日军炮手可以任意用炮火搜索攻击美军的各种补给站、后送站和指挥所。通常，美军的LVT履带登陆车能将补给送到前线。可是在25团的攻击区域，就连这些多功能车辆也无法通过，于是

在后方待命的团预备队人员只得用人力将急需的物资运送到前线。

20日下午，25团继续奋战，但进展十分缓慢。16时，友军飞机来到25团作战区域上空。十分疲劳的陆战队员大为欣慰，得到空中支援，好歹能让他们的推进获得一些额外助力。谁知机载12.7毫米口径机枪子弹、火箭弹和炸弹从空中落下之时，欣慰就变成了恐怖。24团1营B连当时就站在东海岸往内陆大约400码的采石场南坡，成了友军误炸的目标。这次空袭并非24团1营呼叫的，也不是由他们的地面人员控制的。这次空袭没有事先计划，在前线的标志引导也不够，虽说在空袭之前和进行期间，确实摆出了黄色的前线标志牌，还是没能避免悲剧发生。这次误炸让24团1营5死6伤。似乎嫌日军的重火力和友军的错误空袭还不够，倒霉的B连还挨了一顿友军水面舰艇炮击，就连友军炮兵都将射击目标标定了他们的阵地。对海军舰炮火力的误导，让一艘未经确认的巡洋舰的两次齐射炮火都落在24团1营前线，造成大约90人伤亡。

到18时为止，25团1营和2营推进了200到300码。可是25团1营左翼由于23团战斗区域左侧前线方向的日军火力极其酷烈，全天都动弹不得，没有任何收获。18时，团长给所属各单位的命令是巩固既有阵地，挖掘散兵坑过夜，各自与友邻部队建立牢固联系。

2月20日的夜幕在硫黄岛降下之时，美军已经完全占领千鸟机场，陆战4师的前沿阵地前推了200到500码。为了取

地图十一　2月19日和20日，美军登陆和日军的反登陆战斗

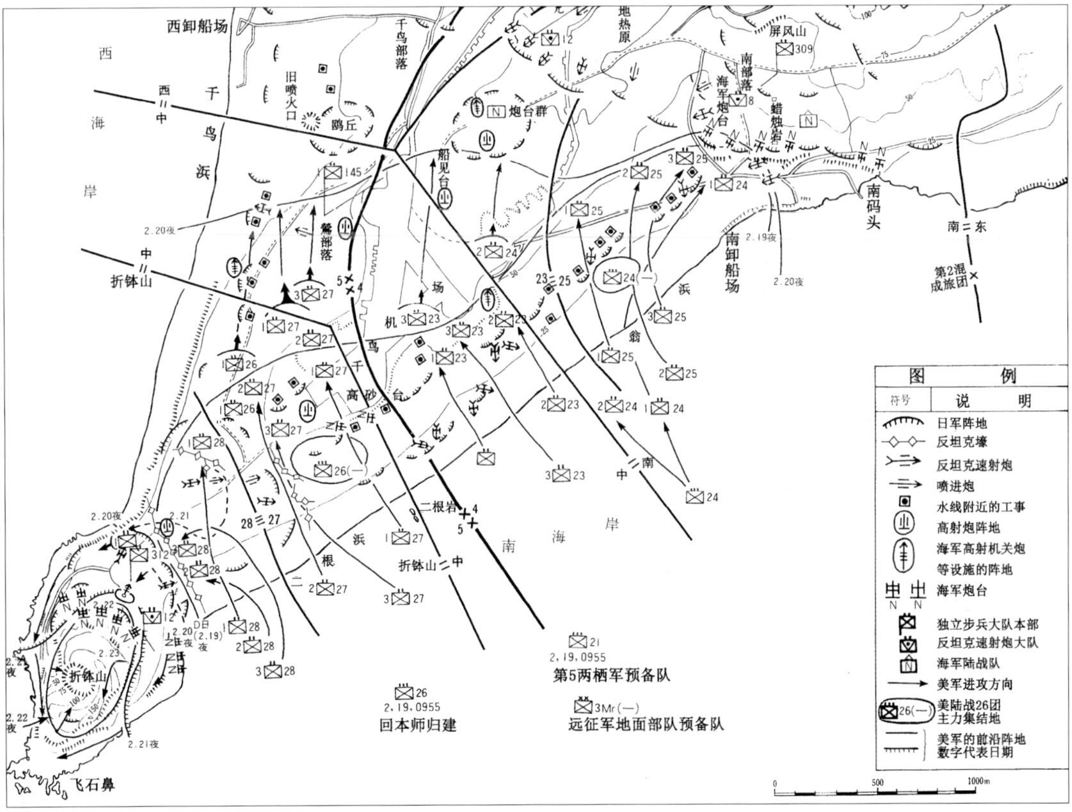

得这些收获，美军付出了相当沉重的代价。在登陆第二天结束时，陆战5师伤亡达1500人，陆战4师则达到约2000人。当天美军首次在硫黄岛俘获日军，一共3人，但2人最后还是死了。美军当天计点的日军尸体有630具，不过应当还有许多人被杀，但尸体一时无法找到。

日军中地区队（包括当地海军陆战队）残部在当晚8时左右对千鸟机场实施了反击，在南地区队正面，日军为夺回南部落正面主阵地，也在21日凌晨（4时半左右）以第26坦克联队和第309独立步兵大队的各一部实施反击，均没有取得很大成果。当晚，日军彻夜在全线实施挺身突击，反复扰乱美军，造成相当数量的损失。

军长施密特少将对前线的人员紧张状态心知肚明，20日当天一早，已经命令军预备队，哈特诺尔·威瑟斯上校指挥的陆战21团乘小艇等候登陆命令。可是滩头阵地一带的局面没有任何改善，反而变得更糟。到处都交通拥挤，损毁的登陆艇、失去动力的车辆和其他装备四处散落。下午早些时候，风力都变得更大，让登陆操作变得更为危险。施密特只得命令21团重新登上运输舰，等候后续命令。

4师急需所有的建制内炮兵提供支援，20日便让14团3营和4营登陆。10时12分，14团3营就全部乘上DUKW两栖卡车，但日军在沿岸地区和内陆地区精心挑选的一些重武器阵地的火力让登陆迟迟无法进行。5个多小时后，运载14团3营的两栖卡车才开始在黄1海滩南缘登陆。然后，该营的105毫米榴弹炮，进入先期侦察队在黄1和红2海滩边界临近内陆的位置准备好的炮位。17时28分，3营的榴弹炮打出登陆后的第一轮炮弹，加强师属炮兵1营的火力。

相比之下14团4营就倒霉多了。从1032号坦克登陆舰上下船才几分钟，第一辆装载14团4营105毫米榴弹炮的DUKW两栖卡车就被海浪没过车舷，引擎熄火，和车上的火炮一同沉没。另外7辆DUKW也在水上相继沉没。这场灾难让14团4营在上岸之前就失去全营2/3的火炮，十余名官兵在事故中丧生。后来美军断定DUKW的引擎故障是汽油渗水、负载沉重和高海浪造成干舷高度不足造成的。

扬达尔中校指挥的这个炮兵营霉运冲天，22时30分，仅剩的4辆两栖卡车在上岸时，又有2辆被海浪吞没，最后仅剩2门105毫米榴弹炮安全上岸。虽然它们最终能够进入阵地，向北方开火，但扬达尔营

一辆工兵推土机正在牵引105毫米榴弹炮车去前方炮兵阵地。火炮通常用轮式卡车牵引，但硫黄岛的松软沙滩和崎岖地形让美军只得改换其他牵引车辆。

实际上已经仅剩1/6的火力而已。

为了缓解眼前的火炮短缺问题，第5两栖军军属炮兵的一些重型155毫米榴弹炮也奉命登陆。下午晚些时候，779号坦克登陆舰强行穿过散落在红1海滩的车艇残骸，卸载155毫米榴弹炮第2营。海滩条件极其恶劣，好在两栖车辆还是竭力将4门重型榴弹炮拖运到陡峭的悬崖上。18时40分，这4门重炮已经在西海岸5师作战区域内的阵地就位。厄尔·劳斯少校指挥的这个重炮营的另2个连分别在2天和4天以后才登陆。已经上岸的几个美军炮兵营从一开始就遇到了不常见的麻烦。在陆战28团攻下折钵山，占领日军在那里的多个炮兵阵地之前，美军炮兵在向北开火时，都会遭受南面日军居高临下的炮火威胁。折钵山日军炮兵对美军炮兵阵地的威胁要比北方更大，这也是许多日军军官对折钵山阵地在美军登陆的第4天就落入敌手非常不甘的重要原因之一。

2月20日夜间，美军驱逐舰用照明弹划破夜空，看在旁人眼中，就好像冥界的鬼火，炮火支援舰船和迫击炮艇为地面部队提供反炮兵火力和对日军的骚扰火力。大约20时前后，陆战13团的炮火帮助5师的步兵打退一股数量不明的日军的反击。21日凌晨4时43分，应当属于日军第309独立步兵大队的大约100名日军在4师作战区域发动了一次反击，企图突破美军陆战队防线，还是未能成功。3到4人的日军小股挺身突击队断断续续企图渗透美军两个师的负责区域。日军炮兵彻夜都在骚扰美军前沿阵地和后方地区。

驻守玉名山的第2混成旅团长千田贞季少将鉴于全盘战况，特别是丢失千鸟机场和南地区蜡烛岩一带主阵地被美军楔入的情况，在根据兵团命令，力图强化西地区主阵地和南地区第二线阵地的同时，还在2月20日夜命令中地区队残存部队向大阪山地区转进。中地区队长原光明少佐掌握了该地区的陆海军残存兵力，一边击退美军追击，一边撤退，至21日凌晨已退到大阪山炮台西侧地区集结，然后负责对该地区正面的美军实施挺身突击。

此外，第2混成旅团预备队，驻守二段岩东北侧的第310独立步兵大队〔配属突击中队（欠工兵小队），大队长岩谷为三郎少佐〕为加强元山台地第二线阵地，将第1中队基干部署于大阪山、将第2中队基干部署于二段岩、将第3中队部署于屏风山、将步兵炮中队部署于玉名山、让机枪中队各部配属各中队。该旅团的另一支预备队，部署在玉名山一带的第11独立速射炮大队（大队长野手保次少佐）也为了加强第二线阵地的反坦克战备，将所属的第1、第2、第3中队从东至西分头部署。

此外，鉴于自美军登陆以来，兵团第一线不断出现伤员，栗林兵团长为强化第一线的应急治疗，发出兵团命令，让位于海军司令部遗址（玉名山）西方的师团工兵队第2中队（中队长武藏野菊藏中尉）在地下坑道内开设第2混成旅团野战医院（院长野口岩军医大尉）前进绷带所（前方收容所），派遣院长以下17名医护人员负责运作，还命令第2工兵中队一部（配属守备地热原的第2独立机枪大队一部）进行协助。该地下坑道规模甚大，出入口设于屏风山东侧的断崖脚部，是在屏风山到玉名山的地下挖掘成的壮观的地下洞穴。出入口在玉名山的掩蔽下，可以遮挡舰炮射击。这段坑道靠近通往南部落及其西方的主阵地的道路，且出入口南侧形成洼地，便于进入。这段工兵队辛辛苦苦构筑成的坑道，掩蔽部规模很大，通过地下交通沟，巧妙地同台地上的阵地连接起来。

20日凌晨3时左右，武藏野菊藏在第2混成旅团司令部受领命令，要点如下：

1.美军在今晨开始登陆第一机场，以主力向烟斗山、以一部向地热原方面攻击，正逐次前进。

2.在南码头附近一带设立了登陆场，正在卸载军用物资。。

3.旅团将攻击该F（指被标记为“F”的美军阵地）。

4.旅团工兵队长以本井少尉指挥的特攻队对南海岸的登陆场和战斗器材及其他军需物资的堆积场实施爆破。

5.细节由前田少佐指示。

2月20日3时30分

旅团长千田少将向旅团工兵队长口头传达

武藏野领命后，立即从前田工兵少佐（工兵部队的最高指挥官）那里得到关于细节的指示，接受了攻击南海岸的指导，随后向本井少尉下达了命令。本井少尉奉命担任特攻队长，8时53分抵达武藏野所在的防空壕。

本井连饭都没顾上吃就开始着手编组特攻队、整备爆破器材、准备炸药，在20日黄昏前完成了出击准备。武藏野下达出击命令后，特攻队长本井以下10人全副武装，背着10公斤炸药，头上缠着太阳旗，右手拿着步枪，在队长室前集合。

照明弹将全岛照得亮如白昼，特攻队伏在地面，以队长为中心以横队前进，渐渐消失

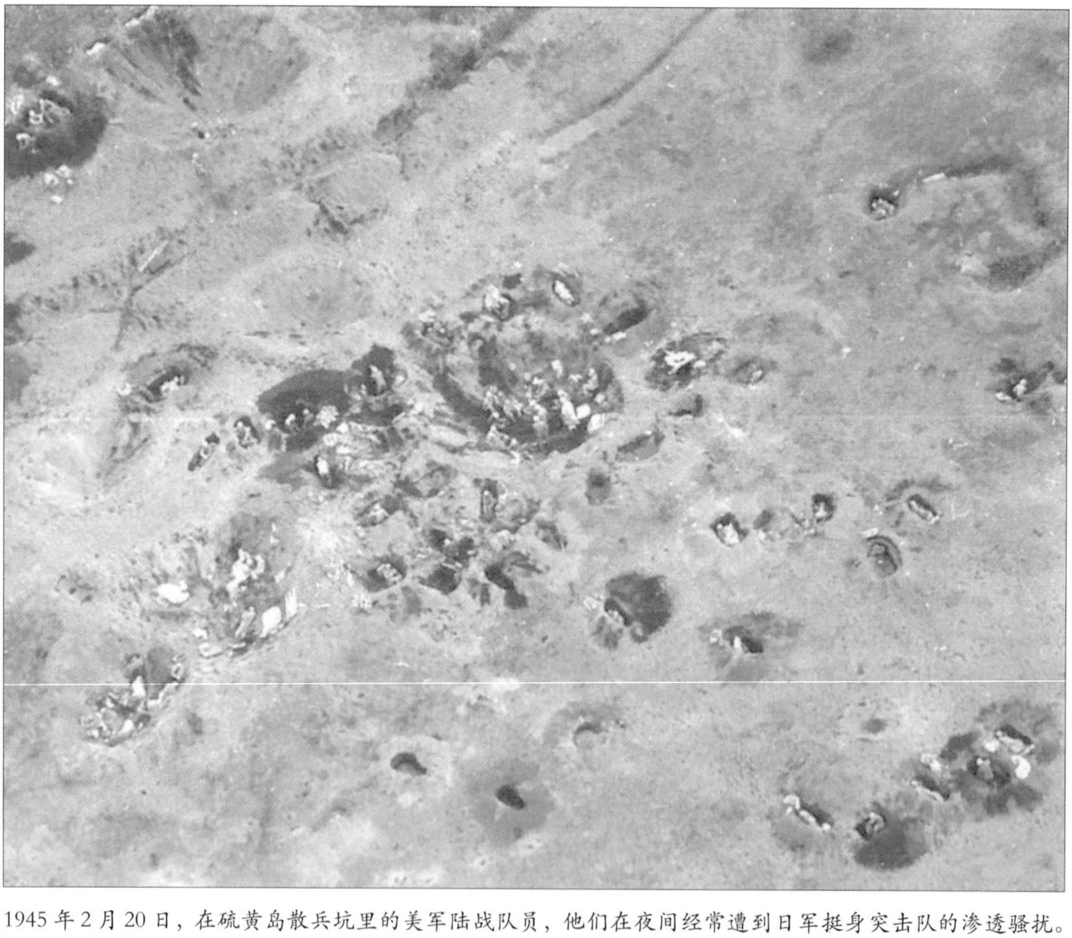

1945年2月20日，在硫黄岛散兵坑里的美军陆战队员，他们在夜间经常遭到日军挺身突击队的渗透骚扰。

在南海岸方向。

特攻队没有受到任何损失，在20日半夜抵达南海岸的友军阵地，之后同友军第一线部队保持密切联系，突破了南海岸地带的美军第一线警戒阵地，接近登陆场和战斗物资堆积所一带。本井让部下队员全部进入弹坑，在自己侦察回来之前原地待命。他一个人背着炸药对美军阵地进行了强行侦察。

本井接近美军阵地后，那一带突然腾起火焰，一声巨响，阵地被滚滚白烟包围，顷刻之间南海岸化为地狱。留在后面的全体人员立即成为肉弹，突入美军阵地实施爆破，但给美军造成的损失程度不明。本井当初把部下留在后方一个人前去侦察，是担心很多人在一起接近F阵地很容易被发现。

本井特攻队除一名传令兵之外，全员于21日3时左右在南码头消失。那名传令兵身负重伤，仍挣扎着爬回武藏野中队阵地，在22日半夜抵达，报告了该队的行动情况，完成了自己的任务后，当场倒下死亡。

美军向0-1线位置前进

在20日天黑前，美军陆战队付出颇为沉重的伤亡代价，控制了大约1/3的硫黄岛，占领了登陆地区沿线2英里宽的滩头阵地和西南海岸2000码的阵地。千鸟机场已经全部在美军掌握之中。第5两栖军的战线大致呈东西走向，从机场跑道尽头的西海岸，越过机场末端，向蜡烛岩一带的采石场略微弯曲。就在那个位置外面一点，这条战线以直角向东弯曲，右翼就靠在面朝南卸船场和南码头之间的山脊沿线的海岸上。美军在任何地方都没有到达0-1线，不过各处阵地的位置较好，有更多火炮和可用的坦克在今后的战斗中提供支援。日军在2月20日的抵抗比登陆日更强，却无法阻止美军的2个师坚守他们占据的阵地。

海滩上的条件也变得更加困难。就全局而言，史密斯中将和施密特少将在20日夜间都已经感到，以日军的抵抗力量来看，有必要让仍在船上待命的陆战3师投入战斗。为该师在岛上登陆的陆战队员提供食物和弹药，会对可用的滩头设施造成额外压力，但已在岛上作战的两个陆战师的战斗力都已减弱，美军别无选择。结果，陆战3师21团再度得到命令，21日在硫黄岛登陆，然后会配属给4师长凯茨少将指挥。

2月21日黎明时分，美军集中12艘驱逐舰、2艘巡洋舰、68架飞机和33门榴弹炮，对硫黄岛日据地区轮番实施火力打击。8时10分，陆战4师和5师的部队都已出发，开始当日的进攻。在第5两栖军左翼，陆战27团刚出发，就撞上日军西地区队的防御主阵地。

日军西地区队以辰见繁夫少佐指挥的第311独立步兵大队为基干，以连接船见台西端－章鱼岩东端－元山机场第一跑道（不含）－元山一线，为同南地区队间的战斗边境线，负责从该地到西侧地区的防御。该地区队辖区南边在旧火山口一带同中地区队相连，北边在大阪山西北侧高千穗峡一带同第145步兵联队辖区相连。南地区队的元山台地是硫黄岛右侧的骨干阵地，大阪山则是西侧的骨干阵地。西地区队从旧喷火口一带到浮地狱、阿苏台一带设置了前进据点，主阵地在元山机场西南端章鱼岩同南地区队相连，从该地西北的千鸟部落北侧约200米到雾岛部落西侧及西部落海岸构筑了第一线阵地。除章鱼岩的断崖部外，其西北的主阵地利用比较平缓的棱线为侧面阵地，从后方高地的大阪山和田原坂、狮子岩一带，可以清楚地俯视观察，视野良好，可进行有效的支援射击。地区队本部就设在拥有最优射界的硫黄岛防御西侧支点大阪山上，在这里指挥战斗。

日军依托这一带迷宫般的大片洞穴和钢筋混凝土火力点，顽强抵抗。这片系统防御阵地纵深超过2.4公里，从西海岸一直延伸到东海岸，由无数碉堡工事和大约1500个洞穴组成。

好在27团前进区域的地形适合部署装甲兵；第5坦克营的坦克就在步兵正前方行动。13时40分，左翼配属的26团1营和右翼的27团3营都已前进将近1000码，来到0-1线正南的一个位置。

在迎击美军的战斗中，日军西地区队在鸥丘、旧火山口、千鸟部落一带的前方部队顽强战斗，同章鱼岩周边的火力支援密切配合，给美军造成很大损失。美军当天13点40分左右为止虽已抵达西卸船场－千鸟部落南端一线，但下午不再前进，就在这道战线附近保持对峙状态，迎来夜晚。此外西地区队一部还固守着旧火山口、鸥丘一带的地下洞穴阵地，在敌后潜伏，努力扰乱美军的后方地域。

5师停止前进，主要是由于4师推进相对较慢，又有日军的密集炮火阻拦，14时之前在4师和5师之间已经形成了一个不小的缺口。27团团长沃纳姆上校得报，从预备队本团1营派出B连去填补3营和4师23团之间的缺口。在日军持续不断的火力之下，陆战5师各部将下午的剩余时间都用在重整各部建制、后送伤员、巩固防线上了。洛基师长和师参谋部人员当天上岸，在千鸟机场南端附近建立了他们的前敌指挥部。

凯茨的陆战4师面临的是极为崎岖的地形和重火力。4师当天仍以23团和25团继续齐头并进，进攻日军南地区队的防区。23团以本团3营和24团2营为左右前锋，缓缓推进，23团1营和3营与前锋保持600码距离跟进，向日军船见台一线阵地推进。美军一动，几乎马上就遭遇酷烈的迫击炮、火炮和机枪火力阻击。日军南地区队（含当地海军陆战队）依靠第2混成旅团炮兵部队的火炮、迫击炮集中射击，在南部落西方谷地（反斜面）巧妙配置的反坦克地雷等障碍的配合下，拼命防守除蜡烛岩一带外的主阵地前沿（元山机场西端－船见台－南炮台－南码头）。

2月21日，陆战23团的1个营在进入当天的战线之前，在一片开阔地上列成疏散队形。注意地平线位置充当当天攻击箭头的谢尔曼坦克，图左中是为陆战队员提供再补给的履带两栖车辆。

在南部落周围，西侧隔着平坦谷地的对面是地热原和船见台，北侧则形成了平缓台地，在300米外与屏风山东南侧相连。如果美军夺取南部落周边阵地，就可以从屏风山进入二段岩方向，硫黄岛守军的阵地组织紧要地带就有崩溃之虞。南地区队身当重任，殊死抵抗。

美军前进过程中，不断遇到雷区，坦克也无法支援。为了越过雷区，对付日军的大量碉堡，美军的推进耗时良久，伤亡很大。日军南地区队的死伤也在不断出现，阵地逐次产生间隙，美军就从那里一点点渗入。工兵部队赶到前方，顶着日军的子弹排雷。唯一取得重大进展的是23团左翼，这一地区的遮蔽物较少，允许进行局部的有限包抄行动。不过23团全天的平均进度只是略超过100码而已。与左侧的5师27团重建联系后，23团在18时之前就地挖掘散兵坑过夜。

4师最右翼的25团，以本团1营、2营和配属的24团一字排开进攻，本团3营为预备队。虽然日军在25团正前方布设了雷区，这一带的地形却多岩石，也不规则，日军也无法在所有通道里都布雷。第4坦克营A连负责支援25团的两个前方营推进。B连的坦克则用75毫米主炮和车载机枪向面朝24团1营的悬崖上的碉堡和防空洞开火，将敌人从蜡烛岩一带的几座高地和悬崖地区逼出来。14团1营的榴弹炮则精心计算好弹道，用炮弹为24团突击部队提供反炮兵火力和支援火力。24团战斗区域中路的抵抗逐渐减弱，右翼在南卸船场沿岸取得了相当大的进展。上午，25团各部分别取得50到300码不等的进展，但战斗减员一直很严重。10时整，25团1营长穆斯滕中校在前沿阵地视察时，因遭日军炮击阵亡。副营长芬顿·米少校接管指挥权。

14时30分左右，配属2个坦克连的美军陆战25团主力，从西方向蜡烛岩附近扩张战果，楔入日军南部落主阵地的一角。该地区日军守备队顽强抵抗，同美军展开惨烈的肉搏战。南部落一带（自前一天以来就从海滩附近后退到此处的）粟津大尉的第309独立步兵大队和第8独立速射炮大队（大队长清水一大尉）等各一部约200人，以及海军警备队南地区炮台群的残存部队固守约6处据点，与侵入的美军持续进行激烈的近战。

此外南码头北侧蜡烛岩至断崖一带的海军玉名山陆战队〔南方诸岛海军航空队（含航空兵器修理队、兵装队等）、第204设营队的一部〕的约一个中队、元山机场正面的第

1945年2月21日，为了支持陆战队步兵的进攻，进行过精心准备的一辆的美军谢尔曼坦克。车身后方堆积的沙袋是为了防备日军肉攻队的反坦克手雷。

309独立步兵大队一部、海军船见台炮台群〔指挥官秦清中尉，包括陆军特设第20（第二船见台）和第21（东诱导路）机关炮队〕和第2混成旅团直辖的第12独立速射炮大队（大队长早内政雄大尉）、第2独立机枪大队（大队长川崎时雄大尉），以上各部队主力竭力保护南码头和船见台－元山机场西端的主阵地前沿，拼命阻止美军扩大战线。

海军玉名山陆战队第3中队的橘田信一二等整备兵曹关于当天战况的日记摘录如下：

2月21日 战死伤超过昨天。伤员被搬来南方空的坑道。

敌人的M4坦克出现了，在玉名山的下面敌人修筑了坦克道路（可供坦克一辆接一辆地通过的坦克专用道路）。

玉名山有陆海军合计500－600人，陆军的作井队也在这里。

在南海岸，粟津大队被敌人包围，成了瓮中之鳖。听说这时第8独立速射炮大队（清水大尉）的中村少尉亲自操作速射炮破坏了坦克50辆，为此向他授予了感状。

虽然下达了救援粟津大队的命令，但在将要出发时取消了。该大队已经全灭了。

美军各部队在越过困难地形时的不规则前进路线，造成25团1营和2营之间出现了一个较大的缺口。15时前后，拉尼根上校派本团3营去堵上两个前锋营之间的空缺。由于日军的重火力几乎覆盖美军的所有作战单位，3营在进入前沿阵地时就遇到了很大困难。17时，这次行动完成的时候，25团已在巩固阵地过夜。同样，为了填补5师右翼和4师左翼的一个相当大的缺口，27团1营奉命进入5师右翼沿线的一个阵地。洛基少将的这个师的战线必须延伸400码左右，进入4师攻击区域，才能确保美军阵地不出现明显破绽。天黑前，美军已抵达千鸟部落南端－船见台南端－南部落西侧－南卸船场北侧一线，日军硫黄岛主阵地南翼的一角已被蚕食。

美军两个师向元山机场前进的这一整天时间里，一直都得到有效的空中和海军舰炮火力支援。美军航空兵当天出动800多架次，为地面部队提供近地直接支援，一共对日军实施空袭32次。近海的11艘驱逐舰为第5两栖军提供直接炮火支援和照明弹；1艘驱逐舰、2个迫击炮步兵登陆炮艇支援单

1945年2月21日，正在为地面部队提供空中支援的美军F6F“地狱猫”式舰载战斗机。

1945年2月21日，陆战5师的军官在沙袋堆垒的指挥所里指挥战斗。图中手持电话听筒者为5师师长洛基少将。

位，以及2艘巡洋舰，负责提供纵深火力支援。由于千鸟机场尚无法供海军陆战队的观察飞机使用，舰炮和地面炮火的定位观测任务，仍需舰载机执行。

2月21日的战斗，证明美军必须让更多地面部队尽快登陆。上午美军滩头工作队抓紧时间改善登陆条件，最终让陆战3师21团能够上岸。11时30分，威瑟斯上校指挥的这个团奉命在黄色海滩登陆，然后会配属给4师，协助占领元山机场。当天下午，威瑟斯让他部下的3个步兵营全部登陆。尽管风浪很大，该团在登陆期间并未出现人员伤亡。18时，3个步兵营和团部指挥所都已顺利上岸。配属给4师后，21团就在千鸟机场边缘附近集结。

当天中午刚过，陆战4师副师长哈特准将便上岸调查滩头状况，为师指挥所选择合适的位置。眼看日军对海滩的火力威胁一直不减，美军抢滩登陆时留下的满地狼藉仍未有效清理，哈特便建议师部至少2月22日仍留在船上。哈特在与各团团长协商后，还建议21团不要按原计划替换25团，而是在22日替换23团，很快获准。

21日天黑前，第5两栖军在两座机场之间建立了一条非常不规则的战线。美军各部为过夜巩固阵地时，共有8个步兵营面对日军。21日美军的缓慢推进逼得日军逐次后退。不过第5两栖军当天的伤亡依然很大。在登陆后的最初58小时里，美军地面部队的战斗损失已超过4500人，陆战4师的剩余战力为68%。

2月21日的夜晚，硫黄岛一带细雨绵绵，这鬼地方的地貌却让人无心欣赏。美军地面部队感觉糟透了，雨夜十分寒冷，极为不适。不到万不得已，栗林绝不会组织“万岁冲锋”，不过并不妨碍他指挥日军尽其所能让他们不欢迎的来客痛苦。

2月21日夜间，日军硫黄岛兵团司令部的龙前新也军曹和参谋部的大泽大尉及2名第145联队的士兵共计4人出去巡查。他们经过军医部，从北机场侦察了元山、二段岩和南海岸的美军登陆点。在登陆点方向，他们可以听到日军的机枪射击声，无数照明弹升上清澈的天空发出诡异的光亮。在登陆地点的方向发射的照明弹尤其之多。让离开坑道的龙前等人感到吃惊的第一件事是，从军医部到北机场的道路已经面目全非。在连日的炮击轰炸下地形完全改变，原来山冈所在的地方没有了山冈，原来有山谷的地方没有了山谷，真正变成了一片荒野。途中他们遇到几名士兵，对上“山”和“川”的口令后继续前进。在海岸附近，美军舰艇上灯火辉煌，舰船正在电灯照明下进行卸载作业，龙前认为美军“实在是胆大包天”。

黄昏时分，日机空袭美军在硫黄岛外海的船只，命中了包围硫黄岛的美军舰队外围的一些军舰。当时日本海军硫黄岛警备队的残存火炮还有150毫米炮4门、120毫米炮2门、短120毫米炮2门、100毫米高射炮2门、野战高射炮1门、120毫米高射炮13门、25毫米机关炮97门，但北地区平射炮台（150毫米2门、短120毫米2门）因射向的关系，未能用于正面的主战场。

日军看见友军特攻机取得战果，士气大涨，为利用这次空中突袭引起的骚动，对陆战4师和5师阵地发动全面反攻和渗透作战。21时，在第5两栖军阵地正面左侧，日军西地区队向旧火山口正面的美军陆战27团发动了短促夜袭，但未能打开任何缺口，一个小时内就被击退。在大阪山炮台西侧地区集结的日军第145步兵联队第1大队（原光明少佐指挥）的山田曹长以下的一支挺身突击队，从千鸟浜海岸潜入美军翼侧，同正在确保旧火山口、鸥丘一带地下坑道中的西地区队的潜伏部队一部配合，扰乱美军的后方地区。次日凌晨2时45分，沃纳姆上校部下十分疲惫的27团官兵，再度击退一波企图渗透他们阵地的日军。1小时后，日军再度出战。4时，27团报告在他们阵地前方聚集了800名日军。漫长的不眠之夜终于结束，27团的防线完好，但仍有数量不明的日军在想方设法渗透。

这一夜陆战4师同样不得安宁。午夜之前几分钟，一股大约200人的日军在元山机场一带集结，直奔23团3营阵地而来。日军能够组织起进攻之前，就被美国人的海军舰炮和地面炮火击退。日军躲在地下工事里，美军炮兵奈何不了他们，一旦暴露，就是好好一顿招待。

25团报告当晚敌机轰炸了他们阵地后方的蓝色海滩。这一夜雨水连绵不绝，日军的迫击炮和火炮火力几乎同样连续不断地覆盖美军陆战队的前线、海滩和后方阵地。

大雨之日

2月21日夜间，硫黄岛日军主将栗林兵团长根据当面的战况，特别是想要夺回日军主阵地南翼（南部落一带）十分困难的情况，以及美军的增援部队指向元山机场方向的现状，感到有必要加强确保控制元山机场的要冲。为此栗林将兵团直辖、此前一直位于北地区的第145步兵联队第3大队（大队长安庄宪珑少佐）的主力和在玉名山地区的兵团临时工兵队第2中队（中队长武藏野菊藏中尉）等各部，在2月22日拂晓前，归入玉名山的第2混成旅团长千田少将部下。

千田立即将安庄大队第7中队（中队长柳义明中尉）的主力部署在元山炮台至元山海军炮台一带，将第8中队（中队长长濑三男中尉）主力部署于二段岩一带，将第9中队（中队长木下一雄中尉）、第3步兵炮中队（中队长益山隆男大尉）、大队本部部署于秋叶山，同时令武藏野工兵中队确保海军司令部遗址台地（玉名山西方）西侧阵地。

2月22日晨，岛上的冷雨逐渐转为大雨，视界变得恶劣，但对苦于饮用水不足的日军守备部队来说却不啻天赐甘泉，士气也因此大涨。

这一天对美军而言是登陆硫黄岛以来最糟糕的一天。瓢泼大雨带来阵阵寒气，让已经沾满火山灰的陆战队士兵的军服和武器表面变成了一片灰色糊糊。2月22日上午，第5两栖军的前沿阵地绵延3400码，宛如穿过硫黄岛的一条蛇。战线中央向后形成了一个马蹄形弯曲，那里的23团距离0-1线尚有1200码。战斗疲劳症和严重的人员伤亡都在战士们的身上留下了阴影，连续三天三夜持续不断、惊心动魄的战斗，开始对战斗力产生不利影响。一直几乎不眠不休，仅靠K口粮和水维持的饮食，偶尔补充未加热的C口粮，血肉之躯都支持不住，士气明显下降。

为了给硫黄岛战役第4天的进攻提供更多动力，两位师长凯洑和洛基决定将一些前线作战单位替换下来休整，尤其是连日苦战的23团和27团。在第5两栖军左翼，切斯特·格雷厄姆上校指挥的26团在破晓时出动，负责替换27团，继续向北进攻。26团一旦通过前沿阵地，之前配属给27团的26团1营便回本团归建。27团预备队2营，将会配属26团。

清晨5时，21团就准备替换23团和配属后者的24团2营。从前线退回后方后，23团（欠2个迫击炮排）将在千鸟机场东北边缘附近充当第5两栖军预备队。2个迫击炮排会留在阵地上支持21团的进攻。配属24团1营的25团仍会留在4师右翼，24团（欠1营）继续充当师预备队。

替换27团的行动是在大雨中进行的。从天而降的雨水将地面变成了火山灰的浓汤。前方高地和岛中央的日军迫击炮弹就像大雨一样准时落下，

1945年2月22日，当天火线接管陆战26团3营指挥权的费根少校和皮尔森上尉在研究航空照片。

水火共济，让美军的行动混乱无序。26团和配属的27团2营在越过27团阵地后，就要沿着岛西部的轮廓线向东北方向进攻。与此同时，21团正在进入陆战4师左翼阵地。

第5师的攻击区域从西岸海滩延伸到一个可怕的地理障碍物，这座障碍物呈东北至西南走向，向下延伸到岛屿的西面中央位置，在元山机场附近穿过5师前沿阵地。日军命名为章鱼岩的这座峭壁将近30米高，斜坡几乎垂直向美军战线之前落下。峭壁上方的高地让日军居高临下，将5师行动区域看得明明白白，能有效阻止从正面和右翼发动的任何进攻。

8时35分，海空火力准备结束后，陆战4师和5师再度出发。5师的26团以3个营的兵力列成一线平推，向前刚刚迈步，正面和右翼的日军火力就汹涌而来。炮弹和子弹没长眼睛，也不认得军衔。9时40分，26团3营长特罗蒂中校和作战股长戴伊少校被一枚迫击炮弹击中，双双阵亡。一片混乱之中，G连长库克上尉临时接管全营指挥权。中午，师部督察员理查德·费根少校正式接管3营指挥权。尽管损失很大，26团仍一路推进400码。当天老天爷的脾气糟透了，天气由坏转向更坏。雨越下越大，能见度变得极低。大雨让美军飞机无法提供支援。恶劣的天气甚至妨碍了坦克，驾驶员们只能看到前方几码远而已。

下午，3师21团对章鱼岩

峭壁的进攻受挫，让26团暴露在正面、右翼和右后方的重火力打击之下。日军守备队充分利用与26团推进路线斜向交错的阵地位置，从元山机场西端章鱼岩一带，向北进的该团施以猛烈的侧射，阻止其前进。仿佛为了嘲弄格雷厄姆上校部下浑身湿透，满脸沮丧的陆战队员一样，日军在峭壁上的火炮和迫击炮以纵射火力直接命中26团，将他们的队列打得七零八落。14时，筋疲力尽，饱受重创的26团被迫放弃早先取得的400码阵地，返回出发位置。16时半至18时期间，日军抓住机会，从阿苏台方面向该团左翼和中央实施了几次短促局部反击。美军陆战队员撤退和占领夜间防御阵地期间，日军的炮火也一直在骚扰他们。

在4师负责的区域，这一天的战况要稍微好些。21团一大早就开始替换23团。配属给4师的陆战3师的这一团生力军新到前线，从一开始处境都非常艰难。在大雨和日军不间断的火力骚扰下，替换工作全部完成就耗费了将近6小时。在替换完成之前，团长威瑟斯上校就派出1营和2营，分头攻打两座机场之间船见台高地上的那一片能互相支援的日军碉堡网络。3营则留作团预备队。

在该地区，日军第2混成旅团直辖的第12独立速射炮大队是守备队的骨干，固守元山机场第一跑道西端附近的第一线主阵地。平缓的棱线从该阵地西南方船见台方向延伸，南方则面向美军登陆的翁浜，形成了比较平缓斜坡，在千鸟机场东端有良好的道路经过阵地区域通往元山机场。对美军来说，这是通往元山台地的捷径，而对守备部队而言，如果这一带被美军夺取，将对元山台地造成致命威胁，不仅会让美军能够进入该台地，连主阵地的防御都会变得极为困难。

21团北进之时，2营和1营分居左右两翼，不得不经过一段上坡路，去进攻那片可以相互支援的大小工事，通往工事的通道里都埋设了地雷。这些碉堡工事的侧面防护完善，只有大口径炮弹直接命中才能有些用处。在机场之间的滑行跑道上，多座掩体挡住前进路线，元山机场跑道一旁的地区布满了覆盖沙子、往往仅露出地面30厘米左右的碉堡。这是日军抵抗的主防线前沿地区。这一带的天然条件和良好防御体系，让美军除了正面攻击之外，无法进行任何机动。

美军在扫荡船见台地区的日军的同时，向元山机场正面投入了新的坦克、炮兵等部队，以支援步兵部队发动攻击。天气恶劣，敌人设防严密，用经过精心安排的火力充分利用地利优势，陆战21团在硫黄岛首次参加战斗，就已明白形势严峻到何种地步。

路边伪装阵地内的日军47毫米反坦克速射炮，这种反坦克武器对美军谢尔曼坦克和步兵的威胁都很大。

日军第12独立速射炮大队的主力为确保主阵地第一线，以经过充分准备的火网迎击美军约一个连的坦克，用准确的射击阻止美军前进，确保阵地。大队长早内政雄大尉亲自操作47毫米速射炮，击毁了数辆坦克。美军集中大口径火炮轰击速射炮阵地，最后日军速射炮几乎全部被破坏。早内大队长带头怀抱炸药，冲进美军坦克群战死。此外守备该地附近的海军硫黄岛警备队元山炮台群（炮台群长土井英三郎中尉）以120毫米高射炮打瘫了一辆坦克。

22日下午，21团2营在几个位置前进了250码；1营仅推进50码而已。伤亡与收获完全不成比例。1营长威廉姆斯中校被迫击炮弹击伤，为了指挥战斗，白天一直拒绝后送治疗，直到天黑，才将这个营的指挥权移交给副营长穆雷少校。大约17时，21团当天的进攻暂停，所有部队开始准备夜间阵地。

在21团右侧，25团的任务是将全团的正面战线拉直，与21团的战线连成一片。一旦25团的战线拉直，就与21团协同向北推进，夺取0-1线位置。

对美军25团在南部落正面的进攻，日军第2混成旅团长千田的部署，是命令第309独立步兵大队确保南部落一带的残存据点。当天21团未能取得任何重大进展，对25团的作战产生了负面影响，让他们的进攻无法全面展开。25团1营上午前进了大约200码，发现自己的左翼完全暴露。结果在该营能够与21团取得稳固的联系之前，推进不得不停止。

继塞班岛战役负伤后再度大难不死的陆战25团3营长钱伯斯。

25团中路的3营和2营做的最多的事情是不断看表对时间。当天他们唯一令人喜悦的记录，是25团2营请求火箭弹支援，打击蜡烛岩采石场西北大约800码的一座山头的请求获得批准。美军的火箭炮对敌军的这座阵地连续实施两次齐射，大片火箭弹落地开花。

15时30分前后，日军组织火力反击。3营长钱伯斯中校刚刚离开前方观察所，就被日军机枪子弹击中，身负重伤，一枚子弹正中他的左锁骨。在塞班岛战役期间就曾负伤的钱伯斯再次大难不死，此役结束之后获得一枚荣誉勋章，晋升上校军衔。由于2月20日本团2营长负伤后送治疗时，3营副营长陶尔中校已去接管该营的指挥权，此时便轮到詹姆斯·海德利上尉临时接管3营的指挥权。

千田旅团长眼看美军还是在逐步扩大南部落一带的突破口，日军要继续坚守南部落周边的残存据点极为困难，当晚命令第309独立步兵大队、第8独立速射炮大队及海军残存部队约200人向南地区第二线阵地（屏风山至玉名山西侧地区）撤退。该部队在半夜撤退途中，就在南部落西方三岔路口（南部落北侧有从玉名山通往船见台的道路，该道路在南部落西侧又分出至南卸船场的道路）一带遭遇美军。美军25团3营的机枪早已就位，日本兵出现在开阔地就被逮个正着。美军机枪手将这股日军消灭了大半，好好出了一口恶气。至23日晨，这支日军几乎覆没。

同一天，25团2营基本上原地未动。即便如此，还是出现了一些战损。11时前后，日军第310独立步兵大队主力根据千田旅团长的命令，在旅团炮兵部队对该营阵地实施了一次精确的密集火炮和迫击炮火打击后，对南部落正面突出部的2营阵地发动进攻，却被美军击退。18时30分，这支日军再度向该营阵地移动。在日军组织进攻之前，2营集中步兵重武器实施火力打击，14团的炮火也及时给予支援，成功将日军驱散。

在第5两栖军战线右端，24团1营全天大部分时间在沿登陆海滩附近的东海岸一带扫荡残敌。特雷特尔少校的部队为了削弱蜡烛岩周围断崖上的日军密集迫击炮火力和狙击手火力，炸毁了不少洞穴和工事。在当天的战斗中，该营的情况比左侧的25团要好，伤亡相对较轻。17时，该营巩固取得的各处阵地，下属各单位之间都建立了稳固的联系。

两座机场之间的激战不仅让美军出现了大量人员损失，物资损失也很大。22日天黑前，第4坦克营报告，他们的11辆坦克已被毁，8辆正在维修，还剩28辆可以行动。第5坦克营报告有34辆坦克在行动，4辆在维修，13辆被毁。

美军2月22日对硫黄岛北部的推进进展甚微，双方在西卸船场－千鸟部落－船见台中央－南部落北侧－南卸船场东端一线对峙。不过美军的指挥机构和硫黄岛滩头阵地上的行动却变得更协调了。罗伯特·约翰逊海军上校指挥的海军第9工程旅旅部已在岸上设立了指挥所，将硫黄岛建成一艘不沉航母的准备工作就此开始。就在这一天，黄1海滩和元山机场之间的陆战4师公墓，开始

1945 年 2 月 22 日，美军的 1 艘中型登陆舰正在硫黄岛海滩卸货。

为阵亡官兵举行葬礼。

机场正南则是陆战5师的公墓，阵亡官兵的葬礼在20日下午便已开始进行。那些在船上便已阵亡的陆战队员，将会海葬，棺椁在水深超过100英尺的海面沉下。

海滩上的条件恶劣，大量伤员的后送成了一个关键问题。天黑后，其他坦克登陆舰撤走以后，807号坦克登陆舰冒着日军骚扰火力的打击，自愿留在海滩上充当医疗舰。夜幕降临之后，一片护送伤员的车流、人流来到807号坦克登陆舰上，医生们在病房里进行紧急手术。次日天亮前，有200名伤员在这艘舰上得到治疗，其中仅有2人伤重不治。

2月22日日落时分，第58特混舰队为了二度空袭东京起航，离开硫黄岛水域。第5舰队司令斯普鲁恩斯海军上将乘坐旗舰“印第安纳波利斯”号，与快速航母舰队一同启程。“企业”号航母、2艘巡洋舰和第54驱逐舰中队组成的一个航母战斗群，即58特混舰队第5大队将留在硫黄岛水域，提供夜间战斗机护卫。58特混舰队主力离开，让美军可用于近地支援的飞机数量大减；为登陆的陆战队提供近地空中支援的任务，全部落在德金海军少将指挥的护航航母身上。此外，护航航母舰载机要执行空中搜救幸存人员的任务、反潜任务和战斗巡逻任务，还要空袭附近的父岛。由于飞机数量不足，陆战队员得到的近地空中支援不得不缩减。

天气湿冷，前线的陆战队员颤栗发抖，将要度过又一个不眠之夜。黄昏后不久，日军便开始刺探美军战线。18时前后，在一波密集的迫击炮和火炮弹幕之中，一支日军有力部队进攻陆战26团西北阵地，成功迫退了美军的几个前哨。美军早已有备，阻击火力组织妥善，日军最终在伤亡许多人员之后，停止进攻。

根据日方的记录，原光明少佐第145步兵联队第1大队和西地区队的挺身突击队（约20人），当晚游到西卸船场南方，实施反登陆，同旧火山口、鸥丘一带的残存日军配合，在23日拂晓袭击了千鸟机场北端附近的坦克、炮兵等的集结地，取得了相当战果。但美军记录，当日清晨，游水渗透5师防区的日本兵都被消灭殆尽，可见日军的战果至少对美军的战力影响不大。

陆战4师防区整晚也一直都有零星的日军活动。日军利用恶劣天气和美军舰炮射击减少的时机，在22日22时以后对4师辖区实施全面的挺身突击。日军玉名山陆战队选拔的

战斗间歇，在较深的沟壑里休息的美军陆战队员。他们在硫黄岛难得能合眼休息。

8组（24人）挺身突击队袭击了南卸船场一带，取得了相当战果，有5组（12人）归还。虽然日军的夜间反击和渗透不会对美军阵地构成实质性威胁，但是这种活动和间歇性的火力骚扰，会让疲劳的美军陆战队员无法安睡，这也是他们的真正目的之一。

由于连日连夜的阵地战和挺身突击，硫黄岛守军，特别是海军部队当时手榴弹已有不足之虞。丰田联合舰队司令长官得到硫黄岛守军的报告，准备以海军第1挺进航空部队（第101航空战队）的2架运输机向北机场空投1000颗手榴弹，但硫黄岛上空的制空权已全部为美军飞机掌握，当地部队呈报的意见也说明此时空投并不明智。丰田司令长官不得已中止了该行动（手榴弹每人需要20颗左右，当时硫黄岛的日军陆军每人保有10－20颗，海军每人仅保有2颗左右）。

日军的骚扰一夜未停，美军第5两栖军在2月23日却仍然无意停止进攻。这一天的目标是推进到0-2线位置。7时30分出发后，陆战4师将在其左翼全力攻打元山机场。鉴于4师推进区域最左翼的多座坚固设防峭壁瞰制硫黄岛西部所有地方，第5两栖军授权陆战5师在能够确保压制或者让日军的这些险要屏障无力化的前提下，可以越过两个师的战斗区域边界前进。

进入日军主防线

2月23日7时30分，第5两栖军继续向元山机场和0-2线位置进攻。配属27团2营的26团，顶着正面和右翼的猛烈阻击火力，向日军西地区队正面前进。西地区队继续固守主阵地和阿苏台周边的前方据点，集中火炮、迫击炮等重武器的火力阻止26团前进，给其造成很大损失。

26团竭力克服日军的激烈抵抗，前进大约200码之后，却发现取得的阵地无法守卫，只得撤回出发位置。午前不久，日军火炮直接命中26团2营指挥所，营长塞耶斯中校负伤，被迫后送治疗。副营长雷亚少校接管指挥权。在这一天余下的时间里，26团试图再度前进，每次都被日军猛烈的火力击退。徒劳一天之后，26团各营都在昨夜就占据的阵地度过另一个夜晚。

在第5两栖军战线中央，陆战4师以配属的21团对元山机场地区发动主攻。美军和日军都很清楚这座机场的重要性。日军的47毫米速射炮被安

陆战5师26团G连的一名汤姆逊冲锋枪手正在搜索通往元山机场的一条道路上的目标。11.4毫米口径汤姆逊冲锋枪的中距离命中率饱受诟病，但在近战中还是一种强有力的武器。

排在可以用直射火力打击机场跑道的阵地。事实上，美军陆战队在这里已经进入日军的防御主阵地。

日军的主防线从西海岸以北的一片多岩峭壁，向东穿过整个岛屿，沿着元山机场南端，最终到达东海岸北端的一片峭壁。这道防线用所有在防线内部和后方的重型武器组织纵深保护，能够向千鸟原地峡和海滩地区开火。这一地区的各种可相互支援的碉堡、掩体、坑道和挖掘的其他工事组织严密。通往机场的所有通道都埋设了地雷；日军的尸体、酒瓶、头盔和弹药库都被做成了陷阱，诱使美军上钩。

随着南地区队主力的覆没，元山机场正面的主要接近路径已经暴露，必然成为美军坦克进攻的主要通道，千田旅团长命令该地区队残部继续守卫这一要道，同时努力加强从该地附近连接屏风山－海军司令部遗址台地－玉名山的南地区主阵地的第二线阵地，利用地形和反坦克地雷等障碍，集中旅团炮兵部队等各部的火力迎击进入该地附近的美军。

陆战21团的许多官兵，刚进入这一地区，都被日军火力一锅烩了。穆雷少校刚刚接管1营的指挥权，他认为如果能找到日军防线上最弱的一点，打开突破口，就能将日军的火力支援阵地逐个拔掉。他刚刚提起电话要下命令，一梭机枪子弹飞过，将他手上的电话听筒打个粉碎。两枚子弹穿透他的左脸颊，从他张开的嘴巴里射出，打碎了五颗牙，其余子弹割破了他的左手指节，将他的左耳撕开。罗伯特·豪泽少校成为21团1营两天以来的第3任营长。

一等兵乔治·史密斯18岁，是布鲁克林人，从未见过这样的日本兵。那几个日本兵身高马大，都在1.83米以上，从不后退。史密斯的同伴在他身旁倒下，头部被一枚手枪子弹击穿，当场身亡。史密斯能辨认出，这是日军用缴获的陆战队制式11.4毫米口径手枪干的。另一边有个日本军人，双手提着军刀冲了下来。一个陆战队员眼看这一刀当头就劈，无奈之下，为保性命，只得举起右手隔开这一击。他的右臂被这一刀从五指直切到手肘。那个日军眼看史密斯冲了上来，顾不得继续伤害那个手臂受了重伤的陆战队员，就在他面前窜进了一个洞穴。史密斯下洞要找那个日军将他干掉，谁知那家伙已经从他身后的坑道里爬了出来。好在史密斯耳力上佳，一个急转身将这个日本兵杀死。地形对日军极为有利，他们也在想方设法充分利用。

最终，21团1营当天徒劳无功，也只得在一早的出发阵地上准备再过一夜。当时由珀西少校指挥的2营也不顺利，破晓时分就与日军发生激烈交火，直到9时35分才能发动进攻。日军的密集弹幕让2营根本无法前进，直到第二次地面炮火准备让已经探明的元山机场的一些目标无力化，才稍有改观。2营的两个突击连到达机场的西南入口，虽有海军舰炮和火箭弹提供密集火力支援，但步兵还是没能进入元山机场。最终，在航空兵空袭之后，2营的少数先遣人员成功越过东北－西南走向跑道的较低一端。日军不敢怠慢，组织重机枪和反坦克速射炮直射火力打击，将美军逼退。21团在机场南缘巩固阵地过夜。这一天这个团伤亡惨重，却没有取得任何实质进展。

在陆战4师右翼，24团以3个营齐头并进，好歹取得了4师当天仅有的像样进展。乔丹上校的这个团顶住日军的重火力压迫，推进了大约300码。由于该团左侧的友军部队未能推进，他们也只得在15时前后停止前进，准备过夜。

为了支持第5两栖军在23日的进攻，美军发动了两轮空袭，地面和海上炮火支援都已到位，仅“爱达荷”号战列舰就对陆战队阵地前方400码范围之内发射了356毫米口径炮弹162发，但没能明显削弱日军的抵抗力量，当天的收获还是微不足道。与敌人正面对决的一线部队当天十分无奈，滩头阵地上却是另一番光景，混乱逐渐结束，一切开始变得有序起来。海滩上打开了更多出入口，让补给物资得以源源不断流入内陆。2月24日，一线步兵单位严重缺乏的81毫米重迫击炮弹有2500发得以上岸，陆战3师第3坦克营的25辆坦克都已送到岸上。风向已东转，硫黄岛东岸海滩次日会有高浪，卸载陆战5师备用物资的工作都将转移到西岸千鸟浜海滩进行。

就在补给以更加稳定的速度送上海岸的同时，美军在硫黄岛上的高级指挥机构也更为稳定。23日上午，凯茨少将登陆，在千鸟机场西北－西南向跑道的正东，建立了自己的指挥所。陆战4师和5师都已在岛上建立了自己的指挥所，军长施密特少将便亲自上岸视察各种行动，同时军参谋长率领登陆部队指挥部先遣队上岸为建立军指挥所进行准备。施密特和两位师长会面期间，已经非常清楚，要想在次日取得明显进展，就必须对日军施加更大压力。于是，美军高级指挥官在0-2线以南确定了一个中间目标。这个新位置的两端大致与0-1线对应，但是在中央突出了将近800码，元山机场全部包含在内。2月24日，美军将对位于第5两栖军战线中央垂直位置的峭壁发动一次集中攻击。地面进攻开始之前，海陆空火力准备密度将达到连日以来的最高。3个陆战师的坦克都会用于支援这次主攻。第5坦克营营长威廉·柯林斯中校，会负责协调装甲兵对步兵的支援作战。与此同时，陆战3师（欠陆战3团）余部将会登陆，进入阵地，准备在次日接管第5两栖军中央阵地。

1945年2月下旬，美军陆战队的波安特中士和海尔斯下士建立硫黄岛陆战4师指挥所。

随着23日的结束，硫黄岛战事的第一阶段也就此完毕。星条旗已经在折钵山上空升起；第58特混舰队前一天就离开了，当天下午晚些时候，福雷斯特尔海军部长已乘船前往关岛。第5两栖军在硫黄岛已建立了一个稳固的立足点，日军已没有哪怕一丝一毫的机会将他们赶下海。然而，这场战事最为艰苦和血腥的阶段才刚刚开始。日本人最清楚这一点，他们正在部署周密的防御阵地等待美军进攻。2月23日夜间，市丸海军少将电告丰田副武司令长官，为未能在水线消灭入侵的美军致歉，然后补充道：

真正的战斗从现在开始。我部的每一个人都充分意识到此战对国家的未来有多么重要，决定不惜一切代价保卫这个岛屿，履行自己的光荣的使命。

就在硫黄岛日本海军指挥官书写这份电文之前，日本海军第7基地航空部队（第3航空舰队、第752海军航空队）为了攻击硫黄岛的美军登陆部队，以6架陆上攻击机在13时55分前，从木更津航空基地出发，18时26分至19时9分期间，以2架轰炸千鸟机场、各以1架轰炸南卸船场和西卸船场，还有2架执行其他任务。最终有4架日机平安返回，2架未归还。与此相呼应，日军守备队当晚以一部实施挺身突击，再度尝试渗透美军第4和第5陆战师的战线。此外，日军炮火对美军后方区域和海滩的炮火骚扰彻夜未停。这样一来，尽可能在日军主防线边缘挖掘散兵坑的美军陆战队员，只能度过另一个几乎无法入睡的夜晚。

2月24日，前一天的强风减弱，多云天气下适度的风力和适中的海浪，对卸载人员和物资很有利。在美军的滩头阵地上，人员、器械和物资源源不断涌到岸上，丝毫没有受到仍在向海滩一带开火的日军迫击炮火的影响。10时整，施密特军长在硫黄岛正式登陆，接管岛上的指挥权；中午方过，第5两栖军前方指挥所已在西岸海滩附近开始运作。在千鸟机场，海军第31工程营的人员为了修复机场，开始顶着被日军打击的风险工作。周围有步枪兵掩护，海军工兵也只能用手和膝盖爬上跑道，探测地雷，取出炮弹弹片。隐藏的日军仍在狙击“海蜂”，日军火炮的炮弹偶尔也会落在跑道上，但工兵的作业一直都在进行。15时前后，凯尼恩上校指挥的陆战9团和陆战3师师部都登上硫黄岛海岸。3师师长厄斯金少将在千鸟机场北端建立了师指挥所，准备次日接管第5两栖军中央战线。

24日，在美军北部前线，美军海陆空支援火力对元山机场正北的日军阵地进行了极其猛烈的狂轰滥炸。8时开始，位于硫黄岛西海滩外海水域的“爱达荷”号战列舰，全力开动356毫米口径主炮，对紧挨机场的密集防御工事区进行多

1945 年 2 月 24 日，美军航拍的折钵山附近美军舰船补给中转区。

次齐射；东海滩外海的“彭萨科拉”号重巡舰身上还带着前些日子日军折钵山重炮留下的伤痕，正在用203毫米主炮炮轰“爱达荷”号射击目标东面的日军阵地。毁灭性的海军炮击持续超过一个小时。8时45分，第5两栖军的军属炮兵与该军下属3个师的师属炮兵，一同加入这场炮击。美军当天的炮火准备达到最高潮。9时整，海军炮击止歇，护航航母舰载机到达硫黄岛上空，从空中用炸弹和火箭弹打击目标区域。9时10分，在有力的火力准备结束后，第5两栖军在左中右三路分别以26团、21团和24团为突击部队，开始进攻。

在硫黄岛因触雷履带断裂无法动弹的谢尔曼坦克“开罗”号。

根据军部的进攻命令，主攻的轴心放在左翼的陆战5师负责区域内。然而，事实上，坦克在中路3师21团负责的元山机场地区才能有效推进，让中路自然成为当天的主攻方向。一旦这次进攻生效，获得更大动力，步兵、装甲兵和炮兵的多兵种联合部队将让日军承受巨大压力。根据基本的军事准则，在一点集中压倒性力量自然会产生具有重大意义的战果。

战斗伊始，美军上下很快就明白，当天作战的成败，很大程度上取决于3个陆战师坦克部队的表现。陆战3师第3坦克营的25辆坦克当天已进入前沿阵地，补充友军两个师的师属坦克队列。在元山机场南面瓦砾成堆，被双方火力严重破坏的地面上，美军的3个师属坦克营暂时合编成一支强大的装甲部队。

负责指挥这些重要机动打击力量的柯林斯中校重任在肩。日军也很清楚这一点，几乎从行动一开始，美军坦克向前线的推进就遇到很大困难。根据最初的装甲兵作战计划，5师和3师的坦克将先后从千鸟机场，经过船见台地区，通过元山机场最西面的滑行跑道，进入元山机场。4师的坦克将从东面的滑行跑道前往元山机场。

日军早有防范，第12独立速射炮大队残部、第2独立机枪大队余部及辰见繁夫少佐指挥的西地区队一部和第10独立速射炮大队一部，固守船见台周边阵地顽强抵抗。

西路坦克部队的前锋第5坦克营A连列成纵队，想要通过西面的滑行跑道。排头的第一辆坦克，亨利·摩根中尉乘坐的指挥车很快触雷，履带断裂，动弹不得。此后不过几分钟，队列的第2辆坦克，另一位排长欧伯特·理查德森中尉乘坐的指挥车越过第一辆坦克一段距离之后，又遇到埋在地下的爆炸物。这辆坦克更倒霉，撞上的是日军用海军空投鱼雷改造的地雷，爆炸威力大得多，将坦克车腹炸穿，巨大的气浪将炮塔都掀到空中。日军的反坦克速射炮也在此时瞄准目标，向这辆坦克打来。连声爆炸之后，这辆坦克彻底报废，4名车组成员当场身亡，第5名乘员被推出了报废的车身。

约翰·库里一等兵见状，冲下坦克车，闯过机枪火力线，去救护负伤的幸存者戴尔·普卢默一等兵。按照战斗条令，坦克兵要从被毁的坦克残骸里抢救有用的零件。这一次这项任务非常可怕。摸进车身的鲍勃·斯瓦克汉默发现驾驶员有着一头浓密的黑发，体形特征却已无从分辨，因为尸身残留的最大部分就只有一部分头颅而已。另一位战友将无线电设备抢救出来，多年后重逢时才告诉斯瓦克汉默，无线电周围到处都是脑浆。他们一生都无法忘记当时目睹的一切。

改装地雷的爆炸引发美军坦克队列一片混乱，据守玉名山的日军第2混成旅团炮兵部队看个真切，不失时机地用火炮和迫击炮立即向队列里的其他美军坦克开火，轻武器也火力全开。又有4辆美军坦克片刻间就失去战斗力，好在有2辆最后在火线下修复。原定的坦克行动计划已不可行。日军有效封锁了西路推进路线，其余坦克只得返回营地，准备经东面的滑行跑道在元山机场前进。

由于支援的装甲兵推迟到达，美军左翼的5师26团直到9时30分才能出击。当时，该团的3个营齐头并进，主攻方向放在右翼，与21团协同攻击。进展缓慢，许多坦克都被日军的地雷和精确反坦克炮火所伤。21团的情况更为艰难，上午他们基本无法得到装甲兵支援，推进极为艰苦，步兵不得不通过日军的密集火力网前进。10时方过，该团I连和K连双双失去连长。不过21团伤亡虽大，还是一直能维持前进势头。负责支援21团的装甲兵改走东路之后，也遇到地雷挡路，上午大部分时间都在清理一条车道。虽说大费周章，最终还是有10多辆坦克到达元山机场边缘，然后向机场北部的日军炮兵阵地开火。K连的陆战队员得到坦克支援，已经越过地热原一带，穿过机场，进攻两条跑道交会点北面水箱岩高地上的日军阵地。

地热原是机场中央部南侧的斜坡，地热较为活跃，没有树木生长，是一片地势平缓的草地，适合坦克机动。该地的守备队为了击退美军拼命抵抗，但还是让美军21团3营一部横穿跑道逼近了水箱岩。水箱岩一带（元山机场第一、第二跑道交叉点北侧）是从元山炮台沿跑道向西南延伸的丘陵台端的小山，位于章鱼岩的第一线阵地和元山炮台的第二线阵地的正中间。该地部署了西地区队一部，如果这一带被夺取的话，就会对日军机场台地的安全形成重大威胁。

21团3营通过元山机场，冲上一段上坡路，进攻日军用

陆战21团2营F连的战士在元山机场附近击毙的日本兵的尸体。

相互连接的碉堡、壕沟、坑洞和反坦克炮阵地组成的坚固防御地带，陷入苦战。他们两度被日军西地区队长组织的反击从山脊上赶了下去，又两度再次发动攻击。一旦进入日军阵地，陆战队员就要和日军短兵相接。石块、枪托、枪刺、短刀、手枪和铁锹，能够用来厮杀的一切都被两军官兵当武器用上了。中午时分，3营看来已经占领了这道山脊，日军的重炮火力却开始落在他们最前方的人员头上，地面攻击只得暂停。不过，美军已成功在日军防线打开一道缺口，坦克、火箭筒、迫击炮手和机枪手现在都可以前进了。

21团2营在向元山机场前进时，遇到了不小的困难。支援他们的装甲兵在10时赶到，但是坦克吸引了日军的大量炮火和迫击炮弹，让突击的步兵连都被压制得卧倒在地，动弹不得。支援的坦克想要越过跑道前进之时，日军的反坦克速射炮很快就以精确的火力打击让坦克兵被迫停止前进。2营不得不化整为零，为争夺机场尽头周围北面的阵地寸土必争，不久后基本上能与左侧的26团在同一线阵地战斗。这次前进，对消除日军先前在美军战线之内造成的一个相当深的突出部大有益处。

13时30分，21团巩固上午取得的阵地时，美军的海陆炮火，发起当天的第二轮火力准备，火力强度比起上午的第一次丝毫不减，炮弹如雨点般落入元山机场以北的日军阵地。当航空兵加入火力准备的时候，26团和21团对机场以北的水箱岩高地，发动了一次坦克和步兵协同攻击。双方再度在高地上展开近战，甚至肉搏。

14时15分，21团I连和K连已占领地跨东西向跑道的水箱岩高地，彼此建立了紧密联系。支援步兵的坦克现在可以在两条跑道的西半部行动，从那里能够用75毫米坦克炮直射日军炮兵阵地和碉堡。日军毫不示弱，用反坦克速射炮和迫击炮弹幕还击。迫击炮弹即便命中对坦克造成的伤害也微乎其微，对随同装甲兵一同行

对元山机场发动正面进攻期间，陆战26团3营越过一道多岩石的陡坡。

动的步兵却极其不利。17时前后，攻击停止时，21团最前沿的部队，必须撤回东西向跑道南侧。不过3营I连和K连决心在机场以北坚守苦战夺取的水箱岩高地。这两个连急需的补给，将在天黑后越过机场送上去。

21团下午向北扫过机场的同时，26团以本团2营和3营向千鸟部落一带发动进攻。格雷厄姆上校的部下毫不费力地在团阵地前方的地面上前进，直到他们与友邻的21团的前方战线并列为止。从那一刻起，在他们右前方洞穴阵地里，日军的阻击火力持续不停。日军西地区队固守章鱼岩、城山（田原坂西方的山冈）和阿苏台一带据点。章鱼岩高地对美军的威胁最大。当陆战队员靠近时，高地上的日军就向暴露的突击部队投掷手榴弹，用侧射火力压制。陆战队员用火焰喷射器和白磷手雷反击。16时，26团3营已经越过21团前线位置大约400码，当天能安全守住这片阵地。团预备队1营奉命出洞，扫荡5师右侧与21团2营山岭边界沿线的几个阵地。与21团一样，26团当天的前进损失相当大。日军的火力不会放过美军的担架员，当他们将受伤的陆战队员抬到后方去时，脚下一直被子弹撵着跑，人员损失惨重。

24日，第5两栖军最右翼的24团战绩最差。在雷霆般的火力准备之后，配属25团的24团依次出发。24团2营和3营与21团并肩向元山机场进攻。最初，2个营取得了良好的进展，11时，24团2营正在接近东西走向跑道的东端。

这个关头，24团的陆战队员发现前面是一座不起眼的小山（日军称为“屏风山”），沿着东西走向跑道的东南边缘延伸。由于没有更好的名称，根据军事习惯，这个不起眼的小高地就以地图网格上的方格命名，被称为“查理犬”山脊。在东南方向这道山脊的支脉在一个半圆形的高地结束，这就是后来让美军诅咒的“斗兽场”高地。

日军在屏风山一带，建造了岛上最强大的一些防御工事，构成南地区第二线阵地（屏风山－玉名山一带）。负责这一线阵地正面防御的是岩谷为三郎少佐指挥的第310独立步兵大队主力，配属部队有古田克哉大尉指挥的突击中队、武藏野菊藏中尉部下的工兵第2中队、林原荣造中尉指挥的第11独立速射炮大队第1中队等部。要想从南面靠近这一带，就得直接从山脊上的火炮炮口下进入。在东面，这条路线一路穿过一连串奇形怪状露出地面的低矮火山。

11时30分之前，24团正在准备进攻屏风山，这道距离东西向跑道东端仅150码的山脊，山脊上的日军使用重机枪、步枪和反坦克炮，在极短射程内以直射火力组合成火力网阻击。24团的两个突击营2营和3营还遭到日军高射炮空中开花弹、迫击炮和火炮的远程火力打击，让他们避无可避。乔丹上校指挥的这个美军陆战团正在靠近日军在岛中部地区的防御体系核心阵地。这个核心的重中之重是机场正北侧的硫黄岛北部制高点382高地（即“二段岩”高地），以及“斗兽场”高地、“土耳其山包”（即“玉名山”）和南部落。日军对这一带的动静极为敏感，美军的突击部队刚冒头，就是各种轻重武器一顿狂轰齐射。

24团尝到厉害，赶紧呼叫陆战14团的105毫米口径榴弹炮支援，同时将团属81毫米和60毫米迫击炮都对准坚固设防的日军阵地开火。当美军的炮火像撒胡椒粉一样向日军阵地倾泻弹药时，24团2营便能将4挺机关枪送入射界良好的阵地，向屏风山上的日军炮兵和机枪阵地开火。与此同时，团重武器连的官兵将1门37毫米小口径火炮送到靠近前沿阵地的位置，成功摧毁了多座日军重火力阵地。

在炮兵和机枪的远近重火力弹幕掩护下，24团的步兵得以缓缓前进。下午余下的时间里，G连的几个突击班用火焰喷射器和炸药开道，向屏风山山顶推进，连主力随后跟上。11时半左右，日军以火炮、迫击炮的集中火力和极近距离上的速射炮、重机枪和步枪等直射火力，给24团造成很大损失。美军在这种射击下陷入混乱，15时，24团3营的迫击炮发射80枚白磷烟幕弹掩护伤员后送。

16时刚过，形势看上去一度对美军有利，屏风山山上的所有日军似乎在天黑前都能被扫荡干净，不料日军突然集中大量弹药发动了一次集中射击，弹幕几乎要将整道山脊削平，24团2营和3营被迫放弃付出巨大代价才拿下的屏风山。一枚迫击炮弹在3营的指挥所里爆炸，3人当场身亡，营长小亚历山大·范德格里弗特中校，现任美国海军陆战队司令的儿子双腿负伤，只得后送治疗，副营长斯托特少校接替指挥权。不过日军南地区守备队的损失也在逐渐增大，17时左右，屏风山山顶终于被美军夺取。

24团右翼，1营从当天进攻伊始就受到恶劣地形的严重阻碍，无法为其左侧的主攻部队提供任何支援。特雷特尔少校的部下匍匐前进，他们看不见的敌人，就在巧妙隐藏的炮位和洞穴中行动，源源不断地向他们倾泻弹药。为防止推进完全陷入僵局，团部将配属的5辆LVTA两栖坦克调给1营，提供火力支援。3辆两栖坦克沿南码头近地一侧的海岸道路北上，向步兵各部指挥官指定的目标开火；另2辆从水上向内陆开火，尽一切可能为苦战的步兵提供火力支援。17时，乔丹团长下令团里的所有单位巩固阵地准备过夜。白天，24团左翼前进大约500码，中路突进大约50码，最右翼推进大约100码，好歹将全团的战线拉直了。

陆战4师师属炮兵的105毫米榴弹炮在向硫黄岛日军阵地开火。

2月24日，也就是美军在折钵山竖起星条旗的第二天，第5两栖军在前线的所有各部队都度过艰难的一天。天黑之前，施密特军长可以向上级报告，各部队当天的进攻取得了200码至1000码不等的收获，在两翼都达到了军部计划的目标。美军已进至连接西卸船场北侧－阿苏台－章鱼岩－元山机场第一跑道西端－水箱岩－屏风山中央－海军司令部遗址台地南侧—南码头东侧一线，日军主阵地带中央部分在逐渐被蚕食。

美军付出的人员和物资代价依然很高。从19日登陆以来，日军已摧毁美军的32辆坦克。到24日为止，美军在硫黄岛的战损已上升至7758人，不计登陆日，也达到5388人。在向元山机场前进的5天时间里，有2773名陆战队员阵亡；3741人负伤，其中近300人因伤重不治身亡；5人失踪，558人罹患战斗疲劳症。陆战4师的有效战力当天已经下降至60%。陆战5师的战损总数超过3000人，情况也没有好到哪里去。26团的损失尤其惨重。到24日夜间，格雷厄姆的这个团已损失21名军官和332名士兵。

他们的对手，硫黄岛的日军正在开始感受美军进攻的巨大压力。2月23日夜间，日军309独立步兵大队长粟津胜太郎向第2混成旅团长千田贞季报告，他与下属所有部队的通信都被切断，大队指挥所过去三天都被美军包围，入口处有手雷和火焰喷射器不断骚扰。最后粟津说道：“尽管如此，部队全体官兵的士气依然高涨。我们将尽可能多地造成敌人的损失，直到玉碎为止。为国家的最终胜利和安全祈祷。”

栗林兵团长在美军第3师9团等部队登上硫黄岛后，鉴于美军向元山机场突进的情况，判断美军主力的攻击一定会指向元山台地中央地区。于是栗林在当晚命令原光明少佐率第145步兵联队第1大队的残存兵力在安庄宪珑少佐指挥的该联队第3大队后方的硫黄丘一带占领阵地。第1大队在夜间进入秋叶山一带占领了阵地。由于栗林对美军早早进入西地区方面的情况担忧，25日拂晓再次命令该大队在大阪山炮台西侧地区集结，负责夜间的挺身突击。之后原光明大队对西海岸地区实施了夜间挺身突击，据说取得了相当战果，但该大队的突击人员只有约20%归还。

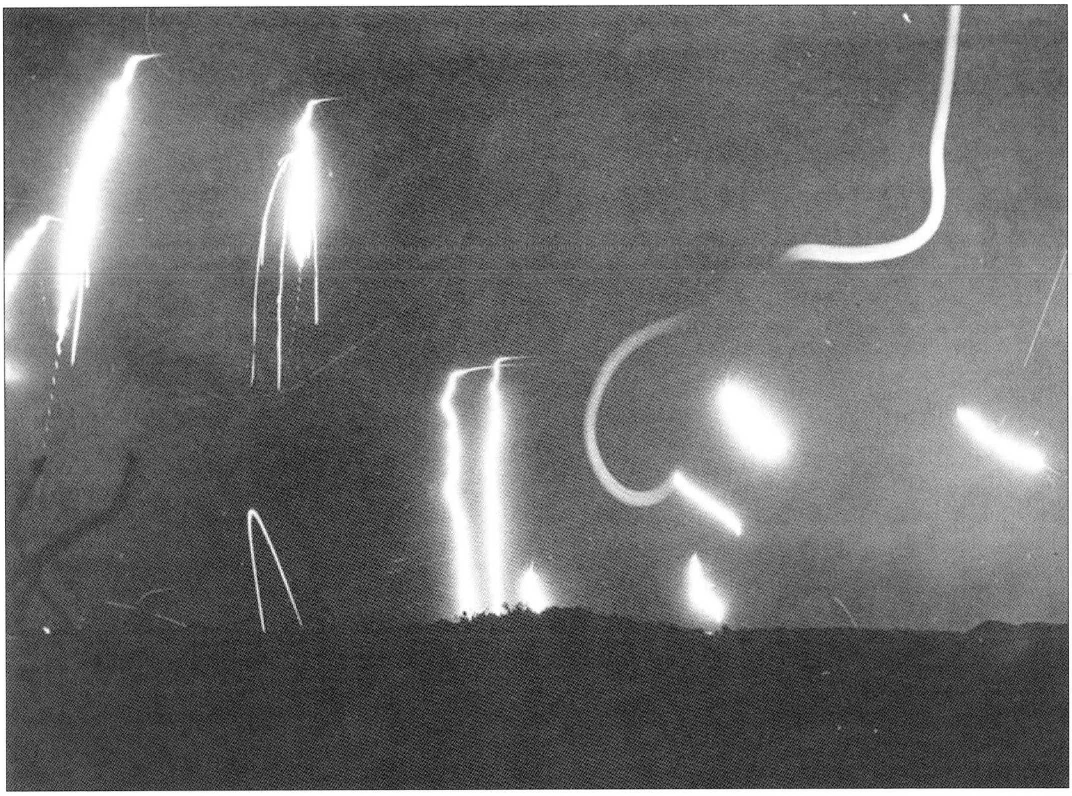

美军战舰发射照明弹点亮硫黄岛的夜空，防范日军夜袭，是战役期间的一道奇景。

24日，木更津基地的日本海军第752航空队的4架“一”式陆攻机实施了决死的轰炸作战。这4架飞机从木更津起飞后一路南下，20时8分，看到遥远南方的黑暗海面上正在喷出火焰，仿佛放烟花一般。为首的根本正良的飞机已与僚机走散，绕了个大弯向东迂回，一口气逼近了硫黄岛。虽然夜空一片漆黑，但整个岛屿好像熔炉一般在熊熊燃烧，包围该岛的无数舰艇持续射出炮弹，数不清的弹道呈抛物线飞向岛屿。爆炸腾起的火焰几乎将整个岛屿完全包围。尽管如此，岛内的日军仍在激烈还击，射出的弹道同美军的弹道互相交错。根本飞过去仔细一看，地面上双方对峙的前沿阵地呈现出清晰的线条。喷射出的火焰拖着长长的尾巴、不断升起的照明弹让根本在瞬间被这从未见过的、仿佛不属于这个世界的凄绝之美深深吸引。然而他随即痛苦地想到，在这成千上万条火力线下，友军还能有多少人健在呢？

根本很快便回到现实中。美军的高射炮弹在眼前炸开，炮火连续追踪他的飞机而来。在3000米高度，根本机径直扑向千鸟、南海岸的美军据点，看到了折钵山。令他吃惊的是，从这座熊熊燃烧的岛屿上向空中放射出了两道异样的灯火。这是友军按照约定冒着极大危险在标示从元山到玉名山的友军地带。看到这一情景，根本觉得敌人的弹幕没什么可怕的了。飞机在弹雨中上下左右摇摆。两翼因反射岛上的火

地图十二　2月19日至24日，美军的进展

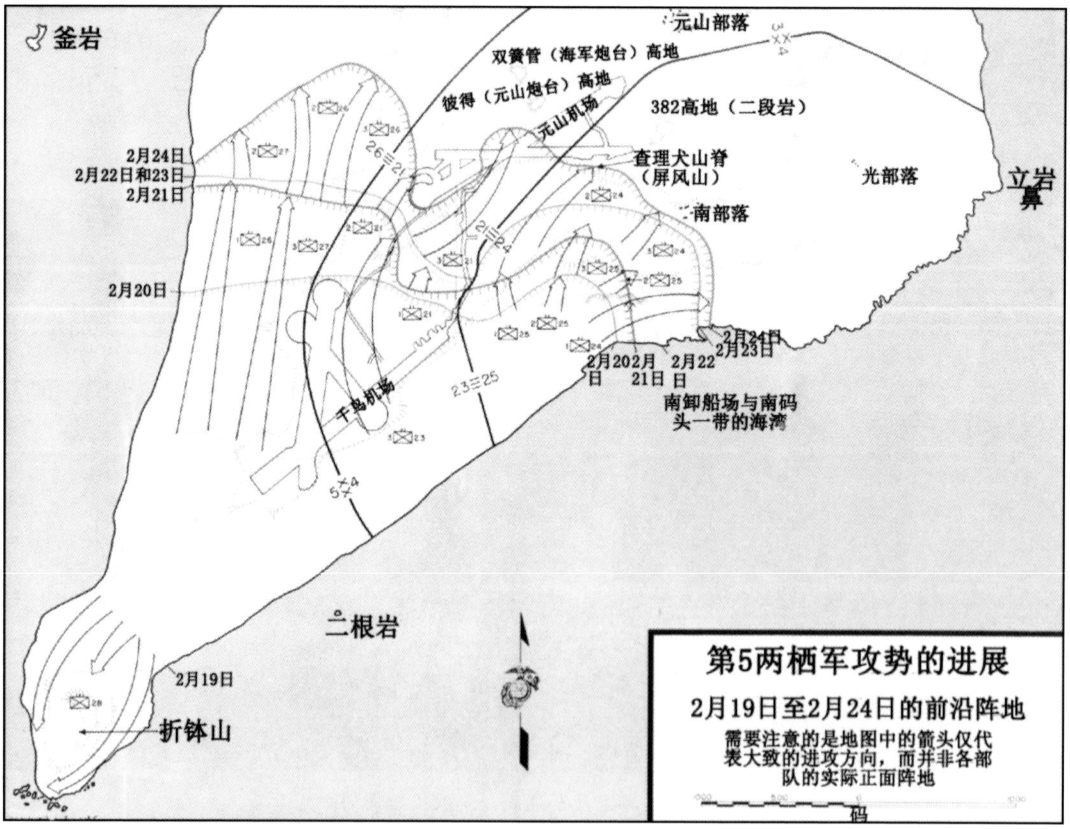

焰而变得通红。

根本机先后投下12枚60公斤炸弹，从南海岸、千鸟、西海岸依次落入美军阵地，有8处爆炸，接着燃起大火。包围岛屿的舰艇立即开始快速移动，搅在一起的白色航迹在夜间也清晰可见。弹幕依然激烈，不断摇撼着飞机。根本也多次从机长座位被抛起。

根本机从西海岸一口气全速向西方飞行，20时37分终于远离了弹幕。然后根本将飞机转为自动驾驶模式。25日0时23分，根本机平安返回木更津基地。

当天凌晨，第3航空舰队司令部收到栗林兵团长的电报：“感谢今日的轰炸。我方士气高涨。硫黄岛最高指挥官。”

24日21时10分至22时15分期间，日本本土木更津基地的第752海军航空队的4架地面攻击机空袭千鸟机场南侧美军登陆场仓库，3架撞中目标（战果不明），1架在返航途中在父岛附近海面迫降。日本陆海军守备队同当晚的这次航空攻击呼应，实施挺身突击，同时还以全部火炮炮击美军登陆场的各处仓库。

在此期间，兵团参谋中根中佐、山内少佐等为了视察战况、指导作战，多次进入第一线各部队的位置，激励官兵作战。中根参谋于1944年10月27日在硫黄岛上任，担任兵团的作战和通信参谋。据说他具有很强的工作能力，不管多么困难，都能冷静地处理事情，是兵团司令部士气的中枢，与冷峻严厉的师团长性格不同，对司令部活动起到了重要的调整作用。硫黄岛的通信能够一直确保到最后，他也是功不可没。情报参谋山内则是1945年1月25日才上任的年轻参谋，在硫黄岛作战期间，有时会访问第一线部队，直到清晨3点或4点，日军官兵认为他对作战的帮助很大。

美军陆战4师情报处的一份报告正确描述了硫黄岛的防御，最终得出的结论是：“迄今为止，敌人一直没有发动大规模反击，说明（他们）为长期的纵深防御保留了兵力。”由于日军仍然保留了相当数量的兵力，最终的反击是不可忽视的。其实由于现在日军占领的高地受到威胁，一支日军大部队发动反攻，是可能出现的危险。无论如何，日军肯定会继续用炮火和附近岛屿出动的飞机骚扰美军。战况仍并不完全对美军的攻击部队有利。美军所有人都明白，还要经过连番血战，才能拿下整个硫黄岛。

第九章　陆战3师的中路推进

占领元山机场

登陆硫黄岛一周内，美军第5两栖军取得了重要进展，但比预期要慢。占领元山机场北面的硫黄岛其余部分的关键，是硫黄岛北部中央的平坦高地元山台地。这座高地本身地势较为平缓，上面没有峡谷。在台地西面和东面，地形崎岖复杂，形成不规则的冲沟、峡谷，向海岸沉降。岛上的这些部分在美军尚未登陆之前就受到大面积炮击，现在这一带的地貌简直就像月球表面。岛屿西北、北部和东北海岸的峭壁往往在水边直接形成断崖。

美军从千鸟机场向北面的元山机场发动的正面进攻，正好撞上硫黄岛日军设防最坚固的区域。陆战队员并非不想机动，但没有任何路径能绕过这一区域。在西海岸，陆战5师要面对一道接一道的山脊挡路。每次5师的陆战队员冲过一段山坡路，越过山顶之后，只能快步冲入另一道峡谷，再翻越又一道山脊。在东面，陆战4师正尝试在一个完全无处可以掩护的战场上进攻。树木曾经生长的地步，只剩下破碎的岩石、杂乱的灌木丛和流向大海的污垢。在这片荒芜的土地上，有三座巨大天然障碍物：硫黄岛北部的制高点382高地（二段岩）；一座被命名为“土耳其高地”的光秃小山包（玉名山），以及382高地向东南延伸的支脉“斗兽场高地”。

就在这片处处瓦砾的地区，千田少将部署了第2混成旅团下辖的步兵部队主力第310和311独立步兵大队，以及配属的315独立步兵大队，还有一个炮兵大队和一个工兵大队。382高地上有一座被彻底摧毁的雷达站的遗址，斗兽场高地的远端悬崖上，能看见洞口和坑道入口，却看不到哪怕一根炮管。不过美军根据情报，可以肯定在那座山头的每一处拐角和沟壑处都有机枪和迫击炮、自动武器和步枪组成的交叉火线，日军正在等候美军陆战队来犯。

日军主将栗林忠道非常明白地形对美军造成的各种限制，就在元山台地建立了最为严密的防御阵地。负责第5两栖军战线中央的陆战3师必须面对这个巨大障碍。那里满地瓦砾，丝丝蒸汽从地缝中喷涌而出，硫黄烟雾的恶臭与尸体腐烂的异味混杂在一起。到处都是日军的防御工事、岩洞、大小碉堡、掩体、深洞、反坦克壕和雷区，还有大量平射反坦克速射炮、高平两用自动防空武器和轻武器，一切都会得到山坡反斜面的致命迫击炮和喷进炮的支持，仿佛但丁在诗中描绘的地狱。

没有任何办法绕过日军在元山台地最坚固的防御阵地，那么进入这座名副其实的黄蜂窝就势在必行。必须将日军从硫黄岛中央台地逐出，才能让西岸的海滩变成通途。第5两栖军的时间紧迫，要将海滩清理干净，让机场能够支持作战，还要尽可能迅速卸货，以便让各种船只能够用于入侵冲绳的“冰山”行动。根据预定计划，冲绳之役再过5周就要打响了。

日军在硫黄岛东北部高地能够居高临下，用炮火打击第5两栖军预备队集结区域和后方设施。因此美军同样迫切需要让日军无法再占领这一地区。不过虽然日军能够用炮火干涉美军在硫黄岛的建设工程，却没有竭尽所能，这可能是弹药储备不足，也可能是担心火力骚扰太过猛烈，会让他们的火炮和迫击炮位置被美军的航空观察员锁定，让这些硫黄岛防御的火力支柱成为美军海陆炮火容易打击的目标。

2月24日，施密特少将面临的问题之一，是在向硫黄岛北部前进的同时，维持好对下属各师的控制。他对塞班岛之役记忆犹新，当初他还是陆战4师师长，这个师在塞班的推进速度太快，一度在侧翼留下3000码的缺口。同理，如果在硫黄岛有一个师的前进速度比另两个师快太多，就必须有可用的部队保护侧翼安全，而位置过于暴露的那个师很可能会遭遇三个方向的日军火力打击。这位第5两栖军军长意识到实施一次越过元山台地中央的正面进攻是必要的，但他还是决定，暂时让第5两栖军的整条战线一齐向前平推，这看上去就“在一定程度上违反了集中兵力和经济使用兵力的军事原则”。

陆战3师师长厄斯金少将（图中持地图者）2月24日即登上硫黄岛，在千鸟机场外侧开设师前敌指挥所，准备率领他的部队从中路进攻元山台地。

无论如何，在2月25日，施密特仍然倾向于进行一次横贯全岛的协同推进。由于连续苦战5日的陆战4师和5师在人员和物资上都已消耗极大，施密特决定让战力相对完整的陆战3师攻打岛中央的日军防御主阵地。厄斯金的3师下辖三个步兵团，其中21团早在21日就已登陆，配属4师作战。三天之后，凯尼恩上校的9团和师部一同登陆，只留下3团还在船上。配属给9团的有陆战第12炮兵团、第3坦克营、第3轻工兵营和第3工兵营的一些部队。

24日天黑前，9团的3个步兵营就已进入集结区，准备加入战斗。12团的一些部队由克里斯特中校指挥，也在这一天登陆，次日还会有几个该团的炮兵连登陆。由于缺乏登陆舰船，海滩条件不利，3师的炮兵只能分头登陆。3师长厄斯金少将料到他的部队会被分头使用，在进行战斗装载时就已将炮兵部队分散。3师的大部分人员和装备都是攻击运输舰和货船装载的。根据需要，军部计划从4师和5师借调登陆艇、两栖卡车和履带登陆车，将3师的人员和物资送上岸。问题在于3师不能等到所有师属炮兵都上岸之后再向北进攻。结果在25日上午，只有12团的一个炮兵连和14团1营能为3师提供直接炮火支援，13团4营负责必要时给予炮火增援。

于是从2月25日7时开始，攻下元山台地中央部分的关键任务，就要让陆战3师来承担。3师的推进路线是穿过元山机场，通过元山部落的废墟到达大部分尚未完工的北机场（第三机场）。一旦陆战21团回本师归建，厄斯金师长就会让9团越过21团阵地，继续进攻，21团会去后方休整和重新装备。25日，9团的出发线绕过元山机场的西南边缘，延伸到机场中央正北高地，再回收到机场南缘，在那里与4师取得联系。在左翼，库什曼中校指挥的9团2营，面对的是从机场西缘向北延伸的一线峭壁一带和东西走向跑道正北高地的日军重点防御阵地。在右翼，兰德尔中校指挥的9团1营，面对的是一片低矮但具有战略意义的阵地，后来美军将这里称为“彼得高地”（即日军的“元山炮台高地”）。

如前所述，安庄宪珑少佐指挥的日军第145步兵联队第3大队主力，配属第11独立速射炮大队第2中队等部队，统一指挥海军元山炮台群（群长土井英三郎中尉）一部，自2月23日以来，就在固守和确保控制元山机场的要冲元山炮台高地、海军炮台高地、二段岩和秋叶山一带的第二线阵地。安庄部队的防区大致上就在美军陆战3师攻击正面，在该部阵地以外，是包括跑道在内的平坦开阔地，适合美军坦克机动。

此外西竹一中佐指挥的兵团直辖第26坦克联队（以11辆“九七”式中型坦克、12辆“九五”式轻型坦克、8门“九零”式野炮为基干），自2月20日开始，即向前沿阵地出动，起初第2中队和炮兵中队的角田小队被配属给西地区队、第1中队和炮兵中队的鹿内小队被配属给南地区队，第1中队主力在二段岩据点展开，第3中队为联队预备队，本部位于万部落附近，负责主阵地的战斗。在美军进入元山机场后，第3中队（西村队）被投入该机场第一、第二跑道正面，负责反坦克战斗。

美军为3师进行的火力准备与前一天类似。1艘战列舰和2艘巡洋舰在步兵出发之前进行20分钟炮火准备。海军炮击之后是第5两栖军的地面炮火准备，一共发射1200发炮弹。一大半炮弹都用于打击3师前方的日军，那里是他们的主攻目标。航母舰载机在步兵出发之前，会用500磅炸弹轰炸日军阵地。

正在开火的美军155毫米榴弹炮。

9时30分，进攻一开始，9团1营和2营便已出发，2营负责主攻。库什曼的这个营几乎一开始就将日军炮位里的重火力吸引到自己的正面和左翼来了，进展甚微。1营的情况好一些，有一个排一路前进至彼得高地山麓，却无法守住这个阵地。当天9团的主攻方向在左翼，埃文斯少校指挥的第3坦克营A连和B连的26辆坦克就被配属给2营。进攻之前，库什曼曾考虑过让他的步兵乘坐在坦克车身上穿过机场。鉴于日军的迫击炮和机枪火力威胁太大，他放弃了这个想法，让坦克在步兵前方200码先越过机场。几乎刚刚越过机场，3辆先导坦克就被日军的反坦克炮弹击中，2辆起火，第3辆失去动力。猛烈的迫击炮火无法伤害坦克装甲，却会让跟随在坦克身后的步兵饱受其苦。

日军安庄大队在阵地两侧西地区队、玉名山地区守备部队、第26坦克联队和旅团炮兵部队等各部的火炮和迫击炮火力的协助下，巧妙利用元山机场一带的反坦克壕、地雷等的障碍，对突进的美军陆战队第3坦克营的两个连经常先发制人，集中野炮、速射炮等重火力进行打击，取得了击瘫烧毁美军坦克9辆的战果。美军也为陷入人间地狱般的惨烈战斗所震惊。美军坦克一边寻找近路一边前进时，会遇到反坦克壕，为避开反坦克壕又会撞上地雷，未及撤退，就遭到得到巧妙掩护的日军阵地的正面和侧射火力打击，损失不断增加。美军9团2营痛苦的缓慢前进一直在继续，一边要求火炮和迫击炮提供最大限度的支援，一边逐次逼近日军阵地。

14时，9团已经面临僵局。2个突击营都取得些许进展，1营的收获相对较大，在5小时的苦战中前进100码。激战之中，两个营之间形成了较大的一个缺口。14时30分，勃

2月25日，陆战3师9团的老兵穿过千鸟机场，开始硫黄岛的艰苦战斗。当天天黑前，该团和配属部队几乎控制了整座元山机场，但是他们的局面非常不稳定。

姆中校奉命率3营越过9团2营右翼阵地，向北进攻，直到越过阻碍2营前进的日军抵抗力量核心为止。一旦完成这一任务，3营会和当时位于9团前方300码的5师26团形成一个有效的紧密结合部。

要完成这个任务可不像发一份电文那么容易，9团3营刚刚出发，正面和左翼就遭到日军步枪和自动武器的猛烈火力攻击。为了对抗日军火力，3营的两个突击连I连和K连顶着阻击火力，想方设法将机枪送入前沿阵地，反制日军阻击火力。K连的60毫米迫击炮对较近的目标实施打击。居高临下的日军显然已识破美军意图，迫击炮和火炮的打击力度和精度都有所提高，3营损失速度惊人。除非尽快占领前方高地，这次攻击就会陷入困境。陆战队员匍匐前进，日军调整了火炮射击诸元，跟上他们的前进速度。短短几分钟之内，3营两个突击连的连长双双阵亡，许多官兵非死即伤；步枪兵无力突破日军的密集弹幕，一些先前占领的阵地被迫放弃。战况相当混乱，好在勃姆营长临危不乱，派出营作战股长去前线接管K连的指挥权。K连已经失去5名军官，现在建制已被严重打乱。新任代理连长在整顿建制后，会组织这个连与右侧的本团1营保持好联系。营预备队L连奉命出动，与左侧的本团2营维护好结合部。I连在全营中央维持好阵地。19时15分，局面重新稳定下来，9团前线各单位都维持着联系。25日天黑之前，9团几乎没有取得什么特别值得一提的进展，不过除了最右端之外，战线好歹都已经转移到元山机场北面，抵达元山炮台南侧－气象站西侧－屏风山西侧一线。他们在元山机场以北高地取得了一个立足点，次日可以从那里继续进攻。

当天3师又有3个炮兵连登陆，17时就做好了开火准备。新到的几个炮兵连暂时被编入12团1营，14团1营不再负责支援9团。白天21团为9团提供了额外的火力支援，用重机枪、37毫米火炮和轻迫击炮向顽敌的防御阵地实施打击。21团的团属81毫米重迫击炮被配属给9团，到傍晚返回本团归建。

26日，第5两栖军所有官兵都非常清楚，挡在他们面前的是日军在硫黄岛的防御主阵地。陆战3师在岛中央面临日军主阵地的核心，包括元山机场及其以北高地。9团正面的彼得高地和前者西北225码的“双簧管”高地（日方称为“海军炮台”高地），是这一地区最关键的制高点，也是阻碍美军前进的最重要屏障。施密特军长的作战命令明确3师

2 辆谢尔曼坦克正在向元山机场附近的日军火力点推进。在这 2 辆坦克之间是一个让几名陆战队员用于躲避日军机枪火力的坑洞。

承担主攻任务，当天军属炮兵的50%的火力将为该师提供支援，其余50%的火力将平均分配给4师和5师。

日军方面，25日傍晚，仅海军硫黄岛警备队的残存火炮尚有150毫米炮4门、120毫米炮2门、短120毫米炮2门、120毫米高射炮8门、100毫米高射炮2门、轻型迫击炮6门和25毫米机关炮55门等，仍足以对美军构成严重威胁。美军第5两栖军对军属炮兵的明确分配，无疑能够加大削弱日军炮兵的力量。

本日8时，在师属炮兵进行45分钟火力准备之后，9团重拾攻势。凯尼恩的部队以本团1营和2营当先并肩突击，本团3营和新配属的21团3营为二线预备队。

在26日的战斗中，1营和2营都得到坦克支援。坦克兵利用装甲防御，用移动火力射击日军藏身的洞穴，摧毁大小碉堡工事。第3坦克营C连负责支援1营进攻彼得高地，一辆火焰坦克一路来到高地反斜面，焚烧一条坑道，将日军都逼了出来，被美军悉数歼灭。9团的两个突击营在阻挡去路的高地上奋战一整天，但仍然不太走运，伤亡都很重，没能取得多大进展。当天美军全天能用于支援地面部队的飞机较少，一共只执行4次飞行任务而已。这对美军的进攻影响相当大，毕竟步兵发现疑似日军炮兵和迫击炮阵地，呼叫火力支援打击这些目标，也需要飞机从空中进行定位，为海陆炮兵提供射击参数。

3师对战役关键阶段出现的航空兵力不足问题颇有微词：每天为3个师分别提供支援的飞机有8架战斗机和8架鱼雷轰炸机，这个数量显然不足。（这些飞机）每次执行飞行任务平均需要等候2个半小时……支援飞机就像炮兵一样，不应浪费在执行零碎任务上，而应大规模使用，支援地面部队的主攻任务。

美军当时还不知道，他们的进攻已经奏效了。26日傍晚，日军在元山机场的前沿阵地已经丧失大半。当天中午，第5两栖军左翼的陆战5师已经有效渗透到日军西地区队第一线主阵地。日军西地区队长辰见少佐阵亡，栗林兵团长被迫将主要精力放在重整守军西侧防备态势上，换言之，没有余力为人员和物资已经相当紧张的元山机场正面守备部队提供支援。

此外，海军第1潜水部队（先遣部队）的“吕43”潜艇为了奇袭美军舰船，2月24日以后一直在硫黄岛的约75海里圈外行动，26日晨终于被美军发现，在遭到美机的反复炸弹攻击后，终于在父岛西方海域沉没。

26日当天，海军市丸司令部向中央发报，报告部队拼死战斗的情况：

昨25日局部战斗中，元山机关炮台打瘫坦克5辆，杀伤敌兵约100名。二段岩防空队同

攻打元山机场期间，陆海军炮火观察员在前方观察和确定目标。

陆军一起对敌坦克展开肉攻，将其击退至屏风岩下，特别是玉名山（二段岩）地区防空队的英勇战斗极为出色。

炸弹喷进投射队（60公斤、250公斤）向敌密集地带猛射，取得很大战果，60公斤炸弹最大射程3000米，命中率良好。

施密特军长在2月27日的作战命令中，仍让3师继续进攻，军属炮兵给3个师的火力支援分配比例也与前一天相同。

当天8时，3师按照军部的命令继续进攻。军属炮兵在他们出发之前，进行45分钟的炮火支援，发射了600发炮弹。凯尼恩当天的兵力部署也和前一天一样。右翼的1营刚出发就遭遇日军在双簧管高地和彼得高地隐蔽炮位的迫击炮、火炮和轻武器火力近似毁灭性的打击。左翼的2营最初推进了大约150码。这两个突击营当天得到更多的装甲兵支援，2营得到的坦克支援更多，这对步兵的进攻有实质性帮助，但坦克损失量也很大，当天就有11辆被摧毁。整个上午，步兵在坦克掩护下，发挥火焰喷射器和火箭筒的近战优势，取得了许多较小的收获。2营最终到达双簧管高地山麓，1营士兵占领彼得山山顶，开始向北坡反斜面进攻。日军在反斜面部署的阵地更为隐蔽，在关键时刻用火力将1营压制住了。双簧管高地的日军居高临下，也让2营的推进停滞下来。

美军以为下午也无法取得任何重要进展，意想不到的事情却发生了。日军安庄大队和西坦克联队不断出现伤亡，火炮、坦克、器材等物资损失也不断增加，集聚的弹药、粮食因在轰炸炮击中被埋没等原因逐渐缺乏，陷入苦战。12时50分，美军3师师属炮兵和军属炮兵进行10分钟火力准备后，9团1营和2营发动攻击。这一次美军组织的多兵种协同攻击发挥了奇效，而这一地区的日军在经历连日苦战后，已经到达了崩溃的临界点。在美军的密集炮火压制下，日军一时竟惊呆了，暂时无力阻止美军前进。炮火准备刚刚停歇，2营就迅速推进整整700码。1营翻过彼得高地，继续沿反斜面冲锋，登上双簧管高地山顶。这个时候，日军在这两座重要山头的大部分火力都被美军压制住了。库什曼中校的2营在下午一口气推进了大约1500码到1700码。从这一轮进攻开始，9团2营的战线首次在一天的战斗结束时，与1营的战线平齐。

经过3天正面强攻，陆战9团终于在日军防御主阵地虎口拔牙，取得重大进展。整个元山机场及其正北的两座重要高地，现在都已落入美军手中。日军安庄大队的战力已剧减至大队长以下约50人，却仍

1945年2月，在硫黄岛元山机场战斗的美军陆战9团2营E连的火焰突击兵跃出掩蔽所，穿过开阔地，冲向阻挡他的部队前进的一个日军掩体。

据守各据点地下坑道。为此美军9团需要两天时间，才能完成这一地区的扫荡行动。重要的是，厄斯金的陆战3师现在已经走出元山机场，攻入元山台地，前方的地势相对平坦。27日，陆战3师在硫黄岛的激战暂时可告一段落，陆战9团在这一阶段有效推进了800至1200码不等的距离。

9团长凯尼恩对敌我双方在这一阶段的表现都给予高度评价："……我军表现出战斗技能、决心和侵略性；敌军表现出前所未有的韧性，在防御时足智多谋（2营左翼合计有77座大碉堡）；坦克给予步兵决定性的帮助；各支援单位与步兵的机动协同极佳。"

至当天傍晚左右，硫黄岛日本守军的损耗已近半，第一线兵力减少至约1/5。此外火炮及弹药也减少至约1/3，特别是野炮和中型迫击炮的弹药已剧减至最初储存量的约10%。陆军部队的残存火炮（弹药）概要如下：

野炮11门（4000发）、山炮3门（2500发）、120毫米榴弹炮9门（350发）、中型迫击炮13门（500发）、轻型迫击炮39门（7000发）、臼炮4门（41发）、200毫米喷进炮14门（100发）、高射炮12门（9900发）。

前文已述，日本海军第1潜水部队（先遣部队）的"伊368"、"伊370"和"伊44"潜艇组成"回天特攻队千早队"，为了对硫黄岛海域的美军舰船实施"回天"奇袭攻击，一直在海面下暗自行动。千早队的运气并不比"吕43"好到哪里去，26日，"伊370"在硫黄岛南方100海里水

地图十三　陆战3师占领元山机场地区

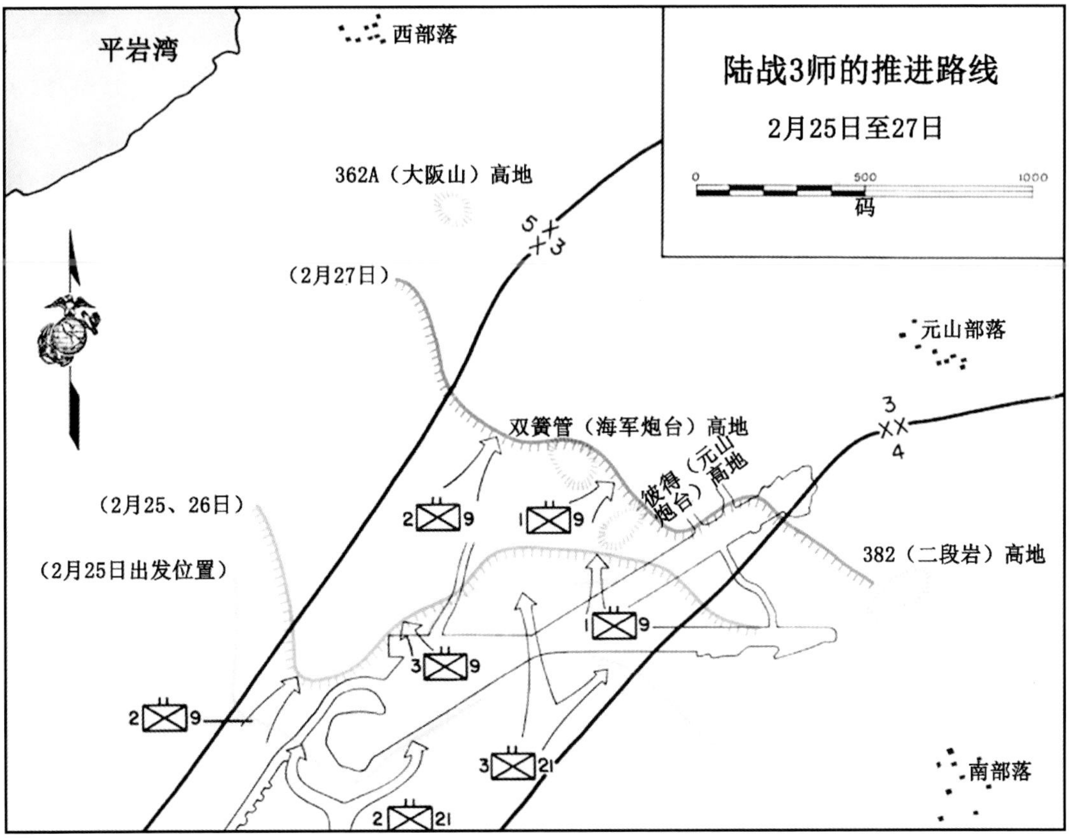

域被美军驱逐舰击沉。次日，“伊368”潜水艇27日在硫黄岛西方数公里处，又遭到美机的深水炸弹袭击，艇身破裂，沉入海底。“伊44”在硫黄岛周围海域坚持到3月6日，得到终止作战的命令之后，返回吴港。

元山台地之战

2月28日，2月的最后一天，也是美军在硫黄岛突击登陆以来的第10天。与战前的乐观估计相反，到这一天为止，美军占领的地区，还不足岛屿总面积的一半。登陆的所有美军都认为最严酷的战斗还在前头。

第5两栖军左翼的陆战5师在2月的最后几天取得了不小的进展，第5两栖军西路和中路的前线已经在接近0-2线目标位置。于是，在2月28日的作战命令之中，施密特少将划定了一条0-3线。这条线在西面始于北之鼻南面大约1000码，然后向东南弯曲，基本上沿着岛屿北部和东北部轮廓延伸，直到东岸立岩鼻附近0-2线东端正北的东海岸为止。

28日天亮之前，陆战21团配属第3坦克营和9团的几个迫击炮排，替换了9团主力。日军的狙击手和机枪手一直在骚扰这些行动，美军在8时15分依然基本完成这次替换，9团转为师预备队。

30分钟的地面炮火准备结束后，21团在9时整发动进攻，基本进攻部署不变，两个突击营1营和3营分居左右两翼，左翼的1营承担主攻任务。当天的炮火准备结束后，炮兵还会用7分钟时间，向步兵前线以外的700码地区实施延伸移动火力打击，每隔1分钟会将弹幕向前推移100码。1营一路前进了大约150码，被日军的迫击炮和轻武器火力挡住。在右翼，21团3营的推进相对顺利，他们紧跟着火炮弹幕行动，出发后半小时，已经前推了400码。临近中午，3营的部队已经在3师边界与4师的部队取得联系。

21团3营的推进距离虽比1营更远，却并不容易，I连在进攻发动不久，就经历了惊魂时刻。I连步兵跟随滚动弹幕推进时，猛然发现好几辆从土里冒出头来的坦克！其实这是西竹一中佐指挥的日军第26坦克联队第3中队的坦克。美军步兵猝不及防，日军坦克如同小山一样猛向前冲，用于伪装的土堆、灌木和岩石纷纷落下，然后迅速用车载火炮和机枪开火。I连突然遇到日军坦克的重火力打击，一时胆寒，战斗对美军极为不利。关键时刻，曾在关岛表现出色的I连长爱德华·史蒂芬森上尉冲到前方，奋力召集他的连队，集中连里配属的火焰喷射器和火箭筒，对日军坦克发动反击。最终3辆日军坦克被摧毁，得到呼叫的美军飞机用20毫米机炮将另2辆日军坦克击毁。当天日军第

躺在日军被毁的轻型坦克旁边的一具日本兵的尸体。

陆战12团3营的一门105毫米榴弹炮在向元山机场北面陆战3师前沿阵地之外的一个目标开火。

3中队战死10余人，仅剩3辆坦克。

这下西中佐在1944年12月好不容易得到的23辆坦克，已经所剩无几。为了有效利用日军的这些在装甲和火力方面都处于劣势的坦克，日军一直都将他们藏在坑洞里，不到最有利的时机不会使用，但战斗开始后第10天，还是基本全部报销了。

午前，3师前线的进攻已全部停止。此时，9团3营奉命配属给21团，根据军部的命令，炮兵13团4营在配属3师数日之后，重归5师指挥。

13时，经过5分钟炮火准备，21团1营和3营便发动了一次协同攻击。1营几乎刚刚出发就被日军的阻击火力压制，但是紧跟着火炮弹幕行动的3营推进很快，占领了元山部落的废墟和瞰制北机场的高地。这样一来，3营的左翼和1营的右翼之间，出现了一个400码以上的缺口。15时30分，威瑟斯团长命令2营出击，填补两个突击营之间的缺口。

同样在5分钟炮火准备之后，21团2营出动，试图迂回阻挡1营前进的日军阵地。然而日军反应很快，在他们刚刚离开出发位置时，便用密集火力打击，2营无法按时发动进攻，也就无法跟随炮火滚动弹幕前进。这样一来，2营下午的收获就很小。17时，21团突击部队停止进攻过夜，该团的3个营在3师正面形成了一道蜿蜒却还能连成一片的战线。

夜幕降临之际，从空中俯瞰满目疮痍的硫黄岛，陆战3师看来已经用炮火和火焰从日军防御主阵地中央杀开了一条血路。然而，在3师的两翼，4师或5师都没能跟上3师的前进步伐。于是，根据军长施密特不让任何一个师位置过于靠前的指导思想，3月1日，第5两栖军的作战命令对支援火力的分配比例进行了变更。地面炮火支援不再向中路的3师倾斜，军属炮兵的火力将会在3个师之间平均分配。

3师师长厄斯金相信自己的部队正在突破日军在硫黄岛中央的主防御阵地，对军部的这种安排颇有微词。他后来说道：“……分配给这个师（3师）的战斗区域，沿着岛中央高地延伸，最适合发动主攻。如果所有支援武器的大部分分配给这个师，而不是或多或少在3个师之间平均分配，可以相信能够较快地以较小的代价完成突破。”

3月1日，3师的师属炮兵团12团的下属各营都已登陆。在此后的作战时期，3师到达东北海岸之前，厄斯金的做法都是一样的。他将自己可用的所有炮火都用于对付日军。由他的师属炮兵和军属炮兵提供压制火力。当火力压制奏效时，他的部队就能推进。一旦他觉得找到日军防线的弱点，就会将预备队部署在两翼，从突击部队前进时在敌军阵地创造的缺口实施突破。在越过元山台地的前进过程中，除此以外，并没有出现其他机动空间。

厄斯金在战役的这个关键阶段能使用这些战术，是由于3师的行动区域相当窄，他拥有足够的预备队，比起在更加宽阔的正面战线和更加困难的地形作战的另两个师的师长，能够更为灵活地运用这些战术。凯茨和洛基两位师长同样能娴熟使用这些战术，但是只有3师处于最适合使用这些战术的中枢阵地。

运用这些战术，厄斯金师在硫黄的恶臭气息之间，越过元山机场，登上元山台地，又穿过了元山部落的废墟。日本人再也不能稳坐中央山脊，占据最佳观察位置，用居高临下的火力瞰制美军在地势较低的地方的一举一动了。3师已经从日军在硫黄岛的主防线深入其腹地。28日夜晚，美军陆战队员已经能俯视北机场。他们相信突进到海岸将会比较容易，最后一座机场会很快攻克。然而日军会让他们知道，想象和现实的差距到底有多大。

3月1日8时30分，21团继续以2营和3营当先攻击，后者承担当天的主攻任务。进攻之前，自然会先进行一次猛烈的火力准备。12团和军属炮兵的地面炮火准备持续了15分钟。水面上的美军驱逐舰火力准备开始时间还要早15分钟。在密集炮火准备之后，每隔8分钟，美军炮兵会发射一轮滚动弹幕掩护步兵突击，每次弹幕会向前延伸100码，最终到达出发位置前方300码的区域。1营留在左翼后方，负责扫荡该团前一天绕过不打的孤立阵地。

2个突击营出发时，2月28日向北进攻的2营向右转，朝东北方向前进。最初，这2个营的进展都不错，特别是得到坦克有效支援的2营。结果21团的推进距离远大于左侧5师的友军。为了保护21团2营的左翼，确保3师作战区域左侧边界的安全，同时包抄日军的孤立阵地，9团3营在当天上午就奉命支援21团1营。

9团3营一路上只遇到较轻的抵抗，在15时之前，便已到达3师左侧边界。21团1营基本上在向北进攻，扫荡在其前方抵抗的孤立阵地，此时已将那里的日军消灭，到达9团3营左侧的师边界。根据军部的命令，15时，3师和5师的边界会从21团1营手中转交给5师。5师得到的命令，将战线向东北方向延伸，替换21团1营。

15时过后，21团2营和3营遇到日军的有力抵抗，无法再前进一步。在突破第一道防线的中央部分后，3师现在不得不进入地形甚至更为恶劣的地区。在地势较低的北机场之外，地势再度急升，呈一片马鞍状高地，然后落入大海。马鞍形高地的制高点是两座高度几乎相同的高地，就在元山台地西北角和东南角。这两座山头与洞穴和高地罅隙深处的掩体纵横交错，布满巨大的砂岩巨石、许多露出地表的矿石，日军在这里部署了各种类型和口径的防御武器。两座制高点让日军能全面观察北机场以东的美军，厄斯金少将发现要在这两座高地之间进行折线式推进是不可能的。由于当地没有可以行进的山脊线到达两座山头的顶峰，这项工作就更加困难了。而在马鞍形高地右角的西北方，直接瞰制通往中央高地的通道的，是第三座严密设防的山头，几乎和另两座一样高。

这三座山头的位置非常接近，右边的两座山头直接落入3师的推进区域，而左侧的一座山头有一部分正好在该师的行动边界之外。3师要继续前进就必须占领这片高地，这座山头便被从5师负责区域转入3师的区域。不过在5师能够向3师靠拢之前，日军可以延误3师在左翼的任何进攻。因此必须对东南山头实施正面进攻，才能破坏日军第二道防线的核心。

如正面进攻的话，估计需要耗费几天时间，才能让日军的第二道防线出现破绽。3师长厄斯金少将明白，经过2月下旬的连日激战，他的可用步兵部队的战力已经被削弱，可是他几乎别无选择，唯有继续进攻。3月1日15时45分，他决定以2个团发动一次协同攻击，9团会接管21团战斗区域的一部分，21团3营和一个坦克连会配属给该团。第3坦克营（欠一个连），会配属给21团主力。进攻实际上在16时45分开始，陆战9团让1营通过了21团3营在元山部落附近的一个预备阵地。9团2营则转为团预备队。

3师的步兵在下午进攻之前，师属炮兵和负责直接炮火支援的驱逐舰照例会进行5分钟火力准备，随后会用滚动弹幕掩护步兵。日军的抵抗依然顽强，9团前方的日军尤其强悍，新占领的阵地很少。18时刚过，步兵在重整阵地的时候，厄斯金师长与友军的两个师都进行了联系。下午的攻势收获虽然很小，但白天还是取得了一些进展。21团在上午推进500码远，更加深入日军坚固防线上的缺口。当天夜间，3师在前方的2个团沿着一条向北穿过北机场西部的战线，在元山部落东面大约600码的阵地上，面朝东北方向的日军防线据守过夜。

3师攻击区域内地形的一些特性，决定了师边界的一些变化。362B高地（日军称为“天山”高地）并未实际阻挡21团的前进，但3师左翼在这座高地面前完全暴露。3月1日晚上，3师师部决定攻打这座山头，当晚即获得军部批准。根据这一决定，仍配属21团的9团3营会向北越过师边界，占领对3师推进至关重要的那座高地。

3月2日一早，3师继续以21团和9团一齐出击。21团以配属的9团3营为左翼，21团1营为右翼，9团分别以本团2营和1营位居左右。步兵出动之前，照例会提供15分钟陆海炮

地图十四 2月25日至3月1日，陆战3师在元山台地的进攻

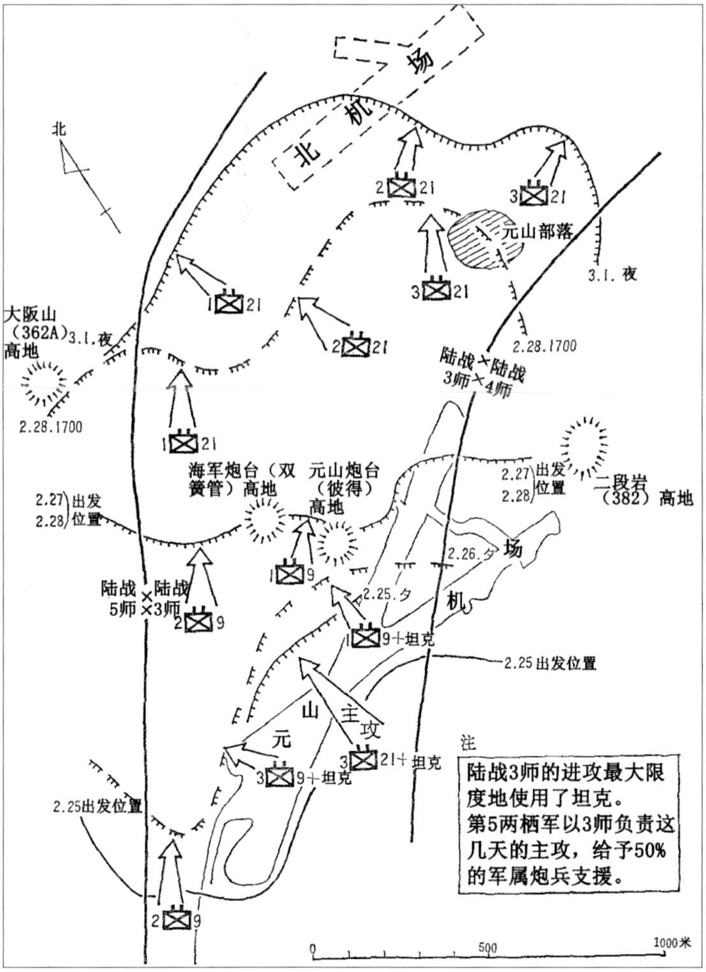

美军陆战队员在硫黄岛每前进一步，都得到所有支援武器的有力火力支持。图中是陆战队步兵连的一个60毫米迫击炮班组在适合迫击炮使用的原日军机枪阵地就位。

火准备，然后会用滚动弹幕为进攻的各步兵营开道。这次坦克会用直射火力参与步兵的进攻。

几乎刚刚出发，9团就遭遇日军各种武器的组合式火力网阻击，他们也习以为常了。支援9团的坦克摧毁了日军的一门火炮和几个炮位，减轻了9团的一些压力，但是凯尼恩上校和他的部下已经明白，他们正在面对的是一个极为坚固，组织完善的日军阵地。

21团下属各连以纵队队列前进，取得少量收获后，被日军部署在北机场的重机枪和反坦克炮火力所阻。只有9团3营，因协同作战的坦克以直射火力命中日军的炮位，才能长途推进。13时，9团3营顶着坚决抵抗的日军火力网前进，在362B高地前方的高坡上取得了立足点。到这个时候，3营已不顾两翼的安全，突出于左右两侧友邻部队前方。3营的陆战队员用60毫米和81毫米口径迫击炮提供火力掩护，缓缓登上一道山脊，随后会从这里出发，对最后的目标发动正面进攻。

由于日军的激烈抵抗，14时前后，3师的进攻一度停滞。厄斯金师长得报，组织了一次共有8个炮兵营参与的强大火力准备，然后前线的各步兵营会跟随移动炮火弹幕前进。即便得到如此强大的炮火支援，3师的步兵也无法取得任何特别值得一提的收获。17时30分，21团2营长英格里什中校负伤，副营长珀西少校接管指挥权。出于夜间防御的需要，21团2营的一个连只得从较为暴露的阵地回撤一小段距离。9团3营出于同样的考虑，也需要稍事后撤。

3月2日天黑之前，3师的左翼取得了一些较为重要的进展，但其他地方收获甚微。9团3营的攻势在日军阵地内形成了一个700码的突出部，该营还在362B高地前方的几座低坡上占领了阵地。21团2营则已经沿着3师的左侧边界向东北推进。然而，9团主力在3师右翼对日军坚固设防阵地的进攻几乎一无所获。3师的两个前方团都处在易受攻击的暴露阵地上，注定会度过一个不安的夜晚。天黑后，21团前方崎岖山地内的日军异常活跃。由于北机场仍然被日军的火力覆盖，3师根本无法占据一条连续不断的战线。

3月2日夜间，3师交了好运。21团缴获一份3师正面的日军防区草图，上面对9团战斗区域内的日军防线描绘特别详细。21团赶紧将地图送到3师指挥所，翻译成英语。根据这份草图上透露的情报，9团面对的是日军组织完善的坚固设防阵地。厄斯金师长现在希望他可以在日军防线上找到一个弱点，打穿这个弱点，就可以在日军阻止9团前进的防线和362B高地附近的坚固防线之间打入一个楔子。

第5两栖军的3月3日作战令，要求5师在10时替换362B高地附近的3师下属单位。完

21团3营的1名火焰兵站在高处攻击一座小山包顶部另一侧的洞穴或工事。如果火焰突击兵不愿冒很大风险这样战斗，硫黄岛步兵的推进会在海滩上停滞不前。美军火焰兵在硫黄岛的伤亡数量是惊人的。

成这次替换之后，厄斯金少将计划调整他下属的各团的行动边界，从而使全师的攻击区域再次等分。于是，21陆战团将再次向东北方向进攻。

3月3日8时，3师按照两个前方团之间划分的新边界，以同样的阵形发动进攻。进攻之前的炮火准备和进攻时的滚动弹幕都是常规操作。9团在出击伊始，遇到重火力阻击，使他们无力前进，这种情况也已习以为常。在21团战斗区域，9团3营维持着自己的阵地，同时等候5师的部队来替换。这次替换在当天完成，但由于替换部队和9团3营都与日军进行了长时间的交战，机动就显得相当复杂。

在21团战斗区域，2营在日军的密集火力下缓缓推进，午前在357高地取得了一个立足点。虽然21团2营行动区域左侧5师的战斗区域内，仍会遭到高地重火力打击，美军仍相信，在21团2营前方已经没有大规模的抵抗力量了。厄斯金师长决定在分配前线2个团的行动边界后，改变进攻方向，从而可以进攻9团对面日军防区的侧翼。按照师长的设想，15时，3师将对东南方向发动进攻，以左翼团负责主攻。

此时，21团预备队1营奉命运动到2营后方，准备向东南方推进，夺取362C高地（日军称为“东山”高地）。与此同时，2营将向东北方向的0-3线位置前进。21团3营仍充当9团预备队，没有厄斯金师长的具体命令，不会投入战斗。

5分钟陆海炮火准备后，3师下午的进攻开始了。21团1营一开始从正面快速推进了大约250码。2营在靠元山台地东缘的357高地占据了较高的

在一辆谢尔曼坦克向一个日军火力点或洞穴开火时，陆战队步兵正在进行机动。

地势，但是由于5师作战区域内多座高地上的日军用重火力威胁他们的侧翼，无法继续前进。21团1营的运动得到配属21团的几个坦克排的有力支援。这些坦克在元山部落附近的阵地对1营前方的目标实施直射火力打击，极大缓解了步兵前进时的压力。

3月3日下午，9团重新进攻后，又一头撞上了一道火墙，一无所获。为了取得一些进展，凯尼恩团长将支援的坦克个别使用，让步兵在崎岖的地形上化整为零运动。装甲兵用车载火力和车身清除了不少日军炮位和火炮，完成了自己的任务。但是，坦克无力大幅度穿透日军阵地，使步兵能够前进。日军的火力点都非常巧妙地隐藏在乱石之中，这些阵地里的火炮、迫击炮和轻武器都用无烟弹药开火，很难探测到他们的具体位置。此外，日军的重炮由于缺乏弹药，不如前几天那么活跃，但是反坦克速射炮火力让美军坦克不无忌惮，这些反坦克速射炮和机枪火力对步兵而言更是毁灭性的。

日军为阻止厄斯金的部队向大海运动，在每一座山头、每一座高地和每一方岩石后面拼死抵抗。地面上的每一道褶皱都被分割成战壕和坦克壕，有日军的迫击炮和机枪火力覆盖。火炮早已在北机场未完工的跑道上标定射击方位，公路和机场边缘都布满地雷。从机场北面的天山（362B高地），日军的火力能直接向山下打击向东移动的美军部队侧翼。

18时，美军的进攻停止，突击的各营都尽力为过夜巩固阵地。在21团行动区域，2营和1营保持着实际联系，但21团右翼与9团的结合部仍然留出了一个侧翼空当。这个缺口有250码宽，好在能用火力覆盖。日军不需要耗费太多时间就能发现这个缺口，加以利用。

3月3日，3师进攻区域的战斗大部分在北半部发生，21团在这一带几乎占领了北机场东北的整片高地。此外，他们向东南方向推进，包抄南面的日军。9团未取得什么进展，全天都保持他原本就占据的相同阵地。

日军在进行最后的有组织抵抗，干得也相当漂亮。栗林中将在2月底就估算出交战双方的损失大致相当。他觉得3月初的几天会成为此役的关键时期，相信如果能投入足够的兵力，甚至可以发动一次反击，美军就可能败退，或者至少停滞不前。哪怕无法获胜，他也能为日军赢得更多时间，这其实是他的全部希望所在。

3月3日夜间，栗林断定进行一次有限反击的时机已经成熟。日军是如何得知21团和9团之间存在缺口的，美军还不清楚，不过到4日凌晨大约3时，一股人数约在200的日军试图在北机场东端，从9团2营和21团1营之间进行渗透。经过一场突如其来的激烈交火，日军被9团2营的左翼连击退，伤亡达166人（美方记录），9团2营的人员损失也很大。少数日军确实成功越过美军防线，美军还观察到他们在机场沿线移动，赶紧派出多个巡逻队截击渗透进来的日军。准备次日黎明出击的21团3营，奉命原地留守，在天亮情况明朗之前，都要继续巡逻。黎明前后，21团3营的巡逻队打死两三个日军，局面已经得到控制。

第5两栖军在3月4日的进攻按计划会在8时15分开始。厄斯金少将原先给21团3营的命令是回到21团归建。该营应当在天亮前就转移，越过21团1营阵地，继续向东南方向进攻，占领362C高地。由于日军在夜间渗透造成的混乱，厄斯金师长只得请求军部将3师的进攻推迟到21团3营能完成扫荡行动，进入攻击阵位的时候。7时不到，该营开始行动，调回原建制团。在越过北

地图十五　3月1日至3日，陆战3师的推进

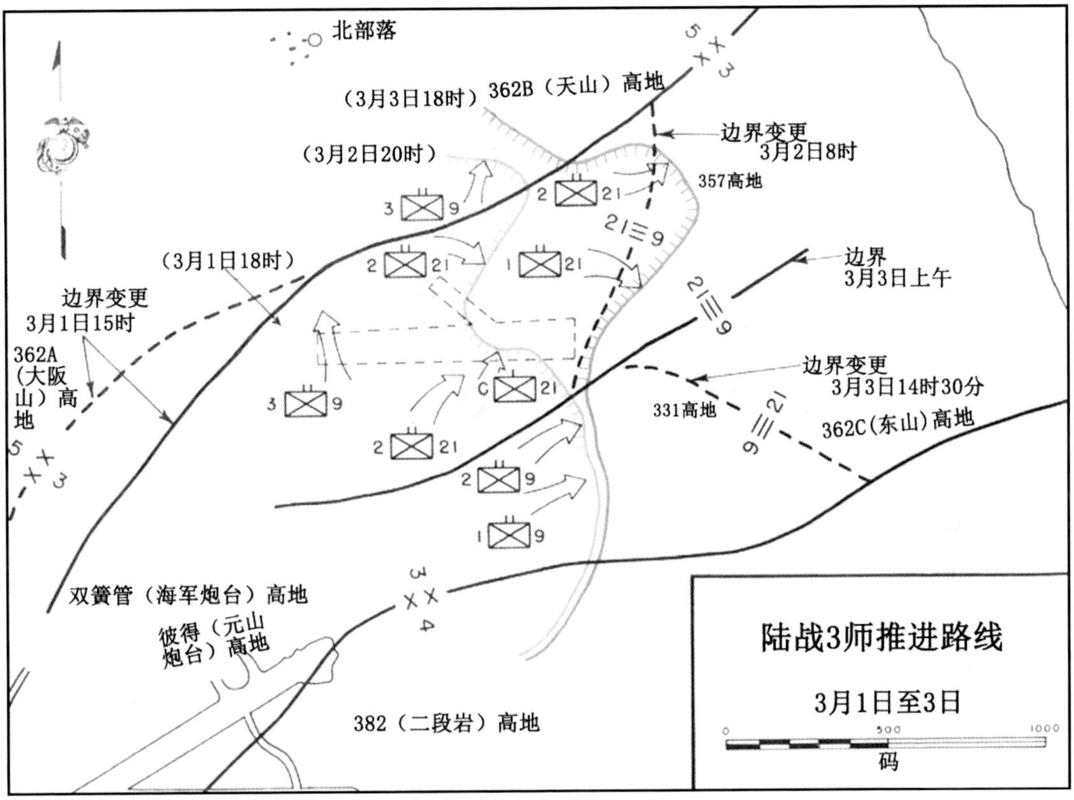

机场西北和北面地区时，这个营遭到日军迫击炮和轻武器密集火力阻击。极差的能见度让该营的行动进一步拖延，也阻碍了他们的准备工作。最终这个营在11时才进入攻击出发阵位。

40分钟后，3师开始进攻。除了以21团3营越过21团1营阵地进攻之外，当天的机动方案与前一天没有差别。9团依然无法突破其正面的日军阵地。21团同样遭遇日军顽强抵抗，日军的炮火火力很猛，但美军根本找不到日军炮兵藏身的阵地，进展很小。21团2营仍由于左侧5师作战区域内362B高地上的日军侧翼火力威胁，无法前进，损失也不小。

当天上午，9团3营被5师的友军替换下来，随后与21团1营一同退到元山部落附近的师预备队阵地。在巩固阵地过夜时，21团1营的一个连奉命去掩护9团和21团之间的缺口。18时，两个团的预备队和几个突击营，一起在北机场和元山部落正东挖掘散兵坑过夜。3师的所有突击营之间都保持紧密联系，与师左翼的5师和右翼的4师各单位的结合部也保障完好。

3月4日下午，军部的一份急件到达3个陆战师。除了有限的几处阵地邻近地区之外，3月5日，第5两栖军都不会发动攻击。筋疲力尽的一线部队，对此自然非常欢迎。各师和各团会在现有阵地上留守，每个团的一个营将会得到休整，重整建制，准备在次日重新进攻，届时3个师会发动一次协同攻击。

3月5日，陆战3师以21团2营、3营和9团1营、2营守卫

战斗间歇，在元山机场和千鸟机场之间的一个相对安全的补给点，一名陆战队火焰兵在为他的致命武器补充燃料。

一条不规则的战线。另外2个师当天都在接收补充兵员和装备，为次日的进攻，加强他们疲惫不堪的各作战单位。21团的2个连从阵地上撤了下来，与1营在元山机场北面的一个集结区会合。9团3营留在东北－西南走向跑道和元山部落之间的阵地上充当师预备队。

除了陆海炮火还在对日军进行全天不断的骚扰之外，硫黄岛美军在休整的这一天没有进行任何大规模地面战斗，只有航空兵对362C高地地区发动了一次空袭。都是血肉之躯，日军看来也很欢迎这激战中难得的一天休整，当天也没有什么大动静。第5两栖军的所有陆战队员确实急需休息。

他们都疲惫不堪，无精打采，部队的骨干人员大多非死即伤，还能前进都几乎是个奇迹了。后方人员用医用酒精和果汁勾兑成一种烈性饮料，美军都管这玩意儿叫“折钵山尖叫者”，有些人就靠这种饮料舒缓神经和提神。不过即便在转为军预备队或师预备队的作战单位里，安静和休息也是相对的。日军当天没有大动静，但夜间渗透和小规模反击一直没断；况且在美军已经占领、需要扫荡的地方，每日每夜都有日本兵从垮塌的洞穴和坑道里出现。

在战斗期间，日军的抵抗经常超出美军所有人的预期。根据这一固有印象，在发现精心谋划，得到有力火力支援的大部分进攻日复一日受挫后，第5两栖军可能会倾向于高估日军在硫黄岛的抵抗能力。

实际上，在3月的第一周，日军在硫黄岛的情况很不妙。他们的大部分火炮和坦克都已被美军摧毁，各级指挥官已有2/3战死，战力在急速下降。3月4日傍晚，日军的残存战力为：標流木地区约300人、北地区约1300人（其中海军800人）、东地区约500人、玉名山地区约2000人（其中海军1000人），总计约4100人（其中海军1800人）。这样的战力同美军相比处于极度劣势，当时日军防御阵地变得极度狭小，为了将有组织抵抗坚持到最后，将战力集中于玉名山地区和北地区看来比较有利。

3月5日，栗林兵团长判断美军的攻击重点将指向北地区，便利用战况的暂时平静，在当晚将兵团直辖的东地区队，即伯田义信大尉指挥的第314大队主力和第1独立迫击炮中队的1个小队（欠一半）转调到北地区，加强该地的防备，同时下令以第26坦克联队主力确保东地区（含万部落），命令其他各部队归入玉名山的第2混成旅团长千田少将的指挥，继续确保玉名山地区。

此外，栗林还决定将標流木地区和北地区合并为北据点（即为八海岸西南端－联络所西南道路交叉点－天山－银明水以北地区），由兵团长直辖，企图以此遏制美军的战力，极力确保该地区，在兵团司令部周围构成四线阵地。具体部署为：

将连接温泉浜西侧－北部落－硫黄岛神社一线区分为左右两地区，右地区（原標流木地区）由池田大佐指挥的第145步兵联队（欠第3大队）、西地区队残存兵力及当地海军部队守卫，左地区（原北地区）由北地区队、第314独立步兵大队及当地海军部队负责，意图在3月6日晨以前强化四线纵深的预备阵地。

先前第314独立步兵大队一直在东地区准备对海岸地区进行正面作战，但美军登陆后，在2月28日以后将防御正面变为陆地方向，将原本以东山周边为预备阵地的部署，转为对元山部落方面进行防御。之后，该部又不情愿地撤离现阵地，转移到没有准备的北地区，守卫那里的预备阵地。关于当时的情况，第314独立步兵大队附村井康彦中尉回忆道：

东地区队自2月28日以来，根据兵团命令撤除东面的防备，为了准备复廓阵地同西坦克队（万部落周边）相联系，以东山为中心将第2中队（坂本胜中尉）部署于北方、将第1中队（日野伊六中尉）部署于中央、将第3中队（吉野寿贺雄中尉）部署于南方，以以上部署转移至北面防御。

3月5日下午，接到兵团发来的电报："将现阵地移交给西坦克队后撤离阵地，在5日夜向北方移动，在兵团司令部南方面向南方占领阵地。"伯田大队长未曾预料会向北地区转用兵力，不希望在未经过真正的战斗的情况下，就向不熟悉的北地区撤退，两次申述"希望死守现阵地迫使敌军流血"的意见，但5日傍晚接到兵团发来的严厉转进命令："此为战况需要。贵队立即……"因此大队长表示："无论是在东地区还是在北地区战斗，都一样要面对战死的命运。当此之际，不想因抗命或违反军纪死去。立即转进。"在喝过离别酒后，于5日20时向北地区转进。

314独立步兵大队在北地区的兵团司令部前方布下阵地，大队本部进入师团货物厂地下坑道。该大队的官兵有人说："我们要为护卫司令部白白死掉吗？"伯田部队转进到北地区，日军在东山地区的防御力量变得十分薄弱，美军陆战3师攻击地区的最大阻力，由于栗林中将变更防御部署，事实上已经消失了。

第5两栖军已下令在3月6日恢复进攻。到这个阶段，21团2营取得的任何进展都直接取决于邻近的5师的进展，于是该营的进攻将与5师的友军协同进行。为此该营的出击时

美军在硫黄岛每次实施正面进攻，伤亡不可避免地非常大。图中陆战9团2营的担架员正在送一位"黄鼠狼"两栖运输车的驾驶员前往救护站。这位驾驶员在开车运送前线急需的物资时，车辆被日军的炮弹直接命中。

间定为8时，比3师的其他部队都早一个小时。除了21团2营的出发时间被错开之外，3师的兵力部署与先前的机动方案没有分别。

3月6日晨6时，在进攻准备阶段，9团3营被配属给21团。在21团2营出发之前的10分钟内，陆战队第12炮兵团的3个营、第14炮兵团的3个营和军属炮兵的1个营，会进行高强度炮火准备，海军舰炮也会提供火力支援。不过21团2营的步兵出发不久，就发现再强的炮火准备和支援，对深藏在地下工事里的日军也没什么用处。5师作战区域内的高地上，日军的迫击炮和轻武器的火力强度和密度并不比前几天弱，该营的推进几乎马上停滞不前。

21团3营和9团在出击之前，12团的3个炮兵营和1个军属炮兵营会进行25分钟的炮火准备，海军舰炮的火力准备更是会持续90分钟。但是美军消耗的大量炮弹还是没能奏效。3师主力在9时开始进攻时，日军的轻武器、迫击炮、火炮和反坦克速射炮火力，仍然让他们无法取得任何进展。

14时40分，3师进行了当天的第二波攻击，步兵在出发之前，同样进行了猛烈的炮火准备。这一次，越过21团3营阵地的21团1营面对日军的顽抗，好歹取得了一些战果，在18时巩固阵地过夜之前，缓缓推进了200码。其他各部仍进展甚微。

总体而言，美军当天取得的进展与消耗的弹药和付出的精力完全不成比例。3月6日上午和下午的两次火力准备期间，美军的11个炮兵营共消耗155毫米榴弹2500发，75毫米和105毫米炮弹20000发。此外，美军的1艘战列舰和几艘巡洋舰一同消耗356毫米炮弹50发，203毫米炮弹400发。航母舰载机对日军阵地实施了轰炸和空中扫射，但显然都没能消除日军的抵抗力量。

在这样一个令人沮丧的日子里，依然有一个亮点。日间激战期间，21团3营G连的2个排，一路杀上一道山脊顶部。最后他们还是没能顶住日军的火力，退下山去。但是在山顶上，他们已经看见了大海，目测距离就在400码之外。消息传开，3师上下人人为之一振，尽管一路遭遇重重困难，但他们确实已经推进到很远的地方。无论还要等多久，他们经历的苦难好歹会有结束的一刻。

向大海进军

在东山（362C高地）周边地区，日军第314独立步兵大队主力（东地区队）转移到

第3坦克营的一辆坦克被日军的反坦克火力击中后，幸存的车组成员在9团2营G连的救护站接受治疗。

北地区后，仅有铃木忠一少佐（第26坦克联队本部指挥班长）指挥的1个坦克小队（30多名）、第314独立步兵大队一部（村井康彦中尉）、喷进炮中队一部（横山义雄大尉）和当地海军部队等约100人守卫东山据点，西坦克联队主力则在守卫万部落周边地区。

这时，西坦克联队已经丧失了坦克战力，但改为徒步战斗的这支部队继续顽强抵抗。特别是大谷道雄中尉本人以肉搏攻击击毁2辆美军坦克，鼓舞了全军士气。他们甚至还利用夺取的美军坦克的车载火炮和残存的“九零”式野炮等击毁了1辆坦克。

3月6日，美军上下都非常清楚，迄今为止所使用的战术，不会让硫黄岛北部的日军屈服。陆战3师师长厄斯金少将也充分意识到，人员伤亡累累，正在让他的部队消耗攻击能力。非常关头，厄斯金决定打破常规。明知要冒险，他还是决定夜袭362C高地。兵行险着，是希望在常规战术都无用的时候，“奇袭”能够奏效。军部原先在当天晚上下令，次日的进攻会在上午7时30分开始。厄斯金请求在天亮前的5时就发动进攻，获得批准。21团会承担主攻任务。他们的目标是占领362C高地，同时9团会在黑暗之中前进大约200码，牵制日军的注意力。实际占领362C高地的任务，将会由配属21团的9团3营来执行。

21团副团长斯莫克中校打电话给9团3营长勃姆中校，口头传达了攻打362C高地的命令，简要说明进攻会在次日5时开始，从21团1营现在的阵地出发，事关机密，行动时要保持静默，占领目标。勃姆当场提出反对意见：“我还从来没观察过362C高地周围的地貌呢！”斯莫克信誓旦旦：“别担心，我们团的1营长豪泽少校会把前沿阵地前方地形的一切细节都告诉你，给你指明目标……别担心，豪泽一下午都在观察地形，会对你说个明白。”

勃姆没有多说什么，直接将部下3个步兵连的连长召到K连指挥所开会。K连指挥所是9团3营离21团1营阵地最近的指挥所。勃姆向3位连长简要说明情况，随后带他们一起去21团1营的指挥所。豪泽引领四人前往大致在21团1营阵地中央的一个位置，向前方大约300码外的一座山头一指，说道：“那就是362（C）高地。”勃姆半信半疑，说道：“看上去不像，你的阵地离这座山头太近了。”豪泽一口咬定就是那座山头，他部下的几个连长也都坚决认同，于是勃姆和豪泽等人后退了一小段路，在一座掩体里查看一张地图。豪泽相当自信地在图上指出他的前沿阵地所在的位置，勃姆满腹狐疑，却别无选择，只能听取他的陈述，仿佛面前就是一份精准的地图。

突袭很可能成功。在此前太平洋战区的战役之中，美军陆战队通常都不会实施夜袭。在硫黄岛，除了夜间巡逻之外，美军天黑后都不会在前线冒险。为防范日军得知美军的这次夜袭，必须采取特别预防措施。在任何无线电通信之中，都没有提到这次进攻，除了在部队出发前5分钟，会在目标地区周围发射白磷燃烧弹外，事先也不会进行炮火准备。勃姆中校的部下得到命令要尽可能安静地行动。在敌人发现突击部队的主力之前，任何人不得开火。

3时20分，承担突击任务的9团3营各连离开集结区域前往出发阵地。这一夜硫黄岛下起绵绵细雨，一直未停。只有美国海军舰炮的照明弹会偶尔点亮黑暗的夜空，在攻击开始前，这些照明弹会暂停发射。

夜袭行将发动之前，陆战3师指挥所里气氛紧张。尽管奇袭很可能取得成功，但勃姆营没有时间进行详细的事先侦察。他的部队会在一团漆黑之中，跌跌撞撞进入一片未知区域。这也是奇袭的固有风险使然。

师指挥所里，参谋人员不断看表。时间已到4时30分。每隔几分钟，就会有人向外看看阴雨的天空。如果听见一片开火声，或者一发炮弹的响声，所有人的面部肌肉都会绷紧。4时50分，美国海军舰船已停止发射照明弹。又过了5分钟，众人听见熟悉的炮声，那是师属炮兵在进行火力骚扰。预定攻击时间到了，一颗信号弹在天空中爆炸。所有照明弹射击不是都停止了吗？厄斯金师长喝令道："给我把负责海军炮击联络的军官叫来！"原来那是支援4师的一艘船发射的。然后参谋人员就冲向野战电话和无线电，焦急地等待消息。与此同时，已经有消息传来，夜袭部队出发了。仍然没有动静。他们到底行动了没有？前方那片危机四伏的阵地会不会将他们吞没？

3月7日5时整，9团3营以L连和K连在前方分左右突击，I连为预备队，开始行动。陆战队员们纷纷爬出自己的散兵坑，悄无声息地向东南方向大约250码外的目标前进。炮兵的白磷燃烧弹在362C高地周围制造了一大片烟幕，有效隐藏了3营步兵的踪迹。

奇袭完全成功了。9团3营的战士们在火力点里抓住尚在沉睡的敌人，用火焰喷射器和自动武器好一阵大开杀戒。5时30分过后，一挺日军机枪才总算打响了反击的第一梭子弹。火焰喷射器很快让这挺机枪哑火。勃姆营继续缓慢而坚定地向目标前进。这个时候，零星的日军抵抗相继出现，但无法阻挡勃姆营继续前进。

破晓前不久，6时前后，9团3营报告，他们已经拿下362C高地。日军在被火焰喷射器从洞穴里逼到开阔地后击毙。勃姆营在最初40分钟内推进400码，没有遇到任何抵抗，此后也仅仅遇到零星骚扰。就在奇袭似乎大功告成之际，白昼的日光让美军发现有什么地方不对劲。勃姆中校反复对照地图和照片后，发现原来他的部队根据昨晚从21团1营得到的情报，占领的是331高地，而不是362C高地。真正的目标仍在前方250码的位置。

好在9团3营的进攻方向是正确的，勃姆断然下定决心，呼叫炮火支援，继续向真正的目标发动攻击。这一回不再是奇袭。美军炮火对目标和附近高地进行10分钟炮火准备后，7时15分，9团3营如猛虎下山一般，从331高地直取362C高地。

这一次美军陆战9团3营要通过一片崎岖的地形前进，从一开始就遭遇激烈抵抗，日军不仅在他们的正面和两翼开火，连他们的后方都不安全。9团3营的战士们只有用火焰喷射器、炸药包和火箭筒，逐个

其他陆战队员在经过的时候，一个陆战队火力小组正在等候轮到他们前进。

铲除路上遇到的洞穴和掩体里的日军，缓慢而坚定地靠近他们的目标。

13时30分到14时之间，推进速度比L连更快的K连，率先登上362C高地，向上级报告这个好消息。勃姆营长命令K连就在山上组织好阵地，L连会为他们提供火力支援。由于3营与右侧的9团主力没有任何联系，预备队I连奉命推进到K连右侧，组成向后弯曲的阵地，面朝南保护该营开阔的侧翼。昨夜配属勃姆营的21团B连，负责保障该营另一侧翼的安全。

挡住3师前进的一个重要障碍就此消除了。勃姆中校在总结这次行动时说道："这次夜袭最值得注意的事实是，尽管所有的基础条件都不好，但这个策略是非常合理的，因为最终在黑暗下夺取的开阔地是那一天占领的所有阵地当中设防最严密的地方，突袭对占据这一重要地区的敌军完全奏效（他们其实都在自己的工事和洞穴里睡觉）……不过应当记住的是，这次进攻会成功，在很大程度上得益于运气。"

当配属给21团的9团3营取得3月7日最为令人振奋的战绩之时，9团主力将会经历硫黄岛战役期间最为激烈的一些战斗。9团3营向南进攻331和362C高地的同时，9团1营和2营正在向东，基本上也是在向362C高地方向进攻。破晓时分，9团左翼的2营和右翼的1营已前进200码左右。然而曙光初现之时，西竹一中佐指挥的日军26坦克联队发现了入侵者，随即实施了猛烈的反攻。已经进入日军设防工事的2营，遭受四面八方的日军火力打击。9团的2个营被日军的火力线完全割断，损失惨重。

10时15分，9团主力显然已无法突破在正面抵抗的日军防线，厄斯金师长临敌应变，改变2个突击团之间的边界，从而让21团的推进将9团暂时挤出。中午时分，9团1营获得了些许行动自由，试图与362C高地山顶的9团3营部队取得联系。如果他们成功，西竹一的部队将陷入一个巨大的钳形包围圈，可是天不遂人愿，反倒是9团2营陷入日军包围，无法向任何方向运动。支援9团2营的坦克无法突破日军的包围，但他们的火力好歹能减轻被围部队的压力。3月7日黄昏，9团2营仍然被日军压制，动弹不得。库什曼中校部下的2个突击连要从包围圈中脱困，还要等候36个小时。

日军第26坦克联队和第314独立步兵大队的一部（包括第44特设机关炮队等）约700人，为确保东山和万部落周边地区反复激战，减员严重。如果该地区被美军夺取，硫黄岛守军的北据点和玉名山地区就会被各自孤立。西联队长决心在该地区死守到底。但是要阻止美军陆战3师（欠第3团）进攻，战力相差实在太远，阵地被逐次蚕食势在必然。3月7日，东山山顶被美军陆战9团3营夺走后，这支部队在此后的攻击中被逐次包围压迫，陷入苦战。

日军西坦克联队的阵地虽已孤立，但依托坚固工事，抵抗没有丝毫瓦解迹象，21团3营和9团2营陷入了苦战，而继续向大海推进的21团主力和9团3营的行动也没那么容易。

3月8日，硫黄岛战役已经进入第18天。一大早，陆战3师的部队就重拾攻势。奇袭战术在短时间内无法重复使用，这一天3师使用的是常规的正统进攻战术，陆海炮火准备之后，炮兵会提供滚动弹幕掩护。21团主力1营和2营并列推进。右翼的1营行动较为自由，2营则要与友邻的5师部队协同进攻。

这一回日军高度警惕，每当21团想要翻过俯瞰海滩的峭壁之时，5师作战区域和9团行动区域内的日军就会用密集的侧翼火力将他们打得无法抬

无论看上去多么坚固，谢尔曼坦克遇到障碍时其实是脆弱的。图为陆战第3坦克营的一辆“谢尔曼”坦克的驱动轮触雷报销了。幸运的是，美军的大多数受损坦克能够在战场上修复。

头。21团2营不得不在一片崎岖地带前进，第3坦克营有9辆坦克负责支援他们，竭尽全力炮击这一带的洞穴和碉堡。在2营右侧，1营正在缓缓推进，傍晚时分，已经在日军海岸前最后的有组织抵抗阵地之间突进了300码。

在9团战斗区域，3营从362C高地越过配属该团的21团3营阵地向东进攻，穿过1营右翼前进。3营的中间目标是俯视海滩的台地边缘，最终目标就是海滩。日军一路顽强抵抗，该营还是从362C高地向海滩推进了400码。尽管战斗依然激烈，但日军抵抗的组织已不太严密。为帮助3营冲过最后一道难关，1艘支援驱逐舰向延伸到大海的几座斜坡开火，美军飞机也对大致同一区域实施空袭。17时前后，9团3营已经占据了台地边缘，得到的最新命令是在台地上继续前进。

与此同时，陆战9团余部的进攻在日军藏身的一片很难靠近的地区停滞不前。西竹一指挥的日军余部在万部落周围一带进行最后的抵抗，在他们占据的洞穴和砂岩上的射击阵地倾尽全力战斗。他们拥有的重武器依然强大：隐蔽良好的反坦克速射炮，埋藏在土石之中的、装备37毫米和47毫米火炮的最后几辆坦克。西中佐的炮火让美军无法进行协同进攻。美军只能化整为零，以小分队为单位，从一个石墩冲向另一个石墩，将各处的日军防御工事炸开，但一时找不到能让这个孤立阵地彻底失去战力的核心实施打击。

3月9日，3师的部队继续向大海推进。日军的抵抗依然

陆战3师的一名士兵在弹坑里为步枪上刺刀时饮弹身亡。

处处可见，但已变得愈加散乱。下午晚些时候，9团3营已渗透到海滩地区，该营和21团1营都已派出巡逻队前往海滨水线。为支援这2个步兵营，美军对3师战斗区域内顽敌据守的坚固孤立阵地实施空袭。此外，外海的一艘美军驱逐舰，在3师海军舰炮联络官的指引下，炮击海滩地区的洞穴和日军阵地。

当天，配属21团3营的9团再度一头撞上石墙般的抵抗。尽管可以使用坦克支援他们的推进，地形条件却对装甲兵的使用极为不利。日军利用地形优势毫不迟疑，先用高炮在一辆坦克上空发射一枚高爆弹凌空爆炸，用弹片驱散美军步兵。然后，火速利用烟幕弹掩护，派出一个爆破小分队，用燃烧瓶让那辆坦克动弹不得。日军的这种小战术很奏效，9团2营和21团3营在当天都无法获得任何像样的收获。

自从陆战3师登上硫黄岛，开始在该岛中路进攻以来，师长厄斯金少将就为部队的损失和持续减员对3师战力的不利影响感到困扰。他坚持认为，其中的一些伤亡是可以避免的。他说道："各步兵营肯定开始感受到有大量补充兵员投入战斗，这意味着战斗力的急剧下降。这些兵员斗志不成问题，但训练水平很低，尤其是在最基本的单兵行动方面。由于缺乏小单位作战训练，团队配合相当差，这也成为步兵营行动的一个明显障碍。这些补充兵对妥善隐蔽缺乏了解，为此造成许多不必要的伤亡。"

厄斯金描述的状况是在马里亚纳群岛首次采用，随后又

地图十六　3月7日至10日，陆战3师的推进

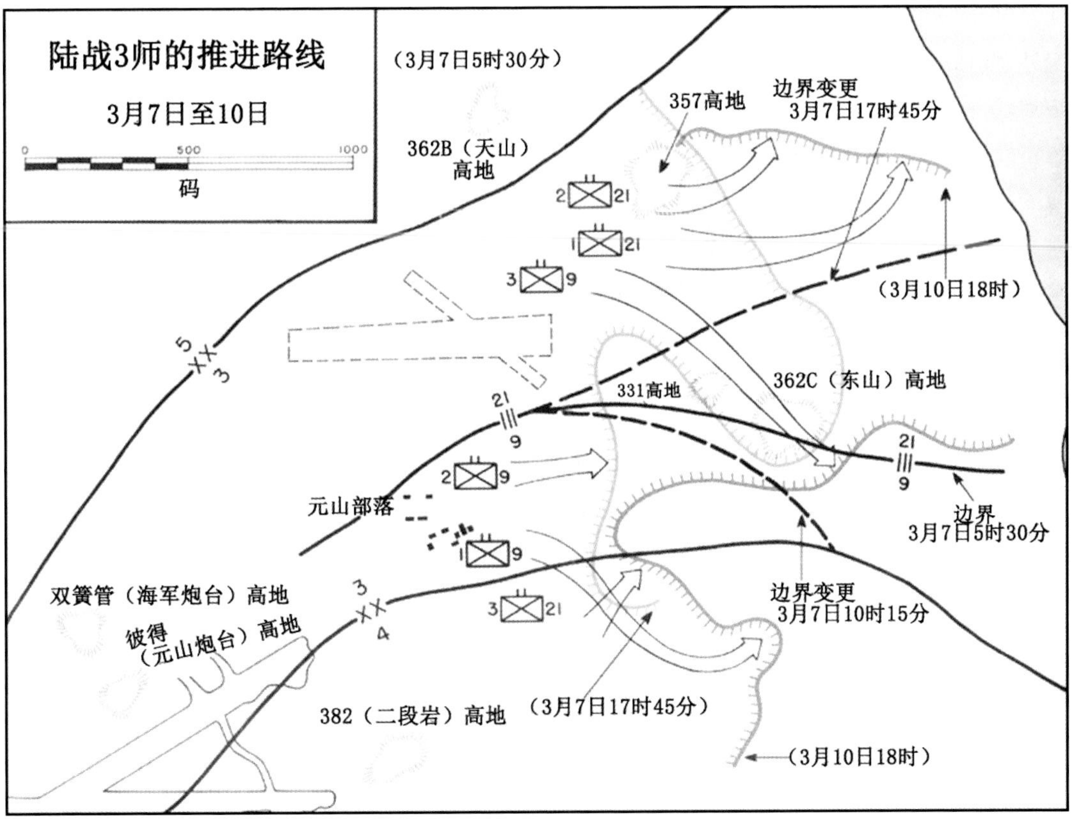

在硫黄岛采用的一种编制创新手段的结果。前文已述，一共有6批补充部队刚刚从美国本土来到太平洋战区，总共7188名新军官和士兵被配属给参加硫黄岛战役的3个师。按照计划，在出现人员伤亡后，这些补充兵会充实到作战单位，希望稳定的补充兵员能保证较高的一线部队战斗力。在进入作战单位之前，这些人会帮助海岸工作队工作，因此补充部队承担双重任务。这一创举背后的基本思路可能是合理的，但不幸的是，这个计划实际运作时达不到期望的水平。

就像大多数补充兵部队一样，硫黄岛的补充兵在被送往海外之前，战斗训练量不足。按照美军后方参谋人员的设想，战斗训练是可以在战场上完成的，结果就是大部分补充兵是在被作战单位吸纳之后，在实战中学习战斗。这对所有人来说都是非常困难的，在硫黄岛战役的后期，这些补充兵参战对于一线部队的进展并没有多少帮助，反而有时会有些妨碍。

后来第5两栖军参谋长威廉·罗杰斯准将回顾硫黄岛战役期间的补充兵问题时，这样说道："首先，这些补充兵员是仅有的可用补充兵力，第5两栖军也无法组织额外训练；如果不用他们执行海岸工作队的任务，就需要单独的部队负责，会需要更多的航运船舶；海岸工作队（人员）的需求，会随着（一线部队）的持续推进而减少；实际上一些轻工兵部队后来在充当一线战斗部队；海岸工作队的任务本身需要进行一些自卫训练，这在前线是会有用处的。"

美军的补充兵哪怕训练水平再低，也好歹有兵员可以补充，日军却是连一兵一卒都无法补充。第26坦克联队在这一时期的战斗中损失惨重。3月8日，鹿内中尉的小队将火炮拉到坑道外战斗，之后全部覆灭。铃木大尉的第1中队于9日在二段岩附近全灭。当天斋藤中队出击，结果损失了全部坦克。斋藤大尉右肩受贯通枪伤后，与本队会合。到3月9日，聚集在西联队长身边的军官有斋藤大尉、片山大尉、西村大尉（美军登陆不久前，从南鸟岛飞赴内地执行勤务时，在硫黄岛迫降）、铃木少佐、山崎大尉、山下少尉和大谷中尉。

某天，大谷中尉在联队本部审问被俘的美国兵，这时海军的技术大尉独自进来研究巴祖卡火箭筒，山崎明大尉初次试射了缴获的巴祖卡火箭筒，此后巴祖卡火箭筒每天都被日军用来射击美军的坦克或机枪阵地。不久，片山大尉和大谷中尉也战死了。

尽管实力消耗严重，该坦克部队仍然将残存坦克搬入掩蔽壕内，利用混凝土掩体和地下坑道等继续进行顽强抵抗。如前文所述，9日，该部队在反坦克战斗中实施肉攻打瘫1辆美军坦克。10日，他们夺取和利用瘫痪的谢尔曼坦克的车载火炮，又破坏了1辆美军坦克。

无论西竹一的部队如何勇猛，都难以改变大局。3月9日傍晚，厄斯金完成了他的主要任务，他的部队已一路突进到硫黄岛东北海岸。最先到达海滩一带的是21团A连，随后9团3营也加入进来。夜幕降临时，3师的陆战队员控制了日迎浜和日出浜一带近800码长的海岸线，从而切断了日军北据点地区和玉名山地区之间的联系。在北之鼻附近的岛屿最北端，栗林会继续顽强抵抗。美军还要经过长时间战斗，才能消灭硫黄岛日军的残部。经过在硫黄岛中部的艰难转战，付出大量人员伤亡之后，到达东北海岸的3师陆战队员兴高采烈，将一个盛满海水的水罐送给施密特军长，上面写着"仅供检查，不用消费"。

硫黄岛战役迎来了又一个

里程碑事件。到达东北海岸不像在折钵山竖起星条旗那样引人注目，但意义更加重要。岛上的日军被分割成两半，美军控制了从元山台地到深谷再到峭壁和大海的要道。硫黄岛日军残部主力仍然在据守北据点不到3平方公里的阵地，下定决心，就算全部阵亡，也要让美军付出尽可能高的代价。在硫黄岛东南部的玉名山地区，仍有一些面积虽小，但十分顽强的日军孤立阵地在抵抗。对美军而言，幸运的是，硫黄岛战役最艰苦的部分总算结束了。

陆战3师在执行中央突破时的人员伤亡很大，战斗损失达到3563人，详情见下表：

阵亡	627
战伤	2241
战伤死	200
失踪	4
战斗疲劳症	491
合计	3563

地图十七　3月1日至10日，陆战3师的推进

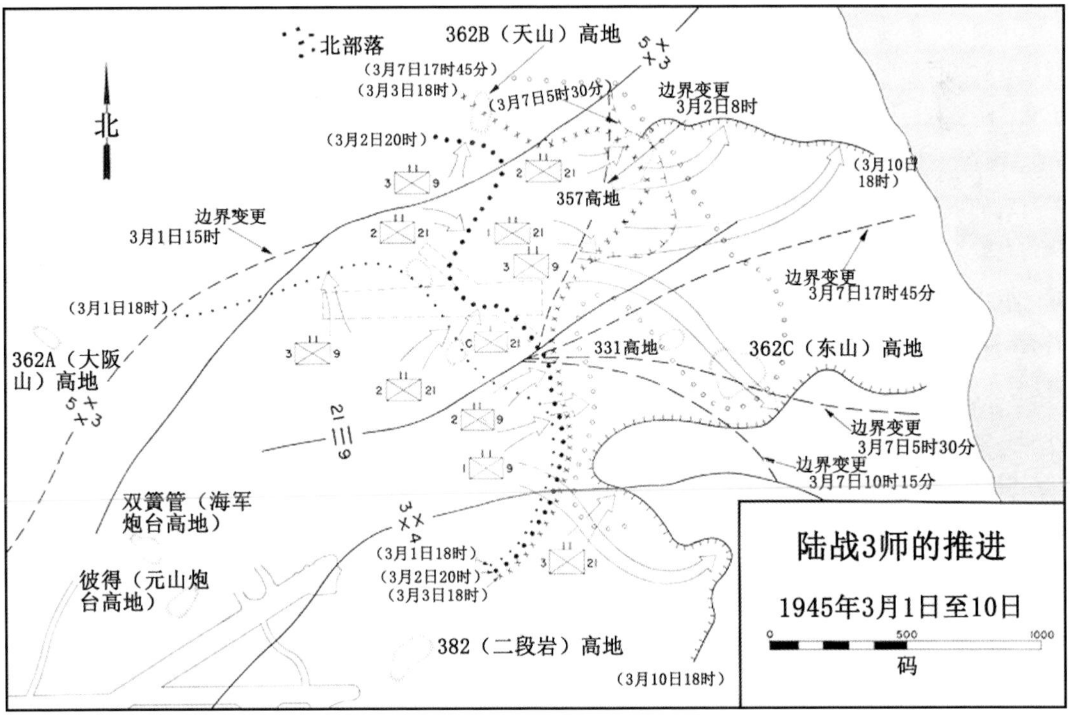

第十章　陆战5师在左翼的战斗

沿西海岸北进

陆战3师在第5两栖军中路战线艰难北进的时候，陆战5师正在左路苦战。2月24日，陆战5师26团在一次进攻当中，取得了可观的成果，天黑之前，到达右侧友军3师北方400码的位置。取得这些成果代价沉重，当天5师伤亡军官21人，士兵332人。为了让3师9团得到一个将战线拉直的机会，26团奉命在2月25日原地留守。

25日上午，陆战5师占据了一条从西向东绵延1200码的战线。从左至右，配属的27团2营据守俯瞰西岸海滩的峭壁；位于战线中央楔入日军阵地的较突出的位置的，是26团2营；该营右翼向南倾斜的位置是26团3营和配属的26团1营的一个连。此时，相邻的陆战3师负责区域内的高地，对5师继续推进造成了重大影响。在3师将日军从岛中央的海军炮台和元山炮台高地驱逐之前，预计不会有重大进展。

当天26团在巩固自己的阵地，邻近的3师9团沿着与5师相邻的边界北进，却没能取得任何像样的收获，格雷厄姆上校指挥的26团右翼的局面也没有本质的改变。全天右翼前线的日军密集火力都在扫射26团占据的阵地，极大干扰物资补给和伤员后送。15时左右，美军的一架观测飞机报告，日军炮兵正在沿着硫黄岛北部的轮廓线向北移动。陆战13团的3个炮兵连立即调整射击目标，发射了将近600发炮弹。这次炮击结束后，空中观察员报告，日军的3门火炮已被摧毁，几辆炮车正在燃烧，1个弹药库也着火了。这是硫黄岛战事期间，日军唯一一次让美军抓到可以选择直接射击的重要目标。日军炮兵也接受了教训，今后只会在夜间部署到新的射击阵地。

2月26日，洛基的第5师恢复攻势。45分钟的炮火准备之后，26团出发承担主攻任务。他们几乎立即遭遇猛烈抵抗。日军的轻武器、机枪和迫击炮将火力向前进的陆战队员队列里倾泻。与此同时，岛北的日军重炮和重迫击炮用酷烈的远程火力打击突击部队。26团的步兵顶着炮火逼近日军，双方随即在近战中用手榴弹你来我往。

这次推进期间，地形突然发生了变化。迄今为止，洛基师一直在松软多沙的开阔地上行动。在26团北进时，平地让他们能找到通往严密设防的峭壁的路径。现在5师进入一片地形极为复杂的山脊。每次美军在进攻时都必须沿着一道斜坡，越过山顶，然后向下进入一道峡谷。在这些山脊之外，日军的主要设防阵地，西部落正南面的362A（大阪山）高地隐约可见。这个制高点的地形特征，让前进的陆战队员印象深刻，如此险恶，让该地区的其他障碍物都相形见绌。这座山崎岖不平，多岩石，南坡上没有任何植被，在北面，从南面来的美军还看不见的地方，只有一道大约24米的陡坡。日军最大限度地利用了这一巨大障碍。整座高地上遍布各种大小洞穴，其中许多成为迫击炮和机关枪火力点。高海拔让日军在上面能够观察折钵山的整个硫黄岛西部地区，美军的前线和西岸海滩上的一举一动，也逃不过他们的眼睛。

虽然日军顽强抵抗，陆战5师在2月26日仍稳步向362A高地推进。大约在800码之外，那座巍峨高地已赫然在目。负责主攻的3个步兵营是雷亚少校和费根少校指挥的26团2营和3营，还有安东内利少校指挥的27团2营。日军碉堡和洞穴组成的防御强点一直在用自动武器火力阻挠26团2营前进，使得雷亚少校的这个营2小时只能前进50码而已。第5坦克营B连的坦克参加了这次战斗。10时，一直在充当营预备队的F连投入战斗。他们在装甲兵支援下，一鼓作气向日军的坚固阵地冲击。F连的进攻很快收到奇效。26团2营自从登陆以来，首次与通常难以捉摸、不见踪影的敌人正面对决。激战一场，向来以凶悍著称的日军苦斗多时，终于败阵。那些想要逃到后方的日本兵都在开阔地被美军的炮火和自动武器击毙。

一向设防严密的日军首

2月26日，陆战5师在硫黄岛的辖区度过了相对安静的一天。5师可以等待右侧的友军跟上。不过出现可以前进的机会，他们是不会忽略的。图中是当天8时50分，26团2营F连越过一片开阔地实施局部推进。

2月26日9时，陆战5师26团2营F连冒着日军的火力在开阔地前进。

次在这样一个脆弱的阵地上被一举歼灭，让陆战队员士气大振，实在是没有人喜欢与看不见的对手战斗，即便不再有下次，能有一次看见日本兵狼狈逃跑，也能让美国大兵安心。

在26团右翼推进的是26团3营，他们得到第5坦克营A连支援，取得了大约100码的进展，一路压垮多个防御工事，还摧毁了日军在与前进路线垂直的台地向下延伸的沟壑之中布置的许多枪炮。邻近的9团取得的胜利在帮助26团3营前进。在26团左侧，27团2营起初进展迅速，2小时内推进400码。在这一天剩余的时间里，该营留在原地，以便26团2营能够跟上。27团2营推进区域的地形对部署坦克行动不便。倒是里德·法韦尔中校指挥的第2两栖装甲营的20辆两栖坦克能从海上为该营提供火力支援。两栖装甲坦克的75毫米主炮火力摧毁了日军的几个洞穴工事，但海上浪大，他们的火力变得会危及友军，于是接到命令，暂停射击。

在坦克和两栖坦克支援下，陆战5师当天午后就已经从阿苏台正面进抵田原坂西方的山冈城山，逐次渗透日军西地区主阵地，西地区队长辰见少佐也被击毙。

2月26日傍晚，进攻暂歇时，陆战5师的前线依然形成了一个楔入日军阵地400码左右的圆弧形阵地。当天5师取得的收获大约为300码。最重要的是，26团夺得日军的两口水井，据信这是日军控制的最后两口井了。从今往后，日军将只能完全靠储存雨水来获得淡水。

失去这一重要水源，日军的反应倒也不慢。一个多雨的下午过后，晚上天气晴朗。就在一轮明月之下，大约一个中队的日军集结起来，沿着西海岸南下，看来就是为了夺回两口重要的水井。26团的战士们及时发现这股正向362A高地峭壁附近的水井进发的日军。月光下的日军是相当好的目标。在这股敌人能到达任何一口水井之前，美军的陆海炮火就将其击溃了。

26日夜间，在26团2营D连的观察站，连长托马斯·菲尔兹上尉和部下的一名参谋，发现3个日本兵在他们面前7米开外，正带着炸药包大胆摸索进来。菲尔兹二人无暇多想，甩开胳膊将手雷掷去，将日军击退，杀死一人。这只是日军大胆挺身突击靠近或突破美军防线的一个例子。前方的陆战队员在黑暗中永远无法确定在黑暗中靠近他们的到底是谁。早在2月21日，26团2营F连在当时的阵地规定口令为“雪佛兰”。一个哨兵在黑暗中喝问一个正在移动的人影口令，那个人回答正确。哨兵却觉得“雪佛兰”的发音不对，再度高声喝问，发音依然不对。这哨兵断定是外人，开枪将他射

2月26日，日军最后的水井落入陆战5师手中之后，大约100名日本兵实施挺身突击，想要夺回水源，结果多半被美军击毙。

杀。第二天早上一看，果然是个日本兵。

这种事情会提高陆战队员的警惕性，但有时也会走极端。2月25日夜间，26团2营F连将一个纳瓦霍印第安士兵误认作日本人，直接将他抓了起来。这个印第安士兵英语本就说不好，受到严重惊吓更是结结巴巴，让他的处境一时非常艰难。幸运的是，最终一名纳瓦霍陆战队员认出了他，他被释放。旁人看这事情很滑稽，但当事双方在硫黄岛这个地狱般的战场会反应过度并非不能理解。

26日傍晚，日军在元山机场和西地区的主阵地前沿已丧失大半。当晚，栗林兵团长命令原光明大队合并指挥守备大阪山一带的第310独立步兵大队第1中队、第9独立速射炮大队主力、第43特设机关炮队各部，确保西地区第二线阵地（西部落温泉－大阪山、眼镜岩一带）。当天西地区队长辰见繁夫已战死，该西地区队的残存兵力转归第145步兵联队长（负责守卫標流木地区）池田增雄大佐统一指挥。通过以上部署，硫黄岛日军重新整顿西翼的防卫态势。

2月27日6时30分，配属陆战26团1营的美军陆战27团替换26团，承担5师当天的主攻任务。90分钟后，经过师属和军属炮兵的炮火准备，沃纳姆上校部下的3个步兵营出发进攻，2营、1营和3营左中右三箭齐发，26团1营充当团预备队。步兵出发前几分钟，第3火箭炮分队的车载火箭炮向27团正前方发射了一波密集的114毫米火箭弹，在日军进行火力反制之前，就及时后退。与此同时，海军舰炮对362A高地实施火力打击，随后航母舰载机用炸弹和火箭弹轰炸那座山头，一时地动山摇。

27团1营从中路向前推进200码，然后撞上了一片守卫严密的碉堡群。一辆半履带75毫米自行火炮将一座日军的碉堡摧毁，但它也成了日军的重点打击目标，车组成员被日军狙击手的轻武器火力命中，让步兵失去了这个重要的移动支援火力。由于找不到合适的阵地，37毫米口径火炮也无法送到前线提供火力支援。于是清除可怕障碍物的任务再度落到小型火焰喷射器战斗组身上，他们将使用经过时间检验的方法，冒险缓慢地逐个清除日军工事。

下午，1营的左翼连遭遇一个严密设防区域，呼叫坦克支援。步兵热切期盼火焰坦克到来。可是当其余坦克护送火焰坦克最终到达战斗现场时，日军的迫击炮抢占了先机，在火焰坦克找到机会投入战斗之前，就在近距离一炮直接命中，让它无力动弹。好在其余的谢尔曼坦克仍然能够战斗，用坦克炮和车载机枪开火，与步兵协力前进，又将几座日军的碉堡工事和一辆窝在掩体里的坦克摧毁。一日进攻势头恢

正在发射火箭弹的美军陆战队火箭炮分队。

复，到19时前不久，1营的陆战队员又前进了200码。

在27团左翼，2营面临的不仅是一群坚定的敌军，还有极其困难的地形等着他们。靠近西海岸海滩的高低峭壁上如同蜂巢一般布满了洞穴和火力点，大多数都是用来掩蔽迫击炮和机枪的。这样的地形无法使用坦克作战；此外，少数现存的几条通道都埋设了大量地雷。进攻的全部重担再次落到步兵和爆破小分队头上，他们多少都要独立前进，在逐个消灭敌人据点的同时，也在承受人员损失。这样的行动缓慢，也令人极为疲惫，但可以稳步取得收获。傍晚，27团2营已经前进了500码。

在5师右翼，27团3营向一道扼守前往362A高地入口的山脊（日军称为“一文字”山）前进。G连向这道山脊发动正面突击，片刻就败下阵来。然后他们组织了一个30人的战斗群，试图从侧翼包抄，第一次没能成功，第二次看来更有希望。当这群陆战队员在斜坡上攀登时，日军从反斜面掷来冰雹般的手榴弹。距离太近，躲避不及，10名陆战队员当场身亡，包括威廉·沃尔什枪炮军士。沃尔什和其他几名战士进入一个洞穴寻求掩护时，一枚手榴弹落了进来，他为保护战友，扑到手榴弹上以身殉职。好在连主力紧跟着到达山脊之上，最终将反斜面的日军赶走，占领了这座山脊。

2月27日，在一文字山为拯救战友的性命，舍身扑向日军手榴弹阵亡的27团3营枪炮军士威廉·沃尔什。

2月27日天黑之前，陆战5师突入日军主防线左翼核心地带，进行多场极为激烈的战斗，夺取了大约500码阵地。5师全天伤亡很大，一些作战单位的损失尤其严重。27团1营A连一度占据一道山脊，却赫然发现自己在日军密集的步枪和机枪火力面前完全暴露。他们先前曾绕过一些阵地不打，现在那里的日军不失时机地从两翼和后方向他们投掷手榴弹。山脊顶上的A连一度被完全包围。1排损失极其惨重。B连援兵赶到，好歹为他们解围之后，发现A连已有8人阵亡，50人负伤。此战A连损失异常严重，是19日登陆以来5师战损的一个生动事例。到2月27日中午为止，5师已有32名军官和530名士兵阵亡，134名军官和2360名士兵负伤，2名军官和160名士兵失踪，合计损失军官168名和士兵3058人。

5师在整个推进区域都已到达0-2线位置，虽然27日夜间的战线并不完全笔直。并非只有前沿阵地才会发生战斗，为了将日军从先前占领的地方彻底铲除，需要始终保持警惕，看上去日本人会从不知道什么地方突然冒出来，打美军一个冷不防。直到后来，美军才明白，日军可以随意在他们精心建造的坑洞隧道里穿行。于是，在一天的进攻发动之前，后方仍要进行一些扫荡战。27团在2月27日已取得明显进展，但5师次日仍会面临更为艰难的战斗。

激战大阪山

2月28日上午，陆战5师向北从正面进攻硫黄岛西部的最高峰362A高地（大阪山）。美军陆战队员在山峰的阴影之下，在高地的山口缩成一团。在高地山麓，露头的高大岩石控制每一个山口。日军已经将每一处射界良好的岩石山体支脉都建成一座防御工事。为了

2月28日的进攻，陆战27团接到师部的命令，要夺取0-2线和0-3线之间的中间目标位置。

大阪山正好位于元山台地西端，在元山炮台西北方约1公里，北机场和元山机场正中间。该高地在元山台地方向是坡度较缓的斜面，到山顶为止都是不甚险峻的山冈，但在西海岸一侧正面则是10－20米的险峻断崖，对西海岸一览无余，可以俯视西侧山脚处的雾岛部落或更远处的西卸船场等地，是阻止沿西海岸前进的美军陆战5师的最大障碍。

在大阪山西北方50－60米处，高千穗峡的断崖棱线可以同西部落附近的断崖一起阻止美军进入北地区，南侧一文字山和田原坂屏障虽已被美军突破，却也让陆战5师消耗了不少力量。在元山台地的台端，断崖一直连绵到章鱼岩附近为止。地形对日军在西海岸正面组织防御有利，但对东侧即机场台地方向则不利。当时元山机场周边已被美军陆战3师占领，机场到大阪山一带多是平缓台地，只有大阪山东侧约150－200米的眼镜岩比较险要。其东南300－400米的海军炮台也已被美军占领。如果大阪山再落入美军之手，日军将丧失西翼的重要据点，硫黄岛守军的局面将十分不利。为此栗林兵团长命令他最信赖的第145步兵联队长池田大佐全面负责该地区的战斗。

一开始，负责夺取362A高地的是27团3营，1营则会同时攻击从这目标一路下落到西岸海滩上的一系列形状不规则的山脊线。27日夜间，26团1营就已替换日间减员较重的27团2营，负责27团在海滩一线的左翼战斗任务。45分钟的海陆空立体火力准备后，27团的步兵在8时15分出发。

日军第145步兵联队第1大队长原光明指挥的部队（西地区队残部、第1独立机枪大队主力、第9独立速射炮大队主力、第310独立步兵大队第1中队等）负责固守大阪山、田原坂周边地区，

战斗伊始，日军在美军27团正面即展开全面的有力阻击。在中央和右翼推进的27团1营和3营，遭遇登上硫黄岛以来最为猛烈的轻武器火力阻击。同昨天一样，1营报告战况，提出请求后，得到坦克支援。3营推进区域的地形让装甲兵无法投入，只得依靠自己的火力。配属西地区队的日军第26坦克联队第2中队同该联队的1个炮兵小队（角田准尉指挥的“九零”式野炮2门）一起给美军造成很大损失，但

地图十八　大阪山周围略图

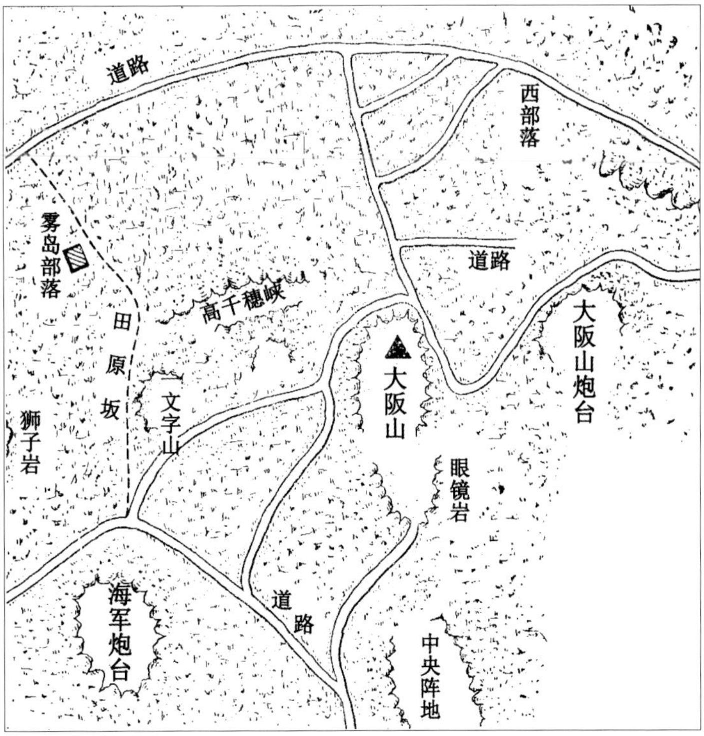

该中队的4辆中型坦克全部在战斗中被破坏，乘员便改用手榴弹应战。美军的2个突击营小心翼翼地与艰难地形拼斗，推进了200码，中午前后到达高地山脚下。

此刻，27团的进攻开始停滞。根据兵团长的严令，日军会留在他们的阵地上战斗到最后一刻。在美军越过不打的那些工事里，日军继续用火力打击正在行进的陆战队员队尾。在如此之近的距离内，日军狙击手的打击极为有效，突击部队伤亡颇重。下午，27团3营的几个巡逻队上山刺探高地上的防御，希望找到一个能占领这座制高点的办法。I连的一个巡逻队想方设法从西南山坡一路攀爬，大约在16时30分来到高地山顶。3营余部则已经推进到眼镜岩一带。在激战之中，27团1营和3营已经失去联系，3营不得不召回I连登上362A高地的巡逻队，I连后撤了大约100码，与3师左翼21团的友军保持好联系。

16时45分，145步兵联队第1大队第1中队长知名定福大尉指挥大约100名日军从362A高地上狂奔而下，对27团3营在眼镜岩一带的阵地实施反击。日军相当聪明，并没有平均分配这波反突击兵力，打击力量全部落在H连身上。双方在阵地上先进行一波手榴弹的对决，随后便是短兵相接。H连最终将狂热的日军击退，如果战斗再多持续几分钟，只怕他们就要绝望了。

天黑后，27团的士兵们仍被困在362A高地山脚下，山峰在他们头顶高耸，好似一道永远攻不破的天堑。经过一天极其艰苦的战斗，27团死伤累累，一共推进了大约300码。在左翼，配属的26团1营派出几个分队沿着海滩行动，然而向北行动的任何大部队都遭到占领邻近高地的日军顽强阻击。5师在前线的各部都已筋疲力尽，还好这个夜晚相对平静。26团2营在海滩沿线设了4个监听站，注意附近岛屿的日军是否会派兵增援硫黄岛。每个站点都从第6军犬排增派了一只军犬。结果，这一晚出乎意料的平静，连军犬都不免要打盹。

在硫黄岛的其他地方就没那么清净了。在岛屿南部的折钵山附近，自从占领这座全岛制高点后，28团就在那里的阵地里准备北进，加入5师在北面的战斗。午夜，日军开始向第5两栖军军属炮兵和13团炮兵阵地开炮。凌晨2时刚过，陆战5师的弹药库在“轰隆”一声中爆炸，大火燃烧了整整大半夜。5师的轻武器弹药补给至少有20%在大火中被毁，还有大量较重武器的弹药也一同被毁。一枚炮弹落入军炮兵火控中心，好在没有造成人员伤亡，但对电话线造成了严重破坏。

战役期间，第5两栖军军

在硫黄岛被日军炮弹击中爆炸的陆战5师弹药库。

部多次受到日军迫击炮和火炮炮火的骚扰，造成数人伤亡。至少有两次，当炮弹落在附近时，多个参谋部下属单位的运作营帐都不得不暂停工作，人员都一齐在地上卧倒。

在弹药库爆炸引起骚乱期间，岛上的空袭警报系统都失灵了。有人将白磷燃烧弹误当作毒气弹，岛南部的美军人员神经更为紧张，有人在3时30分就发出了毒气警报。10分钟内，警告就解除了，但空袭警报一直持续到4时30分才恢复正常。

结果，空袭警报还真没白响。当晚硫黄岛上空并没有敌机出没。但3时之前几分钟，有一架日机从低空掠过水面，在北之鼻以北几海里的“特里”号驱逐舰附近投下一枚鱼雷。这艘驱逐舰赶紧回避，好不容易才免遭鱼雷打击。可是，数小时后，“特里”号经过硫黄岛最北端时，遭到日军岸炮打击。藤原良七中尉指挥的海军大阪山炮台群的高千穗峡东北侧平射炮台向“特里”号一顿猛轰，将主甲板和前动力舱都打成重伤。“特里”号在“内华达”号战列舰和“彭萨科拉”号重巡洋舰的协助下，好歹逃出日军岸炮射程，却已有11名舰员丧生，另有19人负伤。除了人员损失，船体也严重受损。另一艘驱逐舰“科尔霍恩”号在硫黄岛东北外海锚泊，修复碰撞造成的损害，遭到日军岸炮数次炮击，一支鱼雷发射管被毁、鱼雷气罐爆炸，还造成其他大面积损害。舰员1人阵亡，16人负伤。

3月1日6时30分，在折钵山下休整数日的28团，配属第5坦克营和27团3营，越过27团阵地，接过继续攻打362A高地的任务。7时45分开始，第13炮兵团的全部4个炮兵营和军属155毫米榴弹炮，向目标和周围地区进行了45分钟的密集炮火打击。在附近海面，有1艘战列舰和2艘巡洋舰参与这次炮击。这次火力准备威力非常之大，为了有效协同起见，美军飞机都没有参加这次火力准备，而是在晚些时候，支持地面部队的进攻。

这个时候，日军已经完全了解了美军的战术，明白对方在火力准备40－50分钟后就会攻击，因此美军炮击一结束，就进入自己的战斗岗位，用小型武器狙击攻来的美军。

9时不到，美军陆战28团将3个营从右到左一字排开，向362A高地出发。与昨天的27团一样，28团的官兵们在日军的迫击炮和轻武器密集火力面前，缓缓推进。利弗塞奇上校的部下，此时不由想起前不久在折钵山的战斗，敌人的防御同样顽强。根据机动方案，28团1营和2营会分别进攻高地左右两侧，然后在北侧会合。与此同时，3营将沿西海岸推进到2营左侧。

10时30分，28团1营和2营都已到达362A高地东面和西面的山脊顶部和山脊线。他们想要越过山顶前进时，发现前方是一道落入多石峡谷（高千穗峡）的将近30米长的陡坡。更糟糕的是，北面相邻山脊上的日军，用轻武器、自动武器和迫击炮猛烈开火，让陆战队员一时根本无法继续前进。后来美军才知道，这道山脊名为西岭（日方称为“西部落纪念碑高地”）。峡谷本身与山脊线平行，被一道与高地平行的反坦克壕平分为两半。在陡峭的崖面上构筑了一道从顶部无法到达的阵地，来掩护这道壕沟。在反坦克壕和峡谷之外，地面平整了大约200码后急剧上升，形成西岭。

为了让进攻继续进行，1营长巴特菲尔德中校，派他的预备队A连迂回362A高地右侧。这次机动没能成功，日军打出一阵手榴弹，最后是一阵弹雨，A连还没登上山道就只得停止前进。A连连长在战斗中阵亡了。B连试图冲入峡谷，同样没能成功，连长运气好一些，只是负伤。混战之中，两个连都伤亡很大。A连的托尼·斯坦下士，在登陆日就为自己博得了名声。他与20名战友一起出发去消灭狙击手占领的山脊，结果仅有7人生还。当天在362A高地山麓附近阵亡的B连官兵，有三人曾在折钵山竖起星条旗；其中一人参加了首次竖旗，另二人参加了第二次竖旗。

当天，第5坦克营C连的10辆常规坦克和2辆火焰坦克在地形允许的范围之内，全力支援28团2营，用火力打击前方的峭壁和高地。中午刚过，2个先头坦克排沿着2营左翼发动了进攻；随后1个坦克排后撤，转入2营战斗区域右翼，362A高地正西北位置。虽有坦克支援，28团2营也无法前进。战斗在近距离极为酷烈；有一次，一辆坦克动弹不得，被30多名日军包围，其中一些人占据着离坦克只有3米的洞穴。坦克手就像步兵那样战斗，将车载枪炮和无线电毁去，艰难地杀开一条血路，逃回美军阵线。

日军用酷烈的火力招待新到的2营。E连的火焰兵查克·林德伯格肋部中弹负伤，被后送治疗。E连的迈克·斯特兰克中士指挥一个班越过一片空地时，被隐蔽在周围工事里的日军步枪兵盯上了。耶西·波特赖特腹部中弹，虽不致命，却伤得不轻，他只能倒进一个弹坑里隐蔽。战友们匍匐前进，寻找掩蔽所。斯特兰克和几个部下摸到一片露出地面的岩石后面。这个地方让他们三面都得到保护，只有向着海洋的一面是暴露的。制海权在美军手里，不远处就有几艘锚泊的美军驱逐舰。他们以为自己在这个位置暂时是安全的。

日军的步枪狙击火力一直在这一区域射击，斯特兰克这样的老兵对看不见的敌人也无可奈何。他与格里菲斯、L.B.霍利、富兰克林·苏斯利三名部下一同商量眼前的形势，看来只有暂时撤退。斯特兰克向部下分析了几条可能逃生的路径，然后他沉默片刻，突然说道："霍利，你该明白这里会有一场地狱般的经历。"霍利等他继续说下去，斯特兰克却不再说话，霍利终于问道："你在说什么啊？"斯特兰克没有答话，只是指一指数尺外一具趴伏的战友的尸体。

多年之后，霍利回忆往昔，说道："迈克是在告诉我他会死。他的预感太准了，两分钟后，他就死了。"

当时斯特兰克单腿跪地，一旁是苏斯利和其他人。斯特兰克呼唤另一边的乔·罗德里格斯过去，正要指示部下行动，设法脱险，却还没来得及说一个字，一枚炮弹就在他们中间爆炸了。

362A高地一带的日军顽强抵抗，让陆战5师推进受阻，图为为一个机枪班组运送弹药的陆战队员正准备跑步前进。

霍利和苏斯利都被爆炸的气浪掀翻在地，却没有受伤。格里菲斯的面部和肩膀受了冲撞，暂时失明。几秒钟后，一度昏厥的罗德里格斯苏醒过来，觉得胸前一热，双腿无法移动。他们的班长斯特兰克永远长眠了。原来那枚炮弹的弹片从他当胸穿过，正中心口。

杀死斯特兰克的并非日军的炮弹。霍利等人几乎立刻断定这发炮弹是从他们所在的岩石掩蔽所暴露的一边射来的，他们敬爱的班长没有死在敌人手上，却被自家驱逐舰的炮弹夺去了生命。斯特兰克是捷克移民后裔，大家都将他当作兄长一样看待，如今却……

年仅19岁的梅尔文·邓肯一把将斯特兰克抱在怀中。1998年，已经72岁的邓肯提起当时的情景，动情地说道："如果能让我代他去死的话，我宁可死的那个是我。"其他战友的心意也是一样。

霍利轻轻摘下斯特兰克的钢盔，对着那具已经失去生命的身躯低语道："迈克，你是我所知的他妈的最棒的陆战队员。"他将斯特兰克的表交给哈伦·布洛克下士。战斗还在继续，从此刻起，布洛克就是这个班的班长。不幸的是，布洛克在当天黄昏也战死了。

E连斯特兰克班在3月1日的艰难处境，只是全团苦战的缩影。当天下午大约15时以后，28团1营和2营就在362A高地山顶和山麓停滞不前，日军仍在山洞里。这个下午，5师的边界向东延伸了大约200码，以便于相邻的3师推进。结果，洛基师长在28团右侧投入26团3营。19时前几分钟，26团3营替换3师21团1营，与右侧的3师9团3营和左侧的28团1营建立了联系。与此同时，26团2营转为28团预备队，被送到前方。

大阪山地区布满了地下坑道，在断崖脚部设置了很多出入口同野战阵地相连，此外还做了周密的准备，以便从洞穴出入口一带也可以阻止美军前进。对于这些地下洞穴阵地的出入口一带，除了轰炸之外，美军还经常以各种火炮进行集

陆战5师的一名战士用火焰喷射器焚烧日军防御工事，他的战友在一旁等候。

中射击，将出入口堵住。如果守备部队躲入地下，美军就接近洞穴入口，反复进行火焰或炸药攻击。

28团主力在极端困难和设防严密的山地只能取得微乎其微的进展之时，28团3营在西海岸以2个连并列推进，稳步取得不少收获。该营一路遇到的抵抗不是很强，可是当左翼部队超出右翼部队时，他们右前方的阻击火力骤然增强。3营当天推进了350码，由于右侧团主力已停滞不前，为免位置过于突出，只得停止前进。

3月1日天黑前，美军算是占领了362A高地和一道延伸到西海岸的多石山脊线。5师的所有部队占据着一条1000码长的正面战线，几乎完全暴露在北面日军多处阵地的密集火炮和迫击炮火力之下。在西海岸地区前进的部队，因遭到东侧台地的侧射火力威胁颇为苦恼。为了取得对硫黄岛西北海岸更好的观察视野，美军陆战队的几名炮火观察员登上一艘步兵登陆炮艇，在西北海岸近海巡弋。这次冒险相当成功，锁定了日军的几处阵地，得到情报的美军炮兵立即用炮火压制住那里的日军火力。

到3月1日为止，陆战5师一共俘获12人；据当时估算，5师负责区域内共毙敌3252人。到这一天为止，5师的战损为48名军官和952名士兵阵亡；161名军官和3083名士兵负伤；2名军官和47名士兵失踪。为了占领362A高地和附近山脊的一面，28团在一日的战斗之内便损失224人。

洛基少将的部队为拿下362A高地奋战之时，邻近的陆战3师已从突破日军在岛中部的防御体系，转向东北方向进攻。这一转移让3师和5师之间有可能出现一个宽阔的缺口，相当危险。施密特军长下令，3月2日，5师在其右翼发动主攻，同时要维持好与3师之间

27团的1门81毫米迫击炮在向日军守卫的362A高地地区开火前正在进行准备，阵地里已经准备了足够的弹药。

同一门迫击炮正在开火为友军提供火力支援。

的联系。为了执行这一新分配的任务，洛基把26团部署在28团右侧。为了让5师在3月2日继续进攻，陆战13团的炮火当天会得到半数军属炮兵火力的支援。

3月2日8时，26团沿着师边界出发，以3营投入进攻。3营前进的同时，左侧出现了缺口，2营D连和F连奉命去那里恢复与28团1营的联系。在26团推进区域，日军将他们巧妙隐蔽的阵地利用到最大限度，在通向这些阵地的入口都埋设了地雷。3营的推进非常缓慢。无奈之下，明知地形不适合使用装甲兵，而且有反坦克障碍物，3营还是请求坦克支援，第5坦克营A连的坦克随即前来助战，充当此次进攻的矛头。

2营D连和F连正在向日军防御工事开火，勉力打开一条道路之时，该营不得不向右运动，以缩小3师和5师之间形成的新缺口。为执行这次转向任务，2营的这两个主力连不得不在猛烈的炮火下撤离，一路上还要遭到迫击炮和雷区的骚扰。傍晚，一道坚固战线终于构成。为填补26团2营两个连向东北移动造成的缺口，有必要让1营进入前线。

3月2日战斗结束时，26团3营推进了500码。能够取得这些收获多亏了师属工兵，他们一路跟随突击步兵扫清雷区，在后方开辟补给公路。在26团前方，日军在他们的碉堡和永久性工事的入口和通道上都埋设了地雷；没有工兵助战，26团当天的进攻必然会失败。

在5师左翼，28团8时出发，3个步兵营的机动方案与前一日相同。1营和2营绕着362A高地两侧山坡进攻，在北面协同进攻北方200码的下一道高地。这座天然屏障，从台地向西几乎延伸到海岸水线，正好挡住28团的去路。再远处就是日本人曾居住的小村落西部落的废墟。美军便用西部落为这座山脊命名，称为西岭。

28团的两个突击营出发后不久，就发现遭遇的日军抵抗比昨日丝毫未减。日军仍然守卫着大阪山、眼镜岩北侧反斜面洞穴阵地，拼尽全力阻止美军前进，在雷区和火炮、迫击炮的集中火力支援下，给美军造成很大损失。每一次陆战队员进入362A高地以北的高千穗峡，就会遭到前后的猛烈火力夹击。第5坦克营B连的坦克努力提供有效支援，但是延伸到他们推进路线正面的反坦克壕严重限制了他们的行动。当天在高千穗峡东北侧占领阵地的中尾犹助少佐指挥的日军第2混成旅团炮兵部队西地区炮兵群（第2中迫击炮大队和第20独立臼炮大队第2中队）已只剩下一门炮，弹药也十分缺乏，幸存的中尾以下约30人便奉命转移到北地区。此举无形中减轻了28团推进时的压力。

然而28团的进展仍一度微乎其微。师属第13炮兵团对步兵给予了一切可能的炮火支援，根据空中和前方观察员给出的情报，集中火力炮击日军的迫击炮阵地。最终，团属重武器连成功将3挺12.7毫米口径重机枪送到能用火力全面覆盖362A高地北坡蜂窝般洞穴的位置，压制住日军的这些火力点，友军的迫击炮火全面覆盖了步兵前方的峡谷。

第5工兵营的装甲推土机顶着日军的阻击火力，来到反坦克壕前，填平了一部分壕沟。第5坦克营B连的坦克终于能够通过这道障碍，前进了大约200码，直到狭窄的地形让他们无法再前进为止。在这种死胡同般的地形里，坦克车组成员与日军短兵相接。14时，B连的坦克弹药几乎消耗殆尽，被C连替换。向前线推进途中，C连的坦克，包括1辆火焰坦克在内，炸毁和焚烧了362A高地北面的多座日军阵地，让日本兵无法再用这些阵地开火，有效减轻了正在推进的友军步兵背后承受的压力。

日军多次怀抱炸药包冲锋，想要摧毁美军的支援坦克。美军克服重重困难，让坦克在几乎不可能有效使用装甲兵的地方，近距离支援步兵作战，令日军极为困惑。栗林在兵团司令部收到美军坦克在大阪山（362A高地）前线出现的消息，焦虑之情溢于言表，迫切希望想出对付这辆坦克的办法。47毫米反坦克速射炮只怕也无能为力，最终日军得出的结论就是，只有实施肉弹攻击了。

美军对栗林的总体评价非常高，但战后的美国海军陆战队官方战史也直言不讳地指出，这位硫黄岛日军主将可能高估了M-4谢尔曼中型坦克的性能，M-4在47毫米反坦克速射炮的打击下其实是相当脆弱的。但换句话说，谢尔曼中型坦克在硫黄岛，乃至美军的所有太平洋岛屿战之中，都是不可或缺的重要武器。没有谢尔曼中型坦克，美军当天对362A高地的进攻可能会失败。一种装甲更重、车身较低、牵引力更佳的坦克要比谢尔曼中型坦克更为合适，但是在硫黄岛战役期间，美国海军陆战队仅有这种坦克能够使用。

当坦克压制住后方已占领阵地的敌人之时，28团2营E连一路越过362A高地北面暴露的地区，冲向西岭山脚。日军对E连的这次行动反应很快，用28团的报告来说，当日军从362A高地北面的一线峭壁和高地前方与正面的一座大碉堡实施反击时，“地狱中的一切都被释放出来了”。在密集炮火掩护下，当地日军守备队以主力约150人向28团1营发动了反击。美军打退了这次进攻，击毙日军129人。

28团2营的损失也开始增加。14时后不久，营长钱德勒·约翰逊中校在视察前线时，被一枚炮弹直接命中，当场身亡。副营长皮尔斯少校接管该营指挥权。天黑之前，28团的预备队在扫荡362A高地附近，这座高地的北面阵地给美军陆战队的推进造成的麻烦，比南坡更多。

当5师前线中部和东部激战正酣时，28团3营正沿着靠近西海岸的狭窄战线前进。他们的行动遇到大量洞穴，受到日军火炮和迫击炮火力的严重阻挠。3营一路使用37毫米口径火炮、重迫击炮和炸药爆破，缓慢地消灭盘踞在坑洞里的日军，当天合计炸毁68座洞穴。9时和中午前后，落在3营战斗区域的炮弹产生了一种黄绿色气体，引发了呕吐，一些暴露在这些气体中的美军士兵

美军在362A高地缴获的日军70毫米大队属步兵炮。

觉得头痛难忍。一时间战士们以为日军发射的是毒气弹，人心惶惶。看到只有那些在炮弹爆炸位置附近的人受到影响，大家又平静下来。不适症状持续的时间都很短。最后美军搞明白了，那是炮弹爆炸带来的苦味酸烟雾造成的不适。

17时，军部命令各师巩固白天推进的战线。当时5师已进至高千穗峡－三间房一线，在他们的前进区域，战斗一直持续到天黑，还发生了短兵相接的肉搏战。夜间，5师的官兵基本上都在西岭山麓挖掘散兵坑休息；在最右翼，26团2营的战线沿着师边界向东北方向延伸，与9团3营在362B高地（天山）附近形成紧密的结合部。当天5师以26团收获最大，共推进500码。有迹象表明，该团正在进入与此前遭遇不同的防御阵地。那里的混凝土工事较少，岩壁和反坦克壕较多。

当天夜间，日军数次试图渗透5师防线。大约50名日军从362A高地附近出击，其中一些人成功进入陆战队阵地。陆战队员发现他们摸进来，苦战就接踵而至，双方大量用匕首、战斗短刀、手枪、手雷肉搏。美军对日军的夜间渗透习以为常，早有防范。栗林在给东京的报告中痛苦地评价道：“美军的警戒变得极为严格，很难通过他们的警戒防线，对小部队进攻的价值不宜高估。”362A高地的战斗已经结束，从次日起，5师要面临的是更大的挑战：西岭和362B高地。

地图十九　大阪山周围的战斗

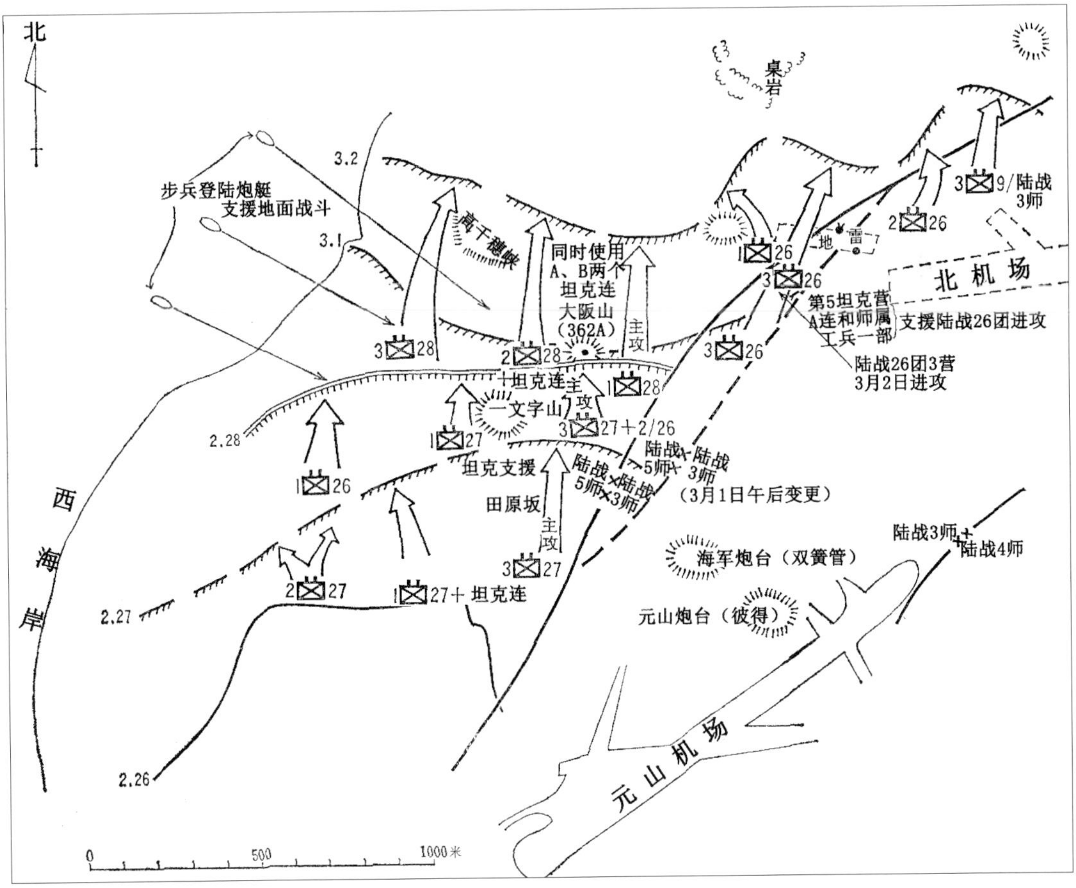

从日军的角度来看，控制美军突破口左（西）肩部的要冲大阪山、眼镜岩，也在3月2日彻底落入敌手，使得美军可在从中央推进的同时沿着西海岸前进。此后该方面的日军依托標流木至桌岩地区的预备阵地继续抵抗到最后。不过守卫大阪山地区的日军残存兵力约50人仍然潜伏在美军战线内的地下坑道继续作战，实施夜间挺身突击。第1独立机枪大队长川南洸大尉以下数十人和第12独立速射炮大队的残存兵力等在3月4日实施夜间挺身突击时几乎全部战死（按照上文美军的记录，或为3月3日）。

根据3月3日栗林兵团长授予的感状，在2月27日至3月3日大阪山一带的战斗中，陆军伍长茶园国守和金子清基这两位当地日军部队的中坚，同美军进行了二十几次争夺战，狙击成群涌来的美军，各射杀二十几人，还缴获了自动步枪和机枪，使部队充分利用这些美式武器死守该地。

西岭和天山地区的争夺

3月3日上午，陆战5师再度发动进攻，部署基本上与前一天相同。进攻伊始，地形和日军的抵抗就让美军官兵明白，这一天的日子不好过。26团与28团承担当天的主攻任务。28团的推进路线上有一系列峡谷和山脊挡道；日军在26团前方埋设了大量地雷；此外，日军在362B高地部署的部队相当强，居高临下，能用火力扫清这一地区。在坦克能够进入这一地区支援步兵推进之前，还需要推土机开辟出新的公路来。进攻一早7时45分就要开始，得到75毫米半履带自行火炮、37毫米火炮和一个加强坦克排支援，28团中央的1营和2营的步兵向日军阵地挺进。日军密集迫击炮弹和轻武器火力如期而至，美军习以为常。

28团2个突击营的步兵顶着日军火力，一步步向前推进，战士们很快就与日军展开激烈交火。近战时，双方掷出的手雷不计其数。10时之前，美军就已占领西岭，1营和2营准备进入前方更为崎岖的地区。攻下西岭，陆战队士气大振，28团从西岭一路下山扫荡，进入西部落的废墟。日军的抵抗并未减弱，2个突击营的伤亡一直在增加，但傍晚时分，已经从西岭向前推进了大约200码。天黑之前，战火暂歇，28团1营又取得了一定进展，让该部比另外两个营的位置更靠前。从上午出发以来，28团1营前进了500码，2营和沿着西海岸前进的3营，收获都仅有150码。

当天26团推进区域的战斗最为壮观，成果也最大。3月3日，分配给陆战26团的任务是向东北推进，替换陆战3师在362B高地附近的部队。26团2

日军的步枪和机枪子弹从几个方向同时射来，几名美军陆战队员登上多石山坡，想要越过一道山脊线。

营和3营的出发阵线呈一个倒马蹄形，3营在左，2营在右。尽管一出发就出现伤亡，这两个营仍快速向前推进。支援2营的第5坦克营B连用火力掩护F连左翼。B连的坦克就像在2月26日首次参加进攻时那样，以巨大的威力和侵略性在日军的防御阵地里碾压。一开始2营遇到的地形比较平坦，对使用装甲兵有利，F连连长可以通过配属2营指挥所的坦克联络员向装甲兵发出无线电指示。这波进攻一路扫清300码左右的开阔地，终于遇上硫黄岛北部标志性的多道深谷和岩石。在这些多岩石的荒地里，战斗继续进行，经常会短兵相接。日军在每一块岩石和巨石后方，都进行了激烈抵抗，却无法阻止美军前进。在整个战役期间最激烈的一些战斗中，美军陆战队员将可用的每一件武器都用上了。

双方火力交锋最激烈的时刻，美军的有力推进不由得停滞下来。F连已经向其正面高地前进了600多码。即便到那一刻，日军仍在每一尺土地上坚决抵抗到底。他们精心隐藏的洞穴和沟壑很难被发觉，就从其中不断甩出手榴弹骚扰美军陆战队员。可是一旦日军阵地有了动静，被美军察觉，对他们而言就是致命的，美军会用巴祖卡火箭筒对这类日军藏身的阵地进行精确打击，短时间内就能将抵抗的日军消灭。

26团2营推进600码，将原先的倒马蹄形战线拉成了一条直线。26团3营左翼的严重威胁就此消失，也可以继续前进，当天取得了200码的收获。2营F连与日军近战肉搏，D连和E连为了占领362B高地，替换9团3营，向东北方向进攻。14时30分，替换完成，D连和E连就在高地西南的阵地上准备突击。

16时，战斗准时打响。2营的两个突击连使用火箭筒、火焰喷射器、爆破装置，凭借十足的勇气和战斗意志，一路向山顶冲去。362B高地的南坡和西坡上都是蜂窝般的洞穴和工事，美军的两个连要上山顶，必须如字面意义上那样寸土必争。他们最终登顶之时，两位连长和许多部下都非死即伤。

26 团 3 营 H 连从前线后撤重新装备整补时，连指挥所一带的补充兵队列。2 月 28 日该连的有效战斗人员就已减至 35 人，补充兵员无法补足他们的一线战斗人员，幸运的话，只能让战斗人员达到 70 名左右，即建制人数的大约 1/3。

3月3日，陆战5师取得的进展在硫黄岛的战斗条件下来看可谓惊人，不过取得这一成果的代价也相应很高。这一天，仅陆战26团就伤亡281人。陆战5师当天的全部损失为9名军官和127名士兵阵亡或战伤死，15名军官和357名士兵负伤。到这一天为止，5师自登陆日以来的伤亡总人数已达4960名。

3月3日夜间，战火暂熄之时，陆战5师的战线从西部落以北大约200码西海岸上的一个位置，沿着元山台地北缘，向362B高地山顶延伸。5师前线的伤亡率也达到了一个令人震惊的程度，为了支持疲惫不堪的一线部队，各指挥部和重武器连都不得不派人拿起步枪到前线去充实队伍。

当晚5师并非所有人都能得到许多休息时间。在28团战斗区域，日军进行的渗透相对较少。在26团辖区，日军的渗透就更具侵略性，人数也更多，几乎彻夜未停。26团的战士一夜击毙的试图渗透的日军将近100人。

次日上午，5师出发时的阵形和兵力部署与前一天相比都没有变化，日军的阻击火力也早早到来。美军再度进入一片坑洞纵横交错的地带。双方交战的阵地现在已极为接近，火炮只有在少数特殊时刻才能提供支援。当天空中有大片低云，预定提供的空中支援也只得取消。

低沉的云层很快就变成时落时歇的阵雨，这对经过数日激战，经过前一晚日军的不断渗透骚扰，睡眠不足、身心俱疲的美军士兵的士气几乎没有什么正面影响。恶劣的地形严重限制了75毫米半履带自行火炮和37毫米火炮的使用。潜伏在周围的日军越来越多，自行火炮车辆的乘员觉得他们在敌人的火力面前越发暴露。此外，日军在仅有的几条可供支援装甲车辆使用的通道上巧妙埋设地雷，让美军的装甲兵吃尽苦头。

或许3月4日与前一天的战斗最大的差别就在于当天美军对进攻的协调不够紧密。美军再度只能化整为零，以小分队的方式承担战斗任务，或多或少有些杂乱地向那些已经没有伪装的日军洞穴和碉堡工事运动。结果陆战队员在单兵格斗时虽依然勇敢，收获却比前一天少。他们的损失很大，许多作战单位的战力仅剩一半而已，甚至更低。日军在白天的表现要比以往更具侵略性，以中队规模发动了数次反击，都被26团击退。日军的反击虽未突破5师的战线，却让疲惫的美军失去了前进的动力。当天美军的净推进距离几乎为零。事实上，唯一成功的是5师师部从原先靠近东岸海滩的位置转移到岛西部千鸟机场以北的位置。此时，栗林也将他的司令部从硫黄岛中央转移到岛西北的一个大洞穴里，就在北部落废墟和平岩崎之间的北据点准备进行最后的抵抗。

当天下午，5师收到施密特军长给麾下3个师的命令，让他们利用3月5日一天的时间重整建制，进行再补给，为6日恢复的攻势进行各项准备。在一个一线官兵身心开始出现明显疲劳的时刻，这个命令来得太及时了，广受欢迎。当天，5师很自然地让补充兵去一线作战单位充实人力。这两日战斗中出现的紧急情况，已经需要将一些具有特殊和关键技能的人员，诸如爆破手、火箭筒和火焰喷射器操作员送入前线。总的来说，除了个别紧急情况外，当战斗步兵营脱离第一线的时候，补充兵员就会被派往前线。补充兵无论战斗意志有多强，多么训练有素，在被完全吸纳进作战单位之前，总是会造成一些问题。

一线步兵单位提交给5师师部的报告指出，一般的补充兵被分配到一个步枪部队之后，很快会遭遇激烈战斗，受到影响，一开始是由于他“孤独”的精神状态，加上不了解战场上的指挥官和战友而感到的困惑和恐惧。这种安全感的缺乏，即使在有战斗经验的部队当中，也会由于补充兵与先前曾经在一起训练的战友脱离了接触，尚未融入一线战斗队伍而产生。那些无法迅速自我调整的人，往往会在困惑之间不小心暴露自己的位置，伤亡率很高。

为了能在3月6日重新恢复进攻，洛基师长指示26团1营替换27团1营，命令27团转为师预备队。与此同时，28团会进行重整，让3营接管2营的负责区域。此举会让26团建制内的3个步兵营全部进入前线，28团会以本团3营在左翼，27团3营在右翼，占据一条战线，27团（欠3营）成为师预备队。

被日军的一发炮弹直接命中的美军谢尔曼坦克。装载易燃易爆汽油的这种美军中型坦克其实没有看上去那么坚不可摧。

一辆陆战第5坦克营的谢尔曼坦克正在沿着西海岸回到后方，一枚大口径炮弹就在它一旁爆炸。注意这辆坦克的炮塔已经转到后方，朝向日军防备。

根据军部的命令，5师在3月5日上午的行动仅限于在局部将战线拉直。全天陆海支援炮火都会向敌军阵地开火，舰载飞机会执行18次飞行任务。26团辖区会得到一些坦克，参与清除直接威胁前线的洞穴和其他日军工事。那些不会与日军实际交战的坦克都回到营地进行急需的维修。

日军步兵当天基本没有动静，但陆战5师在休整的这一天，仍然因为敌军蒙受了损失。在26团战线附近行动的一辆坦克触雷失去动力，另一辆被日军的反坦克速射炮击中。日军的迫击炮全天都在骚扰美军，尤其是在日军观察到元山部落西北338号路口附近有美军移动时。这个路口位于3师辖区之内，但那是26团和5师其他部队补给道路的一部分。

26团1营刚刚替换27团1营不久，就发生了一起特别不幸的事件。27团1营正在前往338号路口附近的集结区，营长约翰·巴特勒中校乘坐一辆吉普车，在观察这次替换，结果车辆被一枚日军迫击炮弹击中。营长当场身亡，车上另有2人负伤。下午晚些时候，27团作战科长贾斯汀·杜里埃中校接管了该营的指挥权。

硫黄岛上的3个陆战师原地就位，为继续进攻进行准备的同时，后方发生了几件重要的大事。折钵山脚下，133海军工程营已让6个便携式蒸馏装置开始工作。处理好的淡水被送到前线，每人每天能得到3罐蒸馏淡水，饮水条件比之前大有改善。早在3月3日，海军作业的局面已经变得相对平静。东岸和西岸海滩卸货和后送伤员的进展都相当好，包括防卫集群和远征军预备队在内的所有攻击舰船，都可以退到后方水域。

3月6日上午，硫黄岛3个陆战师的进攻部署和往常一样。唯一的变化是步兵攻击之前的地面炮火准备达到最猛烈的程度。7时不到，美军的11个炮兵营，口径75毫米至155毫米不等的132门火炮，向硫黄岛北部的日军阵地实施全面炮火打击，随后是一阵掩护步兵推进的滚动弹幕。在海上，1艘战列舰、2艘巡洋舰、3艘驱逐舰和2艘步兵登陆炮艇会与陆基炮兵一同提供火力支援。在一小时炮击的时间里，美军一共消耗22500发炮弹，其中一些落在陆战队出发位置100码之外。每隔一段时间，航母舰载机就会对日军阵地狂轰滥炸。仍在日军掌握之中的硫黄岛北部地表都几乎被美军的强大火力给翻新了一遍，几乎无法想象日军残部还能承受如此巨大的火力轰炸。

8时整，陆战5师的部队刚刚出发，就和友军一样，发现他们认为炮击会对日军造成较大伤害的看法太乐观了。当美军炮火转换打击目标的时候，日军似乎并未受到多大损害，就从早已有备的掩体、碉堡和洞穴里开火，从362B高地向北推进的美军陆战队不消片刻就被日军的密集步枪和机枪火力挡住去路。日军迫击炮发射白磷燃烧弹，也给美军造成很大麻烦。日军的火力之猛，令美军步兵觉得之前的猛烈炮火准备好像根本没有进行。崎岖的地形令坦克无法提供近距离支援，步兵只得寸土必争，用血肉之躯与隐蔽的敌军奋战。美军原先设想的向0-3线位置的大力推进无法实现，进攻很快停滞不前。天黑前，26团和27团不过前进50到100码而已，28团则几乎寸步未进。

可以量化的进展并非美军的推进距离，而是摧毁的日军洞穴和火力点数量。与28团一同行动的工兵封死了大量洞穴。就像前几天一样，日军从正面、两翼和后方，一直在骚扰前进中的美军陆战队。伤亡也相应很重。陆战队员这一时期经历残酷近战，从后送伤员的创口也能看出来。

在5师的医院里，埃文斯上尉军医注意到伤员的创伤类型发生了变化。重伤员都是被日军狙击手或机枪手在近射程之内击中的。早先的创伤，大部分是迫击炮造成的，伤痕累累，面积大，但穿透力不够强。

得知3月6日的猛烈炮火准备收效甚微，第5两栖军只得限制炮弹的使用量，对执行火力骚扰任务的耗弹量尤其严格。施密特军长在为3月7日准备的作战命令之中，指示5师在辖区东北部发动主攻，拿下瞰制大海的高地。5师会让27团承担主攻任务，26团和28团执行有限进攻任务。

一路奋进

3月7日凌晨，厄斯金少将指挥的3师的部队在5师右侧出发，不经炮火准备，对日军发动夜袭。为此，26团（欠作军预备队的2营）相应地以较小的规模同时进行夜袭。26团1

营和3营H连在预定出发时间40分钟之前就提前出动，事先也没有炮火准备。他们的目标是占领前一天阻碍26团推进的日军坚固防御阵地。一路上遇到的抵抗并不激烈，1营到达西部落正北一座9米高的小山包。疲惫不堪的陆战队员包围这座小高地时，日军的火力几乎停止了。这突如其来的寂静很少会被打破，只有美军爆破队炸毁和封死一个洞穴入口，里面的几名日军士兵从后方出口逃出，被守卫的美军冲锋手打出一梭子弹全部放倒时，才会有动静。H连的陆战队员悄然无声地向山顶攀登，这种沉寂在硫黄岛上是极不自然的。直到大约40人在山顶聚集时，难以置信的事情终于发生了。

小山上下都在颤抖，山顶一阵爆炸声响起，整个硫黄岛都能听见这一声轰鸣。许多美军陆战队员被爆炸的气浪抛到半空，附近的那些战士由于这次爆炸的巨大冲击波都惊呆了。数十名海军陆战队战士在这座火山口消失无踪，战友们赶紧上去挖掘。哪怕再坚强的人看到烧焦的尸体惨状都会呕吐，其他人一路走出这个山头，泪流满面。日军炸毁了这座山头里的一个指挥所，同时造成美军43人伤亡。

山脊上只剩下一堆破碎、扭曲、燃烧的岩石和沙子。浓烟从一个非常大的破洞里冒出来，里面原先应当是一个很大的地下兵站。许多美军陆战队员不是被这次大爆炸直接伤害，就是因脑震荡惊呆了，茫然地蹒跚而行。H连连长唐纳德·卡斯尔上尉努力聚集部下的残余人员，还要带领他们再度发动进攻。

同一时期，26团3营也已出动，几乎马上就遭遇日军激烈抵抗，在近距离交火，一直到天黑才告一段落，全天推进不过150码，伤亡同样很大。

3月7日，陆战5师的头号主攻营是配属27团1营一个连的27团2营。师属陆战第13炮兵团的15分钟火力准备结束后，该营与师辖区边界以外的21团友军进行一次协同攻击，目标是一片刚好横在27团战斗区域内挡路的高地。一开始，2营的进展相当顺利，但是前锋进入一系列山脊正前方的一道峡谷时，一切骤然改变。日军的机枪突然从两个方向射来，形成交叉火力，扫倒那些位置暴露的美军战士。美军试图锁定日军的机枪阵地位置，但对手伪装得非常巧妙，让美军不仅徒劳，往往还会因轻易冒头搭上性命。美军好不容易将一门37毫米口径火炮送到前沿阵地，与隐蔽的日军机枪火力点相持，但在此刻后送伤员仍非常困难。

整整一天，交战双方频繁发生近战，大量使用手雷。最

一个陆战队担架队路过一具日本兵的尸体，日军的机枪子弹不时会从他们经过的树边擦过。

终27团在当天的推进距离与26团几乎没分别，都是150码左右。面对设防坚固的敌军，每前进一步，都要面临掷弹筒、手榴弹和致命狙击的战斗，哪怕这样有限的进展都是一项不小的成就。鉴于地形不利于坦克行动，27团只能靠步兵突击，伤亡自然较重。下午，27团2营组织多个排级单位，设法包抄日军的一些阵地，却只是被侧翼的日军重火力抓个正着，被孤立在主力之外而已。只有借助烟幕弹帮忙，这几个排才能撤回自家阵地。战斗持续了一下午，美军占领了个别日军洞穴，但是到底有多少隐匿的坑洞能通入这些洞穴，没有人知道，也无法弄清陆战队各突击班组推进之后，敌人需要多长时间才能在前线补充新的人员和武器。

5师在3月7日获得的明显进展在左翼。在28团靠近西海岸的推进区域里，28团3营和27团3营都在主力全面进攻之前，派出若干战斗巡逻队。这些巡逻队9时出动，遇到的抵抗很弱。巡逻队回来报告了情况，10时整，没有进行任何特别的炮火准备，两个主力营便一齐出动，向东北方向推进。路上有日军零星抵抗，却无法阻止美军的推进势头。在这种情况下，极其困难的地形比遭遇的零星抵抗更麻烦。为了维持这次进攻的动能，两个突击营绕过大量洞穴暂时不打，留给28团1营和2营扫荡。迫击炮和火箭炮的支援火力都准确落在前进的陆战队员正前方，海上还有1艘驱逐舰提供远程火力支援。

15时30分，28团3营和27团3营越过只能步行的几道多石峡谷，前进大约500码。当天28团占领的地方包括西部落东北大约500码的一座215高地。那里距离硫黄岛北岸仅750码之遥。当天美军作战期间，最令人吃惊的就是5师左翼靠近西海岸地区的日军抵抗相对无力化。除了在5师辖区内推进距离最远之外，28团的两个主攻营在这一地区仅击毙日军9人，俘获1人。

黄昏时分，28团暂停前进，全团的3个主力营都在215高地附近掘壕过夜，一些陆战队员则会负责扫荡刚刚占领的高地周边地区。夜间行动期间，少数陆战队员注意到一股强风开始从北方吹向美军战线。他们发现这股恶风是从燃烧的日军弹药库里冒出的硫黄烟雾。各部队指挥官时刻都对日军使用毒气的可能性高度警觉，赶紧发出警报，数百个防毒面具投入使用。但警报很快解除，日军并未使用毒气，28团可以相对放心地重整战斗序列。

3月7日，5师的前进将西面的战线前推了500码，东面沿着与3师边界的位置推进了150码。在两个师的结合部天山地区，日军的抵抗最强。为支持当天的行动，海军舰炮火力发挥了重要作用。在3月6日，陆基炮兵的大量炮火准备实际效果不佳后，第5两栖军军部便将155毫米榴弹炮限定为用于“针对已知敌军目标的意图明确的毁灭性打击”上。由此产生的支援炮火火力缺口就由海军舰炮来填补。所有海军舰炮控制单位都得到指示，要求每艘火力支援舰船发射500发炮弹。根据军情报处提供的数据，5师情报主任乔治·罗尔中校依次确定目标的优先级别。空袭会让步兵获得额外支援，不过日军的阵地在不断缩小，双方的战线距离接近，使空袭支援成为一项相当危险的任务。当天119架航母舰载机共飞行147架次。对凝固汽油弹的使用有些不太成功。40架携载凝固汽油弹的飞机，有7架未能成功投弹；成功投弹的33架飞机，又有7枚未能在接地时点燃。另外67枚500磅炸弹、170枚100磅炸弹和426枚火箭弹成功发射，但是对日军地下工事的破坏效果却难以估量。

陆战5师进攻的区域属于硫黄岛日军的北据点地区。如前所述，栗林兵团长直辖指挥的日军北据点守备队，包括第27航空战队司令官市丸少将指挥的海军部队在内（以池田增雄大佐指挥的第145步兵联队第2大队、下间嘉市大尉指挥的第17独立混成联队第3大队、伯田义信少佐指挥的第314独立步兵大队和板桥音丸大尉指挥的硫黄岛海军警备队北地区炮台群等部为基干），自3月6日以来，就以为八海岸西南端－联络所西南道路交叉点－天山－银明水一线为据点前缘，占领了阵地，抵抗美军的进攻。该地区起初是北地区守备队和兵团直辖的第145步兵联队主力准备的预备阵地，但后来在炮击轰炸下变得面目全非，成为一片荒凉的岩山。好在该地区在地形上错综复杂，地面起伏无定，在后方形成台阶状地势，面对着温泉浜、北之鼻和为八海岸。在这一带高达七八十米的垂直断崖掩护下，形成了名副其实的“背水之阵”。日军就在该地区将无数洞穴阵地连接起来，最大限度利用残存火力，以兵团司令部为中心顽强战斗，一度令美陆战队一筹莫展。

但7日美军陆战5师侵入天山，按照日军的说法，守备该地的第1混成旅团工兵队（临时工兵第1中队）一部（宫崎圆少尉、石坂友嗣少尉指挥的第1、第3、第4小队和海军部队的一部）在当晚挺身突击将其击退。如果天山一带被美军突破，北部落的兵团司令部东侧就会受到重大威胁，兵团司令部遂临时编成大泽金夫大尉、下林知生中尉和管隆正中尉指挥的各一个中队，负责司令部周边阵地的战斗。

3月7日夜间，日军的活动相对较少，却并不安静。陆战5师辖区内，日军的轻武器、掷弹筒和手榴弹骚扰一直很活跃。他们的多个巡逻队在不同位置刺探美军战线。除了天山地区之外，当晚唯一确定的渗透作战在26团1营阵地出现，大约25名日军想要努力一试，结果在暗中接近时，被照明弹抓个正着，成了美军陆战队员的活靶子，被悉数击毙。

施密特军长为3月8日作战发布的命令简单明了。他不再为行将到来的进攻划定将要达到的阶段性目标，只是指示麾下的3个师“去占领这个岛屿的其余部分”。洛基的第5师接到的具体命令是，继续以右翼的27团负责主攻，沿着与邻近的3师行动路线平行的师辖区边界，向东北海岸推进。

27团将要前进的一带地形复杂，有一系列相互连接的洞穴和坑道。靠近这些防御工事的所有通道都戒备森严。为了迎接这一挑战，团长沃纳姆上校计划用推土机在敌人占据的地方开辟新路，这样步兵就能够方便地与敌人进行近战。一旦计划达成，陆战队就能用经历过时间考验的各种方法在近距离拔除日军的防御工事。此外，这样坦克也可以在新推平的道路上支援步兵战斗，算是加上了一个额外保险。

3月8日曙光初现，在27团2营的预定出发时间之前，第5坦克营的谢尔曼坦克缓缓从营地区域通过一道事先经过侦察的路线，爬到前沿阵地。地面粗糙不平，也不熟悉，这些坦克行动缓慢，9时30分才来到前线。27团2营却必须按照预定计划发动攻击，进展甚微。装甲兵的到来让2营的步兵精神一振。姗姗来迟的铁甲战友开始利用火力和装甲一一清除日军的工事和火力点。在坦克掩护下，步兵能够靠近洞穴，设法将其封死。日军用精准的轻武器火力、手榴弹和迫击炮火回击美军。虽然日军的抵抗仍很顽强，在这片阵地也埋设了大量地雷，到10时30分，27团2营的部队依然推进了100码。E连报告，在战斗的最初2

小时里，一共击毙日军75人。

在27团2营左翼，D连和F连没有坦克支援，就已向前推进，不多时即被日军凶狠的机枪和迫击炮火力截住。陆战第13炮兵团B连的一个15人的火炮组用炮车将一门75毫米榴弹炮和200发炮弹设法送到靠近前线的位置，为这两个步兵连提供急需的炮火支援。这次非同寻常的火炮运用让13团1营的情报股长极其关注，特地撰写了报告，流传后世：

> 今天上午，我们认为这个营（13团1营）已经做了一支炮兵部队能做的一切。我们在机枪、火炮和迫击炮火力阻击下登陆；在夜间进入炮兵阵地；在20日击退鬼子在黎明前的反扑：发射了不计其数的反炮击炮弹；在我们的阵地区域有（日军）狙击手；参与各团的战斗任务；开炮打击目标；让我们的观察员海陆空（立体）作业，彻夜拖运弹药。可是今天，我们将“贝克4”号（75毫米榴弹炮）拆散，送到前线去摧毁一些鬼子的工事。一份发回的报告说他们（炮手）对日军碉堡的射击很有效。这是一种新办法，但目的是一样的——消灭鬼子。

美军步兵得到火箭筒的额外支援。火箭筒手会将日军藏身的坑洞炸塌，将他们活埋。尽管27团D连和F连狠狠打击了一路上的日军工事，但推进距离都不长，收获只是100码不到而已。

在5师中路，26团的麻烦甚至更多。当天格雷厄姆上校仍以1营和3营发动攻势，他们不久就发现面对的是北部落的废墟之中，日军部署的一个碉堡和相互连通的坑洞组成的复杂体系。在这样一片可怕的防御阵地之中，26团的进攻几乎无法落实。经过又一个筋疲力尽的白天，该团仍处在此前出发的位置上。26团1营白天辛苦获得的400码成果因为无法构筑稳固阵地，不得不在黄昏时放弃。

5师左翼的28团当天的推进距离与前一天几乎相等。28团2营沿着海岸只遇到微弱的日军抵抗，又推进了500码。当天28团右翼的抵抗同样更加激烈，但1营仍取得300码的收获。

在地形许可的范围内，重武器连的75毫米半履带自行火炮和37毫米火炮，还有81毫米迫击炮，能为步兵提供火力支援。在步兵队伍前方，海军舰炮火力会先设法压制海岸附近的日军阵地，航母舰载机两度空袭165高地，那是将5师与北部海岸分隔的最后一片地理障碍之一。3月8日，是航母舰载机为地面部队提供近地支援的最后一天。从3月9日起，近地支援任务会交给陆军航空兵负责。

3月8日，硫黄岛北部怪石嶙峋的地面上进行的激烈消耗战，更多的是个人勇气的较量。悲剧行将在27团2营E连之中发生。当天上午，这个连依靠工兵、坦克和步兵的团队配合，推进了150码。E连的陆战队员与大海之间已只有一堆岩石相隔。然而隐藏在每一块岩石背后、每一道罅隙之间的敌人，都决心阻止美军对北之鼻正东的大海推进。

当这个难以靠近的地区爆发激烈近战之时，E连有一个人脱颖而出，那就是杰克·鲁姆斯中尉，他入伍前是贝勒大学的橄榄球明星。这位青年军官现在下定决心，要打破阻止他的队伍前往大海的最后一道障碍。鲁姆斯就在他指挥的一个排的最前方带队，一枚手榴弹向他掷来。他赶紧卧倒，只听一声巨响，战友们都以为他负伤了。谁知他站起身来，抖落身上的灰尘，便直接冲向日军的一座火力点。第二枚手榴弹又在他身边爆炸，再次将他炸倒，他的肩膀负了伤。这位排长毫无惧色，站起身来，咬牙

1945年3月8日，在硫黄岛殉职的陆战27团2营E连的排长杰克·鲁姆斯中尉。他的英勇表现不仅让他在身后得到荣誉勋章，还获得美日两国战史的一致赞扬。

冲向第二座日军阵地，将里面的日军全部击毙。部下打量着走出这座工事的排长，却见他继续向敌军阵地冲锋。鲁姆斯大声呼唤全排跟上，战士们当即跟了上去，都是一个念头，不突破这道日军防线，誓不罢休。依靠鲁姆斯身先士卒，E连的进攻获得了动力，全连开始行动，起初还有些犹豫，后来速度越来越快，大家也越发自信。

鲁姆斯依然在全排最前方带队，见到挡住去路的敌人就击杀。战友们一时都以为他是不死之身，偏偏就在这个时候，突然听见“轰隆”一声巨响，一片飞沙走石，大家一时睁不开眼睛。等这片沙石过去了，战士们再看排长，一个个全都惊呆了。鲁姆斯仿佛在一个洞里一样站了起来，却矮了半截。原来他不幸踩上地雷，曾让他在贝勒大学赢得全美所有足球荣誉的双腿被当场炸断。战士们一脸惊骇，眼睁睁看他在鲜血淋漓的断肢上站起身来，耳边居然还是听见他的清晰喝令：“给我跟上！”几个战士再也按捺不住，泪水夺眶而出，奔到他面前。眼看断腿的排长全身血肉模糊，有的战士极度不忍，都悄悄说索性给排长一枪，让他解脱。

谁知鲁姆斯依然高声喝令，让部下前进。全排的战士再也不多说一个字，都继续向前匍匐前进。他们的泪水变成了满腔怒火，都不知道最终是怎样突破这片一度认为不可能越过的300码的阵地的。天黑时，他们已经登上一座俯瞰大海的山脊。毫无疑问，这群又脏又累的美国大兵，一路哭泣呼号，奋力向前，最终完成任务，都是为了杰克·鲁姆斯。

当天夜间，鲁姆斯最终不治身亡，随后被授予美国的最高荣誉——荣誉勋章。他的死，让他战胜了敌人，也意味着硫黄岛的血腥杀戮行将结束。他忠于职守和身先士卒的牺牲精神，为他的一个排，乃至整个E连的狂热冲锋注入了一种动力。对这位指挥官的爱戴和同情混合在一起，夹杂着愤怒和沮丧，点燃了战士们心中的火花，产生了一种奇妙的化学反应，使这批美国大兵表现出了与日本兵在发动“万岁冲锋”时同样视死如归的气概。不同的是，他们最终冲破了那道鬼门关。

3月8日，第5坦克营的坦克全天都在尽可能地支援步兵突击部队。B连的坦克支援27团2营进入一个重要的日军营地，里面满是弹药、机动车辆和拖车。在这次战斗中，坦克手们目睹了至少100名日本兵被击毙，其中许多人都穿着美国海军陆战队的军服。C连的11辆常规坦克和2辆火焰坦克配属28团2营行动，出发不久便遇上一片雷区，工兵上前排雷，却被日军狙击手的火力压制，进度很慢。这样一来，C连的坦克就无法跟上步兵了。结果整个下午，C连在这一地区能提供的支援不过是4发75毫米炮弹和半桶火焰燃料。大约13时前后，一个火焰坦克排被派往5师辖区中路，支援26团1营。虽然工兵已经在这一地区探过雷，但还是有2辆坦克触雷，对车身造成相当大的损害。将车载武器和无线电捣毁后，美军只能放弃这2辆坦克。

3月8日傍晚，一天的战

随着战斗的进行，美军的坦克损耗逐渐增加，回收人员越发忙碌。

斗接近尾声时，陆战5师已经深深突入日军防线，离硫黄岛北岸非常近。全天阵雨不停，美军官兵已筋疲力尽。不过，正如栗林中将提交的当天战报中说明的那样，日军的状态也好不到哪里去：“玉名山和北据点的部队仍在坚守他们的阵地，一直在对敌人造成损害。他们战斗的英姿令人相信国家的胜利得到天佑。”两小时后，这位硫黄岛日军主将在电文中承认：“我非常抱歉，让敌人占领了日本领土的一部分，但是让敌人受到重大损失，令我欣慰。”

3月8日，陆战5师胜利在望，但是在硫黄岛西北部，这

地图二十　3月2日至8日，陆战5师的推进

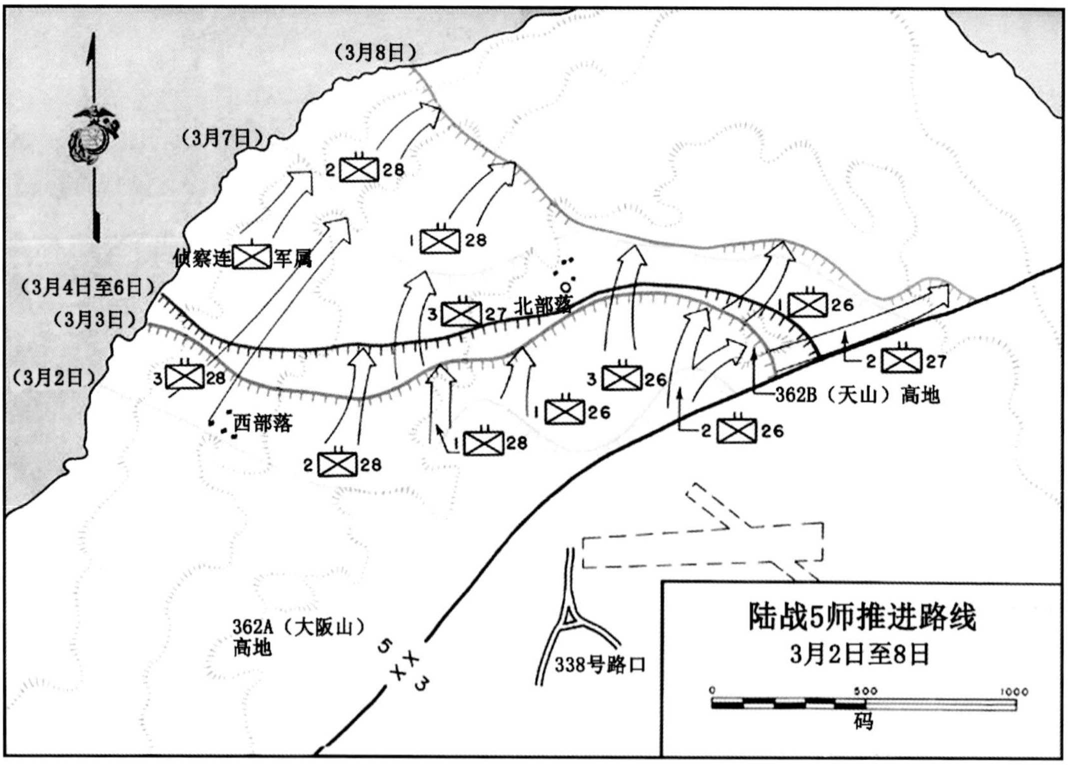

片全岛地形最险峻的地方，打破辖区内日军的有组织抵抗，还需要长时间的艰苦战斗。3月9日和10日，5师没能向前推进，洛基少将的部队尽了最大努力，能够将全师的左翼延伸大约40码。在这个位置，28团遭到北之鼻向东南延伸的天狗岩高地的密集火力压制。日军的这道火力阻击线让28团对东北方向的推进戛然而止。他们的眼前，是一道俯瞰深壑的低矮漫长山脊线。这道峡谷将会成为日军在硫黄岛抵抗的最后孤立阵地，栗林和日军残部会在这里战斗到最后一刻。在硫黄岛东北部，立岩鼻和南部落之间，陆战4师的辖区之内，以硫黄岛海军守备队和第2混成旅团残部为主的日军，占据着另一个孤立阵地玉名山地区。

3月9日中午，眺望着北方的大海，洛基少将麾下的陆战队员还要在硫黄岛地形最恶劣的地方打一场上坡攻坚战。那里的山脊和峡谷极为陡峭，即便徒步也几乎无法通行。在更加容易进入的那些地区，洞穴和坑道比比皆是。这一阶段的战斗面临的日军抵抗丝毫未减，但已没有军事上的意义，在美军官方记录中称之为"消耗战"。在今后的几天时间里，进展将会用英尺而不是码为单位来计量。

与前一天一样，27团的陆战队员又在前线上演了一场个人英雄主义活剧。下午早些时候，27团1营长杜里埃中校和2营长安东内利少校一同到前线视察。就在他们回到后方的时候，杜里埃召唤附近坐在一块岩石上的通信员跟上。那个年轻人答应一声："我来了，中校。"他刚刚迈出一步，就听见"轰隆"一声，整个人被炸成了碎片。原来这个不幸的年轻人迈出的这一步正好引爆了一枚埋在地下的海军153毫米炮弹——日军用来充当反坦克地雷。一块巨大弹片将杜里埃的左臂齐肘斩去，另一块砸中他的左膝。安东内利摔倒在地，眼睛里蒙了沙子。杜里埃神志清醒，看不见他那条在身下已断折的左腿，以为已经失去了。他觉得会有日军发动进攻，对其他人大喊道："过来，过来。别走开。"勉力翻身去取右臀裤袋里的手枪，却够不到。一名上尉跑去叫来医护兵，他们将两位营长在担架上绑好。杜里埃的左腿悬在一边，被一颗日军的子弹洞穿，打断了。

两位营长同时重伤离职，只得由两位副营长威廉·图贝尔斯顿少校和杰拉尔德·拉塞尔少校接管指挥权。这次爆炸还让2营E连连长和另一名军官，以及2营的情报股长负了伤。安东内利尽管双眼负伤，耳膜破裂，但一直坚持到发布进攻命令之后，才同意将自己后送治疗。随后，这位坚韧的营长经过简单治疗就走出师医院，回到部队，直到沃纳姆团长亲自命令他返回医院为止。第二天，安东内利又回到自己的营指挥所，整整一周，白天都在那里坚持指挥，晚上才回医院。沃纳姆没有其他办法，只得请求将他后送离开硫黄岛，以免旧伤未愈，又添新伤。

3月9日，除了例行作战之外，又有两件事情发生。一件标志着将硫黄岛发展成航空基地的进展，另一件显示了战斗部队消耗到了何种程度。在北海岸苦战不息之时，陆军航空兵的P-51战斗机首次投入战斗，对日军依然盘踞的峡谷进行精确的空中扫射和轰炸，让地面陆战队员欢欣鼓舞。然而，这种声势浩大的空袭对摧毁日军的抵抗力量或士气并没有用处，具体空袭战果也是非决定性的。

3月9日，陆战5师的洛基师长终于决定从支援部队抽调人员上前线，补充步兵部队日益萎缩的战斗力。3月10日上午，第13炮兵团的100人加入28团3营，成为步枪兵。大约相同数量的炮兵被派去加强26团3营。第11两栖牵引车营为27团3营提供55人，第5摩托化运输营调出100人加入28团1营。

美军陆战队依然能增援一线部队，日军主将栗林却已无法使用这样的权宜之计了。在5师和大海之间的狭窄走廊地带，日军的北据点被压缩到面积不足3平方公里。被困在这里的有栗林和他的109师团暨小笠原兵团司令部，池田大佐的145步兵联队第2大队的部队，第17独立混成联队残部和其他作战部队的脱队人员。日本陆海军在硫黄岛北据点的全部残存战力大约为1500人。

3月10日8时，陆战5师继续向仍在抵抗的强悍日军进攻。在该师左翼，28陆战团前进了200码，然后被天狗岩射下的火力挡住。26团在几乎难以通行的地区取得大约100码的收获。27团与日军发生近战，摧毁了许多洞穴和碉堡工事，但几乎没有推进，激战一日，到晚上的阵线基本和上午没分别。

陆战5师的进攻全天都得到海陆炮火和空中支援。筋疲力尽的陆战队一线部队再度无法评估这种支援的有效性。此时此刻，由于日军控制的区域在迅速缩小，有效利用这些远程火力支援武器变得越发困难。与此同时，炸弹和猛烈的炮火集中打击缩小的日军孤立阵地，势必会伤害到日军。3月10日，109师团司令部发出的电文是这一点最好的证明。栗林师团长以一段相当自信的文字先报告：“即便美军对我北据点的攻击日夜不停，我们的部队仍在英勇战斗，坚守阵地。”在这个开头之后，他留下了一段更为哀伤的记录：“……全天有200到300名美

地图二十一　3月8日至10日，陆战5师的推进

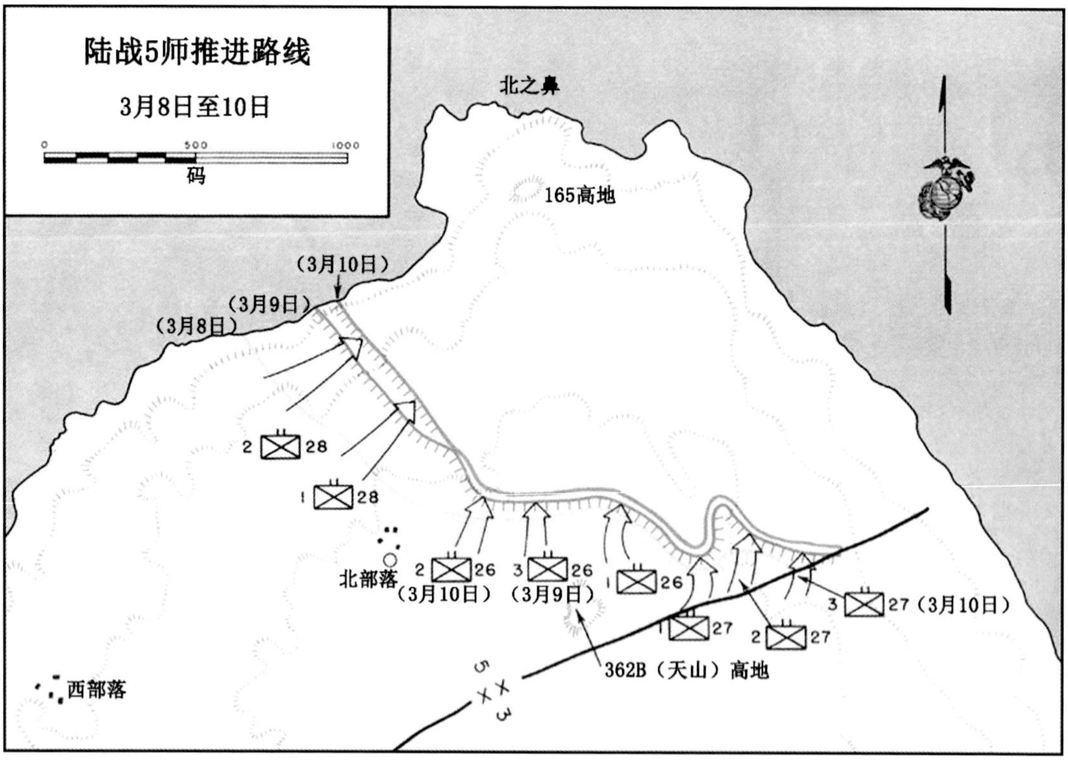

国步兵，在数量坦克的支援下进攻‘天山’地区。敌军的1艘战列舰（或为巡洋舰）、11艘驱逐舰和飞机的狂轰滥炸甚猛，尤其是30架战斗机和轰炸机空袭如此酷烈，我在这里都无法用语言或文字表达。美军在硫黄岛登陆之前，我的司令部周围有许多树木，现在却已是寸草不留。地表完全改变了，我们能看到无数弹坑。”

从2月25日到3月10日，陆战5师在沿着硫黄岛西海岸推进的2周时间里，占领了从元山机场附近到从西向东横穿硫黄岛北端基部一线的大约3000码阵地。这2周5师的战斗损失超过4000人。

截至3月10日为止的俘虏人数，也能看出日军的抵抗顽强到何种程度。2月19日以来，第5两栖军一共俘敌111人，其中仅67名日本人，其余是朝鲜劳工。同一时期，陆战5师计算的毙敌人数为8073人。3月10日傍晚，没有人能猜到硫黄岛的战斗结束之前，还要流多少血。

第十一章　陆战4师在右翼的战斗

走进“绞肉机”

硫黄岛战役的前6天，陆战4师一路推进到元山机场东半部和屏风山一带。2月24日，他们付出了颇大代价才占领了这一地区。2月25日，4师的任务是占据元山机场以东和362C高地（日军称为“东山”）南面的硫黄岛部分地区。凯茨少将部下的陆战队员要占据的地方，与3师和5师负责的区域相比，地形同样复杂险峻，甚至更加困难。

可以预料的是，日军挖掘洞穴、建造碉堡工事、开掘山岭和山脊之间的坑洞，最大限度地利用自然地利，将这片地区和防御设施变成了能与岛上其他防区相比的蜂窝状地狱。在大片不起眼的山脊和峡谷状洼地中，下列地方最为突出，构成了硫黄岛东北部主防线的基石：元山机场正东，位于东西向跑道东北大约250码的382高地（日军称为“二段岩”）。382高地以南约600码，南部落废墟以西的一座奇形怪状的高地，后来被美军称为“土耳其小山包”（日军称为“玉名山”）。尽管这个小山包不是很高，但它庇护着一个钢筋混凝土结构的大型通信中心，日军第2混成旅团司令部就在这座山包东南方。从这座山包的山顶，可以将整个海岛南部一览无余。在西南方，有另一座很快会让美军陆战队员难以忘怀的高地，不久就会得到与之相称的外号“斗兽场”。

元山机场地区东南的玉名山和东北的二段岩对四周拥有良好的视/射界，向北方可以远眺东山、天山和北机场地区。千田贞季少将指挥的日军第2混成旅团一部（含兵团配属部队）和兵团直辖的第26坦克联队主力及当地海军部队（井上左马二大佐指挥的南方诸岛海军航空队和硫黄岛警备队等各一部）数日来一直固守二段岩和玉名山正面，阻止美军前进。

2月24日夜间，陆战4师的部队占据了一条从元山机场

硫黄岛北部的制高点二段岩（382）高地。

美军陆战队的一个战斗小组。

向南延伸再到南卸船场附近的海岸，面朝东方的战线。在4师的战线上，美军战士能看见382高地，那是硫黄岛北部的最高点，海拔约114.9米，在全岛也仅次于折钵山。山上有一座雷达站的废墟让这座高地很容易被认出，那里的无线电塔骨架直指天空。守卫这座高地的日军由145步兵联队第3大队第8中队和海军二段岩炮台群等各部组成，已将相当一部分山体挖空，到处都布置了火炮和反坦克速射炮。这些火炮都被安置在混凝土炮位里，通常都有多达10挺机枪保护。西中佐部下的第26坦克联队第1中队主力也在用车载57毫米和47毫米坦克炮为这些强大的防御阵地充当后援。

土耳其山包上的混凝土大碉堡建造得极为坚固，美军飞机的轰炸和海军舰炮的炮轰都几乎奈何不了它。这座小山包瞰制着一片宽阔的多岩石区域，那里表面上看来非常平静。在美国海军舰炮火力打击之前，这一地区有茂密的植被覆盖，在起伏的地表看来就是个不起眼的洼地。陆战4师仍不了解日军主要防线的真实范围和内部结合程度。在4师的陆战队员看来，这看起来就像是一个起伏地带中的小空洞，然而实际上“斗兽场是一个真正的大型设饵陷阱，包含三层准备好面对美军推进的纵深防御阵地”。

正在前进的4师部队不了解硫黄岛东北部岩石崚嶒、洞穴满布的地区等待他们的是什么。这并非完全是因为缺乏情报。观察人员在多座营观察站、靠近海岸线的船只和侦察飞机上研究过4师前进区域的地形。根据这些观察汇编的详细情报报告指出：“（那个）火山岩、岩间裂缝林立的地区，是一个由断折的树木和炸碎的岩石组成的、杂乱无章的地方。地面观测被限制在多个狭小地区。虽有各种各样的山脊、洼地和不规则地形，但大多数地缝基本上是从382高地向外辐射的，为我军的前进提供了一系列交叉通道，非常适合敌人使用迫击炮。我军的支援火力造成的大量碎片，为狙击手和迫击炮阵地提供了极佳的掩蔽。从空中，到处能看到洞穴和小道，但日军的伪装几乎没有破绽，航空观察员不可能确定日军的位置。”

负责守卫382高地、土耳其小山包和斗兽场组成的“绞肉机”式的防御阵地的除了第2混成旅团司令部、安庄大队第8中队和当地海军部队之外，还有第2混成旅团炮兵部队南地区炮兵群（第3中迫击炮大队、第20独立臼炮大队第1中队、喷进炮中队的一部）和前田一雄少佐指挥的第2混成旅团直属炮兵队（欠第2中队）。美军登陆之前，第2混成旅团工兵队已将3座制高点整合成一个紧密的防御体系，配备了大量通信设施和电灯。正准备进入硫黄岛东北部的陆战4师，面对的是岛上面积最大和实力最强的防御阵地。

2月25日，凯茨师长的部队已准备进入硫黄岛东部高地。25日一大早，原先配属4师的陆战21团将重回陆战3师战斗序列，21团和24团的边界成为4师的左侧边界。陆战24团同时从第5两栖军预备队回到4师归建，准备在通过24团左翼之后进攻。25日的进攻计划要求23团3营跟随在本团1营后方600码出动。23团2营留作团预备队。在相邻地区，24团会以配属的25团2营在左，本团1营在右，向前推进。24团2营，在被23团3营替换后，立即转为团预备队。25团（欠2营）仍为师预备队。4师的主攻方向在左翼，23团会与相邻的3师保持好联系。

进攻在当天9时30分发动。让2个主力营呈纵队状先后推进的23团，几乎立即遭遇日军从大小碉堡和洞穴里射出的密集迫击炮和机枪火力阻击。要突破层层火网，进度自然缓慢。日军的反坦克炮和地雷，以及恶劣的地形，让装甲部队无法转移到4师辖区内的前线。4师只得请求相邻的3师允许第4坦克营的坦克使用一条经过3师辖区的通道，前往元山机场。13时不到，3师已经允许。一旦谢尔曼中型坦克占据了23团左侧边界的射击阵地，就能够向步兵提供有效的直瞄火力支援，摧毁日军的反坦克武器、碉堡和机枪火力点。只要消灭这些防御武器和工事，第4工兵营的装甲推土机就能够为坦克清理出一条进入23团战斗区域的前进道路。23团3营在元山机场东北边缘的高地上获得了一个立足点，沿着屏风山向东推进时，全天都在遭遇严重阻力。日军迫击炮对机场跑道的猛烈精准的毯式射击，让温辛格上校的23团的战士们要与相邻的3师9团保持联系极其困难。

配属了25团2营的陆战24团被困难的地形、日军的迫击炮火力，还有日军在碉堡工事和洞穴里的自动武器交叉火力网阻挠，在2月25日取得的进展很少。在他们出发之前，美军的海陆空支援火力已经尽力去削弱斗兽场高地和南部落的日军防御工事。飞机空袭的同时，美军的81毫米重迫击炮对该地区发射了200发炮弹。东面的近海海面上，第2两栖装甲营的两栖坦克设法支援24团1营，然而风大浪急的海面，很快他们只得撤回。

24团3营前方的主要障碍是在斗兽场一带抵抗的日军，当时24团1营发觉自己的推进受到正面强大的敌军防御阵地阻挠。施密特中校第4坦克营的5辆坦克终于进入射击阵地，来支援这次进攻，但崎岖的地形严重限制装甲兵的运动。24团的2个步兵营取得大约100码的收获，但遭到敌军猛烈炮火阻击，伤亡惨重。上午24团1营A连连长和多人身负重伤。营情报股长也负伤，都被后送治疗。

下午的大半时间，23团和24团都没有取得重大进展。下午早些时候，美机对24团3营对面高地的空袭暂时削弱了敌军迫击炮的火力，让斯托特少校的部队能前进几码。15时前后，团预备队24团2营奉命替换本团前线右翼的1营。这次替换迅速完成，没有任何伤亡出现。

2月25日傍晚，陆战4师因攻入本师推进区域内最强的敌军防线，已经停滞不前。在这个阶段，甚至在直接攻入后来被称为“绞肉机”的日军防御核心阵地之前，由于伤亡和罹患战斗疲劳症，4师的战力已下降到全员时的55%。可贵的是，凯茨师长和他的部下仍坚持不懈，决心要完成这项艰巨任务。在评论2月25日的有限收获时，4师师部如此估计战局：“敌人最大限度地利用地利，地形不适合使用坦克，各地区（敌军）设施的位置让我军火炮无能为力，守军顽强战斗，至死方休的态度，暂时限制了本师的前进，但我师准备好继续进攻。”

2月25日22时，“贝菲尔德”号军舰上的4师后方指挥所已关闭。傍晚，支援舰船开炮进行火力骚扰。当天夜间，4师辖区的动静很小。一个日军的小规模挺身突击队企图渗透到24团3营防区，被悉数击毙。日军的喷进炮、迫击炮和火炮将零星炮弹射入4师辖区，这种火力骚扰十分常见。

2月26日上午，在4师进攻之前，师属炮兵和军属炮兵以及海军支援舰船进行协同火力准备。炮击之后，8时整，陆战4师在前线将5个步兵营一字排开投入进攻。在4师左翼，温辛格的23团再度让1营和3营分左右两路进攻。4师右翼，上午早些时候，拉尼根上校的25团替换了24团，8时30分，即让3个营一同前进。由于配属24团的25团2营归建，再让该营进入出发线需要时间，24团的出发时间延迟了半个小时。

4师当天的进攻遭遇25日推进时同样的困难。日军防御阵地组织完善，不同的工事可以相互支援，与前一天相比，他们的抵抗丝毫没有减弱。在23团前方，日军的大小碉堡工事和洞穴如迷宫一般，所有能接近的通道都得到毫无空隙的雷区保护，使美军几乎无法用装甲兵支援步兵。日军的几辆坦克则在382高地山坡的坑洞里充当炮台，那里拥有良好的射界，可以打击前进中的美军陆战队员。日军的中型坦克装备57毫米主炮，其中1辆坦克在一道地缝中占据了固定阵位，从那里可以对元山机场的主跑道任意射击，威胁极大。3门47毫米反坦克炮部署在屏风山北部，这个射击阵地也拥有可打击同一条跑道的无障碍射界。

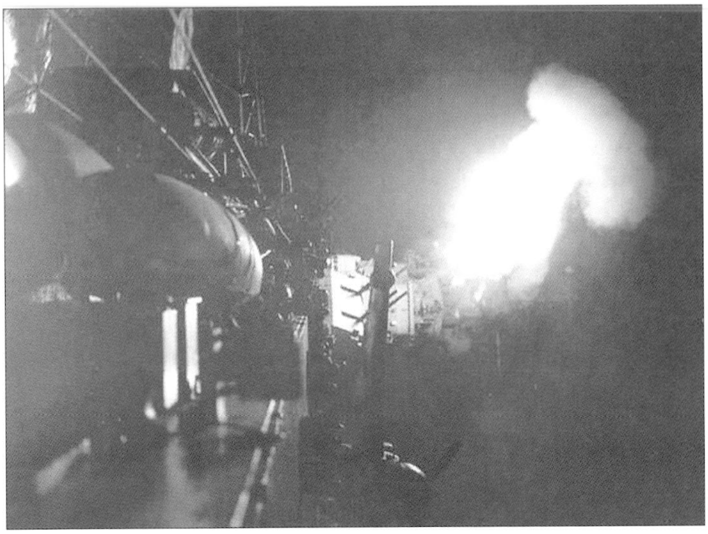
1945年2月，美军的一艘战舰正在对硫黄岛日军阵地实施夜间炮击。

尽管遭遇强烈抵抗，温辛格上校部下的陆战队员全天仍一直在推动攻势。路易·布里萨德中校指挥的23团1营的部队，遭到382高地和相邻3师辖区内的日军精确火力打击。日军当时仍占领3师辖区内元山机场北面的海军炮台高地和元山炮台高地等几座坚固阵地，那里的火力同时对4师和3师构成严重威胁。在1营右侧，斯凯尔斯少校指挥的3营遇到的火力同样酷烈，却依然设法奋战，向前推进，依靠火焰喷射器、巴祖卡火箭筒和爆破小队协同战斗，消灭了多座日军设防严密的地下工事。

下午晚些时候，23团取得300码左右的进展，占领了382高地西南坡。这一进展让日军无法充分利用这座重要山头的地利。17时，23团接到命令巩固阵地，但是1小时后，斯凯尔斯的部队仍在与日军缠斗，激烈的近战天黑后都持续了几个小时。除了正面和两翼的阻击火力之外，陆战队在382号高地山坡上占据的阵地也不稳固，会遭到后方日军零星火力狙击，这让位置暴露的美军官

从另一个角度拍摄的382（二段岩）高地。2月26日，陆战4师一度没有费太多力气就登上这座高地，但此后数日，这里成为美军陆战队的噩梦。

兵难以放松下来。下午，日军的迫击炮和喷进炮开始集中火力打击南山坡，美军只得将山坡上的所有部队先撤到382高地山脚。

同一天，25团前进时也很艰难。拉尼根指挥的这个团配属24团3营，在火炮滚动弹幕掩护下出发。芬顿·米少校指挥的25团1营负责左翼，詹姆斯·陶尔中校的2营位居中央，海德利上尉指挥的3营在右翼推进。

一开始，25团1营和24团3营迎着日军轻武器火力，缓慢而坚决地进入斗兽场地区。前进大约150码后，地形变得极端困难。与此同时，日军在南部落附近精心准备和伪装的机枪阵地和迫击炮阵地不再沉默，迫击炮弹和机枪子弹铺天盖地般飞来，将美军步兵有效压制。第4坦克营A连的坦克，想方设法去减轻日军对步兵战友的压力，可它们的显眼身影，只会引来更多火炮和迫击炮火力，元山机场正东的2辆谢尔曼坦克被摧毁。在崎岖不平的地面上，前方炮火观察员无法指导有效的反炮击火力。刚刚抵达该岛的2架海军陆战队第4观察机中队的侦察飞机，设法从空中锁定那令人厌恶的日军迫击炮和火炮阵地，但日军的伪装十分巧妙，这次侦察也没有成功。

14时，25团左翼和中央的两个营被日军火力压制的时候，25团1营C连派出一个排的兵力，由3辆谢尔曼坦克支援，迂回右翼，包抄日军在土耳其小山包的防线。日军察觉美军的这次机动，及时转移迫击炮的打击目标。迫击炮弹在开阔地直射命中，美军别动排的排长和部下数人当场身亡。友军只得释放弹幕，掩护幸存人员撤退。

25团3营沿着4师右翼缓缓推进，前有洞穴和碉堡工事的阻击火力挡路，左侧高地上的洞穴和工事里的密集机枪和步枪火力也构成严重威胁。L连缓慢前进的同时，I连得到2辆中型坦克和近海两栖坦克的支援，有条不紊地在南码头附近进行扫荡。在L连身后，K连逐次推进，在每一座L连绕过不打，可能有日军隐蔽的阵地用炸药和火焰喷射器扫荡。

2月26日天黑前，4师占据的是一条非常不规则的战线，有些类似一只海鸥的双翼。在左翼，23团前进大约200码。中央25团1营正对着土耳其小山包和斗兽场，白天的收获最多75码。当天进展最大的是右翼的25团3营，下午晚些时候，他们已占据南码头东面的一线峭壁，全天收获将近500码。该营还取得了另一项成就，在扫荡南码头附近地区时，捣毁了干扰南面海岸工作队作业的日军狙击手的最后一个巢穴。虽说美军在海滩上的卸载工作仍然遭到硫黄岛北部日军火炮和喷进炮火力的骚扰，但烦人的狙击手火力至少已经被消除了。

陆战4师情报处就当日战况撰写的报告，大致描述了该师遭遇的抵抗严重到何种程度，特别是在382高地和土耳其小山包前的遭遇，指出“敌人现在正在碉堡、散兵坑和战壕里奋战至死……而不像以前那样撤退了”。

这份报告提到的日军部队是第309独立步兵大队。2月19日，粟津大尉指挥的这个大队在千鸟机场附近驻扎，从那时起，就在进行延误作战，在美军的巨大压力下，逐步向东北方向退却。2月26日，美军23团的进攻让粟津大队受到重创，迫使其向东南方向撤退。结果粟津发现，自己正好挡在25团前进的必经之地。日军的这个大队经过连续一周的战斗，实际上战力已消耗殆尽。

经过一整天筋疲力尽的战斗，陆战4师的部队将要度过一个不安宁的夜晚，日军的迫击炮和火炮让该师的前沿和后方始终遭到持续不断的火力骚扰，4师的炮兵阵地是日军的重点打击对象。毫无疑问，下午的阵雨之后，天空出现一轮明月，让日军的炮击准头大增。精度较差，却同样让4师官兵不得安宁的是日军喷进炮发射的巨大火箭弹。这些火箭弹晃晃悠悠，在美军阵地上空划出不稳定的弹道轨迹，然后在后方很远的地方爆炸。在炮弹的巨大响声中，从日军一方还会有轻武器子弹射来。

次日凌晨5时30分，几批日军小部队试图沿着整个4师的前线进行渗透，23团前方都能听见坦克引擎的轰鸣声，多种迹象表明，敌人正在准备反击。美军立即对设想中的日军集结地区实施炮火打击，那里的骚动不久便平静下来。在近海，美军支援舰船对日军进行炮火骚扰，给美军前线提供照明弹。除了敌人的一些刺探骚扰之外，没有发生大规模进攻，美军认为炮火已经将可能反击的日军驱散。破晓之后，仅在25团1营前方的一个地区，天亮后就找到103具日军的尸体。这个漫长夜晚的炮击让一线官兵难以合眼打个盹，非常痛苦。

2月27日黎明，4师协同攻入“绞肉机”地区的第二天开始了。攻击部队的阵容与前一天基本没有差别。从左到右，23团1营和3营，以及25团的全部三个营一列摆开阵势进攻。除了仍配属25团的3营之外，24团仍留作师预备队。

进攻开始之前，军属和师属炮兵进行了45分钟的炮火准备。在这个特定时刻，军属炮兵优先支援厄斯金少将指挥的陆战3师，不过暂编第1野炮集群指挥官莱彻上校依然命令他的155毫米榴弹炮向4师目标区域发射了300枚炮弹。当天的其余时间里，军属炮兵为4师提供的全面炮火支援弹药量比例会达到全部配额的25%。4师的目标是占领382高地，向0-2线推进。

8时整，雷鸣般的炮声余音未歇，4师发动了进攻。在左翼，23团的2个营继续进攻382高地。23团1营向西北方向进攻，以便从北面包抄这座高地，同时3营继续从西南坡爬坡进攻。山顶的日军居高临下，将美军战线一览无余，为此美军用烟幕掩护3营区域前线各连的重整和行动。然而，这并未骗过日军，前进的陆战队员刚刚踏出几步，就遭遇猛烈的火力打击，几乎无法前进。然而，整个一上午，23团3营仍一直在向西南山坡进攻，只是没能取得任何实质性进展。高地上的日军战斗力坚强，斗志旺盛，有效压制了斯凯尔斯少校的部队，让他们几乎无法动弹。

中午，日军仍然完全控制着382高地。23团1营正缓缓向382高地东北推进。一旦部队从北面迂回目标，营长布里萨德中校就打算沿着反斜面山坡仰攻。23团两个主攻营的损失都很大，尤其是3营，他们的实际兵力已经只比一个满员连多一些；个别连的战斗力缩减到仅相当于排，却依然在继续进攻。为支援23团3营的正面攻击，14团2营从中午开始，对382高地进行了一波30分钟的炮火准备。3营的步兵强打精神，跟随这道弹幕出发。这一回，陆战队步兵向洞穴和其他仍被顽强的日本兵控制的工事投掷手雷和炸药包，取得了一些进展。一旦陆战队员进入攻击2辆日军中型坦克的距离，就能用巴祖卡火箭筒将它们摧毁。这支突击部队缓慢而坚苦地向山上挺进。

斯凯尔斯少校的部队得到两种支援。14时方过，布里萨德营已成功迂回382高地，开始沿反斜面进攻。几乎就在同一时刻，工兵开着一辆坦克推土机辟出一条道路，使一些谢尔曼中型坦克能够靠近。坦克兵一旦进入阵地，就能用有效的直瞄火力压制382高地较高处的日军火力点。紧要关头，23团1营急需的支援到达，扭转了高地上的局势。日军发现自己几乎已经被分割包围。谢尔曼坦克的致命火力迫使他们只能在掩体下蹲着，不敢冒头。斯凯尔斯的部队靠近山顶之时，发现这山巅早已被凿空，里面有坚固墙壁围成的几座火炮和反坦克炮阵地。

就在日军雷达站的废墟之中，23团3营的战士们与日军短兵相接，双方都寸步不让。在日军行将被驱逐下山的时候，一阵猛烈的火炮和迫击炮弹幕正好落在行进的美军陆战队员之间。黑夜将至，23团3营依然未能在382高地取得一个稳固的立足点，为避免在夜间被包围，该营奉命回到地面巩固阵地，与左右两翼的友邻部队建立稳固联系。结果，斯凯尔斯少校的部队从山上撤退，几乎就在早晨出发的相同阵地上过夜。

2月27日，在23团右侧的25团进展略好一些。配属24团

2月27日下午，24团的一个火力支援组在休息，为自己烹制一顿热食。

3营的25团在8时便已出发。在25团左翼，25团1营的进展与23团3营息息相关。如果后者能顺利占领382号高地的山顶，25团1营就会越过23团3营的部分攻击区域，向北推进，然后转向东南，包抄土耳其小山包，同时25团2营会从南面包抄这座高地。15时，23团3营的进展显然比预想中慢得多，25团1营长芬顿·米少校只得不顾382高地仍在日军手中这一事实，命令部队前进。这次进攻得到坦克支援，事先还有一排火箭炮弹幕所提供的掩护，起初在开阔地取得了150码进展，但是在能够到达远侧寻求掩蔽之前，日军迫击炮和坦克的酷烈炮火，以及密集的机枪子弹就在突击部队之间泼洒。除了给美军步兵造成大量伤亡，日本人这波突如其来的火力还导致3辆支援坦克中的2辆无法运动，第3辆也严重受损。17时方过，美军不得不承认天黑前无法到达当日的目标制高点，米少校只得率部退回出发位置。

在这一带抵抗的是日军南地区第二线阵地守备队（独立步兵第310大队主力等各部）。负责守卫海军司令部西侧据点的是工兵第2中队。武藏野菊藏中尉指挥的这个中队据守的阵地和防空壕都十分坚固，拥有11处入口，伪装也非常巧妙，堪称岛上的第一坚垒。虽然该中队遭到约2个营的美军围攻，但仍然在这几天确保住阵地。

关于武藏野中队的防御，有一件事值得一提。美军登陆后不久的某天晚上，守备南海岸的粟津大队的败残士兵来到该中队的坑道。该中队第3小队的加藤康雄上等兵向粟津部队的一名士兵询问了战斗情况。问到敌兵的素质时，对方说“他们的战斗方式跟我们完全不一样。勇敢倒是挺勇敢的，他们端着步枪立着前进过来，所以很快就被击倒了，动作也比较缓慢。不过，射击技术倒是很不错”。加藤他们以为最初登陆的敌兵都是澳大利亚兵。他们曾谈论说美国人很狡猾，所以在这种登陆战斗中，应该是先让澳大利亚兵或黑人部队登陆，这显然是主观臆想。加藤他们参考粟津队的这名士兵的话，思考了战斗方式，为之后的战斗做了更充分的准备。从坑道入口到通道间，在多处地方都用土袋建了隔断，这样即使被射进坦克炮弹也可以减少损失。此外还对美军靠近和坦克来袭的情况作了种种准备。

第3小队坑道上方的岩山一带的洞穴里，由步兵岩谷部队相马队的轻机枪分队和重机枪分队守备。在岩山上发觉的洞穴被用作粮库，日军便用米袋子代替了土袋，建成了相马队和工兵队的机枪阵地。该阵地有战斗前不久从航空队那里得到的飞机可旋转机枪，这是工兵队唯一的重武器。此外，在坑道正面入口附近的3处急造阵地，由岩谷部队协助工兵守备。在附近的岩山地带部署了步兵的升冈队主力，其下方的坑道阵地也由工兵守备，从边缘开始依次被命名为“五号阵地”“六号阵地”“七号阵地”。

按照日军的记录，27日，掩护陆战25团进攻的2辆谢尔曼坦克，正是在向加藤所在部队守备的一号阵地左前方四五十米处的三岔路进逼时，遭到该部集中火力反击的。美军开始攻击第3小队坑道一带。一号阵地的兵员，由升冈队的军曹统一（一号和二号阵地）指挥，升冈队的轻机枪射手一名、老兵丸山保科、加藤康雄和同年入伍的小轻部等共5人成为一组。人员最初有6名，弹药手兼掷弹筒兵佐藤上等兵早早战死了，所以加藤和丸山上等兵兼任弹药手。升冈队的机枪手对加藤说：“如果我死了，就由你来接替射击。”这挺轻机枪相当活跃，对击退美军起到了很大作用。

美军企图占领升冈队主力所在的岩山地带，毅然冲锋过来。但是日军将美国兵放到阵地前面10米左右，突然轻重机枪一齐开火，这些勇敢的美国兵倒下了。因此遗弃在侧面阵地前的美国兵尸体非常多，还被放置在那里几天之久。这次步兵战斗由升冈中尉负责统一指挥步兵和工兵部队。

升冈队的士兵们夜间爬出去从美国兵的尸体上取下背包和水壶。他们摆开这些战利品，露出了好奇的表情。日军发现美军的水壶几乎都空了，似乎美国兵也渴得厉害。他们发现美国兵把女性的裸露照片放进军服的口袋里，似乎是当作吉祥物或避开子弹的护身符。还有像是妻子的美丽女性与可爱的男孩和女孩合影的照片。有些士兵为此颇有些伤感。

位于25团中央和右翼的2营和3营向东面进攻，取得的收获在200到300码之间。到达适合夜间防御的位置后，2个营在16时接到命令，停止当天的前进。美军认为日军可能会从海上进行侧翼攻击，3营的一些部队被留在南码头附近，具体任务是保护该地区免受海洋方向的任何攻击。

27日，美军的收获微乎其微。4师在总结382高地的战况时，颇为厌恶地指出："要占领这片怪胎高地是代价巨大的一项耗时任务。"

其实日军的问题更加严重。27日当天，硫黄岛海军基地发出的紧急电报说明守军承受的压力已接近极限：

战线与昨晚相比无变化，正在激战中。一、元山、二段岩的防空队、第二指挥所人员死守至最后一人，消灭坦克数量、杀伤敌兵数百人。二、海军部队连工人都拿起枪参加战斗，从容自若奔赴死地，取得很大战果，陆军干部也表示感激。

所谓的"连工人都……"指的是第204设营队和兵装队、修理队，其主力设营队1000人在元山、屏风岩（山）至玉名山一带展开。他们的步枪很少，武器还有不多的手榴弹和破甲炸弹，以及铁枪和竹枪。其中最引人注目的是很多朝鲜人和数百硫黄岛民。从岛民中征用的军属也有很多在设营队。3月以后，硫黄岛海军基地曾向大本营发去内容如下的电报：

工人如果得到合适的指导，其战力甚强，丝毫不劣于陆海军人。工人有设营队、兵装队、修理队合计1600名，（昭和）19年10月以后被编入当地区陆战队，在执行本来任务的同时，经常从事陆战训练、工事与阵地的构筑，在本次战斗中率先参加挺身突击，在地面战斗中积极果敢，发挥了崇高的牺牲精神。元山地区陆战队工人的大多数由半岛（朝鲜）人编成，以勇猛果敢昼夜不分的肉搏战击退敌军。在指挥官麾下实施了统一的战斗，得到陆海军的称赞，在陆战队编成时，在每个中队中配置一名陆战专修少尉（馆山炮术学校陆战班出身预备军官）为指挥官附，负责战斗准备和训练，起到很大作用。

无奈的消耗战

2月27日，陆战4师对不安静的夜晚已习以为常。黑暗之中，前线和后方都遭到日军迫击炮火骚扰。有那么一刻，日军看来选中了4师指挥所进行特别炮火打击，22时之前，不下15枚中迫击炮弹命中指挥所。与此同时，日军在用20毫米口径或40毫米口径的自动武器向海滩地区射击。日军在陆战4师的每一处阵地进行刺探，却没有反击。

28日凌晨1时不到，23团

报告，日军的货运降落伞落入他们前方400至600码的防线。这非常奇怪，硫黄岛和周围的美国雷达没有发现一架敌机。不过，视觉观察足以促使美军炮兵采取有力行动。密集的海陆炮火将大口径炮弹射入空投区域。虽然无法观察，但估计会摧毁大部分空投给该地区日军的补给。当时日军安庄大队第8中队各部仍控制着382高地。当晚日军接收到的货物包括医疗用品和弹药，是小笠原群岛其他地方的飞机用纸伞空投的。数日后，美军进入空投区时，回收了一些仍附着在脆弱降落伞上的补给。

2月的最后一天，4师的基本目标不变，不过内部一些团之间的分界有些轻微变动。左翼的23团继续进攻382高地；中路的25团1营和2营继续包抄土耳其小山包，25团3营沿着海岸前进到0-2线。

8时15分，45分钟的炮火准备之后，陆战4师的各突击营纷纷出击。左翼，23团得到24团的1个连增援，仍以23团1营从团左翼进攻，23团2营则替换前一天伤亡太大的3营，从右翼进攻。罗伯特·戴维森少校指挥的2营试图进入382高地和土耳其小山包之间的地区，而23团1营会再度从东面进攻这座高地。出发后，2营推进了约200码，遇到越来越密集的迫击炮和自动武器火力阻击。日军都藏在隐蔽的掩体和碉堡里，非常棘手。1营同样遭到自动武器和迫击炮火力阻击，前进几乎停滞。3营早晨大部分时间都在重整，下午晚些时候才开始向382高地西南山坡逼近。

13时，在10分钟炮火准备后，23团1营与邻近的3师21团友军发动了一次协同攻击。这次联合行动让23团1营在师边界附近推进了300码。另一些从东面攻打382高地的该营部队，摧毁了西中佐埋设在地下充当炮台的2辆中型坦克，继续向上攀爬到一个可以在火力阻击下，与山顶的日军对峙的地方。16时前后，美军几乎包围了382高地；23团预备队，3营的两个连来增援2个突击营时，包围圈进一步收紧。

尽管四面受敌，382高地山顶上的日军仍继续奋战，仿佛周围没有发生什么异常。除了高地上日军的抵抗之外，高地东面杂乱的岩石中隐蔽阵地里的日军，也在用密集的迫击炮、喷进炮和火炮向包围高地的陆战队开火。在美军阵地后方，各种武器竭尽全力支援攻打382高地的步兵进攻。除了步兵出发时进行炮火准备，第14炮兵团为了压制日军的轻武器和自动武器，已炮击陆战队员的前方地区。军属和师属炮兵观察员齐心协力，尽可能多地精确定位隐蔽的日军重武器阵地，这是一个缓慢耗时的过程，并不总是能立即见效。

困难的地形，加上日军非常专业地在通往前线的通道布雷，还有反坦克炮手的出色射

陆战23团3营的战士们在一座已被摧毁的日军工事前面警戒。

击技术，都严重限制了美军在近距离支援步兵时使用坦克。不过，少量的坦克还是能够前进，为步兵提供过顶直瞄火力支援，这相当管用，但火力密度仍然不足，打击力度有限。最后，美军认定暂编第1火箭炮分队的114毫米火箭弹可以提供所需的集中火力。起先，每当火箭炮发射车开动时，总是会立即吸引日军的反制炮火。日军在制高点上固守，拥有无限制的观察视野。为了克服这个不利条件，火箭炮车组成员采用打了就跑战术。发射车会迅速就位，发射火箭弹，然后就以尽可能最快的速度回到后方预先指定的集结位置。如果需要特别密集的弹幕，6辆发射车会同时开火一次，再用车上携载的火箭弹装填，进行第二次齐射，然后回到后方。用这个办法，在不到5分钟时间内，就可以发射432发火箭弹。

2月28日傍晚，日军在382高地山顶的局面虽在恶化，但天黑前的几个小时里，要想拿下这座高地是不现实的。于是，23团的部队为了设法巩固夜间防线，一直活跃到深夜。特别是1营，发现很难合拢左侧与21团之间的缺口。21团的友军白天绕过了不少小型孤立阵地不打，隐藏在里面的日军狙击手一直在用火力骚扰美军侧背，23团1营好不容易才将两个团之间结合部的空缺弥补。2月28日，23团在左翼一共取得大约300码的收获，在右翼推进了200码。

温辛格的23团费尽周折，却无法在28日完成占领382高地的任务。本师友军25团为夺取土耳其小山包和斗兽场高地，以及将小山包与东海岸分隔的地区，面临着严峻的考验。8时15分，25团与配属的24团3营，以和前一天相同的队形出击。25团1营的2个连加上配属的24团3营的1个连，设法从北面包抄土耳其小山包，另1个连会沿着小山包西南的低地前进，向东进攻斗兽场高地，最终会与在北面发动钳形攻势的3个连会合。

例行的炮火准备之后，25团1营的部队进入土耳其小山包正北的多林地区，推进了大约50码。就在此刻，日军的火炮和迫击炮弹幕从天而降，正面和左翼的机枪火力开始扫射美军陆战队员。第1营的炮火观察员请求当即进行反制炮火打击，但美军炮兵没能压制住日军火力。中午，25团1营的情况十分危急，营里伤亡惨重。即便如此，营长米少校依然命令他的部队在树林里坚持住，从而使得对土耳其小山包的钳形攻势能完成。当B连包抄那座小山包的时候，有2辆谢尔曼坦克支援他们进行迂回。目标以东高地的敌军开始向美军投掷手榴弹，同时用精确的机关枪火力扫射。1辆坦克很快触雷，就此无法动弹；另1辆坦克见势不妙，也只得设法后退。

敌军的火力愈加猛烈，B连伤亡累累，只得停止进攻。

陆战4师的步枪兵与一辆谢尔曼坦克一同前进。

16时45分，显而易见，在白天有限的时间里，面对日军如此坚定的抵抗，继续进攻毫无用处，25团1营只得将发动钳形攻势的兵力都后撤到各自的出发阵地。落日西沉，暮色渐浓，2辆美军坦克趁着最后一缕阳光，推进到土耳其小高地西北的一个位置，从这个有利位置向山顶的日军通信中心开火。表面上看，75毫米坦克炮弹对混凝土结构的破坏力很小。

在25团1营右翼，本团2营设法延伸自己的左翼部队来支持1营从南面发动的钳形攻势。为了这个目的，2营必须占领正前方的高地。敌军的阻击火力，大部分都来自该营前进区域左侧，令步兵几乎动弹不得。麻烦的地形让谢尔曼坦克和半履带自行火炮无法为步兵提供近距离支援。进攻很快停滞下来。中午，为了让进攻再度进行，营长陶尔中校决定调整策略。他请求送一门75毫米榴弹炮到前方来，充当直瞄火力攻击武器，获得批准。一辆DUKW两栖卡车将榴弹炮送到前线正后方的一个位置。在那里，这门榴弹炮被拆成多个零部件，炮手小心翼翼地将零件搬运到25团2营的推进区域，在那里重新组装。这无疑是步兵攻击作战的一次壮举。75毫米榴弹炮组装完成后，向土耳其小山包上的混凝土建筑发射了40枚炮弹。大部分炮弹都从厚实的混凝土外壁弹回，几乎对通信中心没有造成任何损害。然而这不完全是浪费火力。2营的报告称，这次炮击大大振奋了步兵的士气，榴弹炮开炮后，到19时，部队顽强地挺进了大约75码。2小时后，在夜色掩护下，美军将火炮再度拆卸，返还给原单位。

在25团推进区域右翼，上午3营与4师的其他各营同时出发。3营基本上沿着与东海岸平行的位置向东前进，在10时取得了大约100码的进展。就在此刻，邻近的2营开始受阻，3营的进攻需要与左侧的友军同步，也只得停下。由于左侧的2营当天没能取得任何进展，3营也无法继续推进。18时，25团各营得到命令，巩固阵地过夜。

4师在总结当天的战果时，觉得即便日军仍在坚守382号高地山顶和土耳其小山包，当天美军对这两个日军坚固设防阵地仍取得了有限进展。4师觉得，部队今后可以绕过斗兽场高地，继续沿硫黄岛东海岸推进。2月28日，4师取得了上述的一些小进展，师情报主任觉得日军在硫黄岛东北的防御抵抗核心地区已经被攻破，但他断定日军有反击的可能，不过认为地形太困难，日军至少不可能在4师辖区发动较大规模的反击。后来的事实证明他的预测只对了一半。2月28日全天，各支援兵种对突击的几个步兵营提供了多种支援。在近海，炮火支援舰船每当收到呼叫便开炮支援，较小的船艇会用迫击炮火力支持25团2营和3营的进攻。下午，一艘驱逐舰靠近东海岸，开始向25团2营推进区域前方高地的日军阵地开炮。空中支援则覆盖了整个4师辖区，可是在25团前方空投的凝固汽油弹还是有半数没能点燃。第二次空袭是为了支援23团，耗费了较多准备时间才能执行。飞机到达目标上空，却对错误的区域投弹，自然没能取得实效。

到这个时候，二段岩（382高地）和玉名山（土耳其小山包）及其周边地区的日军伤亡也很大，仅在该地区战斗的第26坦克联队的部队就损失中型坦克2辆、轻型坦克8辆，战斗伤亡80余人。

硫黄岛战役开始以来，夜晚从不平静，2月28日的夜也是一样。日军集中炮火打击5师的后方设施，有几发炮弹集中落到该师弹药库，引发大爆炸。后方的这次大爆炸令3个师的官兵心头都蒙上一层阴影。日军的一些迫击炮弹和火炮炮弹也落入4师辖区，让美军陆战队员难以入眠。警觉的23团3营挫败了日军对他们防线的几次渗透，次日上午，就在阵地前方发现29具日军的尸体。大约夜间10时前后，25团的陆战队员们注意到，一个中队规模的日军正在海岸附近集结，准备反击。海陆炮火迅速向聚集的日军开火，驱散了这批日军。

当晚9时5分，日本海军第752航空队（第7基地航空部队）的4架地面攻击机从本土的木更津基地起飞。其中3架在3月1日1时50分至2时5分期间，对硫黄岛近海的美军轻巡洋舰和驱逐舰进行了鱼雷攻击，但没有取得战果。日机有1架未能归还，2架机体受损，在当天8时5分前归还基地。

4师发布的3月1日作战命令，要求继续进攻382高地和土耳其小山包。凌晨5时30分，24团2营和1营将分别替换筋疲力尽的23团1营和2营。1小时后，没有发生什么大事，这次替换就已完成。45分钟的海军舰炮和军属炮兵火力准备之后，对日军的两座关键防御阵地的进攻重新开始。8时20分，步兵出击之前，师属炮兵对前方日军阵地实施最后10分钟炮击。

在4师左翼，24团以罗斯韦尔中校指挥的2营负责本团左翼，特雷特尔少校的1营负责右翼，双双出动。刚离开出发线，2营就遭遇意料之中的密集火炮和迫击炮火力阻击。为了避免他的部队就此停滞不前，罗斯韦尔营长呼叫火力支援。9时30分刚过，美军舰载机对2营前方大约600码的位置

地图二十二　2月24日至28日，陆战4师的推进

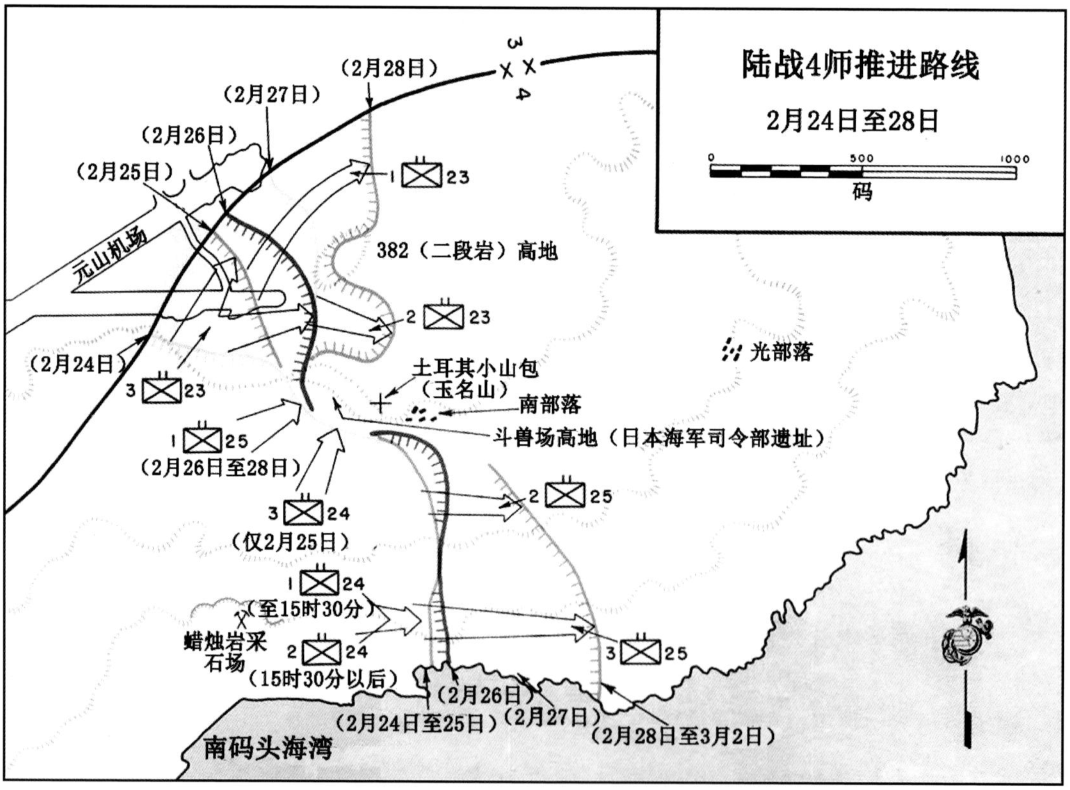

空投凝固汽油弹。这次空袭之后，军属炮兵在一小时内会对同一目标区域实施集中火力齐射，然后海军舰炮也会提供火力支援。这次反火力压制收到效果，日军的抵抗火力减弱，2营在下午得以推进150码。

虽然24团2营一部，尤其是F连与陆战3师一同沿着边界向东北方向进攻，有时甚至会越过边界行动，但3月1日，3师的部队取得的收获还是比4师更多，于是边界上就出现了一个缺口。14时30分，24团团长沃尔特·乔丹上校为了与左侧的3师重新取得联系，不得不将团预备队3营的两个连投入战斗。

再往南一些，382高地的战斗仍在继续，与前两日相比，战况同样激烈。24团2营G连负责进攻此前已受到重创的这个日军有力据点，战士们用火焰喷射器、火箭筒、手雷和其他任何手头可用的武器战斗。他们终于登上高地山顶。此前23团的友军部队也曾一路杀上山顶，与日军展开近战，却被赶了回来。对G连最严酷的考验才刚刚开始。

G连的战士费尽周折，登上了山顶，但是那里却没有多少可以腾挪的空间。陆战队步兵用步枪和手雷与日军近战，火焰喷射器和炸药包是最有力的攻坚武器。日军也知道这座战略要地的得失事关重大，东面几座山脊上的日军不顾一切提供支援火力，哪怕弹雨落到自己人头上也在所不惜。山头上的日军145步兵联队第3大队官兵多出生于九州熊本县，当地民风彪悍，1877年西南战争时期展现的好斗精神连美军都有耳闻。他们绝不会放弃阵地。

下午的时间在悄悄流逝，双方为控制382高地的激战仍在继续进行，丝毫没有停止的迹象。手榴弹在空中飞来飞去，美军突击班奋力用炸药包将洞穴洞口封死，面对不计生死的熊本强兵，美军的火焰喷射器也不惜燃料。罗斯韦尔中校在部下连长的护卫下，来到现场亲自观战。为了找到合适的过夜阵地，为了给明天的战斗制订胜算较高的计划，他需要冒这个险。日军的密集火力几乎从每个方向袭来，侦察小组还是完成了这次火线观战。罗斯韦尔营长毫发无损地离开了这座高地。天黑后，安庄大队的残部依然牢牢控制了山顶。

382高地南山坡沿线和山麓附近到东南的位置，当天的战斗就像山顶一样激烈。24团1营试图自南面包抄高地，不仅山顶的日军居高临下实施火力阻击，1营正前方高地和高地更远处的日军，也在用火力压制他们。当1营的战士艰难地一步步向前推进之时，2辆配属C连的坦克提供近程直瞄掩护火力。正午不到，C连的伤亡已经很大，连长在战斗中负伤，只得释放烟幕掩护伤员后送治疗。

13时，在密集的火炮和迫击炮集中齐射准备之后，一位新任代理连长指挥C连重新进攻。不过几分钟，代理连长便已负伤，C连只能迎来一日之中的第三任指挥官。日军一直在奋力抵抗，C连每前进一步都要付出血的代价，17时，当他们开始巩固阵地的时候，终于占领了382高地东南面的高地（日方称为“海军司令部遗址”）的一部分。

3月1日，24团最大的收获在4师边界沿线，2营在那里向东推进了400码。在右翼，24团1营对382高地东南高地的进攻以推进200码达到高潮。这次成功前进，从两侧迂回包抄382高地，几乎将山顶的日军包围，那里的日军安庄大队第8中队等各部仍会血战到底。比24团的继续前进更加重要的是，从382高地东南高地，C连能够瞰制南部落的废墟。这样一来，当天的推进不仅仅有益于包抄382高地大部，还包抄了土耳其小山包和斗兽场高地

陆战队的一位代理排长从一个角落里探头张望前方日军守卫的阵地时，被眼尖的日本兵一枪击中面部阵亡。

的一部分。

在南面，25团的攻击阵形与前几天都没分别，3月1日同样是一场苦战。25团的计划雄心很大，对土耳其小山包实施双重包抄。过去两天，23团3营的2个连会替换前两天配属给25团1营的24团3营一部。25团1营出动的同时，23团3营的2个连就会进行支援，让该营越过一片开阔地，进入其正面的树林。10时前后，25团1营到达树林边缘，便遇到前一天阻止他们继续前进的相同情况。米少校的部队遭到酷烈火力打击，使他们的推进再度受阻。尽管美军立即提供反炮兵火力和航空侦察，却根本不可能让日军的迫击炮失去作用，航空观察员也无法发现巧妙隐蔽的敌军炮兵阵地。

3月1日全天，25团1营为进攻不遗余力，争夺树林的战斗更趋激烈。日军拥有有效的掩护、隐蔽的阵地、掌握制高点和局部火力优势，1营面临的是一场完全不对等的战斗。最终，25团1营的突击队不得不再度撤回出击时的阵地。疲惫不堪的美军陆战队员撤退的时候，日军自然不会放过这个机会，迫击炮和喷进炮又是一顿咆哮，让美军出现更多伤亡。美国大兵将这次追击弹幕视为挑衅，恨得牙痒痒，却无可奈何。最终1营依靠弹幕掩护，才完成这次撤退，将伤员后送。16时刚过，日军又对拉尼根上校的25团指挥所一顿猛烈炮轰，让25团雪上加霜。

由于25团的另两个步兵营都在使自己的前进步伐与1营取得的成果步调一致，当1营进攻受阻时，他们基本上只得原地不动。然而，25团2营确实成功地沿着左翼推进了100码。当天大部分时间里，为扫荡后方区域，师属侦察连都被配属给2营。在25团3营这一侧，1辆坦克摧毁了2挺日军机枪，但没有取得更多阵地。这一天，第14炮兵团1营为支援25团，一共炮击135次，包括94次火力骚扰、31次针对机会目标的炮击、6次火力准备、4次针对其他目标，共发射炮弹4640发。16时40分开始，14团1营还进行过多次防御性炮击，不计入上述135次炮击任务。

3月1日天黑之前，4师能记录的收获非常有限。连续攻入“绞肉机”地区5天后，日军能相互支援的防御体系三座基石——382高地、土耳其小山包和“斗兽场”，仍在他们手中。除了382高地之外，另两座防御基石都依然坚固。今后4师仍然必须发动最猛烈的进攻，但当晚他们的战力已不到满员时的55%。

其实日军的情况也好不到哪里去，甚至更差。在二段岩附近的铃木第1坦克中队向进入麻生部落附近的美军实施突击，中队长铃木利生大尉身受重伤，在坦克内自杀，第26坦克联队的步兵中队、整备中队也突入美军中间，此外工兵小队也反复进行了反坦克肉搏攻击，在各处都发生了近战。

第3坦克中队如前所述，正在元山机场东侧地区至二段岩附近战斗。自2月28日以来，该中队伤亡极重，中队长西村功大尉重伤自杀身死，残存兵力只有数十人，只得与片山整备中队会合，继续进行战斗。由于地下坑道被美军爆破，又造成很多人伤亡。日军将无法行动的坦克覆上土袋掩蔽起来，用坦克炮、车载机枪等武器继续战斗。

在此期间，为阻击楔入二段岩和海军司令部遗址之间有数辆坦克支援的约2个营的美军，第310独立步兵大队（岩谷大队）的残存兵力和同玉名山主力会合的安庄大队第7中队一部、第9中队、步兵炮中队的残存兵力，集中机枪、掷弹筒、步枪火力，以猛烈且准确的极近距离射击死守玉名山西北侧。在这次战斗中，第310独立步兵大队的中队长锦织专一中尉、熊仓梅次郎中尉等人战死。

按照日方的说法，3月1日傍晚，中路和右路的美军陆战3师和4师已进抵北机场－麻生部落－二段岩－海军司令部遗址及其西侧地区（日方依然占据）－玉名山西南侧－神山海岸西方一线。

3月1日16时，日军大本营发表公告：

一、守备硫黄岛的我部队，继续在猛烈的敌炮击轰炸下，大致在南码头、元山机场中央、城山（田原坂西方）一线与优势之敌勇敢战斗中。2月27日下午，敌军一部进入玉名山附近。（后略）

二、该方面的最高指挥官是陆军中将栗林忠道，在硫黄岛负责直接战斗指挥。该方面的海军航空部队指挥官是海军少将市丸利之助。硫黄岛的海军（地面）部队指挥官是海军大佐井上左马二。

3月1日夜间，美军陆战4师辖区只有24团2营前方地区出现异动。日军多次企图渗透24团2营阵地，让该营整个晚上都无法安睡。4师的所有部队都受到零星的日军迫击炮和火炮骚扰。日军的火力看似偶然地在打击美军的前线和后方区域。为了回应，美军的军属和师属炮兵对日军的每一次齐射都立即进行反炮击，但打击效果如何难以确定。

3月2日上午，第5两栖军军属炮兵在步兵出动之前30分钟，实施了两次炮火准备，第一次从7时30分到7时45分，间隔5分钟后，再度进行第二次炮火准备。当天美军的炮火准备有所变化，师属炮兵在8时整，步兵出动的准点实施密集的炮火准备，随后会提供滚动弹幕掩护。

4师左翼，24团将3个步兵营依番号顺序右中左一字排开，发动进攻。3营长斯托特少校率部沿382高地东北的师边界向东推进，在与左侧3师的友军保持接触的同时，东进大约300码。3营一路向前战斗，日军的抵抗逐渐加强，直到他们再也无法继续向前推进为止。

和24团中路与右路的友军相比，3营当天的战斗还是相对轻松的。当天负责从东北方向进攻382高地的是2营，1营同时从南面包抄。出发的时候，2营的官兵刚刚度过一个比其他部队更加不安的夜晚。382高地的前线彻夜处于活跃状态。日军小股部队从陆战队阵地前方的高地上悄悄下山，摸到美军战线之间，有时甚至摸到后方，2营的战士们经常与他们进行手雷的对决和肉搏战。事实上，2名陆战队员在野战中被军刀割伤。2营仰攻382高地，不过几分钟就被密集的机枪、步枪、迫击炮和火炮全方位火力压得抬不起头，仍奋勇向前。罗斯韦尔中校的步兵负责主攻，美军调动4辆谢尔曼坦克和暂编第1火箭炮分队的一个班组负责支援，师属炮兵也分配给他们较多的火炮。当坦克射出的75毫米炮弹和拖着火焰的火箭弹落入2营前方的区域爆炸时，自然会让日军发现。日军的反击火力极为凶猛，谢尔曼装甲坦克也只得后撤。火箭发射车勉力实施三轮齐射后，也只得后退。

眼看部队的进攻行将陷入僵局，罗斯韦尔营长将部下的几位连长都召集到距离战线后方极近的位置碰头，断然决定派出E连的1个排，由2辆坦克支援，尝试从右翼包抄死战不退的高地守军。此时，理查德·莱克少尉指挥的E连的1个排，已经登上山顶，与日军在雷达天线下展开近战。当初23团攻打382高地的时候，就与日军进行过一场惨烈的战斗。此时此刻的战斗同样激烈，喊杀声、刺刀撞击声、手雷的爆炸声响成一片。E连长罗兰·凯里少校想要将实施侧翼迂回的命令传达给他的部下，不幸被机枪子弹击中，部下只得将他后送治疗。副连长帕特·多尼安上尉接管指挥权，准备执行前任的命令。

在指挥所里，多尼安正在向部下的几位排长面授机宜，告知营长实施侧翼迂回行动的命令，当场被一枚在附近爆炸的迫击炮弹片击中。排长之一，斯坦利·奥斯本中尉正想上前搭救，另一枚重迫击炮弹正好击中指挥所，造成灾难性后果。奥斯本中尉当场身亡，多尼安的右腿被齐膝斩去，另外2名军官负伤，1人死亡。莱克少尉成为E连仅剩的唯一军官，责无旁贷，接管该连指挥权。

E连虽损失了5名军官，仍继续进攻382高地。沃尔特·里德隆上尉指挥的F连生力军登上高地，与E连会合后，日军已在劫难逃。15时30分，24团2营报告已经占领目标。团长乔丹上校显然对夺取这一特定目标的乐观报告态度谨慎。因此，在讲述3月2日的战斗时，24团只报告“全天在前线都小有收获，只有382高地附近的激烈抵抗仍在继续”。直到次日，24团才正式记录拿下382高地的战果。

虽然3月2日，美军已经控制住382高地山顶，但日军的抵抗仍在继续这一说法不无道理。用3月2日的一份战斗记录的话来说：“这座高地已被占领，但没有被征服。”4师的一份报告中指出：“似乎有地下通道通往382高地的防御工事，一座小碉堡的守军被击毙后，另一人会来接管他的阵地。这是一个相当漫长的过程。”

事实正是如此。这座高地（日方称为二段岩）在美军的包围攻击下完全被孤立，当天10时以后，日军守备队的对

一名陆战队员给步枪上了刺刀，准备冲向选定的掩蔽所，打击前方岩石顶部的目标。

外通信联络就已断绝，大部战死。在日方的记录中，当天15时左右，已经将这座高地视为被美军夺取。硫黄岛的战局对日军已极为不利，控制美军突破口右肩部的要冲二段岩，在左肩部大阪山一带的要点被美军陆战5师夺取的大致同一时间，也被陆战4师占领。但该方面的日军部队仍依托玉名山地区和东山的预备阵地继续抵抗。

3月2日的剩余时间里，24团2营在目标区域进行扫荡，巩固在山顶的阵地。由于382高地山坡上的多个工事和据点有地下坑洞连接，美军的扫荡几乎成了一个无休止的进程。事实上，要封闭382高地周围的洞穴，消灭所有的日军孤立据点还需要几天时间。不过事实上，4师辖区内日军防御体系的三大支柱之一已被消灭，使剩下的两个，即土耳其小山包（玉名山）和斗兽场高地都更容易受到攻击。

3月2日，382高地南面的战斗与前几天也不同。当382高地的日军遭受异常沉重的美军炮火准备打击时，25团推进区域的日军受到的待遇恰恰相反。拉尼根上校决定实施突袭，没有进行任何炮火准备，就在6时30分发动进攻。战斗的早期阶段，日军还疏于防范之时，25团1营将会渗透和占领土耳其小山包北面的高地。25团1营和配属的23团3营的部队，将会从西北和南面进行迂回包抄。

25团1营的渗透行动从6时30分开始，按照预定计划进行了大约20分钟。日军一开始虽然措手不及，仍在6时50分，组织对美军突击部队实施喷进炮和迫击炮打击。可怕的弹幕直接落入1营队列之中，战士们赶紧卧倒，躲避飞散的弹片杀伤。“哒哒哒……”日军的机枪在近距离开火扫射，突击部队被完全压制，不敢抬头。一旦突袭被对手发现，一切突然性自然消失，陆战队的炮兵和迫击炮手听到动静，立即实施火力反击。8辆谢尔曼坦克向前推进，支持步兵攻击。土耳其小山包上的大型碉堡再度成为美军大部分支援火力的目标。大量75毫米炮弹和不下1000加仑的火焰喷射器燃料被耗费在这座令人印象深刻的地理屏障上，但没有取得立竿见影的效果。这次坦克袭击后，大碉堡里一片寂静，似乎空无一人，但美军自己都认为，一旦袭击火力减弱，日军就会通过坑洞隧道向碉堡里补充兵力。

在密集的支援火力掩护下，美军对土耳其小山包的包抄在继续进行，只是进展缓慢。14时30分，实施钳形包抄的两路美军彼此之间的距离已仅有65码，有那么一刻，这次行动看来仍有可能成功。问题是一旦日军察觉这一最新发展局势，就用压倒性火力让25团1营B连被一阵弹幕压制。B连已从斗兽场高地南面的阵地一路向北艰难挺进，这一波杀机毕现的喷进炮和迫击炮火力与大量轻武器交织在一起，瞬间造成该连30多人伤亡，迫使他们只得后撤。

在25团战线中央，25团2营会延伸自己的左翼为1营助战，23团3营会调1个连配属给该营，用于这次战斗。当天25团1营没能取得较多收获，2营也只能原地不动，全天都在扫荡日军散兵游勇，消灭那些他们防区之内日军仍然占据或者重新占据的防御工事。最靠近东海岸的25团3营在当天上午同样原地不动。日军的迫击炮弹落入他们的阵地，造成一些人员伤亡，营长海德利上尉哀叹道：“这段时间我们由于日军的迫击炮火力出现人员伤亡，在蒙受损失的同时却无法前进，对部队的士气是很大的打击。”

3月2日下午晚些时候，25团2营右翼的部队和3营终于获准向他们正前方的高地推进。

战斗中的美军火焰坦克。

令人吃惊的是，日军并未阻止这次行动，25团在这一带取得了300码的收获，使该团能够巩固新占领的高地。

3月2日傍晚，4师的战线在南北两面都形成了突出部，只在中路斗兽场高地和土耳其小山包的位置向后凹陷。总的来说，4师当天夺取了382高地，下午又在海岸附近出人意料地轻松推进，取得了重要进展。24团2营为382高地的战斗付出了重大代价。当天，该营的战斗比上岛之后的任何一天更加激烈。日军的抵抗非常顽强。正前方有许多碉堡和坚固的火力点。2营损失了许多军官、士官和久经战阵的兵员。当天，2营在推进时摧毁日军的8挺机枪；封死15个洞口；捣毁1门47毫米反坦克速射炮。日军的伤亡还无法精确统计，估计超过100人。

3月2日全天，陆战队地面部队都得到海上和空中的有力支援。2艘战列舰和1艘巡洋舰为步兵提供全面火力支援，驱逐舰和炮艇则部署在海岛东面的突出部外海，炮击朝向大海一面的巨岩峭壁。航母舰载机对4师前方的日军阵地实施6次空袭。陆战队第4观察机中队的飞行员和观察员执行5次任务，包括一次相当非常规的任务，一名师公关摄影师在1000英尺高空拍摄了照片。这种即兴之作之所以成为必要，是因为“硫黄岛的长期炮击和轰炸已经撕裂了地面，登陆日之前的地图在观察地形时几乎已没有用处”。

3月2日，4师度过了一个相对平静的夜晚，没发生大事，日军看来似乎已感觉到岛东部主防御阵地消耗战已临近结束。在4师的战线上，夜间唯一的战斗在24团2营的阵地前方发生，日军试图渗透，美军发现有入侵者，双方激战一场。日军最终被击退，留下20具尸体。24团2营有4人在这次夜战中身亡。

根据日方的记录，这段时间日军较为活跃的一支夜间挺进突击部队是长田挺进突击队，战斗足迹从玉名山一直到达折钵山麓。3月5日，栗林兵团长向该部授予感（谢）状。这支部队就是原折钵山地区队的第312独立步兵大队余部，该大队长即长田谦次郎大尉。折钵山的激战之后，这支部队据守被美军完全包围的地下坑道，继续坚持到2月23日。23日夜，该部为了同第2混成旅团主力会合出击，途中遭遇美军，依然从鶯部落到千鸟机场一带实施挺进突击，最终只有水野庄八军曹以下25人（其中陆军20人）成功同旅团主力会合，其他人员全部覆灭。

水野军曹同旅团主力会合后，负责带领这支小部队，先后在狮子岩（章鱼岩西北侧）和玉名山的战场表现活跃。后来以水野军曹为队长的11人组成“长田挺进突击队”（又称“长田决死队”），据说在从3月2日开始的5天内取得了很大战果。

玉名山地区的海军部队由井上左马二大佐统一指挥。这些部队同陆军部队一起协同作战，发挥了很大作用。

海军玉名山陆战队第3中队的橘田信一二等整备兵曹的日记摘录如下：

1945年3月，垮塌的防御工事里露出一具日军尸体的手。

3月3日　这是我无法忘记的日子。在这一天我接到等候已久的参加突击队的命令。这天晚上的突击队中仅来自海军部队的就有五六十名。来自我中队的有六名。矢口、堀江、高桥、我以及其他两名。在这六人中，除了我和另一人外，其他四人都有妻儿。出发约一小时前，这四人（全部是补充兵）从怀中拿出了妻儿的照片，都是出发时拍的照片。看到懵懂无知坐在父母膝上拍照的孩子，即使是身为单身汉的我也感到心酸。

下午7时，中队长宣布：“你们现在痛痛快快地放手去干吧。要做好无法生还的精神准备。”

我们穿过岩石缝抵达本部，井上司令严令道：“你们如果没有带来证明同敌人战斗过的物品就不要回本部来。”

8时终于出发了，被收容在本部的伤兵们喊道：“喂，一定要给我们报仇啊！”

6人向麻生部落接近，每人投掷了两颗手榴弹，作为证物带回了自动步枪一支、背包两个，在4日晨5时向中队长、随后向司令进行了报告。司令立即向大本营发电报报告了此事。

为了在3月3日继续进攻，美军陆战4师的凯茨师长稍稍改变了对麾下各部的部署。5时，23团替换了25团，就在预定的进攻发起时间6时30分之前几分钟，23团1营越过25团1营阵地。25团2营和3营将被配属给23团，维持他们在中路和右翼的阵地。24团的辖区没有变更，乔丹上校的部下在准备继续进攻，只有24团3营L连除外，该连为替换师边界附近9团的部队，出现22人的伤亡。

为了实施突袭，陆战4师在当天进攻之前没有进行任何火力准备。在师左翼，24团的陆战队员出动之后，攻打前方令人生畏的日军新防线，大部分都集中在382高地东北高地和南部落附近。最初的抵抗很强，美军的各突击连刚刚出动，迫击炮、火炮、机关枪和步枪火力就在他们中间开了花。24团2营正前方是碉堡和钢筋混凝土火力点，包括一座安置速射炮的炮位。

步兵出动之后，美军的军属和师属炮兵开始对日军防御工事实施火力压制，取得了一些成效。24团以3营、2营和1营从左到右一字排开，缓缓向日军阵地推进，一直到可以用炸药包和火焰喷射器打击日军火力点的位置。一场近战就此开始，双方展开激烈交锋，推进速度自然变慢。日军据守的阵地有许多小山、土丘和有着垂直边界的浅十字交叉走廊地带。用钢筋混凝土和沙包加固的原木结构机枪和步枪火力点，射击口的射界都可覆盖正面和两翼，封锁美军的前进道路。交火不久，美军很快察觉，382高地北面和东面的日军防线纵深超过300码。

在防御完备，拥有足够纵深的防御阵地之间前进，会遇到的困难显而易见。日军的防御阵地拥有地利优势，能得到支援炮火的妥善保护。美军的坦克和火焰坦克要想进入阵地为步兵提供近距离支援遇到很大麻烦。一旦到位，他们的射界也受到限制，只能将火力集中到少数几座火力点上。当步兵靠近日军阵地时，只有部署在前线50码之内的60毫米和81毫米迫击炮能够提供他们急需的极近距离火力支援。偏偏81毫米重迫击炮经过连日战斗，弹药已出现短缺，无奈之下，只能周期性地在它们的近程支援火力不可或缺的时刻才开火。

与往常一样，陆战队步兵承担战斗的主要任务。他们装备爆破装置、便携式火焰喷射器、各种轻武器、巴祖卡火箭筒，以及发烟和高爆手雷，分成多个战斗小组，尽力逐次清除日军工事。这是一场缓慢、冗长、代价高昂的战斗，对班级指挥员和火力支援小组的领导能力要求很高，不少参战的班组级干部却都以身殉职或负伤，必须后送治疗。

下午晚些时候，24团在中路已推进350码，北侧和南侧也取得了较小的收获。全天第4坦克营B连的谢尔曼坦克，只要在困难的地形条件下可以机动，就会尽可能给予24团支援。火箭炮发射车此时对“打了就跑”战术已颇为熟悉，巧妙地避开日军迫击炮和火炮的反炮兵火力。

在硫黄岛战斗的美军60毫米口径巴祖卡火箭筒操作员。

夜幕降临之前，乔丹上校的这个团在巩固阵地，左翼的3营与9团的友军已能保持紧密结合，右翼的1营维持这一条狭窄的战线，仅需在正面投入B连。经过又一天疲劳的战斗，战士们比前一天更加疲倦。24团2营的战士们都一脸倦容、无精打采，指挥官数量也明显短缺。由于地形条件的限制，诸如坦克和37毫米火炮这样的有效近程支援武器很少能够用上。（当天）坦克的支援很少，不足以减少因日军迫击炮火力造成的伤亡。

24团南面当天的战斗同样艰苦，日军在那里仍然握有斗兽场高地和土耳其小山包。23团1营在那一带向东南方的斗兽场高地发动主攻，与25团2营左翼的部队保持联系。如果他们成功，这次包抄将会削弱土耳其小山包，包围斗兽场高地防御完善、隐蔽在地下工事里的日军。为了支援这次进攻，第4坦克营C连和第4工兵营的一个排都被配属给23团1营。

美军在步兵出发之后才进行炮火准备，起初看来让日军颇为震惊，23团1营最初的进展很顺利。然而，当陆战队步兵遭到土耳其小山包混凝土碉堡的火力打击时，团右翼的进展很快就滞后了。此外，日军在通往高地的道路上埋设了地雷，也造成很大麻烦。排除这些杀伤性地雷的任何作业，都会因致命的精确狙击火力受挫。配属的工兵排想方设法，终于在14时成功清理出一条通道，可以让火焰坦克和爆破队进入对那座大碉堡的有效打击范围。美军的多兵种协同作战虽然进展缓慢，代价高昂，到下午晚些时候，还是部分削弱了那座大碉堡的火力。然而到3月3日傍晚，美军各部为过夜巩固阵地时，日军仍牢牢控制着土耳其小山包。

23团1营正在为夺取小山包苦战之时，本团的另2个营仍留在原地，不过3营K连得到坦克和75毫米半履带自行火炮支援，负责进攻日军沿斗兽场高地西南部布置的坚固防御阵地。日落之前，3营I连奉命进入斗兽场高地南面23团1营和25团2营之间的缺口。23团2营当天仍被留作军预备队，在1号和元山机场之间的一个集结区待命，可以根据军内需要投入任何地区作战。3月3日，25团2营和3营都留在4师右翼各自的阵地里，而25团1营在师预备区进行重整和恢复，得到了一些急需的休息时间。

4师全天取得的进展不是很多，却相当重要，这离不开火力支援武器的帮助。在4师建制内，第14炮兵团1营和

地图二十三 二段岩和屏风山周围的战斗

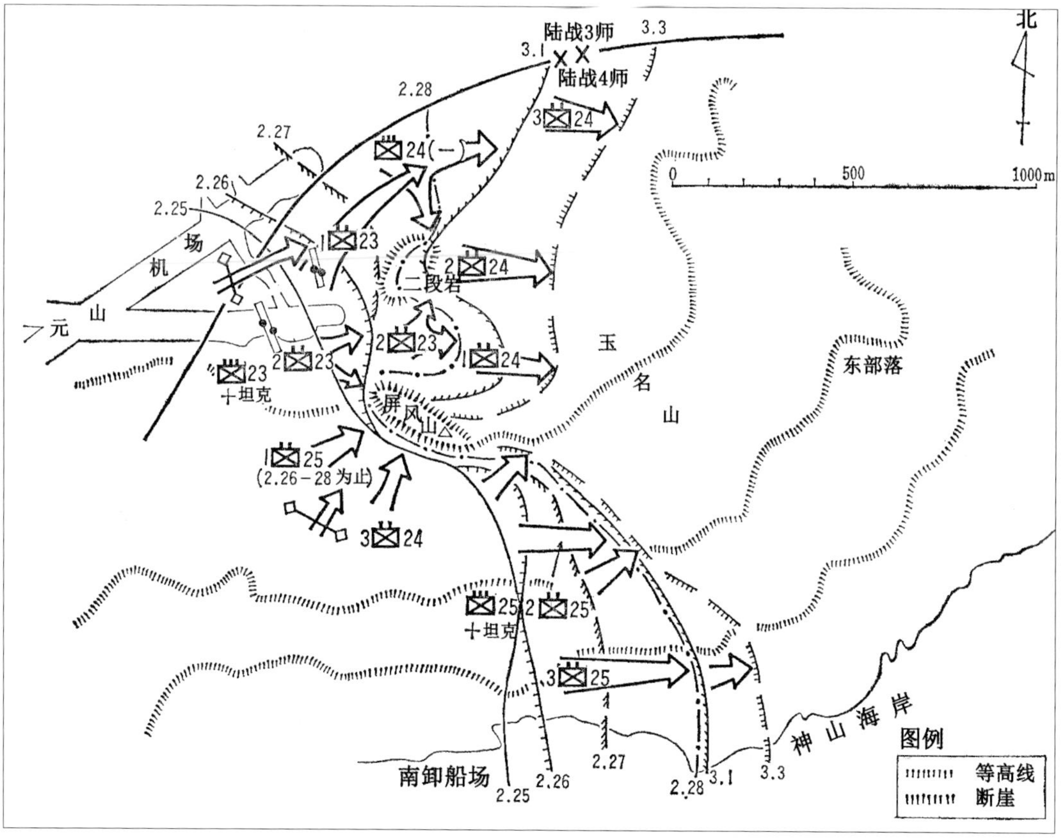

2营负责为23团提供直接炮火支援，14团3营为24团提供直接火力支援，14团4营则负责为前线的所有步兵部队提供全面火力支援。只要困难的地形能够有办法通过，第4坦克营就会设法让坦克提供近距离支援。3月3日天黑前，共有36辆坦克投入战斗，12辆被毁、8辆受损。第54特混舰队的舰船继续提供舰炮火力支援，然而由于前线部队的位置原因，这种远程火力支援的使用难免受到限制。

3月3日天黑后，4师的战力还有满员状态的50%。17时，所有部队都得到命令巩固阵地，准备在次日继续进攻。拿下382高地后，4师辖区内的日军防御体系主要支柱被摧毁，虽然陆战队官兵损失很大，但是可以认为“这个师现在正在日军戒备森严，过去三天让美军陷入苦战的地方的后方战斗”。

当天晚上，4师辖区也比较平静，只有24团占领的地区例外。日军的多个小股部队渗透24团3营防线未遂，但是猛烈的火炮和迫击炮火力在24团防区彻夜未停，造成一定的人员伤亡。

3月4日7时30分，陆战4师以相同的阵形继续进攻，推进方向也没有变化。步兵出动之前，海陆炮火准备照例进行，但由于天阴多雨，飞机无法提供空中支援，也不能进行空中侦察。

4师在地面的消耗战继续进行。双方都别无选择。在4师右翼，24团基本上向东南进攻，推进方向会大致与走廊地带平行。这次进攻如往常一样亦步亦趋，伤亡很大，收获不多。能够获得些许进展多亏了谢尔曼坦克助战，这些攻坚利器只要能够将炮口对准日军的工事和洞穴，就能取得不错的效果。24团虽然仅推进了100码，不过对日军强大防御体系持续破坏的量变迟早会引起质变。为了炸垮日军盘踞的洞穴出入口，24团当天消耗了2200磅炸药。

在4师右翼，配属25团2营和3营的23团，建制内的步兵营仅1营留在前线，2营充当军预备队，3营则充当师预备队。23团1营取得了少量收获。配属在23团右翼的25团的2个营只得留在他们的阵地上干坐，实在不合心意。根据师部的命令，这2个营可以在自己的区域内前进，但是由于会让战线拉得过长，应当是不可行的。23团前方地区的地形前所未有的崎岖险恶；观察视野只有几英尺，除了常规的步兵武器之外，不可能用其他武器支援进攻。

3月4日傍晚，4师的战力已经下降到45%，这是登陆硫黄岛以来的最低点。日军仍然在紧密结合的阵地上顽强抵抗，凯茨少将的部队前所未有的疲倦。这样的情况，再加上阴云密布的雨天造成的不适，还有至今无处不在的日军狙击

一名美军陆战队侦察员抽着烟斗，在观察次日他的部队会在进攻时可能踏上的道路。他身旁是一名被杀死的日军军官。

手的骚扰，就常理推断，浑身湿透，疲惫不堪的陆战队战士们士气会降到一个新低点。

在斗兽场高地饱受美军打击的阵地里，日军像往常一样坚守每一寸阵地。然而4师的官兵没有沮丧，他们有一种平静的乐观情绪，或许，敌人已经开始瓦解了。这可能是军属炮兵的精确反炮兵火力造成的日军炮击和迫击炮射击精度的下降带来的。日军炮击精度的下降，同时也可能是失去382号高地和土耳其小山包之后，让他们的炮火观察员失去了他们选择的观察位置造成的。

尽管日军的士气依然高涨，但遍及整个硫黄岛北部的消耗战，已大大削弱他们的抵抗力量。意识到栗林对抗压倒优势的美军进行的激烈战斗，东京的日军大本营给他和市丸发来一封电文，表达了日本对他们正在进行的战斗十分钦佩。市丸的答复是：“敌人正大力攻打我们，但是我们会反击。”栗林早些时候曾大胆放言：“只要没有飞机的轰炸和军舰的炮轰，我不惧美军3个师的战斗力。”如今他审视硫黄岛战役的全局，发现他的部队有效残存战力不过4100人，明白他的时间已经不多了。3月4日，在绝望之中，栗林向东京发报求救，希望得到海空支援。“发海空兵力支援我，我将会守住这个岛。”他说道，“没有的话，我就无法守住”。日本本土正在遭受美军日益加剧的狂轰滥炸，自顾不暇，没有回应他的请求。鉴于美军在小笠原群岛的空中优势和在该地区周围水域巡航的强大美国舰队，硫黄岛确实已被孤立。硫黄岛守军几乎得到日本全体国民的同情，他们的注意力都集中到那里进行的激战上来。然而大本营虽认真调查

地图二十四　3月1日至4日，陆战4师的推进

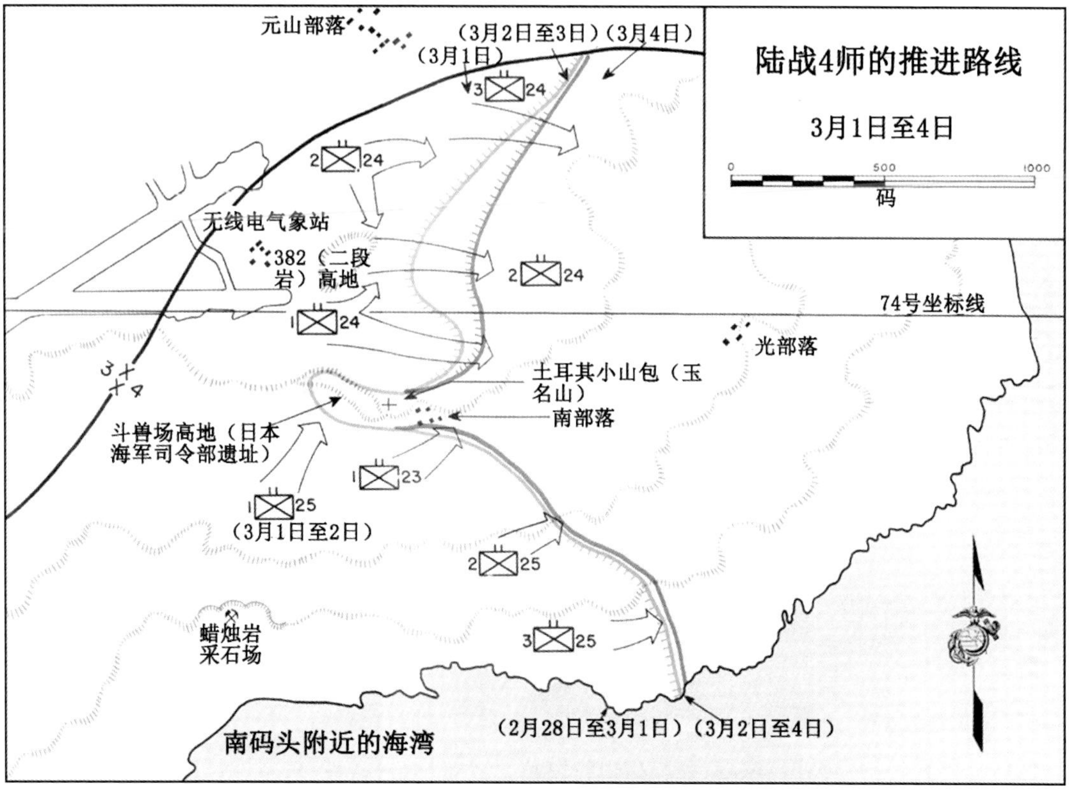

过对硫黄岛周围美国海军部队发动有效进攻的可能性，但是日军掌握的航空力量微弱，水面飞行训练也不足，根本无法大举进攻。

至于日本海军的硫黄岛守备部队，司令官市丸甚至都无需用无线电求救。联合舰队司令长官丰田海军大将早已告知，海军正在为美军在4月底发动的下一次进攻进行准备，所有的计划都取决于硫黄岛的战果。丰田的电文这样结尾道："我很遗憾除了全力用潜艇助战和一些航空支援之外，我们无法派援军去硫黄岛。不过着眼于大局，我衷心希望你保持平静，用尽一切可能的办法奋战。"

丰田司令长官的意思再明白不过，市丸一开始就没指望过得到增援，索性接受了现实。硫黄岛守军只有靠自己，对他们来说，自始至终，此役都是一场孤独的苦战。

美军重整之后重拾攻势

根据施密特军长的命令，3月5日，第5两栖军的所有作战单位都会进行休整，4师在这一天也没有计划采取任何攻击行动。凯茨少将的这个师会重整，有1个团（欠1个营）的兵力得到重新装备和增补，次日可在一条有限的前线继续进攻。3月6日，这次进攻的基本方向是东面。

凯茨选定承担3月6日主攻任务的是温辛格上校的23团。为了让23团不用再承担其他任务，4师右翼防区转调给25团。一直以来都配属给23团的25团2营和3营转调本团归建。25团1营几乎就在本营3月2日守卫的相同阵地上替换23团1营。23团3营正在扫荡之前绕过的日军防御阵地，制服其他顽强的孤立抵抗阵地，在斗兽场高地南部边缘非常忙碌。3月5日7时，师部已将直属侦察连配属给25团，团长拉尼根上校将这个连与25团3营L连编入一个暂编营，让25团1营副营长爱德华·阿斯比尔少校指挥。在4师辖区北部，24团的3个连撤出阵地，进驻团后方地区，在那里组成一个较强的团预备队。为了进一步加强25团的兵力，第2两栖装甲营B连被配属给该团。这个连将会在25团3营辖区的北方海滩地区巡逻，向海滩沿线的目标实施火力打击。

3月5日中午，4师辖区内的重整已经按计划完成。重整期间，从3月4日傍晚开始，日军没有发动任何攻势，但支援武器仍在活跃。3月4日夜间，除了24团的设营地区之外，4师辖区只遭到零星火力打击。天黑后，24团几乎受到猛烈迫击炮和火炮火力的不间断攻击。3月5日全天，第14炮兵团一直在向有机会打击的目标开火，实施火力骚扰。当天美机共执行17次空中观察飞行任务。陆战队第4观察机中队执行了10次战术观察任务，1名飞行员因伤被后送。3月5日晚些时候，该中队仍有4架飞机在执行任务。当天第54特混舰队的舰船在地面部队呼叫时，也会及时提供火力支援。

总的来说，3月5日的硫黄岛相当平静，但美军在前线仍出现超过400人的战斗减员。休息日结束后，第5两栖军的进攻在3月6日上午会继续进行。为了在大规模的炮火准备期间获得最大成果，施密特军长命令麾下各师以梯队队列进攻。每次进攻之前都会进行密集的海陆炮火准备，师属和军属炮兵及火力支援舰船的中型和重型舰炮都会加入。不包括海军舰炮，12个炮兵营将会对仍挡在第5两栖军前进道路上的日军发射毁灭性的弹幕。炮兵会先在前线西半部进行大约30分钟炮火准备，然后转移到东半部，在那里的炮火准备时间会比30分钟略长一些。在这次全面进攻之时，陆战4师将在9时出发，比标准出发时间晚1小时，主攻方向放在左翼，与友军陆战3师9团协同。

8时45分，美军炮兵的132门火炮和海军舰炮转换打击目标，在前线东半部支援第5两栖军第2阶段的进攻。当天陆基炮兵的75毫米至155毫米口径火炮，在1小时出头的时间里，耗费炮弹22500发。在凯茨师的辖区，弹幕的全部力量都落在23团行动区域左侧。6时之前，23团（欠1营）就已进入阵地。攻击准备阶段，23团2营没有受到日军干扰便将24团3营替换。天气晴朗，能见度很好，妨碍黎明观测视野的只有一点薄雾。

令硫黄岛地动山摇的炮火准备结束后，炮兵照例用滚动弹幕掩护步兵推进。23团2营准时出发，3营在他们身后400码跟随。当突击营向东面前进，靠近前方高地时，步兵和其他两个师的友军一样，察觉密集的炮火准备并未使日军失去战斗力。日本兵都从战壕坑洞里探出头来，在极为崎岖的山体上，为每一码阵地苦斗，以最强的韧性保卫每一口洞穴、每一座碉堡和每一个火力点。

面前的精确步枪和自动武器火力网已经见怪不怪，美军陆战队步兵的前进动力逐渐增加，各突击连起初取得了大约50码的收获。左翼的地形适合部署装甲兵，23团2营G连在4辆坦克支援下，一路突进300码。在G连准备进入他们与F连之间出现的缺口时，被日军的迫击炮弹幕逮个正着，造成大量人员伤亡，连长也负了伤。全天双方都在激战。18时，23团2营挖掘散兵坑过夜时，左翼的G连已经推进到出发位置前方350码；23团2营主力和3营当天的收获大约为100码。

在23团右翼，24团2营和1营准时并列出击。他们遇上的地形和阻挠23团北上的地方一样麻烦。这一带有一系列锯齿状的山脊和茂密的灌木丛，都对防御有利。海军舰炮给予步兵火力支援不遗余力，航空兵也三次空袭日军阵地，恨不得将地表铲平，但日军的抵抗仍未减弱。经过一天精疲力竭，代价昂贵的战斗，乔丹上校的这个团在左翼取得150码的收获，右翼的推进距离更短些。

24团2营G连的皮特·桑托罗一等兵早在2月23日就背部中弹负伤，后送到“安慰”号医疗舰救治。5天之后，桑托罗伤势初愈，便回到原部队报到。连长约瑟夫·麦卡锡上尉让他负责带两个补充的新兵一起战斗。这对老兵而言不是一项好差事。

桑托罗带领两名新兵来到一处小山脊线旁行动时，不止一次提醒新兵：“看在上帝的分上别交头接耳，保持好距离。”他发现山脊旁有几块大石头，觉得里面有日军的狙击手埋伏，便压低声音对两个新兵吩咐道：“你们保持好5英

1945 年 3 月，4 名抬担架运送伤员的陆战队员。

尺距离别动，我去前面看看那堆石头里面有什么。”他故意向后走，绕了一个圈子，来到一个有利的位置，发现那些石头后面有个日本兵正在打量两个新兵。桑托罗无暇多想，一枪打穿了那个日本兵的脑袋，招呼两个新兵上前查看。

3月6日，麦卡锡连长因伤被后送关岛治疗，桑托罗继续留在硫黄岛战斗。

斗兽场高地和土耳其小山包这两个强点实际上在3月6日之前就已被绕过，当天4师就没有对这两座坚固阵地发动正面进攻，让它们在自家战线内形成了一个较深的突出部。突出部以北的23团和24团向东南偏东方向进攻，同时突出部南面的25团向东北方向进攻。结果，看上去4师在3月6日的进攻基本上指向光部落的废墟。

当天25团的3个营仍在等候4师的左翼部队前进。由于24团没有取得决定性的收获，25团2营和3营只能原地待命，在各自辖区进行扫荡战。只有25团1营在前进，他们在火焰坦克、中型坦克和半履带75毫米自行火炮支援下，继续在土耳其小山包东面的南部落附近，在日军的设防阵地凿出缺口。为防止装甲兵遭到日军的反炮兵火力伤害，一旦他们完成任务，美军会让坦克

因罹患战斗疲劳症，正在返回后方的美军陆战队队员。

立即撤回。

3月6日傍晚，美军上下全都已经明白，早上的大规模炮火准备完全未能粉碎日军的抵抗意志和能力。夜间巩固阵地的时候，陆战4师占据的一线阵地绵延大约2470码。4师左翼与邻近的3师右翼之间仍有一个400码的缺口。

这一天，4师的损失与前几天一样大，收益却微乎其微。师情报部当天的报告估计，战力还有40%，又补充说明道：“疲劳和缺乏有经验的指挥官的结果，在各部队战斗的方式上反映非常明显。”相反，日军广泛使用在战斗中获得的美式装备，很容易适应硫黄岛不断变化的环境。当天，4师在阵地前方发现有5具身着陆战队军服的日军尸体。美军战士还发现有个尝过美军食物的日本兵在日记中写道：“我第一次尝到罗斯福的口粮，味道很好。”美军官兵作战期间只能吃战斗型口粮，特别容易吃腻，为此一直都对这些口粮骂骂咧咧。口粮的发明者也很郁闷，他看到敌人的这种评价肯定会非常满意。

3月6日的夜晚，对4师的许多官兵而言，简直像是地狱。过去几天持续不断、消耗巨大的战斗，足以使他们身心俱疲。他们在夜间一直无法得到急需的休息，日军的夜间行动虽然零星，却让他们彻夜忙乱，付出了不菲的代价。

21时30分，日军的一些迫击炮弹落入23团2营阵地，炸伤大约30人。受到此次重创的这个营陷入一片混乱的时候，战斗转移到4师的右翼。22时刚过，25团3营报告日军正在他们前方运动。美军炮兵得报，立即用大口径炮弹给日军

集结区“加料”，将这群不速之客打散了。到这时为止，25团1营前方都非常平静，但夜深之后，40多名日军潜入该营防区，摸进米少校部下官兵的散兵坑。偶尔会有一枚手雷爆炸打破夜晚的宁静，或是一声枪响、一声低沉咕噜或呻吟，然后重新归于寂静。到次日上午，才可能准确统计该营的损失。前一个晚上25团1营失去1名军官和12名士兵；日军损失了大约50人。24团1营的报告称这是他们在硫黄岛最安静的一个夜晚，他们显然是幸运的。

就在这漫漫长夜看来正要结束的时候，灾难再度降临，这次倒霉的是23团2营。3月7日清晨5时刚过，日军的一枚没准头的大号喷进炮火箭弹摇摇晃晃落入23团2营指挥所，造成灾难性后果。戴维森营长在爆炸中被严重震伤，罹患脑震荡；通信主管当场阵亡，副营长、作战股长、营副官和2名文书负伤。2营营部的所有参谋人员几乎被一锅端了，23团团部赶紧组建了一个精干的营参谋部，由副团长迪伦中校带队，在黎明前后前往2营，接管该营的指挥权和参谋作业。3月7日，美军原定在7时30分发动进攻。4师会继续用前一天同样的部署向同一方向推进。对已知的日军迫击炮和火炮阵地的打击会在8时到8时30分进行，但在步兵出发之前不会进行陆海炮火准备。由于日军的火箭弹击中23团2营造成的干扰，出发时间被推迟了半小时。

23团的陆战队员赶赴前线发动下一次进攻。

8时整，4师准点发动进攻，前夜受到重创的23团（欠1营）负责主攻。日军的火力支援武器反应很小，美军的支援压制炮火看来发挥了有益作用。结果，沿着4师边界进攻的23团2营，上午能够取得缓慢的进展，尤其是在团左翼。在23团中路和右翼，日军的抵抗一如既往激烈，陆战队的推进很快就停滞不前。2营在两个突击连之间快速转移攻击重点，就好比一个拳击手一拳打在腰下部位，然后一记重拳直击对手失去保护的下巴，不按常理出拳，让日军一时顾此失彼，出发后1小时便推进了150码。在取得这一有限成功之后，2营在整个正面都遇到强大的敌军阵地，当天大部分时间几乎没有进展。3月7日，日军的抵抗主要是在正面沿线的几道多岩山脊和沟壑的隐蔽阵地里，用重机枪和极其精确的步枪火力射击。日军的火炮没有在23团的前线开火，颇为令人意外，不过日军的迫击炮仍以间歇火力打击美军队列。

24团以2营和1营投入正面进攻，几乎一开始就遭遇抵抗，右翼的抵抗尤其猛烈，雨点般的机枪子弹和迫击炮弹让1营的前进在真正开始之前就无法进行。上午剩余的时间里，24团的多个小型爆破队炸毁日军精心隐蔽和坚决守卫的多座阵地。12时45分，第14炮兵团进行5分钟炮火准备，这也是下午重新进攻的信号。24

团使用与上午相同的战术，得到一定的航空支援，在傍晚巩固阵地前，取得了50码的收获。

在4师右翼，拉尼根的25团继续扫荡后方区域的大量日军脱队人员。在该团左翼，1营得到常规坦克和火焰坦克支援，摧毁了日军在正面的火力点。与此同时，暂编营继续有条不紊地在斗兽场高地和土耳其小山包里摧毁之前绕过的日军坚固防御阵地。3月7日，25团虽然没有占领任何新阵地，但师右翼一带的战略形势将很快让他们的任务转为防御性质。23团和24团继续非常缓慢而坚定地向东南偏东方向的立岩鼻挺进时，千田少将和井上海军大佐的部队面临被包围的威胁，玉名山地区的日军将会被压缩到一个东面临海，南面是25团的地区。这样一来，4师在北翼就形成了一个铁锤，而南面的25团就成了铁砧。这种机动与德军在苏联屡屡取得战术胜利的机动极为相似。

拉尼根料到一旦4师将玉名山部队孤立挤压，本团的压力将会增加，提前采取了一些措施，让部队能应对行将被包围的日军会构成的任何威胁。配属该团的工兵部队在前线埋设了杀伤性地雷。带刺铁丝网在前线串联起来。战士们布置好机枪、37毫米加农炮和60毫米迫击炮，等候日军冲向本团前线。此时，25团的任务已经变成了防御性作战。

陆战4师的一挺7.62毫米口径水冷机枪在阵地里掩护步兵推进。水冷式机枪和沉重的弹药行动不便，很难跟上步枪兵前进的步伐。在美军实施步兵攻击时，水冷式通用机枪和重机枪都会选好阵位，负责压制日军火力。

3月7日夜间，日军的活动与前夜无法相比。4师阵地沿线主要遭到迫击炮和轻武器火力骚扰。一些迫击炮弹落入24团1营阵地和25团前方地区。3月8日凌晨3时30分，24团3营回到本团归建，2小时后替换了前线的2营。

3月8日，4师的主攻重心将从左路转到中路，进攻方向转向东南。日军在硫黄岛占据的区域越来越小，美军已不必再指定阶段性目标位置。施密特军长关于当日的作战命令是“占领这个岛的其余部分”。美军上下都已经熟悉寸土必争的战斗，没有一个人指望日军的抵抗在这一天或短短几天之内停止，但是军部这道命令的主旨隐隐在暗示流血将会结束。3个陆战师面前只有乱七八糟的岩石和大海，斗志昂扬，决心在自己死前要尽可能多地杀死美军的日本兵越来越少。

按照日方的说法，死守玉名山（土耳其小山包）和海军司令部遗址附近（斗兽场高地地区）的日军通过夜间挺进反击等方式，给美军造成很大损失，但他们的战力也在不断下降，火炮也被破坏，被逐次向

一名陆战队员在一片几乎无处可以寻求掩蔽的平地的浅坑里中弹身亡。

神山海岸方向压迫。

关于这一时期的战斗，第2工兵中队长武藏野菊藏回忆道：

武藏野工兵队一直在坚守海军司令部遗址西侧据点，但各部队改变了此前实施的攻势防御，努力以突击队杀伤敌人获取战果。

从各部队派出的突击队必定会经过我中队的地下坑道，打听前方的敌情，吸完最后的香烟便出发了。美军早已离开我的部队向玉名山方向前进，旅团司令部业已被敌人包围，二段岩以南的友军炮兵阵地全部被爆破，只有步兵在进行肉搏战，但玉名山地区守备队奋勇战斗，直到3月8日都在坚守阵地。此外正在屏风山地下坑道孤军奋战的第2独立机枪大队长川崎时雄大尉，在3月6日向千田旅团长发出诀别电报，肉搏突入敌中玉碎了。另外正在二段岩附近奋战的旅团炮兵中队（中队长广田英二中尉）和安庄部队第8中队（中队长长濑三男中尉）也被敌数十辆坦克包围展开肉搏战，几乎全部覆没。

在3月初的战斗中，武藏野中队曾经成功破坏美军的坦克。问题是工兵队唯一的重武器就是相马队的机枪（来自航空队），对美军坦克的成群攻击没有任何办法，死伤者剧增。该中队也多次企图进行肉搏攻击，但肉攻队员一直没有机会接近到攻击坦克的有效距离。

为了对付日军痛恨的M4坦克，工兵计划用肉攻用的木壳炸药取代地雷，埋在预计美军会经过的地方爆破坦克。于是工兵们在晚上隐秘地进行了作业，在道路地带的数处埋设了炸弹，炸弹的尖端用铜丝通过沙子连到阵地最深处的堑壕里。其尖端每两个系在一起，共埋设了合计20公斤的炸药。作业完成时，天已经亮了。

白天，美军坦克向昨晚埋设炸弹的地方前进。加藤康雄上等兵奉竹内兵长的命令同小轻部一起去爆破坦克，但这次行动未能成功。回来后小轻部报告说：“班长，不行啊。铜丝被切断了。报告完毕。”

然而令人不可思议的是，到黄昏时加藤他们攻击过的坦克仍然完全没有返回的迹象。甚至到了夜间也依然留在原地。台上的升冈中尉选拔10名决死队员，决定再次攻击坦克。

爆破坦克的任务由升冈中尉亲自负责，竹内兵长和小轻部也参加了。加藤和丸山上等兵等人一起射击掩护肉攻队员。

这次行动取得了成功，坦克在瞬间被爆破，坑道内一片喜悦。武藏野队长亲自到玉名山的旅团司令部报告喜讯。但是，能够轻易地爆破成功也是理所当然，因为坦克中并没有美国兵，里面是空的。

之后加藤对坦克的内部和外部进行了检查，为这辆坦克的庞大体积感到吃惊。坦克内部是雪白的涂装，里面散乱着弹丸和弹壳，炮身被破坏。整个内壁都贴满了半裸女性的巨大图画。在坦克四五米后方还倒着一名美军坦克兵。这名坦克兵的身份证件和照片被联络兵拿到旅团司令部去了。

坦克的履带被破坏，但底部没有任何损坏，美军坦克的防御性能优秀，令加藤咂舌。可是这辆坦克为何被放置在这里，他始终也不明白。可能是由于故障无法移动了，又或者是踏上了工兵埋设的地雷（木制炸药）引信而瘫痪了。从坦克中逃出来的一名美国兵，不幸被日军阵地的子弹打死了。

海军玉名山陆战队的橘田信一二等整备兵曹的日记摘录如下：

3月6日　傍晚出动18人进行打水作业。有15人进入防空壕内打水，町田、堀江和我坐在防空壕前的岩石上。不久敌巡逻机投下的黄磷弹炸伤了町田和堀江的上半身，我的脸和手也受伤了。我们返回了中队的防空壕，陆军的卫生兵和班长、中队长帮我们进行了处理。之后我前往本部的坑道接受治疗，但不久我的眼睛就看不见东西了。

自美军登陆以来，栗林兵团长在提交大本营的多份报告中，丝毫没有提到硫黄岛防御战的苦难，很少提及自己的希望，却经常挂念本土防御准备的完善，克服苦恼和焦虑继续进行持久战。3月7日夜，栗林就该岛作战指挥的问题和教训等话题，向秦参谋次长和莲沼侍从武官长（栗林在陆军大学学习时的兵学教官）发去电报，要点如下：

胆参电第351号（3月7日23时）

参谋次长收　（硫黄岛）胆部队长

请转发莲沼侍从武官长

一、（略）

二、硫黄岛的防备，特别是战斗指挥获益于陆大以来阁下教导的精神之处甚多，恳请对小官的意见加以点评。

1.考虑到现代舰炮的威力，应从一开始就放弃折钵山地区，海滩阵地设施的配备也保持在最低限度，且主阵地不必拘泥于对机场的掩护，应进一步后退选定地点。

2.主阵地的据点设施需要进一步完善。本岛在海滩阵地浪费了大量材料、兵力、日数，未能彻底完善。

3.在主阵地不应以阵前歼灭为企图。应在数道面式阵地（纵深阵地）分别部署固有部队，构成纵深抵抗地区。

4.真正着手于防备是在去年6月以后，但由于获得物资困难和土质、工程的不适合、连续的空袭等原因，工程进展不如预期。此外由于兵力的逐次增强，形成了弥补式的兵力部署方法，颇使人苦恼。

（中略）

6.在（敌拥有）绝对制海、制空权下阻止登陆实无可能，不应拘泥于敌军的登陆，应专注于重点地区的地面防御进行部署。

7.在敌军刚刚登陆南海岸和突破楔入北机场时，似乎正是转为攻势的时机，但当时来自海空的炮击、枪击极为猛烈，除非决心自杀，否则（转守为攻）实为不可能之事。

8.感觉防备上最困难的事情是全岛几乎皆为平坦地形，并非地形上的据点，且机场的位置对敌军的前进楔入有利。

特别是虽然没有可使用的飞机，但即使是在敌军很有可能登陆的时期，仍不得不根据中央海军方面的指令扩建第一（千鸟）、第二（元山）机场，为此不仅将兵力投入该（扩建）作业，而且导致阵地弱化，实在遗憾之至。

9.防备上更加致命之处，乃是敌我物力的差距过于悬殊，结果在战术上和对策上均束手无策。特别是由于数十艘敌舰船的不间断舰炮射击，以及一日内总计1600架敌机的炸射，导致我方损失不断，令人痛恨之极。

以上多少有些自辩之意味，但皆为小官的坦诚意见。（后略）

3月8日，美军预定的进攻发起时间为7时50分。不过，根据第5两栖军军部的命令，陆战4师会比另两个师提前90分钟，在6时20分出发。这次出击之前不会进行任何炮火准备，不过在4师出动30分钟后，第14炮兵团和军属炮兵会持续不断地为这次进攻提供火力支援。23团出发之后，最初只遇到轻微抵抗，日军显然没料到美军会提前在清晨进攻。哪怕日军的抵抗随着时间的推移变得强硬，但23团中路的2营基本朝东南方向的立岩鼻推进的时候，取得了不少的收获。

24团以3营在左，1营居右，按计划准时出发，他们遇到的抵抗却远比北面的23团强大，大部分都是在妥善设防的阵地里隐蔽的日军部队所为。此时的日军抵抗基本依靠轻武器、掷弹筒和大口径迫击炮，但火力极为凶猛。当天24团取

地图二十五　3月5日至7日，陆战4师的推进

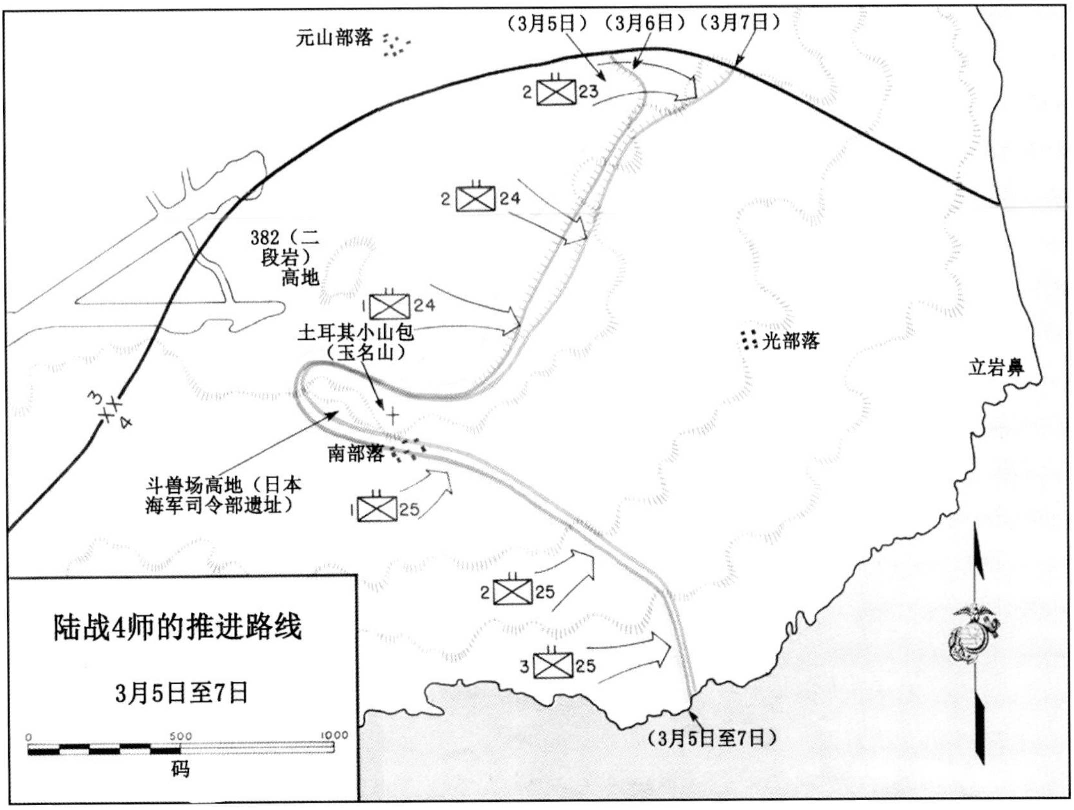

美军的这个机枪班组在日军守卫的一座高地下挖掘散兵坑设防时，显然已遭到敌人的火力压制。

得的收获微不足道，可是当天结束的时候，他们与左侧23团和右侧25团的结合部保持得十分密切。全天，24团2营仍留作师预备队。

在4师右翼，25团的3个营在阵地上留守，继续加强自己的战线，以防日军在被逼到绝境之时断然反击。在战线后方，该团的各部队和师属侦察连继续扫荡；在南部落附近也能捕捉到日军脱队士兵的身影。

3月8日，第4坦克营的谢尔曼坦克为4师各团提供了尽可能的支援，只不过装甲兵的运动主要局限于少数现存的路径，其中大部分在23团辖区之内。几辆坦克在那里撞上一个雷区，3辆不幸被毁。在雷区清理出道路需要时间，坦克只能原地等候。在一次空袭期间，一个装满凝固汽油的副油箱被误投进友军的战线，直接落在一辆谢尔曼坦克后方，凝固汽油全都泼在坦克车身上。这辆坦克的外表面立即着火，好在车组成员临危不乱，冲出车外，用手提式灭火器将大火扑灭。这场事故没有造成人员伤亡，浴火片刻的谢尔曼坦克虽然受损，却还能够继续行动。

当天黄昏时分，4师的3个团巩固阵地准备过夜之时，这个师的战力仍保持在不稳定的40%左右，各部队因负伤和战斗疲劳症离开前线的骨干人员比例甚至超过60%。天气变得阴冷难当，官兵们都在散兵坑里，为了明天上午会继续的战斗，他们想要让疲乏的身体得到休息，却冷得瑟瑟发抖。

日军玉名山部队的反击

4师的美军陆战队员并不知道，玉名山地区的日军行将大举反击。如前所述，千田季实少将指挥的日军玉名山陆海军部队以出色的协同作战与美军缠斗多日，造成敌人的很大损失。3月2日，在二段岩（382高地）失守后仍以残存兵力在该地区抵抗美第4陆战师的全部，几度击退美军的猛攻守住了玉名山地区。但3月7日，在狭小地域的整个正面都遭到美军猛攻，特别是东北侧的炮兵阵地附近被美军侵入，在南部落至元山台地东南端被美军从南北包围压迫。美军一部终于攻至混成第2旅团司令部和南方诸岛海军航空队兼硫黄岛警备队本部。日军经过顽强抵抗，好不容易才将其击退，但在美军猛烈的舰炮、枪炮火力下蒙受了很大损失，玉名山地区的战况正面临最后关头。

虽然栗林早已指示千田，

不要实施玉碎攻击，但眼看战况紧迫，千田还是决定同南方诸岛海军航空队司令兼硫黄岛警备队司令井上左马二大佐一起，以该地陆海军残存兵力约800人，定于3月8日18时开始实施最后的全面反击，决定在残存的火炮和迫击炮支援下，以两波攻击部队突破元山机场和千鸟机场，向折钵山进攻。7日傍晚，千田对玉名山陆军部队作了如下部署：

一、第一波攻击部队

1.右第一波

安庄宪珑少佐指挥的第145步兵联队第3大队、第8和第11独立速射炮大队等部的残存兵力。

2.中第一波

武藏野菊藏中尉指挥的第2工兵中队、第309独立步兵大队、突击中队、第21野战掘井中队和海军部队等部的残存兵力。

3.左第一波

赤木功中尉指挥的第310独立步兵大队和有马正三中尉指挥的第2独立机枪大队等部的残存兵力。

二、第二波攻击部队

1.前田一雄少佐（旅团炮兵部队指挥官，接替3月5日左右战死的街道长大佐）指挥的第2混成旅团炮兵部队主力，包括第20独立臼炮大队（欠第2中队）、第3中迫击炮大队、第2混成旅团炮兵队（欠第2中队）、喷进炮中队一部等各部的残存兵力（支援第一波攻击部队后）。

2.前川阳治少佐指挥的师团工兵队（临时工兵联队）的主力，包括临时工兵联队本部、第2混成旅团工兵队（临时第3工兵中队）和要塞建筑勤务第5中队，以及第2混成旅团司令部等单位的残存兵力。

根据临时工兵联队第2中队长武藏野菊藏回忆，3月7日傍晚，千田旅团长召集各部队长下达总攻的命令。当时千田头上缠着太阳旗图案的头巾，身穿胶底布鞋、绑腿这样的简易军装，下令结束后，同各部队长一起干了一杯水，严肃地说道：“诸位这些日子辛苦了。在靖国神社相会吧！”

对于无法参加总攻的重伤员，千田强忍泪水指示说，向他们通告现在的敌我情况、讲述将来的前景，要求他们在各部队长的面前自杀。强迫别人自杀这种事毕竟是强人所难，各部队长事先商定不提自杀的事情，到伤员的枕边慰问，表示希望他们早日痊愈，然后每人发一颗手榴弹。重伤员接过手榴弹，好像立刻都明白了什么，在眼看就要燃尽的小小蜡烛的烛光之中，眼泪不住地顺着双颊流下，随后点了点头，脸上现出决绝的表情。坑道里只留下了重伤员，没有一点食物和一滴水。

7日当天，在南方空坑道中听到出击命令的大曲觉中尉（3月1日晋级，本人并不知道）所属的玉名山陆战队第3大队多为整备员或机组人员，充当预备队隐藏在精心整修过的深深的地下坑道里，许多士兵尚未见过美国兵。大曲召集小队人员传达了出击命令，确认了口令：“明日18时，突破北方之敌，经硫黄岛神社从西海岸迂回南下，夺回折钵山……”

8日当天，栗林接到第2混成旅团预定实施总攻的电报后，立即回电：“必须中止玉碎攻击。”但陆海军之间的联络已断绝，不知道这一命令的井上大佐在预定的8日18时向玉名山海军部队下达了总攻的命令。

3月8日傍晚方至，美军23团和24团前方出现了一些骚动异状。起初，只是些模糊响动和运动，没有任何明确迹象能证明会发生异常情况。井上率领的海军部队在23时，以中队或小队为单位从坑道口爬出，向北方或西方匍匐前进。北方部队除了大曲觉等人，还有第1大队长西大筱大尉（3月1日晋级）。每名士兵除了步枪还携带手榴弹5颗、干鱼片1条、水壶1个。

如果美军已经将日本海军部队压缩到立川鼻附近的孤立阵地里，能够估量行将被困的日本海军地面部队的指挥官的背景和性格的话，几乎会立即得出某些必然的结论。井上左马二海军大佐是一个武士，一个爱嚷嚷、傲慢、性格外向之人，剑道达人，乐于向部下吹嘘自己身为战士、情人和酒徒的能力。

枯坐在工事里，眼睁睁看着自己的部队被包围，与井上的性格完全不符。他一直对丢失折钵山悲愤不已，当初美军占领硫黄岛的这座地标，他激愤之下，险些将从那里生还的败兵斩首。对于日本人而言，自从突袭珍珠港以来，每个月的第8天都有特殊意义，井上强烈地意识到，3月8日将是他在世的最后一天。他打算让所有人都记住这一点。从这个角度来说，没有接到栗林的命令，正合他的心意。

井上比任何人更牵挂丢失的折钵山，美国的星条旗就在山顶上飘扬，每天看见那面旗帜，都会让他怒火中烧。井上向部下集结的部队宣布，即将到来的进攻，目标就是折钵山。突破美军战线之后，他们要在途中尽可能多地炸毁机场上的美军飞机。

与日军在类似瓜达尔卡纳尔岛战役期间进行的全面突击，尤其是与日军在塞班岛的加拉潘平原绝望地全面出动相比，井上计划的充其量是一次小规模“万岁冲锋”。他的目标不切实际，在他前方的美军陆战队员高度戒备，最重要的是，上级反对他出击，同地区的陆军最高指挥官接到命令，不会和他配合。

当进攻开始的时候，日军不是进行狂野的冲锋，而是缓慢而安静地匍匐前进。井上率领部队主力向西北方正面的陆战23团进攻，9日凌晨突入2营指挥所。美军陆战队员利用铁丝网等障碍物，集中猛烈的枪炮火力射击，将挂在铁丝网上的日本海军官兵成片扫倒。

日军一部成功突入美军阵地，按照井上的传令兵的说法，他在混战中与大佐分开，看见他冲锋在前，口中大叫，部队在后跟上。当精确的美军火力扫射正在冲锋的日军时，井上高喊着：“突击前进！”“冲啊！”“万岁，万岁！”这是传令兵最后一次听见他的声音。一个日本兵后来遗憾地评论道：“可惜他没能到达美军阵地，最后展现一回他的剑术。”

当日军冲进23团和24团的边界时，他们中的一些人不可避免地会穿过陆战队员的战线。黑夜之中，一直都有酷烈的战斗发生。一些战斗最终扩散到24团，25团也受到规模较小的波及。23团2营E连一直承受着日军这波反击的最大压力，他们耗费了20箱手雷，200发60毫米照明弹，以及数量未知的机枪、勃朗宁自动步枪和步枪弹药。3月9日凌晨1时，弹药开始枯竭，E连形势严峻。最后，在60毫米照明弹帮助下，一辆吉普车和一辆拖车越过到处是敌人的道路，将急需的补充弹药送到前方。美军吉普车挨了日军轻武器的几发子弹，不过好歹将E连急需的货送到了。火力支援舰船当晚耗费了193颗照明弹，减轻了战斗形成的一些混乱。闪烁的照明弹灯光之下，破碎的火山地面清晰可见，到处是人员在行动。美军炮火很快覆盖了这一地区，许多想要渗透美军阵地的日本兵都倒在路上，再也无法动弹。

许多投入这次进攻的日军已经攻入陆战队的阵地。在一场双方拼死以火力对决的战斗中，喧嚣和亮光让暗夜活跃起来。红色的曳光弹穿过平地。日军的火箭弹破空而过，留下一道数百米长的火焰尾巴。红

这个日本兵在阵亡之前，将步枪倒插在土里，证明了自己的顽强。

色和绿色的海军照明弹在空中高悬。战斗持续整整一夜。散兵坑里的不少美军战士不知道发生了什么事。他们等待日军现身，当鬼子过来的时候，就尽快将他们杀死。有电话的人相互窃窃私语，想要弄清楚日军的攻击到底有多强。机枪的射击声一直未停。手榴弹的爆炸声此起彼伏。

3月9日，硫黄岛旭日初升之时，23团2营阵地之内和周围区域，以及24团前方的较小范围之内，显出一片屠杀后的迹象。扫荡战一直持续到中午。按照美军的说法，在进攻集中地点，日军留下的尸体大约650具，邻近地区还有150具尸体。果真如此，那么玉名山地区的日本陆海军部队几乎已经全部覆没，这与事实显然不符。之所以美军的计算数量会偏多，很可能是将此前就战死的日军的尸体也计算在内了。井上自然在阵亡者之列，他按照自己的意愿战死了。

大曲的小队正好穿过空隙向北直进。在黑夜中大曲发现地形完全改变，根本分不清是什么地方，只是向着子弹比较少的方向不顾一切地奔跑卧倒、卧倒奔跑，连一枪都不顾上放。这时天开始亮了。大曲前方出现了活动着的人影。喊出“决死”的口令后，对方回答“敢斗”。原来是据守万部落地下坑道的西坦克队的哨兵。不知何时数十名海军的幸存士兵聚集到了这里。

“喂，大曲，你小子还活着啊。这里到底是啥地方？”

忽然有人跟他说话，仔细一看是同期的吉田健一、中村禳两人。

“哎，好像按计划进行了呢，不过这样子没法去西海岸了。”

可是三人没有时间好好谈话了。

“你们是哪个部队的？在敌阵中乱转会妨碍战斗。”

忽然陆军的军官从坑道口露出头来斥责道。

“我们是海军的南方诸岛航空队，昨晚根据总攻的命令从敌中突破来到这里的。”

“说啥呢？我是第26坦克联队的斋藤。根本没接到总攻命令啥的。”

大曲他们进入坑道内后，看到早已闻其大名的奥林匹克马术冠军、联队长西中佐。

“大家已经没有陆军和海军的分别了。请同心协力一起战至最后一兵。”西诚恳地说道。

“大曲，我也累坏了。就在这里战斗吧。”中村小声嘀咕。吉田和大曲都有同感。

于是三人同下士官兵们一起从这天开始转入西坦克队的指挥下。

另一方面，立川大尉和西大筱他们在美军的激烈枪炮火力中只得放弃突击返回玉名山。残余人员减少至约200名。

陆军千田旅团因栗林兵团长的严令而暂时中止总攻。但千田旅团长在审视己方战力之后，再次决心于9日晚实施总攻。

9日18时，旅团炮兵团主力以残存火炮和全部弹药一齐开火，用全部残存的迫击炮、火炮和喷进炮一口气对美军陆战23团和24团发射所有弹药，炮击只持续了几分钟，弹药实在所剩无几。23团E连的皮特·桑托罗一等兵从6日开始，就奉命与一个年轻的新兵一起守卫一个弹药食品仓库。当晚一枚大号迫击炮弹正好落在那不幸的新兵脑袋上，将其身体炸碎。桑托罗也由于这颗迫击炮弹爆炸罹患脑震荡。这次他伤势较重，被送到“安慰”号上以后，直接后送到关岛住院治疗。

日军炮击的同时，千田部队离开坑道口。携带黄色炸药、破甲炸弹、手掷炸弹、手榴弹等武器的第一线部队开始攻击前进。折钵山在南方，但美军布置严密，所以千田部队只能像海军部队一样向北方出击。千田本人在右第一线的最前方，右手握着军刀，左手握着手榴弹离开坑道口。

已经察觉日军夜袭企图的美军从海陆两方发射了大量照明弹使夜晚亮如白昼，铁丝网等障碍物比前夜更加稳固，猛烈的枪炮火力更为集中，日军因此不断出现损失，但仍然坚定地继续前进。在战斗中，有军官大喊：“跟我来！”说罢点着香烟手握军刀冲了上去。这名军官竟然疯狂到点燃香烟给美军指示目标，结果招来集中火力射击。日军的指挥系统也乱了套，不但有人各自随意行动，队形都乱了，军官和士兵都零乱四散开来。

尽管损失惨重且陷入零乱状态，日军还是拼命地从一个弹坑进到下一个弹坑逼近美军阵地，终于在23时半左右，第一线攻击部队突入美军阵地，一部兵力侵入美军两个团之间的间隙，双方在各处展开了激烈的肉搏战。这场混战持续到10日凌晨3时左右，日军突击部队几乎全灭。

千田旅团主力第二阵的出击在美军的猛烈炮火压制下未能实现。结果千田等人被封锁在坑道内，参加出击的安庄少佐等人也负伤后退，不得不再次困守旅团坑道。

第二次总攻就这样结束了。战场上留下了数百具日军尸体，幸存者约100人后退至玉名山的旧阵地或神山海岸地区以继续进行持久作战。

千田旅团司令部虽然在几天后被第3中迫击炮小林大队的决死队救出，但这支硫黄岛陆军部队的头号主力已经被摧毁，玉名山地下阵地也丧失了有组织的战斗力。

关于千田旅团长等人的战斗情形，武藏野中尉有如下回忆：

> 总反击时，千田旅团长穿着和前一天下达命令时同样的军装，两手握着军刀和手榴弹，总是在安庄少佐指挥的右第一线的最前方前进，在屏风山南端附近壮烈战死了。此外右第一线攻击部队的指挥官安庄少佐，在突入敌阵后奋战时受了重伤，一边大声吟诗一边从容死去。
>
> 另外在武藏野工兵队正面，因敌弹十分密集，没能用铁丝剪成功切开铁丝网，最后各自用军锹从铁丝网下面挖掘，向敌阵地实施了突击。但是纷纷在敌阵前倒下，部队在猛烈的炮火中四散以至于难以掌握，变成了各自为战。其战果不明，但是官兵们舍生忘死地进行了奋战。

根据武藏野的回忆，千田于3月10日东方发白时在屏风山南端附近死亡。海军玉名山陆战队第3中队的橘田信一二等整备兵曹由于之前已经负伤的缘故，没有参加这次总攻，但后来他在4月27－28日左右，从总攻中幸存下来的陆战

一前一后在硫黄岛长眠的美军陆战队员和日本兵。

队的铃木正一（浜松市出生）口中听说了这次总攻的情况，得知在这次全员突击中，井上司令以下大部分都在设营队的广场上“玉碎”。3月10日晚上，橘田的战友野崎等人离开第3中队的坑道到附近的防空壕打水时发现了两名陆军士兵并带了回来，他们是前川工兵部队大塚队的安部上等兵和栃木县出生的吉成一等兵。这两人讲述了第2混成旅团的总攻情况：离开旅团的坑道向机场突进，展开了激战，友军相继倒下。尽管如此，还是有少数人到达了机场，其中就有上面的两人。之后他们到了美军的背后，那里却寂静得令人毛骨悚然。他们一路到了西海岸，接着再次从美军中间穿过回到了玉名山。

不过也有资料认为，总攻结束几天后，千田以下的旅团司令部人员从东海岸突破到东北方海岸，安庄在13日自杀身亡，千田则在15日战死。

日军的反击造成美军陆战队90人阵亡和257人负伤，两夜激战的人员损失相当大；然而毫无疑问的是，这其实比美军逐个将日军从他们的藏身之处消灭代价要小得多。

井上最后的反攻尚有余波。这位硫黄岛海军警备队司令显然知道栗林中将的命令，即岛上的各部队要留在原地，尽可能长时间地战斗，于是他没有将自己的意图告诉直属上司市丸海军少将。就在井上发动最后一次冲锋的当晚，丰田副武司令长官再度致电市丸少将，赞扬硫黄岛海军官兵在地面战中的英勇表现，再度期望他们尽可能长期坚持下去。当时市丸根本不知道井上已经令日军在硫黄岛非常重要的一支最后的有生力量成为自己一心求死的陪葬了。

对美军陆战4师而言，千田和井上的失败反攻使日军守卫硫黄岛东部的大多数兵力自取灭亡。由于千田和井上率部倾巢出动，两人与大批军官战死，岛东部的日军已经失去了核心指导力量。一支数量不明的日军残余部队仍挡在光部落和海岸之间的4师通道上。日军残余依然控制着土耳其小山包，还有几个日军孤立阵地仍在抵抗，不过从3月9日开始，日军在这一带的抵抗能力已经大为降低。

3月9日一上午，陆战4师仍在以部分兵力扫荡日军昨夜反击的残存兵力的同时，继续按照原定计划发起进攻。7时整，在10分钟的炮火准备后，4师的突击部队出动，机动方案和前几日相同，23团、24团和25团从左到右一字排开。23团以2营负责突击，能够从中路推进，右翼遇到的抵抗已不再像前几日那样难缠。然而，该团左翼却遭到师边界附近，光部落以北大约500码的一座山脊上的猛烈火力袭击。9时前后，23团在进行正面攻击后拿下这座山脊，2营继续缓慢而坚定地前进。15时，23团1

陆战队的步枪兵正准备进攻日军守卫的一座洞穴，不过高处的巴祖卡火箭筒会先设法将日军洞穴的抵抗削弱。

营回归本团。17时，温辛格团长收到巩固阵地的命令，但他的部队依然继续攻击，以改善自己的位置，又过了半小时才停下脚步。当天他们的收获达到300码，相当可观。当23团挖掘工事过夜时，与左侧的3师和右侧的24团都保持着联系。

在4师辖区的其余部分，日军的抵抗依然强劲，结果当天中路和右路没有取得什么进展。在某种程度上，中路进展很小是由于人力的紧张，为了让突击营的兵力达到维持战斗力的水平，就需要将一个营的某些连队转移到另一个营去。24团1营重整之时，副团长奥斯汀·布鲁内利中校取代特雷特尔少校，接管该营指挥权。由于25团左翼的日军抵抗较强，配属24团2营的25团（欠3营）仍留在原地。

参加了海军部队的总攻的玉名山陆战队的西大筱大尉在出击失败后，暂时回到了南方空坑道，但很快又带领数十名残兵从东北方的东海岸向麻生部落一线出击。这是为了利用章鱼罐阵地，以反坦克用的破甲炸弹和掷弹筒为主要武器伏击坦克。

西大筱队的整备兵远藤信忠兵长也在章鱼罐上做了伪装，等待坦克到来。履带伴随着轰响正要碾过章鱼罐的一瞬间，远藤拼命地扣动了50毫米掷弹筒的扳机。坦克咔嚓一声向前倾倒。旁边的一名士兵向坦克投掷了破甲炸弹使坦克燃烧起来。

从后面的章鱼罐阵地中传来了西大筱的大喊声：“好，干得漂亮！”远藤却想到之后会遭到美军攻击，身体不禁发抖，但令他感到不可思议的是美军陆战队员并没有反击。

“快撤，大家进入就近的坑道。”到了晚上，队员们按照西大筱的命令拼命寻找坑道藏身。

3月9日夜间，千田组织了第二次全面反攻，就美军的记录看来，这次进攻的炮火规模和力度与前一晚无法相提并论。夜间少量的轻迫击炮和中型迫击炮火力在间歇骚扰4师防线，看来炮弹在前一个晚上已经消耗得差不多了，不过陆军玉名山部队对美军阵地的突击规模依然较大。为了对付仍在4师后方行动的多股日军构成的威胁，在斗兽场高地和土耳其小山包附近扫荡的暂编营被解散，让25团2营接管这一任务。与此同时，师属各支援单位抽调37名军官和498名士兵，组成了第4暂编营。这个营由梅尔文·克鲁维奇中校指挥，直到3月12日解散为止，专门负责师战线后方的扫荡任务。

3月10日一早，晨曦照进西大篠队藏身的坑道，众人才发现里面挤满了友军的尸体。西大筱队也减少到了约20人。炸弹和掷弹筒也没有了。

“已经打不下去了。必须得杀出去。目标是折钵山，都跟在我后面。”西大筱下达了最后的命令。西大筱的军服装上被血、泥和硝烟弄得脏污不堪，在照明弹下浮现出来的面庞十分苍白。西大筱抓着军刀在最前方匍匐前进。看见跑道时，美军的炮火更加激烈了。

“跟在我后面！”

西大篠大喝一声，突然起身冲入美军炮火。接下来的一瞬间，他的身体和军刀一起被炸飞了。

当天8时，美军陆战4师在例行地面炮火准备之后，跟随滚动弹幕继续进攻。当天，凯茨少将的部队基本上由23团和25团负责进攻，24团则转为师预备队。24团1营撤出前线，由25团3营替换。24团3营仍留在此前的作战区域，但配属给23团，而24团2营配属给25团。

23团以本团2营和24团3营分别位居左右两翼，发动猛烈攻击，一路上右翼部队仅遭遇轻微抵抗。日军沿着4师左侧边界的几道多石山脊设防，用精准有效的迫击炮和轻武器火力回击，蚕食23团2营在这一区域的收获。在全团的整个推进区域，规模较小但意志坚定的多股日军企图阻止美军前进。问题是日军在岛东部已经失去统一指挥，不再守卫一条稳固的防线，突击的陆战队能够绕过这些抵抗的巢穴，将摧毁它们的任务留给工兵、坦克和步兵组成的战斗小队，让他们用爆破装置和火焰喷射器炸

陆战23团的一支巡逻队在硫黄岛东北海岸的立岩鼻巡弋。

毁和焚烧这些障碍。

随着23团的进攻势头越发强劲，参照硫黄岛战役一直以来的标准，当天他们的收获巨大。15时，温辛格的部队前进了不下700码，距离东海岸已不到500码，到达这一地区的要地后，23团在16时前后停下脚步。此后，23团2营派出几个巡逻队，抵达立岩鼻附近的海岸，没有遇到任何日军的抵抗。在南面不远的地方，24团3营的部队推进到距离海岸不足100码的地方，没有遇到敌人。

在4师右翼，配属24团2营和师属侦察连的25团，在早晨6时完成了对24团1营的替换，25团3营接管了该营的阵地。为了完成对依然困守斗兽场高地和土耳其小山包的日军残部的包围，25团3营被转调到日军突出部北面，与25团1营会合后，会沿着与23团推进轴线平行的一条路线向东南方进攻。在突出部南面沿线，25团2营和24团2营基本上会分别向东北或东方前进，使25团2营能与本团从西北向海岸进攻的部队保持联系。

3月10日准时出发后，25团3营和1营向前方日军抵抗依然较为坚决的一片高地进攻。3营的推进速度很快就已超过1营，最后3营得到命令，不用理会两翼的情况，继续前进。随着25团3营和2营的进攻线路趋于合拢，两个营之间的距离逐渐缩小。午前不久，这两个营已经连成一线。当天25团的全部收获为600码。比数量更重要的是，土耳其小山包最终被完全包围，日军所有的残余抵抗力量现在都可以消除。25团巩固阵地过夜的时候，其左翼与23团紧密结合，距离海岸大约800码，不动的右翼仍位于南面神山海岸的海滩上。

3月10日，4师各部的行动和收获意义重大。千田和井上发动的反击标志着玉名山地区，乃至整个硫黄岛东部战斗的转折。尽管艰苦和代价高昂的战斗仍会持续数日，25团还会相当辛苦，但4师辖区的有组织抵抗正在逐渐消失。

从2月25日到3月10日，陆战4师一路不断向前推进，从屏风山杀开一条血路，通过382高地、斗兽场高地和土耳其小山包，穿过南部落和382号高地东北的强大防御阵地，几乎一路杀到沿海地带。4师的一线阵地缓慢而从不停歇地向前移动，就好比一扇巨门在关闭。前进不到1000码的右翼就像门轴，4师的其他部队（门）以这个轴为中心转动，向东北、东面和东南方向进攻，关闭这扇门，将日军一路扫向大海，让他们全被困住。

3月10日，陆战4师在硫黄岛东部的进攻彻底粉碎了日军的抵抗。4师的推进伤亡人数惊人，战士们身心俱疲，表明了战斗激烈到何种程度。2月25日，凯茨的部队首次攻入“绞肉机”地区，3月10日，他们距离东海岸已只有投石之远。这14天之间，4师战斗损失达4075人。共有847人阵亡或伤重不治身亡；2936人负伤；1人失踪，391人罹患战斗疲劳症。

当美军的3个陆战师在各自的推进辖区缓缓靠近海岸线时，交战双方的所有人都已明白，硫黄岛日军的时间已经不多了。在日本，众人焦急的目光凝视着硫黄岛的争夺。对军事观察家而言，日军的最终失败是必然结果。问题是日本全国的不安士气，都寄托在一种微弱的希望上，即栗林中将对硫黄岛的巧妙防御，会让精于算计的美国人考虑全面入侵日本本土列岛的代价。因此，在日本人看来，硫黄岛的持久防御战不仅是为追求直接的战术目标，也要达到一个更为深远的战略目标。

硫黄岛守军残部已很少有人对战争的结果抱有幻想。3月9日夜间，在陆战4师辖区被俘的一个日本兵非常适合评价全局。和平时期，他是日本一家大都市报刊的编辑和出版商，他说道："这不是一场日本会赢的战争，它不可能赢，但是它正在尽最大努力减轻自己的失败。"

3月9日傍晚，300多架B-29轰炸机对东京发动了战争期间最大规模的空袭之一。10日凌晨，东京北部化为一片火海。这次空袭造成84000人死亡，265000户房屋被烧毁，100万人无家可归。日本本土的许多人都明白他们战败的日子已经快要到来。这次空袭令日本首都遭到严重破坏，告诉所有的日本人，他们现在会受到美军从海上和空中发动的猛烈攻击；从此以后，东京的居民就和在硫黄岛逐渐减少的日军一样，暴露在美军的轰炸之下。

地图二十六　3月8日至10日，陆战4师的推进

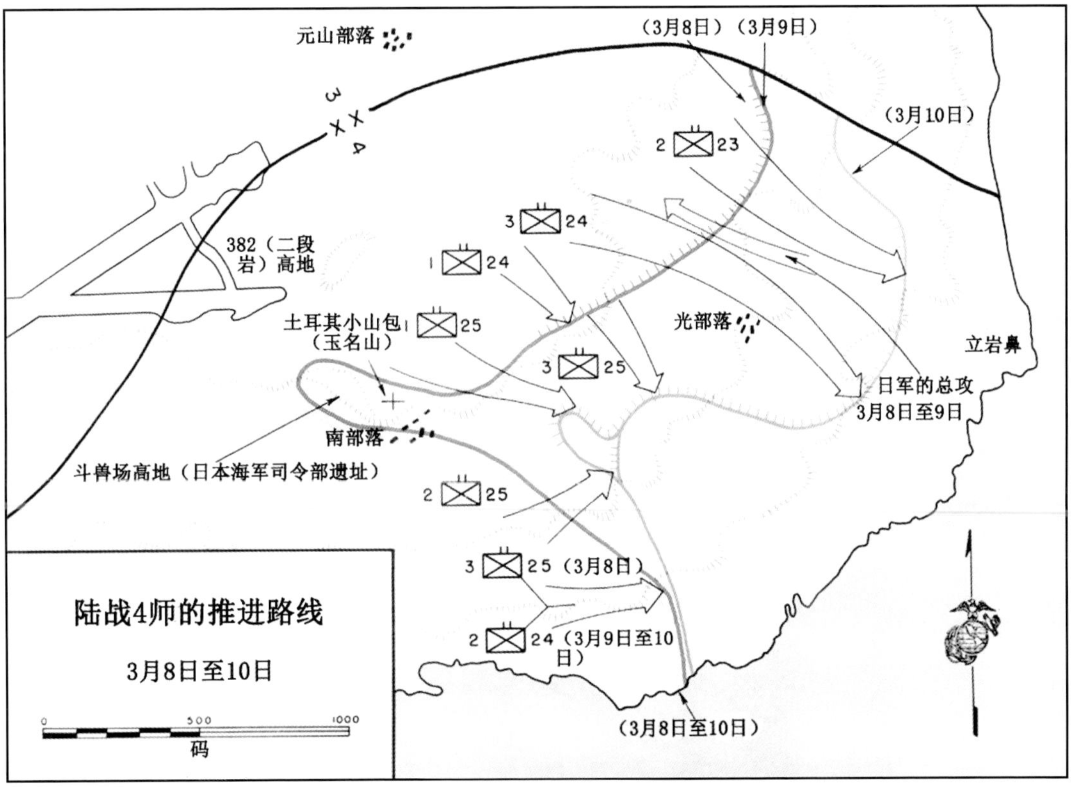

第十二章　美军的机场建设和后方行动

重建机场

正当第5两栖军的3个陆战师克服日军的顽强抵抗，为了北进寸土必争之时，在战斗部队后方，美军也在进行一场同样艰难的奋斗。除了战役的头几天能够用火炮和迫击炮火力对岛屿任何地方的美军进行地毯式打击的日军之外，美军在前线后方面临的最大敌人是时间。美军硫黄岛战役计划的基本前提是尽快确保占领硫黄岛南部的两座机场，为此前线的陆战队员每小时都在付出生命的代价。除非机场能尽快投入运作，否则前线官兵的牺牲将没有意义。

2月24日，多米尼克·埃米利奥海军少校指挥的第31海军工程营，就在硫黄岛南面的千鸟机场开始工作。这一任务最初是交给133海军工程营承担的，可是墨菲海军少校指挥的这个营在登陆日减员较重，乃至于23日仍在重整。与此同时，北面元山机场的战斗仍在进行之时，“海蜂”就在步枪兵的掩护下趴伏在千鸟机场的跑道上作业，探查地雷，找到可能会破坏飞机橡胶轮胎的、形状最不规则的弹片。

一整天，31海军工程营的“海蜂”与第5两栖军独立第2工兵营的部队都在清理跑道上的尘埃，他们往往要冒着日军狙击手和火炮的火力工作。2月25日傍晚，工兵们已经将千鸟机场1500英尺长的南北向跑道平整完毕，然后就能让小型飞机使用了。

次日，陆海军工兵在跑道旁列队欢迎陆战4师的2架OY-1小型观察机起降。飞机很快离开去执行空中观察任务，133“海蜂”营在重整一周之后，终于将压路机和铲土机开进机场，开始作业。

到3月1日为止，陆战队第4和第5观测机中队的16架飞机都先后从护航航母来到硫黄岛千鸟机场。这一时期飞行跑道仍在遭受日军炮火的打击，许多小型飞机都因此受损，不得不极力修缮。第4观测机中队

陆战队工兵在连接千鸟机场和元山机场的滑行跑道上探雷。

有7架飞机进入硫黄岛机场起降，其中6架都受损严重，到战役结束后，不得不进行全面检测。

千鸟机场的第一条1500英尺长的跑道重修完毕，只是整个重建工程的第一步。第2独立工兵营负责重建南北向和西北－东南向的两条跑道，海军第62工程营则负责重修东北－西南向跑道。岛上可用的采石场有一种优质的砂质黏土填料（土丹岩），可用于修建道路，广泛用于千鸟机场的修复和扩建。正是靠使用这种材料，才能让陆基观测飞机的短跑道提前竣工成为可能。

除了天黑和日军火力压制机场的一些时间里，机场修复工作进展良好。2月28日，千鸟机场已可供航母舰载机紧急迫降。从第一架受损的鱼雷轰炸机当天降落开始，这座机场日益受到舰载机飞行员们的欢迎。3月2日，千鸟机场4700英尺的长跑道竣工，第2空中后送中队的1架R4D运输机搭载12名陆战队伤员从这条跑道飞离硫黄岛。日军发现美机在新修复的机场上活动日益频繁，集中炮火射击飞行跑道。于是在当天余下的时候，千鸟机场一直都无法使用，不过此后在机场上进行的空中后送几乎成为日常作业，没有再受到日军严重干扰。

3月4日下午，一架空袭日本本土返航的B-29重型轰炸机在硫黄岛千鸟机场迫降，重新加油，然后继续向马里亚纳群岛返航。这是美军实现占领硫黄岛的战略意图之一——为B-29提供中转站——成为现实的开始，在战争继续下去的不到半年时间里，还会有数以百计的B-29轰炸机会在这个小岛机场上紧急降落。

第一架从硫黄岛出发后送伤员飞机的内部影像。

早在2月28日，美国陆军航空兵第9轰炸机部队运输机中队的飞机，就在硫黄岛西部海滩附近空投9000多磅补给。3月1日起，千鸟机场上空开始进行空投。空投的物资包括地面部队急需的81毫米迫击炮弹、医疗用品、无线电设备和邮件。3月4日，马尔科姆·麦凯中校驾驶的第一架海军陆战队飞机——一架R5C运输机在硫黄岛着陆。这架飞机从关岛运来5500磅硫黄岛前线急需的迫击炮弹和其他弹药。3月12日，千鸟机场的5800英尺长跑道竣工后，硫黄岛的战略价值进一步提高，从此千鸟机场的飞机起降已经是例行公事。

除了运送物资和后送伤员的运输机之外，陆基战斗机也需要使用千鸟机场支援地面部队作战。战斗机的任务兼具攻击性和防御性。一来，战斗机要尽可能为在地面战斗的陆战队员提供最密切的近地支援。二来，他们要继续扫荡硫黄岛附近的日本驻军岛屿，以防日军从海上增援，同时消灭日军航空兵在小笠原群岛的残余力量，这个任务同样重要。最重要的第三项任务是必须阻止硫黄岛日军对美军硫黄岛地面作战和海上补给舰船的干扰。

在硫黄岛战役的前两周，

P-61 夜间战斗机飞赴硫黄岛。

弗农·梅吉上校是地面部队航空控制单位的指挥官。他在2月24日上岛，但直到3月1日才开始控制支援飞机，此时他已经成为硫黄岛航空兵司令。这些陆上机构的建立，极大地促进了对第5两栖军火力支援的协同和控制，尤其是在梅吉使用前线观察人员发展出一个第5两栖军军部控制的近地空中支援体系之后。事实上，梅吉在这一段时间内身兼数职，简直忙得不可开交，在一位可以全面负责硫黄岛航空兵的将领到来之前，岛上的防空和空中后勤任务都落在他肩上。

3月6日，陆军航空兵的欧内斯特·摩尔准将总算来到硫黄岛，出任驻岛航空兵司令。他还带来最初的空中补充战力——第15战斗机大队的28架P-51战斗机和12架P-61夜间战斗机。3月8日和9日，海军陆战队242鱼雷轰炸机中队从提尼安岛来到硫黄岛。迪恩少校指挥的这个中队日夜轮班在硫黄岛周围执行防空飞行任务。这个中队以千鸟机场为基地行动，接管航母舰载机的反潜巡逻任务。经过23天的精心运作和艰苦行动，航母支援集群终于能够离开硫黄岛水域，将航空支援任务交给陆基航空兵。

3月11日，硫黄岛基地的15架P-51战斗机对父岛附近发动首次空袭。在攻击和占领阶段，马里亚纳群岛的美国陆军航空兵轰炸机多次日夜空袭父岛和母岛，在全面支援地面部队时，还曾两次直接空袭硫黄岛的日军阵地。当时还留在硫黄岛水域的航母支援集群的飞机，除了日间多次执行该岛周围的飞行任务之外，也曾数次空袭父岛和母岛。千鸟机场投入使用之后，越来越多的B-29轰炸机在空袭日本本土返航时来到岛上寻求庇护，通常迫降时飞机的状态都不太稳定。3月14日，已有24架重型轰炸机在岛上紧急降落，通常就在仍据守岛北部的日军眼皮子底下着陆。

在千鸟机场日益忙碌的时候，修复元山机场的最初步骤已在紧张进行当中。由于该机场2月下旬和3月初仍在日军的炮火打击之下，几乎无法进行任何实际重建，只有让第2爆炸物处理连——这个专门负责清除地雷和哑弹的海军陆战队单位先清除地面的爆炸物。3月16日，元山机场已经恢复到可以运营的状态。这座机场有两条跑道，一条5200英尺长，另一条4800英尺长。

随着对硫黄岛的攻击阶段进入尾声，美军的注意力转向将该岛建成一个重要航空基地的发展计划上。一旦目标确定，美军便立即组建了一个海军工程旅，配属更多工程单位。原定的硫黄岛发展计划要修建3座机场和设施来容纳守备部队。这3座机场每天要能容纳90架B-29轰炸机起降，还要容纳5个护航战斗机大队。元山机场将会用作“超级空中堡垒”从马里亚纳群岛取道硫黄岛飞往日本的中转基地。千鸟机场和北机场会让战斗机和小型轰炸机使用。不过，美军还有一个构想更为宏大的替代计划。根据该计划，最终硫黄岛机场将变成一座巨大的综合航空设施，容纳2条B-29轰炸机跑道，2条战斗机跑道和一个作战服务中心。美军最终决定，一旦确保硫黄岛的安全，元山和北机场将会合并，形成一个占地4平方英里以上，大约占该岛面积一半的大型机场。

在重建硫黄岛的几座机场之时，工兵遇到了复杂而令人恼火的麻烦。由于硫黄岛是个火山岛，铺设跑道或地下汽油管道会不时遇上蒸汽层和含硫罅隙，作业非常困难。在火山岩上修建跑道也是一大问题，使海军工程单位有必要每天轮班各工作10小时。

7月中旬，第一条B-29轰炸机跑道已铺设完毕，全长9800英尺。第二条超级轰炸机跑道在战争结束时已平整9400英尺，但从未重新铺设跑道路面。东西走向的旧跑道变成一条6000英尺长的加油跑道。千鸟机场的战斗机跑道最终铺设6000英尺，还配备了7940英尺

1945年5月26日，硫黄岛南机场（原日军千鸟机场）鸟瞰折钵山在远处的背景位置，注意在机场上停放的B-29轰炸机。

的滑行跑道和258个停机坪。北侧跑道地形条件较困难，施工进度拖拉，战争结束时已经铺设5500英尺，可供战斗机使用；此外，大约10000英尺的滑行跑道已经平整完毕。每座机场都有两个大型油库和各种设施负责燃料供应。

让硫黄岛成为战斗机基地受到战争全局的极大影响。日本本土的日军航空兵力在1945年春末夏初急剧下降，而且随着美军对冲绳的攻占，从硫黄岛出动的B-29轰炸机不再需要从硫黄岛起飞的战斗机护航。不过，至战争结束，从硫黄岛起飞的护航战斗机仍达1191架次，空袭日本本土目标的轰炸机则起飞3081架次。硫黄岛机场的主要用途变成充当美军飞机，尤其是遇险的B-29重型轰炸机的中转着陆站。到战争结束时，大约有2400架次重型轰炸机曾在硫黄岛跑道迫降或加油，涉及的航空人员合计25000人。

后勤、后方设施和新闻采访

硫黄岛战役期间，日军的火力、深厚的火山灰和大浪给美军的补给制造了严重问题。在战役早期阶段，海军滩头工作队和陆战队海岸工作队都经历了一场噩梦。在最早登陆之后的几天时间，他们的工作重点是满足作战部队的紧急需求。用履带登陆车和两栖卡车运送上岸的物资，往往都不用在海滩上重新装运就直接运到内陆。在道路能够支持轮式车辆行驶之前，全靠各种两栖履带车辆将大量补给从海滩运送到内陆的军需仓库。

弹药和各种物资登陆是在极为困难的条件下进行的。大浪让登陆艇在水中大量横转。每一波海浪都会将船身顶起，抛向海滩一侧，随后而来的多次海浪会淹没和掀起大量登陆艇。其他船只相继撞上已经开始在海滩上堆积的车艇失事残骸，最后大量残骸几乎堆积如山。一旦美军确保滩头阵地的安全，坦克登陆舰和中型登陆舰就开往海滩，不过在风浪中要避免横转非常困难。拖船频繁出动，将这些登陆舰船拖开。卸载夜以继日，滩头工作

1945 年 3 月 10 日，正在硫黄岛海滩运输物资的美军车辆。

队不得不一刻不停地工作。

为了便于将补给送交作战部队，海滩上使用了马斯顿钢垫和装甲推土机。马斯顿钢垫对克服登陆海滩上的软火山灰制造的麻烦作用巨大。装甲推土机装备钢板保护驾驶员和机器，用于在海滩上平整沙堤和开凿出口。战斗转移到岛北部时，几台装甲推土机在多石峡谷中开凿道路，在5师的辖区发挥的作用尤其显著。

师属轻工兵营是各师海岸工作队的基干。133和31海军工程营为陆战4师和5师提供设备操作员和货物装卸人员。此外，陆军442和592驮运连被分配给4师和5师，海军陆战队勤务和补给单位在海岸工作队建制内部被赋予特殊任务。3个陆军两栖卡车连与2个驮运连一样都是黑人部队，为滩头工作提供了宝贵的力量。6个补充兵单位是各船只和海岸工作小单位的最大劳动力来源，但是他们随后还是会被人力消耗较大的作战单位吸纳。2月22日，第8野战军需库的各单位上岸，部队都被分派去协助各师属海岸工作队，由于伤亡和战斗疲劳，后者急需补充人员。

美军滩头设施建设的进展缓慢而稳定。2月25日，陆战5师的工兵开始在西海岸运作一个蒸馏水车间。工兵营了解岛上的独有地质特征，用进水管到天然温泉里取水。从地下冒出来的水很热，必须用海水冷却。这样一来，岛上的士兵就有机会洗热水澡了。

同一天，海滩的局面正在稳定，第5两栖军海岸工作队接管所有海岸工作的控制权。驳船在东海岸的卸货工作也在进行。随着大量补给开始被送上海岸，美军在西海岸必须利用更多海滩。初步调查显示，西海岸的条件适合让坦克登陆艇和小型船只靠岸。2月27日，硫黄岛西海岸已经建成多个海滩出口和多条道路。与此同时，美军在军事地图上标明了紫色、棕色、白色和橙色等新的可登陆海滩。

被迫眼看着东岸的美军“海蜂”活动，日军日益沮丧，不过他们看到了一个干扰西海岸行动的机会。3月1日，美军的弹药补给船“哥伦比亚胜利”号运载一批炮弹接近西海岸，日军在釜岩、监狱岩和硫黄岛西北发射的迫击炮弹转瞬间就将它包围了。一枚炮弹在非常近的距离爆炸，造成一人负伤，船体轻微受损。成百上千道焦虑的目光注视着日军的炮火，包括在西海岸第5两栖军军部观察的霍兰·史密斯中将和施密特少将。这一幕牵涉到的不仅是一艘船的得失。一旦“哥伦比亚胜利”号运载的弹药爆炸，整个硫黄岛西海岸连同在海滩上工作的数千陆战队员都将受到波及。这艘货船敏锐地意识到了危险，于是改变了航向，奇迹般地避开了更多险情，返回公海。

由于日军的骚扰，在3月2日，“紫色2”号海滩投入使用之前，硫黄岛西岸海滩都没

美军在硫黄岛修建的海水净化设施，每台装置每小时可提供250加仑净化水，能让陆战队员更容易得到饮用水，还有机会洗热水澡。

有开放。3月3日，所有攻击舰船都已在硫黄岛卸货后撤离，詹姆斯·切尼陆军少将指挥的守备部队开始登陆。陆军地面和航空守备部队的先遣队、切尼少将与他的参谋人员，以及陆军147步兵团和第7战斗机部队的人员在2月27日便已率先登陆。2月25日便已登陆的陆军506高炮营正在用90毫米口径高炮向西部沿海的釜岩和监狱岩开火，压制曾骚扰美军驳船的日军迫击炮和喷进炮阵地。这对在西海岸北进的陆战5师的部队是一种有力的支援。

2月27日，美军已在硫黄岛开设了几座野战医院，大大减少了负伤的陆战队员获得急需救治的时间。第一批全血也在这一天到达硫黄岛。

前线的陆战队员在用血肉之躯与凶悍的敌人战斗，救死扶伤的战斗也同时在后方进行，按照美国人的价值观，医护人员对战争的贡献与战斗人员是平等的。美军医护人员的急救处理能力，再加上决心和医学知识，注定能挽救许多人的生命。25日，在西海岸的紫色海滩上，一家可容纳200个床位的海军后送医院已开放。在位于千鸟机场北端的陆战4师医院里，17名医生分作四个外科小组，夜以继日地工作。陆军第38野战医院由22名军官和182名士兵组成，在2月25日登上硫黄岛。野战医院会依靠海军的医疗设施为伤员提供大量医疗服务，做出重大贡献。千鸟机场南端的陆战5师医院投入运营之后，硫黄岛的医院设施得到进一步的补充。

要给伤员提供尽可能的最佳照料，时间因素至关重要。连属医疗急救站的输血操作更是需要争分夺秒。血浆在先前的战役中就已使用，在每个战场，它的救命能力都已成为传奇。在硫黄岛，新鲜的全血新近从美国西海岸运来，用冰块储藏，直接空运到战场使用，效果极佳。一开始，全血由水上飞机空运到位于硫黄岛东南端折钵山附近的一个基地。这个水上飞机基地一直使用到3月8日，然后水上飞机被用于执行海上后送任务，运送伤员返回塞班岛。

千鸟机场刚刚开始运作，紧急后送飞机就将全血空运到硫黄岛。到3月16日为止，共有960品脱全血被空运到硫黄岛。美军从医疗舰上还能得到额外的血浆供应。硫黄岛战役接近尾声之前，地面部队消耗了5406品脱的全血。到那一天为止，在硫黄岛用于照顾伤员的全血总量达到12600品脱。

硫黄岛战役期间，美国陆军和陆战队的C-46和C-47运输机空投物资78吨，另外还空运各种补给40吨。

2月28日，一直在为伤员提供紧急救治的几艘美军医用坦克登陆舰，满载着伤病员，出发离开硫黄岛水域。此时岸上的医疗设施接管照顾伤员的任务。重伤员随后被直接从海滩后送到医疗舰和运输舰上。3月5日，超过9500名伤员已用运输舰和医疗舰后送到后方地区，另有125名伤员乘飞机后送。美军的计划要求将伤员后送到塞班岛和关岛，两地的医院分别有1500个和3500个床位。只要伤员的情况允许，就能用水面舰船和飞机将他们运送到夏威夷治疗。

在后方进行的一项行动是收集和埋葬死去的战士。这个任务是由勤务部队执行的，通常都很危险，因为战死的士兵离前线很近。运尸小队往往会成为日军轻武器和迫击炮的目标。一位参加过硫黄岛战役的老兵后来回忆道："在硫黄岛的尘埃里苦斗，在岩石和沟壑之间，战斗日夜不停地进行，战争变成一种单调的恐怖，一种关于痛苦和死亡的无聊的事情；战争成为一种生活方式、一项任务、一种负担和一种重复劳动，令人身心俱疲。死亡如此平常，乃至于人们都了无生趣，只有听天由命。人们不再指望能活下去。恐惧的不是死亡，而是受到的残害。这一切在硫黄岛没有尽头；残酷的伤害也没有尽头。"

硫黄岛战役期间，美军伤亡很大，埋葬尸体变成了一个特殊问题。对尸体的处置由陆战4师的殡葬官刘易斯·纳汀上尉负责，他同时身兼第5两栖军的殡葬官。军部和师部的人员，尤其是师属军乐队承担了这项悲哀却必要的任务，这一度成为一项无休止的繁杂任务。

全天运尸队都要抬着担架去战场，将担架列成一排。两个人沿着一排排担架走过，尸体的右手食指还在的话就取下指纹。其他人从每一具尸体上取下他们的身份牌（美军戏称为"狗牌"），然后让其他人将尸体埋葬。如果尸体上既没有指纹，也没有身份牌——其实经常没有，运尸队就要设法辨认牙齿、伤疤、文身、胎记、衣服样式、佩戴的首饰或制服上的标记以确定身份。有时留下的线索很少，为了确定此人属于哪个部队，就需要先确定尸体是从战场的哪个具体部分运来的。

一排尸体确认身份、准备完毕后，就会用毯子或斗篷包裹起来，放进一条壕沟里。推土机会用6英尺厚的硫黄岛上的沙子将他们盖住，压路机会在沙子上撒上黏土，以免被风吹走。运尸队对北方遥远的战斗动静熟视无睹。从2月22日以来，纳汀上尉的部队有5人伤亡，硫黄岛战场的公墓里都没有安全可言。

1945年2月至3月，在硫黄岛上，庞乔斗篷覆盖的美军陆战队员的尸体。

日军也不愿意在战场上抛弃死尸，在美军看来，这多半不是出于感情原因，而是为了防止正在前进的美军了解他们的真实损失程度。结果，日军经常在黑暗中潜入战场，将尸体带走。如果尸体无法处理，日军就会将尸体焚毁或在工事里就地掩埋。

随着战事的推进，美军

地面部队的组织效率日益提高。第5两栖军炮兵指挥官约翰·莱彻上校在夏威夷就与陆战4师和5师协调过详细的指导方针，逐渐提高了空中火力、海军舰炮火力和地面炮火的协同性。莱彻与地面部队航空支援控制单位、军属航空兵和海军舰炮负责军官密切合作，按照轻重缓急筛选各部队对3个师属炮兵团提出的火力支援请求。2月24日，在军部登陆之后，这个协调部门的一些成员仍继续留在“奥本”号上作业。莱彻上校在当天15时便已登陆，在岸上指挥协调火力支援事宜，直到战役结束为止。

随着战局的需要，硫黄岛外海的航运编组也发生了变化。一种新型补给船只，即小型补给舰在硫黄岛外海首次使用。这种船只是一种自行营房式舰船，后来被称为APB机动式兵营船。在硫黄岛配备了2艘APB进行试验。实际上这2艘舰船是用坦克登陆舰改装的，为的是满足硫黄岛战役对大量小型舰船的需要。这类小型船舶的续航能力不足，无法长期在目标地区作业。为了有效支持这些小型舰船作业，2艘改装的坦克登陆舰每艘都装载225吨冻干食品、120000加仑水，还有大约235000加仑燃料；两艘船上有可供40名临时军官和300名士兵歇宿，还有一个可容纳14名病人的医务室，以及供750人24小时用餐的各种设施。这2艘营房式舰船服务的对象包括驱逐舰、护航驱逐舰、扫雷驱逐舰、登陆舰、布雷舰、巡逻艇和登陆艇、扫雷舰、猎潜舰和救援拖船。2月19日到3月7日，这2艘APB为54艘舰船加油和重新供水，还为76艘船只补充食物。

参战的官兵对这2艘APB赞誉有加。对他们而言，最棒的是这2艘兵营船照顾登陆舰船和船员的方式。许多船员在自己隶属的船只离开视野之后，直接在海滩上被收容。许多船只暂时失去动力，有些报废了。2艘APB前后为总共2500名官兵提供住宿，为4000人次供应1日份的食物。对于一个又累又饿的船员而言，有个能吃饭睡觉的地方真是帮了大忙。

这2艘船没有装载登陆舰艇配件或者维修设施。硫黄岛海域的船只维修任务，主要由3艘船坞登陆舰、3艘维修舰、1艘柴油维修舰和1艘登陆艇维修舰负责。这项任务的规模不小，共有30艘（坦克）登陆舰、3艘驱逐舰、5艘攻击运输舰、1艘拖网船和许多登陆舟艇要修。据说，在海滩登陆的每艘小舟艇都有损坏，其中许多舟艇损坏不止一次。3艘船坞登陆舰一天24小时都在进行维修。修理舰的潜水员从日出一直工作到夜间10时或11时，潜水服都不离身，忙着清理螺旋桨、进行水下修理和从事打捞工作。

如果不提陆战3团的话，对硫黄岛上和周围水域的发展事态的描述就是不完整的。詹姆斯·斯图尔特上校指挥的这个团是远征军地面部队总预备队。早在2月28日，第5两栖军军长施密特少将和陆战3师师长厄斯金少将就要求将这个总预备团投入战斗，加大硫黄岛中路战线的推进力度。当时地面部队已经承受了严重伤亡，人员损失很大，兵员出现枯竭迹象，在岛上作战的3个陆战师的战力都受到严重影响。为了让陆战3团这支生力军登陆，第5两栖军军部想尽了办法，地面部队司令史密斯虽然明白他们的难处，却不得不一再重复联合远征军司令特纳海军中将的观点，即已经登陆的地面部队数量足以占领该岛，再增加一个团的兵力只会加剧交通堵塞问题。

第5两栖军作战训练处长克雷格上校对这种看法十分不满，后来公然说道：“我在硫黄岛的时候，观察了岛上所有我军掌握的地方，近距离了解战局后，认为陆战3团登陆是不会让岛上的交通过度拥挤的。投入这个训练有素、经验丰富的团，将缩短战役时间，减少我们的伤亡。”

让陆战3团投入战斗的利弊引发了一场争论，多年之后都不曾平息。地面部队的成员仍然颇为苦涩地坚持认为：“在那个时候投入一个团的生力军，会鼓舞岛上已经疲惫的地面部队，从而在更短的时间内最终占领硫黄岛，伤亡也能少得多。”一份对当时战局的分析报告指出：“使用补充兵员，而不是让陆战3团的步兵登陆来缩短前线各作战单位战斗时间的后果显而易见。战斗终结时间因此被推迟了。前线的关键兵员过度暴露在日军火力打击下，与日军抵抗相关的战斗减员在正规步兵和战斗补充兵员之中都在增加。”

除了这一争议外，将硫黄岛转化为一个美国军事基地的计划，几乎方方面面都受到岛屿面积过小的影响。岛上没有建筑物、公路、林区、农田或溪流。最为重要的是，后方地区的空间太小。机场、炮兵阵地、补给仓库和地面部队几乎占据了岛上的每寸土地，后方地区总是太过靠近前线，距离不过2到3英里。

后方空间太小，对医疗设施和在岛上作战的3个师和1个军司令部都造成很大影响。医疗部门将他们的各单位分散到分配的多个地区，靠无处不在的推土机帮助，在岛上挖掘一个地方，用便携式胶合板在坑洞里修建手术室，盖上防水布来防尘防寒。工兵在凹陷的干水池上盖屋顶，将其改建成良好的手术室。飞机护墙或推土机压出的长壕沟中搭建了防护帐篷。电灯亮了起来，建起了野战手术室，血库也被移到岛上。在运输舰离开时，一个出色的外科设施体系已开始运作。

应第5两栖军军长和3个师长的呼吁，霍兰·史密斯中将每两天都会上一次岸，在第5两栖军军部或者3个陆战师的师部观察战斗进展。这些指挥所的条件简陋。凯茨的4师指挥所在设防的蜡烛岩采石场附近，可俯瞰大海，是用一座被美军摧毁的碉堡改建的，深埋在废墟下的日军腐尸的臭味令人作呕。厄斯金的3师指挥所就在元山机场南面，建在一座废弃的日军炮位上，用防水布挂在1门120毫米高平两用炮上，撑起一个空间就凑合了。在第5两栖军左翼，洛基的指挥所就在悬崖边的一座摇摇欲坠的建筑物里。不久前，他的陆战5师刚刚将里面的日军消灭。

地面部队的补给是非常复杂的行动。到战事最后阶段，火炮弹药的平均日消耗量超过23000发。从海滩上卸载的各种弹药足以装满480辆货运汽车，还得加上足够俄亥俄州哥伦布市全体居民足够吃上一个月的食品。仅海军舰炮一项，实际消耗的弹药总量即高达14650吨。海军舰炮合计发射406毫米炮弹2400发，折合2280吨；356毫米炮弹5700发，折合3640吨；305毫米炮弹1440发，折合520吨；203毫米高爆炮弹11700发，折合2020吨；152毫米高爆炮弹8400发，折合440吨；127毫米高爆炮弹152000发，折合4160吨；127毫米照明弹17700发，折合300吨；127毫米常规炮弹12000发，折合270吨；102毫米口径炮弹10000发，折合145吨；还有107毫米迫击炮弹70000发，折合875吨。

为了占领全长8公里的硫黄岛，除了弹药之外，美军还需要数量惊人的燃料和其他物品。这些物资包括重油410万桶、柴油59.5万桶、航空汽油3377.5万桶、汽车用汽油670.3万桶；加上各类弹药约28000吨；服装38吨；舰队货物10000多吨；船用绳索、帆布、挡泥板、清洁用具7000

随着时间的推移，美军在硫黄岛海滩的组织工作日益完善，物资的登陆、堆放和输送变得井井有条。

多吨；糖果约1000吨；厕所用品、文具和船舶食堂用品大约1000吨；以及新鲜、冷冻和风干食品14500吨。

史密斯本人后来说道："为占领这个荒芜小岛付出的努力是惊人的。海军在硫黄岛消耗的弹药比太平洋任何地方都多。陆战队炮兵耗费了45万发炮弹，还耗去大量迫击炮弹、手雷和火箭弹。"

与陆基炮兵和海军舰炮弹药消耗紧密相关的是航空支援控制单位，该单位负责空中作战和反潜巡逻任务。该单位由陆战队和海军军官，以及陆战队的技术兵和操作员组成。在这方面，硫黄岛的狭窄空间反而成了一种优势。该单位距离地面部队指挥所仅仅20多米。由于距离如此之近，地面部队提出的空中支援请求处理起来比以前快得多。

为了炮兵火力与空袭的协同，每次空袭简报都会在军属炮兵火控电台广播。每次空袭都会提供飞机数量和机型、接近和撤退方向、最低飞行高度和其他相关数据的信息。于是，每个炮兵营都能控制好自己的火力，使之免受空袭干扰。飞机进行低空凝固汽油弹空袭，炮击也不过必须完全停止一两次而已。

开发硫黄岛的进程并没有随着新设施的建设停止。某些时候，必须改变岛屿的地貌来满足新居住者的要求。即便是硫黄岛最醒目的地标折钵山也会受到这些变化的影响。陆军硫黄岛守备队计划使用多辆卡车装载雷达、气象和导航设备运往山顶，以准备即将到来的对日本本土列岛的进攻。要实现这些计划，有必要建造一条通往顶峰的公路，这是日本人从未做到的一件事。3月6日，美军开始修建一条35英尺宽的双车道环山公路，全长将近1英里。第二天一早，第一台推土机驶入折钵山山顶的火山口。折钵山的战斗结束后，一些仍留在山上的日军士兵无力干涉道路建设，只有晚上才从洞穴里悄悄出来寻找食物和水，一旦被美军发现，自然会被消灭。

支持司令部和在硫黄岛行动的各单位的众人之中有一批特殊的人，既非纯粹的军人，也不完全是民间人士，他们的工作是拍摄或写下该岛的战斗。他们是美国和同盟国新闻界、广播电台和地方报刊的代表。新闻记者得到最广泛的活动空间来报道这次战役，在入侵部队和登陆艇上都能见到他们，偶尔还能在散兵坑里看到其身影。

除了得到认可的民间记者之外，美军的每个军种都有自己的新闻记者和摄影师，包括一个海军电影摄制组，他们用胶片记录了整个战役经过。为了新闻界方便工作，在海滩上安装了无线电电传设备，还提供一架海军浮筒飞机，可将文稿副本、照片和新闻短片直接运往关岛，资料在那里会经过加工再空运回美国本土。2月26日，岛上的战斗尚在继续，特纳海军中将和史密斯中将在硫黄岛接受了实况转播采访，开创太平洋战场的先河。

1945 年 3 月，海军战斗摄影所所长爱德华·斯泰肯海军上校与陆战队的威廉·达玛托下士谈话。

硫黄岛战场上的事件在美国的报纸杂志上广泛报道。美国公众完全了解这场激战的残酷性。随着伤亡人数的增加，为占领该岛付出的巨大生命代价的强烈印象开始让美国大后方受到冲击，人们哀呼着，质疑是否需要这样大量流血。美国人的价值观让他们对无法避免的残酷战斗感到震惊，希望能找到一种相对代价更小的办法战胜敌人。公众中有人强烈呼吁对日军使用毒气。但由于罗斯福总统对于毒气战的厌恶，这项提议没有得到实施。

第十三章　最后的战斗

陆战3师攻克万部落阵地

1945年3月11日，硫黄岛的军事行动已经到达最后阶段。在美军3个陆战师各自的辖区内，日军不再有统一指挥，只能据守几个孤立阵地，死战到底。美军将包围圈收紧之后，战斗的性质发生了变化，地形已不再允许美军使用海军舰炮和空中支援，甚至陆基火炮也逐渐不可用。为了打垮日军最后的抵抗，美军步兵需要坦克和半履带自行火炮提供强大的近程火力支援。

3月11日，陆战3师推进区域的仅有大规模抵抗是在3师的粗糙边界一带，日军残部在那里占据了一条与北之鼻东部海岸平行的山脊线。在更远的南面，元山部落东面、北机场东南是第二个抵抗中心。在362C高地（东山）西南是一个数日前已经遭到美军进攻的孤立阵地（日军称为“万部落”阵地）。美军以3师9团2营营长库什曼中校的名字为这座孤立阵地命名。这个阵地是砂岩地质，如蜂窝一般布满洞穴和火力点。阵地周围有日军的反坦克速射炮，以及第26坦克联队残存的改成固定炮台的轻型和中型坦克守卫。这座阵地里的日军最高指挥官就是第26坦克联队长西竹一中佐。

3月11日，9团1营和3营将从东海岸附近的高地向库什曼孤立阵地的东北边缘发动向心攻击。一旦2个营在前线会合，就从东面协同攻入这座阵地。上午，1营进攻一座瞰制孤立阵地的山脊，一路用炸药开道，摧毁沿途的洞穴和其他阵地，登上山顶。这次推进得到第3坦克营的谢尔曼坦克支援，他们用火力尽力摧毁陆战队步兵指示的日军防御工事，或者压制地下工事里的日本兵，让爆破队能够靠近，将其摧毁。9团3营在上午无法得到坦克支援，直到下午早些时候，一辆装甲推土机开辟出一条公路，谢尔曼坦克终于到达3营的战场。15时刚过，9团的2个突击营已经会合。天黑之前，2个营的部队沿着东海岸一路扫荡，在海滩上设立前哨，在362C山头以东的高地建立了防御阵地。

尽管美军在西面或西南方向都没有设立坚固的围堵阵线包围这个孤立阵地，被困的日军却没有任何行动，既没有设法逃出包围圈，也没有直接进攻靠近他们的陆战队员。相反，日军遵守栗林兵团长曾发布的书面命令，留守在他们相对安全的碉堡、坑洞、洞穴和充当固定炮台的坦克里，保卫和争夺每一寸土地，继续让美军为他们夺取的阵地付出高昂代价。

为了支援21团3营推进，美军将一个安装在雪橇上的183毫米火箭发射器配属给该营。这是第5两栖军军械处长的即兴发挥，他发现军械库存

被183毫米火箭弹在近距离命中之后摧毁的一座大碉堡。工事损坏严重，里面的日本兵非死即伤。如果日军来得及给这座设施盖上土坯掩护的话，美军的火箭弹几乎不可能对它造成真正的损害。

里的4具183毫米火箭发射器与军里当时装备的M4A3坦克车身无法适配，便将发射器都安装在雪橇上面。安装在雪橇上将这种强大的近程火力支援武器送入坦克无法通行的地区确实是一个好办法。每一具发射器装备20枚发射管，一次齐射可发射640磅TNT炸药，有效射程250码。在一个狭窄的区域内实施大口径火箭弹齐射，可能会对日军产生可怕的、极其令人沮丧的心理冲击。

21团3营逐渐靠近库什曼孤立阵地的控制范围，一路上遇到十分强大的阻力，此时第3坦克营C连的一辆坦克拖运一具183毫米火箭发射器开始行动。这具发射器一共进行了10轮齐射。3营的步兵很快就发现，大口径火箭弹齐射的视觉效果虽然炫目，但打击效果却不完全相称。尘埃落定后，防御工事里的日军依然无恙，几乎丝毫未受损伤。发射器一共发射了将近200枚183毫米火箭弹，步兵却依然无法占领这个阵地。

在3师推进区域的其他地方，当21团2营左翼后方的5师27团的部队出动之后，厄斯金师长将该营从前线撤下，让他们进行急需的休息。为了填补由此产生的空缺，21团1营将其战线向北延伸，与相邻的5师战线保持密切联系。与此同时，9团1营和3营从东北方向对库什曼孤立阵地实施向心攻击，当时配属9团的21团3营，正在从西南方向靠近这座阵地。

3月11日天黑前，3师的工兵和步枪兵一直在爆破日军盘踞的坑洞。由于战线与敌人距离太近，3师当天没有得到任何炮火支援，不过第12炮兵团1营的部队各就各位，一旦前线需要炮火支援，就会立即开炮。由于同样的原因，也没有飞机提供空中支援，只是为了报告3师各部队的行动进行空中观察而已。夜幕降临后，日军从藏身处现身，悄悄接近美军陆战队阵地，决心采用打了就跑战术，投掷几枚手榴弹，然后像往常一样悄悄消失。这样的策略鲜能成功，很少有日本兵能幸存下来讲述他们的功绩。

3月11日，21团3营面向东方，守卫一条200至300码长的前线，同时9团1营和3营面朝西方，守卫一条大约600码的前线。21团3营和9团的2个营之间距离500到600码。师预备队9团2营处于元山部落正东的位置，在那里扫荡孤立阵地南侧边缘的日军部队。与此同时，该营排出了一条大约400码长的战线，给任何试图从包围圈向西逃走的敌军布置了一道拦截索。

3月12日一早，美军对库什曼孤立阵地的压迫继续进行，9团1营和3营再度从东面如铁锤一般重击，21团3营沿阵地西侧边缘充当铁砧。勃姆中校的9团3营向西推进，显然正好击中了日军防线上一个不断恶化的弱点，取得很大进展。另一方面，南面的1营遭遇日军坚决抵抗，无法跟上3营的速度。最后，靠一辆装甲推土机掘出一条道路，让谢尔曼坦克能开到前线。一旦坦克就位，热情高涨的1营步兵就为坦克兵指明日军阵地，然后坦克兵靠车载75毫米主炮和12.7毫米机枪压制住日军火力，让步兵和工兵从容地将阵地摧毁。

一群陆战队员在坦克身后的道路两旁蹲下列队，等待进攻的命令。

在9团两个主攻营的推进区域，地形极端险恶，陡峭的海岸和满是火山灰的沟壑交替出现。坦克兵一直都必须高度戒备，唯恐附近的日本兵一心求死，突然绑着爆炸物冲上来想和坦克同归于尽。由于地形困难而动弹不得的坦克，对一心求死的日本兵会成为诱惑难当的目标，更何况坦克在这种状态下，对日军残留的反坦克速射炮而言，已成为便于打击的固定目标。此外，坦克的运动要通过无线电进行远程指导，要保持好方向非常困难。日军的许多阵地经过精心伪装，美军陆战队员在发现之前，几乎都站在这些地下工事顶上了。火焰喷射器和爆破装置在攻坚战中的价值无可取代。美军在3月12日取得不小的进展，但是在库什曼孤立阵地的后方，特别是俯瞰硫黄岛东海岸的山脊顶部沿线的抵抗依然坚决。

3月13日，9团的2个主力营继续前进，进一步压迫这个孤立阵地。美军的推进再度受到洞穴、碉堡和充当固定火力点的坦克、石墙和战壕阻碍。这些防御工事伪装得非常巧妙，美军步兵只有到达它们正前方极近距离才能发现。美军后来计算过这些防御工事大约有150座，在战斗的时候，他们至多能看出2/3而已。尽管日军依托工事一开始能占据优势，但他们仍无法阻止美军侵入这座孤立阵地的行动。谢尔曼坦克，尤其是那些改装为大型火焰喷射器的坦克对美军的2个步兵营的战斗极为重要。在打击麻烦的混凝土加固火力点时，火焰坦克作用最大。地形太过崎岖，谢尔曼坦克每次都只能移动很短的距离，然后就要靠装甲推土机帮忙开路。

对陆战9团而言，谢尔曼坦克参战至关重要。团长凯尼恩上校认为坦克“是我们使用的最强大的支援武器……坦克的支援是这次战斗的决定性因素”。

3月13日天黑前，库什曼孤立阵地已经被压缩到纵深仅250码（按照日方的说法，万部落一带的阵地被压缩到直径大约350米，可能是计算方法不同造成的差异）。这个孤立阵地的面积大幅减少，让美军能够将包围的兵力抽出2个营。早在当天上午，21团1营就替换了阵地上的21团3营，后者随即回到本团归建。同一天傍晚，9团3营完成了自己辖区的扫荡行动，次日一早就撤出该地区，转赴362C高地附近，在那里进行系统的扫荡战，消灭那里的日军残余。

这个时候，西竹一根据这几天的战况，判断万部落一带与玉名山地区的联络既已断绝，这个据点已经支撑不了多久，决定突围北上，与北据点的主力会合。14日拂晓，当地日军残存兵力约300人首先向东北方向的银明水出击。突围人员每人携带口粮3日份、手榴弹8颗、手枪2把，却没有水。

然而，就在同一天上午，美军消灭这个他们称之为库什曼孤立阵地的据点的最后一次行动开始了。9团1营负责主攻。他们到16时左右一直在推进，取得了大约100码的收获。装甲兵再度在消灭日军顽固防御阵地时起到决定性作用。第3坦克营B连的一辆火焰坦克被一枚日军的枪榴弹在近距离击中，车体内发生了一次小爆炸，驾驶员和助理驾驶员都不幸负伤。

当天15时30分，师预备队9团2营转归9团建制。18时不到，2营越过1营防区，向日军残余阵地发动进攻。此时这座阵地直径已仅剩150码左右。在制服残余的顽强抵抗期间，第3坦克营的谢尔曼坦克发挥了极为重要的作用，不过一辆从陆战5师借调来的火焰坦克的角色比其他坦克更重要。这辆坦克能射出一道125码长的火焰，在其他坦克都无法奏功时，它的长射程火焰就会发威，一次喷发造成的大面积火势破坏力极强。当谢尔曼坦克和火焰坦克在孤立阵地里喷洒火力，一路上用炮弹和火焰炸毁和焚烧一切日军目标之时，日军的抵抗变得越发零星，逐渐低落。这时就轮到步兵入场完成最后的任务了。

一名陆战队勃朗宁自动步枪手（右）和一名装备卡宾枪的步枪兵在搜寻让谢尔曼坦克引擎起火的日军目标。

上图的两名陆战队员锁定了可疑目标开火。

美军在这一带最后的战斗任务将会变成日常的扫荡战，而不是一次需要攻击部队使出所有本事的攻坚作战。3月14日余下的时间里，9团2营的战斗变成了一直持续到天黑的非决定性近身肉搏。不过换句话说，在硫黄岛战役的这个阶段，身心的疲劳对美军的摧残与日军的炮弹和子弹造成的伤害是相仿的。最早登陆的陆战队一线官兵在战斗的最后阶段很少还留在战场上。斗志不逊色于老兵，但缺乏经验的补充兵大量替换了前者的岗位。这些新兵的表现引发了不少议论。

研究美国海军陆战队历

史的学者巴特利说道："到了（硫黄岛）战役的这个阶段，大部分步兵都是缺乏战斗训练和经验的补充兵。这类训练和经验才能让战士们做好与敌人近战的准备，具备与他们一战的条件。因此，在2月19日最初登陆的兵员消耗3周后，突击陆战队员的技能和战斗效率明显下降。在3师努力摧毁残余的几座孤立阵地的最后几天，装甲兵的支援让胜利成为可能。配备主炮的坦克、装甲推土机和火焰坦克与筋疲力尽的步兵一起行动，给予后者一种急需的有效帮助。"9团2营的报告在谈及同一个话题时，简明扼要："几乎所有的步兵都是补充兵。他们完全没有与日军近战的意愿。"

艰苦的战斗在库什曼孤立阵地继续进行，那里的日军工事在一个接一个被摧毁的时候，在这座阵地正东面，俯瞰东海岸的一道山脊上（按交战双方的记录对照来看，应当就是362C高地或其附近的某一道山脊，即日军所说的"东山"），正在进行一种完全不同的战斗。最初，陆战3师曾在3月7日以常规的正面进攻，用火焰喷射器、轻武器和爆破占领这道山脊，将这个目标像其他数百个目标那样摧毁，然后继续前进，留下一片焦黑、带着战争创伤的洞穴入口。这道山脊在光天化日之下看上去也非常险恶。几天过去了，美军的前线早已北移，这座荒凉的山脊却又恢复了生机。

隐藏在这个美军已经扫荡过的山脊的某个位置的一挺日军重机枪，向一个携带弹药、毫无防备的陆战队员开火，将他杀死。这个迹象表明，在这样一个所谓的后方地区有情况发生。当越来越猛烈的轻武器火力与重机枪一同开火之时，山脊附近的其他陆战队员大吃一惊，其中一些人很快被日军子弹击中。之后的受害者是担架队员和他们抬运的伤员。最后，坦克和爆破人员赶到，清理这座山脊的任务危险而费时，却不得不重复一回。

陆战队员拥有优势武器，但他们发现洞穴太多了。他们在攻击一个目标的时候，可能会被数尺外的另一个洞穴伸出的枪口发射的子弹击中。此

一个美军攻击分队正在从死角向一座日军工事移动，火焰兵正在向工事的射击孔开火。注意图中其他位置升起的烟雾，可能是与这座工事连通的其他工事。

外，这道山脊就像一个字母“S”那样弯曲。各处洞穴的入口因此能相互保护，陆战队员在攻打一处洞口的时候，就有可能被后面洞穴里隐蔽的日军击中。山脊内部的坑道四通八达，让日本兵可以放心与美军玩一场死亡游戏，能够从任何一个洞穴里向外开枪。当美军非常靠近那个洞穴时，日本兵已经离开，从另一个20码开外的岩壁上位置更高的地方开枪。为了进攻任何一个洞穴，美军陆战队员必须先在他们能看到的每个洞穴都安排哨兵戒备。山脊内部的坑道也蜿蜒曲折。日本兵只要跑回洞穴内部，就可以摆脱直瞄武器火力和扔进洞穴入口的手雷。

最后，手持火焰喷射器的战斗工兵将致命的燃料喷进洞穴，让里面变成烈焰飞腾的地狱。一些重新占据山脊的日本兵被活活烧死。其他人的衣服和身体着了火，想要夺路逃跑，只能沦为守株待兔的陆战队员的枪下鬼。在绝望之中，一些被困在山脊里的日军用手榴弹自爆。不久，山脊里的场面变得疯狂起来。更多的日本兵尖叫着从山洞里冲出来。他们在岩石上翻滚，衣服和身体都烧得非常厉害。不久，美军的火焰喷射器暂停工作。一个陆战队员小心翼翼地站起身来去看。洞穴里没有人开枪。一个衣衫褴褛的日本兵从一个洞穴里探出身形，举起双臂。陆战队员们站在岩石后面，挥手示意让他出来。那个日本兵表示有更多的人愿意投降。陆战队员示意让他们都出来。

一共有40人从山脊里出来投降，许多是朝鲜人。战俘们被押赴后方，陆战队员将武器扛在肩上。坦克离开了这片战场，一切重归平静。可是不过几小时后，一群日本兵穿过地下坑道，重新占领了这座山脊，平静的短暂插曲就此结束。新的第一批受害者之中，包括里德·张伯伦中士，此人的背景非同寻常。他曾在陆军服役，1942年亲眼见证菲律宾最后的阵地巴丹半岛和科雷吉多岛沦入日军手中，但他没有投降，而是转战敌后，组织和训练当地游击队。后来他得到一份美国陆军的军官委任状，回到美国，辞去陆军的军官职务，应募加入海军陆战队。

在前往21团前沿阵地的途中，张伯伦中士正在步行通过这道漫长的多岩石山脊，不知道附近有敌人。突然之间，数声枪响，一发子弹正中他的头部。这次意外就在几名陆战队新闻记者眼前发生，其中一些记者还引来敌人的火力。有人去援救中士的时候，为时已晚。一位在场的记者后来颇为沉痛地回忆道：“一瞬之间，他们（日军）就让我们最优秀的战士之一离开了人世。张伯伦的辉煌军事履历突然结束。他有过非常多的英雄事迹，却偏偏在行走的时候什么事情都没做就死了，这似乎是一个额外的悲剧。任何人都帮不了他。”

在阳光逐渐消失的时候，在山脊上重新使用火焰喷射器实在是徒劳。黄昏时分，陆战9团的部队在山脊上宿营，这里再度沉默下来。团长得到消息，就在面朝山脊的一些岩石后方派驻哨兵，随时准备向任何移动的东西开火。

这一带几乎都还没有完全染上暮色，个别日本兵就从先前美军未发现的罅隙和洞穴中走了出来。陆战队员向这些模糊的轮廓开火射击。一些被击中的日本兵痛苦呻吟，另一些人痉挛起来，然后躺在那里一动不动，其他人意识到被困住了，想要逃入地下。有些人设法回到掩体里自杀了。

午夜将至，一场巨大的爆炸气浪将大块岩石抛向空中，整片地区都为之震动。一些陆战队员被火山灰和碎石埋到只有头露在外面，要靠战友将他们挖出来。其他人却被如同雨点般落到整片地区的大块混凝土击中。山脊变得处处大火，仿佛正在解体。美军陆战队员还在估计事态，尽可能互相帮助，日本人就已开始从山脊里藏身的洞穴中爬出来，一些人晕厥过去，另一些人腰间绑着杀伤性地雷，沿着山脊奔跑的5个日本兵的身影在火光下无所遁形，顷刻间全被击毙。

3月15日黎明时分，美军陆战队员已经查明，在山脊的这次爆炸中，他们仅有一人重伤。如果被埋在碎石和火山灰中的人在窒息之前没有被战友救出的话，损失会更大。后来美军发现，日军用隐藏的地雷和航空炸弹从内部炸毁了这道山脊。

按照日方的记录，第26坦克联队等部队在万部落地区未能突破美军的重围，仅有一部进入东山。之后残存部队利用黑夜掩护，企图取直线路径向北部落突击，但为美军的火网阻止，在3月16日左右大部“玉碎”，西竹一也身受重伤。

根据第314独立步兵大队本部附村井康彦中尉回忆，指挥东山据点守备队的是第26坦克联队本部附铃木少佐。该部队遭到美军连日攻击，从东山逐渐被压迫到东海岸断崖一带。3月15日前后，铃木宣布：“本日解除指挥，希望各自奋战到最后。”以后这支部队的人员就分头单独行动。村井和第26坦克联队的岸中尉因为受伤留在该地的地下坑道中。这段时间，北地区方面的枪炮声和夜间的照明弹极为激烈，该部的许多残兵在夜间以“决死－敢斗”为口令，设法从东地区向北地区转移。至于结果如何，村井就不得而知了。

陆战3师辖区内中弹殒命的日本兵。

这一天，陆战3师辖区内的有组织抵抗刚刚告终。厄斯金的这个师接到命令，去替换左侧5师的部队，向西北方向进攻。3月16日一早，21团接管了洛基少将指挥的5师右翼的800码防区。2个师之间的边界现在从362B高地（天山）以东400码的一个位置，延伸到北之鼻附近的硫黄岛北端。

21团1营和2营替换27团3营和26团2营后，这个团就在与5师部队的结合部准备向北进攻。美军的海陆炮火准备照例进行。8时15分，2个突击步兵营准时出发。

21团1营只遇到轻微抵抗，取得了良好进展。但21团2营遭遇密集的轻武器火力阻击，推进区域的地形极为麻烦，让他们的前进受阻。日军在洞穴和蛛网般布满陷阱的阵地里战斗，抵抗一如既往顽强。他们中的一些人显然一心求死，举着手榴弹和炸药冲向美军坦克或成群的步兵。大多数人体炸弹在对美军陆战队员或他们的装甲兵造成严重伤害之前就已被击毙。下午早些时

地图二十七　陆战3师最后的战斗

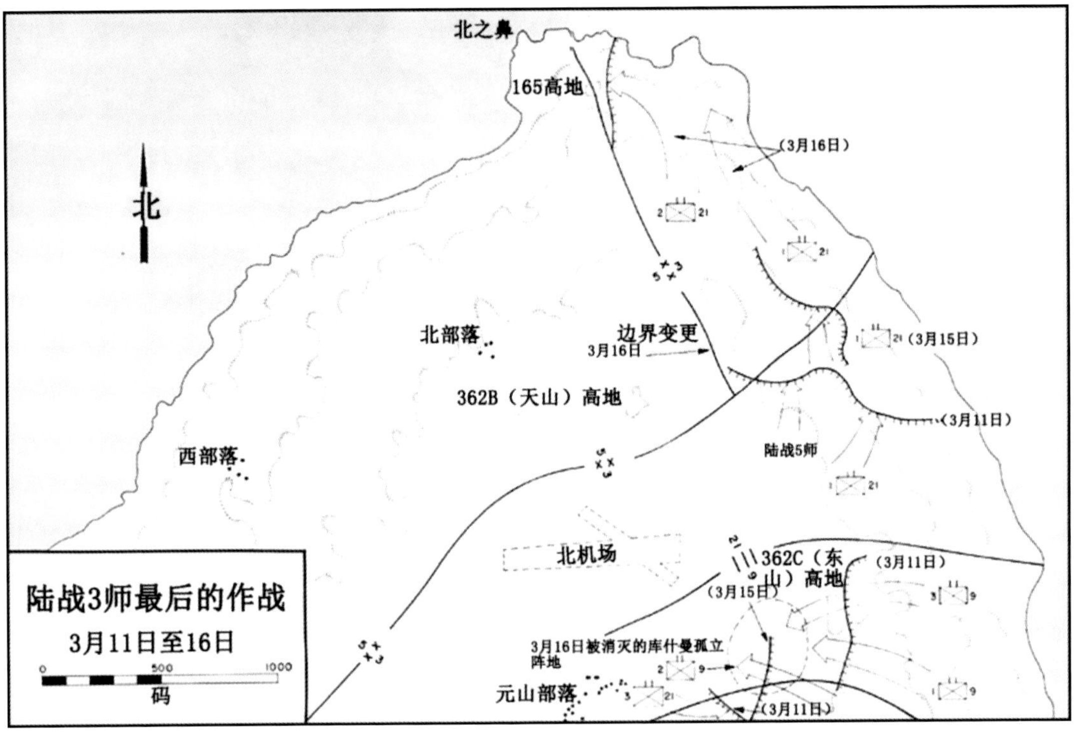

候，21团的2个营都已到达北之鼻附近的海岸。从那时起，他们要做的就是扫荡仍留在洞穴和其他掩体里的日军残余。3月16日天黑前，厄斯金的部队已经彻底消灭库什曼孤立阵地，也完成了为陆战5师助战的任务。当天的战斗事实上给陆战3师在硫黄岛的战斗画上了句号。傍晚，厄斯金宣布，3师辖区内日军的所有抵抗都已结束。

实际上，尽管3师将库什曼孤立阵地摧毁，在这座阵地内部仍有大约450名散兵游勇，其中有300人都已负伤，很少有人能自主行动。这些日本兵在藏身的地下工事里，可以听到已经成为战俘的昔日战友，正在为美军效力，呼吁西竹一中佐投降。这类呼吁自然被置之不理。据说3月21日，身负重伤数日的西竹一在银明水自杀身亡。

陆战4师的扫荡战

3月10日，美军陆战4师取得了令人瞩目的进展，一些突击部队已到达东海岸附近。次日上午，4师继续进攻。7时30分，4师23团和25团奉命出发，继续向海岸推进。左翼的23团迅速到达目标位置，一路突破日军的抵抗阵地。该团步兵通过之后，工兵会封死洞口，修建一条道路。下午晚些时候，23团1营替换本团2营，回到前一天晚上的相同阵地。他们派出多个战斗巡逻队去海滩地区搜寻日军的散兵游勇或者据点。

3月10日拂晓，玉名山地区的日军在两轮全面反攻失败后，实际上已经失去统一指挥，残余部队各自为战。陆军兵团临时工兵队第2中队长武藏野菊藏中尉幸存下来，他好不容易走到自己的防空壕里，里面还有第2独立机枪大队的相马正三中尉、红谷健治军医中尉、第21野战掘井中队长川中良夫中尉、增子准尉、高野曹长及其他陆海军残兵计约80人。这些残存部队起初由相马中尉、随后由武藏野指挥，包括未能参加全面反攻的约100名重伤员在内，总人数约有200人。在3月9日至16日左右的约一周期间，他们虽被美军陆战4师包围，仍在利用玉名山和海军司令部遗址一带的地下坑道，依靠留存的步枪（存留弹药约3万发）、手榴弹继续进行持久游击战，白天潜伏在玉名山东南部和光部落一带的既设阵地、地下坑道等工事中，夜间以少数突击队出击。

当天美军陆战25团的推进不如23团那么顺利。出发不过几分钟，拉尼根上校的部队就陷入日军喷进炮、迫击炮和轻武器密集火力网的阻击。结果，他们几乎没有取得什么收获。下午，25团审讯一个被俘的日本兵，从他的口供中得知，大约有300日军残部藏在他们正前方的洞穴和坑道里。这个日本战俘不等审讯的军官多问，就供出千田旅团长也被困在这个孤立阵地内部。然而根据日本方面的史料记录，如果千田在3月9日的陆军反攻期间已经阵亡的话，这个情报可能是错误的。

这个战俘讲述的孤立阵地，看来明显是日军在4师辖区内的最后一座防御阵地。这一带的地形怎么看都不同寻常，4师的一份报告中索性称之为大自然生出来的地形怪胎。然而它非常适合建造洞穴阵地，日军最大限度地利用了这一优势。他们的机动计划是尽可能迟滞美军推进，在被迫进行通常最后关头采取的自杀性战术之前，尽可能多地造成美军伤亡。

这个“怪胎”其实是一系列深壑和陡峭的山脊组成的，基本上向东延伸，直到海边。较小的几道冲沟穿过这个区域，形成了一片迷宫般的大小间隔。在大面积炮击期间幸存下来的粗糙岩石和灌木植被为日军提供了良好的掩蔽所。

3月11日天黑前，陆战4师已经清楚意识到，要消灭这一规模虽小却十分顽强的抵抗力量，会进行一场耗时良久的艰苦战斗。或许由于错误的情报，美军认为日军第2混成旅团长千田一定会指挥这个旅团的残存战力极为狂热地战斗到底。

陆战4师的情报人员在3月12日断定劝降值得一试。当天，一名日本战俘自告奋勇带领一小队陆战队员前往早先推断的千田的藏身处附近。在狙击手的火力之下，美军陆战队员安置了一个扩音器系统来劝

暂歇期间，陆战4师的一位步兵连长与部下讨论该如何拿下一座阻挡他们前进的日军大碉堡。

正在帮助战友处理伤口的陆战队员。硫黄岛战役后期，美军一线作战单位的人员出现严重短缺。

降。心理战小组费了2个多小时的时间都无法启动一台为大型扩音器提供电力的发电机。原来是一个次级发电设备未能启动，由于这一技术故障，整个行动只得取消。实际上，对很可能已经战死两天的千田劝降多半是做无用功。

这次无果的劝降耽搁了两小时时间，9时整，4师不再多等，以25团2营、3营和24团2营攻入这座孤立阵地。机动方案要求25团2营向通往海岸的沟壑进攻，同时25团3营和24团2营将会以重武器火力支持这次进攻。由于阵地和距离不适合使用远程炮火，美军必须用巴祖卡火箭筒、反坦克手雷和60毫米迫击炮提供火力支援。3月12日这一天，日军在4师辖区内占据的有限区域已经不再构成一个实际的目标区域，因此4师的师属炮兵无法组织炮击。

日军在峡谷、洞穴和小型碉堡里固守，以一贯的顽强方式抵抗，结果美军取得的进展很小。地形特点妨碍使用坦克，迫使陆战队步兵只能一次将日军从一个或两个火力点里逐出而已。进展缓慢还在其次，这种战斗对进攻方而言要付出的代价相当大。3月12日傍晚，凯茨师的战力下降到36%的新低。

3月13日和14日，在与12日相同的战线上，美军消灭玉名山孤立阵地的行动在继续。由于一线兵员短缺，日军的抵抗依然坚决，这两天的进展一直都令人痛苦得缓慢。当美军在压缩这个孤立阵地的同时，23团开始扫荡从海滩到该团后方的整片地区。同时，该团还要负责处理其他紧急事务，尤其是友军阵亡人员的后送、敌军死者的埋葬和该地区的全面警戒。

3月15日，25团缓慢而慎重的推进开始得到回报。尽管日军继续绝望地抵抗，但有迹象表明他们的实力已经大大削弱。25团2营的一线战力已经枯竭，24团2营奉命进入前线替换该营。一个团部人员和25团1营81毫米迫击炮排的人员组成的暂编连接管24团2营此前负责的区域。拉尼根命令他的部队，无论是否能与友邻部队保持接触，都要攻入日军的这个孤立阵地。与此同时，驻扎在与硫黄岛东海岸平行的公路上的火焰坦克，向西北方向无法靠近的沟壑开火，效果不错。

4师在3月15日的推进获得200码的净收益。更重要的是，美军在孤立阵地左翼形成了深度突破，将日军在当地最坚固的阵地打垮了。激战之中，美军一直在努力劝降，但没有一个人回应。只能逐个毁灭日军盘踞的洞穴。

3月15日夜间，眼看着玉名山地区的孤立阵地已经无法长久维持下去了，一股50多人的日军试图突破美军包围圈。6名日本兵被美军当场击毙，其他人只得退回藏身的洞穴。3月16日6时30分，25团重新进攻，陆战队员刚出发就发现残

地图二十八 陆战4师在玉名山地区的战斗

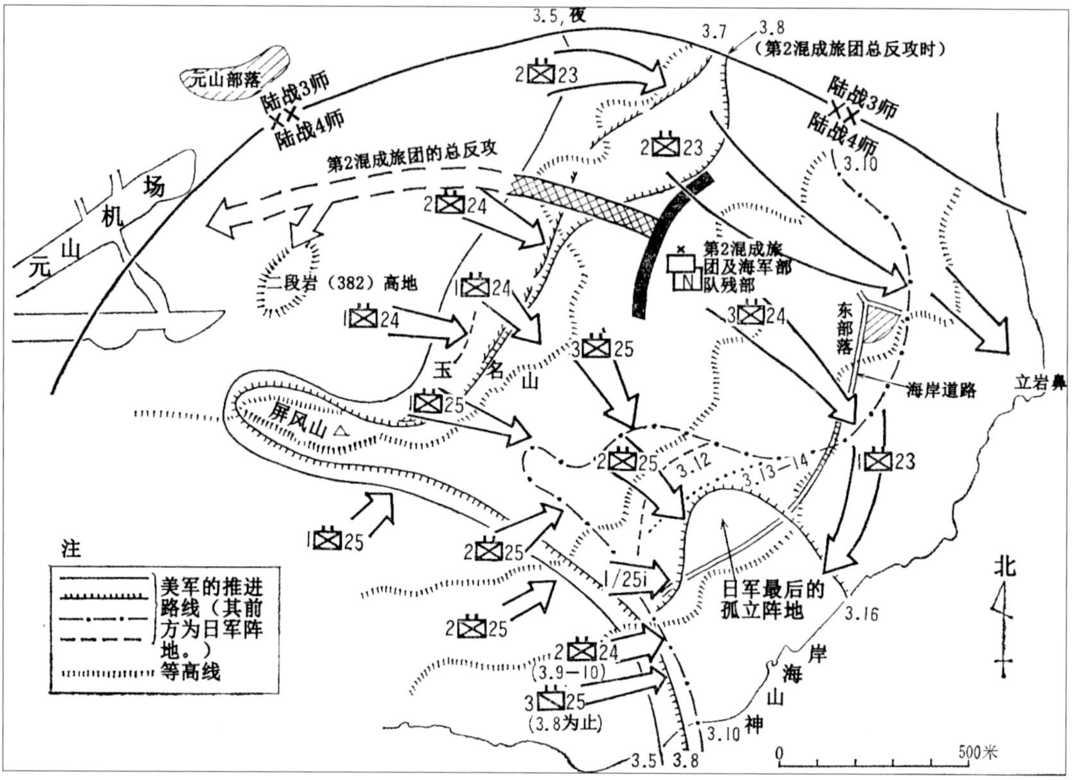

敌的机枪和步枪子弹飞射而来，手榴弹在四周爆炸。不过，日军现在的战斗已经没有真正的组织可言，定下神来的陆战队员发现，日军只是在分成几个孤立的小团体各自为战。美军的2个突击营一路杀到海滩公路，拉尼根宣布，4师辖区的全部有组织抵抗已经在10时30分结束。

美军始终没有找到千田少将的尸体，有战俘主动供出他已经在3月15日自尽，自然也是错误的消息。战斗的喧嚣逐渐停息，在激战过的地方已经只剩下被破坏的地标，大量的日军尸体，伤痕累累、烧焦的洞穴入口。激战6天之后，玉名山地区孤立阵地终于被消灭。日军在当地的有组织游击战坚持到了最后。为了拿下这片阵地，陆战4师付出了减员833人的代价。

陆战5师向北之鼻推进

日军在硫黄岛东面的抵抗中心玉名山地区被拿下后，还留在他们手中的就只剩下一个地方。那是日军在硫黄岛最北部的孤立抵抗阵地北据点，栗林忠道中将率领大约1500名日军正准备迎来他们的最后一战。日军的这个孤立阵地正好挡在陆战5师的前进道路上，就在西北海岸的北部落和北之鼻之间，占地大约2.6平方公里。栗林早就决定在这里进行最后的抵抗，这个孤立阵地的地形在整个硫黄岛最为险恶。

硫黄岛北部的荒地，由数千露出地面的软砂岩组成。在这里，日军以他们一贯的效率挖掘和建构了大量工事。每座地下阵地都设有多个出入口，让守军能够应对美军的火力，一旦一个甚至多个入口被封死，日军仍可以找到逃生的出路。这些防御工事挖掘得非常深，哪怕美军的火焰喷射器都无法烧死最里面的日军，也无法用火焰耗尽这一防御体系内部的氧气。

除了这些精心组织的掩护措施之外，日军还拥有有效的隐蔽手段，他们的军服与砂岩的颜色相近，在这片阵地里不易分辨。他们熟悉迷宫般的地下坑道，这些坑道纵横交错，将整个地区贯通。日军夜间都能像白天一样在这片坑道里找到正确的出路。栗林在进行这种防御战的时候，可以继续发挥现有的朴素装备和战术的作用。他没有短期的后勤问题，必须移动的人员或者物资都会在地下运动。在第一批美军陆战队员开始接近硫黄岛北部之前，日军就已经在地下工事里储存了弹药、食物、淡水和药品等重要物资。除了对最后的战斗进行的大量准备之外，栗林还特意让有限的少数部下了解这一地区的全盘防御布局，大多数日军只了解他们直接负责防御的阵地附近的情况。于是日军很少有人了解所属部队在这一带的指挥机构，大多数人也就根本不知道栗林的兵团长指挥所的确切位置。

对洛基少将的部队而言，硫黄岛西北部的战斗就是先前遇到的各种困难的延续，地形条件的恶化也在让这些困难加剧。他们再一次不得不去占领一座山脊的正面，越过山顶奋力战斗，然后继续杀下反斜面，会同时遭到正面、两翼、后方的火力阻击，有时甚至会遭到下方来的火力打击。在战斗中遇到下方来的火力阻击，是最令人沮丧的。每一个要率部突破砂岩丛林战斗的陆战队指挥官都知道，在地下和山下是精神饱满，身体健康的日本兵。他们每个晚上都会去骚扰他的后方，盗取他的补给，找回自家阵亡士兵的尸体，或者用战友的尸体来诱杀美国兵，甚至还会在美军士兵不能先打死他们的时候，自己装死来诱杀美国兵。

硫黄岛北部绵延着呈台阶状的台地，日军在该要冲没有死角地修建了碉堡工事。

于是硫黄岛战役的结束阶段就像开局一样，美军陆战队都要在火力优势无法发挥的前提下与日军展开近战。日军普遍从孩提时代接受的教育是，为天皇而死是无上荣耀。在一心求死的对手面前，美军要在近战中取胜的难度极大，即便这在太平洋战场早就不是秘密。日军不会在被包围或被优势兵力威胁的时候离开自己的阵地，他们在战术或战略上绝望的时候也不会接受劝降，只求一死而已。

3月11日，陆战5师便已全面进入日军的北据点地区。美军的炮火准备在步兵出发前10分钟开始，一共持续了30分钟。3个师属炮兵团和军属炮兵一同提供这长达半小时的炮火弹幕。这一轮炮击十分壮观，但美军上下明白，这对藏在防护妥善的洞穴阵地里的日

这张图片可以让观者明白美军在硫黄岛北部遇到的日军防御阵地究竟是什么样子。图中央是一个大洞穴，在其正上方有另外一个洞穴。右侧中间和右侧边缘各有一个洞穴。画面之外可能还有其他洞穴。这些洞穴无疑是相互贯通的。

军几乎不会有什么用处。

5师以28团和27团分居左右两翼发动进攻，步兵要对付的其实是两个敌人——日军和地形，两者同样顽强。日军守备队在监视所确认的美军的攻击方向，利用地下交通壕向其正面移动，炮击刚停止便从洞穴进入阵地，守候在离逼近的美军前线50－100米处，一齐用小型武器集中射击，将美军钉住。前进受阻的美军再次集中火炮和迫击炮火力打击，利用火力优势压制后恢复攻击。在此期间日军在阵地上只留少数人员，大部都从地道向其他正面移动，从侧背对美军步兵实施精确火力打击。

配属26团1营的美军27团能够取得200码有限的收获，继续系统地摧毁日军的洞穴阵地。这个任务由小型步兵和爆破战斗队来合作完成，他们或多或少各自独立作战，一路炸毁日军阵地。在5师左翼，28团的陆战队员在袭击拱卫前方多岩峡谷的多个据点时，遇到了类似困难。这道峡谷大约700码长，200码宽，利弗塞奇上校指挥的这个团还不明白它的重要性。不过，他们已经看到，日军为保卫峡谷准备充分，用步枪和机枪火力有效覆盖了前往峡谷的所有通道。

全天日军基本上都躲在地下，让美军无法看见，但5师的整条战线在天黑后不久就非常热闹，整个夜晚都不平静。小股日本兵一直想要渗透美军战线。一些日本兵成功摸到27团3营的81毫米重迫击炮阵地。好在美军早有戒备，击毙了7名试图摸进迫击炮阵地的日本兵，其中有一人身着美军陆战队制服，使用M-1步枪。21时前后，日军集中兵力攻打28团防线，但还没有摸到美军阵地，就被得知敌情的美军火炮和迫击炮弹幕击毙26人，只得放弃这次进攻。零星的步枪交火和手榴弹的对决在后半夜一直未停。

3月12日天一放亮，美军便重新采取主动，又一次向日军求战。美军航空兵先对北之鼻正南的日军阵地发动数次空袭。轰炸机空投的一枚500磅炸弹没能命中想要攻击的大碉堡，反而落入了一个洞穴入口。谁知歪打正着，巨大的爆炸不仅炸毁了这个洞口，还让与洞穴相连的一系列坑道入口都在喷火冒烟。下午早些时候，又出了一次类似的意外，一枚500磅炸弹击中了一个洞穴入口，猛烈的大爆炸使200多码外的好几个洞穴都有烟雾升起。

当天步兵的战斗几乎是3月11日的翻版。日军继续从洞穴、火力点，还有蛛网般的散兵坑里进行抵抗，除非美军靠近到距离他们的位置不过几英尺远，否则一般都不开枪，一旦开枪，多半见血。27团的步兵得到坦克支援，缓缓在一片碉堡工事和经过精心准备的阵地之间行动。步兵和坦克协同战队一路摧毁了15到18座碉堡，但全部进展不过数十码之遥。日军近期作战对诱敌深入的战术运用越发娴熟，为了避开美军的空袭和炮火，他们希望美军步兵在阵地内靠得越近越好。日军的防卫骨干力量是他们的机枪、步枪和掷弹筒，为了充分利用弹药，他们必须精确计算，让美军每前进一步都付出代价。

3月12日下午，美军两栖侦察营B连对硫黄岛西北近海的釜岩和监狱岩进行了侦察。战役期间，美军沿西海岸北进之时，不时遭到这两个小岛上的疑似日军阵地骚扰。毫无疑问，哪怕日军没有在那里长期派炮兵驻守，也安排了机敏的观察员，在战役早期阶段就帮助日军炮兵骚扰靠近西岸海滩的美军舰船。两栖侦察营B连的战士们乘坐第2两栖装甲营的12辆两栖坦克靠近这两座小岛时，那里一片寂静。

共有6名美军军官和94名士兵在那两座小岛上登陆，没有任何意外发生。陆战队员先登釜岩，然后登上更大的监狱岩。在监狱岩，他们发现日军曾在数个洞穴和岩石火力点活动的痕迹，但是现在已没有日军抵抗。完成任务后，侦察连

这几名陆战队员为了从侧翼包抄阻挡他们前进的一座日军阵地，正在一道树木稀疏的石梁上攀爬。

便撤了出来。

3月12日，第5两栖军情报处长在一份报告中估计：“至少还有1000名日军在守卫硫黄岛北端……那里的人力、武器或弹药都没有短缺。”事实上，战斗已经开始到达栗林的大门口。

3月13日，26团的一个巡逻队距离栗林的指挥所非常近，几乎可以看到他在峡谷东端附近端坐的洞穴。栗林的勤务兵赶紧吹灭蜡烛，给将军裹上一条毯子。“谢谢。”栗林说了这两个字，然后走向洞穴深处。美军陆战队员进入山洞，走了一小段路，有一人携带火焰喷射器，后来还是转身走了出去。躲在暗处的传令兵长出了一口气。

地图二十九　日军109师团本部一带略图

硫黄岛北部的消耗战正在到达高潮，日军已经遭受沉重打击。3月13日，天山地区终于被美军陆战3师夺取，该地区的日军守备队残部在当晚发动挺身突击，几乎全部战死。天山地区失守，日军北据点左地区（北部落东侧）的防备已变得相当薄弱。

然而美军的3个陆战师当时还无法利用这一点，甚至因为战力不足一时几乎无法取得任何进展。5师的突击部队开始靠近日军北据点的最后一座孤立防御阵地时，进攻峡谷上方山脊的战士们累得筋疲力尽，许多人发现很难站起身来。最早投入战斗的那些老兵很少还留在战场上，22天前上岸的陆战队员伤亡惨重。各连的实际兵力都缩减到排一级规模。大多数进取心强、久经战阵的小部队指挥官非死即伤。一线作战部队的空缺大量靠补充兵填补，他们都缺乏能使他们有效战斗和存活下去的作战经验。

3月14日，陆战27团逐步推进的缓慢进攻看来最终摧毁了硫黄岛东北海岸一带的日军坚固防御阵地。由于该地区的主山脊线从岛中央一直延伸到西岸的大海，洛基师长断定今后最为可行的进攻方向是自东向西。于是，28团奉命留守目前的战线，27团则会将进攻方向西移。在师战线中央，26团接管了两个营的正面阵地，以本团3营和2营为左右两翼向北进攻。

日军在当天的抵抗比起前几天要弱一些，配属26团2营的27团一路向北，收获达到600码。装甲推土机为坦克开辟出通往前线的道路之后，装甲兵就能够为步兵助战。火焰坦克射出的上百码烈焰是让日军离开藏身的洞穴和岩石罅隙的唯一有效武器。日军多次想抱着炸药或其他爆炸物冲向美军的火焰坦克。美军既然知道火焰坦克的威力，自然加倍小心防护，几乎从未让日军成功靠近。

3月14日在硫黄岛的其他发展事态清楚表明，这场漫长的战役行将结束。中午，5架陆军航空兵飞机轰炸和扫射了27团3营前方的日军阵地，这是美军飞机在硫黄岛上空执行的最后一次空中支援任务。日军最后坚守的北据点日益缩小，使美军不可能再进行空中支援。在战役结束之前，陆基炮兵和驱逐舰会提供有限的火力支援。即便是这些远程炮火支援武器，也很快就无法在日军仍控制的小规模阵地内提供有效的火力支持。

3月14日9时30分，陆战5师在压迫硫黄岛日军的北据点之时，第5两栖军军部正在进行一个仪式。这并非是精心筹划的仪式，其实极其简单，只是突出了期待已久的事件的重要性。荒凉的硫黄岛上竖起一根旗杆，水面舰队和地面部队将官到场，举行了一次官方升旗仪式。亲临现场的将官有霍兰·史密斯中将、特纳海军中将和希尔海军少将、施密特少将、厄斯金少将、凯莰少将、洛基少将，以及代表陆军卫戍部队的切尼少将。在宣读一份正式报告后，美国正式中止日本帝国对硫黄岛的权力，接管这个岛屿的占领权，在这一面星条旗升起的同时，折钵山顶的美国国旗降下。仪式结束后，霍兰·史密斯和他的参谋部乘飞机离开硫黄岛。

1945年3月14日，硫黄岛美军司令部举行升旗仪式。

当天日军北据点阵地遭到美军陆战5师和3师的两路进攻，栗林的兵团司令部所在的北部落周围地区已成为激战的焦点。日军守备队在美军的连番打击下损失剧增，战力日益低下。

就在美军举行正式升旗仪式的同一天，日军步兵第145联队举行了军旗奉烧仪式。负责守卫北据点右地区的第145步兵联队长池田大佐早在3月5日左右就身负重伤，将指挥所从標流木地区转移到北部落西北方的来代工兵队本部所在的洞穴。池田不愿让联队的象征军旗落入敌手，被迫于14日傍晚在部下官兵面前将这面军旗烧毁。在这个时候，日军在北据点的残存兵力已减至约900人（其中海军约200人）。

当天兵团司令部的龙前新也军曹奉命到东庄太郎少佐指挥的第109师团高射炮队阵地传达栗林的感（谢）状。晚上，龙前同副官藤田正喜中尉，还有安井、村木上等兵和铃木兵长一起前往东高射炮队阵地。他们从战斗指挥所后面的通道出去。龙前走在最前面，藤田副官走在最后。

藤田是一名戴着眼镜的摩登军官，一家高级酒家的年轻继承人。在司令部，大家都称他为“乙副官”。他是个东京青山学院毕业的干部候补生，在栗林身边深受信赖，栗林总是“藤田、藤田”地叫他。

美军的照明弹依然在不断升起。在照明弹的光亮下，众人能看见倒在山谷中的日军尸体枕藉。虽然高射炮阵地距离仅仅500米，路上却花了好几个小时。途中他们遇到一些士兵，除了喊“山”和“川”的口令之外都不发一言。

忽然安井上等兵被什么东西绊到，向前倒下了。

“安井，怎么了？”

“班长，是章鱼罐（散兵坑）。”

让龙前吃惊的是，章鱼罐里面已经有人在了。

“你们是哪个部队的？”

“不好意思，是司令部的。”

“高射炮阵地在哪里？”

“在右前方百米。”

从章鱼罐中传来回答声。这些人是来代工兵队的士兵。活过这一个晚上，明天他们就得冲向美军坦克，进行肉搏攻击。

龙前一行总算抵达东部队的阵地，进入地下坑道。所谓的“坑道”不过徒有其名，从入口往里走5米左右就是横洞，正面摆着粗陋的桌子。桌子上放着一根蜡烛，发出微弱的光。

硫黄岛残存的地下坑道遗迹。

东少佐正在桌前一动不动地等待，后方有一名又瘦又高的军官，周围还有几个士兵。藤田副官开始宣读感状。东说：“这是军人的名誉，不胜感激。”他的额头上缠着崭新的绷带，上面渗着鲜血。下士官在饭盒的盒盖上倒上酒，交给副官以示慰劳。就在这时，靠近入口的一名士兵悲痛地喊道：“这个时候可不想要感状什么的。请给我们弹药，弹药……”坑道里的人都沉默不语。

第109师团高射炮队最初配属给海军指挥，从事对空战斗，但是高射打击能力很差，看来没什么效果，于是师团司令部将这支部队的高炮放平，用作直接支援用的反坦克火炮，在司令部东南侧的北机场附近构筑水平射击阵地。阵地的对空掩蔽效果很好，美军的舰炮射击和空中轰炸都几乎没有造成损伤。

强大的美军坦克群侵入天山、北机场后，该部用炮火迎击。坦克后面跟着陆战3师的步兵，继续向北方的兵团司令部坑道前进。东庄太郎指挥的高射炮打破了寂静，在发出轰响的同时喷出火焰。原本对空使用的高炮已被固定为平射炮，炮弹呼啸着贴地直飞过去。一辆谢尔曼坦克被直接命中，瘫痪起火。美军见此情景，立即就地散开布阵，同东部队对峙。东部队从此开始在接近一周时间内拼命阻挡美军前进，但到13日已耗尽全部弹药，无计可施了。

龙前等人默默离开了高射炮阵地。照明弹升起时，他们就趴在洼地里隐蔽。突然，走在前面的安井上等兵发出声音："嘘——"示意大家停了下来。

龙前趴在地上仔细看看周围，发现果然有美军。大约50米前方的大岩石上站着三五个人，正在哇啦哇啦地用英语说话，似乎没有察觉龙前等人到来。

"副官大人，要上了啊。"

"好。"副官回应道。

龙前率先投出手榴弹，举起军刀冲了过去。村木和安井也跟在后面。美军一边惨叫一边逃走了。龙前追了过去。就在这时，一阵噼啪声响起，周围变得亮如白昼。

"糟了！"龙前赶紧趴在地上，但还是暴露在美军的齐射火力下。随着噼啪声响起，火花纷飞撞到岩石上。龙前简直被吓掉了魂。美军在胡乱射击。

不久亮光熄灭，美军停止射击，周围又恢复了寂静。

"班长大人。"士兵们向龙前靠拢过来。不见了藤田副官的身影，众人在四周找了找，但没有找到。龙前猜测副官可能一个人回了司令部。东方已经发亮，于是他返回司令部，向中根参谋做了报告。藤田副官仍然没有回来，到第二天也不见人，可能早已被美军的子弹射中了。

3月14日夜间，日军一直在向5师战线发动进攻。15日凌晨2时，大约100名日军企图渗透27团3营阵地，在随后的交火中，有15人被击毙，大多被迫击炮弹打死。与此同时，少量日军靠近26团2营战线，开始投掷手榴弹。黎明时分，战斗转换到26团3营阵地，陆战队员发现30名日军企图进入北之鼻西南的洞穴。这股日军半数被击毙，其余全部自杀身亡。

3月15日，5师继续进攻。当天右翼的27团推进了400码，让日军在他们这一区的抵抗减弱到只剩轻武器火力。中路的26团取得的进展较小，大约200码，但同样重要。在师左翼28团的前方，日军的抵抗依然很强，而且相当坚决。到这个时候，日军的抵抗仍集中在两个区域，一处是穿过正面向西北延伸到大海的小沟；另一处是在这道小沟正东，26团前方的日军抵抗核心区域。

在逐渐缩小的北据点阵地里，栗林和他参谋部的幸存人员仍在用无线电与父岛的日军联系。他们还能听到东京为硫黄岛守军特别播放的《硫黄岛之歌》。3月15日上午，栗林中将已向部下宣告，形势非常危险，他的兵力已经下降到900人。次日傍晚，他的兵力进一步下降到500人。最终时刻很快就要来临了。

大概就在当天，一名浑身是血的传令兵被抬进司令部。传令兵的衣服上沾满了血和土，变得脏污不堪。鲜血从口中如泉水般涌出，真是悲惨之极。

"杀了我，杀了我吧……"

他一边喘气一边断断续续地嘟哝着。这时口中就会喷出血来。他的肺部被射穿，已经没有希望了。

卫生兵往他的胳膊上打了针，液体被注入体内……传令兵安静下来，呼吸停止了。

大约在15、16日，兵团司令部收到令人兴奋的消息，说是火箭弹射到折钵山顶，炸飞了正在飘扬的星条旗。坑道内瞬间沸腾起来。其实这纯属误报，美军早在14日就已降下折钵山顶的星条旗。

美国海军第32工程营的推土机正在开辟通往折钵山山顶平台的道路。

在美军陆战队战线后方，海军工程兵对2号机场的修复工作已进入最后阶段。尽管跑道还没有铺设好路面，但已可使用，机场行将可以运营。额外的汽油储存设施已经完成，5师的木工正忙于打造货运木箱，以便运输该师的装备。在硫黄岛南端，一条通往折钵山顶的土路已经竣工，现在已经可以让吉普车和推土机沿着这条公路上山。

3月16日，5师继续压迫北据点阵地。在战役的最后阶段，洛基少将的这个师得到3师友军支援。3师越过27团阵地，接管了5师的右翼辖区。厄斯金少将的部队向北进攻，14时不到，便已抵达硫黄岛北部的温泉浜海岸。

配属28团3营的26团以3个营齐头并进实施攻击。由于地形崎岖多岩石，行动极为困难，日军用机枪和步枪阻击，阵地位置理想，火力仍然密集，26团只能缓缓推进。日军的机枪火力密度已经锐减，美军一路上遇到的洞穴数量也大为减少，可是露出地面的岩层里仍有大量蛛网般的散兵坑和阵地，令日军的步枪火力在近距离形成致命的威胁。当天，26团前进200码。陆战28团在岩石峡谷南缘一线的阵地留守，继续消灭其正前方和两翼的日军防御工事。截至当天，陆战5师战斗损失为89名军官和1993名士兵死亡，249名军官和5710名士兵负伤，3名军官和128名士兵失踪。当时5师还有大约30%的战力，在25天的战斗中损失合计为8172人。

3月16日18时，美军正式宣布已占领硫黄岛。3小时之前，陆战第13炮兵团发射了最后一轮炮弹。由于日军依然在北据点坚持抵抗的几座残留的孤立阵地面积缩小，地理条件限制很大，该团已无法继续提供支援火力。最终全面占领硫黄岛的任务，现在都落到陆战5师和3师混合部队的头上，这项任务并没有想象中的那样简单。

3月16日，27团在被3师21团替换下来之后，便将损耗严重的部队重编为3个比正规编制小的营，每个营有2个步枪连和1个营部连组成。后来27团又重编了由1个营部连和4个步枪连组成的混编营，由27团3营长罗伯特森中校指挥。到战役结束为止，27团的一支残余小部队一直留作师预备队，就在后方地区执行扫荡任务，准备乘船离开。罗伯特森混编营共有460人，随后被配属给26团，参加消灭硫黄岛日军北据点最后残余阵地的战斗。

在战役的最后阶段，美军的所有参战官兵其实都已精疲力竭。5师仍在全力前进，但战士们正变得粗心大意，疲劳的时候会将自己直接暴露在日军的火力之下。太多的一线战士都是补充兵，他们英勇战斗，为自己和5师赢得荣誉，但训练水平远不及原始编制内的老兵，会蒙受较重的损失。

26 团 1 营的 2 名陆战队战士，用步枪和钢盔为阵亡的战友制作了一个临时墓碑。

洛基师要维持好士气就要付出许多努力。烘焙食品和果汁被送到前线的各单位；伤员被后送，死者尽快安葬。一份师属报纸在前线各单位分发，可用的衣物和厕所用品被送到前线。一些比较幸运的陆战队员甚至能享受热水浴。即便如此，5师在一份报告中仍断言：“硫黄岛还是一个肮脏邪气的小岛，是人们永远难以忘却，却真的非常乐意忘记的小岛。”

3师和5师的力量正在衰退，往往只能靠纯粹的意志力维持，但他们仍然能够用自己的双脚前进，携带武器进入硫黄岛战斗的最后阶段。双方在岛屿的一个狭窄角落里进行了最后的战斗，最后的战斗和战役早期阶段一样残酷而艰难。

栗林撤离兵团司令部

美军陆战队给予的压力不断增加，硫黄岛日军的末日行将来临。3月16日13时半左右，美军一部突进至温泉浜海岸，在17日12时半左右又抵达最北端的北之鼻。当天傍晚前后，守军余部已被包围压缩在连接为八海岸西端－北部落－天狗岩（北之鼻南方）的南北约700米、东西200－500米的狭小地域内。日军据点连可供机动的地方都没有，只能凭借洞穴进行消耗战，直至被粉碎。美军虽然对该据点狂轰滥炸，但在完全占领之前，也只能一边逐个破坏洞穴一边前进。按照海军司令部的松本岩上等兵曹的回忆：“3月16日、17日，在（海军）司令部一带落下的炮弹炸弹之密集，实为笔墨难以形容。岩石被反复刨过、尸体遍地、泥土被血和肉染成红褐色。原来野草丛生的地方变得和道路没有区别。”

从洞穴内发现的日军命令书（摄于 1952 年）。

3月16日，栗林的兵团司令部遭到美军集中攻击。美军从早晨开始就以坦克为先导，步兵在后面散开前进。从兵团司令部已经能看到坦克。在这种紧急情况下，军官大声叫喊："全体人员各就各位！"士兵们冲向从战斗指挥所的洞穴通往货物厂的300米的散兵壕，副官部附龙前新也军曹也冲了进去。

美军的子弹"噼噼啪啪"地射中近处的岩石，跳弹也非常危险。坦克炮弹命中了司令部坑道。散兵壕内的日军束手无策，如果出去就会被打成蜂窝。

二三辆坦克出现在龙前眼前。"混蛋，畜生！"士兵们喊叫着，一个接一个地冲了出去，但立刻被坦克火力直接命中。三人、五人随着火焰坦克喷射的猛烈火柱腾起毙命。不知有多少人还没接近坦克就被打死。

中根参谋连声叫道："不要急着送死，不要急着送死！"

美军的迫击炮弹集中落在散兵壕内，几乎将中根的声音盖住，日军不断有人死伤。

大泽大尉喊道："返回坑道，返回坑道！"士兵们忙不迭地向司令部坑道折返，但散兵壕太窄了，回到坑道平台上的人成了美军的目标，几乎都被消灭了。

16日晚10时左右，栗林兵团长以下的兵团司令部（包括永松辰见少尉以下的特殊通信班）和市丸少将以下的海军司令部，确定17日24时前为最后期限，留下预定向大本营（陆军参谋总长收）拍发的诀别电文，然后为了准备全面出击，在17日夜前往第145步兵联队本部（来代工兵队洞穴），同池田联队长会合。

临行前，日军在旧兵团司令部洞穴设置了副官部附冈和三少佐指挥的假司令部（无线班5人、重伤员约90人，合计约100人），企图靠发出假电波欺骗美军。

在栗林等陆海军首脑所在

硫黄岛的栗林坑道洞穴。

的坑道中已经挤满了重伤员，他们在哀求着：“军医先生，快杀了我吧。”“哪怕一滴也好，求求你给点水喝吧。”

当时曾有日军听到美军用扩音器向日军广播：“栗林阁下，士兵们难道不是很可怜吗？战争已经结束了。请快些投降……”

第2混成旅团炮兵队中队长玉田猛中尉（后为兵团司令部附）在手记中记述了兵团长在17日夜出击时的情况：

> 3月17日夜，（兵团长）烧掉军衔章、重要文件、个人物品等，司令部洞穴内全体人员都分到了一杯酒和恩赐的两根香烟。栗林中将左手紧握军刀的刀柄说道：“……就算是吃草啃土风餐露宿，也一定要在战斗中死中求活。事到如今只能以一杀百。本官相信诸君的忠诚。请随我来。”当晚司令部出击了。

不过根据《小笠原兵团的最后》一书的说法，玉田的说法多少有些美化，这次其实是在美军的压迫下，司令部的坑道已经无法待下去了，大家才被迫逃离的。

3月17日（是个雨天），这是小笠原兵团司令部出逃的日子。这天兵团司令部的龙前新也军曹正躺在军医部的坑道里。15日夜间，龙前参加挺身突击时右腿中弹，被军医部的坑道收容。这天坑道里一片混乱，人在动，伤员在叫唤，人们一边在说着什么一边跑了出去。龙前听饭塚军医中尉说密码本已被烧掉，无线电台也被破坏了，还听说第145联队已经在昨天烧了军旗。饭塚对龙前说：“能不能动？”龙前得知兵团将在今晚离开这里的坑道，然后整顿兵力向敌人反击，能动的人都要到前线去，其他伤员都在军医部进行“处理”。龙前用绷带将受伤部位（右大腿贯通伤）包好，穿上胶底布鞋，同样用绷带一层层缠上，然后拄着军刀通过狭窄拥挤的坑道，前往位于大洞穴的战斗指挥所，里面已挤满了军官。

栗林在参谋部发表了讲话。他看来与平日毫无区别，服装也同样普通。龙前听不到他在说什么。

最后大家召开了告别宴。在昏暗的烛光中，陆海军官兵们都在愉快地谈笑，真是奇异的场景。

不久宴会结束，人们回到各自的位置上。兵团司令部向大本营发去诀别的电报。

司令部的官兵在司令部

地图三十　日军本部洞穴略图

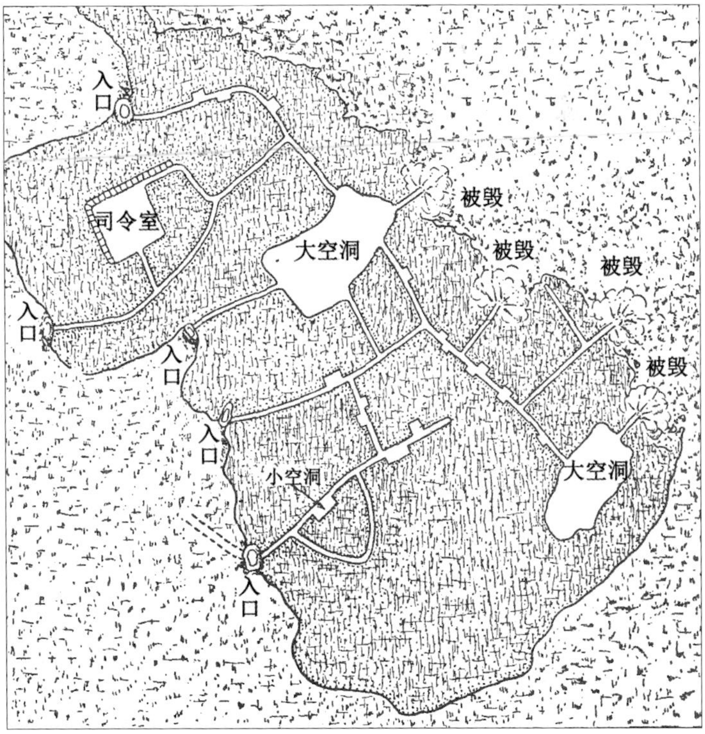

平台到来代工兵队坑道之间布置了阵地，这是为了护卫栗林出逃。地下坑道乱哄哄地挤满了伤员。大家吵吵嚷嚷地互相议论着："终于要玉碎了"等等。

柿沼上等兵来到龙前的身旁，带给他3颗手榴弹、粮食和满满一水壶的水，还有一支已经装填好的手枪，然后便离开了。

午夜稍过，司令部首脑开始出逃。龙前眼看着坑道内的司令部人员拄着军刀转进。人们走进大洞穴通过参谋部、副官部的地下坑道，目标是北方数百米来代工兵队的坑道。

龙前拄着军刀，静静地看着这一情景。最先出去的部队在行动时鸦雀无声，整齐静肃。63岁的冈少佐同数十名伤员一起留在坑道里。有近500人要逃离，坑道内的通道却十分狭窄，勉强能容一人通过，再怎么急着转进也要花很长时间。龙前看到栗林同富永军医长、中尾经理（会计）部长、吉冈法务部长等人一起快步离去。他还看到海军的市丸少将和中根参谋。龙前觉得栗林好像很孤独，这次转进他也没有跟参谋们在一起。

当时栗林的精神状态非常糟糕。对栗林精神状态的前后反差，龙前有如下回忆：

（兵团长）在敌人登陆前看起来非常精神。他在黄昏时一定会到坑道外面大声朗读诗歌。

当敌机来袭时，他会变得很神经质，过于频繁地让下士官兵注意什么事情。他喋喋不休地要求注意营帐的伪装，特别提到节水问题。他在军纪上十分严厉，设置了法务部后，士兵们对兵团长失去了信任。

敌人登陆后，他几乎都待在作战室或兵团长的个人房间里，司令部的大洞穴几乎看不见他的身影。

3月17日半夜从司令部坑道逃出时，他与参谋和其他军官不同，显得很没精神，乍一看好像是乡下的老头在跟着孩子们一起走。他拄着拐杖赤手空拳，走在500人左右的队伍中间，同军医部长和兵器部长在一起，但同参谋们分开行动。这是我所见到的兵团长最后的样子。

近500人离开后，坑道内出奇的寂静。看不到什么人影，这里变成了"死的地下坑道"。能动的人都已经自己逃了出去，留下来的只有重伤员，军医注射药剂，将这些重伤员"处理"掉。美军在外面用扩音器劝降的声音传进了坑道："栗林阁下请出来。战争已经结束了。请不要无谓地杀害士兵。"

从坑洞传来了将死未死之人的呻吟声。在副官部的角落里，管理部的冈少佐独自在喝着什么。

冈用空虚的眼神看了看龙前："龙前，你也走吧。"

"是。"

龙前离开地下坑道想要追随栗林。他拄着军刀，拖着伤腿走到距离来代工兵队坑道大约300米的地方。

在来代工兵队周围，很多士兵在黑暗中活动，应该是为了栗林的转进进行警备。道路上有被爆破的美军坦克，残留的火焰发出令人毛骨悚然的光亮。旁边躺着3名美国兵的尸体。

在道路山侧约30米的地方有一处天然洞穴，前方是一片古柯田。龙前进入洞穴，但是里面没有司令部的人，都是伤员，就像医院一样。龙前听士兵说，栗林在本部的地下坑道里，就沿着洞穴向来代工兵队本部地下坑道走去。坑道内挤满了士兵。

龙前一边寻找司令部的士兵一边往坑道深处走去。他虽然遇到几个士兵，但都已经没有说话的力气，只能用眼神来传递信息。

龙前在坑道深处看到中根参谋、山内参谋和海军的军官在里面，他们正在大声说着什么。不断传来中根参谋充满锐气的话语。

“什么，要从西海岸坐船出去？要抢船吗？”

“不，与其坐船逃走不如坐飞机更好。啊哈哈哈！”

这时龙前注意到，参谋们已经摘下了参谋肩章和军衔章。士兵们也有很多摘下了军衔章。这是龙前最后一次见到中根参谋。

此前龙前曾看到中根在逃出司令部坑道时没有与栗林同行，而是在从最前方开始算起约1/3的地方同二三名军官一起行走。当时中根戴着参谋肩章、军衔章，拿着军刀。

龙前认为硫黄岛战役事实上的指挥官应该是中根，有这种想法的人不止他一个。

堀江芳孝也认为“2月17日以后兵团司令部的指导中心，逐渐从兵团长转移到中根参谋那里，这应该是事实”。按照堀江的说法，因为栗林经常向周围的军官或下士官提出意见，要他们注意很多事情，还经常发脾气，终于变得有些神经质，让兵团司令部的空气颇为阴沉，司令部的指导中心逐渐转移到中根那里。不过兵团的命令或者发给大本营的报告，仍然全部署了栗林的名字。堀江也注意到电文与以前读过的兵团长的命令或指示相反，在措辞上变得比较温和委婉。

龙前还听说栗林有重视陆大本科出身者、轻视陆大专科出身军官的倾向，专科出身的中根因此在指挥作战时遇到很多困难，从兵团司令部坑道出逃时也没有和栗林一起行动。

当天出逃时，司令部军医饭塚清三郎中尉没有与栗林同行，而是在司令部台上阵地的肉搏战中阵亡。

来代工兵队坑道里也挤满了伤员，这是白天美军集中攻击司令部坑道附近的来代部队守卫的阵地造成的。在这里，年轻的军医注射药剂“处理”了重伤员。龙前在洞穴深处看到重伤员们排成三列，年轻的军医正一个接一个地注射来“处置”他们。重伤员们就这

北地区的洞穴内部，散乱着海军的餐具，中间还混有白骨。（摄于1952年）

样等待着轮到自己。

龙前看到军医来到眼前，拿起旁边士兵的胳膊注射。这名士兵大概是被火焰喷射器烧伤的，已经失明的眼睛里流出了眼泪。军医也哭了。

“军医大人，你正在哭吗？”军医的眼泪大概是落到了士兵的脸上。

“我在学校学了怎样治病，没学过这种事情。很快就好了。”

“谢谢。真想喝凉水啊。球磨川的水真是凉爽呢……”

这名士兵最后呼唤着最爱的妻子或者孩子的名字死去了。类似的情景随处可见。

此外，还有正在躺着的伤兵突然起身活动，向坑道外面爬去。然后在古柯田一带用手榴弹自杀了。这样的人也为数不少。龙前还听到坑道内突然响起枪声，这是145联队的军官向自己的脑袋开枪自杀。

同样在17日半夜，日军一部向美军发动了挺身突击。原独立混成野炮中队长玉田猛中尉也参加了这次战斗。在此前的2月23日，玉田中尉奉命调任师团司令部附，野炮中队由部下的最资深军官竹内少尉指挥（此后玉田再也未能见到原来的野炮中队部下，也不清楚他们战死的详细情况。）

出击时，玉田等30人以5人为一批、每10分钟就有一批人离开洞穴。玉田指挥的一班人最后出发。他们的攻击目标是千鸟机场，但途中就被美军发现，遭到机枪扫射，四面八方都有子弹射来。

玉田卧倒时感觉到明显与岩石不一样的柔软触感，原来有人在他之前已经趴倒了。这时有炮弹落下，摇晃着地面和玉田的身体。对方的身体也在摇晃，却没有任何抵抗的动作。

“菊！”玉田低声说，但对方没有回答。

玉田借着照明弹的光亮仔细一看，那其实是一具尸体，颈部以上都没有了。他还注意到尸体到处都是，突然觉得尸臭扑鼻而来，比硝烟和硫黄的气味更加强烈。

不久后迫击炮弹落了下来。附近传来了呻吟声，玉田这才发觉尸堆里还有活着的人。他爬到声音传来的方向，看到一个人正俯卧着，另一个人则正仰卧着。两人都是一起同玉田爬出洞穴的战友。

“不要紧吧？”

“不行了。”

“以后会过来接你的，坚持住。”

“我就在这里死了好了。”

“笨蛋！”

“不行了。”

“打起精神来。”

玉田再次开始爬行。不知爬了多远，他忽然看到前方有白色的东西在摇动，屏住呼吸仔细一看，摇动的东西是太阳旗。

“菊！”有人喊出口令。

“流水！”玉田低声答道。

那里是被简称为“南方空”的部队的阵地。“菊——流水”和“山——川”都是日军的口令。

玉田本来应该是向南行进，结果却搞错了，变成向北爬过来。

“千鸟机场是在对面么？”他一边指着那边一边说道。

“是啊，要去那里么？”

“也没别的地方可去了。”

“是嘛。不要白送死啊。”

“谢谢。加油啊。”

“我们就在这里死守。”

玉田又开始爬行。周围渐渐亮起来，已经接近黎明，他看到地上躺着无数尸体，有的还紧紧握着军刀。有一具年轻的尸体紧紧握着一张纸片。玉田轻轻一拽，纸片根本无法离开僵直的手指。那是死者母亲的照片。

血色太阳露出了水平线。玉田感到必须得抓紧时间了。思考着应该向哪个方向前进，他环视四周，不由得吓了一跳。

在被烧焦的裸山之间，黑

乎乎的人影映在大海上，那里是南海岸的海上。这时美军仍然没有解除包围。玉田这才知道自己还在屏风山的一角爬来爬去。

更让他感到吃惊的是，在海滩上还有黑乎乎的尸体——那是美国兵的尸体。

自登陆开始以来已近一个月，美军却还有尸体没有收容，可见战斗激烈到了什么地步。玉田在俯视那些敌兵尸体时，忽然感到异样的杀气，有什么人在向他猛扑过来。

那是一名美国兵。已经没有射击的时间了。面色通红的美国兵扑来时，玉田手上下意识地做出反应，不知怎么地用军刀挡住了对方的攻击。

踉踉跄跄的美国兵马上站住了，再次猛扑过来。他倒提着枪，高高抡起。刚才的冲击感就是用这把枪横扫过来造成的。

下一个瞬间，玉田的手上感觉到了轻柔的反作用力。刀尖变轻了。美国兵向后仰倒。他应该是一名侦察兵或哨兵，却因为肉搏战技术不济，死在玉田手中。

玉田赶紧爬行离开这里，寻找藏身的洞穴。他的败残兵生活开始了，坚持到1945年9月30日或10月1日才向美军投降。

峡谷的争夺

硫黄岛最后的争夺战在3月17日开始，美军陆战26团1营已到达北海岸，转向西南方向，攻打28团前几天已经封锁的峡谷。这里是栗林中将精挑细选的最后抵抗阵地。这座峡谷长700码，宽200到500码不等，平时都很难靠近。露出地面的岩石将沟壑分成多个小沟，极大地妨碍其中的所有运动。日军已经精心布置，所有前往峡谷的通道都被机枪和步枪火力覆盖，日军的机枪和步枪火力点却是行将到来的陆战队员几乎看不见的。

陆战5师各部正在准备攻打日军在岛上的最后一个阵地，他们要耗尽自己最后的力量才能实现这一目标。说起来5师的减员非常严重。登陆之时，平均每个营有36名军官和885名士兵，如今原建制人员大约还剩16名军官和300名士兵。大多数连、排和班级干部都已阵亡，许多排目前都由下士和一等兵代理指挥。各突击班组的力量都已耗尽。

1945 年 3 月，美军在硫黄岛俘获的日军士兵。

攻打最后孤立阵地的计划，要求28团（配属第5轻工兵营和师属侦察连）去占领这座阵地南侧边缘一带已被封锁的据点，同时26团与28团3营和27团3营从北面和东面进入峡谷。由于部队力量耗尽和人员状况不佳，各营分配的战斗区域相对狭窄。3月17日，26团3营和28团3营在这座孤立阵地的东北边缘取得了少量进展，收获却只有几码而已。

3月17日的战况有所不同。前一天，5师抓获的战俘向陆战队员讲述了栗林和他手下参谋部的下落，洛基少将决定设法诱使这些日军军官投降。他知道直接向栗林劝降是徒劳，便将目标转向145步兵联队长池田。洛基将劝降信交给2名战俘，让他们携带香烟和口粮进入峡谷。他们为这一不寻常的使命出发时，得到一部对讲机，与5师的翻译保持联系。

这2个信使缓缓行路，越过美军战线，不久就与多股日军碰面，显然没有引起任何人怀疑。5师的人员收到一些无线电信息，2名战俘正在接近目标。此时，信使不再传达消息。其中一人的腿负伤退出，另一人继续下去。在出发6小时后，他到达司令部所在的山洞。在那里，他将信交给一个哨兵，请他转交联队长。他得知池田会将信交给栗林，顿时不敢多留，仓促退走。

他和腿部负伤的同伴会合后，两人与5师的通信恢复。他们告知陆战队员，自己正在返回的路上。到达峡谷边缘美军陆战队的防线后，两人以为自己安全了，5师的粗鲁接待虽让他们略有些不安，却也不在话下，毕竟接待他们的陆战队员并不知道师长是派两名战俘去劝降打心理战的。两名信使最后并没有受到任何伤害，陆战队员弄清他们确实在为洛基师长工作，没有继续难为二人。

这次劝降的实际效果与以前的例子一样等于零。硫黄岛的日本高级军官没有一人投降，消耗战继续缓慢而痛苦地进行下去。几乎所有硫黄岛的日军，在小笠原兵团司令部的有力领导下都会战斗到底，但多少会有人注意到美军在劝降。美军飞机空投传单，炮兵发射装满投降传单和通行证的空包弹。对硫黄岛的日本军人而言，要投降并不容易。只要被自己人发现身上有美军的传

日军战死的尸首。

单，就有可能被处决。投降意味着永远不可能再度回到祖国，也无颜面对同胞。最后一项并非无足轻重的顾虑就是，一旦投降，没有人能保证美军陆战队员真会善待他们。日本兵因为周围的不确定性因素太多，不愿迈出投降的最后一步也在情理之中。根据美军对65名战俘的抽样调查显示，有53名战俘在决定投降时，受到接触过的美军宣传资料影响。其余12人由于害怕他们的军官，也不信任美军，犹豫不决，最后在提出各自不同的条件后，才接受成为美军的俘虏。

与此同时，美军继续在北据点的最后孤立阵地里战斗。如前文所述，3月17日午夜，硫黄岛日军小笠原兵团司令部坑道中的人员在美军的持续压迫下再也无法支撑，决定逃到池田联队长栖身的来代工兵队的洞穴。栗林当时给部下的命令有这样的内容：“战况已经到达最后时刻。我希望部下尚存的军官和士兵今夜出击，攻打敌军。各部队！午夜同时出动，攻打敌人，战至最后一刻。所有人都要为天皇陛下尽忠，舍生取义。我一直会在你们前面带队。”

当天夜间，令美军觉得奇怪的是，日军没有什么不寻常的动静，也没有进行“万岁”冲锋的丝毫迹象。从这一刻起，日军关于硫黄岛战斗的最后几天的信息变得越来越含糊。大部分遗留信息都经过父岛驻军之手，他们一直都在接收硫黄岛的无线电信息，这些信息被归档，后来移交给美军。早在3月17日，父岛就得到消息说：“145步兵联队在標流木列队，高举联队旗帜，英勇奋战。”当天晚些时候，池田联队长发出一条密码信息：“我们在这里将荣耀的联队旗帜烧毁。再见。”

3月18日晨，父岛方面接到大本营来电通知栗林中将晋升为大将。但是父岛方面与硫黄岛的联系已经断绝，在19日、20日这两天，从硫黄岛没有传来任何音信。父岛和大本营因此推测硫黄岛守军已经在总攻中“玉碎”了。

当天硫黄岛海军司令部坑道一带已经变成一线前沿阵地。樱决死队的所有小队在章鱼罐阵地中潜伏。平山小队还有25人，却只有步枪5支、手榴弹十数颗，除此之外都是军刀和竹枪，没有反坦克地雷。13时30分，二三十辆坦克排成横列，“隆隆”卷着沙尘向平山小队的发电站阵地扑来。

平山小队中的松本上曹在章鱼罐里止不住浑身发抖。数分钟后，美军坦克率先向章鱼罐阵地一带喷射火焰，随后是酷烈的枪炮射击。

“不要动，压低身体！”阵地里响起平山的喝令声。日军也开始射击，在沙尘中枪炮声更加激烈，然后又恢复了平静。

“长官、长官！”听到中原兵曹的叫声，松本回过神来。原来松本的头部受了伤。用毛巾止血之后靠近了中原。

“平山中尉被打中了。”

松本拼命向平山的方向爬去。平山倒在坑道的入口附近，鲜血从左肩和左腰咕嘟咕嘟地涌出来。

“平山中尉，振作起来！”松本靠近平山的耳边大喊道。

“唔，肩膀疼得厉害。”

“小队长，请进入坑道。”

“不，算了。我的章鱼罐在哪，让我死在自己的阵地上吧。”

不可思议的是，美军坦克再未继续前进，而是向侧面转移了。

“平山中尉，我是松本。能看见我的脸吗？”

平山半睁着眼不停地搜寻着，但又轻轻地摇了摇头。他稍稍咳嗽了一下，却从嘴里喷出血来。

“乓——”突然旁边的江头上水的步枪开火了。一个美

硫黄岛上被损毁的一辆谢尔曼坦克，加固侧壁的木板上炮弹的击伤清晰可见。

国兵从二三米前方的崖上滚落下来。

“那个家伙瞄准了队长和你，所以我朝他开了枪。”江头会心地微微一笑。平山在16时30分平静地死去。松本抱着平山流泪不止。

池崎的第1小队只有6名幸存者，高澄的第3小队也只剩下4人。以卵击石的战斗在19日也继续进行着。坚守在司令部西北章鱼罐阵地狙击的池崎小队在坦克进到眼前时以残存的数人实施挺身突击。池崎挥舞军刀正要冲锋的瞬间，被美军坦克炮打穿大腿。大量鲜血被沙地吸收，几乎立即死亡。同时，密码传达长大崎上水战死了。第3小队长高澄也在21日胸部负贯通伤战死。

3月18日的傍晚，硫黄岛成了一个美军疯狂庆祝的地方。这与日军最终在岛西北部被逼入绝境无关，他们最终被消灭只是时间问题。其实是有人“泄露”了德国投降的消息。这消息完全没根据，还要过将近2个月才会成真，却像野火一样传遍全岛。于是，大约有那么一个小时，硫黄岛变成了全世界最欢乐的地方。后方地区的高炮部队和其他部队用机枪、高射炮、卡宾枪、步枪和手枪对空鸣放，好不热闹。

庆祝结束之前，全岛的美军各部队和外海的舰船都已得到这个消息。只是因为红色警报，这次庆典才结束。警报是因为有敌机在硫黄岛地区上空出现。美军的一份报告非常幽默地写道：“5师的医院要治疗参加‘对德战争’负伤的伤员，当然那里还有其他伤员。”兴奋之后，硫黄岛的美军陆战队员回到更为正常的状态，将个别日本兵赶跑，挫败日军的渗透行动。

3月19日，美军继续推进，日军的抵抗开始集中在先前的兵团司令部周围。这座混凝土碉堡即便遭到谢尔曼坦克75毫米主炮打击，都没有受到丝毫影响，美军爆破队用40磅高爆炸药也奈何不了它。陆战队员耗费了2天时间摧毁日军守卫的这座阵地，随后对这个指挥中心发动直接攻击。工兵用推土机封住这座建筑物北侧的一个入口和几个通风口。最后，美军用整整4吨炸药，分成五堆爆破，终于摧毁了这个坚固的日军抵抗中心。究竟有多少日本兵在其中丧生，从来都没有人知道。不过，栗林和其他高级军官还安全地藏在145联队本部的山洞里。

3月17日午夜，栗林已向日军大本营发出诀别电文，为他没能守住硫黄岛向天皇致歉，还做了一首和歌明志。3月21日，收到这封电报的大本营，12时在《朝日新闻》报发表了该岛“玉碎”的消息：

一、硫黄岛我部队自敌登陆以来约一个月间一直坚持奋战，特别是大约在3月13日以后凭借北部落和东山一带的预备阵地，持续进行着壮烈的战斗。战局终于到了最后关头，发出了“定于17日半夜由最高指挥官率领，在祈念皇国必胜与安泰的同时全体人员实施壮烈的总攻”的电报。此后通信断绝。

二、敌兵自登陆该岛以来至3月16日为止，蒙受了约33000人的损失。

实际上3月17日夜，硫黄岛日军并未能实施总反攻，以后栗林兵团长以下就一边等待出击时机一边固守为八海岸周边的残存洞穴阵地。这一带的洞穴阵地由来代工兵队构筑，不仅规模大，而且相当坚固。

同样在3月17日前后，海军司令部坑道里烧毁小山一般的密码本、破坏了通信器材。市丸司令官命令全部生存者在地下20米的坑道内集合，向生存者发表训示，朗读了对罗斯福总统的抗议书。这份抗议书主要由间濑、赤田两名参谋执笔写成，一位夏威夷出生的通信下士官（姓名不详，父母都是广岛人，当时还住在夏威夷）译成英文。据松本岩上等兵曹回忆，间濑参谋朗读的抗议书的内容概要如下：

致罗斯福总统的抗议书

对于日本的超越民族、人种，以互相协作筑成亚洲的文明与和平的行动，你出于错误偏见，采取对日本实施经济封锁这样的盎格鲁—撒克逊人的卑劣的外交政策，将日本逼到绝境，不得已选择开战。

日俄战争时你的伯父对日本关照有加，对结束战争也尽了最大努力，对此在日本无人不晓。

你作为侄子，现在却同他有云泥之别，你到底是怎么想的？

守卫硫黄岛的官兵纵使弹尽粮绝也会战至最后一兵。即使这座硫黄岛不幸为美军的军靴蹂躏，日本民族仍会降生七次为贯彻初衷而奋斗不息。

硫黄岛海军最高指挥官

市丸利之助

这份抗议书的英文版和日文版都署了市丸的名字，分别由赤田和村上大尉裹在腹部。署名后，市丸向池田参谋托付司令部坑道内的后事，在22时同间濑、冈崎机关参谋和几名部附一起向陆军兵团司令部那边转移，3月19日转移到第145联队本部的坑道，24日又转移到卫生队的坑道。

就在这个时候，美军削弱日军最后孤立阵地的战斗仍在继续。坦克沿着坦克推土机清理出的道路向前线行进。日军经常以单兵或小组方式对推土机实施自杀式攻击，鲜能成功。美军陆战队缓慢而坚定地

1945年3月，安装了推土机铲斗的谢尔曼坦克在支援陆战队步兵前进。

向峡谷推进，5师的洛基师长已委托副师长赫姆利准将指挥参加峡谷扫荡战的所有部队。赫姆利准将在一个能够清楚俯瞰峡谷情况的观察站，指挥将结束日军在这一地区有组织抵抗的最后阶段的战斗。

3月21日，日军父岛派遣司令部收到了发自硫黄岛的电报："兵团长以下正在英勇战斗，斗志依然旺盛。"硫黄岛日军最高指挥官报告，他的洞穴受到美军坦克和爆破队的直接攻击。堀江少佐将3月17日生效的一则消息用无线电发往硫黄岛，栗林中将已经正式晋升为陆军大将、市丸海军少将晋升海军中将、井上海军大佐晋升海军少将、西竹一中佐晋升大佐。井上和西竹一实际上已经是战死后追晋。

3月21日，配属27团3营和28团3营的陆战26团继续进攻，26团1营和27团3营冲入峡谷。28团3营在峡谷边缘守卫阵地。当天的战斗就像过去一样艰苦而血腥。日军拒绝放弃这片阵地，实际上，他们也无处可去，只有坚守死战。于是，美军陆战队员不得不逐个将他们消灭。与先前一样，战士们发现许多日军身着陆战队制服，用M-1步枪开火。当天，26团1营在峡谷内取得200码的收获，再要往前就需要火焰坦克支援，偏偏地形条件限制使用这种最有效武器，美军只有使用便携式火焰喷射器。火焰喷射器操作员面临巨大风险，一旦背负的燃料筒被日军的子弹射中，这个人立即就变成人形火炬，会被活活烧死；他的同伴在这个时候只有赶紧躲开，不然就会遭遇同样的厄运。

天黑前，28团1营在峭壁边缘一带推进了400码，28团2营在其派出的一个巡逻队消灭20名日军后，前进100码，到达悬崖边缘。日军末日将至，但美军陆战队员攻克被称为"死亡山谷"的峡谷的战斗还在继续。常规武器和战术都已无效，只能临时使用其他手段。陆战队员用尽了战术手册上的所有办法，还用上许多手册上没有的手段，想方设法扫荡峡谷中的日军。他们用绳子将炸药从悬崖上放下去，将日本兵从洞穴里炸出来。打开的汽油桶被扔进山沟里纵火。超大型推土机将超大型火箭弹推到前线，用来将日本兵从山坡上炸出来。空中观察员在低空从乘坐的小型侦察机上向日军阵地空投手雷。

当天，美军在日本海军司令部坑道的4处入口都构筑了机枪阵地，这时坑道内有500名左右的伤员。20时，赤田少佐对松本岩说道："小松（对松本上曹的昵称），最后时刻终于到来了啊。你认为人在死前就能成佛呢，还是认为如果不死的话就无法成佛呢？"

松本："不是还有'活佛'这个说法吗……"

赤田："哎，到底怎样才能成佛呢？

图中的陆战队员在为看不见目标的机枪手指明方向。

松本："这个嘛……"

赤田："'观自在菩萨……'这经文是生时的经典，还是死后的经典？"

不久赤田对松本说请给我念经，又坐下摆出了打坐的姿势。

松本在儿时曾在寺院待过一阵，于是开始念"三部经"。数十名伤员也聚集过来。也有士兵一边听他念经一边咽气的。

念经完毕，赤田下令："樱决死队本队现在解散。小松为樱第一决死队（指挥官）执行任务！"然后让松本穿上自己的上衣（松本的衣服已经破烂不堪），他自己则只穿着兜裆布，挂着军刀，就这副打扮说道："那么再见了，好好干啊。我出去后，你马上从另一边冲出去。"说完从坑道内登上30度的陡坡，向美军的机枪阵地猛冲过去，随后响起一阵急促的机枪射击声。这时是23时整，赤田的最后一刻。

美军陆战5师连续4天想用正面进攻拿下死亡山谷，都没能成功，任何踏进这座峡谷的人都非死即伤。不过苦战之中，美军逐次削弱了日军的多个防御据点，一些进展已显而易见。3月22日，在谢尔曼坦克、坦克推土机和火焰坦克支援下，27团3营又推进了300码。

次日，父岛的日军通信所收到硫黄岛发来的急电："敌人在用扩音器劝降，我官兵对此嗤之以鼻，5日间没吃没喝犹在奋战。"

"硫黄岛还活着。"父岛的日军官兵为此喜极而泣。但是到了接近日落，他们又收到一封明码电报："父岛的诸位，永别了。"堀江参谋不愿就此放弃希望，又用了3天时间，千方百计要与硫黄岛守军取得联系，依然无果，只得假设岛上的所有抵抗就此结束。日本首相通过东京广播电台沉痛宣告这一事实，哀叹硫黄岛失守是"整个战局最为不幸的事情"。

3月22日，日军在死亡山谷的抵抗骨干力量其实已被摧毁，北据点最后的孤立阵地面积已经降到边长50码的一个正方形而已。次日，极度疲惫的26团3营和28团3营走向死亡山谷，完成扫荡任务，将多个洞口封死，日军被挤压到一个不再能设防的区域。尽管如此，个别日军还是一直坚持到3月25日。当天，疲惫至极的美军26团、27团和28团余部摇摇晃晃进入峡谷，向残存的零星日军目标开火，日军在此地的最后抵抗终于被踏平。3月25日，美军宣布占领"死亡山谷"，硫黄岛北部的战斗正式宣告结束。

3月17日，在占领"死亡山谷"的8天之前，参战的美军陆战队就开始陆续撤出硫黄岛。最早乘船离开的是第5两栖军的军属炮兵。此后几天，除了第12炮兵团4营继续留守数日，准备应召为前线步兵提供炮火支援之外，3个师的师属炮兵相继登船离去。3月18日，4师师长凯茨少将关闭岛上的师指挥所，他的部队被3师替换，然后相继登船。2天后，运载4师的船只离岛，前往夏威夷的康复区。3月20日，陆军147步兵团到达硫黄岛。这个团被配属给厄斯金少将的3师。早在3月7日，切尼陆军少将就已接管硫黄岛的基地发展任务和所有地面设施的防空任务。当天，他就将防空任务委托给摩尔准将。3月26日8时，切尼少将接任美军驻硫黄岛司令官，实际负责所有驻岛部队的作战指挥。摩尔准将继续担任防空司令。

就在硫黄岛看来要变成美军的一个卫戍防区，而不是一个两军激战的战场之时，日军决定对胜利在望的入侵者实施最后一击。到那时为止，美军在硫黄岛北部和中部每天都在扫荡，日夜都有日本兵被击毙或俘获。美军的步兵登陆炮艇

地图三十一　北据点地区最后的战斗

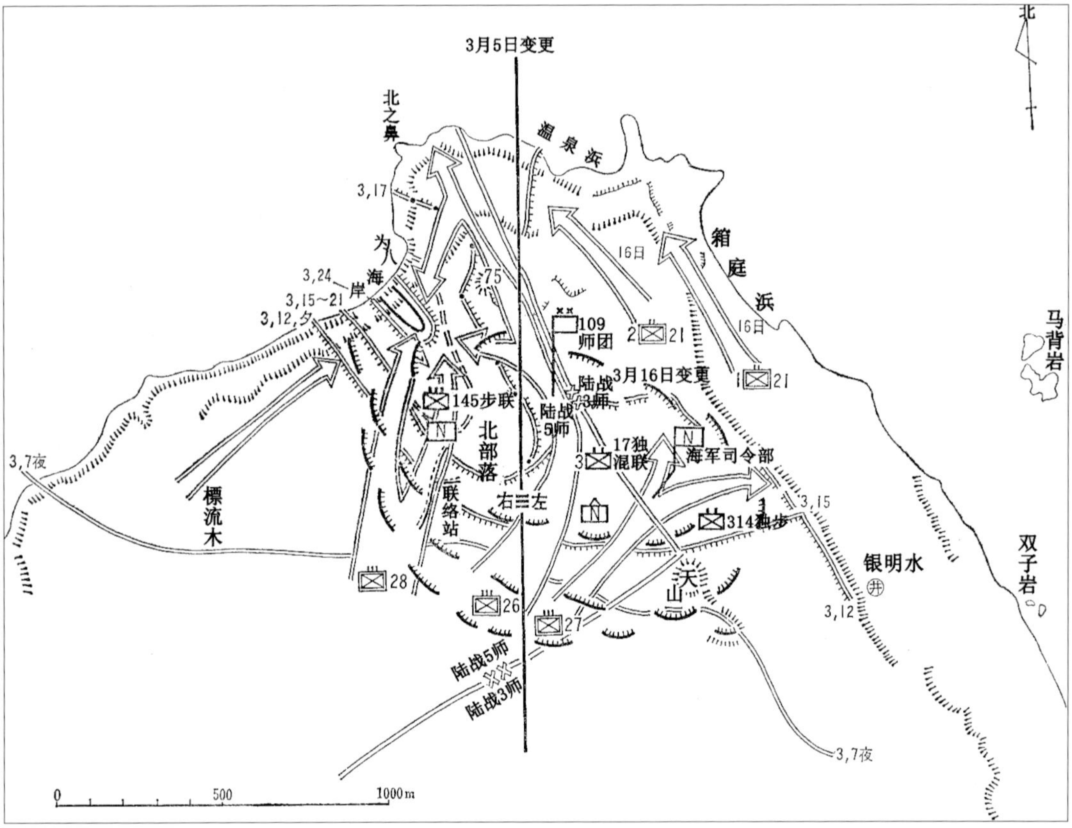

在西北外海巡弋，防备日本兵在夜间从水路逃跑。

日军最后的总反攻

24日傍晚，栗林兵团长根据现状，认为兵团集中全力奋力一搏的良机到了，决定从標流木一带突破，向元山和千鸟机场实施兵团最后的总反攻。

跟随栗林的官兵，有兵团司令部附大须贺应少将、海军部队最高指挥官市丸利之助少将、第145步兵联队长池田增雄大佐、兵团参谋长高石正大佐、兵团作战参谋中根兼次中佐等人，陆海军官兵共约400人。

此外负责伪装司令部的冈少佐以下的旧司令部守备队，根据兵团命令从24日23时开始企图同本队会合，但遭到美军阻击而失败，在25日夜再次分散出击，还是以失败告终，大部分战死。

25日，栗林和市丸决定出击。栗林、市丸、高石、中根和冈崎海军参谋，以及负伤的池田联队长等聚集起来，水和粮食也全部发下去，让大家难得吃了个饱。这是栗林兵团的最后也是唯一一次正式总攻。

就在这时，守在日军司令部坑道口的士兵听到空中隐隐传来巨响，还窥视到岛内的美军炮火一齐向黑夜的上空集中射击。哨兵很快否定了有日机飞来的想法，以为这是美军在演习。

实际上这是从木更津基地起飞的根本正良中尉的“一”式陆攻机单独冲入硫黄岛上空。这一回从木更津出发的6架“一”式陆攻，只有根本的一架抵达硫黄岛，以南海岸物资堆积场为中心成功实施奇袭轰炸。对根本来说，与一个月前火力线交错的战场相比，完全没有炮火的岛上发生了奇妙的变化。岛上显得黑暗、寂静，让人感到寂寥。根本不由想到，现在岛上难道连一个日军也没有了么？

大约同一时刻，在北地区的地下深处，栗林和市丸正在商讨明天拂晓的总攻作战。根本的这次空袭成了栗林总攻的前奏。根本机第三次奇迹般地生还，之后日方对硫黄岛的航空攻击便完全停止了。

3月25日午夜，栗林兵团开始总反攻。栗林和市丸都在军装上系上白色布条，走在部队最前方，带领反击部队沿着標流木海岸推进。

这支日军并没有高声咆哮地发动一次求死的“万岁”冲锋，而是从三个方向，以梯队方式发动有组织的进攻。日军精心策划，要造成最大的混乱和破坏，在沉默中战斗。从26日5时15分开始，日军接连3个多小时在美军营地里游击，推倒帐篷，用刀砍死熟睡的飞行员，向看见的美军射击，在混乱中投掷手榴弹。

遭到突袭，局部被压制的美军部队有第5轻工兵营、组成第5两栖军海岸工作队的第8野战军需库人员、第98海军工程营、陆军第21战斗机大队的人员、第465飞行中队和第506高炮营。黑暗之间，战斗一片混乱。最大的困难在于敌友难分，由于许多攻进来的日军装备勃朗宁自动步枪、M-1步枪和11.4毫米口径手枪，甚至还有一具巴祖卡火箭筒，更是让美军识别敌我人员难上加难。日军军官则挥舞军刀冲锋。

夜袭渐入高潮，日军一路突进到陆军第38野战医院。他们切断医院的电话线，劈毁帐篷，用机枪扫射救护车。乱局之中，第5轻工兵营的军官组织了一次抵抗，有些美军伤亡。最初，从混乱中缓过神来的美军努力在一些散兵坑里组织了一道火线御敌。随着战斗的噪音越来越大，其他陆战队员也赶到战场，陆军的火焰坦克也行动起来。第5轻工兵营组织了一道散兵线，首次让日军被迫撤退。任何拥有武器的人，包括航空兵、“海蜂”、陆军医务人员和军属海岸工作队人员都加入战斗。后来，他们的指挥官特别赞扬了后一批投入战斗的陆战队员的表现。军属炮兵海岸工作队司令对这些有色人种部队的战斗表现非常满意，他们平时的职责是承担后方的体力劳动，这次夜战其实是他们首次与敌军正面对决。适度的安全意识让他们没有惊慌失措，他们在战斗中冷静果敢，事后在报告中也非常谦虚。

根据美国海军陆战队的训练要求，必要的时候，每一名陆战队员都是一名合格的步枪兵。图为一名步枪兵正在准备瞄准射击。注意他正坐在缴获的一叠日军弹药箱上。

这次夜战结束后，仅第5轻工兵营辖区一处，就横躺着196具日军的尸体；邻近区域有66名日本兵被击毙，另外共有18人被俘。战斗结束后，美军在战场上收集了40把指挥刀，说明参战的军官和高级士官比例确实相当高。战后数年，一位参与这次夜袭的日本战俘被遣返回国称，只剩一条腿的市丸海军中将参加了这次袭击。可是在战斗之后的尸体统计和检验工作中，美军无法确认里面有栗林、市丸或池田的尸身。他们三人，尤其是栗林最终的命运一直众说纷纭。

根据日军资料，在攻击前进中，栗林在突击展开地点（標流木和大阪山的中间地点）右大腿部就受了重伤，司令部附曹长背着栗林跟在高石参谋长和中根参谋后面前进。栗林留下最后一句话："决不能让敌人得到兵团长的尸体"，27日晨同高石、中根一起用手枪自杀了。

在此之前，父岛的派遣司令部25日半夜收到"兵团长以下正在英勇战斗中"，署名高石的电报，这是硫黄岛守军发出的最后一封电报。

美军对栗林的评价颇高。当时的远征地面部队指挥官史密斯中将在《美国海军陆战队与太平洋突击战》一书中，对栗林的指挥有如下评价：

在太平洋交过手的敌军指挥官中，栗林中将是最勇猛之人。岛屿战的日军指挥官中有的只留下了名字，有的连名字都没留下就战死了。栗林的性格被硫黄岛上留下的地下工事记录下来，印象深刻。他在被我们逼到最后的绝境前一直在极近距离阻止我们，据守在北之鼻的洞穴里。硫黄岛从最初的几天就开始的有组织抵抗并未崩溃，反而因为一直持续抵抗到最后而非常有名。

关于栗林战死前后的情况，武藏野菊藏中尉有如下回忆：

栗林兵团长在发出总反攻的命令前，经常大声吟诗，这种态度始终未变。此外他还主张："饿肚子的话就没法打仗'"，尽量向官兵们提供水和粮食，大大提高了官兵的士气。

此外还听说兵团长在攻击前进期间右大腿部被炮弹的破片击中，变得步行困难，因此司令部附曹长背着他前进。最后他身为军人留下了"决不能让敌人得到兵团长的尸体"的遗言，遗体被深埋在大阪山北方大树树根的弹坑内。

吉田纹三少佐（兵团工程建筑负责参谋）虽然参加了总反攻，但受领了兵团长下达的逃出硫黄岛向大本营报告该岛的战况等特别命令，一直活到5月中旬左右，同某海军机关大尉一起企图夺取在北机场停靠的美军飞机以便逃出时被发现而战死。

一般文献记载栗林是在3月26日死亡，但是第109师团副官部附龙前新也军曹却凭借直觉相信栗林是在出击前，被跟随他的副官部五味曹长"处置"的（五味是龙前的密友）。

在美军的俘虏收容所里，曾有幸存者听栗林的勤务兵说，栗林最后在西地区方面被击伤足部后，进入了附近的坑道自杀了。

关于栗林的死亡，据说在美军中间还流传着一个说法：

当硫黄岛上的残余日军迎来最后时刻，面临着投降抑或"玉碎"的选择时，栗林表示了投降的意向（也有人说是8月15日日本投降前后），带领幕僚亲自充当使者，打着白旗同美军交涉，之后为了带回日军方面的决定而返回阵地，此后便再也没有出现。据参加硫黄岛战役的一名美军军官所述，栗林尽管遭到强烈抗拒投降的青年军官或少壮分子的激烈反对，仍然决定投降。正要再次前往美军阵地时，反对派中的一名海军青年军官怒不可遏，从栗林的后方一刀斜肩砍下，结束了栗林的生命。据说这名青年军官身材矮胖，却是一名年轻精悍的剑道高手。

关于栗林的结局，还有另一个类似的说法。战后数年，堀江芳孝曾接到美军总参谋部的来信。其中关于栗林兵团长临终时的情况有如下内容：

“一名美国兵误入兵团司令部。兵团长跟这名美国兵谈了话。然后兵团长在这名士兵的引导下来到美军司令部。高石参谋长和中根参谋也跟随前往。

美国兵到了美军指挥官处，报告了将兵团长以下带来的事情。中根对参谋长说：‘日军无法接受投降交涉。’参谋长也表示同意。于是中根说：‘对不起。’将兵团长砍倒，高石、中根两人互相刺死了对方。”

需要指出的是，上述几种说法其实都是硫黄岛战役日方幸存者流传出来的，无论哪一种说法，哪怕是所谓美军之间流传的说法，都没有可靠的文献资料或者现场目击者的证词证明其真实性。

至于市丸利之助战死的情况，据原第109师团副官小元久米治少佐回忆：

根据第17独立混成联队通信队小田静夫曹长的手记，市丸少将（其时已晋升为中将）和小田曹长等数人活了下来，他们进入东海岸以手榴弹破坏了美军的卡车约30辆，在企图自杀时遭到美军机枪射击，市丸以下大部战死。栗林兵团长身负重伤，同高石参谋长、中根参谋一起壮烈自杀。

关于市丸利之助的战死情况，也有资料提到他在27日晚11时同贴身部队150－200人一起向元山机场突击时死亡。据松本岩上等兵曹回忆，按照在这次联合挺身突击中确认尸体的筱原兵曹的说法，当时市丸同间濑、冈崎两名参谋一起倒下，鲜血流满了2平方米的地面。筱原还说未能确认栗林兵团长的尸体。

《小笠原兵团的最后》一书的编者认为：“综合幸存者松本兵曹和其他人的证言，栗林将军当时已经负伤，无法自由行动，此外市丸司令同20人一同出击（松本也参加了），这是在27日23时发生的事情，指挥26日袭击的是中根参谋，高石参谋长是他的后盾，这似乎才是真相。”换言之，硫黄岛日军最后的全面反击是分两次进行的，第一次是陆军的两位参谋军官指挥的，第二次才是陆海军最高指挥官指挥的。

市丸在生前曾整理了“战

1945 年 3 月 26 日，最后一次总反攻期间阵亡的日军尸体。

训所见”，用电报发出，直言不讳地指出了岛屿守备上的问题，为大本营提供参考。

“战训所见”的要点列举如下：

一、尽管已经丧失航空战力，军中央却依然只重视航空战，挪用兵力用于机场作业，而疏于防御工事的修建和陆战训练，实为不妥。

二、陆海军的对立、海军内部统一管理的欠缺和基地防备专任者（责任者）的缺席实为不妥。

三、应召高龄干部士官，能力不足，及陆战队出身者的缺席，实为不妥。

四、没有制空、制海权，炮台、碉堡的维持十分困难，即使加以隐蔽也会在一次炮击中即被摧毁。

五、基地设施必须全部为地下隐蔽抗弹设施，为此修建工程只能以机械力进行。

六、补给偏于航空关系物资，而疏于关键的防备材料运输，至为遗憾。

七、航空兵器修理厂和兵装队的工人的存在极为宝贵且有效。

八、高射炮用于平射亦颇为有效，然而弹药不足。

九、在地面上发挥效果最好的是轻便且可移动的喷进炮和迫击炮。

十、曲射迫击炮经过伪装适于长期战斗，但弹药不足。手榴弹也不足。

十一、射击在距岸500米以内的陆地上敌兵对登陆地点的密集部队可发挥最大效果。

十二、本岛洞穴极为有效，在地下10米绝无遭重炮、轰炸损害之虞，但用凿岩机可钻出孔洞注入黄磷毒气。

十三、美军将前面清理干净后方开始前进。步兵的前进时速约为10米。以如同“驱逐害虫”般的态度战斗。

无论3月26日是不是硫黄岛日军发动的最后一次反击，当时的战斗都让美军付出了不菲的代价。第5轻工兵营在战斗中有9人阵亡和31人负伤；第7战斗机部队的下属各部队有44人阵亡和88人负伤。

战役结束

就在夜袭美军营地的日军在硫黄岛西部被击毙的时候，硫黄岛战役的占领阶段宣告完成。3月26日8时，中太平洋前敌司令约翰·胡佛海军中将接管该岛的防御和开发任务。施密特少将关闭了他的军指挥所，午后不久就乘飞机离开硫黄岛。第5两栖军军部的其他人员乘坐“门罗总统”号军舰离开。

陆战队的其余各部根据事先制定好的时间表撤离。3月27日，3师的部队开始登船，当时师部和21团率先上船。厄斯金少将麾下的其余部队则在运载守备部队的船只返航时出发。4月4日，罗伯特·约翰逊上校指挥的陆军147步兵团接管硫黄岛的全部地面防务，陆战9团准备登船。3师的这最后一批部队在4月12日离开硫黄岛，6天后到达关岛。在3月11日至26日的硫黄岛战役最后阶段，美军陆战队合计损失3885人。硫黄岛战役期间，美军陆战队的损失总人数达到25851人。

日军硫黄岛守备部队在防御作战中的表现，得到美军官方战史和高级指挥官的一致好评。硫黄岛战役期间的美军远征军地面部队司令史密斯中将在所著《美国海军陆战队与太平洋进击战》和太平洋舰队司令官尼米兹五星上将所著《太平洋海战史》中，对硫黄岛作战有如下记述（大意）：

硫黄岛作战是陆战队战史上前所未有的损失极其惨重的战斗。最初的5天每天平均损失1200人以上，登陆的陆战队员每3人就有1人战死或负伤。最初的50个小时，美军的损失超过3000人。本来预计用14天时间占领硫黄岛，结果反复进行的殊死战斗持续了一个多月。

3月15日，（美军）终于宣告占据全岛，但日军在3月25日（夜间）进行了最后的猛烈攻击，几乎全部战死。硫黄岛的攻防战以攻击方的损失超过守军而闻名。地面部队和舰队乘员中约有7000人战死，19000人负伤。战斗结束时各师的战斗能力在50%以下。

硫黄岛作战中消耗的舰队的炮弹炸弹的数量之巨史无前例，但对地下防御设施并无明显影响。

对于日军在硫黄岛战役中能取得这种战术成就的原因，《小笠原兵团的最后》一书的编者有如下评论：

坦率地说，硫黄岛战役的功绩，从根本上讲是依靠挖掘洞穴、使用步兵武器。

在其背后，则是不得不打倒那些鼓吹海滩歼灭战，满不在乎地将300门高射炮指向天空，主张构筑十重、二十重碉堡阻止敌人登陆，声言希望利用坦克机动性的高高在上的陆海军战略家。此外还不得不压住早早出击的冲动。依靠栗林先生铁石般的意志和市丸先生高洁的人格才总算将上述言论和念头压制下去。

尽管日军在硫黄岛战役期间令美军付出了高昂的代价，但这种战术成就无法改变战略层面的失败，这次战役仍是对日本帝国的一个致命打击。美军占领了硫黄岛，陆军航空兵的战斗机就能将日本本土纳入作战半径之内。在战斗机掩护下马里亚纳基地的B-29重型轰炸机可以对日本本土进行昼间轰炸，B-29在硫黄岛可以加油中转，便无需挂载副油箱，炸弹搭载量就可增加（达到每架约5000磅），战果因此也会相应增加。前文已述，硫黄岛成为空袭日本本土的B-29的紧急迫降基地，能救助在海上迫降的机组人员，大大提高了B-29机组人员的生存率和士气。

早在3月初，第一架B-29轰炸机就在千鸟机场紧急着陆，此后直到战争结束，总计约有2300架次重型轰炸机（机组人员总计约25000人次）在该岛着陆，给机组人员带来难以估量的安全感。

日本方面则丧失了本土防空的早期报警基地，对以后的本土防空战非常不利。

此外，美军占领硫黄岛，消除了进攻冲绳的前进道路上的一个重要障碍，相反日本方面却丧失了本土的部分外围地区，不仅对国民的士气产生了不利

在硫黄岛机场停放的最小的陆战队OY观察机（左）和B-29重型轰炸机（右）。

影响，而且还不得不直接面对美军可能对本土发动的进攻。

硫黄岛战役期间日美两军的战斗能力比较如下表所示：

兵种\国别	日军	美军
步兵	9个大队	27个营(陆军的3个步兵营在守备阶段才投入)
坦克	1个联队(中型坦克11辆，轻型坦克12辆，计23辆)	3个营(包括喷火坦克若干辆，中型坦克约150辆)
炮兵	陆军　超过5个大队 120毫米榴弹炮10门、野山炮24门、臼炮12门、迫击炮62门、喷进炮40门，计148门 海军 150毫米平射炮4门、140毫米平射炮4门、12毫米平射炮7门、120毫米平射短炮8门，计23门	14个营 75毫米榴弹炮　48门 105毫米榴弹炮　96门 155毫米榴弹炮　24门 计168门 发射炮弹450156发
航空	特攻机总计约75架	总计约4000架次以上 投掷炸弹约8360吨以上(包括火箭弹12148发、凝固汽油弹456个以上)
舰炮	无舰炮支援	舰炮 战列舰6-8艘、巡洋舰4-9艘、驱逐舰9艘以上 消耗炮弹14250吨以上
地面部队总兵力	20933人 陆军13586人 海军7347人	61000人

注：舰炮射击耗弹量是1945年2月16日至3月25日期间的概数。美军飞机总数是从1944年6月至1945年3月中旬左右期间，日军方面统计的累计数。投掷炸弹量是1944年12月至1945年3月15日左右期间的概数（根据美军战史计算）。舰炮射击舰艇数是1945年2月16日至3月10日期间在硫黄岛海域的数量。日军特攻机数是1944年2月14日以后硫黄岛一带的攻击机数。日军总兵力是根据厚生省援护局资料计算的。根据美军战史，美军登陆时的日军总兵力是20530－21060人。

堀江芳孝曾计算过硫黄岛战役日美两军的实力差距。他估计日军的火力约有2个师团份，相比之下，美军的战列舰1艘相当于约5个师团、巡洋舰1艘相当于1个师团、驱逐舰4艘相当于1个师团，此外在空中飞行的飞机平时平均有百架，如果将10架飞机等同于1个师团，则美军拥有约50个师团的火力，是日军的25倍。

但是这种计算方法仍不足以反映双方实力差距的全貌。战后不久，堀江访问的美军驻马里亚纳舰队的某海军上校说：“你的计算是加法。还要加上机动力和补给力为系数。美军如果把机动力和补给力用乘法计算进去，一个月平均为3500倍。”还说塞班战役的计算结果为5000倍。

硫黄岛战役中日美两军的损失如下表所示：

	美军			日军	
战死	陆战队	军官	278	陆军	12850
		士兵	5653		
	海军(官兵)		881	海军	7050
	陆军		9		
	合计		6821	合计	19900
战伤	陆战队	军官	872	陆军	(生还)736
		士兵	19048		
	海军		1917	海军	(生还)297(含军属76人)
	陆军(官兵)		28		
	合计		21865	合计	1033
合计	28686			20933	

注：1. 战死包括战伤死和失踪推定死亡，战伤包括战斗疲劳。

2. 根据美陆战队战史《硫黄岛》，美军在硫黄岛的战斗损耗，达到全体登陆部队的30%、陆战3师参战的2个步兵团损耗达60%、陆战4师和5师的6个步兵团达到75%。

太平洋战争中美军步兵（海军陆战）团蒙受的最大战斗损耗（战死、战伤）是冲绳战役期间陆战6师29团的2821人，其次是硫黄岛战役期间陆战5师26团的2675人，再次是佩里硫战役期间陆战1师第1团的1749人。

另外，除硫黄岛外的小笠原群岛（含南鸟岛近海）的日军战死者有陆军620人、海军3820人，总计4440人，包括自爆、未归还的警戒机和特攻机，海上沉没和受损的潜艇、驱逐舰、小型舰船、运输船等的机组人员、船员和搭乘人员等。

硫黄岛日军各部队战死、生还一览表

部队名	战死	生还
109 师团司令部	114	16
109 师团通信队	34	3
109 师团高射炮队	320	5
109 师团警戒队	43	4
109 师团突击中队	80	2
109 师团喷进炮中队	45	6
109 师团防疫给水部	59	5
硫黄岛临时兵器厂	22	5
第 1 混成旅团工兵队	265	13
第 2 混成旅团司令部	204	14
第 2 混成旅团通信队	34	3
309 独立步兵大队	800	33
310 独立步兵大队	477	44
311 独立步兵大队	700	33
312 独立步兵大队	742	9

续表

部队名	战死	生还
314 独立步兵大队	681	45
第 2 混成旅团炮兵队	390	14
第 2 混成旅团工兵队	317	3
第 2 混成旅团野战医院	19	67
20 特设机关炮队	61	2
21 特设机关炮队	60	0
43 特设机关炮队	70	5
44 特设机关炮队	45	11
第 5 要塞建筑中队	153	46
第 8 独立速射炮大队	221	11
第 9 独立速射炮大队	238	0
第 10 独立速射炮大队	297	6
第 11 独立速射炮大队	246	16
第 12 独立速射炮大队	258	14
第 17 混成联队 3 大队	395	10
第 1 独立机枪大队	241	5
第 2 独立机枪大队	287	1
第 2 中迫击炮大队	486	28
第 3 中迫击炮大队	376	27
第 145 步兵联队	2565	162
第 26 坦克联队	652	20
第 1 独立迫击炮中队	129	10
第 20 独立臼炮大队	425	25
109 师团迫击炮队	45	?
硫黄岛临时货物厂	56	17
硫黄岛临时兵器厂	22	2
第 21 野战作井中队	70	1
父岛宪兵队	3	0
大本营派遣队	5	0
第 17 船舶工兵联队的 1 个小队	71	0
第 59 锚泊司令部	29	0

续表

部队名	战死	生还
独立海上运输中队	6	0
陆军合计	12858	743
第27航空战队司令部	74	1
硫黄岛警备队	3759	151
南方诸岛航空队	1699	71
204设营队	1045	45
301航空队	14	1
海军兵器厂	90	5
海军合计	6681	274
陆海军合计	19539	1017

资料来源：《小笠原兵团的最后》附表第一“硫黄岛战没、生还一览表”。与上文表格中的数字略有差别。原书在表后还说明：“综合战史室、美陆战队战史、硫黄岛协会的资料、复员者的证言等；根据战史室的报告，生还者为1033名。”

要统计日军为保卫硫黄岛战死的总人数是一项漫长的工作，可以肯定的是，超过95%的守军都在战斗中倒下了。截至3月26日，美军陆战队抓获的俘虏不过216人，许多都是朝鲜劳工。岛上的战斗和死亡并没有随着第5两栖军地面部队的离开而结束。147步兵团在整个4月和5月，都在积极巡逻和伏击，使更多日本兵被杀和被俘。日军在岛上仍有孤立的小据点必须铲除，有些还需要反复扫荡。

日军的散兵游勇

硫黄岛日军的有组织抵抗虽然在3月下旬就已结束，但散兵游勇的游击战持续了相当长一段时间。据第44特设机关炮队的铃木荣之助回忆，3月17日以后，仍有大约10000名日本兵待在各处的坑道里。美军用扩音器对各条坑道呼吁投降，有时会直截了当地喊：“这条坑道中有某某军曹以下多少名。”还说会等待一个小时或两个小时，请仔细考虑后走出来这样的话。

各条坑道里人们的意见大致有三种：1.出去；2.自杀；3.谁敢出去我就杀了他。最终幸存下来的大约1000人应该都记得这样的经历，只是有些人说得没这么直白。

1931年九一八事变期间，铃木就是第19师团的机枪兵，亲眼目睹日军不分敌兵和男女老幼胡乱杀人。

与之相比，美军的做法很不一样。美军在日方战死者的旁边一定会放置钢盔或绑腿，来标示埋葬日本兵的位置。

此外只要日本兵不去偷盗水和粮食或骚扰美军，他们就会坚持劝降，说不要为了复仇连珍贵的生命都舍弃了、战争已经结束了之类的话。他们给予足够的时间考虑之后，才会用火焰喷射器攻击。铃木颇为感慨地回忆道：“美军总是会

一名陆战队员向洞穴里投掷手雷之后，好言劝里面的日军投降。

做得尽可能人道。”

铃木还说：“敌人胜利后不久，野战医院的军医以下就全体投降了。这件事情各队都听说了。说是住院患者不留一人全部被注射杀死，只有自己投降了，真令人愤慨，这是事实。”

3月16日9时左右，铃木在天山地区被美军机枪子弹射穿大腿，他在泥中观察陆战队的行动直到天黑。受伤后，他思考了一天，最后得出结论，认为野战医院的做法比较聪明。当晚他得到家乡石冈出生的军属浜野芳树帮助，被背进师团经理室的坑道，就躺在金库上面。崭新的纸币在那里堆积如山，但不知道什么时候这些纸币就被其他士兵装进背包带走了。

第二天栗林中将带着曹长出现在迫田大队的阵地上。即使敌弹飞来，栗林也不躲避。随后发布命令，大意是即使负伤也要以游击战坚持到最后。

铃木认为：“如果某个军官能勇敢地说：‘不该无谓地送死，应该向敌人投降’的话，应该可以挽救更多的人命，真是遗憾。我在各条坑道中都没有见过有军官带头投降的。他们有些悄悄地秘密当了俘虏。”

后来有一天晚上，他潜入美军背后，发现美国兵正在放音乐和跳舞、看电影。

关于日军的死亡原因，据铃木回忆：

被敌弹打死的日本兵应该有大约30%。剩下的70%的日本兵的死因的比例应该如下：

60%　自杀（包括为痛快地死去而恳求别人用注射剂杀死自己的人）

10%　他杀（看到别人投降就杀掉）

一部分　事故死（走火、反坦克战斗训练时死亡等）

在师团经理室坑道里有60－70名伤员，包括今别府少尉、成泽曹长、宪兵发剃曹长等人。美军对他们喊话说：“今别府少尉以下不是全负伤了么？快点投降吧。”到5月末，约半数人员已经自杀。今别府也用手枪自杀了，成泽则用手榴弹自行了断。剩下的人在争论着“出去肯定会被杀掉”“不会被杀”“出去看看吧”。铃木说要出去的人请跟我来，然后带头走向美军陆战队。包括发剃曹长在内，约有20人跟着他走了出去。随后铃木等人立即被送到北地区俘虏收容所。过了一天被用登陆艇转移到军舰上送到关岛。铃木认为所谓的“出去肯定会被杀掉”，并非是认为会被美军杀掉，“被上级或同僚杀掉才是最让人害怕的”。

当初在第2混成旅团总攻期间幸存下来的武藏野菊藏中尉，后来指挥残余人员在玉名山附近继续进行游击战。

1945年4月5日，美军在硫黄岛俘虏日本兵。

到3月末，他听说栗林战死和第145步兵联队焚烧军旗的事情。据他回忆，全岛的坑道里正在苟延残喘的日本人大概还不下3000人。另外据《小笠原兵团的最后》一书的编者所述："综合编辑会见的约35名生还者所言，3月末仍然在各处的坑道内生存的日本兵还有约10000名。"（3月末，美陆战队撤出硫黄岛，美陆军第147步兵团负责守备该岛，反复对日军进行劝降、火焰攻击和水攻。）此外堀江芳孝的回忆录提到至5月中旬左右，潜伏的日军官兵不下1500人。

4月19日，仅武藏野的游击战集团就有220余人。因为每天人数都在变化，所以准确的数字连身为队长的武藏野也不知道。美军也知道这处坑道里有日本兵。

各坑道由于水和粮食存量有限，不允许其他小组加入。5月中旬，武藏野和多岐中尉两人到玉名山北方的前田炮兵少佐的坑道那里看了看。这处坑道的入口架着日军的重机枪，即使只听到脚步声，也会不分日军和美军一律向来者猛烈射击（据武藏野回忆，前田似乎在5月末左右自杀）。

6月8日，武藏野和多岐两人摸到旅团的防空壕。两个人进入坑道深处，向千田少将的司令部走去。武藏野看到坑道里有人盘腿坐着死去、有人支着腿死去、有人将双手放在头下死去，还有人靠在洞壁上合着掌死去，死人堆积成山。因为这里变成了收容重伤员的野战医院，所以死者非常多，大部分都是饿死的。尸体全部头朝日本本土的方向。尸体的头发乌黑，坑道内满是苍蝇。

1945年4月21日，硫黄岛北部崎岖地带之间的行车小道和被战斗破坏的植被。

武藏野和多岐在旅团的坑道里得到友军照顾，在这里待了三个晚上，6月11日傍晚才离开。他们企图乘坐筏子逃出硫黄岛，于是潜入美军阵地向东海岸前进。多岐说在某处坑道里有压缩饼干，于是他们决定去那里取饼干。二人企图突破美军的铁丝网和重机枪封锁，但遭到重机枪的猛烈射击。机枪射击30分钟才停止，多岐头部中了数弹死去。11日半夜，武藏野成了孤身一人。

6月12日，武藏野躲藏在东海岸的岩石下。他的身上既没有军刀也没有手榴弹，连钢盔都没有。6月13日，他打算就这样饿死。到6月16日，他已经十分虚弱，连动都动不了。他正在做梦时，有狗在刨旁边的土。他睁眼一看，约70名美国兵正围着他。这些美国兵搬走石头，用毯子裹住武藏野，把他送到美军的医院。武藏野中尉就这样成了美军的俘虏。对于美军的"超越父母的关爱"，他感到惊讶和感激。

像武藏野遇到的躲在坑道里的日军拒绝其他友军进入自己藏身之处的冷酷行为，在硫黄岛的残兵败将中并非孤例。

3月8日晚上，海军硫黄

岛警备队发动总攻时，海军玉名山陆战队第3中队的橘田信一二等整备兵曹有伤在身，没有参加，就这样留在第3中队坑道里。那天美机向这里投下了“装着汽油的铁桶”，使周围化为一片火海，这里同第2混成旅团司令部的联络也中断了。在这一天，除了分队下士（远藤正竹二等整备兵曹）、中队长（合志中尉）、分队长（仓田整曹长）之外，橘田同中队全体官兵永别了。后来他听说仓田整曹长活了下来，被美军送到夏威夷。

3月29日，一名美国兵在第3中队防空壕的入口处摆弄着日军的文件。碰巧橘田的战友野崎正在患感冒，不慎咳嗽了一下，结果被这名美国兵发觉了。橘田一行于是溜出这处坑道，前往本部的防空壕。

那里的入口设有哨兵，对方说了“决死”，橘田他们回了口令“敢斗”。哨兵默默地让他们通过了。在本部的防空壕中，日军用米袋子或用来装其他各种食品的草袋子代替土袋。这里有五六百名幸存者，除飞行长（海军少佐）外还有数名军官。飞行长热情地对他们说：“请让我指挥你们，暂且就住在本部吧。”于是橘田一行分成两班，安部上等兵被编入第一班，其他人全部被编入第二班（都是伤员）。

不久橘田听说发生意外情况。一名军官说哨兵决不能让外面来的军人进入防空壕，出去干活的人（主要是打水）回来的话另当别论，其他人绝对不行。橘田的心一下子沉下去了。他后来回忆了对这件事的感想：“这是多么冷酷的事情啊。明明同是日本人，为什么要这么冷血呢？不管是谁都想活下去。只要是人都会想要活下去。我们也是因为想活下去才来到这里的。我对此十分反感。”

3月30日，橘田一行被要求再次进行挺身突击，不得不离开这处坑道。橘田的脸上虽然缠着绷带，但由于某种原因还是参加了突击队。当时在本部坑道里既有药品也有军医，橘田当然想接受治疗早日康复。但昨晚他刚在第二班安顿下来不久，就听到第一班的士兵说话，听那意思是要把他撵出去：“负伤者光吃饭睡觉不干活。健康者却反而更容易死。”所以他报名参加了突击队。

橘田跟其他人正在商议，说要在离开本部坑道后，通过原南方空本部遗址向陆军的前川部队方面前进，这时五六名突击队员模样的士兵凑过来问道：“海军同志要往哪里去？”这一群人是攻击队的分队士（军官）、真岛兵曹、中村兵曹（山梨县出生）、陆军工兵队的坂井伍长和另外三人，共计七人。

分队士说：“我们刚从内地过来，对岛上的地形都不熟悉，不管去哪儿都请把我们带上。”橘田说：“我们都是日本人，一起同心协力去战斗吧。”说着向分队士伸出手去，后者高兴得掉下眼泪。

橘田问道：“你是从哪来的？”分队士说：“刚从本部坑道出来。其实昨晚在这附近真岛兵曹和我被敌人的机枪打伤，好不容易走到本部坑道，但入口有两名哨兵，不管怎么恳求都不让进去，真是够辛苦的。我们低声下气地哀求，哨兵说：那就悄悄地放你们进来，只限今晚哦，明晚请离开这里。让我们躺在土袋上睡觉。今晚按照约定从坑道里出来了。虽然同是日本人，却表现得那么冷淡。”

橘田说：“本部的家伙可真不是人呢。他们简直就是畜生，不过就是活在这个世界上的生物罢了。我会痛恨他们一辈子。他们认为如果要照顾我们这些伤员的话，健康的士兵就活不下去，所以要把我们赶出来。对日本人连人类之爱或者人道之爱都没有吗？”

分队士恨恨地说："从这点来看，日本是输定了。"

聚在这里的一共有18个人，包括海军的分队士、真岛兵曹、中村兵曹、橘田、太田、菊地、大槻、堀江（东北出生）以及攻击队的4名士兵。陆军的有工兵队的吉成幸夫（或良夫）和坂井伍长。

不久这一行人好不容易走到原海军伍长室的防空壕。3月31日起，他们都在这里生活了三天。

4月2日11时，正在放哨的吉成和菊地睡得死沉死沉的，入口的这两人和里面的16人完全没有发觉有美国兵过来。因为恰好遇到下雨，3名美国兵为避雨便靠了过来。

醒来的吉成说："橘田先生，是敌人。"结果美军拿来机枪和火焰喷射器向坑道内射击，吉成、堀江和橘田三人拼命同美军对射达7小时之久。毒气进入防空壕的深处，让他们呼吸困难。有人喊道："赶紧冲出去吧！"

橘田答道："别急，在把硫黄岛的情况告诉内地的人们之前，无论如何也不能死。再坚持一会儿。"

在这次战斗中，菊地被火焰喷射器烧成重伤，整个脸都被烧烂了。不久美国兵离去，时间已到傍晚。橘田一边给菊地鼓劲儿，一边啃起压缩饼干。有人说道："这会儿要是在家里的话，就能吃上饭啦。"

4月15日，一直同橘田相伴的战友吉成一等兵终于死去。一整天橘田都陪在吉成的尸体旁边。20时，橘田摘下吉成的手表——也是吉成唯一的遗物，在左腕上跟自己的表戴在一起，为他默祷了一分钟，然后离开了这处坑道。这时他感到孤独到极点。

美军用火焰喷射器攻打在硫黄岛北岸峭壁里盘踞的日军残部。

4月20日，橘田到了原设营队的防空壕，这时同他在一起的有中西敏男、铃木正一、山本猛上水、永井勇一、荒川上主、岛田上主等人。

4月23日8时30分左右开始，美军不时出现，对橘田他们说道："各位日本兵，请不要白白送死，快些投降。如果不投降的话，就会用威力等同于250公斤炸弹的炸药破坏这条坑道。"还说："这条坑道里至少有五六十名日本兵"等。

这天晚上，橘田去东海岸搜寻制作筏子的材料。走了约二三十米时，他见到在21日夜参加决死队出击的太田卫长的尸体，又走了二三米，发现了石川一整的尸体。

这天功刀因踩到美军敷设的地雷战死。樋口的右臂被地雷炸伤。后来樋口在厕所用手榴弹自杀。

到7月23日，橘田已经在这条坑道里过了3个月的残兵生活（自4月23日以来），但由于昨晚留下的足迹，终于被美军发现了他们藏身的坑道。

“各位日军，请把手高举到头上出来。准备了大家喜欢的美味点心或食物。请快点出来。不要白白送死。”喊话的正是原警备队的涉谷兵曹和原设营队的斋藤，他们是和一名美国军医和卫生兵一共4人一起过来的。

对方还补充说：“我是原警备队的涉谷兵曹。听到这个声音的话应该会认出来。”

山本一水（静冈）说那个声音确实是涉谷兵曹的声音。

人们开始聚在一起商量究竟是自杀还是当俘虏，但没有一个人首先开口。

过了一会儿，大和地开口对橘田说：“小信，该怎么办？”橘田说那就自杀吧。大和地说：“可是……”橘田说：“大和地，半年都没见到太阳啦。真想见见太阳再死啊。”他又说：“日本在两千多年中都没有出过俘虏。如果我们在这里被俘，那就成了国贼了。”说完众人再次陷入沉默。

最后大和地、山本、岛田、荒川、永井和橘田6人说要见过一次太阳再去死，决心走到坑道外面。

中西、铃木和野场说不想看到美国佬的脸，用手榴弹自杀了。

橘田等6人还是被俘了，在硫黄岛的俘虏收容所里一直被美军关到8月4日。8月5日，他们被送到关岛，过了一年零三个月的收容所生活。其间山本在1946年6月左右，因病被送到罗塔岛后死亡。

最后橘田等5人在1946年10月27日平安复员，得以再次踏上日本的土地。

3月17日晚上，兵团司令部的龙前新也军曹逃出司令部坑道后，进入来代工兵队的坑道。18日，龙前在坑道里遇到清水上等兵。清水是龙前的同乡，比他早三年入伍，后来在硫黄岛担任司令部的卫兵。3月下旬的某一天，东方天空开始发白时，龙前通过来代中队坑道的右侧隘路到了为八海岸平台上。有一些人跟他一同前来，但他们已经不能被称之为“部队”了，只是“人群”而已。他们已没有军衔章，连军装齐全的都很少。从台上到下面的沙滩之间是数十米高的断崖绝壁。到了晚上，龙前他们开始移动。在岩石或土丹石上行走对于伤员来说十分痛苦。

“我还是死了算了，让我先去吧。”这样说着离开的人有不少，但是谁也没有停下来，只是在默默地走路，沿着岩场向標流木海岸的145联队前进。

突然，最前面的人说了声：“嘘——”对龙前指了指前方。原来是美国兵。大家都紧张起来。龙前仔细一看，前方有3个黑乎乎的人影。

“好吧，冲上去吧。”龙前冲在最前面，大家一边投出手榴弹，一边端着刺刀冲了过去。周围响起了手榴弹的爆炸声。

3名美国兵仰面倒了下去。传来了“喔、喔——”的垂死呻吟声。其他美国兵似乎留下3具尸体逃掉了。龙前他们都平安无事。

某个人取走了年轻的大个子美国兵拿着的自动步枪。其他人则找到了粮食。大家都围坐成一圈，吃着美国兵的口粮。

他们终于辗转抵达標流木的145联队驻地。这一带已经挤满了日军，但栗林的总攻早已结束了。

之前一直同龙前一起行动的人，在抵达145联队时几乎都不见了，剩下的只有龙前和清水。他们进入145联队的地下坑道。此前龙前曾经奉副官的命令多次来过这里。坑道里一幅出击后的惨淡情景。

“喔，给我水，给我水。”

黑暗中有人突然抓住龙前的腿。

“给我水，水……”

龙前从肩上取下水壶递给他。

硫黄岛北部多岩石的海岸。

“快住手。”

有人说道。龙前仔细一看，是一名断了一条腿的军曹。

“这里的人都是（兵团长）阁下的随从，是被火焰喷射器攻击的幸存者。他们只有几个小时的命了。如果有水给快要死的人喝的话，还不如自己喝了这水，然后为我们报仇。”

龙前还是把水递给对方，然后离开了坑道。

龙前听说栗林已从西海岸向千鸟机场出击，于是对清水说：“去西海岸吧。”此后他们两人就在標流木海岸开始败残兵的生活。同他们在一起的还有龙前在来代部队坑道里认识的145联队的大森军曹、立石军曹和司令部的小野上等兵等人。標流木海岸一带有无数天然洞穴。洞穴很深，是隐藏的绝佳场所。这里聚集了很多残存的日军。龙前栖身的洞穴中至少有50人。

为了生存，他们多次夜袭美军的营帐夺取粮食和水。某天晚上，另一个7人小组在向美军营帐挺身突击时战死了，后来龙前等人也在行动时碰到美军设置的钢丝，结果遭到齐射，柿沼兵长和一名海军士兵被打死，但龙前和清水却奇迹般地活了下来，不过两人都受了伤。

大约在3月底的某天，龙前和清水从死去的美国兵尸体旁走过时，发现了罐头等食品。两人各自塞满了自己的背包。清水扒下美国兵的鞋子，换下了破损的胶底布鞋。龙前拿了自动步枪和手榴弹，还用美国兵的粮食填满了自己的肚子，身上因此有了力气。

4月的一天，龙前等人听到美国兵的口哨声。美国兵从洞穴上的岩场走过。一瞬间，大家都紧张起来，握紧了手榴弹，端起了自动步枪。不过最后什么事也没发生，美国兵就那么走远了。

4月的另一天，龙前望着海那边的监狱岩，无意中看了下左边的岩场，发现那里站着两名美国兵。龙前向旁边的青木伍长喊道：“要干吗？”

两人在洞穴的沙地中架起枪来，龙前瞄准左边的士兵，青木瞄准右边的士兵，一起开了火。命中了，美国兵像大树一样倒下，从岩场上滚落下来。大家高兴地喊道：“干得好！”

不久之后，洞穴突然遭到机枪和枪榴弹射击，但很快就停止了。龙前他们藏在洞穴深处的沙中。因为预计明天美国兵一定会来攻击，他们决定离开这处洞穴。但是清水和法务部的须田等人留了下来。

次日，美国兵果然过来了。在洞穴的入口处站着大约30人。美国兵用自动步枪连续猛射，最后扔了炸弹，洞内在产生气浪的同时冒出了白烟。不久美国兵一边喊着什么一边离开了。

晚上他们回到洞穴时，眼前的景象让龙前吃了一惊。洞穴的入口被岩石堵住了，坑道里也到处落下岩石。在坑道的横洞中，须田等人互相紧靠死在一起，但是没有看到清水。他们在洞穴中四处找了一圈，忽然从沙中传来了“喔——喔——”的声音。大家挖开沙子发现了清水，他的脸被气浪冲得肿胀起来，脸上到处是紫色斑点，应该是内出血。

“清水，不要紧吗？”

“眼睛，眼睛看不见了……”

清水的脸肿得老高以至于挡住视野，当然看不见了，不过他总算捡了条命。

整个4月份，龙前他们都在黑暗的洞穴中生活，既没有食物也没有水，什么希望都没有，感觉只是在等死而已。虽然晚上会有人出去寻找粮食，但回来的人很少。听到机枪或手榴弹的声音，就意味着又有几名同伴死去。有人建议：“扎个筏子逃出去吧。”“死也应该死在海里嘛。”

大家同意了，于是在美国兵离去的那个黄昏以后，开始制作筏子。有人搜寻铁桶，有人收集木材，有人拿来了电线，总之大家都拼尽最后一点力气努力作业。制作筏子的方法是把4个铁桶横排在一起，在上面用电线捆住木材。

后来众人终于造好了筏子（4月的某天）。筏子被放在洞穴的沙滩里，结果被美国兵发现了。铁桶被机枪打得像蜂窝一样到处是洞。实在没有办法，只好在晚上制作木栓堵住弹孔。

他们决定在第二天黄昏逃出硫黄岛。指挥者是唯一的军官、熊本出生的宫岛少尉。总人数为17人。因为在逃出期间需要粮食和水，所以大家决定在夜间最后一次搜寻粮食和水，目标是145联队的本部坑道（听说那里还有很多粮食和水）。

偏偏美军在这个本部坑道的周围构筑了阵地，到处都设了岗哨，所以必须先突破美军的阵地。他们分散为两班，向粮食仓库摸去。

一班由龙前带领，同行的有145联队的立石军曹、大森军曹、小野上等兵等7人。那里的粮食确实很多。龙前他们背着沉重的粮食返回时，硫黄岛已经被黎明前的雾气笼罩，视野完全被挡住。在小丘跟前，最前面的小野忽然“啊”地叫了出来。空中升起照明弹，自动步枪子弹和手雷从小丘上一齐飞来。

大家都紧紧趴在岩石上或沟壑中。后方有人叫了起来。子弹噼里啪啦地打在岩石上溅起火花。

“大森军曹被打中啦！”

立石军曹的头部挨了两颗子弹，当场死亡，但不见了大森。过了一会儿，从岩石后面传来了“喔——喔——”的呻吟声。龙前顺着声音赶过去一看，大森双腿被子弹贯穿，倒在地上。

龙前把大森背到附近的天然洞穴里。小野开始给他止血，这时大森痛苦地喊道：“我不行了，快点让我解脱吧，快杀了我吧！”没人下得了手，大森继续痛苦地叫喊：“拜托了，快点，快点让我解脱吧！”

小野和龙前爱莫能助。但是龙前能感觉到紧紧按住的大森的身体极为痛苦。

小野和龙前交流了一下眼神。实在没有办法，只好将手榴弹发火后扔了过去。“砰——”地一声巨响，沙尘腾起。大森呻吟起来，可是他依然活着。

“不行，死不了，只是沾了一身泥巴。”

大森脸上被沙尘弄得黑乎乎的。龙前看不下去了：“大森，我马上就动手。就像你说的让你解脱。”然后把手榴弹放在他的胸脯上……

图中的日本兵告诉陆战队的翻译官，他一人留在一个洞穴里十天没有吃东西，几乎落泪。

过了大约两天，龙前他们回到放着筏子的天然洞穴。筏子已经被美国兵破坏，坑道入口也被爆破了。剩下的士兵也不知道去了哪里。

5月初，龙前等5人待在一个小洞穴里，他们已经两三天没有吃东西了。虽然標流木海岸一带的洞穴一个接一个地遭到美军爆破，不过他们还是活了下来，清水也在。

突然川井伍长冲了进来。他一个人住在旁边的洞穴里。

“敌人来了！”

白烟滚滚而来，没有防毒面具的龙前等人感到非常痛苦，呼吸也变得很困难，没办法只好把脸埋在洞底的沙中，静静忍耐。过了一会儿烟雾变淡，美国兵撤走了。

龙前提出在当天半夜逃出洞穴，但是无人同意。只有川井伍长出去了。

第二天美国兵也来了，大约有30人。不过他们在这天既没有射击，也没有扔进发烟弹，只是聚在洞穴入口附近吵吵嚷嚷。其中有人说着流畅的日语。

“士兵们，我们知道你们在坑道里。请出来吧。”

龙前等人不以为然。他们都拉着手，打算死在一起。

“请快点出来，请快点出来。要破坏坑道了。我是担任翻译的日裔后代。这边有水，还有糖果。”

美国兵把水和点心放在坑道入口处就回去了。龙前他们很想喝水，点心也让他们馋得不得了。可是谁也没有伸手去拿美国兵放在那里的东西。

“明天会怎样呢。美国兵一定还会来吧。”

“要抵抗美国兵，大家一起死吗？”

“要不要离开坑道当俘虏？”

“要自杀吗？”

没有人回答。沉默持续了很久。最后挨个问了每个人的愿望，结果有3人决定离开坑道，2人决定自杀。龙前和清水就决定自杀。

龙前和清水离开坑道一看，大海十分宁静，只能听到波涛声。他们向北方行礼之后，摘下了手榴弹的发火装置。

“清水，一起走吧。”

清水戚戚地笑了笑，点了点头，然后给手榴弹发火。但是不知道为什么，两人的手榴弹都没能发火，可能是由于潮气让发火装置受损。

“清水，不行了。死神也抛弃我们了。跟大家一起离开坑道吧。”

清水也同意了。

第二天美国兵来了，龙前等5人离开坑道，向他们投降了。这一天是1945年5月7日。

在战役期间的某个漆黑夜晚，东地区的日出炮台接到传令兵从海军硫黄岛警备队本部传来的命令：“日出炮台立即到本部集结。”于是包括小泉忠义一等水兵在内的幸存者分成数人一组，一边避开照明弹的光亮一边向大致的本部位置前进。这伙人最初有7人，后来变成了6人，其中也有神山炮台长伊藤海军中尉。他们从一处坑道进到另一处坑道，一个晚上又一个晚上地寻找友军，但因触到钢丝遭到美军射击，始终没能抵达本部。

到了5月份，小泉他们决定与其死在坑道里，不如逃到海上，于是为了制成筏子每天晚上都出去收集电线。努力干了几天，结果还是没有收集到足够让6个人逃出岛屿的电线。这期间海上的美舰经常用扩音器播放童谣“樱花、樱花”等乐曲。

某天夜晚，小泉他们到了海岸，收集了一些原木或木板，用电线连接起来，总算制成了筏子。等到东方天空发白，6人乘坐筏子驶向大海。急造的筏子撞上岩石，在波浪冲击下散了架，被冲上沙滩。他们只好放弃出逃的念头，像落汤鸡一样两手空空地潜入日军碉堡的遗迹。小泉在海岸上捡到友军的手榴弹。令他吃惊的是，在这座碉堡中已经有板桥海军大尉一人栖身。所有人都喜极而泣。但是随着太阳升起（这一天是5月17日），“最糟糕的时候”来了。几个美国兵可能循着足迹找到了这里，他们一边从入口扔进石头一边在喊着什么。不久美军有进入碉堡内的迹象，还将手雷扔了进来，幸好在途中撞到石头，就在那里爆炸了，但爆炸的同时，板桥大尉用手枪自杀了。

后来美国兵不知为何又离开了。小泉等人在碉堡里安葬了板桥大尉，晚上又开始转移。看到小泉拖着之前受伤的腿，伊藤中尉搀扶他走路。不久他们两人进入被舰炮轰塌的悬崖上的约一张榻榻米大的洞穴。其他四人则进入相反方向的洞穴，他们的心情都很不错，还唱起了军歌。晚上，虽然那四个人都看不见，但伊藤中尉和小泉却能清楚地看见正下方的美军营帐。伊藤虽然告诉那几个人别唱军歌了，但却没什么用。不久传来了脚步声，那四人所在的洞穴被掷入三颗手雷。从此再也听不见歌声了。同时伊藤被从天井射击的手枪子弹打死了。

小泉拿出在海岸捡到的手榴弹，想要拔掉安全栓却怎么也拔不掉，甚至把门牙都弄断了。前方3米处聚集了很多围观的美国兵，其中一人一边用手枪射击地面一边喊道：“快出来，不会杀你。”小泉钻进岩石的裂缝里以沉默回应美军。不久一名美国兵把他背了出去。这一天是5月18日。

小泉被送进俘虏收容所后，曾经目睹日军飞机空袭硫黄岛，也见过空袭东京后归来的美机大编队：“5月末的某天晚上，2架友军飞机飞来，（防空）机关炮从岛上所有地区射出曳光弹，布满了整个天空。两架飞机向岛上投下炸弹，但一架在海岸附近、另一架在折钵山一带被击落。大概在6月1日8时，空袭东京的1700架编队的B-29和B-24轰炸机成一列纵队从空中不间断地向北飞去。从正午过后不久开始，完成空袭的敌机陆续归来。有数张雪白的降落伞向岛上落下，飞机就那么掉进海里。还有的飞机仅仅依靠四个螺旋桨中右端（仅剩）的一个

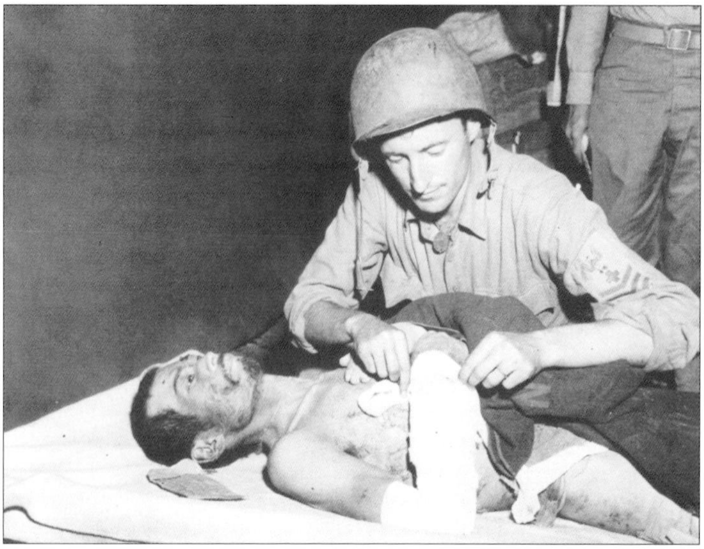
与日方宣传完全不同的是，投降的日本兵普遍都得到美军的人道待遇，图为正在接受治疗的日军伤病员。

返航……”

栗林中将战死后，第109师团通信队的士兵井上悍次（战后改姓山内）握着在兵团司令部附近的激战中战死的上级池谷少尉的军刀，向美军阵地挺身突击，29日拂晓进入井户浜、千鸟浜一带。这时他已经是只身一人。

此后井上花了将近一个月的时间才抵达兵团司令部附近的洞穴。虽然距离只有半里左右，但路上却十分辛苦，不过最后总算进入通信队所在位置附近的洞穴。洞里挤满了伤兵，他们在血腥凄惨的黑暗空间里呻吟不止。有的人没有手，有的少了一条腿，有的脸上的肉耷拉着，有的被火焰喷射器烧烂了全身……

就连井上自己也变得意识模糊，不知道是死了还是活着，就像梦游症患者一样游荡。大概几天后他终于清醒过来，不久后又漫无目的地走到“平崎岩”一带的沙地上。此后他就这样稀里糊涂地活着，也没法知道日期，光是为了维持生命就累得精疲力竭了。

后来大概是在日本宣布投降（8月15日）的5天后，他偶然起身，正在西部落温泉附近的沙滩上游荡时，突然触爆了埋在沙中的地雷。被炸飞的井上失去了意识，当他醒过来时，发现自己正躺在床铺上——他已经被美军救了起来。

卫生队防疫给水班的士兵菊地美津男在1943年8月随卫生队来到硫黄岛，以后就在防疫给水部工作。在被美军收容之前，他一直在岛屿最北端能俯瞰为八海岸的地方。此处不甚显眼，被夹在高地与高地之间，前面还有小丘挡住，呈“コ”字形被包围起来。在该处台地根部挖掘的洞穴，岩盘质地较好，构造也比较坚固。这里生长着茂盛的甘蔗和香蕉树。

该阵地后来还是被美军发现，火焰喷射器从前面的台地一个接一个地射向洞穴入口。菊地目睹战友在入口处接连被烧焦。后来菊地越过战友的累累尸体开始转移，途中曾经混入美军中间，被发现后立即飞来了手雷，他的右肘被弹片击伤。

此时菊地身上除了用于最后自杀的两颗手榴弹外已经没有任何武器，也没有一点粮食，成了行尸走肉，身体每天都在迅速衰弱，感觉和意识也几乎消失了，周围却每天都有美军扫荡。就这样过了一些日子，他好不容易抵达原来的老窝——卫生队洞穴。聚集在这里的日军大约有七八十人。

这里没有饮用水，他们只好把医务室使用的玻璃容器摆开蓄积夜露和朝露。这点水仅够润润嗓子。此外他们还从香蕉树上吸吮汁液。粮食则靠夺取发给美军步哨的罐头、牛奶和其他食物。但这些东西也

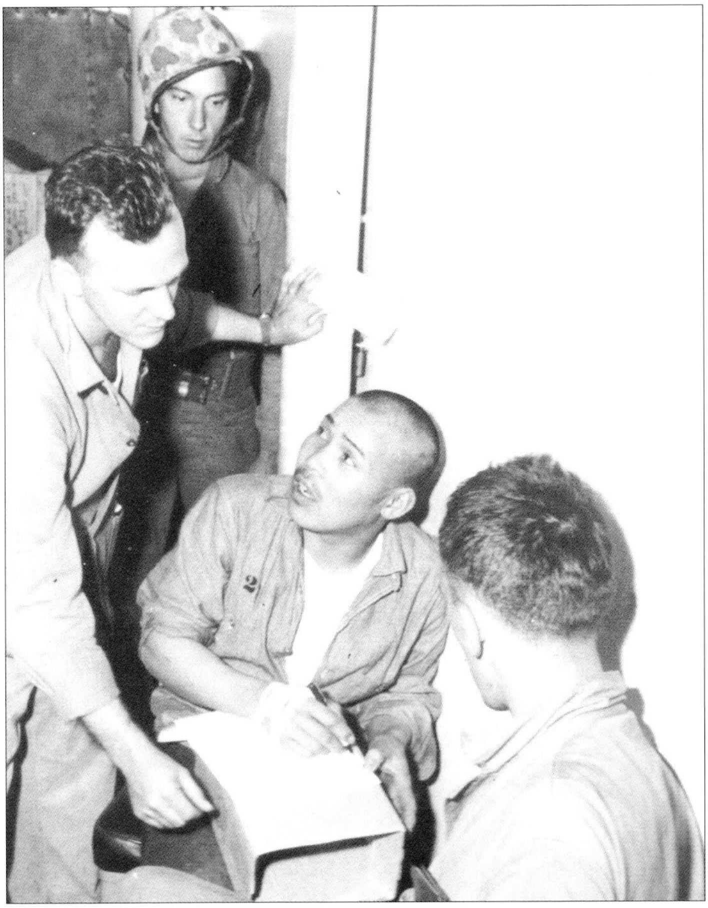

美军收容所里的日本战俘。

是有限的，没有能力搞到粮食的人只能等死。他们豁出性命出去搞粮食，陆续有人被美军发现丢了性命。最后七八十人只剩下18人。菊地是幸存者之一，状态越来越糟糕，简直度日如年，记忆也几乎丧失了。他光是为了苟延残喘就耗尽了所有力气，只剩下皮包骨头，变得弱不禁风。被美军收容时，他的身体已经几乎无法活动了。菊地右臂上的伤势原来每天都在恶化，但在美军的照料下开始好转，意识也开始恢复了。正是在美军手里，他从鬼门关前被拉了回来，变回了“真正的人类”。

3月26日以后，硫黄岛的日军残部几乎都只能向上文所说的那样，为了生存苦苦挣扎，不过在4月的第一周，还是发生了一次与3月26日日军夜间突袭类似的战斗。大约200名日本兵出现在南卸船场正北想要冲向一个美军步兵指挥所。双方的战斗持续了一夜，所有进攻的日军都被杀死，但是他们成功爆破6000箱炸药，大爆炸震动全岛，造成大量人员伤亡。这还没有结束。同样在4月，美国陆军部队发现了硫黄岛东部光部落一带地下30米的第2混成旅团野战医院。野口严军医大尉指挥的这个野战医院（约150人）曾在主阵地的战斗中以一部在玉名山附近的武藏野工兵队的坑道中开设过前进绷带所，主力在光部落的野战医院负责收容和治疗陆海军伤患。该地下坑道收容了太多伤员，超过了300人的收容能力，一度简直连下脚之处都没有。在第2混成旅团发动总反击时，这座医院也组成突击队参加，但地下坑道也遭到美军的爆破和火焰攻击，出入口除了一处外全部被封死。野口院长以下约70名幸存者被孤立在敌后的地下坑道内约一个月，4月16日左右终于被美军发现。

美军最终拿下这座医院的经过比较复杂。一位美军翻译官呼吁里面的日本人出来投降。经过长时间讨论，日军的高级军医官稻冈胜海军少佐让所有日本兵投票决定，最终以69比3通过。投反对票的三人中，小岛九太郎伍长当即自杀。其他人走出了医院，包括投反对票的两名军医官野口严和太田中尉都向美军投降了。野口大尉无法摆脱众多战友丧生自己却活下来的阴影，后来移居巴西，没有回到日本生活。

根据《小笠原兵团的最后》一书所述，硫黄岛上的日军选择自杀的人数可能有10000名左右（包括根据本人意愿接受军医注射处置的人）。其中的一例，是武藏野工兵队的渡边中尉和独立工兵的大塚大尉，他们参加旅团的总攻受了重伤，被收容进防空壕。5月中旬左右，他们在向同住的士兵们礼貌道别之后离开了。两人说要到东海岸用海水洗去污垢再升上天堂，此后再也没人看见他们。还有一次，身负重伤自忖无望的四五名伤兵聚集在一起，各自用自己的右手或左手，随着“一、二、三”的信号引爆手榴弹自我了断。但其中却有人因为手榴弹未爆而活了下来，随后被循着爆炸声而来的美军发现，成了俘虏，竟因此奇迹般地得救了。

据第109师团通信队士兵官方年之助回忆，日军散兵游勇后来不仅没了钢盔，连步枪也丢了，身上只带着最后时刻自杀用的手榴弹。即使戴着钢盔也没什么用，反而会妨碍行动，有不少人被近距离射击贯通了钢盔，索性就没有人会戴了。没有子弹的步枪也成了行动的累赘，还会增加被美军发现的可能性，人们都把枪扔了。

硫黄岛北部外海的一艘美军步兵登陆炮艇上，一名日军战俘由美军翻译官监督，设法劝他的战友投降。

第2独立机枪大队的川井中尉、红谷军医中尉在6月21日和4名士兵一起自杀。战争结束4年后，还有两名海军士兵出来向美军投降。

为了挽救同胞的生命，有些日本俘虏帮助美军劝降潜伏的战友。1945年3月中旬以后，有很多日军俘虏帮助美军用扩音器喊话，前文曾经提到过，有人拿着美军师长的书信试图转达给池田大佐和栗林中将，或者进入洞穴，一边忍受着殴打、被骂为卖国贼（其中还有人被射杀）一边劝说日军投降。美陆战队战史中还特别称赞了他们的勇敢果断。

也有一部分散兵游勇以惊人的顽强精神同美军激战。海军航空队一部潜入靠近机场附近海岸的洞穴，拒不接受美军劝降，对美军搜索队进行了坚决的抵抗，给美军造成很大损失。美军向洞内灌入汽油点燃，烧死很多日军。然而航空队一部仍负隅顽抗，感到棘手的美军又实施水攻，用抽水机向洞内灌海水，最后终于迫使二十几名日军投降了。

第145步兵联队第1大队长原光明少佐在部队几乎全部战死后，带领20名左右的残兵活动，于3月末左右在南海岸被俘。

5月7、8日左右，企图逃

地图三十二 第5两栖军在硫黄岛的战斗全过程

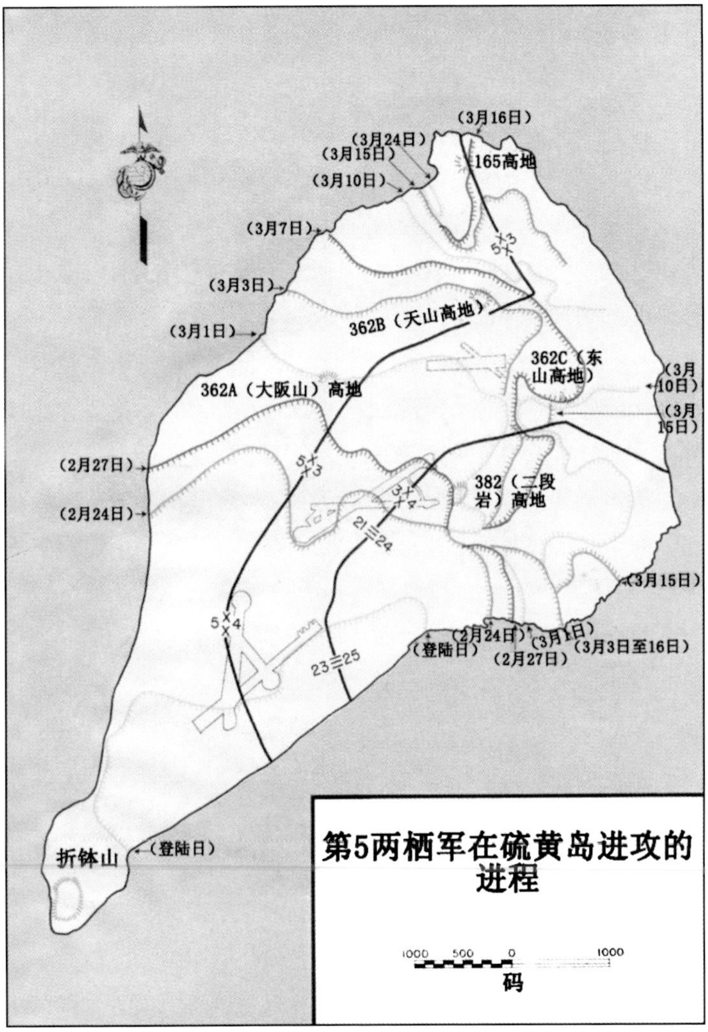

出硫黄岛的松下中佐白天带着士兵在南海岸活动时被美军俘虏。

在4月余下的一段时间和5月，按照美军147步兵团的记录，共击毙日军1602人，俘虏867人。随着战斗和死亡的阴影逐渐消退，将硫黄岛建成前进基地的行动进入高潮。推土机碾过刚刚经历地狱般的激战的地面，航空汽油开始大量运抵硫黄岛，3座海军陆战队大型公墓在为曾在这里战死的人默哀。1945年4月20日，美国著名海军历史学家莫里森抵达硫黄岛，统计了海军陆战队公墓中的5330座坟墓，不过用他自己的话来说："……岛上大约有31000名陆军军人、航空兵地勤人员和'海蜂'，他们活泼健康，兴高采烈。陆军军官都说，他们不会用硫黄岛和南太平洋的任何岛屿作交换。"

许多人向拿下日军内环防线硫黄岛要塞的美军陆战队员致敬，这座要塞里是一个聪明狡黠的敌人可以设计的最为强大的防御体系。太平洋战区总司令兼太平洋舰队总司令尼米兹海军五星上将说得好："硫黄岛战役已经取得胜利。美国海军陆战队依靠单兵和集体的勇气征服了这个基地，这是一个我们继续向最终胜利前进必须占领的地方，对企图摆脱最终战败的敌人也至关重要。海军陆战队第3、第4、第5师和第5两栖军的其他部队为他们的国家，取得了一笔只有历史才能充分评估的宝贵财富。在硫黄岛服役的美国人之中，不凡的勇气是一种共同的美德。"

失踪的日军特务机关人员

硫黄岛战役期间还曾有过一段有些神秘的小插曲。据说就在日军丢失硫黄岛前不久，以永松少尉为首的4名日军奉命被特别派遣到南硫黄岛。

从中硫黄岛乘船到南硫黄岛需六七个小时。该岛呈圆锥形，平地不多，海岸线由陡峭的断崖构成，风大浪急，船只连靠岸都很困难，利用价值甚低，从战前就已经被放弃，仅仅被用于供渔船停泊和采集燃料，基本等于无人岛。岛上生长着密林，长满了散发着芳香的热带水果，海中的鱼类也很丰富，在这里生存的话应该可以办到。

这个特务机关永松队的队员之一是竹冈汉一军曹（时年23岁），其父竹冈菊三是正金银行的美国支店（分行）长，长期在美国工作，所以他在美国一直生活到13岁，在当地学校上过6年学，精通英语。后来竹冈在东大经济学部学习期间参军，因为英语水平优秀而被选中在陆军中野学校接受特殊教育，结束课程后根据大本营参谋部的命令被派往硫黄岛。

永松队接受的任务是在硫黄岛陷落后探查敌情。准备好的物品有无线电台2台、蔬菜种子和钓鱼竿、橡皮船、携带燃料、衣服和粮食等，足够使用3年。永松队有队长永松辰美、竹冈汉一、津村和藤本4人。

1944年12月，永松队抵达硫黄岛，配属第109师团司令部（所谓的“本部”）。此后的行动和情况因任务的特殊性很难确定，日军幸存者中有人说他们到了南硫黄岛，有人说到了北硫黄岛，也有人说一直到接近战争结束时都在“本部”。

提供永松队前往南硫黄岛证言的是原109师团参谋白方藤荣中佐。白方在1945年2月同守备八丈岛的石井交接，前往日本内地任职。他声称证明永松队被派往南硫黄岛的文件由复员局第三课保管。根据白方的证言，永松队在1945年1月初从中硫黄岛带着一个小队左右的士兵前往南硫黄岛，在那里构筑了阵地。这一个小队左右的士兵在构筑完阵地后返回中硫黄岛，永松队的4人则就此留在南硫黄岛。

提供永松队前往北硫黄岛证言的是小元米治中佐。他在美军登陆前不久前往日本内地任职。

此外原技术少佐则松传也提供了有关这4名特务机关人员的消息。则松在1945年2月8日被调到日本内地，受永松队的竹原秘密委托，在搭乘飞机时携带写给他母亲的信件。这封最后的家信在1945年2月10日被送到竹原的母亲手中。信中记述了竹原他们前往北硫黄岛的情况：“终于要在近期转移到北硫黄岛了。该岛非常适合居住，还有饮用水，生产很多蔬菜，所以请你们放心……”

硫黄岛日军幸存者之一持摩也是知情者。持摩是军属，原本在距离栗林本部洞穴很近的地方从事食品制作工作。他所在的地方事务繁杂，一直都有很多人出入，对周围的事情比较了解，也知道行踪隐秘的永松队的4名特务机关人员的情况。根据他在1947年左右提供的相关信息，永松队在1945年2月23日夜进行了寻找敌人的贮水槽、往里面下药的行动。在当晚的行动中，永松队有一人战死、一人足部中弹，永松和竹冈则安然无恙。

另一名幸存者原第145步兵联队第1大队长原光明的手记中提到3月17日夜，永松机关人员突破美军包围，到西部落方面的145联队阵地同原光明等人见了面。永松队的无线电台因移动困难，且放置在应该算是硫黄岛上最坚固和最深入地下的坑道中，因此参谋长用它来向大本营拍发最后的电文。到1945年5月左右，这里还有相当数量的兵员健在。当时和永松队一样负有特殊任务的位于八丈岛的田代队的山下初也透露说，当他们用无线电向大本营询问的时候，对方答复说：“永松队尚健在，正奋斗中。”

关于永松队的信息相互矛盾，其真实行踪一直是个谜。1952年9月25日，日本“引扬援护厅”通过美军飞机向南硫黄岛散布了以“告永松队员”为题的传单，同传单一起投下的还有供永松队员与飞机或船只联络用的标识材料（国旗、白布等物品的捆包），但仍然没有任何回音。竹冈的老母生前每天都在病床上度过，她始终怀着一线希望，祈祷爱子依然健在，努力寻找他的消息，但包括竹冈在内的永松队员始终下落不明。

2个日本兵从冒烟的洞口现身投降。与活不见人死不见尸的永松队相比，他们是幸运的。

第十四章　战役的总结与思考

火力支援问题

硫黄岛战役在某些方面独一无二，历来是太平洋战争研究者分析的重点战役。首先，这是太平洋战争乃至整个第二次世界大战期间，美军唯一以一个海军陆战队两栖军军部为地面部队指挥机关，投入3个陆战师（欠1个团）进行的战役，也是在一次战役中，投入海军陆战队兵力最多的一次战役。第二，日军在硫黄岛组织的抵抗，让美军在这次作战中的伤亡人数超过日军，这在美日战争中是不多见的。在一个20多平方公里的荒岛上进行的地狱般的战斗，让美军重新确定了一个事实，即一旦在目标和目标周围获得海空优势，海军陆战队就可以登陆，获得立足点，将敌人赶进一个受到地形条件极大限制的区域之前，一直可以扩大这个立足点。在那里，无论敌军的规模、火炮的数量或防御的质量如何，都会被消灭。时任美国海军部长福雷斯特尔表达了他“对那个在海滩上用步枪和手雷，或者赤手空拳占领敌军阵地的战士的崇高钦佩之情”。不过，如果认为仅凭纯粹的勇气再加上物质上的优势，就一定会取得哪怕血腥的胜利都是愚蠢的。第5舰队司令斯普鲁恩斯海军上将说道：“鉴于（硫黄岛）敌军防御的特点和（部队）遇到的顽强抵抗，非常幸运的是，没有投入经验不足或不够坚定的部队。”这番话都只触及整个战局的一个重要方面而已。

海军陆战队能够战胜早已知道会遭到攻击，在岛上精心部署过防御阵地的20000多名日军，在于事先周密细致的计划。到1945年初为止，在太平洋战争期间，硫黄岛战役的各项计划可能是考虑最周密的。备战工作不仅扩大到马里亚纳群岛、马绍尔群岛和夏威夷群岛的美军基地，还一直延伸到美国本土，从那里有数百艘新船到来，将部队运送到目的地。这些船只大部分都在预定登陆日之前不足6个月内建造，其中一些较小的船只一开始都只有蓝图而已。实际上，除了少数舰船之外，将陆战4师和5师运送到目标地区的运输舰船要么还在建造，要么直到1944年10月31日才开始服役。许多参战的船只必须在入侵硫黄岛之前从欧洲战场转调到太平洋，这就需要在“分遣队”行动之前制订涉及面极广的计划。

与类似的战役一样，美国海军在硫黄岛部署了2艘指挥舰，万一有一艘损伤，另一艘仍可航行的指挥舰便可接替前者的任务。远征舰队司令特纳海军中将与远征军地面部队司令霍兰·史密斯中将乘坐一艘指挥舰，而攻击舰队司令希尔海军少将和登陆部队司令兼第5两栖军军长施密特少将乘坐另一艘指挥舰。第5两栖军参谋长这样讲述过硫黄岛战役期间的指挥关系："海军当然负责水上的指挥。在岸上设立指挥所之后，登陆部队司令即接管陆上的指挥权。霍兰·史密斯将军本可以在岸上设立一个指挥所。他没有这样做，据我所知，他也没有向陆上的部队发出任何命令。实际上，他部下只有一个人员很少的参谋部，正如他对施密特将军所说，他参加这次远征的唯一原因，是为了防备施密特发生意外。"

尼米兹上将在赞赏为硫黄岛出力的美军表现出的非凡勇气时，指的不仅是在战斗中发挥最大作用的陆战队员，还包括在地面、海上和空中支援他们的美国陆海军官兵。如果没有足够的补给和医疗，对硫黄岛的行动将会停滞，如果没有近地空中支援、海军舰炮和陆基炮火支援，就无法压制日军的火力，让坦克、步兵协同前进。

根据可靠的理论、训练和经验，参与硫黄岛战役的各军兵种发展出极高水准的优秀团队合作战术。由于日军准备充分，在20多平方公里的小岛上建成覆盖面极大的纵深防御阵地，美军的海军舰炮仅取得有限打击效果。中远程炮击几乎没有什么实质效果，甚至区域炮火打击也没能对日军的地下防御工事造成多少"损害"。战役结束后，布兰迪海军少将对登陆之前的预期火力准备如此评价："火力支援舰船、观测飞机和支援飞机在目标上空工作了两天，熟悉了日军防御体系的位置和外观，得以用近距离炮火和低空空袭精确打击它们，才取得实质性成果。"

这种说法直接导致硫黄岛战役引发的一个最明显的深层次争议，即海军舰炮火力应当持续多长时间的问题。硫黄岛战役结束后多年，这一问题仍然是军事史学家和研究者热议的话题，可以说一直没能达成明确共识。之前美军发动的历次两栖攻击已经证明，对严密设防的日军岛屿阵地只有深思熟虑的短射程破坏性火力才能实现有效打击。陆战队和海军指挥官都知道，即便在最有利的条件下，这种炮击方法也是极为耗时的。当时和后来一样，对海军舰炮火力问题的争论泾渭分明，几乎没有妥协余地。大多数在硫黄岛战斗过的美军陆战队员都高度评价从第二次世界大战的早期战役以来海军舰炮火力达到的高度精确性，但同时坚决赞成一位陆战队老兵的看法："毫无疑问，在登陆日之前进行更长时间的炮击将大大缩短战斗时间，挽

美军驱逐舰正在用127毫米主炮炮击能用直瞄火力打击的硫黄岛滩头目标。

回许多生命。”

战后多年，能够更加客观地看待这个问题的历史学家普遍认为，重新点燃那些几乎已被淹没，只偶尔浮出水面的激情是没用的。即便对所有可用数据进行事无巨细的核查，也无法得出能够经得起长期调查的具体可靠的结论。这场争论的每个参与者在战役期间所处的位置不同，看法自然就会不同。一位在登陆日或后来登上硫黄岛的陆战队员，亲眼目睹日军陆基炮火夺取战友的生命，那么他必然会忽视时间限制和弹药消耗限制的种种因素，正是这些因素无法保证在登陆前就摧毁日军的海岸防御体系。陆战队员的这种感觉夹杂愤怒和沮丧，只有那些长时间暴露在日军猛烈火力之下，却没有能力立即回应这种火力的人才会明白。后人无论说什么，都无法减轻那些处于日军炮口下在一片敌方海滩突击登陆的步枪兵最初的那种无助感。

从海军的视角来看的话，情况就略有不同。首先，硫黄岛战役的发起时间安排在入侵吕宋岛和行将到来的冲绳战役之间，必然导致作战时间非常紧张。在这种时间压力下，战前炮火准备能够取得的最佳效果是压制，而不是如陆战队所希望的那样完全摧毁日军的炮兵。海军的一份报告如是说道：“没有理由相信，10天甚至30天海军舰炮火力和空中轰炸，对（硫黄岛）防御体系的影响会比实际进行的火力准备大出许多。那个防御体系是如此坚固而庞大，唯一占领他们的方法就是实际占领它们的方式，要靠陆战队步兵和爆破队……空中轰炸和海军炮火根本不能到达地下，进入迷宫般的洞穴和坑道，然而这些工事在硫黄岛能够成为一个经小笠原群岛通往东京的航空基地之前，就必须扫荡干净，完全封死。”

1945年3月下旬，美军大举入侵冲绳本岛之前，海军舰炮火力准备时间长达7天，地面部队为拿下冲绳仍然陷入苦战，为海军的论点提供了另一依据。然而海军陈述的这种理由对陆战队而言几乎没有意义。他们面对的是硫黄岛千鸟机场和元山机场之间，以及元山机场东西两侧的那些几乎无法触及的碉堡和设防火力点组成的迷宫。那些或多或少位于开阔地的防御工事，基本上是位于硫黄岛外海的海军舰船在相对较近的射程可以用直瞄火力命中的。为了铲除这些防御工事，需要陆战队在连日苦战中付出艰辛努力。用哈里·施密特少将的话来说：“在登陆之前多用些时间发射海军舰炮，可能会在这一地区取得很大成效，以便占领那些工事。”海军方面坚持认为：“在海上进行大量弹药补给没有经过服役测试，炮击舰船远离补给基地，无法为进行陆战队要求的长期炮击携带足够的弹药。”

海军这种论调的合理性和时间的流逝，对冷却那些在硫黄岛经历过“铁与火”考验的陆战队员内心的激情都没有多少用处。根本就没有办法将目睹战友被日军火力撕裂的感觉与后勤、统计和战略上的冷酷现实相比较，这在任何国家的军队当中都是一样。因此这种争议必然永远无法平息。

不过说到陆战队上岸之后，地面登陆部队对海军提供的舰炮火力支援是满意的。在这个问题上，海军和陆战队都强调积极的一面。有一种说法总结了海军舰炮火力支援的质量，即从最大型的战列舰到最小的特制炮艇，这些船只的协同作战都非常出色。然而，地形的自然条件一直在限制炮火的效用，在大多数情况下，都只能压制日军火力而已。支援舰船在初步与岸上的陆战队确认炮击不会危及友军之后，会迅速观察日军的活动，使其处于火力打击之下。

硫黄岛日军最高指挥官栗林本人无意中赞扬过美国海军舰炮火力支援的准确性，他向上司发送过这样一则电文，称美军舰船的炮击威力要重新评估："我们在这个岛上耗费许多物资、时间和巨大的努力修建的滩头阵地，在3天之内就被摧毁，几乎无法再度使用……美国战舰和飞机的威力让他们的每一次登陆行动都能到达想到的任何滩头阵地，阻止他们登陆，意味着巨大的损失。"

限制美国海军舰炮成果的几个相同因素，对入侵之前美军的空中轰炸也是一个障碍。以马里亚纳群岛为基地的B-24轰炸机对硫黄岛和邻近岛屿实施了几个月的高空轰炸，让日军无法自由使用硫黄岛上的两座已经完工的机场。另一方面，日益密集的空袭，让日军只得一直深藏在地下工事里。航空队历史学家在评估这次大规模空袭的结果时，得出了自己的结论，尽管"岛上受到沉重打击，但硫黄岛的天气条件和地形让战果没有像预期的那样具有决定意义"。

第7航空队的轰炸机大部分都集中起来摧毁或压制小笠原群岛的可运行机场，同一时期德金海军少将的航母舰载机飞行员袭击了硫黄岛上会干扰美军两栖突击和随后向内陆推进的防御工事。舰载支援飞机的武备和携载的较小炸弹严重限制了这些空袭的有效性。即便确定了目标，炸弹还是太小了，无法摧毁深藏在地下的碉堡。

2月18日，硫黄岛登陆前一天，天气转晴，航母舰载机飞行员开始熟悉岛上的地形和目标，完成的任务要比前两天更多。日军在折钵山坡上的防御工事和南卸船场北面的火力点是海军飞行员的重点打击目标。飞行员们不仅用炸弹轰炸，还用127毫米火箭弹扫射这些目标。火箭弹的射击准头很好，是一种有效的武器，却偏偏没有对付日军强大防御工事所需的破坏力。在评估这些空袭的作用时，空中支援控制单位的前敌指挥官只是表示"可想而知，空袭削弱了瞰制登陆海滩的多个地区"。

与上述空袭取得的非决定性战果形成鲜明对比的是第58特混舰队在登陆日提供的空中支援。陆战队和海军航空兵的飞行员当天在空袭硫黄岛海滩时的英勇表现，是所有参战人员亲眼目睹的，得到高度评价。只要米彻尔海军中将的航母仍在硫黄岛海域，各航母舰载机中队就能提供所要求的一切近地支援。可是在2月23日，大型航母离开时，所需的飞机明显发生短缺，且日益严重。地面所需的飞机必须转用到诸如反潜巡逻、空袭小笠原群岛的其他岛屿和海上搜救任

1945年2月，VB-9轰炸机中队的SB2C-4"地狱俯冲者"轰炸机在空袭支援硫黄岛的海军陆战队之后，返回"列克星敦"号航母。

务上去。

通常来说，航空兵对地面部队的请求反应迅速，尽管在许多情况下，支援飞机要经过一个多小时才能出现在战场上空。通常过于拥堵的空中支援请求网络，被证明是在获得空中支援时造成不必要的时间损失的一个薄弱环节。具有讽刺意味的是，硫黄岛的海军陆战队员无法获得将会成为陆战队航空兵招牌的近地空中支援，而菲律宾的陆军部队正在从陆战队的俯冲轰炸机提供的这种支援实实在在地获益。问题的关键再次直指地面部队对支援飞机的控制，这是上级司令部仍然最不愿意同意的事情。对马绍尔战役和马里亚纳群岛战役进行总结时，陆战队指挥官极力要求在近地航空支援时提高使用陆战队航空兵的比例。他们需要飞行员、飞机和一个解决各种地面需求及快速响应航空支援需求的控制体系。1944年夏，风向变化无常，近地空中支援技术的改进也随之而来。1944年下半年的历次战役中，美军的飞机已能在更靠近前沿阵地的位置进行轰炸和扫射，在执行近地支援任务和空对空作战时，陆战队飞行中队的使用也在稳步增长。

就硫黄岛战役而言，令人瞩目的是参战的全部3个陆战师一致建议在未来的军事行动中，执行近地支援任务期间，各空中联络小组应当更加直接地控制飞机。1944年，这方面的工作已经开始，但只是一段漫长艰苦历程的第一步。

硫黄岛战役全程，美军空中观察员发挥了重要作用。通常用于观测海军舰炮火力的是海军水上飞机，经过特殊训练的海军陆战队第1观察机中队的飞行员驾驶的战斗机型的观察机，成为执行相同任务的有益补充。尽管困难重重，陆战队观察机中队仍坚持战斗。观察机中队的小型飞机及飞行员和地勤人员，要承受日军“神风”特攻飞机和炮火的冲击，还要克服发射装置故障的挑战。他们经受住了一切考验。

除了过于拥堵的空中支援请求网络遇到的各种困难外，硫黄岛上空和周围的通信运作相当好。有线和无线电网络的多样性让情况变得有些复杂，日军的干扰和美军各电台机组之间的干扰也会添麻烦。通信人员的表现则广受好评。电话线在广泛使用，效果良好。无线电在电话线无法使用的地方填补空缺。这与太平洋战场先期历次战役，尤其是塔拉瓦之战中不太令人满意的无线电设备大不相同。硫黄岛的较小面积，还有美军缓慢的推进速度，减轻了维持和扩大通信的工作量，从未发生严重的通信故障。与以前的战役一样，纳瓦霍（一个说自家土语的印第安部落）通话员表现优异，他

美军陆战队的一个前敌指挥所在用营级无线电台呼叫火力支援。

们的工作对有效、快速地传送紧急密电通信做出了重大贡献，而不用担心被日军破解通话内容。

对硫黄岛战役取得全面胜利贡献良多的是各种火力支援武器之间的密切协同。3个陆战师部使用的协调体系是类似的，厄斯金少将的陆战3师有一个名为“支援武器帐篷”的设施。在这个设施内部，各种支援武器之间的基本协调方法能够在所有层级进行密切的单独联络。根据最适合的攻击方法，目标可以自由互换，而且无论何时在作战，或者预期会进行作战的时候，地面炮兵、海军舰炮和航空联络官都会协同一致，或者通过电话相互了解彼此的想法。负责各支援武器的人员，都习惯性地一同为预定的火力支援或进攻发起时间之前的火力准备进行谋划，然后将计划提交给军情报处长、参谋长和军长。支援武器取得的大部分成功都与师情报处相邻的“支援武器帐篷”的独立运作有关。在这个中心，有线通信从师总机、第5两栖军的类似机构、师属炮兵火控中心和海军舰炮与各航空无线电通信中心汇集起来。于是就可以在师情报处的几个步骤之内建立任何必要的通信，还可以不间断地进行计划工作。

战役全程，军属炮兵、航空兵和海军舰炮联络官与地面部队空中支援控制单位指挥官，与“奥本”号军舰的联合作战室保持紧密联系，随后通过第5两栖军军部在岛上的支援武器帐篷内的设施进行舰对岸通信。

陆基火炮在硫黄岛的表现特别值得一提。陆基炮兵采用了在以前的历次战役中被证明有效的标准战术。然而，很快美军就发现，各师属炮兵营的75毫米和105毫米榴弹炮远不足以摧毁在岛上遇到的各种火力点。事实上，在军属炮兵的155毫米加农炮和榴弹炮对日军最坚固的一些设施造成较大破坏之前，经常不得不对同一个地方炮击10多次。在执行炮击任务时，由于观察视野受限，使一线炮火观察员经常只能看到前方200码以内的情况，火炮的作用进一步受限。结果，美军非常依赖空中观察，尤其是在进行反炮兵炮击和实施破坏性炮击的时候。尽管受到种种限制，军属和师属炮兵的官兵还是以一种模范的方式完成了任务。

从2月23日到3月1日，第5两栖军的火炮发射的炮弹数量最多，大部分是为了实施炮火反制。3月的头4天时间里，炮兵在正常执行炮击任务，可是由于弹药的消耗量大于补充量，炮击使用的炮弹数量只得削减。3月5日短暂休息了一天，没有进行任何炮火准备。第二天，军属和师属炮兵都倾尽全力。3月6日，美军的11个师属和军属炮兵营都按照预定时间参加了一次密集的炮火准备。这次大规模炮火集中射击

在太平洋战争的晚期阶段，每个陆战队炮兵团下辖1个75毫米炮兵营和3个105毫米炮兵营。保留75毫米火炮是因为机动较为方便。

弹药消耗很大，军属炮兵耗弹2500发，师属75毫米和105毫米榴弹炮耗弹20000发，但是没能发挥决定性作用。

在讨论硫黄岛战役期间炮兵的表现时，施密特军长强调的是另一个方面：硫黄岛使用炮兵的一个特点在报告中没有提到，那就是大部分陆基炮兵都部署在千鸟机场周围。在大部分时间里，炮兵一直在开火（战役期间发射炮弹约450000发），就在同一段时间里，千鸟机场正根据其容量供飞机作战使用，哪怕在元山机场开始运作之时也是这种情况。值得注意的是，没有友军飞机遭到炮击，飞机的行动也没有受到炮兵阻碍，反之亦然。用于保护飞机起降的控制方法是简单地设置一个单独的射击单位，来观察是否有任何飞机处于火力线位置，在发生情况时便提出警告。

后勤和医疗问题

硫黄岛战役期间，工兵对第5两栖军的支持在整体上很出色。第5两栖军辖区内的公路修建和维护任务被分配给第2独立工兵营，他们还完成了重修千鸟机场的初步工作。正是这个营的工作使小型观察飞机从2月26日起就能够在这个机场行动。机场其他跑道的完成，则是陆战队各工兵营和第62海军工程营的共同工作的结果。

在战斗部队推进的同时，陆战队和海军工兵在整个后方扩建和修缮公路。

除了执行重要的道路修建，运作给水点，建造各种建筑物、补给仓库和垃圾场之外，陆战队工兵还有一个战斗任务要执行。战斗任务由师属工兵负责，他们排除地雷，铺设让坦克接近前线的小路，执行其他能够帮助步兵在地形恶劣的地区推进的任务。这项工作大部分是在日军观察和开火的时候进行的。工兵以个别或团队的方式加入步兵部队，一同摧毁日军的许多洞穴和防御强点。对于辛劳的工兵而言，硫黄岛的任务只有两个好处：在岛上的采石场获得的沙质（土丹岩）是优质道路施工材料，岛上不需要修建桥梁。

在硫黄岛使用的两栖车辆比以前的更为多样化，包括装甲两栖拖车、两栖卡车和海洋吉普车。最先靠岸的是第2两栖装甲营的LVTA两栖坦克，设有炮塔——装备75毫米榴弹炮1门、12.7毫米机枪1挺，助理驾驶座正前方装备1挺7.62毫米机枪，榴弹填弹手座位前方装备1挺7.62毫米机枪。一旦进入打击海滩的有效射程，两栖坦克就会用所有武器开火。靠岸之后，这些车辆按计划会进入内陆大约50码，用火力打击前方和两翼的目标，保护后续波次的突击登陆部队。

登陆之后，美军几乎马上就发现岸边的陡峭海堤和海滩使车辆陷入麻烦。一些两栖坦克穿过第一道陡坡，却只能在第二道面前停车。虽然运载突击登陆部队的两栖坦克和后续的LVT两栖履带登陆车都没有引来日军的大片火力，但是到达海滩后两栖履带登陆车的推进都受到松软的火山灰和陡坡阻碍。在许多时候，海滩非常狭窄，拍岸浪会打到陡峭的海堤边缘，许多LVT都被水淹了。一些车辆只能被搁在海滩上，最后灌满了沙子和海水。

美军很快发现轮式车辆无法在火山灰和沙子上行驶。只有LVT、履带拖车和其他履带车辆才有可能越过险恶的海滩进入内陆。美军的一份报告强调："各种补给和装备都要从船上直接运送到前线，如果没有LVT，靠岸的地面部队在登陆初期就不可能得到补给。"由于履带车辆对后勤工作的重要性，在战役早期阶段，需要日以继夜地使用这些车辆。

战役期间，3个陆战师都使用过的新型装备之一是3.5吨载重的"聪明布鲁克斯"两栖拖车，用于运输货物和医疗用品。要在波涛汹涌的海面上让两栖拖车出动，令它们穿过陡坡会遇到很大困难。LVT通常能将拖车送上岸，但是让DUKW两栖卡车执行这项任务会导致两种车辆都受到损害。第5两栖军对LVT和DUKW总体上给予好评，但是认为"两栖拖车在战役期间没有起到任何特定的或具体的作用"。

DUKW两栖卡车在登陆日的主要任务是将师属炮兵送上硫黄岛海岸。操作这些车辆的人员由海军陆战队和陆军一同提供。大浪和岸上的战术局面让火炮很难靠岸。虽然一些DUKW卡车没有遇到困难，但是另一些在耗尽有限的燃料供应或出现机械故障后被海水淹没。另一些由于超载，几乎从LST坦克登陆舰上下船之后就立即沉没。许多DUKW在陡峭的海堤上出了事故，前轮陷进沙子或火山灰，无法获得足够的牵引力，不能将车辆向前拉。最初靠岸之后，DUKW拖运各种补给，特别是弹药，还要负责后送伤员，运送邮件充当各部之间的信差。

M-29C"黄鼠狼"轻型履带货车在硫黄岛的物资运输工作中发挥了相当大的作用。

另一种两栖运输车辆是绰号叫"黄鼠狼"的轻型履带运输车。这种履带车在1944年11月就被分配给3个参加"分遣队"行动的陆战师。在硫黄岛，"黄鼠狼"拖运轻型物资，后送伤员，还被用来拉电话线。这些车辆能克服松软的沙子和陡峭地形造成的麻烦，成为理想的通用车辆，不久还承担了信使和指挥车的任务，或者在轮式车辆无法通行的地方拖运车辆和小型火炮。除了多功能性之外，"黄鼠狼"的高速和低车身让日军的火力较难命中。这些车辆遇到的唯一困难在海上，那里有时会出现它们不能应付的巨浪。有意思的是，在硫黄岛战役期间，共有133辆DUKW两栖卡车被摧毁，占投入量的53%；战斗中"黄鼠狼"仅损失9辆，占下船总数的13%，其余61辆"黄鼠狼"直到陆战队离岛时都仍在工作。

"分遣队行动"中必须克服的最困难的问题之一是为地面部队提供补给。大浪、火山灰、日军火炮、迫击炮和轻武器对海滩的全面覆盖，还有海滩上的拥挤状态，这些都使后勤工作变得更加复杂。只有果断放弃精心安排的补给计划，当机立断，采取及时措施，才能挽救登陆日，让前线部队能够得到不间断的补给，使作战继续下去。

硫黄岛提供了一个试验场，美军的各种车辆在所需的时间和地点于大浪中往返，将急需的各种物资送到岸上。除此之外，这个岛也是海滩和海岸工作队人员的试验场，他们往往是后勤行动中的无名英雄。美军几乎没有事先为这些工作队提供适当培训，他们也没有什么经验，工作队的编制也是临时的，没有延续性。在硫黄岛上岸的工作队包括各师的加强轻工兵营，这些部队还会得到补充兵员、师部人员和美国陆军港务部队人员的进一步加强。

总的来说，在远比入侵计划想象的还要复杂的情况下，这支混合工作队表现得非常好。在海滩变得相当安全之前，除了先遣工作人员之外，美军不打算将工作队都送上岸。然而，当实际情况与原计划大相径庭之时，10000多名后勤部队人员在2月19日当天就登陆了。一旦上岸，哪怕面临最为困难的各种条件，他们的表现都非常出色。

事实证明，有60%－70%被随意倾倒在海滩上的补给被打捞起来，要么被转移到内陆，要么被送入与第5和第6波登陆部队一起上岸的师级海岸工作队先遣人员匆匆建立的滩头仓库。虽然地形和敌军火力让工作环境十分恶劣，这些先遣部队依然以模范的方式执行任务。这些部队的伤亡很大，一些部队减员达到一半。

1945 年 3 月，硫黄岛海滩上的 3 名非裔美国人士兵威利 · 卡诺蒂、埃利夫 · 希尔、约翰 · 亚历山大。美军滩头工作队有许多人是非裔美国人，除了组织好滩头作业之外，他们在必要的时候也会拿起步枪与进犯的日本兵战斗。

为防止后勤工作陷在海滩的深厚火山灰中停滞不前，美军只得在海滩上使用马斯顿钢垫和装甲推土机。这再次证明美军随机应变的能力是使部队和补给远离拥挤的滩头阵地的决定性因素。在突击登陆早期，马斯顿钢垫提供了履带车辆仅有的向内陆行动的道路。在海滩上，装甲推土机负责平整沙滩上的陡坡，开辟通往内陆的道路。车身上的装甲钢板保护驾驶员和引擎免遭日军的火力打击。在硫黄岛北部的战斗中，在原先因日军火力阻击无法通行的地区，这些推土机和驾驶员为开辟能通过的道路发挥了同等重要的作用。

海军起重机和其他旨在加快货船卸货速度的装备出现，大大加快了物资在海滩上的运送。在这方面，第53特混舰队及其司令官的专业知识极为重要。希尔海军少将的后勤工作经验丰富，敏锐地意识到什么是必须满足的要求，早早就建议为“分遣队”行动提供充足的货物装卸设备。尽管做好了一切准备，但2月19日登陆时，硫黄岛的战术形势令海滩上的情况变得极为恶劣。次日，美军不得不动用水下爆破队来为进入滩头卸货的船只开辟通过车辆残骸的航道。

需要强调的是，尽管在登陆日之后的几天遇上了一大堆困难，突击部队的物资供应只能勉强维持在刚好够用的水平，但任何物资都没有出现严重的供应短缺。后来出现了一些军械短缺问题，主要是60毫米迫击炮用的照明弹、手雷、火箭喷射器用的气缸和军械备件。为了应急，美军将这些物资从塞班岛空运到硫黄岛，这是陆战队首次大量空运补给。

后勤支援时机在一次两栖作战中是极为重要的因素，这在硫黄岛是经过精心策划，得到有效执行的。第8野战军需仓库的各联络小组参与组建了第5两栖军的海岸工作队，与陆战4师和5师一同上岸。到2月22日，野战军需仓库的各单位上了岸，为各师的海岸工作队提供了宝贵的帮助。2天后，第5两栖军军部接管滩头管理任务，野战军需仓库接管滩头工作任务，使卸货不间断地继续进行。此时，海滩仍处于日军炮火威胁之下，导致工作临时停滞，但不会严重干扰卸货作业。2月25日，全面卸货工作开始进行。3月2日，硫黄岛西海岸各处海滩可以让小型登陆艇上岸，使卸货作业从变化莫测的天气造成的威胁中解脱出来。从此以后，美军可以将船艇转移到硫黄岛西海岸来克服大浪冲击东岸的威胁。

对硫黄岛后勤工作的全面成功，《美国海军陆战队与两栖战争》一书的作者给予高度评价：“……奇怪的是，事情并非一团糟，反而是大量的物

正在努力作业的美军滩头工作队和中型登陆舰。

资如此迅速地越过海滩。从船到岸的通信操作娴熟，海军和陆战队后勤控制人员之间高度协调，在很大程度上克服了这种局面的固有困难。”

第5两栖军的战役官方报告也给予类似的评价：“这些因素未能对各种行动造成任何限制，反映了所有相关人员的高度专业精神。如果没有远征军和登陆部队补给机构为了克服前所未有的困难提供的不懈支持，第5两栖军不可能维持下去。”

硫黄岛战役最为困难、处理得也最成功的一个问题是伤病员的治疗和后送。硫黄岛的苦战从第一天持续到最后一天，再加上大量人员被同时困在战斗之中，给岸上和海上的各医疗单位带来了极其沉重的负担。在战役的最初几天，军医和医护兵在海滩上占据了一个不稳的立足点，那里完全暴露在日军各种口径的武器火力之下。上岸的医护人员自己多半也是非死即伤，尤其是配属给作战单位或者海滩后送站的医护兵。当医护兵抬着担架后送伤员，或者在后送站里照料伤员的时候，被击中的情况并不少见。最终军医官和医护兵的伤亡数字也相当高，一共战斗减员738人，其中197人殉职。

为了照料硫黄岛的伤亡人员，美军在战役之前就已经制订了各种计划。因此，在战斗的前9天，一旦一名伤员抵达一座后送站，就可以迅速后送到离岸2000码的一艘医疗坦克登陆舰。几艘坦克登陆舰负责充当收容中心，将伤员从海滩转移到APA武装运兵船和医疗舰上。一开始，美军用登陆艇、LVT和DUKW将伤员从海滩运送到医用LST上。然而，愈加汹涌的拍岸浪最终让小型登陆艇无法使用，只能依靠两栖车辆。DUKW在海浪中操作便利，容易与大船接舷，在后送伤员上船时尤其有用，伤病员在DUKW内部要比在潮湿颠簸的LVT里更舒适。

除了医疗舰“慷慨”号、“撒玛利亚人”号、“安慰”号，及医疗运输舰“平克尼”号之外，车辆登陆舰“奥扎克”号也奉命充当辅助医疗舰。这些医疗舰船和其他离开战斗区域的运输舰船一起，将13737名伤员后送。另有2449人被空运到马里亚纳群岛住院。

硫黄岛面积很小，前线到营属救护站的距离总是很短。

一架运载伤员后送治疗的美军运输机正在起飞，前景部分的帐篷是设在千鸟机场一旁的野战医院的设施。

然而，地形恶劣，加上长期暴露在火力之下，哪怕如此之短的距离对医护人员和伤员都是极其危险的。起初，为了将伤员送到海滩上去，美军大量使用LVT和“黄鼠狼”运送；在战役的后半阶段，工兵建造好可供轮式车辆通行的道路时，经常靠吉普车将伤员转移到后方。

可用的全血治疗了大量失血和休克患者，无疑挽救了许多生命。这种全血输注在中太平洋以往的任何一次战事中都没有使用过。仅硫黄岛地面部队的医疗设施就使用全血超过5000品脱。3月16日，美军在硫黄岛登陆的第26天，已经用去12600品脱全血，每一个被后送的伤员平均用去将近1品脱。一旦海滩的局面稳定下来，医用帐篷就在医护人员能找到的任何地方搭建起来，只要电力可用，岸上的医院就可以日以继夜地运作。在评估硫黄岛提供的医疗效率时，第5两栖军的报告称：“硫黄岛战役期间的医疗服务比中太平洋地区以往的任何一次行动都更接近理想状态，人们坚信，伤病员得到了与军事形势相称的最大程度的医疗照应。”

如前所述，按照美军战前的估计，硫黄岛战役会耗时14天左右，兵力为71000人左右的地面攻击部队，总的战斗损失比例会达到31%，即预计损失人数达到22010人。其中阵亡和失踪人员估计占总损失的20%，即预计阵亡和失踪人数为4402人。不过在舰炮火力准备计划阶段，霍兰·史密斯中将认为实际登陆的地面攻击部队人数为60000人，预计损失比例为25%，即预计损失15000人。需要指出的是，美军的这两个估计数据，都低估了硫黄岛日军总兵力，即以为只有14000人左右的陆军，而忽略海军地面部队人数的前提下得出的。我们已经看到，日军在硫黄岛的实际总兵力为20600到21000人之间。美国海军陆战队在硫黄岛战役期间的总损失人数为25851人（包括失踪推定死亡和罹患战斗疲劳症的人员），实际的全体登陆部队损失比例为30%，与美军的战前估计仍大体相当，只是阵亡人员达到5931人（包括失踪推定死亡人员），为总损失的22.9%，比估计的比例略高。第5两栖军对硫黄岛战役期间美军医疗保障的评价是公允的。

战术、精神因素和战略选择

说到美军进攻部队和日本守军在硫黄岛使用的战术，军事评论家的看法基本一致。硫黄岛面积较小，几乎不允许任何一支部队进行机动，一旦第一批美军陆战队员上岸，整场战役的战斗就只能按照日军指挥部选定的方式来进行。日军第109师团长兼小笠原兵团长栗林忠道中将或许是太平洋战争时期，美国军方评价最高的一位日本陆军将领。第5两栖军的官方报告称，栗林对防御的组织“是（美军）迄今遇到的最聪明和最完善的一次”。不过根据不少日军幸存人员的说法，战役期间实际负责指挥的是参谋长高石和作战参谋中根。无论如何，日军在硫黄岛的阵地防御战基本上是顽强和有效的，而且以对兵力使用的理智著称。日军在硫黄岛没有留机动预备队，也没有从一系列防线实施过大规模撤退。日军采取了一切预防措施，确保自己不会暴露在美军的优势支援武器火力之下。日军对防御的组织其实简单明了，充分利用硫黄岛面积小，空间有限的条件，才使得防御如此有效。

日军的防御计划是基于这样一个构思，即让所有口径的武器在隐蔽妥善和防护良好的阵地里最大数量地开火，直到被美军摧毁为止。几乎从战役一开始，美军的火力支援武器就受到硫黄岛的各种地理限制，及地形特征和日军防御阵地的强度阻挠。尤其是防御力较强的日军设施，通常让美军的小口径和中口径野战火炮无能为力，需要海军舰炮主炮的重磅炮弹才能将其破坏。在战斗的后期阶段，美军陆战队员与日军的阵地太过接近，使他们无法获得足够的重火力支援。

虽然硫黄岛的登陆行动很少遇到水下障碍干扰，但是就在岛上，美军遇到太平洋战场最强大的雷区，这说明日军在防御战的布雷领域取得了进步。在硫黄岛，日军首次在中太平洋使用人员杀伤地雷。

虽然日军在硫黄岛对喷进炮（火箭炮）的使用效果有限，但对这种武器的使用比早期更加广泛。一些喷进炮被安置在可以向几个特定区域开火的位置。可行动的喷进炮被放置在洞穴里，移到洞外发射后马上退回洞穴里。战役早期阶段，日军向折钵山北坡发射了大量火箭弹。可是由于缺乏准头，大部分火箭弹都越过折钵山，最后落入大海。日军的大口径火箭弹较适合实施火力骚扰，但射击准头非常成问题，后来在冲绳战场也没有什么改进。

与日军喷进炮的相对低效相比，火炮的表现比美军入侵部队预料得更好。硫黄岛日军炮火的协调性、弹药量和精确性的局部集中炮火战术，特别是在美军入侵之后的几天时间里，一开始看上去仿佛可以在美军的炮术理论手册里占据一席之地。后来美军确定，在他们登陆之前，日军已经在他们会集中炮火打击的关键地带进行了预先的射击诸元校正，这样就不必过于依赖实时观察。

日军对迫击炮的使用极为娴熟有效。事实上，硫黄岛日军给美军陆战队造成伤亡最多的恰恰是大量使用的迫击炮，而不是其他支援武器。在战役后半阶段，日军显然发生了迫击炮弹短缺现象，这让他们限定迫击炮选择陆战队的武器、车辆和较大量人员为目标。就像喷进炮一样，日军巧妙地隐蔽自己的迫击炮，不是安置在反斜面山坡上，就是从洞里搬出来开火之后迅速隐藏起来，打了就跑。

陆战队在硫黄岛首次遇到的日军重武器有320毫米大口径臼炮，新型机动喷进炮，以及90毫米和120毫米榴弹炮。

美军也采用了一些战术上的创新手段，有时这些创新是建立在一种实验基础上的。于是，可以追溯到第一次世界大战期间的滚动弹幕战术在硫黄岛战役期间被重新使用。一般来说，虽说步兵的推进没有预期那样迅速，这种炮火支援还是成功的。这就要求不断修正弹幕时间表，从而对某些日

属于团属重武器连的37毫米口径火炮较容易运往前线，其穿甲弹容易穿透许多日军火力点的外壁，但对坚固防御工事的杀伤力较弱。

虽然谢尔曼中型坦克易受打击，而且故障频出，但这种装甲移动堡垒仍然受到前线步兵的欢迎。图中一辆美军的火焰坦克陷在日军的一座洞穴或工事里了。

军密集设防的地区实施反复炮击，还要推迟对其他阵地的炮火转移时间。根据马里亚纳群岛战事之后地面部队提出的建议，美军努力让107毫米化学迫击炮成为炮艇的船载武器，最终得以在单艘步兵登陆艇上安装了3门107毫米化学迫击炮，在硫黄岛战役期间，从登陆日开始就发挥了积极作用。

日军迫击炮火力的有效打击，使得美军建议使用一种更大口径的迫击炮，日后每个陆战师可能新增一个120毫米口径迫击炮营的编制。那些吃过日军47毫米速射炮苦头的陆战队员，建议用57毫米火炮取代当时美军标准的37毫米小口径火炮。类似的建议是如果装备一种拥有比谢尔曼坦克更厚重装甲和更强大武备的坦克，也可以加快硫黄岛战役的进程。在硫黄岛，许多谢尔曼坦克装备了小型火焰喷射器，能从一个或两个机枪发射孔喷射火焰，相当管用，不过在炮塔安装的发射管能发射出大约100码长火焰的火焰坦克的价值才是最大的。为了骗过会集中火力对付任何火焰喷射器的敌人，这些发射管表面看来和75毫米火炮没什么区别。

市丸利之助在写给罗斯福总统的信中，有些轻蔑地提到美军在用物资优势对抗日军的战斗精神。美军无疑拥有这种物资优势，但美军能获得胜利，仍有其他市丸忽略的因素在起作用。在这些因素当中，颇值一提的是杰出的领导能力，还有那些占领硫黄岛和在战役中死去的美军人员的严明军纪；这些人的体力和精神上的耐力，都在数月或数年的全面训练中得到过锻炼；还有那些无形的、无法触摸的、被称为“团队精神”或“士气”的因素。美军的物资优势固然强大，但精神因素对他们而言绝非可有可无，正是精神因素令美军上下团结一致，为了共同的事业而战斗到底。

没有上述这些素质，美军陆战队员不可能在硫黄岛获胜。这是一场“用血肉之躯对抗日军钢筋混凝土”工事的战斗。对于攻克日军在太平洋最为坚固的岛屿要塞之一——硫黄岛的地面部队战士而言，这次战役是最大的考验。从美军的表现和战果来看，可以得出一个必然的结论，即无论面积大小、地形如何困难、防御完善程度如何，一支拥有物力优势、完善的组织体系和必要精神力量的部队，都可以占领日军防卫森严的岛屿阵地。只要美军能够以水面和空中优势将一个日军守卫的岛屿孤立，对这个目标实施必要的海军舰炮火力打击和空中轰炸，一次充分强大的两栖登陆进攻就能够取得成功。

关于硫黄岛战役的另一个争议性较大的问题属于战略范畴，即战役目标为何选定硫黄岛，是否有其他可替代的目标，美军为硫黄岛付出合计超过28000人伤亡的代价又是否

硫黄岛的陆战4师公墓。

值得。

美军为何要在南部群岛占领一座岛屿，最后又为何选中硫黄岛，在本书已经详细阐述过，简而言之，占领硫黄岛就是为了使从马里亚纳航空基地起飞空袭日本本土的B-29重型轰炸机，获得一个紧急迫降和中转航空基地，同时为B-29护航的P-51战斗机获得一个起飞基地。

实际上硫黄岛并非南部群岛唯一可以满足这个要求的目标，小笠原群岛的父岛面积比硫黄岛略大，机场设施同样完备，还有二见港这个可用的泊地，最重要的是，以父岛为航空基地的话，和东京的距离要比硫黄岛更近——父岛距东京520海里，硫黄岛距东京650海里。问题在于父岛适合登陆的海滩没有硫黄岛那样长，岛上的山地海拔普遍比硫黄岛更高，对防御更有利，而对进攻，尤其是突击登陆不利。美军选择攻打硫黄岛，放弃父岛；日军同时将硫黄岛列为小笠原兵团的第一号重点防御对象，将父岛的防御放在第二位，在军事上都是必然的。

至于美军为夺取硫黄岛付出超过28000人的伤亡代价是否值得这个问题，美国军方和大多数硫黄岛战史研究者给出的都是肯定答案，但给出否定答案的人也并非没有。美国军方为了强调夺取硫黄岛和为之付出巨大伤亡代价的必要性，有些刻意地在官方战史资料里指出，从3月初第一架B-29轰炸机在硫黄岛千鸟机场降落以后，到战争结束为止，共有约2300架次重型轰炸机（涉及机组人员约25000人次）在岛上“紧急降落（迫降）”。这种说法广为流传，却受到一些历史研究者的质疑和诟病。

《硫黄岛的阴影》一书的作者罗伯特·布莱尔分析过，驻马里亚纳群岛的陆军航空兵第21轰炸机部队编制内的B-29

硫黄岛的第7战斗机部队防空控制中心。

轰炸机总数从未超过1000架。如果在硫黄岛迫降过的B-29果真达到2300架次，那么平均每架B-29要在硫黄岛迫降2次以上。事实上官方战史作者在玩弄文字游戏，在硫黄岛降落的B-29确实达到将近2300架次，然而大部分都不能称为“紧急降落”，而是为了中转加油和训练等原因降落。官方战史作者将因其他原因在硫黄岛降落的B-29架次都计入“紧急降落”之列了。这种做法固然有其原因，但并不可取，也为硫黄岛战役的研究者造成了一些干扰和困惑。

布莱尔以美军官方战史的这种“春秋笔法”为例，又以父岛距离东京更近，且有二见港锚地；硫黄岛并未真的成为护航战斗机出发基地；太平洋战区各军兵种在选择战役目标时存在的种种矛盾为由，否定了认为硫黄岛战役“不可避免”的观点，确实不无道理。问题在于布莱尔尽管意识到，却没有很重视美军在父岛登陆会面临的不利条件，而他提出的后两个理由是出于后见之明。

硫黄岛未能真的发展成为P-51战斗机为B-29重型轰炸机空袭日本本土的重要基地诚然是事实，但前文已述，实际上到战争结束为止，从硫黄岛出动护航的P-51仍达到近1200架。之所以数量没有进一步增加，一个重要原因是日本的陆海航空力量和防空力量在战争最后6个月急剧衰竭的结果，在硫黄岛战役的计划阶段，美军的参谋人员即便能够料到可能出现这种情况，却没有任何人敢拍着胸脯说这一定会发生。需要指出的是，当时美军上下还没有一个人能算准这场战争会在1945年8月结束，入侵日本本土的战役计划已经将时间表排到1946年。太平洋战区的美国陆军、海军、陆军航空兵和海军陆战队这几个主要军兵种在制订战役计划的时候，确实都有本位主义倾向，这谁也无法否认，但是在第二次世界大战期间，参战各国都存在这个问题，军种和兵种之间的矛盾几乎都比美国更为严重。美国的参谋长联席会议当时还不是正式的各军兵种的协调机构，只能对军兵种之间的矛盾进行有限协调，可是其他各国普遍连这种程度的协调都无法进行。硫黄岛战役诚然并非绝对“不可避免”，在当时的历史条件下，却是有相当的必要性的、比较可取的选择。

附　录

硫黄岛战役大事记

1944 年	
1 月 31 日-2 月 7 日	美军首次攻击日本领土，入侵马绍尔群岛，占领马朱罗环礁和夸贾林环礁。
2 月 17-22 日	美军入侵和占领马绍尔群岛的埃尼维托克环礁。
2 月 29 日-3 月 28 日	美国陆军部队入侵阿德米勒尔蒂群岛，占领几个主要岛屿。
4 月 22 日	美军在新几内亚北部的艾塔佩和霍兰蒂亚登陆。
6 月 15 日	以中国为基地的 B-29“超级空中堡垒”轰炸机首次空袭日本，轰炸九州岛。
6 月 15 日-7 月 9 日	美国海军陆战队和陆军地面部队入侵马里亚纳群岛，占领塞班岛。
6 月 15 日	美国海军航母特混舰队首次袭击火山列岛和小笠原群岛。
6 月 19-20 日	马里亚纳海战(首次菲律宾海海战)，日本海军损失惨重。
6 月 24 日和 7 月 4 日	美国海军航母特混舰队再度袭击火山列岛和小笠原群岛，打击目标包括硫黄岛。
7 月 21 日-8 月 10 日	美国海军陆战队和陆军地面部队入侵和收复马里亚纳群岛的关岛。
7 月 23 日-8 月 1 日	美国海军陆战队攻击和占领马里亚纳群岛的提尼安岛。
9 月 15 日	美国陆军地面部队在荷属东印度群岛的莫罗泰岛登陆，占领该岛机场。
9 月 15-17 日	美国海军陆战队和陆军地面部队进攻帕劳群岛的佩里硫和昂奥尔岛。
9 月 23 日	美国陆军地面部队占领乌利希环礁，将此地建成海军前进基地。
10 月 3 日	美军参谋长联席会议下令占领南部群岛(火山列岛和小笠原群岛)的一个或多个阵地。
10 月 9 日	尼米兹海军上将告知霍兰·史密斯中将，硫黄岛是南部群岛的目标。
10 月 20 日	美国陆军地面部队入侵莱特岛，菲律宾战事开始。
10 月 23-26 日	莱特湾大海战(第二次菲律宾海海战)。
11 月 11-12 日	美国海军水面舰队大举炮轰硫黄岛。
11 月 24 日	B-29 轰炸机首次从马里亚纳群岛的基地起飞，空袭东京，实现陆基飞机对日本首都的首次袭击。

续表

12 月 8 日	美国海军水面舰队炮轰硫黄岛。
12 月 15 日	美国陆军地面部队在菲律宾群岛的民都洛岛登陆。
12 月 24-27 日	美国海军水面舰队炮轰火山列岛和小笠原群岛，目标包括硫黄岛。
1945 年	
1 月 5 日	美国海军舰船炮轰硫黄岛。
1 月 9 日	美军第 6 集团军入侵吕宋岛。
1 月 24 日	美国海军有力水面舰队炮轰硫黄岛。
2 月 3 日	美军地面部队重新进入马尼拉。
2 月 15-16 日	米彻尔海军中将的快速航母部队（第 58 特混舰队）对本州岛发动为期 2 天的空袭，分散日军对硫黄岛的注意力。
2 月 16-18 日	美军两栖支援部队（第 52 特混舰队），对硫黄岛实施火力准备，发动空袭和炮击。
2 月 19 日	美国海军陆战队第 4 和第 5 师在硫黄岛实施突击登陆，取得立足点。
2 月 21 日	美军第 21 陆战团（第 5 两栖军预备队）被配属到陆战 4 师战斗区域。 日军对硫黄岛外海的美军支援舰船实施“神风”突击。
2 月 23 日	陆战 28 团在折钵山顶扬起美国国旗。
2 月 25 日	陆战 3 师（欠陆战 3 团）参加硫黄岛战役。
2 月 27 日	陆战 3 师攻克元山机场，彼得高地和双簧管高地。
2 月 28 日	美国陆军地面部队入侵菲律宾群岛的巴拉望岛。
3 月 2 日	陆战 5 师部队攻克 362A（田原坂地区的大阪山）高地。
3 月 3 日	陆战 3 师部队扫荡 3 号机场。
3 月 4 日	第一架 B-29 轰炸机在硫黄岛着陆。
3 月 6 日	美国陆军航空兵第 15 战斗机大队的 P-51 战斗机和 P-61 夜间战斗机到达硫黄岛。
3 月 7 日	美国驻硫黄岛陆军司令官詹姆斯·切尼少将接管开发岛屿基地、防空和机场运作任务的责任。 陆战 3 师对 362C（东山）高地实施黎明前的攻击。当天白天，美军占领该高地。
3 月 8 日	日军玉名山地区部队实施夜间反击，被陆战 4 师击退。
3 月 9 日	霍兰·史密斯中将的美国远征地面部队（第 56 特混部队）指挥所从“埃尔多拉多”号转移到“奥伯恩”号，特纳海军中将和他的参谋部登上“埃尔多拉多”号，启程前往关岛。第 51、52、53、54 和 56 特混部队全部解散。哈里·希尔海军少将接管硫黄岛海域舰船高级军官职责。陆战 3 师巡逻队到达岛屿东北海岸。
3 月 10 日	陆战 4 师部队一路突进到东海岸，拔掉“斗兽场高地”和“土耳其小山包”（玉名山）周围的日军突出部。
3 月 11 日	海军护航航母离开，硫黄岛基地的陆军战斗机接管基地防空和地面支援任务。

续表

3月14日	美国海军火山列岛军管政府宣告成立，举行官方升旗仪式。远征军地面部队司令离开，前往关岛。 第一批海军陆战部队开始登船，离开硫黄岛。
3月16日	陆战3师清除辖区内的库什曼(万部落地区)孤立阵地，粉碎了日军在当地最后的抵抗。 陆战4师歼灭辖区内最后的日军抵抗力量，清除敌人守卫的最后一个孤立阵地。 经过26天激战后，美军宣布占领硫黄岛。
3月20日	美国陆军第147步兵团到达硫黄岛，接管守备任务。
3月25日	陆战5师消灭在硫黄岛最后的北据点孤立阵地抵抗的日军。
3月26日	清晨，日军向西海岸附近陆战5师辖区内的陆战队和陆军兵营地区发动绝望的进攻。 8时，美军宣布占领阶段完成。 中太平洋前方战区司令约翰·胡佛海军中将接管硫黄岛的防御和开发任务。 切尼少将接管该岛所有地面部队单位的作战控制权。 哈里·施密特少将关闭第5两栖军陆上指挥所，乘飞机离开，留下陆战9团协助扫荡行动。
4月1日	美军地面部队在菲律宾群岛的宿务岛登陆。 美军第10集团军(包括陆战1师和6师)在琉球群岛的冲绳岛登陆。
4月4日	美军147步兵团接管硫黄岛的全部地面防御和扫荡任务，陆战9团准备撤离。
4月7日	80架P-51战斗机从硫黄岛起飞，为轰炸日本的B-29轰炸机护航，这是美国的陆基战斗机首次飞往日本本土列岛执行任务。
4月18日	最后一批海军陆战队部队离开硫黄岛。
6月22日	日军在冲绳岛的抵抗停止。
7月5日	菲律宾群岛战事宣布结束，但日军残部的抵抗仍在继续。
8月6日	从马里亚纳群岛出发的B-29轰炸机在日本广岛投下原子弹。
8月9日	第二枚原子弹空袭日本长崎。
8月15日	日本投降。

主要参考文献

Whitman S. Bartley, Marines in World War II, Historical Monograph Iwo Jima: Amphibious Epic, Historical Section, Division of Public Information Headquarters, U.S. Marine Corps 1954.

George W. Garand and Truman R. Strobridge, History of U.S. Marine Corps Operations in World War II, Voluem IV: Western Pacific Operations, Historical Branch, G-3 Division Headquarters, U.S. Marine Corps 1971.

George Carroll Dyer, The amphibians came to conquer: The story of Admiral Richmond Kelly Turner, U.S. Govt. Print Off, 1971.

Thomas B. Buell, The Quiet Warrior: A Biography of Admiral Raymond A. Spruance, Little, Brown, 1974.

E. B. Potter, Nimitz, Naval Institute Press, 1976.

Holland M. Smith and Percy Finch, Coral and Brass, Zenger, 1989.

Ronald J. Brown, A Brief History of the 14th Marines, History and Museums Division Headquarters, U.S. Marine Corsps 1990.

Joseph H. Alexander, Marines in World War II, Commemorative Series Closing In: Marines in the Seizure of Iwo Jima, Marine Corps Historical Center, Building 58, Washington Navy Yard 1994.

James Bradley with Ron Powers, Flags of our fathers, Bantam Books 2001.

Oscar E. Gilbert, Marine Tank Battles in the Pacific, Da Capo Press 2001.

Robert S. Burrell, The Ghosts of Iwo Jima, Texas A&M University Press 2006.

Eric Hammel, Iwo Jima: Portrait of a Battle, Zenith Press 2006.

Larry Smith(edited), Iwo Jima: World War II Veterans remember the greatest battle of the Pacific, W.W. Norton 2008.

[日] 武藏野菊藏等：「硫黄島決戦」，苍树社，1952。

[日] 田中孙平编：「硫黄島洞窟日誌」，枥木新闻社，1952。

[日] 玉田猛：「今日の話題　第四十五集　硫黄島玉砕記」，土曜通信社，1957。

[日] 日本防卫厅防卫研修所战史室：「中部太平洋陸軍作戦<2>　ペリリュー·アンガウル·硫黄島」，朝云新闻社，1968。

[日] 小笠原战友会编：「小笠原兵団の最後」，原书房，1969。

[日] 陆战史研究普及会编：「硫黄島作戦」，原书房，1970。

[日] 军事史学会编：「軍

事史学 第35巻 第4号」，锦正社，2000。

[日] 桥本卫等：「硫黄島決戦」，光人社，2001。

[日] 臼井明雄编：『「戦訓報」集成 第2巻 「戦訓特報」②』，芙蓉书房，2003。

[日] 堀江芳孝：「闘魂 硫黄島：小笠原兵団参謀の回想」，光人社，2005。

[日] 安藤富治：「ああ硫黄島 記録による硫黄島戦史」，河出书房新社，2007。

[日] 久山忍：「英雄なき島：硫黄島戦生き残り 元海軍中尉の証言」，产经新闻，2008。

[日] 多田实：「硫黄島玉砕 海軍学徒兵慟哭の記録」，朝日新闻，2008。